국제무역의 기초개념과 역사, 국제무역은 어떻게 발생하는가,
국제무역의 절차와 신용장, 해사보험, 국제무역 대금결제와 외환시장,
해외시장 진입방식, 국제통상과 투자의 환경문제 등을 설명한 전공서

제3판

무역 개론

INTERNATIONAL TRADING

박형래 오대혁

도서출판 청람

머리말

지금 세계는 무한경쟁의 시대이다. 특히, GATT와 WTO는 기업들에게 무한경쟁의 장을 마련해 주고 있다. 또한 전자상거래의 발달로 인하여 국경의 의미가 점차 감소하고 있다. 결국 소수의 세계적인 글로벌기업이 전 세계를 대상으로 경영활동을 하고 있으며, 대부분의 개발도상국과 후진국들은 상당한 무역적자에 시달리고 있다. 반면에 한국은 1960년대부터 고도의 경제정책으로 인하여 현재 세계 10대 경제대국으로 성장하였다. 한국이 세계 경제대국으로 성장하게 된 원동력은 역시 기업의 무역활동이다. 정부 역시 수출드라이브정책 등 지속적으로 기업을 지원하고 있다.

이 책은 무역학과 학생들이 전공분야에 입문하기 전 무역학에 관한 전반적인 이슈를 공부하고 연구하는 데 도움을 주기 위하여 만들었다. 특히 본인은 무역개론이라는 과목을 계속 강의해 오면서 국제무역의 현상을 이론적인 접근보다 최근의 이슈 중심으로 알기 쉽게 그 내용을 소개하는 책의 필요성을 느끼게 되었다. 그동안 국제경제환경은 우리가 생각하는 이상으로 빠르게 변하고 형성되어 왔으며, 이러한 과정에서 우리가 검토해야 할 새로운 주제와 문제들이 끊임없이 제기되어 왔기에 이에 대한 내용을 정리하고 각 분야에 대한 쟁점을 소개한다는 의미에서 이 책을 쓰게 되었다.

본 책은 총 4부 19장으로 구성되어 있다. 제1부에서는 국제무역론 분야로 무역의 기초, 무역이론, 무역조건, 무역정책, 경제적 환경 등을 다루고 있으며, 제2부에서는 무역실무론 분야로 무역거래 개관과 무역관리, 무역계약, 무역결제, 국제운송 및 해상보험, 무역클레임과 중재, 전자무역 등을 다루며, 제3부에서는 국제금융론 분야로 환율, 통화제도, 국제금융시장과 외환시장, 국제수지 및 환위험 등에 대해 다룬다. 마지막으로 제4부에서는 국제경영론 분야로 정치적 · 문화적 환경, 글로벌기업, 글로벌기업의 해외진출, 해외직접투자이론, 글로벌 경영관리 및 전략을 다룬다.

본 책의 특징은 다음과 같다.

첫째, 무역학의 이해를 위한 예비지식으로서 경제학적 측면에서의 무역학, 경영학적 측면에서의 무역학, 상학적인 측면에서의 무역학이 다루어야 할 내용을 소개하였는데 이는 그동안 대학에서 무역개론을 강의해 온 내용을 바탕으로 하여 가능한 쉬운 개념으로 설명하고 있다.

둘째, 무역학 전반에 관한 내용은 그동안 강단에서 강의한 내용들과 평소 무역학을 배우는 학생들에게 꼭 필요하다고 생각되는 내용들을 정리하였고, 다양하고 복잡한 국제무역학의 이슈들에 관한 사례를 소개하며 쉬운 내용으로 정리하였다.

셋째, 새롭게 적용된 인코텀즈 2020, UCP, eUCP 등 최신 규정을 소개하고, 과거의 내용과 비교하였다.

그러나 이 책을 만들고 보니 저자의 부족함이 새삼 느껴지게 되었음을 고백한다. 어렵고 복잡하고 광범위한 내용을 교양과정이나 무역학 전공기초과정에 적합한 내용으로 알기 쉽게 기술하기가 생각보다 많은 노력과 지혜를 필요로 하는 작업이고, 부분적으로는 너무 광범위하고도 전문적인 내용을 쉬운 개념으로 서술하는 것에 초점을 맞추다 보니 여러 면에서 부족하고 빈약한 저서가 되었음을 느낀다. 하지만 앞으로 지속적인 연구와 노력을 통하여 이러한 점은 보충시켜 나가고자 한다.

마지막으로 본 서로 강의하시는 교수님들에게는 동영상 및 사진, 파워포인트 파일이 포함된 멀티미디어 강의자료를 제공하여 효과적인 수업이 될 수 있도록 하였다. 이 책이 나오기까지 직 · 간접으로 도움을 준 한국무역학회 소속의 여러 교수님과 그리고 출판을 쾌히 승낙해 주신 도서출판 청람의 이수영 사장님을 비롯한 많은 분들에게 진심으로 감사드린다.

2020년 8월
저자 씀

| 차례 |

제1부 | 국제무역론

제1장 무역의 기초개념

제2장 국제무역이론

제3장 무역정책론

제4장 국제무역환경

제16장 글로벌기업

제17장 글로벌기업의 해외진출

제18장 해외직접투자이론

제19장 국제경영관리

제 1 부

국제무역론

INTERNATIONAL TRADING

제1장 무역의 기초개념

제1절 무역학의 연구대상
제2절 무역의 개념과 성격
제3절 무역의 특징
제4절 무역의 형태
제5절 무역과 교역조건

학습목표

1. 무역학의 연구대상을 이해한다.
2. 국내무역과 국제무역의 차이점을 파악한다.
3. 무역의 특징에서 해상운송의 중요성을 이해한다.
4. 다양한 무역형태를 습득한다.

| 핵심사항 |

❶ 무역학의 연구대상

1. 경제학적 연구분야 : 국제무역론, 무역정책론, 무역환경론, 외환론, 국제수지론 등
2. 경영학적 연구분야 : 국제경영론, 해외시장조사론, 국제상품학, 국제마케팅론, 해외투자론, 국제재무론, 국제기업환경론, 국제기술이전론 등
3. 상무적 · 법학적 연구분야 : 무역상무론, 무역관습론, 국제계약론, 국제운송론, 해상보험론, 신용장론, 국제거래법, 상사중재론, 무역관리론, 관세제도론, 무역영어 등

❷ 무역의 개념과 성격

1. 무역의 개념 : 일반적으로 무역이란 국제 간의 상거래로 정의할 수 있는데 이러한 상거래는 재화 및 용역의 교환을 목적으로 하는 상업활동을 말한다.
2. 무역의 성격 : 경영경제적 성격, 국민경제적 성격, 세계경제적 성격을 지닌다.

❸ 무역의 특징

무역은 국내거래와는 달리 해상의존성이 강하고, 기업의 위험성이 국내거래와는 다르며, 산업과 밀접한 상호작용의 관계를 지니고, 국제관습성이 있다.

❹ 무역의 형태

1. 상품의 이동방향에 따른 구분 : 수출, 수입, 통과무역으로 구분할 수 있다.
2. 상품의 매매형태에 따른 구분 : 직접무역과 간접무역으로 구분할 수 있다.
3. 상품의 생산형태에 따른 구분 : 유형무역과 무형무역으로 구분할 수 있다.
4. 상품의 가공방식에 따른 구분 : 일반가공무역과 수 · 위탁가공무역으로 구분할 수 있다.
5. 상품의 판매방식 및 거래주체에 따른 구분 : 위탁판매무역과 수탁판매무역으로 구분된다.
6. 상품의 균형 및 연계 여부에 따른 구분 : 바터무역, 대응구매, 구상무역, 제품환매, 상쇄무역 등이 있다.
7. 무역거래를 수행하는 주체에 따른 구분 : 민간무역과 국영무역
8. 교역당사국 간의 관계에 따른 구분 : 남북무역과 동서무역으로 구분된다.
9. 기타의 여러 가지 무역의 형태 : 주문자상표부착(OEM)방식의 수출, 녹다운(knock-down)방식의 수출, 플랜트수출

❺ 무역과 교역조건

1. 교역조건의 개념 : 교역조건을 이론적으로 말하면, 수출상품의 종합적인 물가지수를 수입상품의 종합적인 물가지수로 나눈 것을 의미한다.
2. 교역조건의 종류 : 상품교역조건(commodity terms of trade), 총교역조건(gross barter terms of trade), 소득교역조건(income terms of trade), 요소교역조건(factor terms of trade) 등이 있다.
3. 교역조건의 경제적 의미 : 수출과 수입의 수량적 변화비율 또는 그 가격의 변화비율을 통해서 그 국가의 실질소득에 어떤 변화를 가져오기 때문에 국민경제향상 여부를 판단할 수 있는 하나의 기초로 삼을 수 있다.

제 1 절 무역학의 연구대상

무역학은 어떤 학문을 대상으로 해야 하는가에 대한 논의가 그동안 여러 학자와 여러 기관에서 다양하게 제시되어 왔다. 대체적으로 기존의 논의를 보면 무역학은 어떤 특정 형태의 정형화된 내용을 가지고 있어야 하나 통일된 무역학의 내용이 없다는 점과 현재 다양하게 정의된 무역학의 체계 내에서는 구성학문영역간에 유기적인 연계가 약하여 독립학문으로의 정체성이 결여되어 있다는 점을 지적하고 무역학의 구성학문 간 유기적인 연계성을 강화해야 한다는 논의가 주류를 이루고 있다.

그러나 무역이라는 영역을 어떻게 보느냐는 학문하는 사람에 따라 다양하므로 굳이 무역학은 이런 것이어야 한다는 점에 집착할 필요는 없을 것이다. 무역의 거래관습, 계약을 강조하는 상무론적 접근의 연구에서는 무역학의 대상을 상무론적 무역학으로, 경제학의 측면을 중시하는 연구에서는 국제경제학적으로서의 무역학으로, 경영학적 측면을 중시하는 연구에서는 국제경영학적으로서의 무역학으로 이해하고 각자 연구의 관점에 따라 다양한 정의 속에서 그와 관련된 연구가 이루어지는 그 자체가 중요하다 할 것이다.

아울러 각 관점에 따른 무역학의 연구들은 당연히 각각의 관점을 설명하기 위한 관련 기초학문의 연계가 필요할 것이다. 연구자의 입장에서 보면 무역학의 대상을 개별 관점에 입각하여 좁고 깊게 정의한 연구가 학문의 성과와 질적 수준을 크게 향상시킬 수 있을 것이다.

이에 반해 종합적인 학문으로서 무역학을 배우는 학부에서는 보다 다양한 관점에서 폭넓게 무역현상을 이해할 필요가 있을 것이다. 따라서 종합적 학문성격을 지닌 무역학의 연구범위는 크게 위에서 언급한 상학적인 접근, 경제학적인 접근, 경영학적인 접근에서 다양하게 다루고 있는 이슈들을 포괄적으로 이해하고 공부하는 것이 필요하다. 따라서 본 서에서는 복잡다양한 국제관계 속에서 국민경제의 방향과 행동기준을 밝혀주는 종합적 학문성격으로서의 무역학의 역할을 강조하여 그 대상분야를 크게 경제학적 연구, 경영학적 연구, 상무적 · 법학적 연구의 범위로 나누어 설명하고자 한다.

첫째, 경제학적 연구분야로서 국제무역론, 무역정책론, 무역환경론, 외환론, 국제수지론 등의 분야가 있다.

둘째, 경영학적 연구분야로서는 국제경영론, 해외시장조사론, 국제상품학, 국제마케팅론, 해외투자론, 국제재무론, 국제기업환경론, 국제기술이전론 등의 분야가 있다.

셋째, 상무적 · 법학적 연구분야로서는 무역상무론, 무역관습론, 국제계약론, 국제운송론, 해상보험론, 신용장론, 국제거래법, 상사중재론, 무역관리론, 관세제도론, 무역영어 등의 분야를 들 수 있다.

이상에서 무역학의 연구분야를 다양한 관점에서 구분하여 살펴보았으나 이러한 구분은 절대적인 구분이라 할 수 없으며, 앞으로 무역학의 확대과정에서 새로운 연구분야가 나타날 수도 있을 것이다. 또한 이들 연구분야는 무역이라는 동일한 대상을 다른 관점에서 파악하고 있는 것으로 상호 밀접한 관련성을 지니고 있다는 점을 유의해야 할 것이다.

그림 1-1 | 무역학의 연구대상

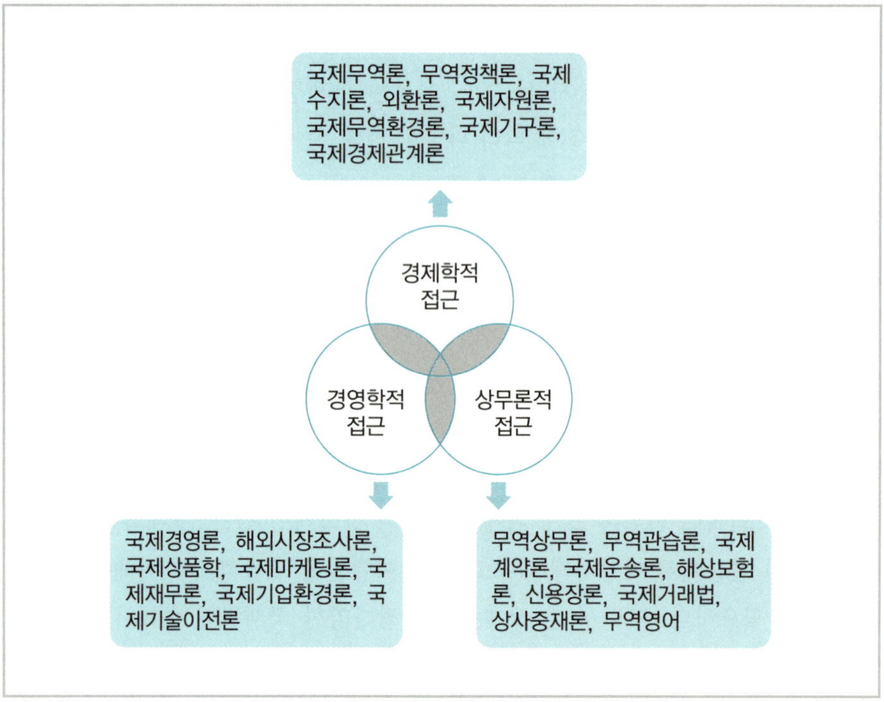

제2절 무역의 개념과 성격

1. 무역의 개념

일반적으로 무역이란 국제 간의 상거래로 정의할 수 있는데, 이러한 상거래는 재화 및 용역의 교환을 목적으로 하는 상업활동을 말한다. 넓은 의미의 무역은 각국 경제주체가 보다 효율적이고 합리적인 경제생활을 추구하기 위하여 자신들의 국가영역 내의 경제적 제약을 완화시킬 목적으로 국경을 넘어 다른 영역 속의 상이한 경제적 제약을 가지고 살고 있는 다른 경제주체들과의 상품 및 용역 그리고 증여와 배상을 포함한 이전거래뿐만 아니라 자본과 같은 생산요소들을 교환하는 경제적 관계의 총체를 뜻한다. 반면 좁은 의미로의 무역은 무역거래 가운데에서 상품과 기술 그리고 용역의 제공만을 뜻한다.

현재 우리가 사용하고 있는 무역이란 개념은 단순히 어떠한 특정 상품의 효용가치가 적은 곳으로부터 효용가치가 높은 곳으로 이전시킴으로써 그 재화의 효용 및 경제가치를 증가시키는 것뿐만 아니라 모든 재화의 생산요소, 즉 원료, 노동 및 자본의 이동까지도 포함하고 있다. 이러한 개념의 무역은 외국무역(foreign trade), 국제무역(international trade) 혹은 세계무역(world trade)으로도 불린다.

외국무역이란 자국과 타국과의 무역이 이루어질 때 자국의 입장을 중심으로 사용하는 표현으로 대외무역과 같은 의미를 지니고 있다.[1] 국제무역의 경우 국제 간의 상품 및 용역의 이동을 객관적인 관점에서 본 것으로서, 한 나라를 중심으로 보지 않고 일정지역 내에 있는 많은 다양한 국가 간의 무역을 총칭하여 사용하는 용어이다. 끝으로 세계무역은 다수의 일정지역, 즉 범세계적으로 무역관계가 포함될 때를 말한다.

그러나 위에서 분류한 외국무역, 국제무역, 그리고 세계무역이란 구분은 실제상에 있어서 반드시 뚜렷하다고는 볼 수 없으며 혼용되어서 사용되기도 한다. 결론적으로 무역이란 일국 내의 상업거래에 대비하여 일국의 국경을 넘나드는 외국과의 상업거래나 또는 국제 간의 경제거래의 일체를 가리킨다고 할 수 있다.

---

1) 김시경, 최신무역학개론, 삼영사, 1994.

2. 무역의 성격

상이한 경제환경을 가진 국가들 사이에서 이루어지는 경제활동으로서의 무역은 기본적으로 개별기업이라는 단위에서 출발하여 국민경제라는 하나의 총합단위로 나타낼 수 있지만 이러한 활동은 무엇보다 여러 국가들의 이해관계가 혼재되어 있는 세계경제의 테두리 속에서 이루어지고 있다. 이러한 무역의 성격은 크게 다음의 몇 가지로 나타낼 수 있다.

(1) 경영경제적 성격

경제활동이란 가계, 기업, 정부들과 같은 경제주체들이 재화와 서비스 등과 같은 경제객체들을 대상으로 벌이는 제 활동을 말하는데, 무역도 이러한 경제활동의 일환으로 이루어진다. 따라서 개인이나 정부도 무역업 허가를 받으면 얼마든지 재화와 서비스를 대상으로 수출입행위를 할 수 있게 된다. 그러나 무역은 대부분 기업이라는 개별경제단위의 사적 물품거래가 주류를 이루면서 수출입행위를 하기 때문에 단독경제적 성격을 지니게 된다.

(2) 국민경제적 성격

무역은 수출입이라는 상호 연관적인 국제현상으로 나타나게 되는데, 만약 외국인과의 거래라 하더라도 양 당사자 간의 거래가 한 국가 내에서 이루어질 경우 국경을 넘지 않았기 때문에 무역의 범주에 포함되지 않는다. 그러나 거래당사자가 동일국인이거나, 또는 동일한 기업체의 소속단위라 할지라도 거래당사자인 본사와 자회사가 서로 다른 국가에 있을 경우 이들 간의 거래는 국경을 초월하게 되므로 무역의 범주에 포함된다.

따라서 무역거래는 어떠한 경제주체들에 의해 행해졌든 간에 일단 국경을 초월하여 이루어지기 때문에 그 결과가 국가 사이의 교류로 나타나면서 개별국민경제에 영향을 미치게 된다. 예를 들어, 한 기업의 수출거래는 단순히 기업의 매출액 증대에만 머무는 것이 아니고 수출국 경제에 있어서 투자증가 · 고용증가 · 소득증가 등의 효과를 가져다준다.

(3) 세계경제적 성격

현대사회에서 다른 국가와 교류 없이 자급자족으로 살아나가기란 불가능하기 때문에 각국들은 다른 국민경제와 긴밀한 관계를 맺을 수밖에 없다. 그러므로 국민경제끼리의 교류로 나타나는 무역은 세계경제의 범주 안에서 이루어지게 되고, 개별국가들의 무역은 결국 세계무역을 구성하게 된다. 특히 제2차 세계대전 이후 과학기술의 급속한 발전으로 인해 시간적 · 공간적 격차가 좁혀지고 세계시장이 하나의 울타리를 형성하면서 각 국민경제는 좁게는 다른 국민경제, 넓게는 세계경제와 더욱 밀접한 관계를 맺게 되었다. 이러한 무역의 세계경제적 성격은 무역관련 규칙이나 서식 등이 통일화되어 가고 있는 경향에서 쉽게 이해할 수 있다.

제3절 무역의 특징

무역은 국내거래와는 다른 복잡한 성격을 지니고 있는데, 주요 특성을 보면 다음과 같다.

1. 해상의존성

무역은 해상의존성이 강하다. 대부분 국내거래의 경우 영토가 아무리 넓은 국가라 하더라도 생산지와 판매지 사이의 수송이 항공운송인 경우 1일, 육상운송인 경우 1주일 내에 완료된다. 그러나 무역은 격지 간 국가의 거래활동이므로 수출국으로부터 수입국으로의 수송문제가 따르게 되는데, 두 국가 간의 운송은 육상 · 항공 · 해상을 통해 이루어질 수 있다. 그러나 육상운송은 바다를 사이에 둔 국가끼리의 수송에는 불가능하게 되고, 항공운송은 짧은 시간에 운송이 이루어지기는 하지만 물동량이 적고 운송비가 비싸다는 단점이 있다. 이러한 이유 때문에 중세기부터 바다를 지배함으로써 원활한 수송로를 확보하려는 강대국들의 해상전쟁이 치열하게 전개되었고, 이로 인해 해운업은 급속한 발전을 하게 되었다. 한편 해상운송의 발전은 해상관련 산업, 즉 창고보관업이나 해상보험업의 발달을 촉진시켰다.

2. 기업위험성

무역은 기업의 위험성이 국내거래와는 다르다. 기업은 익숙한 환경의 국내시장에서의 거래활동에서 벗어나 이질적인 환경을 지닌 국가와의 무역거래에 참여할 경우 여러 가지 위험에 직면할 수밖에 없다. 물론 무역거래에 따른 위험들은 보험과 같은 제도적 장치의 발달로 어느 정도 완화시킬 수 있지만 다음과 같은 최소한의 위험은 항상 무역거래에 존재하게 된다.

(1) 상품 자체의 위험

수출지의 판매업자로부터 수입지의 수입업자에게 물품이 인도될 때까지에는 시간적 · 공간적 격차가 필연적으로 존재할 수밖에 없다. 그러므로 시 · 공간적 차이 때문에 교역물품의 운송과 보관 중에 상품 자체의 물리적 손상이 초래될 가능성이 있다.

(2) 신용위험

오랜 거래처들 간의 국내 상거래에서도 대금결제 및 금융에 관한 지급불능이나 지급거절과 같은 신용위험이 종종 발생한다. 이러한 신용위험은 거래상대자의 정확한 정보가 부족하고 상관습이 상이한 무역거래에서 발생할 가능성이 더욱 높다. 특히 대금결제위험은 경제발전이 낙후되어 있거나, 외환상태가 좋지 않아 외환규제가 심한 후진국과의 거래 시, 또는 외상거래가 관습으로 되어 있는 국가와의 거래 시 발생빈도가 높아진다.

(3) 가격변동위험

무역거래 대상이 되는 물품의 가격은 원자재가격, 인건비, 세금 등에 따라 변하기 때문에 무역에 참여하는 업자들에게 위험요소로서 작용한다. 예를 들면, 무역계약이 이루어진 후 원자재 가격이 폭등하여 가격상승요인이 생겼다 하더라도 수출기업은 이에 관계없이 계약을 지키기 위해 출혈수출을 감수해야 한다. 따라서 무역업자들은 투기자들이 아닌 이상 무역거래 시 가격변동요인을 제대로 예측하거나, 혹은 선물거래 등을 통해 가격변동에 따른 위험을 극소화시키려고 한다.

(4) 환율변동위험

변동환율제도에서는 외환시장에서의 환에 대한 수요와 공급에 의해 수시로 환율이 변화하는데 이러한 환율변동은 무역참여기업들에게 화폐가치의 변동에 따르는 환위험(foreign exchange risk)을 발생시킨다. 예를 들어, 자국의 화폐가 상대적으로 평가절하되는 경우, 그 화폐를 다른 나라의 화폐로 교환해야 하는 기업은 환차손을 감수해야만 한다. 또한 환율변동은 물품가격의 변동으로 이어짐으로써 역시 무역기업들에게 가격경쟁력상의 위험을 초래한다.

(5) 실무절차상 위험

국제거래에서는 국내거래보다도 까다로운 실무절차와 특수한 제 서류가 존재한다. 즉, 무역거래 시 무역계약으로부터 무역거래가 완전히 종결될 때까지 세관이나 외국환은행 등 관련 기관으로부터 각종 인 · 허가를 취득해야 하며, 이 과정에서 신용장(L/C) · 보험증권 · 원산지증명서 등 여러 가지 특수한 서류를 구비해야만 한다.

3. 산업연관성

무역은 산업과 밀접한 상호작용의 관계를 지닌다. 즉, 무역의 발전은 산업발전으로 이어지고, 산업발전은 무역발전에 기여한다. 먼저 수출의 경우 분업의 원리에 의해 유리한 산업에 특화함으로써 자원의 낭비를 줄이고, 수출국이 보유한 생산요소를 그 국가에 적합한 생산에 집중시켜 특정 산업과 관련 산업의 발전을 촉진시킨다. 나아가서 수출활동은 공업화의 기반을 조성시킬 뿐만 아니라, 이를 통해 국민경제에 고용 및 소득증대효과를 유발시킨다. 수입의 경우에 있어서도 수입 자체가 국제수지를 악화시키는 요인으로 작용하기도 하지만, 선진자본재나 국내에서 생산이 불가능한 원자재의 수입은 오히려 국내투자를 증대시켜 경제발전을 촉진하며, 또한 국내재화와 대체할 수 있는 수입도 국내산업과의 경쟁을 유발하여 국내산업의 육성에 기여한다.

4. 국제관습성

무역은 국제관습성이 있다. 무역은 물품매매계약의 형식으로 소유권이 매도인(수출업자)으로부터 매수인(수입업자)에게로 이전된다. 이와 같은 국제매매는 거래당사자들에게 법률상의 권리·의무를 발생시키는 상행위이기 때문에 분쟁의 소지를 없애기 위해서는 국제매매에 관한 통일된 규칙 내지 협약이 필요하다.

그러나 최근 국제매매에 관련된 여러 가지 조약이나 법규가 마련되고 있기는 하지만 아직까지는 급증하는 무역량에 따른 거래당사자들의 분쟁을 명백하게 해결할 정도의 수준에는 이르지 못하고 있다. 따라서 통일된 법규나 협약이 적용될 수 없는 거래인 경우, 과거 오랜 상거래에 의해 정형화된 관습에 근거해서 계약을 체결하고, 만약 분쟁이 발생하면 이에 근거하여 처리하게 된다.

제4절 무역의 형태

무역이라는 용어의 사용은 일반적으로 모든 형태의 무역을 구분 없이 사용하는 대표적 의미로 사용되고 있지만 무역이 어떤 특수한 경제관계와 어떤 특정 당사자 간에 이루어지느냐에 따라 다양한 용어로 사용될 수 있다. 여기서는 무역의 제반 형태에 따라 다양하게 사용되는 무역의 개념을 살펴보기로 한다.

1. 상품의 이동방향에 따른 구분

상품의 이동방향에 따른 무역형태는 수출, 수입, 통과무역으로 구분할 수 있다. 무역은 물품이 한 나라의 국경(관세영역)을 통과하여 어느 방향으로 이동하느냐에 따라 수출무역, 수입무역, 통과무역 등으로 구분할 수 있다. 수출무역(export),

수입무역(import)은 일반적으로 약식으로 수출, 수입이라 표현하는데 이것은 물품이 타국으로부터 자국의 영역으로 반입 또는 반출되는 경우를 말한다. 또한 통과무역(transit trade)은 물품이 수출국으로부터 제3국을 경유하여 수입국으로 수송될 때 제3국 입장에서 볼 때의 무역형태를 말한다.

2. 상품의 매매형태에 따른 구분

상품의 매매형태에 따른 무역형태는 직접무역과 간접무역으로 구분할 수 있다. 무역이 수출업자와 수입업자 간에 이루어짐에 있어 제3자를 개입시켜 간접적으로 하느냐 또는 제3자를 배제하고 수출업자와 수입업자 간에 직접적으로 하느냐에 따라 구분된다.

(1) 직접무역

직접무역(direct trade)이란 양국의 수출업자가 제3자를 개입시키지 않고 이루어지는 형태로 대부분의 무역이 이에 해당된다.

(2) 간접무역

간접무역(indirect trade)이란 양국의 수출업자와 수입업자 사이의 거래과정에 물품인도 혹은 대금결제 등의 방식으로 제3자가 개입하여 무역거래가 이루어지는 것으로서 여기에는 다음과 같은 무역의 형태가 있다.

1) 중계무역

중계무역(intermediary trade)이란 외국에서 수입한 물품을 자국에서 소비하지 않고 원형 그대로 혹은 약간 가공하여 제3국에 수출하는 형태를 말한다. 이러한 무역을 통해 중계무역상은 중계수수료 내지 약간의 부가가치를 수취할 수 있다. 이러한 중계무역은 일반적으로 중계무역항을 통해 이루어진다.

2) 중개무역

중개무역(merchandising trade)이란 양국 거래당사자 사이에 제3국의 상인이 개입하여 계약이 체결되는 거래형태를 말한다. 이는 국내에서 이루어지는 부동산 중개의 거래형식과 비슷하다. 즉, 양국의 거래당사자가 거래의사는 있으나 시장 경험이나 정보의 부족으로 인해 거래상대를 찾지 못할 경우, 쌍방의 거래의사를 인지한 제3국의 중개인이 거래를 알선함으로써 거래가 성립할 경우 제3국의 입장에서 볼 때 이를 중개무역이라 한다. 이 경우 물품인도는 수출업자로부터 수입업자에게 이루어지나 대금결제는, 첫째 수입업자가 수출업자에게 직접 결제하고 양국 거래당사자들이 제3국의 중개인에게 일정한 중개수수료를 지급하거나, 둘째, 수입업자가 거래를 알선해 준 중개인에게 결제하고 중개인이 이를 수출업자에게 지급하는 방식이 있다.

3) 스위치무역

스위치무역(switch trade)이란 수출업자와 수입업자 사이에서 직접 물품계약이 이루어지고 물품도 두 당사자 사이에 직접 인도되지만, 대금결제만 제3국의 업자를 개입시키는 형태를 말한다. 이때 간접결제를 담당하는 제3국 업자를 스위처(switcher)라 하고, 스위처들은 일정한 수수료(switch commission)를 받게 된다.

4) 우회무역

우회무역(round-about trade)이란 수출국과 수입국 사이에 외교관계가 없거나, 수입규제 내지 외환통제 등에 의해 직접거래가 어려울 경우 이러한 규제나 통제를 받지 않는 제3국을 통해 이루어지는 무역을 말한다. 과거 한국 제품이 홍콩을 경유하여 외교관계가 없던 중국으로 진출하거나, 1970년대 말 섬유제품과 전자제품 등에 대해 미국이 수입규제를 강화했을 때, 한국제품들이 중남미지역을 통해 미국시장에 진출한 것은 좋은 예이다.

3. 상품의 생산형태에 따른 구분

무역은 거래되는 물품의 형태에 따라 크게 유형무역과 무형무역으로 구분할 수 있다. 유형무역(visible trade)이란 거래대상이 눈으로 볼 수 있는 구체적 형태의 상품인 경우를 뜻하는 것으로, 이 경우 반드시 세관통관을 거쳐야 하므로 무역통계로 기록되고 국제수지표상에도 무역수지로 표시된다. 무형무역(invisible trade)이란 거래대상이 물리적인 형태를 갖지 않고 눈으로도 볼 수 없는 생산요소나 용역인 경우를 말하는데, 이러한 무형무역은 세관통관절차를 거치지 않기 때문에 무역통계에는 기록되지 않지만 국제수지표상에는 무역외수지로 표시된다.

4. 상품의 가공방식에 따른 구분

상품의 가공방식에 따른 무역의 형태는 일반가공무역과 수 · 위탁가공무역으로 구분할 수 있다.

(1) 일반가공무역

일반가공무역이란 가공수출무역(processing trade for export)과 가공수입무역(processing trade for import)으로 구분될 수 있는데, 수입보다는 주로 수출에 비중을 두고 있기 때문에 일반가공무역은 주로 가공수출무역을 의미한다. 가공수출무역은 가공에 따른 부가가치(가공임)를 얻기 위한 목적하에 원료의 전부 또는 일부를 수입하여 가공한 후 수출하는 것을 말한다. 만일 원료 혹은 원자재를 수입한 그 국가로 재수출한다면 이것을 능동적 가공무역이라 하고, 제3국으로 재수출한다면 이를 통과적 가공무역이라고 부른다. 그리고 대상 원자재를 외국에 송부하여 가공시킨 후 가공된 제품을 다시 수입하는 경우에 이를 수동적 가공무역이라 한다.

(2) 수탁가공무역

수탁가공무역(processing trade on indent)은 외국의 거래상대자로부터 가공하여 수출할 것을 전제로 필요한 원자재의 전부 또는 일부를 수입하여 가공한 후 그 거래상대자 또는 지정하는 자에게 수출하는 거래를 말한다. 이러한 수출거래는 계약조건에 따라 가공작업비, 운임, 보험료, 창고료, 이자 등을 수취하며, 환의 개재 여부에 따라 무환수탁가공무역과 유환수탁가공무역으로 구분된다. 환의 개재 여부란 수탁자가 원자재를 위탁자로부터 무상으로 조달하느냐 혹은 일정한 대가를 지급하고 조달하느냐에 따라 무환(무상)또는 유환(유상)으로 구분하는 것을 말한다. 무환수탁가공무역은 대상 원자재를 무환으로 수입하여 가공 후 가공임

차액만 받고 수출하는 거래로서 원자재의 수입대금과 가공제품의 수출대금의 차액, 즉 가득액만이 지급 · 수취되는 것을 말한다. 한편 유환수탁가공무역은 대상 원자재를 유환으로 수입하여 가공 후 수출하는 거래로서 원자재의 수입대금과 가공제품의 수출대금이 직접 지급되고 수취되는 경우이다.

(3) 위탁가공무역

위탁가공무역은 가공임을 지급하는 조건으로 외국에서 가공(제조 · 조립 · 재생 · 개조를 포함)할 원자재의 전부 또는 일부를 거래상대방에게 수출하거나 외국에서 조달하여 이를 가공한 후 가공물품을 수입하는 수출입을 말한다. 따라서 이 거래는 자국의 임금수준이 높아 자국 내에서 가공하는 것보다 가공임이 저렴한 국가에 가공을 위탁하는 것이 유리하거나 또는 자국의 기술수준이 낮아 기술이 발달된 국가에서 가공하고자 하는 경우에 이루어지는 거래이다.

5. 상품의 판매방식 및 거래주체에 따른 구분

상품의 판매방식 및 거래주체에 따른 무역의 형태는 위탁판매무역과 수탁판매무역으로 구분된다.

(1) 위탁판매무역

위탁판매무역(consignment sale trade)은 위탁자(consignor)가 물품을 무환으로 외국에 있는 거래상대방에게 수출하여 판매를 위탁하고 판매된 범위 내에서 수탁자(consignee)에게 일정의 판매수수료를 지급하고 물품대금을 결제받는 경우이다. 위탁판매수출 혹은 위탁판매무역은 수출업자나 생산자인 위탁자가 자기의 비용과 위험으로 해외에 있는 수탁자에게 물품판매를 위탁하는 것으로서 해외의 실수요자가 직접 실제의 물품을 확인하고 난 뒤 구매할 수 있는 장점을 가지고 있다. 이러한 형태의 무역은 새로운 시장을 개척할 경우 매우 효과적인 판매방식이지만 한편으로는 위탁판매에 따른 위험과 부담이 매우 크다는 점을 특히 유념해야 한다.

(2) 수탁판매무역

수탁판매무역(indent sale trade)은 위탁판매무역과는 반대의 방향에서 이루어지는 형태로서, 수탁자가 해외의 위탁자로부터 위탁을 받아 그 위탁자의 비용과 위험하에 물품을 무환으로 수입하여 자국 내에서 판매하고 그 대금을 결제하는 형태로서 위탁자로부터 일정의 수수료를 수취하는 것이 목적이다.

6. 상품의 균형 및 연계 여부에 따른 구분

연계무역(counter trade)은 우리나라에서는 구상무역이라는 용어로 사용되고 있다. 이것은 수출입이 서로 연계되어 무역거래가 이루어지는 방식이며, 수출입 물품의 대금을 그에 상응하는 수입 또는 수출로 상계하는 무역거래형태를 말한다. 이는 일종의 구상무역이나 물물교환의 변형적인 복합무역형태로서 수출과 수입을 연결시켜 수출입의 균형을 유지하기 위한 정책적 제도이다. 연계무역의 대표적인 형태로는 물물교환방식의 바터무역, 대응구매, 구상무역, 제품환매, 상쇄무역 등이 있다.

(1) 물물교환

물물교환(barter trade)방식은 연계무역의 가장 기본적이고 초보적인 형태로서, 수출입업자 간에 대금지급 혹은 화폐이전 없이 특정 제품이나 용역을 직접 교환하는 거래를 말한다. 따라서 이 방식은 화폐 및 금융제도가 발전하지 못한 시대부터 외환이 부족한 국가에서 수출물품과 수입물품을 서로 교환하는 외국무역에서 많이 활용되어 왔다.

(2) 대응구매

대응구매(counter purchase)란 연계무역형태 중 가장 흔히 이용되는 거래방식으로서, 수출업자가 상품이나 플랜트를 수출하는 대신 수입업자로부터 수출금액의 일정비율에 해당하는 상품을 구매하는 거래형태를 말한다. 물물교환과는 달리 수출과 수입이 동시에 이루어질 필요가 없고 수출계약서와 수입계약서가 별개로 시차를 두고 이루어질 수 있다. 또한 대금지불도 달리 결제되며 대응구매의무를 제3국에 전가시킬 수 있다는 특징이 있다.

(3) 구상무역

구상무역(counter trade)이란 두 나라 사이의 수출입이 균형을 이루도록 하기 위하여 수출입물품의 대금을 그에 상응하는 수입 또는 수출로 상계하는 방식의 수출입을 말하며, 대금결제 시 환의 개제 여부에 따라 무환구상무역과 유환구상무역으로 구분된다. 무환구상무역이란 국가 간의 화폐의 흐름이 없는 순수한 의미의 물물교환방식의 무역으로서 선수입에 대한 물품대금을 지급하지 않고 이에 상응하는 물품을 후수출하거나 또는 선수출에 상응하는 물품을 후수입하는 방식이다. 유환구상무역이란 수출입국 간의 수출입대금 결제 시 선수출입 시에 상응하는 대금을 외화로 수취 또는 지급하고, 후수출입에 따른 물품대금을 외화로 지급 또는 수취하는 거래방식이다. 이 경우 특정의 수출과 수입을 서로 이행조건으로 함으로써 결과적으로 동액의 무역균형이 이루어지도록 하는 무역거래방식을 취한다.

(4) 제품환매

제품환매(buy-back trade)란 수출업자가 플랜트, 장비와 같은 기계설비를 수출하고 동 설비에서 생산되는 제품을 구매하는 형태를 말한다. 이 방식에서는 수출입업자 사이에 기계설비계약과 제품계약의 두 가지 계약이 성립되는데, 일단 기계설비계약이 우선해서 이루어지는 것이 일반적이다. 제품환매방식은 과거 동유럽과 같이 외환사정이 좋지 않은 국가들과의 교역에 많이 이용되어 왔으나, 최근에는 한국의 해외직접투자기업에서도 종종 이루어지고 있다.

(5) 상쇄무역

상쇄무역(offset trade)이란 연계무역 중 가장 최근에 실시된 거래방식으로서, 수출국이 수출대가로 수출상품의 부품 혹은 일반제품을 수입국으로부터 구입하여 수출대금의 일부를 상쇄하는 방식의 거래를 말한다. 이 방식에서 수출자가 해당 부품을 수입하기 위해서는 수입국의 기술수준이 높아야 하며 수입국은 기술의 도입을 꾀하거나 연구개발을 추진하여 수출자의 요구에 합치되어야 하므로 수출국의 생산기술 혹은 경영노하우 등을 수입국에 이전하는 문제가 수반된다. 상쇄무역은 수입국이 기술수준이 높거나 그만한 능력을 보유하고 있어야 하며, 계약기간이 장기적이고 계속적이어서 투자를 수반하는 경우가 많다는 특징이 있다.

7. 무역거래를 수행하는 주체에 따른 구분

(1) 민간무역

민간무역(private trade)이란 무역거래가 개인 또는 무역업을 하는 기업에 의하여 이루어지는 무역을 말한다. 오늘날 대부분의 거래는 민간무역이다. 자본주의 체제하에서 가장 일반적인 거래의 형태이며 국내거래와 마찬가지로 영리를 목적으로 하는 거래이다.

(2) 국영무역

국영무역(state trade)이란 국가가 무역의 주체가 되어 일정한 계획통제나 혹은 무역협정에 의하여 이루어지는 무역형태를 말한다. 공무역(public trade)은 무역의 주체가 공공기관이 되는 경우로서, 정부가 출자하거나 정부의 관리하에 있는 공적기관에 의해 상거래활동이 이루어지는 것을 말한다. 정부무역(government trade)은 정부가 주체가 되어 행하는 무역을 말하며 비영리 목적으로 무역거래의 당사자가 되는 무역형태를 말한다.

8. 교역당사국 간의 관계에 따른 구분

교역당사국 간의 관계에 따른 무역의 형태는 남북무역과 동서무역으로 구분된다.

(1) 남북무역

남북무역(south-north trade)이란 선진국과 후진국 간의 국제무역을 총칭한다. 이것은 지리적으로 선진국이나 중진국이 주로 북반구의 적도 이북에 위치하고 있는 반면 동남아시아, 중근동, 아프리카, 중남미 등의 후진국들이 대체로 남반구의 적도 이남에 위치하고 있다는 점을 고려하여 붙여진 이름이다. 일반적으로 선 · 후진국 간의 경제적 · 정치적 관계를 총칭하여 남북문제라고 사용하기도 한다.

(2) 동서무역

동서무역(east-west trade)이란 자본주의국가와 사회주의국가 간의 교역을 총칭하는데, 여기서 동서의 개념은 과거 냉전시대 때 유럽을 중심으로 동쪽에는 공산권 국가들이 위치하고 있고 서쪽에는 자본주의 국가들이 위치하고 있음에서 비롯된 것으로서 이들 양 국가들 간의 전반적인 정치 · 경제관계를 동서문제라 하고, 이들 국가 간의 관계를 무역문제에 국한시켜 말할 때 이를 동서무역이라 한다.

9. 기타의 여러 가지 무역의 형태

(1) 주문자상표부착방식의 수출

OEM(Original Equipment Manufacturing)방식의 수출이란 주문자상표부착생산방식이라고 하며, 수입상으로부터 제품생산을 의뢰받아 주문상품에 상대방 상표를 부착하여 인도하는 방식을 말한다. 이 방식에 의한 수출은 수출국의 입장에서는 수출확대와 기술축적의 계기가 되는 이점이 있으나, 수출국 상품에 대한 이미지의 제고나 독자적인 수출시장의 개척이 어렵게 되는 불리한 점이 있다. 우리나라의 주요 수출품인 전자, 신발, 섬유 등에 있어서 상품의 상표 이미지가 취약하기 때문에 독자적인 브랜드가 아닌 OEM방식에 의한 수출상품이 상당한 비중을 차지하고 있다.

(2) 녹다운방식의 수출

녹다운(knock-down)방식의 수출이란 완제품을 수출하는 것이 아니라 조립할 수 있는 설비와 능력을 가지고 있는 거래처에 대하여 상품을 부품이나 반제품으로 수출하고, 실수요지에서 제품으로 완성시키도록 하는 현지 조립방식의 수출을 말한다. 녹다운(knock-down)은 사후조립을 위해 완제품을 해체한다는 의미인데 수입국에서 완제품의 수입을 규제할 경우 이를 회피하는 수출방법의 하나로 활용될 수 있다.

(3) 플랜트수출

플랜트수출(plant export)이란 각종 상품을 제조하기 위한 기계, 장치 등의 하드웨어(hardware)와 그 설치에 필요한 엔지니어링, 노하우, 건설시공 등의 소프트웨어(software)가 결합된 생산단위체의 종합수출을 말하며, 다른 이름으로 산업설비수출이라 쓰기도 한다.

제5절 무역과 교역조건

무역, 즉 국가 간에 교역이 이루어지는 이유는 국가 간에 교역이 없는 상태에 비하여 교역당사자들에게 상호 이익이 있기 때문이다. 그런데 무역을 통한 교역이익이 당사자 간에 어떻게 배분되며 그 배분을 결정하는 요인이 무엇인가는 중요한 문제라 할 수 있다. 수출은 국내에 필요한 원자재나 자본재 등의 수입을 가능케 함으로써 국내경제활동의 유지와 확대에 기여하지만, 이 경우 수출은 수입재원을 조달하기 위한 하나의 수단이므로 수출물량을 가급적 적게 하고 이에 대한 수입물량을 가급적 많게 하는 것이 바람직할 것이다. 이러한 수출과 수입의 교환비율을 다루는 것이 바로 교역조건에 관한 문제이다.

그러나 무역이익과 관련해서 논의되는 교역조건의 개념은 매우 다양한 의미를 갖고 있기 때문에 단순화된 개념을 현실경제에 적용시키는 데는 문제가 있다. 왜냐하면 경제발전의 논의에서 교역조건에 큰 관심을 가지는 것은 교역조건의 변화가 관련 국가의 국민소득수준 또는 국제적인 소득배분에 중요한 영향을 미치기 때문이다. 또한 교역조건은 특히 개발도상국에 있어서 무역이익을 나타내는 매우 편리한 지표이며, 나아가서는 중요한 후생적 의미를 지니고 있기 때문에 관심의 대상이 되고 있다.

1. 교역조건의 개념

교역조건을 이론적으로 말하면, 수출상품의 종합적인 물가지수를 수입상품의 종합적인 물가지수로 나눈 것을 의미한다. 본래 교역조건이란 수출상품 1단위와 교환할 수 있는 어떤 수입상품의 수량, 즉 수출상품과 수입상품의 교환비율을 의미한다. 따라서 한 국가의 수출상품 1단위와 교환될 수 있는 수입품의 양이 증가된다면 교역조건은 개선된 상태라고 볼 수 있으며, 그와 반대로 감소한다면 교역조건은 악화되었다고 할 수 있다.

또한 교역조건은 상품의 수출입뿐만 아니라 눈에 보이지 않는 수출입(invisible exports and imports), 즉 서비스거래까지도 포함하고 있다. 그러나 이것은 이론적으로 가능하지만 많은 종류의 상품으로 구성되어 있는 수출입품의 교환관계를 수량적으로 파악한다는 것은 거의 불가능하다. 더욱이 현실의 화폐경제하에서는 각 상품 간의 직접교환이 아닌 개별상품과 화폐와의 교환이므로 각 상품의 화폐가격을 가진다. 그렇지만 화폐가격만으로는 그 상품의 다른 상품에 대한 실질적 관계를 알 수 없으므로 하나의 상품과 다른 상품과의 가격을 비교함으로써 알 수 있다. 즉, 이 경우 교역조건은 교역되는 상품의 화폐가격 사이의 비율로 표시된다.

따라서 교역조건의 측정은 수출입상품의 수량에 의하여 추계되어야 당연하지만 수출입 통계상의 불비, 다시 말하면 무게, 부피, 수량, 길이 등 여러 가지 방식으로 추계되는 수출입통계를 일률적으로 계산하기가 곤란하기 때문에 일반적으로 수출입가격을 물가지수로 조정하여 간접적인 교역조건을 산출하고 있다.

2. 교역조건의 종류

현실경제하에서의 수출과 수입은 수많은 종류의 상품으로 구성되어 있기 때문에 교역조건을 실제로 측정함에 있어서는 여러 종류의 상품가격과 수량을 지수화(index)하여 동질화시키고 각 상품의 가중치로서 조정하여 총량지수를 산출하게 된다. 그러므로 교역조건은 그 분석목적에 따라 다음과 같은 여러 가지 종류로 나누어 볼 수 있다.

(1) 상품교역조건(commodity terms of trade)

상품교역조건은 순교역조건(net barter terms of trade)이라고도 한다. 이것은 수출상품가격과 수입상품가격과의 비율로서 기준연도와 비교해서 일정량의 수출에 의하여 얻어지는 수입량의 변동을 순전히 가격 면에서 파악한 것으로 수출입품의 단가비율이며 다음과 같이 표시한다. 일반적으로 교역조건이라면 이 개념을 의미한다.

$$TOT(N)=[(Px1/Px0)/(Pm1/Pm0)]\times 100$$

Px1 = 비교연도의 수출가격지수　　Px0 = 기준연도의 수출가격지수
Pm1 = 비교연도의 수입가격지수　　Pm0 = 기준연도의 수입가격지수

상품교역조건의 개선은 수입가격에 비해 수출가격의 상승률이 더 크기 때문에 일정량의 수출로써 전보다 더 많은 양의 수입이 가능하게 되어 무역이익이 증대되었음을 의미하며, 교역조건의 악화는 반대의 경우로 무역이익의 감소를 뜻한다. 그러나 이 지수의 단점은 이것의 변화만으로써는 실제로 거래된 수출의 총량 및 수입의 총량에 어떠한 변동이 있었는지 파악할 수 없다는 것이다. 실제 교역조건의 개선 및 악화에 따른 손실 여부를 파악하려면 가격변동뿐만 아니라 수량변동도 함께 고려해야 할 필요가 있다.

(2) 총교역조건(gross barter terms of trade)

총교역조건은 한 나라의 수입물량과 수출물량과의 교환비율, 즉 기준연도에 대한 비교연도의 수출입량을 서로 비교하는 것으로서 일정량의 수출에 의하여 얻어지는 수입량의 변동을 나타낸다.

$$TOT(G)=[(Qm1/Qm0)/(Qx1/Qx0)]\times 100$$

Qm1 = 비교연도의 수입물량지수　　Qm0 = 기준연도의 수입물량지수
Qx1 = 비교연도의 수출물량지수　　Qx0 = 기준연도의 수출물량지수

일정량의 수출증가에 대응하여 기준연도보다 더 많은 수입이 가능하게 되면 총교역조건은 유리하게 되었다고 할 수 있다. 그런데 총교역조건은 상품매매량으로만 구성되어 있다는 점이 특징이다.

(3) 소득교역조건(income terms of trade)

소득교역조건은 한 나라의 수출액으로 얼마만큼의 외국물품을 수입할 수 있는가를 측정해 주는 지수로서 수입능력지수(measure of the capacity to import) 또는 수출구매력(purchasing power of exports)이라고도 하는데 이는 실질적으로 상품교역조건에 수출물량지수(Qx)를 곱한 것과 같다.

$$TOT(I)=[(Px1/Px0)/(Pm1/Pm0)]\times Qx$$

Px1 = 비교연도의 수출가격지수　　Px0 = 기준연도의 수출가격지수
Pm1 = 비교연도의 수입가격지수　　Pm0 = 기준연도의 수입가격지수

위에서 Qx의 증가는 그 나라의 수출물량의 증대에 의해서 보다 많은 수입물량을 얻을 수 있음을 나타내는 것이며, 이 경우 그 나라의 수입능력은 증가되었다고 할 수 있다. 여기서 유의해야 할 점은 수출가격과 수출물량 여하에 따라서 소득교역조건과 상품교역조건은 서로 상반될 수 있다는 점이다. 예를 들어, 수출가격이 하락하였을 때 다른 조건이 불변이라면 상품교역조건은 악화될 것이지만 수출가격 하락률 이상으로 수출량이 증가하면 소득교역조건은 개선될 수 있을 것이다. 이 교역조건은 무역이익을 가격과 무역량으로 동시에 고려한 점에서 의의가 있다.

(4) 요소교역조건(factor terms of trade)

요소교역조건은 교역되는 재화의 생산에 투입된 생산요소량에 입각한 개념으로서 한 나라의 수출산업의 실질소득의 변화를 통해서 소득 또는 복지수준의 변동을 파악하는 것이다. 요소교역조건은 단일요소교역조건과 복수요소교역조건으로 구분될 수 있다.

1) 단일요소교역조건(single factor terms of trade)

이 교역조건은 상품교역조건을 수출산업생산성변동지수로 수정한 것으로 한 나라의 수출산업의 생산요소 1단위가 구매가능한 수입품수량의 증감을 나타내고 있으며, 이 수입품수량의 증감이라는 척도에 의해서 수출산업의 실질소득수준을

나타내고 있다.

$$TOT(S)=N \times Zx$$

N = 상품교역조건　　Zx = 한 나라의 수출산업의 생산성지수

어떤 비교연도에 Zx가 높아졌다는 것은 수출산업에서 생산하여 수출하는 상품에 투입되는 요소량이 기준연도에 비해 상대적 또는 절대적으로 적어졌음을 뜻한다. 그런데 투입되는 단위당 요소량이 적으면 생산성향상을 뜻하므로 이는 요소교역조건의 상승으로 인한 무역이익의 증가를 나타낸다고 할 수 있다.

2) 복수요소교역조건(double terms of trade)

이 교역조건은 수출산업의 변화뿐만 아니라 상대국의 수출산업에 있어 생산성 변화도 함께 고려한 교역조건이다. 여기서 N은 상품교역조건을 말한다.

$$TOT(D)=N \times (Zx/Zm)$$

Zx = 한 나라의 수출산업의 생산성지수　Zm = 외국의 수출산업의 생산성지수

외국의 수출산업에 비해 자국의 수출산업의 생산성지수가 높다면 생산성향상으로 투입되는 요소량은 그만큼 절약된다. 따라서 Zx/Zm은 일국의 수출산업의 생산요소 1단위가 타국의 생산요소 몇 단위와 교환될 수 있는가를 나타낸다. 이 지수는 양국의 생산성지수를 교역조건에 고려할 수 있다는 장점이 있지만, 수출품, 수입품에 포함된 생산요소가 다양하고 합리적인 단위측정이 기술적으로 어려워 생산성지수산출이 곤란하다는 단점이 있다.

참고자료 **교역조건 악화의 현실**

교역조건이 국제무역에서 얼마나 중요한지 다음의 사례에서 그 심각성을 잘 알 수 있다. IMF가 터진 이후인 1999년의 경우, 교역조건에 따른 무역손실 규모가 30조 원을 넘어 그 액수는 사상 최대치를 기록했다. 1999년 중 수출가격을 수입가격으로 나눠 계산되는 교역조건이 크게 나빠지면서 발생한 실질무역손실이 31조 9,560억 원을 기록한 것으로 나타났다. 교역조건 악화에 따른 무역손실은 지난 1997년 18조 1,760억 원에서 1998년 21조 7,880억 원으로 19.9%로 증가한 데 이어 1999년에는 무려 46.7%의 증가율을 나타냈다.

국민계정상의 교역조건지수(1995년을 100으로 기준할 때)를 보면 1997년 1989에서 1998년 85.8, 1999년에는 83으로 계속 하락하였다. 교역조건이 불리해지면 일정량의 상품을 수출해 수입할 수 있는 상품의 양이 감소하게 되므로 국민이 소비하거나 투자할 수 있는 재원이 줄어들어 경제적 후생, 즉 실질소득이 감소하게 된다. 실제 1999년 중 실질국내총생산(GDP) 성장률은 10.7%에 달했지만 교역조건을 감안한 실질국민총소득(GNI)은 8.9%로 증가하는데 그쳤다. 매년 수입이 수출보다 더 빨리 늘어나게 되어 교역조건 악화추세가 지속된다면 무역손실은 규모가 더욱 커지게 된다.

IMF 이후 교역조건 악화는, 첫째 원유를 비롯한 원자재가격의 인상뿐만 아니라 완제품 수입가격의 상승이 수출가격보다 더 급격히 상승했다는 점과, 둘째 우리나라의 환율상승에 그 원인이 있는데, IMF 전 환율이 달러당 800원 선에서 형성되었으나 환율이 2000년 초까지 평균 50% 이상 평가절하되어 형성된 결과이다. 이러한 상황하에서 수입이 지속적으로 증가하고 수출이 둔화되면 무역손실은 더욱 늘어날 수밖에 없다.

3. 교역조건의 경제적 의미

앞에서 언급한 여러 종류의 상이한 교역조건의 개념을 가지고 국민경제의 변화를 올바르게 파악하는 것은 중요한 문제이다. 상품교역조건의 이론적 의의는 수출과 수입의 수량적 변화비율 또는 그 가격의 변화비율을 통해서 그 국가의 실질소득이 어떤 변화를 가져오기 때문에 국민경제향상 여부를 판단할 수 있는 하나의 기초로 삼을 수 있다. 만약, 교역조건이 악화되면 수출업자의 실질적 구매력이 줄어들고 나아가서는 국민경제에 그만큼 영향을 주기 때문이다. 그러나 이 교역조건은 일국의 생산과 소비에 관한 기본조건이 변하지 않는 경우, 즉 무역구조의 변동을 무시해도 좋을 만한 단기분석에 한하여 국민경제향상 여부의 판단지표로 삼을 수 있지만 장기적으로 볼 때는 인구, 자본, 기술수준, 생활양식 등이 크게 변동하기 때문에 장기의 경제향상 여부의 판단에는 크게 도움이 되지 않을 수도 있다.

장기적인 경제향상 여부를 판단하는 경우에는 상품교역조건뿐만 아니라 무역량과 무역관련 산업의 생산성도 함께 고려해야 할 것이다. 생산성향상은 그만큼 국민소득에 영향을 주기 때문이다. 그래서 장기에 걸쳐 일국의 경제력향상을 비교적 잘 나타내는 것은 요소교역조건일 수도 있다. 그러나 요소교역조건은 이론적으로는 일국과 상대국과의 경제력 변동을 잘 나타내는 것이기는 하나, 매우 복잡하므로 측정이 어려울 수 있으며 통계기술적으로 볼 때도 많은 곤란과 오차가 있을 뿐만 아니라 그 해석에도 어려움이 따른다. 따라서 총교역조건 및 소득교역조건이 특수한 경우를 제외하고는 국민경제에 미치는 효과를 제대로 반영하지 못한다는 점과 요소교역조건이 산출이 어렵다는 점 때문에 현실적으로 상품교역조건은 오늘날 대부분의 국가에서 가장 많이 사용되고 있으며 역사적으로 보아도 여타 개념보다는 일찍부터 이용되어 관심의 주 대상이 되었으며, 교역조건의 추세와 그에 따른 경제적 효과를 파악하는 데 있어서도 자료상의 이용가치가 크다 할 수 있겠다.

제2장 국제무역이론

학습목표

1. 국제무역의 발생원인을 파악한다.
2. 각각의 무역이론의 개념과 무역현상을 설명하는 근거를 이해한다.
3. 각각의 무역이론의 장점과 한계점을 파악한다.

| 핵심사항 |

❶ 국제무역이론의 이해

1. 무역의 이익
무역의 이익에는 교환의 이익과 분업 또는 전문화의 이익이 있다.
2. 국제무역론의 역할
어느 나라가 무엇을 누구에게 판매할 것인가에 대한 질문으로부터 제기되는 무역의 구조를 올바르게 설명하려는 노력은 바로 국제무역이론의 주요한 역할로 여겨져 왔다.
3. 국제무역의 발생원인
첫 번째 이유는 국가들이 서로 무역을 통해 경제적인 이득을 얻기 때문이고, 두 번째 이유는 국가들이 생산에서 규모의 경제를 달성하기 위해서 무역을 한다.

❷ 국제무역이론의 전개

1. 고전무역이론의 이해
(1) 아담 스미스(Adam Smith)의 절대우위론 : 양국의 생산비에 절대적 차이가 있을 경우 각 나라는 절대우위상품의 생산에만 전문화한다면 분업에 의한 이익을 누릴 수 있다고 주장하였다.
(2) 데이빗 리카도(David Ricardo)의 비교우위론 : 한 국가가 두 교역상품에 있어 모두 절대우위를 갖는 경우에도 두 상품 사이에 비교우위가 있다면 무역이 발생할 수 있음을 밝혔다. 두 나라가 비교우위가 있는 상품에 각각 특화하여 생산한 후 서로 두 상품을 교환하는 것이 무역 참가국인 두 나라 모두에게 유익함을 설명하였다.
(3) 존 스튜어트 밀(John Stuart Mill)의 상호수요이론 : 양국 간에 실제로 교환되는 두 상품의 비율은 양국이 갖는 상대국 상품에 대한 각각의 수요가 정확하게 일치되는 수준에서 결정된다고 하였다.
2. 근대무역이론의 이해
(1) 헥셔-올린의 무역이론(Hecksher-Ohlin theorem) : 헥셔와 올린은 국가 사이에 발생하는 비교생산비차의 원천은 요소부존도의 차이에 있다는 것을 증명하였는데, 요소부존이론(헥셔-올린정리 제1명제)과 요소가격균등화정리(헥셔-올린정리 제2명제)가 있다.
(2) 스톨프-사무엘슨의 정리 : 수입규제 및 특정 무역정책의 수단들로 인해 교역상품의 가격이 영향을 받을 때 그로 인해 각국의 소득분배가 어떻게 영향을 받게 되는가를 설명한다.
(3) 레온티에프의 역설(Leontief paradox) : 헥셔-올린의 무역이론이 과연 현실의 무역패턴을 잘 설명하고 있는가에 대한 시도로서 1953년 미국의 자료를 가지고 헥셔-올린의 무역이론이 미국의 수출입 패턴을 잘 설명하고 있는가를 실증적으로 검증하였다.
3. 현대무역이론의 이해
(1) 대표적 수요이론 : 한 국가에서 잠재적으로 수출상품이 되기 위해서는 해당 국가 내에서 대규모의 대표적 수요(representative demand)가 존재해야 가능하다는 이론이다.
(2) R&D이론 : 한 국가의 무역패턴을 결정하는 요인을 설명함에 있어 연구개발종사자, 기술자, 숙련도동자 등 우수한 질적 노동을 많이 보유하는 산업이 수출산업으로서 국제적 우위를 유지할 수 있으며 그 제품을 수출하게 된다는 이론이다.
(3) 기술격차이론 : 국가 간의 무역패턴은 국가 간 기술격차에 의해 결정된다는 이론이다.
(4) 제품수명주기이론 : 한 국가의 무역패턴 결정은 국가 간의 기술격차가 소진되는 제품의 수명주기(life cycle)과정에서 결정된다는 것으로 새로운 제품에 대한 기술혁신국의 비교우위가 외국으로 이전되는 과정에서 무역패턴이 결정됨을 설명하고 있다.
(5) 불완전경쟁하의 무역이론 : 다양한 형태의 시장구조를 불완전경쟁시장이라 하는데 이러한 시장을 전제로 할 때 국제무역패턴이 어떻게 결정되고 국제무역의 역할과 효과에 대해 설명하려는 이론이다.

제1절 국제무역이론의 이해

무역은 재화와 서비스가 국경을 넘어서 교환되는 것을 말한다. 그러므로 무역이 발생하는 이유는 재화와 서비스가 교환되는 이유와 같다. 재화와 서비스의 교환이 일어나는 것은 우리가 각자 필요로 하는 재화를 자급자족하는 것보다는 분업을 해서 각자가 생산한 재화를 제공하고 자신이 필요로 하는 재화를 교환을 통해서 입수하는 것이 우리의 물질적 생활을 보다 풍요롭게 하기 때문이다.

1. 무역의 이익

(1) 교환의 이익

첫째, 교환의 이익이다. 우리가 보유하고 있는 재화만 소비할 수 있는 경우보다는 다른 사람과 자유롭게 교환할 수 있는 기회가 있을 때 우리의 경제적 생활은 더욱 풍요로워진다. 사람에 따라 재화에 부여하는 가치가 다른 경우에 교환을 통해서 자신이 작은 가치를 부여하는 재화를 제공하고 큰 가치를 부여하는 재화를 획득할 수 있으므로 교환은 각자가 보유하는 재화의 가치를 증가시켜서 사회 전체의 부를 증가시킨다. 사람에 따라 재화에 부여하는 가치가 달라지는 것에는 여러 가지 이유가 있을 수 있다. 사람마다 취향이 다를 경우도 있고 또 사람이 처해 있는 환경이 다르기 때문일 수도 있다.

내가 사과 1개보다 배 1개에 더 높은 가치를 부여하는 것은 내가 배를 사과보다 좋아하기 때문일 수도 있다. 그러나 어떤 사람의 경우에는 사과 1개보다 배 1개를 더 높이 평가하는 이유가 현재 그 사람이 사과는 100개를 가지고 있는데 배는 1개밖에 없기 때문일 수도 있다. 산촌 사람들과 해변에 사는 사람들이 숯과 소금을 교환하는 경우에 산촌사람들은 숯보다는 소금에 더 높은 가치를 매기고 해변에 사는 사람들은 숯에 더 높은 가치를 매긴다. 또 생산자와 소비자의 교환에서 생산자는 자신이 생산한 재화를 제공하고 돈을 획득하는 것보다 큰 만족을 얻는다.

(2) 분업의 이익

둘째, 분업 또는 전문화의 이익이다. 우리가 재화를 생산하는 데에 드는 비용은 사람에 따라 차이가 있을 수 있다. 또 우리는 모든 생산활동을 다 잘할 수 있거나 못하거나 하지는 않는다. 어떤 활동은 더 잘하고 어떤 활동은 잘하지 못한다. 이처럼 각자가 타고난 자질, 숙련도 또는 환경에 따라 여러 가지 재화를 생산하는 비용은 사람에 따라 천차만별하다. 그러므로 각자가 다른 사람보다 상대적으로 잘할 수 있는 활동에 전문화하여 생산한 재화를 자신이 필요로 하는 재화와 교환하는 것이 자신이 필요로 하는 모든 재화를 직접 생산하는 것보다 훨씬 적은 비용으로 획득할 수 있기 때문에 실질소득이 증가하고 경제적 후생이 증가한다.

또한 사회 전체적으로 보다 더 많은 가치가 있는 재화를 생산할 수 있다. 이와 같이 상대우위에 따른 분업은 개인뿐만 아니라 사회 전체의 경제적 후생을 증가시킨다. 그리고 경우에 따라서는 전문화를 하는 것 자체가 생산성을 증가시킬 수 있다. 이는 기술적인 특성, 경제적인 특성 등으로 인해 생산의 규모가 증가할수록 비용이 감소하는 경제적 활동에서 찾아볼 수 있다.

각자가 전문화를 해서 옛날보다 생산활동의 규모가 증가하고 이에 따라 생산비가 감소한다면 분명히 경제적 후생은 증가할 것이고 이런 경제적 후생의 증가는 전문화를 했다는 것 자체에서 일어난 것이다. 그런데 이러한 전문화가 가능하기 위해서는 각자가 전문화를 해서 생산한 재화를 처분하고 자신이 필요로 하는 재화를 획득할 수 있는 교환의 기회가 존재해야 한다. 자신이 생산에서 우위를 가지고 있다는 이유로 생산을 전문화하는 것은 자신이 필요로 하는 재화를 획득할 수 있는 기회가 없는 경우에는 어리석은 행동이 될 것이기 때문이다.

2. 국제무역이론의 역할

사람들이 재화에 대해 부여하는 가치가 사람마다 다르고 또 여러 가지 생산활동을 수행하는 경우 효율성이 사람마다 그리고 생산활동에 따라 다른 것처럼 국가에 따라 재화에 대해 부여하는 가치, 그리고 여러 가지 재화를 생산하는 비용이 다르다. 어떤 나라는 다른 나라보다 특정한 재화를 더 좋아해서 더 많이 소비할 수도 있고 또 특정 재화를 보다 효율적으로 생산할 수도 있다. 그러므로 국가들 사이에 발생하는 재화와 서비스의 교환, 즉 무역은 각국의 경제적 후생을 증가시키고 세계 전체의 경제적 후생을 증가시킨다.

그러면 국가에 따라 재화에 대해 부여하는 가치가 다르고 또 생산활동을 수행하는 상대적 효율성이 다른 것은 어떻게 알 수 있는가? 이것은 두 나라 사이에 재화의 상대가격 차이에서 알 수 있다. 즉 어떤 나라 사람들이 다른 나라 사람들보다 사과를 더 좋아한다면 그 나라에서 사과의 상대가격은 비쌀 것이다. 그리고 그 나라가 다른 나라보다 옷감을 보다 싼 값으로 생산한다면 그 나라에서 옷감의 상대가격은 다른 나라보다 쌀 것이다. 그러므로 두 나라 사이에 상대가격의 차이가 존재하면 두 나라 사람들이 그 재화에 대해서 부여하는 가치가 다르다는 것을 나타내고, 따라서 두 나라는 무역을 통해서 이익을 얻을 수 있다.

각국은 자국에서 값이 싼 재화를 수출하고 값이 비싼 재화는 외국에서 수입함으로써 교환의 이익을 얻을 수 있다. 즉, 각국은 자기들이 가치를 낮게 평가하는 재화를 포기하는 대신 높은 가치를 부여하는 재화를 외국에서 수입함으로써 가치를 증가시킬 수 있기 때문이다. 또 각국에서 상대우위가 있는 재화의 생산에 전문화를 함으로써 각국은 보다 효율적인 생산활동을 하고 실질소득을 증가시킬 수 있다. 그런데 이론적으로 보면 이와 같은 무역을 통한 이익의 실현을 위해서 정부가 적극적으로 개입할 필요는 없다. 즉, 두 나라 사이에 상대가격의 차이가 있을 때 항상 상인은 상대가격이 싼 국가에서 재화를 사다가 상대가격이 비싼 국가로 재화를 수출함으로써 이익을 얻을 수 있는 차익거래의 기회가 있다. 그러므로 상인들이 자신의 이윤을 증가시키는 활동을 하는 가운데 각국은 상대가격이 싼 재화를 수출하고 상대가격이 비싼 재화를 수입하게 된다.

무역이론의 과제 중 하나는 왜 각국별로 상대가격의 차이가 나타나는가를 규명하는 것이다. 또한 이렇게 규명된 무역이론이 실제 무역의 구조를 충분히 설명할 수 없다면 경제학자들은 무역의 효과를 논의하거나 무역이익을 극대화시키려는 정책적 제안에 대해 확신을 갖고 제시할 수 없을 것이다. 그러므로 어느 나라가 무엇을 누구에게 판매할 것인가에 대한 질문으로부터 제기되는 무역의 구조를 올바르게 설명하려는 노력은 바로 국제무역이론의 주요한 역할로 여겨져 왔다.

3. 국제무역의 발생원인

개별국가들은 두 가지 이유에서 무역을 한다. 첫 번째 이유는 국가들이 서로 무역을 통해 경제적인 이득을 얻기 때문이다. 특히 세계시장에서 국가들 간의 무역은 국가 상호 간에 자원보유량, 선호도 및 기술 등이 서로 다르기 때문에 발생한다. 개인과 마찬가지로 국가들 역시 상호 간에 상대적으로 우위를 차지하는 요인들이 있으므로, 서로 우위의 차이점을 교환하면서 경제적인 이득을 얻을 수 있다.

두 번째 이유는 생산에서 규모의 경제를 달성하기 위해서 무역을 한다. 만약 각 국가들이 제한된 자원으로 한정된 범위의 제품들만을 생산한다면 대규모 생산을 할 수 있지만, 광범위한 제품들을 제한된 자원으로 생산할 경우 결과적으로 다양한 제품들을 소규모로 생산할 수밖에 없기 때문에 한정된 범위의 제품만을 규모있게 생산하는 것보다 비효율적이다. 따라서 무역은 각국이 서로 다른 제품을 교역함으로써 다양한 제품을 더 많이 소비할 수 있게 된다.

실제로 세계경제에서 국가 간 무역을 하는 경우, 비교우위와 규모의 경제로 인한 동기들이 서로 작용하고 있는 예들을 볼 수 있다. 무역이론을 설명함에 있어 위의 두 가지 요인을 설명하는 방법은 경제상황과 시대별로 다양하다. 따라서 먼저 무역이 발생하는 원인과 무역으로 인한 경제적 효과를 쉽게 설명하기 위해 고전무역이론, 근대무역이론, 현대무역이론의 단순모형과 각각의 이론에서 주장하는 주요 관점을 설명하고자 한다.

제2절 국제무역이론의 전개

일반적으로 이론이란 어떤 현상을 체계적으로 설명하고 예측하는 것이라 할 수 있는데 무역이론은 국가 간에 발생하는 실물교역현상, 즉 무역이라는 현상을 체계적으로 설명하고 예측하는 것이다. 국제무역이론에서 전통적으로 연구대상으로 삼아 온 주요 과제들은 다음의 세 가지로 요약해 볼 수 있다.

첫째, "무역은 왜 발생하며, 국가 간의 무역패턴은 어떻게 결정되는가"라는 문제이다. 무역패턴이라 함은 국제무역이 허용되는 경우 누가 누구에게 무엇을 수출하고 무엇을 수입하게 되는가를 설명하고자 하는 것이다.

둘째, "교역조건은 어떻게 결정되는가"의 문제이다. 교역조건이라 함은 무역이 이루어질 때 수입상품과 수출상품의 교환비율이 궁극적으로 어떠한 수준에서 이루어지게 되는가를 설명하고자 하는 것이다.

셋째, "무역을 하게 되면 각국은 이로부터 어떠한 경제적 이익을 기대할 수 있는가"라는 문제, 즉 무역이익에 관한 문제이다. 원래 국제무역은 어디까지나 상호 이익을 위해 자발적으로 발생하는 현상이지만 이로부터 발생하는 이익이 국가 간에 균일하게 배분되는 것은 아니다. 또 한 국가에 이익이 발생하더라도 그 이익이 국민들 사이에 균일하게 배분되는 것은 아니다. 경우에 따라서는 무역으로부터 손해를 보는 국가 또는 국민들이 존재할 수도 있는 것이다. 따라서 국제무역이 각국의 소득배분에 미치는 영향이라든가, 혹은 한 국가 내의 국민들 사이에 미치는 후생효과를 분석하는 것이 중요한 과제 중의 하나이다.

1. 고전무역이론의 이해

고전무역이론이란 무역의 원인, 무역패턴, 무역이익, 소득배분의 문제에 대하여 체계적으로 설명하려는 전통적인 이론들을 말한다. 구체적으로는 아담 스미스의 절대우위론, 데이빗 리카도의 비교우위론, 그리고 존 스튜어트 밀의 상호수요이론 등을 지칭한다.

(1) 아담 스미스(Adam Smith)의 절대우위론

1) 절대우위의 개념과 생산비조건

절대우위(absolute advantage)란 두 나라에 있어 생산비의 절대적 차이를 의미하며, 절대생산비설이라고도 한다. 즉, 어느 나라가 다른 나라보다 상품을 값싸게 생산할 경우 그 상품에 절대우위가 있다고 한다. 아담 스미스의 절대우위론을 예를 들어 설명하면 먼저 세계에 포르투갈과 영국의 두 나라가 있고 두 나라에서 각각 포도주와 모직물을 생산하는 경우를 가정한다.

아담 스미스는 노동가치설에 근거하는데, 이는 상품의 가치가 인간의 노동에 의하여 결정되는 점을 고려하여 노동이 경제 내에서 유일한 생산요소라고 가정한다. 이 경우 생산비는 그 상품을 생산하기 위해 투입된 노동량으로 측정되며 이는 노동자의 수로 표시할 수 있다. 이때 양국의 생산비는 아래의 예와 같다. 이 경우 포도주 1단위를 생산하는 데 필요한 노동량이 포르투갈에서는 7명이고 영국에서는 14명이므로 포르투갈은 포도주를 영국보다 값싸게 생산한다는 것을 알 수 있다. 다시 말하면 포르투갈은 포도주의 생산에 절대우위가 있으며, 모직물의 경우에는 영국이 포르투갈보다 값싸게 생산하므로 영국은 모직물의 생산에 절대우위가 있다.

표 2-1 | 아담 스미스의 절대우위론 설명을 위한 경제상황

	포르투갈	영국
포도주 1단위 생산비용	7명	14명
모직물 1단위 생산비용	10명	8명

2) 절대우위하의 무역이익

무역은 왜 발생하는가? 아담 스미스는 양국의 생산비에 절대적 차이가 있을 경우 각 나라가 절대우위상품의 생산에만 전문화한다면 분업에 의한 이익을 누릴 수 있다고 주장한다. 두 나라 사이에 존재하는 생산비의 절대적 차이가 있을 경우 무역이 발생한다는 것이다. 다시 말하면, 양국 간에 생산비 차이가 없을 경우 무역은 발생하지 않는다는 것이다. 앞의 예에서 보면, 포르투갈은 포도주에 절대우위가 있고 영국은 모직물에 절대우위가 있다. 따라서 포르투갈은 포도주 생산에 특화하고, 영국은 모직물 생산에 특화하여 국제적 분업을 한다. 그 후 무역의 패턴을 보면 포르투갈은 포도주를 영국에 수출하고 그 대가로 모직물을 수입한다. 반면에 영국은 모직물을 포르투갈에 수출하고 포도주를 수입한다.

무역으로 인한 이익을 살펴보면 무역 전 두 나라에 생산되는 것을 모두 합하면 포도주 2단위와 모직물 2단위이다. 무역이 이루어져 포르투갈이 영국 양국이 각각 포도주와 모직물 생산에 특화한다고 가정한다. 무역 후 포르투갈이 17명의 노동을 전부 포도주 생산에만 투입한다면 포도주 1단위 생산에 7명의 노동이 필요하므로 17/7단위의 포도주를 생산하게 된다. 그리고 영국은 22명의 노동을 전부 모직물 생산에만 투입한다면 모직물 1단위 생산에 8명의 노동이 소요되므로 22/8단위의 모직물을 생산할 수 있게 된다. 그러므로 무역은 두 나라의 포도주 생산을 3/7단위 증가시키고 모직물 생산을 3/4단위만큼 증대시킬 것이다. 이러한 생산의 증가분이 무역참가국들의 무역이익이라 할 수 있다.

3) 절대우위론에 대한 비판

절대우위론이 무역발생의 원인을 절대생산비의 차이로 설명하고 있음은 주지의 사실이다. 그리고 한 나라가 하나의 상품만 절대우위를 가진다고 묵시적으로 가정하고 있다. 그러나 만일 한 나라가 두 상품생산에 모두 절대우위를 가지는 경우에도 무역은 발생하는가? 포르투갈이 포도주와 모직물 생산 모두에 있어 절대우위를 가질 경우, 절대우위론에 따르면 포르투갈은 포도주와 모직물 두 상품 모두를 생산하여 수출하고 영국은 수출할 상품이 없으므로 두 나라 사이에 무역은 발생할 수 없다는 결론에 이른다. 아담 스미스의 절대우위론은 어느 한 나라가 두 상품 모두에 절대우위를 가지고 있을 경우 무역을 설명하지 못한다는 비판을 받는다.

(2) 데이빗 리카도(David Ricardo)의 비교우위론

1) 비교우위의 개념과 생산비조건

데이빗 리카도는 아담 스미스의 절대우위론의 비판을 보완하여 비교우위(comparative advantage)의 개념을 이용해 무역패턴을 설명하였다. 그는 한 국가가 두 교역상품에 있어 모두 절대우위를 갖는 경우에도 두 상품 사이에 비교우위가 있다면 무역이 발생할 수 있음을 밝혔다. 비교우위란 두 상품의 우위의 차이를 비교하여 그 우위가 큰 것을 말한다. 리카도의 비교우위의 개념을 예를 들어 설명하면 포르투갈과 영국 두 나라가 존재하고, 포도주와 모직물의 두 교역상품의 생산비는 [표 2-2]와 같다고 한다.

포르투갈은 두 상품 모두 영국보다 값싸게 생산할 수 있지만 두 상품의 우위의 정도를 비교해 보면 포도주 생산에는 영국 생산비의 2/3가 드는 데 비하여 모직물 생산에는 영국 생산비의 9/10가 든다. 다시 말하면 포르투갈은 두 상품 모두 절대우위를 가지고 있지만 모직물 생산보다는 포도주 생산에 그 우위가 더 크다. 그러므로 포르투갈은 포도주 생산에 비교우위를 가지고 있다고 할 수 있다.

2) 비교우위하의 무역이익

리카도는 두 나라가 비교우위가 있는 상품에 각각 특화하여 생산한 후 서로 두 상품을 교환하는 것이 무역 참가국인 두 나라 모두에게 유익함을 설명하였다. 위의 예에서 포르투갈은 비교우위가 있는 포도주의 생산에 전문화하여 영국에 수출하고 생산을 포기한 모직물은 영국으로부터 수입하는 것이 경제적으로 유익하다는 것이다.

이제 양국에서의 무역이익을 살펴보면, 무역 전 포르투갈은 17명의 노동으로 포도주와 모직물 각 1단위씩을 생산하였다. 영국은 22명의 노동으로 역시 포도주와 모직물 각 1단위씩을 생산하였다. 이제 무역이 발생하여 포르투갈이 포도주 생산에 17명의 노동을 전부 투입한다면, 포도주 1단위 생산에 8명이 소요되므로 포르투갈은 17/8단위의 포도주를 생산할 수 있게 된다. 그리고 영국이 모직물 생산에 22명의 노동을 전부 투입한다면, 모직물 1단위 생산에 10명이 소요되므로 영국은 22/10단위의 모직물을 생산하게 된다. 전 세계적으로 무역 전에는 두 교역상품의 생산이 각 2단위였지만, 무역개시 후에는 포도주 17/8단위와 모직물 22/10단위만큼 증가하여 이익이 된다는 것을 알 수 있다.

한편 두 나라의 무역이익은 노동의 절약이라는 측면에서도 살펴볼 수 있다. 포도주와 모직물이 1:1의 교환비율로 교환된다고 가정하면, 포르투갈은 8명의 노동으로 생산한 포도주 1단위를 수출하고 그 대가로 9명의 노동으로 국내생산하였던 모직물 1단위를 수입하게 되므로 1명의 노동을 절약할 수 있다. 영국의 경우에도 10명의 노동으로 생산한 모직물 1단위를 수출하고 12명의 노동으로 국내생산하였던 포도주 1단위를 수입하게 되므로 2명의 노동을 절약할 수 있게 된다.

표 2-2 | 데이빗 리카도 비교우위론 설명을 위한 비용투입

	포르투갈	영국
포도주 1단위 생산비용	8명	10명
모직물 1단위 생산비용	9명	12명

3) 비교우위론에 대한 비판

비교우위론은 절대생산비이론을 보완하여 자유무역에 대한 이론적 토대를 확고히 하였다는 것과 국제무역의 발생원리를 구명하였다는 점에서 의의를 갖는다. 그러나 리카도의 비교우위론은 다음과 같은 한계점을 지니고 있다. 우선 비교우위론은 일국이 비교우위가 있는 한 상품에 완전특화한다고 가정하고 있으나 일반적인 경우 완전특화보다는 부분특화가 발생하는 것이 보통이다. 즉, 자국의 비교우위가 있는 상품의 생산에만 모든 노동을 투입하기보다는 비교열위의 상품도 생산하는 것이 현실에 가깝다는 것이다. 또한 비교우위론은 무역의 이익이 교역당사국에 어떻게 배분될 것인가 하는 문제에 있어서도 명확한 답을 제시하지 못하고 있다.

비교우위에 대한 오해

한 국가가 두 가지 상품생산에 있어 모두 다른 국가보다 비효율적이라고 하더라도 각국이 상대적으로 더 비교우위가 있는 제품생산에 특화하여 교역한다면 상호이익을 얻을 수 있는 가능성이 있다는 비교우위의 법칙을 말로써 서술하고 이를 간단한 숫자상의 예를 들어 설명하였다.

이러한 사실은 일상생활에서 간단한 예를 살펴봄으로써 이해할 수 있다. 어떤 변호사가 그의 비서보다 타이프를 두 배나 빨리 칠 수 있다고 가정해 보자. 따라서 변호사는 비서에 비하여 법률사무와 타이핑에 절대우위를 가지고 있다. 그러나 비서는 변호사 자격이 없이는 법률사무를 볼 수 없으므로 변호사는 법률사무에 더 큰 절대우위 또는 비교우위를 가지게 되고 비서는 타이핑에 비교우위를 가지게 된다. 비교우위의 법칙에 의하면 변호사는 법률사무에 전념해야 하고 비서에게는 타이핑을 시켜야 한다. 예를 들어, 변호사는 법률사무를 보는 데 시간당 100달러를 벌고 비서에게 타이핑을 시키는 데 시간당 10달러를 지급한다고 할 때 변호사가 스스로 타이핑을 하게 되면 시간당 80달러의 손해를 사실상 본다. 그 이유는 변호사가 자기 비서보다 타이프를 두 배나 빨리 치므로 20달러를 절약할 수 있지만 법률사무를 봄으로써 벌 수 있는 100달러를 포기해야 되기 때문이다.

(3) 존 스튜어트 밀(John Stuart Mill)의 상호수요이론

1) 상호수요의 개념과 교역조건

앞에서 설명한 스미스와 리카도의 무역이론에서는 두 재화의 교환비율이 포도주 1단위와 모직물 1단위라고 가정했을 때 무역을 통한 이익이 발생할 수 있다는 것을 보여주었다. 그러나 이들이 옷감과 포도주와의 교환비율이 1:1이라고 가정한 이유에 대해서는 설명이 없었으며 그들은 그것이 적어도 양국 간 두 재화의 교환비율 사이에 놓이게 된다는 것을 보여준 데 그쳤다. 그의 논리에서 양국 간 두 재화의 교환비율이 옷감 1단위와 포도주 1단위가 교환된다고 가정한 것은 단순히 설명의 편의상 임의로 가정한 것이라고 해석된다.

두 재화의 국가 간 교환비율, 즉 국제교역조건이 리카도가 제시한 대로 두 재화의 국내교환비율 사이에서 구체적으로 어떻게 결정되는지에 대한 문제는 그 후 존 스튜어트 밀에 의해 해명되었다. 밀은 일국이 자국의 수출상품을 제공하려는 의도는 그와 교환으로 얻을 수 있는 수입상품의 양에 달려 있다고 보았다. 즉, 일국이 수출하고자 하는 수출상품과 교환하고자 하는 수입상품과의 교환비율에 따라 변한다고 보았다. 밀에 의하면 양국 간에 실제로 교환되는 두 상품의 비율은 양국이 갖는 상대국 상품에 대한 각각의 수요가 정확하게 일치되는 수준에서 결정된다. 이것이 소위 밀의 상호수요균등의 이론이다. 이렇게 상호수요가 일치되는 점에서 일국의 수출량과 그에 대한 상대국의 수입량이 정확하게 같을 경우 무역균형이 성립되며 무역균형을 성립하게 하는 국제교환비율이 곧 균형국제교역조건이 된다. 이와 같이 밀은 고전무역이론의 분석에서 수요개념을 최초로 도입하여 무역균형에 대한 설명을 제시하였다.

2) 교역조건의 결정

밀은 그가 제시한 상호수요의 개념과 균형교역조건의 결정과정을 다음과 같은 간단한 예를 통해서 설명하였다. 여기서 유의할 점은 밀의 예에서는 리카도의 경우와는 달리 생산량의 단위로 주어진다는 것이다. 즉, 리카도는 재화 1단위의 생산에 투입된 노동량을 생산비로 나타낸 반면, 밀은 노동 1단위가 생산할 수 있는 재화의 생산량으로 표시하였다. 양국이 동일한 노동을 투입하여 포르투갈에서는 포도주 10단위와 옷감 15단위를 생산할 수 있고, 영국에서는 포도주 10단위와 옷감 20단위를 생산할 수 있다고 하자.

생산비를 노동투입량으로 본다면 양국이 모두 동일한 노동을 투입하였으므로 생산비는 생산량의 역수로 나타낼 수 있다. 포르투갈의 포도주 생산비는 1/10, 옷감 생산비는 1/15이다. 영국의 경우 포도주 생산비는 1/10, 옷감 생산비는 1/20이다. 비교우위론에 따르면 영국은 옷감생산에 비교우위가 있으므로 옷감 생산에 특화하여 생산하고, 포르투갈은 포도주 생산에 특화한 후 서로 생산물을 교환하는 경우 양국 모두 이익을 얻을 수 있다. 단 이 경우 포르투갈은 10단위 포도주로 15단위 이상의 옷감을 얻을 수 있어야 하고, 영국은 20단위 이하의 옷감으로 10단위의 포도주를 얻을 수 있어야 한다. 그 이유는 두 재화의 국내교환비율이 포르투갈에서는 포도주 10단위에 옷감 15단위, 영국에서는 포도주 10단위에 옷감 20단위이기 때문이다. 따라서 두 재화가 실제로 양국 간에 교환되는 비율, 즉 교역조건(terms of trade)은 포도주 10단위 : 옷감 15단위와 포도주 10단위 : 옷감 20단위의 사이가 될 것이다. 따라서 두 상품의 국가 간 교역조건은 위와 같은 교역조건의 범위 내에서 교역상품에 대한 상대국의 수요, 즉 상호수요에 의해 결정된

표 2-3 | 밀이 예시한 동일노동 투입 시 생산가능한 재화량

	포르투갈	영국
포도주 생산량(동일노동 투입 시)	10단위	10단위
옷감 생산량(동일노동 투입 시)	15단위	20단위

다고 주장하였다.

3) 상호수요이론의 공헌과 비판

밀의 상호수요이론이 갖는 중요한 의미는 국제무역에 있어서 균형교역조건, 즉 두 상품 간의 교환비율이 실제로 어떻게 결정되는가를 설명해 주고 그에 따라 각국에 귀속되는 무역이익이 얼마인가를 보여주는 데 있다. 이로써 리카도의 무역이론이 갖는 미흡한 점이 보완된 것이다. 즉 리카도의 비교우위설에서 밀의 상호수요이론으로 연결되는 고전무역이론은 무역이익, 무역패턴, 국가 간 상품교환비율(균형교역조건)의 결정에 따라 정해지는 무역이익의 분배문제 등에 대해 명확하게 설명해 주는 하나의 이론체계가 된다. 이에 반해 고전무역이론은 그 논리의 전개상 상품의 국내교환비율에 대한 설명을 위해 노동가치설이 원용되고, 국제적 교환비율에 대해서는 상호수요설이 도입됨으로써 가치의 이원화라는 문제를 내포함은 물론 노동가치설의 유용성에도 문제를 안고 있는 것으로 지적되고 있다. 그 후 이러한 문제들은 1930년대에 하벌러(Harberler)의 기회비용설에 의해 극복되었다.

2. 근대무역이론의 이해

고전적 무역이론에서는 양국 간에 존재하는 두 재화의 상대가격 비율차이가 무역발생의 직접적 요인이며, 각국은 비교우위상품 생산에 특화하여 교역함으로써 이익을 얻을 수 있다고 보았다. 그런데 양국 간 두 재화의 상대가격 비율차가 발생하는 이유에 대한 근본적인 문제는 고전적 무역이론에서 다루어지지 않았다. 리카도는 비교생산비설에서 양국 간 노동생산성의 차이를 주어진 것으로 간주하고, 무역의 발생과 이익에 대해서 설명하였다. 즉, 그는 양국 간에 노동생산성의 차가 발생하는 이유에 대해서는 규명하지 않았다. 무역발생의 직접적 요인이 되는 양국 간 두 재화의 상대가격 비율차이가 발생하는 이유에 대한 분석과 설명은 1930년대 초에 이르러 스웨덴의 경제학자 헥셔(E. Hecksher)와 올린(B. Ohlin)에 의해 이루어졌다.

(1) 헥셔-올린의 무역이론(Hecksher-Ohlin theorem)

헥셔와 올린은 국가 사이에 발생하는 비교생산비차의 원천은 요소부존도의 차이에 있다는 것을 밝힘으로써 무역이론에 있어 획기적인 발전을 이룩하였다. 헥셔-올린이론은 두 가지 명제로 구성되어 있다. 첫째, 헥셔-올린이론은 국가 간에 생산요소의 부존도가 다르고, 각 재화에 투입되는 생산요소의 비율이 다르기 때문에 비교생산비의 차이가 존재하게 된다는 것(헥셔-올린이론의 제1명제)을 설명하였다. 둘째, 이러한 국가 간의 비교생산비의 차이 때문에 무역이 발생하고, 이러한 무역의 전개에 따라 요소의 이동이 아닌 재화의 이동에 따라 국가 간에 요소의 상대적 가격이 균등화된다는 것(헥셔-올린이론의 제2명제)을 설명하였는데 이 요소가격균등화이론은 후에 사무엘슨(P.A. Samuelson)에 의해 수학적으로 증명되었다.

1) 요소부존이론(헥셔-올린정리 제1명제)

헥셔-올린이론은 국가 간 요소부존비율의 차이에 따라 무역의 방향이 결정된다고 하여 요소부존이론이라고도 하는데, 이 이론은 한 나라가 다른 나라에 비하여 상대적으로 보다 풍부하게 부존된 생산요소를 보다 집약적으로 사용하여 생산한 상품에 비교우위를 갖는 경향이 있다는 것이다. 따라서 세계에 노동이 풍부한 국가와 자본이 풍부한 두 국가가 있다면 노동이 풍부한 국가에서는 노동집약적인 상품의 생산에 비교우위를 갖게 되어 노동집약재를 수출하게 되고, 자본이 풍부한 국가에서는 자본집약적인 상품의 생산에 비교우위가 있게 되어 자본집약재를 수출하게 된다. 다시 말하면 어느 나라든 그 나라에서 풍부한 생산요소를 많이 사용하는 제품을 수출하고 희소한 생산요소를 많이 사용하는 상품은 수입하게 된다는 것이다.

2) 요소가격균등화정리(헥셔-올린정리 제2명제)

이 이론은 국가 간 생산요소의 이동이 없다고 할지라도 자유무역을 하게 되면 국가 간에 생산요소의 가격이 같아진다는 것이다. 이는 상품의 수출입이 국내생산구조의 변화를 가져오고 이러한 변화는 국가 간의 생산요소의 이동과 같은 효과를 가져온다는 것이다.

헥셔-올린정리에 기초한 무역이 이루어지면 각국에서는 비교우위상품에 대한 생산이 증가하고 그에 따라 상대적으로 풍부한 생산요소에 대한 수요도 증가함으로써 생산요소의 가격이 상승하게 된다. 한편 비교열위상품에 대한 생산이 감소하여 상대적으로 희소한 생산요소에 대한 수요가 줄어들어 희소 생산요소의 가격이 하락하게 된다. 이와 같이 무역이 이루어지면 각국에서는 무역 이전에 상대적으로 희소하여 비쌌던 생산요소의 가격이 하락하게 되어 결과적으로 국가 간 생산요소의 가격이 상대적으로나 절대적으로 같아진다는 것이다. 이것이 요소가격균등화정리(factor price equalization theorem)이다.

(2) 스톨프-사무엘슨의 정리(Stolper-Samuelson theorem)

자유무역이 이루어지면 양국에서의 요소가격이 변동함에 따라 생산요소 간의 소득분배가 영향을 받게 된다. 즉, 앞에서 본 바와 같이 헥셔-올린정리에 따라 상대적으로 풍부한 생산요소의 가격은 상승하고 희소한 생산요소의 가격은 하락하게 된다. 이는 풍부한 생산요소의 소득이 더 증가하며 희소한 생산요소의 소득은 하락하게 됨을 의미한다. 다시 말해서 각국에 있어서 풍부한 생산요소의 소유계층에 귀속되는 소득은 증가되고, 희소한 생산요소의 소유계층에게는 불리한 소득이 재분배되는 것을 보여주게 된다.

따라서 자유무역이 이루어지면 각국에서는 희소한 생산요소의 공급자들이 자유무역의 제한, 즉 수입규제를 요구할 수도 있을 것이다. 그리하여 자유무역 대신 각국이 수입관세를 부과하게 되면 자유무역하에서의 경우와는 반대로 소득이 희소한 생산요소에 유리하게, 그리고 풍부한 생산요소에는 불리하게 재분배된다. 이와 같이 수입규제 및 특정 무역정책의 수단들로 인해 교역상품의 가격이 영향을 받을 때 그로 인해 각국의 소득분배가 어떻게 영향을 받게 되는가를 설명하는 것이 스톨프-사무엘슨의 정리이다.

(3) 레온티에프의 역설(Leontief paradox)

헥셔-올린의 무역이론이 과연 현실의 무역패턴을 잘 설명하고 있는가에 대한 연구가 이루어져 왔는데 레온티에프(W. Leontief)의 연구는 이에 대한 가장 대표적인 연구이다. 레온티에프는 1953년 미국의 자료를 가지고 헥셔-올린의 무역이론이 미국의 수출입패턴을 잘 설명하고 있는가를 실증적으로 검증하였다. 만일 헥셔-올린의 이론이 맞는다면 자본풍부국이라고 간주되는 미국의 경우, 수출품들은 자본집약재이고 수입품들은 노동집약재일 것이다. 이러한 논리하에 그는

1947년의 미국 수출입시장을 조사해 보았는데 검증한 결과는 다음과 같다.

첫째, 미국이 해외에 수출하는 재화들의 자본집약도를 조사해 보았으며, 둘째 미국이 외국으로부터 수입하는 재화에 대한 자본집약도를 조사하기 위해 해당 제품의 미국 내 동일한 경쟁산업을 조사하였다. 만일 헥셔-올린 무역이론이 맞는다면 미국은 자본풍부국이므로 전자의 자본집약도가 후자의 자본집약도보다 높아야 할 것이다. 레온티에프는 수출산업의 노동 1인당 자본비율보다 수입경쟁산업에서의 자본집약도가 훨씬 높은 결과를 얻었다. 이러한 결과는 헥셔-올린 무역이론에서 예측되는 결과와 반대되는 현상이 나타난 것으로 이것을 레온티에프의 역설이라고 부른다.

레온티프의 연구는 "그러면 헥셔-올린 무역이론이 현실과는 맞지 않은 잘못된 것인가?"에 대한 논란을 불러일으켰으며, 왜 레온티에프와 같은 결과가 발생하였는가에 대한 많은 연구들이 제시되었다. 이를 살펴보면, 첫째 미국의 수요가 자본집약재에 편중되어 있기 때문에 자본이 풍부함에도 불구하고 자본집약재를 수입할 수도 있다는 점, 둘째 미국은 노동자에 대한 투자와 교육으로 타국보다 약 3배 정도의 높은 생산성을 갖추고 있으므로 미국의 노동을 타국의 노동단위로 환산하면 미국이 노동풍부국이 되어 노동집약재를 수출하게 된다는 점, 셋째 미국은 당시 천연자원을 많이 수입하였는데 미국 내에서 이들 상품은 외국보다 훨씬 자본집약적인 방법으로 생산되고 있었으므로 이들 상품을 분석대상에서 제외한다면 레온티에프와 같은 역설적인 결과가 나오지 않게 된다는 점, 넷째 미국과 같이 숙련노동이 많은 국가에서는 수출상품생산에 숙련노동이 많이 투입되는데 숙련노동에 투입된 막대한 투자지출을 인적자본(human capital)으로 분류하여 이를 물적자본(physical capital)에 포함시킨다면 미국은 당연히 자본집약재를 수출하게 될 것이라는 점들이 지적되었다.

3. 현대무역이론의 이해

비교우위를 입증한 헥셔-올린의 정리는 리카도의 비교생산비설에서 취급하지 못한 비교생산비의 결정요인을 규명하고 국제분업이나 국제무역이 요소가격에 미치는 영향을 시도한 점에 대해서는 높이 평가된다. 그러나 이 이론을 비롯한 몇몇 이론으로는 국제분업이나 무역을 완전히 설명할 수는 없다. 리카도의 비교생산비설이나 이 이론을 한층 더 발전시킨 헥셔-올린의 무역이론은 현실과 너무 괴리된 여러 가지 가정하에서 설명되고 있기 때문에 현실의 무역현상을 잘 설명하지 못하고 있다.

그러므로 헥셔-올린 무역이론에 대한 레온티에프의 역설을 기점으로 하여 비교우위이론에 대한 새로운 이론을 요구하고 있다. 더욱이 전후 국제무역의 특징은 전전의 공산품 대 1차산품의 산업 간 무역형태에서 공산품 상호 간 무역형태로 변화하였고, 특히 생산비 차가 존재하지 않더라도 국제분업이나 국제무역의 가능성이 예측되기 때문에 새로운 이론이 대두하게 되었다. 그 대표적 이론이 수요측면을 고려한 린더(B. Linder)의 대표적 수요이론, 기술적 요인을 강조한 기술격차이론 및 R&D이론을 비롯하여 완전경쟁을 전제로 하지 않은 불완전경쟁하의 제반 무역이론들이다. 이들 무역이론들을 통칭하여 현대무역이론이라 부른다.

무역패턴에 관한 새로운 현대무역이론은 단순히 노동 및 자본의 부존한계를 넘어서서 더욱더 많은 비교우위의 결정요인을 규명하고 이와 아울러 전통적인 단순무역모형(2국 2재화)을 다국 다재화의 무역모형으로 발전시키려고 노력하고 있다. 그러나 이 새로운 비교우위의 무역이론들로서도 현실의 무역현상을 완전히 설명하기에는 많은 한계점이 있다.

(1) 대표적 수요이론

대표적 수요이론이란 한 국가에서 잠재적으로 수출상품이 되기 위해서는 해당 국가 내에서 대규모의 대표적 수요(representative demand)가 존재해야 가능하다는 것이다. 이 이론은 린더(S.B. Linder)에 의해 체계화되었는데 그는 1차산품과 공산품의 무역패턴을 구별하고, 1차산품의 무역패턴은 천연자원의 부존상태에 의해 설명될 수 있으나 공산품의 무역패턴은 많은 실증연구의 결과에서 나타난 바와 같이 생산요소의 부존상태에 의하여 설명될 수 없으므로 그 외의 다른 요인중 수요요인에 의해 설명되어야 한다는 것을 강조하였다.

실제로 어떤 상품에 대한 수요가 존재하지 않는다면 수입이 이루어질 수 없다. 물론, 수요는 수입에 의하여 모두 충족되지 않을지라도 한 국가의 수입가능재의 범위를 결정하는 것은 국내수요의 존재인 것만은 사실이다. 어떤 상품이 수출가능재가 되려면 전통적인 이론에서 주장하는 것처럼 이 재화를 싸게 생산할 수 있어야 하며, 또한 국내수요가 존재하는 것만으로는 부족하고 어느 정도 결정된 충분한 수요가 존재해야 한다. 린더는 이와 같이 어느 정도 결정된 충분한 수요를 대표적 수요라 하였다. 이러한 분석은 특별한 것은 아니지만 수출과 수입을 국내 수요와 연계하여 설명했다는 점에서 기존의 무역이론과는 다른 새로운 무역이론이라 할 수 있다.

한편 린더의 대표적 수요이론은 기존의 이론이 설명하지 못하는 소득수준이 비슷한 국가나 공업국끼리의 산업 내 무역과 같은 교역형태를 설명할 수 있다는 장점이 있다. 즉, 소득수준이 비슷한 국가들 간에는 수요조건이 비슷하여 서로가 필요로 하는 제품의 수출가능성이 높은 반면 소득수준의 차이가 큰 경우에는 수출가능성이 낮기 때문에 소득수준이 비슷한 국가들 간의 교역가능성이 커진다고 할 수 있다. 이와 같은 대표적 수요이론은 공산품 교역에 있어서 선진공업국가들 간의 대규모 무역과 소비수준과 기호수준에 의해 무역의 패턴이 결정될 수 있다는 제반 현대무역이론의 기초를 제공하고 있다. 그러나 한편으로는 수요 자체가 공급을 주도하고 이에 의해 무역패턴의 결정을 전적으로 설명한다는 것은 수요측면을 너무 강조한 이론이라는 비판이 제기될 수 있다.

(2) R&D이론

연구개발이론은 한 국가의 무역패턴을 결정하는 요인을 설명함에 있어 연구개발종사자, 기술자, 숙련도동자 등 우수한 질적 노동을 많이 보유하는 산업이 수출산업으로서 국제적 우위를 유지할 수 있으며 그 제품을 수출하게 된다는 것이다. 이 이론은 그루버(W. Gruber), 메타(D. Metha), 키싱(D.B. Keesing) 등과 같은 학자에 의해 제시되었는데 기술수준의 차이를 강조하는 의미에서 고전이론과 같은 기초 위에 입각하고 있다고 할 수 있다. 그러나 이 이론이 기존의 무역이론과 다르게 설명되는 점은 국가 간 비교우위의 차이를 투자에 의한 연구개발요소의 상대적 부존상태의 우위성에서 찾고 있다는 점이다. 한편 이 이론은 무역발생의 원인을 기술적 요인에서 설명하고 있다는 점에서 다음에서 설명하는 기술격차이론과 그 맥을 같이한다고 볼 수 있다.

(3) 기술격차이론

기술격차이론(technology gap theory)이란 국가 간의 무역패턴은 국가 간 기술격차에 의해 결정된다는 것이다. 미국의 포스너(M. Posner)와 후프바우어(G. Hufbauer) 등의 학자에 의해 주장되었는데, 이들에 의하면 기술혁신국이 신제품을 개발하고 이 신기술을 기술후진국이 모방하여 제품을 생산하기까지는 많은 시간이 소요되게 되는 바 이러한 모방시차가 존재하는 기간 동안 기술혁신국은 신제품에 대해 비교우위를 가지고 이를 수출할 수 있다는 것이다. 예를 들면 한국이 신기술을 개발하여 신제품을 생산할 경우, 중국은 이 신제품을 한국으로부터 수입하지만 나중에는 한국의 생산기술을 모방하여 이를 상대적으로 저렴한 비용으로 생산한 후 다시 한국으로 수출하게 된다는 것이다. 이에 따라 중국의 무역패턴은 역전되고 그동안 새로운 기술을 개발한 한국은 기술 갭(technology gap)을 이용하여 수출을 하지만, 이에 비하여 한국으로부터 신기술을 모방한 중국은 기술 갭을 축소시켜 수출할 가능성을 갖게 된다는 것이다.

이와 같은 기술격차이론은 기술혁신국과 모방국 사이에 존재하는 기술격차를 무역발생요인으로 인식하고 공산품의 무역패턴을 설명하는 데는 기여했다고 할 수 있으나 국가 간에 존재하는 기술격차의 발생원인, 즉 왜 특정 국가가 기술혁신국이 되고 다른 국가들은 기술모방국이 되는가에 대한 설명이 부족하며, 특히 왜 어느 한 국가에서 신상품이 개발되면 그 상품을 가장 싸게 생산할 수 있는 곳이 생산지로 선택되지 않고 그 신상품이 개발된 나라에서 생산이 되는지에 관한 설명이 부족하다. 이러한 한계점은 다음에 설명되는 제품수명주기이론에 의해 구체적으로 보완되고 설명되었다.

(4) 제품수명주기이론

제품수명주기이론(product life cycle theory)은 한 국가의 무역패턴 결정은 국가 간의 기술격차가 소진되는 제품의 수명주기(life cycle)과정에서 결정된다는 것으로 새로운 제품에 대한 기술혁신국의 비교우위가 외국으로 이전되는 과정에서 무역패턴이 결정됨을 설명하고 있다. 버논은 어떤 새로운 상품이 개발되면 그것은 신상품(new product), 성숙상품(maturing product), 표준상품(standardized prodcut)의 단계를 거치게 되는데, 각 단계마다 그 상품의 요소투입에 변화가 일어나게 되고 또 생산지에도 변화가 일어나게 된다는 것이다.

신상품 단계에서는 상품이 개발된 나라의 요소부존도나 생산비 면에서 볼 때 다소 불리한 여건이 있더라도 그 나라에서 생산이 이루어지게 되고, 또 신상품의 단계에서는 독점생산이 가능하기 때문에 쉽게 외국으로 수출하게 된다. 그러나 이 상품의 생산이 성숙단계에 진입하게 되면 기술혁신도 어느 정도 안정되고 대량생산이 되면서 다른 선진국에서도 생산이 활발하게 일어나지만 국내수요를 충족시키기에는 미흡하여 어느 정도 수입에 의존하게 되며 신흥공업국을 비롯한 개발도상국에서도 생산이 소규모로 시작된다. 그러나 표준상품단계에 들어가게 되면 제품의 생산기술은 보편적인 기술이 되고 대량생산과 대량소비가 이루어지므로 임금이 저렴한 신흥공업국을 비롯한 개발도상국으로 자본의 해외진출을 통해서 생산지가 이전되고 그곳에서 생산된 제품은 다시 그 상품을 개발한 국가로 역수출된다는 것이다.

이 이론은 버논(R. Vernon)과 웰즈(L.T. Wells) 등에 의하여 제시된 이론으로서 앞에서 언급한 무역발생의 원인을 기술요인에서 찾는 제반 이론들을 더욱 발전시키고 일반화시킨 이론이라 할 수 있다. 한편 이 이론은 기존의 무역이론에서 설명하지 못하는 국가 간 비교우위의 변화과정을 동태적으로 잘 설명하고 있는데 실제 TV, VTR, 컴퓨터, 오디오 등과 같은 전자제품의 국제적 교역현상에서 볼 수 있다. 이들 제품이 처음에는 미국에서 개발되어 타국으로 수출되고 그것이 다른 선진국을 거쳐 개발도상국으로 그 생산지가 이전되어 왔다는 사실에서 제품수명주기이론은 이들 제품의 무역패턴을 잘 설명할 수 있다 하겠다.

한편 제품수명주기이론은 다국적기업의 활동으로 인한 제품수명주기의 단축, 나아가서는 제품수명주기의 제거가능, 기술개발 즉시 생산설비를 외국의 자회사에 설치하는 현상이 가속화되는 현실, 첨단선진국이라 하더라도 이들 나라에서 표준화된 제품의 수출이 많은 부분을 차지하고 있다는 점에서 볼 때 제품주기로 무역패턴을 설명하는 방법은 여러 가지 비판이 제기될 수 있다.

(5) 불완전경쟁하의 무역이론

전통적 무역이론은 시장(재화시장, 요소시장)이 규모의 경제가 존재하지 않고 완전경쟁적 시장구조라는 전제하에서 국가 간에 존재하는 기술격차 또는 요소부존도의 차이로부터 비교우위가 결정되고 그것이 국가 간에 무역을 발생시키는 원인으로 설명하였다.

그러나 현실의 경제현상을 살펴보면 대규모 기업은 소규모 기업보다 규모의 경제효과가 있기 때문에 유리한 생산비 구조를 갖게 되고, 따라서 시장은 다수의 기업보다는 몇 개의 대기업에 의해서 지배될 가능성이 높다. 이에 따라 시장구조는 독점(monopoly), 복점(duopoly), 과점(oligopoly)의 모습을 보이고 있다. 그리고 각 기업의 생산에 규모의 경제가 존재하는 가운데 생산품의 질이나 디자인이 약간씩 다른 제품, 즉 차별화된 상품이 다수의 기업에 의해서 생산되는 경우 시장구조는 독점적 경쟁(monopolistic competition), 생산요소의 이동성이 자유롭지 못한 시장의 모습들을 관찰할 수 있다. 이러한 다양한 형태의 시장구조를 불완전경쟁시장이라 하는데, 이러한 시장을 전제로 할 때 국제무역패턴이 어떻게 결정되고 국제무역의 역할과 효과에 대해 설명하려는 이론이 불완전경쟁하의 무역이론이라 한다.

이들 이론은 규모경제(economies of scale)하의 무역이론, 독점적 경쟁(monopolistic competition)하의 무역이론, 산업내 무역(intra-industry trade)이론, 요소특정성(specific factor)이론 등을 들 수 있는데, 이를 간단히 설명하면 다음과 같다.

규모경제하의 무역이론은 시장의 확대로 인해서 무역이익이 발생할 수 있다는 점을 강조하고 있다. 국내기업의 생산량이 상대국의 그것보다 많은 경우에는 다른 조건이 같다면 그 부문에서 생산비 우위를 갖게 되어 그 제품을 수출하게 된다는 것이다.

독점적 경쟁하의 무역이론은 각국의 기업이 규모의 경제가 존재하는 상태에서 차별화된 상품을 각각 생산하여 수출하는 무역패턴을 보이게 된다는 점을 설명하고 있다. 이 이론하에서의 무역이익을 살펴보면, 첫째 각국의 소비자는 좀 더 다양한 품질, 규격, 디자인을 가지면서 동종상품에 대한 선택의 폭이 크게 확대되며, 둘째 무역 후 각국은 규모의 경제가 존재하는 가운데 생산량을 증가시키기 때문에 생산비가 낮아지므로 소비자는 좀 더 싼 가격으로 소비를 할 수 있게 되어 실질소득의 향상을 가져올 수 있다.

산업내 무역이론은 각국 간 동종상품(동일산업 간)의 무역발생원인을 설명하는 이론으로서 제품이 차별화되어 있는 경우 각국 간 동종상품이 존재할지라도 그 상품을 외국으로 수출하기도 하고 수입하기도 하는데, 각국의 차별화된 제품에 대한 수요가 무역을 발생시킨다는 것이다. 예를 들면, 미국이 승용차를 일본에 수출하는가 하면 일본으로부터 승용차를 수입도 하는데 이것은 각국의 승용차에 대한 다양한 기호(차별화된 기호) 때문이며 이 경우 기존의 무역이론으로 설명이 곤란하나 산업내 무역이론으로 상기의 동종제품 간의 무역패턴을 잘 설명할 수 있다.

제3장 무역정책론

제1절 보호무역과 무역정책
제2절 보호무역정책의 수단
제3절 보호무역정책의 정치경제학 측면

학습목표

1. 보호무역의 역사적 배경과 이론적 근거를 이해한다.
2. 관세의 종류와 개념을 이해한다.
3. 비관세장벽의 유형과 특징을 파악한다.

| 핵심사항 |

❶ 보호무역과 무역정책

1. 보호무역에 대한 중상주의적 인식
   중상주의는 국부를 증가시키기 위해서는 수출을 증가시켜야 하고 수입을 억제해야 한다는 것이다. 따라서 수출은 선이고 수입은 악으로 인식한다.
2. 보호무역정책의 이론적 근거
   (1) 유치산업보호론 : 자국의 산업이 외국과의 경쟁을 극복하고 경쟁국들이 누리는 정도의 시장확보를 위해서 무엇보다 보조금, 장려금 등의 지급과 같은 유인제도를 실시하고 또 고율의 관세와 같은 수입제한조치를 채택하여 국내유치산업을 보호해야 한다는 것이다.
   (2) 외부경제효과 : 특정 산업부문에서 발전된 지식이나 생산기술이 다른 산업분야의 생산성 증가나 경제적 효율을 증가시키는 데 기여할 수 있는 경우를 말하며, 이때 특정 산업이 타 산업에 대하여 외부경제효과가 있다고 한다.
   (3) 전략적 무역정책 : 각국 정부들은 전략적 무역정책수단들을 활용함으로써 자국기업이 타국기업과의 경쟁에서 우위에 설 수 있는 기반을 마련해 준다는 점에서 기존 무역정책들과는 달리 전략적 무역정책이라 말한다.
   (4) 비경제적 목표를 성취하기 위한 요인 : 기타 보호무역의 이론적 근거로는 자국의 국방상의 문제나 문화적 · 사회적 가치유지문제 등을 들 수 있다.

❷ 보호무역정책의 수단

역사적으로 볼 때 대부분의 국가에서 가장 일반적으로 널리 사용되어 온 보호무역정책의 수단은 관세와 수량규제이다. 관세란 교역되는 상품이 국경을 통과할 때 부과되는 조세 또는 징수금을 말하며, 수량규제란 수입상품이나 수출상품의 수량에 대해서 정부당국이 직접적으로 제한하는 것을 말한다.

1. 관세
   (1) 관세의 종류
      ① 상품의 이동방향에 따른 구분 : 수입세, 수출세, 통과세
      ② 과세의 목적에 따른 구분 : 재정관세, 보호관세
      ③ 과세의 결정방법에 따른 구분 : 종가세, 종량세, 혼합세
      ④ 과세의 근거에 따른 구분 : 국정관세, 협정관세
      ⑤ 과세율의 수에 따른 구분 : 단일관세율, 복수관세율
      ⑥ 특혜 여부에 따른 구분 : 최혜국대우관세, 특혜관세
      ⑦ 관세의 권한에 따른 구분 : 법정관세, 탄력관세
2. 비관세장벽
   (1) 비관세장벽의 유형 : 비관세장벽이란 국제무역을 저해하는 관세 이외의 모든 무역정책의 수단을 의미한다. 비관세장벽에는 무역을 직접적으로 제한하는 것을 목적으로 하는 비관세장벽(예 : 수량제한, 수입허가제, 각종 수입과징금 조치 외환할당 등)과 간접적으로 무역제한효과를 갖는 비관세장벽(예 : 보건위생규정 또는 내국세제도 등)으로 크게 구분할 수 있다.
   (2) 비관세장벽의 특성 : 효과측정의 곤란성, 복잡성, 불확실성, 차별적 적용, 협상의 곤란성 등)이 있다.
   (3) 주요 비관세장벽의 내용 : 수입할당제, 수입허가제 및 수입담보제, 국영무역, 국산품사용의무 및 수출제한, 반덤핑관세, 상계관세, 수입경쟁산업에의 보조금, 기준 및 규격 및 품질에 관한 국내규정, 통관 및 행정절차

❸ 보호무역정책의 정치경제학 측면

무역은 무역으로부터 이득을 보는 사람뿐만 아니라 손실을 보는 사람도 만든다. 이러한 시각이 현대 세계경제에서 실제 무역정책을 결정하는 과정을 이해하는 데 중요하다. 따라서 무역정책의 정치경제학적 측면에 대해 살펴본다.

제1절 보호무역과 무역정책

자유무역이론은 18세기 아담 스미스가 국제분업에 따른 무역의 이익을 규명한 이래 모든 나라의 후생을 극대화시킬 수 있는 이상적인 무역정책으로 신봉되어 왔다. 자유무역이론은 완전경쟁과 생산요소의 완전이동 등 고전학파의 가정하에서 가격기능이 가지고 있는 효율성에 그 근거를 두고 있다. 즉 각국이 비교우위에 따라 국제분업을 통하여 자유무역을 하게 되면 생산부문에서 생산요소의 효율적인 배분이 가능해져 효율성이 증대하기 때문에 주어진 자원과 생산기술하에서 자유무역은 모든 나라의 후생을 극대화시키게 된다는 것이다.

이러한 아담 스미스의 자유무역의 효과는 시장의 가격기능에 의해서 발생되기 때문에 가격을 왜곡시키는 조치, 즉 관세 등 보호주의적인 무역정책은 자원의 효율적인 배분을 저해하여 생산 및 소비부문에서 효율성을 저하시키고 그에 따라 보호조치를 취한 국가는 물론 세계적으로도 후생이 감소하게 된다는 점을 지적하고 있다. 따라서 아담 스미스의 자유무역이론에 의하면 어떤 국가가 특정 산업의 보호 등 특정한 정책목표를 달성하기 위하여 시행하는 보호무역은 그 나라 또는 세계경제 차원에서 항상 효율성 저하라는 비용을 수반하게 되므로 정당화될 수 없다는 점을 강조하고 있다.

그러나 이러한 전통적인 자유무역주의는 자유무역이 가진 많은 이점이 있음에도 불구하고 오늘날까지 많은 논란의 대상이 되고 있다. 특히 자유무역이 교역당사국에 미치는 효과가 각국의 시장환경에 따라 각기 다를 수 있고 전략적 선택, 안보 및 국방과 같은 비경제적 정책목표가 우선적으로 추구되어야 할 경우에는, 오늘날 대부분의 국가들이 자유무역의 이점을 인정하면서도 완전한 자유무역보다는 제한적 무역이 더 바람직하다는 관점에서 여러 가지 형태의 무역제한조치를 시행하고 있다.

1. 보호무역에 대한 중상주의적 인식

무역은 각국의 경제적 후생을 증진시킨다는 무역이론의 결론을 현실경제에 비추어 보면 상당히 비현실적으로 보인다. 우선 어느 나라를 막론하고 재화와 서비스가 자유롭게 이동하는 것을 막는 여러 가지의 무역장벽이 존재하고 있다. 관세, 수입쿼터, 자율적 수출규제, 부품 국산화율규제 등은 우리에게 낯익은 용어들이다. 그리고 무역이 각국의 경제적 후생을 증진시킨다면 각국은 서로 자국시장을 개방해서 외국으로부터의 수입을 증가시키기 위해서 노력할 것이고, 일방적 무역시장개방을 적극적으로 추진할 것이다. 그러나 각국의 무역협상에서 주된 과제는 항상 어떻게 하면 외국으로부터의 수입을 줄이고 외국시장에 대한 자국의 수출을 증가시킬 것인가 하는 측면에 노력이 집중되고 있다.

이에 따라 역설적으로 교과서에는 흔히 무역의 두드러진 특성 가운데 하나로 무역에 대한 국가의 간섭을 지적하고 있다. 즉, 세계 어느 나라를 막론하고 무역에 대한 규제를 하지 않는 나라가 없다고 해도 과언이 아니다. 그러면 왜 이런 간섭이 존재하는가? 무역규제가 존재하는 단순한 이유는 일반 대중들이 가지고 있는 무역에 대한 인식에서 찾아볼 수 있다. 무역에 대한 가장 오래된 사고인 중상주의적 사고는 사람들의 상식적 판단으로 자연스럽게 자리잡고 있다. 즉, 무역은 국부를 증가시키는 수단으로 사용되어야 한다는 것이다.

그리고 개인의 경우 돈 많은 사람을 부자라고 하는 것처럼 국가의 경우는 국부를 그 나라가 보유하고 있는 국제적으로 통용될 수 있는 돈, 즉 금 · 은 등의 귀금속 또는 외화로 파악할 수 있는데 국부를 증가시키기 위해서는 수출을 증가시켜야 하고 수입을 억제해야 한다는 것이다. 따라서 수출은 선이고 수입은 악으로 인식되며 이에 따라 정부의 무역에 대한 정책은 어떻게 하면 외국에 수출을 많이 하고 반면에 외국으로부터의 수입을 억제할 수 있는가 하는 측면에서 수립되고 집행되어야 한다. 이와 같은 입장에서 보면 수입을 억제하기 위한, 그리고 수출을 장려하기 위한 여러 가지 정책수단을 강구하는 것이 국가의 당연한 정책이 될 수 있다.

2. 보호무역정책의 이론적 근거

(1) 유치산업보호론

유치산업보호론(infant industry argument)이란 자국의 산업이 외국과의 경쟁을 극복하고 경쟁국들이 누리는 정도의 시장확보를 위해서 무엇보다 보조금, 장려금 등의 지급과 같은 유인제도를 실시하고 또 고율의 관세와 같은 수입제한조치를 채택하여 국내 유치산업을 보호해야 한다는 것이다. 이에 따라 국내 유치산업은 조속한 기간 내에 육성될 수 있고 나아가 외국의 산업과 같이 낮은 생산비용으로 경쟁할 수 있게 된다는 것을 주장하는 이론이다.

유치산업의 근거는 다음과 같은 것에서 찾을 수 있다. 첫째는 일정기간의 보호를 통한 생산의 증가는 규모의 경제효과를 달성할 수 있다는 것이다. 둘째는 생산경험의 축적을 통한 비용의 감소나 원가의 감소를 가져와 국제경쟁력을 향상시킬 수 있다는 것이다. 셋째는 산업보호과정에서 특정 산업의 지원조치는 후발기업 혹은 타 산업에 유익한 외부경제효과를 발생시키기 때문에 이들 산업을 보호할 필요성이 있다는 것이다. 이와 같은 근거로 유치산업을 일정기간 보호하게 되면 이 산업은 국제시장에서 가격경쟁력을 확보할 수 있으며, 일단 가격경쟁력이 확보되면 유치산업을 보호하는 과정에서 발생할 수 있는 보호비용은 국내산업발전과 무역을 통한 경제적 이익으로 보상받을 수 있게 된다는 것이다.

그러나 한편으로는 다음과 같은 문제점도 존재한다. 첫째는 과연 어떤 산업을 유치산업으로 선정할 것인가의 문제이다. 즉, 국내에 있는 수많은 산업 중에서 과연 일정기간의 보호 후에 국제경쟁력을 확보할 수 있는 산업을 어떻게 판정할 수 있는가 하는 것이다. 둘째, 일단 유치산업을 선정하였다고 하더라도 과연 어느 기간 동안 보호하여야 하는가라는 보호기간의 선택문제이다. 일단 선정된 산업을 보호한 이후 몇 년간 지원하여야 하며, 언제 보호를 중단할 것인가를 결정하는 것이 어려우며, 잘못 판단한다면 이러한 보호기간이 장기화될 수 있다는 부정적인 효과가 존재한다는 것이다. 셋째, 산업보호를 위하여 어떤 정책을 활용할 것인가가 중요하다. 예를 들어 관세를 통하여 보호하기로 하였다면 이는 국내소비가격의 상승을 통한 소비측면의 왜곡을 가져옴으로써 오히려 경제적 손실을 가중시킬 수가 있다. 따라서 국내경제에 미치는 효과를 최소화하는 정책수단의 선택이 필요하다.[1)]

(2) 외부경제효과

특정 재화의 생산에 외부경제효과가 존재하는 경우에는 이들 산업부문을 보호하기 위한 무역정책이 필요하다. 외부경제효과란 특정 산업부문에서 발전된 지식이나 생산기술이 다른 산업분야의 생산성 증가나 경제적 효율을 증가시키는 데

1) 이장로 · 문희철, 무역개론, 무역경영사, 1998, pp.60~61.

기여할 수 있는 경우를 말하며, 이때 특정 산업이 타 산업에 대하여 외부경제효과가 있다고 한다. 예를 들어, 공산품 생산에서 얻은 지식과 기술개발이 농업기계화의 발달을 통한 농업생산성의 증가를 유도한다면 공업부문이 외부경제효과가 있다는 것이며 이들 외부경제 유발산업에 대해서는 국가적인 차원에서 지원해 주는 정책수립이 필요하다는 것이다. 왜냐하면 이들 공업부문의 발전과정에 투입된 비용이 농업부문의 산업발전에 기여한 부문에 대해서는 농업부문이 공업부문에 보상을 해주어야 하지만 현실경제에서는 이것이 불가능하기에 정부 차원에서 이들 외부경제 유발산업에 대해서 지원해 주는 것이 바람직하다는 것이다.

(3) 전략적 무역정책

세계 전체적인 측면에서 소수의 독과점적 구조를 갖는 산업분야는 어느 기업이 독과점적인 위치를 차지하느냐에 따라 초과이윤을 통한 막대한 이윤을 얻을 수 있는 기회가 존재하게 된다. 이들 산업분야는 규모의 경제를 실현하기 위하여 필요한 생산설비가 대규모이며, 기술개발의 위험이 높으며 산업발전에 따른 외부경제효과가 큰 산업으로서 주로 특수한 군수장비나 항공기, 전기통신, 인공위성과 관련된 산업이라 할 수 있다. 이들 산업분야에서 있어서는 각국 정부들이 가능하다면 정부의 직접적인 개입을 통하여 이러한 초과이윤을 자국 기업에게 돌아오도록 노력하게 된다는 것이다. 즉, 각국 정부들은 전략적 무역정책수단들을 활용함으로써 자국기업이 타국기업과의 경쟁에서 우위에 설 수 있는 기반을 마련해 준다는 점에서 기존 무역정책들과는 달리 전략적 무역정책이라 말한다. 정부의 개입수단은 수출보조금의 지급이나 수입규제정책, 그리고 정부와 산업 간의 협동계획 등이 있다.

이와 같은 전략적 무역정책들의 문제점은 다음과 같은 것들이 있다. 첫째, 한 국가가 이러한 정책을 효과적으로 수행하기 위해서는 방대한 정보를 필요로 하며, 이를 위해서는 많은 비용과 시간이 소요된다. 둘째, 한 국가가 무역정책을 실시하였다면 이 산업과 연관된 다른 국가에서의 보복위험성이 있다. 셋째, WTO 규정에 따른다면 특정 산업에 전략적으로 지급되는 모든 생산보조금과 수출보조금은 전면적으로 금지되어 있어 현실적으로 이러한 정책을 사용하기에는 많은 제한이 따른다는 점이다.

(4) 비경제적 목표를 성취하기 위한 요인

기타 보호무역의 이론적 근거로는 자국의 국방상의 문제나 문화적 · 사회적 가치유지 문제 등을 들 수 있다. 국방상의 원인은 한 나라의 군사력을 유지하기 위하여 꼭 필요한 산업, 특히 국가안보와 관련된 방위산업 등을 보호해야 한다는 것이다. 사회 · 문화적 원인은 자국의 전통적인 가치관이나 생활양식을 보호하기 위한 해외의 문화적 상품의 무분별한 수입을 규제해야 한다는 것이다.

제2절 보호무역정책의 수단

역사적으로 볼 때 대부분의 국가에서 가장 일반적으로 널리 사용되어 온 보호무역정책의 수단은 관세(tariff)와 수량규제(Quota : quantitative restriction)를 들 수 있다. 관세란 교역되는 상품이 국경을 통과할 때 부과되는 조세 또는 징수금을 말하며, 수량규제란 수입상품이나 수출상품의 수량에 대해서 정부당국이 직접적으로 제한하는 것을 말한다.

이러한 전통적 보호무역정책 수단 중 수량규제는 1948년 GATT체제하에서 그 사용이 크게 제한되었고, 관세도 그동안 여러 번에 걸친 다자간무역협상을 통하여 모든 국가에서 현저하게 하향 조정되었다. 더구나 대부분의 선진국에서는 관세양허를 하였기 때문에 한 번 하향 조정된 관세는 특별한 경우 이외에는 다시 올릴 수가 없게 되었다. 그 결과 세계경제는 제2차 세계대전 이후 1973년 1차 오일쇼크가 일어나기 전까지만 해도 역사상 유례없는 속도의 무역규모 확대를 경험하였다.

그러나 1차 오일쇼크 이후 세계경제가 침체를 거듭하면서 미국을 비롯한 몇몇 선진국 내에서는 보호주의 압력이 크게 증대되었지만 GATT체제하에서는 관세나 수량규제와 같은 전통적 수입규제수단의 사용이 여의치 못하였기 때문에 이들 나라에서는 갖가지 비관세장벽(NTB : Non-Tariff Barriers)에 의한 수단이 급속히 확산되었다. 대표적인 예로 소위 수출자율규제(VER : Voluntary Export Restraints), 시장질서유지협정(OMA : Orderly Market Agreements)과 같이 GATT체제를 회피하여 무역당사국 간의 협상에 의한 수량규제가 있고, 반덤핑관세(anti-dumping duties) 및 상계관세(countervailing duties)와 같이 GATT체제에서 허용되는 수단이지만 이를 보호주의 수단으로 남용하는 경우가 있다. 그 밖에 행정규제, 복잡한 통관절차, 엄격한 안전 및 위생에 대한 검사제도, 그리고 심지어 수입품에 불리한 국내유통제도와 같은 비공식적인 비관세장벽이 있다.

한편, 수출규제의 수단으로는 수출세(export duties)나 수량규제가 흔히 사용되고 또 수출진흥을 위한 수단으로는 수출활동에 대한 보조금제도(export subsidy)가 널리 사용되어 왔다. 본 장에서는 위와 같은 다양한 보호무역정책 수단에 대한 특성을 간략하게 살펴보기로 한다.

1. 관세

관세는 제2차 세계대전 후 GATT가 설립된 이래 여러 차례에 걸친 다자간협정을 통하여 대폭 인하되었으며 오늘날 선진국들의 경우 공산품에 대한 무역제한수단으로서 관세의 중요성은 떨어지고 있다. 그러나 이와는 대조적으로 비관세장벽을 비롯한 기타 무역장벽이 오히려 선진국들에 의해서 강화되고 있다.

관세를 국내산업의 보호조치수단으로 사용할 경우 국내법뿐만 아니라 국제적 규범에 의해 엄격히 통제되고 제한적 범위 내에서의 사용만이 허가되고 있는 데 반해 비관세조치를 보호정책수단으로 사용하는 경우에는 산업별 혹은 국가별로 선별적이고 차별적으로 적용할 수 있다. 뿐만 아니라 GATT와 WTO규정 자체가 모호하거나 완전한 절차를 규정하고 있지 않기 때문에 비관세조치는 국제적 규범에 위배되지 않는 것처럼 보일 수 있다. 현실적으로 WTO체제가 지향하는 목표가 지속적인 관세인하를 통해 국가 간 무관세를 달성하는 것에 있으므로 각국은 산업보호를 위한 손쉬운 방법으로 관세보다 비관세조치를 보호수단으로 사용하는 것이 일반화되어 있다.

관세는 한 국가의 국경선을 통과하는 상품에 부과하는 세금으로 수출품과 수입품에 모두 부과될 수 있다. 그러나 실제에 있어서는 수입품에 부과되는 수입관세가 중요하다. 이들 관세수단들을 그 성격에 따라 구분하면 다음과 같다.

(1) 관세의 종류

1) 상품의 이동방향에 따른 구분

① 수입세(import duties)

수입세는 외국물품이 국내에 수입될 때 부과되는 관세로서, 관세라고 할 때 보통은 수입관세를 의미한다. 수입관세는 국내산업의 보호, 고용의 증대, 국제수지의 개선, 교역조건의 개선, 재정수입 등 여러 가지 경제적 효과를 유발하기 때문에 무역정책상 주요한 수단이 된다.

② 수출세(export duties)

수출세는 국내상품을 외국으로 수출할 때 부과하는 관세이다. 수출세는 국가의 재정수입확보, 전략물자나 국내필요물자의 해외유출 억제, 수출품의 국내물가 안정을 위한 목적으로 부과될 수 있다. 브라질의 커피, 아르헨티나의 소고기 수출품에 대한 수출세 등의 예를 들 수 있다.

③ 통과세(transit duties)

통과세는 물품이 단순히 자국을 거쳐 운송되는 경우에 부과되는 관세이다. 국가의 재정수입확보를 목적으로 부과될 수 있으며, 제3국 상품이 인접국에 판매되어 자국상품의 판매가 저하될 우려가 있는 경우에 부과되기도 한다. 통과세의 부과는 국제무역의 확대를 방해하는 요인이 되므로 GATT 제5조에서도 금지하고 있다.

2) 과세의 목적에 따른 구분

① 재정관세(revenue tariff)

재정관세는 정부의 재정수입확보를 주된 목적으로 부과되는 관세인데 특별히 재정관세라는 명목이 있는 것이 아니고 관세부과의 목적이 재정수입을 목표로 하고 있을 때 이러한 성격을 가진 관세를 총칭하는 표현이다. 산업이 발달하지 못한 개발도상국의 경우 관세가 주요한 세입원이기 때문에 재정관세의 의미가 큰 반면, 선진국의 경우 자국의 산업보호를 위한 수단으로서 관세를 사용하고 있다. 총조세수입에서 관세가 차지하는 비율은 한국의 경우 2009년 5% 수준이며, 미국의 경우는 2% 수준이다.

② 보호관세(protective tariff)

국내의 산업보호를 주된 목적으로 부과되는 관세를 총칭한다. 개발도상국의 경우 관세부과가 재정수입확보를 위한 수단의 성격이 강하나 최근에 들어서는 국내 산업보호라는 목적을 위해 개도국이나 선진국들 모두 관세를 산업보호를 위한 수단으로 사용하고 있다. 개발도상국에서는 유치산업보호를 위해서, 선진국은 자국의 사양산업보호를 위해서 관세를 보호수단으로 활용하고 있다.

3) 과세의 결정방법에 따른 구분

① 종가세(ad valorem duties)

종가세는 물품의 가격을 과세기준으로 하는 관세이다. 종가세는 가장 일반적으로 사용되는 관세부과방식으로 고대로부터 가장 흔히 사용되어 왔다. 종가세부과시 과세표준이 되는 수입품의 가격을 결정하는 것이 매우 중요한데 GATT 제7조에 따라 원칙적으로 CIF가격이 기준이 된다. 장점은 상품가격에 따라 균등하게 부과되어 공평하고, 과세부담이 시장가격 등락에 상관없이 가격의 일정비율로 균등하나 단점으로는 과세표준가격의 설정이 쉽지 않고 동종품질의 상품이라도 수입가격이 다르면 관세부담이 차이가 날 수 있다는 점을 들 수 있다. 우리나라의 경우 일반적으로 종가세를 적용하고 있다.

② 종량세(specific duties)

수입되는 상품의 수량을 과세표준으로 하여 부과하는 관세이다. 장점으로는 과세방법이 단순, 동종동질의 상품의 경우 관세부담이 동일하나 단점으로는 가격에 상관없이 관세를 부과하므로 불공평한 세부담이 될 가능성, 물가상승 시 관세의 보호기능 약화 및 물가하락 시 관세부담이 과중하게 되어 물가변동에 따른 보호기능 상실 우려, 품목의 분류가 복잡하므로 세율을 세분하여 적용하는 어려움이 있다.

③ 혼합세(mixed duties)

종가세와 종량세를 혼합하여 부과하는 관세를 말한다. 혼합세는 두 가지 방법으로 관세액을 결정해야 하는 번거로움이 있다.

첫째, 선택세(selective duties)로서 동일한 상품에 대하여 종가세와 종량세의 관세액을 결정하여 과세목적에 따라 하나를 선택하여 부과하는 관세이다. 비싸고

가격상승 상품에 대해서는 종가세를 적용하고 가격이 저렴한 제품이나 가격하락 상품은 종량세를 적용하는 방법이다.

둘째, 복합세(compound duties)로서 수입상품에 종가세와 종량세를 산출한 후 이를 합산하여 부과하는 관세를 말한다.

4) 과세의 근거에 따른 구분

① 국정관세(national tariff)

국정관세는 자국의 법령에 따라 자주적으로 부과하는 관세를 말한다. 우리나라의 경우 국정관세에는 기본관세, 잠정관세, 탄력관세 등이 있다.

② 협정관세(conventional tariff)

협정관세는 외국과의 통상조약이나 관세조약과 같은 협정에 의해서 관세율을 정하게 되는 관세를 말한다. 협정관세는 다자간협정이나 쌍무적 협정에 의해 정해질 수도 있는데 협상당사자들 간의 양허를 통하여 이루어지는 관세이므로 일방적으로 관세를 인상할 수 없으며 통상적으로 국정관세율보다 낮은 세율로 결정된다.

5) 과세율의 수에 따른 구분

① 단일관세율(single tariff)

단일관세율은 동일상품에 대해서는 국가를 구분하지 않고 동일세율을 적용하는 제도이다. 관세행정상 간편하다는 장점이 있지만 통상관계에 따라 국가마다 융통성 있게 적용할 수 없다는 단점이 있다.

② 복수관세율(multilinear tariff)

복수관세율이란 동일 상품에 대해 두 가지 세율을 적용하는 제도이다. 최혜국대우 국가나 자국에 대하여 혜택을 주는 국가에 대해서는 낮은 관세를 부과하고, 무조약국이나 자국에 불리한 대우를 하는 국가에 대해서는 높은 관세를 부과하게 된다.

6) 특혜 여부에 따른 구분

① 최혜국대우관세(most favored nation tariff)

최혜국대우관세란 최혜국대우에 의하여 국가 간에 무차별적으로 적용되는 관세이다. WTO회원국 간에는 WTO협정에 따라 최혜국대우관세가 적용된다.

② 특혜관세(preferential tariff)

특혜관세란 특정 국가나 특정 지역의 물품에 대하여 낮은 세율의 혜택을 부여하는 관세를 말한다. 가장 대표적인 특혜관세는 선진국이 개발도상국의 공산품에 제공하는 일반특혜관세제도(GSP : Generalized System of Preference)를 들 수 있으며 또한 개발도상국 간의 특혜무역제도협정(GSTP : Global System of Trade Preferences among Developing Country)의 발효에 따라 개발도상국 간에도 특혜관세가 적용된다.

7) 관세의 권한에 따른 구분

① 법정관세(legal tariff)

법률로써 정해지는 관세를 말하는데, 대부분의 국가는 조세법률주의원칙에 의하여 기본적으로 관세대상과 관세율이 법률에 의해 정해져 있다.

② 탄력관세(flexible tariff)

관세율은 관세법과 입법사항으로서 국회의 심의의결을 거쳐 결정 또는 변경되는 것이 원칙이나 기본세율을 그대로 두고 정책목적에 따라 행정부가 관세율을 탄력적으로 적용할 수 있는 관세를 말한다.

2. 비관세장벽[2)]

(1) 비관세장벽의 유형

비관세장벽(NTB : Non-Tariff Barriers)이란 국제무역을 저해하는 관세 이외의 모든 무역정책의 수단을 의미한다. 비관세장벽에는 무역을 직접적으로 제한하는 것을 목적으로 하는 비관세장벽, 예를 들어 수량제한, 수입허가제, 각종 수입과징금, 외환할당 등과 간접적으로 무역제한효과를 갖는 비관세장벽, 예를 들어 보건위생규정 또는 내국세제도 등으로 크게 구분할 수 있다.

2) 이장로 · 문희철, 무역개론, 무역경영사, 1998, pp.70~71.

표 3-1 | GATT의 비관세장벽 분류표

규제유형	세부 규제조치	
1. 정부관여	① 정부원조 ③ 정부조달	② 국가무역 ④ 정부독점업무
2. 세관 및 행정상의 수입절차	① 상계관세 ③ 관세평가 ④ 관세분류 및 주석(註釋)상의 통일 ⑤ 영사수속 ⑦ 자의적 관세품목분류 ⑨ 재수입 및 재수출에 대한 관세환급 ⑩ 구비서류요구	② 덤핑방지관세 ⑥ 원산지증명 ⑧ 견본요구
3. 수입품 및 국내 제품에 관한 기준	① 제조기준 ③ 계량표준에 따른 규정 ⑤ 함량규정 ⑦ 가공규정 ⑨ 포장에 관한 규정	② 보건 및 안전규정 ④ 제약기준에 따른 규정 ⑥ 상품 및 용기규정 ⑧ 원산지표시에 관한 규정
4. 수입 및 수출에 관한 특정 제한	① 수량제한 ③ 수입허가제도 ⑤ 양국 간 협정에 의한 차별규제 ⑥ 반출지에 따른 규정 ⑧ 최저가격규제 ⑩ 최저 · 최고가격규제	② 수입금지 ④ 외환관리제도 ⑦ 수출규제 ⑨ 관세할당제
5. 가격메커니즘에 의한 수출입규제	① 수입담보 ③ 차별적 내국소비세, 정부규제를 받는 보험요율, 사용세 ④ 차별적 차관규제 ⑥ 인지세 ⑧ 국경세조정	② 과징금 · 항만세 · 통계세 등 ⑤ 영사수수료 ⑦ 가변과징금
6. 기타 가격 이외 면에서의 규제	① 광고선전 및 운송규제 ③ 지방관서에 의한 함량규제	② 상영시간 규제 ④ 제한적 영업관행

GATT는 [표 3-1]에서 보는 바와 같이 비관세장벽을 수입규제방법에 따라 정부관여, 세관 및 행정상의 수입절차, 수입품 및 국내제품에 대한 기준, 수입 및 수출에 관한 특정 제한, 가격메커니즘에 의한 수출입규제, 기타 유형으로 가격 이외의 규제로 구분하여 분류하고 있다.

(2) 비관세장벽의 특성

1) 효과측정의 곤란성

비관세장벽은 유형에 따라 그 영향이 미치는 품목범위가 다르고 어떤 유형은 시간에 따라 극히 유동적이어서 관계 당국의 판단에 따라 실시되거나 혹은 외부에는 모습을 나타내지 않고 은밀히 적용되는 유형도 있다. 대부분의 경우 자료의 이용가능성이 현실적으로 제한되어 있기 때문에 비관세장벽의 무역제한효과를 종합적으로 또는 개별품목별로 계량화하여 측정하는 것은 어렵다.

2) 복잡성

일반적으로 선진국에 있어서 비관세장벽의 적용 및 운영은 매우 복잡하다. 어떤 유형은 처음부터 법률로써 제정되기도 하지만 어떤 유형의 것은 통일적이고 체계적인 조정을 통하지 않고 여러 행정기관의 정책에서 파생되므로 각 유형은 성질이 다양하다. 이러한 측면 때문에 선진제국은 보호목적을 위해 관세보다는 비관세장벽을 보호무역수단으로 손쉽게 사용하는데, 그 이유는 최소한 공공연한 논란과 엄격한 조사를 회피할 수 있기 때문이다.

3) 불확실성

비관세장벽의 또 하나의 특성으로서는 정보부족 및 변칙적인 제도의 운영으로 인한 그 실효효과의 불확실성을 들 수 있다. 즉, 수출업자는 활용할 수 있는 관련 정보가 부족한 상태에서 자신들의 수출에 미치는 영향이나 정도를 정확하게 판단하는 것이 어렵다는 것이다. 또한 수입국의 무역정책은 수출국에 아무런 통고 없이 수시로 변경될 가능성을 항시 내포하기 때문에 수출업자로서는 상당한 무역장벽으로 작용할 수 있다.

4) 차별적 적용

비관세장벽이 무역에 미치는 영향은 선진국이나 개발도상국에 대해 명목상으로는 무차별적인 것처럼 보이지만 실제로는 개발도상국에 상당히 불리하게 작용한다. 따라서 비관세장벽 문제는 선진국의 경우보다는 개발도상국에 더 불리한 영향을 미친다.

5) 협상의 곤란성

비관세장벽은 앞에서 설명한 제반 특성 때문에 상호 간의 양허 정도를 비교하여 이를 균일화시킬 수 있는 지표의 설정이 불가능하고, 또한 비관세장벽에 대한 일정한 기준이 없으므로 설사 정부 간에 협상이 되더라도 그것이 곧 비관세장벽의 철폐를 보장해 줄 수 없기 때문에 비관세장벽의 완화 또는 제거를 위한 협상을 하는 데는 많은 문제점이 있다.

(3) 주요 비관세장벽의 내용

1) 수입할당제(import quota)

수입할당제는 가장 명백하고 쉽게 확인할 수 있는 비관세장벽으로 수입품의 가격에는 상관없이 수입국 시장으로 유입되는 상품에 대해 일정기간 수입량에 대한 직접적인 한도를 지정함으로써 수입량을 제한하는 조치를 말한다.

① 일방적 할당제(unilateral quota)

수입국이 쿼터량을 배정함에 있어 수입 상대국들과 협의를 거치지 않고 일방적으로 수입할당량을 정하는 방식을 말한다.

② 쌍무적 할당제(bilateral quota)

쌍무적 할당제는 다자간할당제(multilateral quota)라고도 하는데, 이는 수량제한을 실시하는 국가가 교역상대국과의 사전 협의를 거쳐 쿼터 할당량을 정하는 방식을 말한다. 구체적으로는 수입국과 수출국 양국의 정부, 상사, 산업단체, 상공회의소 등이 사전에 협의를 하여 할당에 관한 국제협정 또는 사적 협정을 체결함으로써 할당량을 결정하게 된다. 그런데 이러한 쌍무적 할당제에서 사적 협정에 의한 협의는 정부의 승인을 얻어야만 확정되고 정부 간에 이루어진 협정은 정부에 의해 직접 수출업자에게 할당량이 배분되는 것이 아니라 민간의 이익단체로 하여금 배분하게 하는 것이 통례이다. 여기에는 총량할당제(global quota)와 배정할당제(allocated quota)의 방식이 있다. 총량할당제(global quota)는 수입할당 총량만을 정하고 수출상대국은 지정하지 않고 모든 국가로부터 일정기간, 일정한도에서 특정 상품의 수입량 또는 수입액을 제한하는 제도를 말한다. 이 제도의 적용 시 쿼터의 배분은 대부분 선착순으로 부여하게 되어 있으나 과거의 수출실적 또는 쿼터량을 기준으로 배분되는 것이 통례이므로 새로운 수출국에는 매우 불리한 제도이다. 이에 대하여 배정할당제(allocated quota)는 수입량을 관련 수출국들에게 일정한 기준에 따라 배정하는 제도이다.

③ 수출자율규제(VER : Voluntary Export Restraint)

일부 국가에 대한 특정 상품의 수출급증으로 수입제한이 필요하게 되었으나 관세율인하나 수입할당제의 실시가 국제적으로 제한되어 있기 때문에 수출국이 수입국의 제한조치를 회피하기 위하여 수출하는 상품수량을 자율적으로 제한하는 조치를 말한다. 이는 교역상대국의 입장에서 볼 때 사실상 수입할당제의 실시와 다를 바 없는 수량제한의 효과를 가지며 수출국의 지도하에 이국 간 내지는 다수국 간의 협정에 의해 실시되고 있다. 그러므로 수출국이 자율적으로 수출을 규제한 것이라고는 볼 수 없으며 수입국의 요구가 반영된 규제라 할 수 있다.

참고자료 | **'수출자율규제', 美쇠고기 해법될까?**

협정문에 월령제한 추가는 '난망'

3일 정운천 농식품부장관은 "국민들이 가장 우려하는 30개월 이상 쇠고기 수출을 중단해 주도록 미국측에 요청했다"고 밝혔으나, 이 같은 월령조건은 분명히 지난달 18일 타결된 한미 쇠고기 협상내용, 즉 새 수입위생조건과는 배치되는 것이다. 수입위생조건 부칙 2항에서 수입가능한 미국산 쇠고기의 범위는 '미국 연방 육류검사법에 기술된 소의 모든 식용부위와 모든 식용부위에서 생산된 제품'으로 규정됐기 때문이다. 따라서 미국이 우리의 요청을 가장 확실하게 수용하는 방법은 재협상을 통해 이 수입위생조건에 월령제한조항을 추가하는 것이다. 그러나 '30개월 월령제한철폐'는 미국이 지난해 5월 국제수역사무국(OIE)으로부터 '광우병위험통제국' 지위를 얻은 뒤 우리나라 등 주요 수입국들에 요구해 온 핵심 개정사항인 만큼 다른 나라와의 향후 협상 등을 고려할 때 타결 한 달여 만에 수정요구를 받아들일 가능성은 희박하다.

미국에 수출자율규제 기대

이처럼 위생조건 자체에 대한 '재협상'가능성이 낮은 상황에서, 정부는 '수출자율규제(VER)'방식을 통한 '30개월 이상' 수출통제가능성에 기대를 걸고 있다. 수출자율규제(VER : Voluntary Export Restraint)는 일방적 수입제한조치를 피하기 위해 수출국이 알아서 스스로 수출의 수량이나 가격, 품질 등을 규제하는 것을 말한다. 자유무역 취지에는 다소 맞지 않지만, 관세와 무역에 관한 일반협정(GATT)체제에서 일반적으로 인정됐던 '회색지대' 성격의 조치다. 1980년대 일본의 대(對)미국 자동차 수출이 급증, 통상마찰의 조짐이 보이자 일본이 수출자율규제를 통해 스스로 수출량을 제한한 것이 대표적 사례다. 정부 관계자는 "자율규제를 포함, 고위급 외교채널을 통해 30개월 이상 수출을 제한할 수 있는 방안을 미국쪽에 요청했다"며 "아직 답변이 오지 않은 상태여서 부득이 농식품부장관이 현재까지의 진행상황만 발표하게 된 것"이라고 밝혔다. 그는 "미국이 자율규제 정도만 받아들이면 돌파구가 마련된 것으로 봐야 한다"고 덧붙였다. 미국 정부와 육류수출업계가 이 상태로는 어차피 한국으로의 정상적인 쇠고기 수출이 어렵다는 데 인식을 같이하고, 스스로 기간이나 조건을 정해 "30개월 이상 쇠고기는 한국에 보내지 않겠다"고 약속해 주면 수입위생조건을 손대지 않더라도 30개월 월령제한 목적을 달성할 수 있다는 설명이다.

자료 : 연합뉴스, 2008. 6. 3

④ 시장질서유지협정(OMA : Orderly Marketing Arrangement)

시장질서유지협정은 수입국의 시장교란을 방지하기 위하여 상호 간 협정에 따라 수출국이 특정 상품의 수출을 자발적으로 제한한다는 점에서 수출자율규제와 거의 같은 수입규제조치라고 할 수 있다. 다만 시장질서유지협정은 양국 정부 간 공식적인 통상조약(통상협정)인 데 비하여, 수출자율규제는 양국 정부 간이나 일국 정부와 외국의 관련 산업계 간 또는 양국의 관련 산업계 간의 비공식적 · 암묵적으로 조정된 협의(arrangement)이다. 따라서 수출국이 협정한도를 초과하여 수출한 경우 수출자율규제하에서는 수입국이 자동적으로 규제조치를 취하나 시장질서유지협정은 수입국이 자동적으로 규제조치를 취할 수 있기 때문에 수출자율규제보다는 시장질서협정이 더 엄격한 수입제한조치라고 할 수 있다.

2) 수입허가제(import license system) 및 수입담보제(advance deposit requirements)

수입허가제도가 수입제한수단으로 사용되는 경우는 그것이 지나치게 복잡하고 불편하여 수입업자들로 하여금 수입허가권의 취득을 포기하거나 주저하게 함으로써 수입이 제한되도록 만드는 결과를 가져온다. 그리고 수입담보금제도는 수입대금의 전부 또는 일부를 사전에 관계금융기관에 대가의 지불 없이 예치하도록 하는 제도로서 이는 수입업자의 입장에서 금리부담 등 자금상의 압박요인을 제공하여 역시 수입을 억제하게 하는 결과를 가져오게 된다.

3) 국영무역(state trading)

국영무역은 국영기업이나 국가에 의하여 배타적 특권(exclusive privilege)을 부여받은 사기업이 소비대중이 사용할 재화나 용역의 구매 및 판매활동을 행하는 것을 말한다. 국가기관이 수입행위과정에서 특정 물품에 대한 수입대상지역(국가) 등에 정책적인 배려를 함으로써 임의 차별수입을 하는 경우가 많으며 자의적인 조치를 통하여 직접적인 수입제한을 가하는 것이 상례이다. 또한 국영무역은 국내시장 상황에 따라서 수입량을 임의로 조정하여 수입품의 가격을 조절함으로써 국내공급자를 부당하게 보호하고 수입을 제한하기도 한다. 따라서 이러한 형태의 국영무역은 수출국의 무역 장애요인이 되고 있는데 계획경제체제하의 사회주의 국가에서는 거의 모두 이를 실시하고 있으며 시장경제체제하의 일부 국가도 어느 정도는 국영무역을 시행하는 경우도 있다.

4) 국산품사용의무 및 수출제한(domestic content regulations)

국산품사용의무는 한 상품의 국내부가가치율을 일정수준 이상으로 제고시킴으로써 동종 수입품에 대한 국내의 수입경쟁자에게 일정수준 이상의 시장점유율(market share)을 확보해 주며 수입중간재 및 원자재에 대한 가공공정을 보장해주기 위한 목적으로 실시된다. 이것은 국내의 원재료 및 반가공원료 공급자에게 외국의 수입원자재와의 경쟁력을 제고시키는 효과를 가져오기도 한다.

한편 수출제한은, 첫째 일국의 원자재나 반제품이 수출되어 고도의 가공공정을 거친 후 재수입되는 현상을 방지하기 위하여, 둘째 장기적인 면에서의 이익확보나 비상시 국가안전에 대비할 수 있도록 천연자원을 보전하기 위하여, 셋째 상대수출국으로 하여금 국내에서 가장 민감한 반응을 보이는 관심품목을 생산할 수 없도록 하거나, 상대 수출국에 경제적 타격을 주기 위하여 수출국이 자국의 수출을 제한하는 조치를 말한다. 구체적으로는 일부 선진국에서 노동집약적 산업의 특정 원자재나 반제품이 저임금국가인 개발도상국에 수출되어 가공공정을 거친 후 재수출되어 국내 동종제품시장에 침투함으로써 국내 생산자를 위협하는 사태를 방지하기 위하여 수출에 제한을 가하는 것 등이 있다.

5) 반덤핑관세(anti-dumping duties)

수출국이 자국 수출을 증대시키기 위하여 정상가격 이하로 수출함으로써 수입국산업이 손해를 입거나 또는 그 우려가 있는 경우, 그 부당 염매(廉賣)액을 상쇄하기 위하여 수입국이 정기관세 외에 추가로 부과하는 관세를 말한다. 그런데 여기서 정상가격의 판단기준으로서는, 첫째 수출국의 소비용 동종상품의 통상적인 상거래에서 비교가능한 가격, 둘째 전기한 가격이 없을 경우 제3국에 수출되는 동종상품의 통상거래에서 비교가능한 최고가격 또는 원산국에서의 생산비에 합리적인 판매비 및 이윤을 가산한 가격 등을 설정하고 있다.

반덤핑관세의 부과는 덤핑행위로 인해서 수입국의 국내산업이 불공정하게

(unfairly) 피해를 입는 것을 막기 위해 정당화된다. 그러나 실제로는 반덤핑관세가 이미 경쟁력을 잃은 국내산업을 보호하기 위한 수단으로 남용될 수 있는 가능성은 항상 존재할 수 있다. 이러한 반덤핑관세 부과의 남용을 비롯한 여러 가지 문제들이 다자간무역협상들에서 논의되어 왔으며, 그 결과 반덤핑관세의 부과요건을 강화시킨 반덤핑규약(anti-dumping code)이 다자간회의에서 채택되었다.

6) 상계관세(countervailing duties)

많은 국가들이 자국의 수출증대를 위하여 수출산업에 보조금을 지급하고 있는데, 이는 수출보조금이 지급되면 수출산업의 경쟁력이 강화되어 수출이 증대되기 때문이다. 그러나 수출국의 수출증대는 수입국의 수입증가를 의미하며, 이에 따라 수입국의 수입경쟁산업이 피해를 받을 경우가 발생한다. 이러한 경우 수입국은 덤핑의 경우와 마찬가지로 먼저 문제의 수입상품이 수출국 내에서 보조금지급을 받았는지의 여부를 조사하여 보조금을 지급받은 것으로 확인되고, 다음으로 그것이 관련 국내산업에 중대한 피해를 주는 요인이 된다고 판단되는 경우 그 수출보조금에 해당하는 금액만큼의 관세를 부과할 수 있는데 이때 부과되는 관세를 상계관세라 한다.

7) 수입경쟁산업에의 보조금(subsidy)

보조금은 그 성격상 다양한 모습을 띠고 있어 임의적으로 정의하기 어려우나 일반적으로는 일국의 수출소득지원 또는 가격지원 등을 통하여 직 · 간접으로 자국제품의 수출을 증가시키거나 수입을 감소시킬 목적으로 정부가 지급하는 모든 형태의 지원금을 말한다.

보조금은 조세측면, 금융측면, 그리고 기타의 보조금으로 크게 구분될 수 있다. 조세측면에는 조세경감, 조세유예, 조세환불, 조세특별감면 등이 있으며, 재정 · 금융측면에서는 특별금융지원, 투자지원, 수출인센티브, 금융상의 저리의 신용제공, 수출신용보증제도 및 기타 운임할인 등이 있다.

이러한 보조금지급행위는, 첫째 국내 소비자 또는 국민의 부담을 통하여 이루어지므로 국민을 희생시키게 되며, 둘째 상대국의 대응조치가 따를 때에 세계무역을 더욱 위축시키고 보호무역주의를 더욱 심화시킬 수 있다.

8) 기준 및 규격 및 품질에 관한 국내규정(technical barriers)

많은 국가들이 자국제품이 충족해야 할 보건 및 안전기준, 계량기준, 함량기준, 원산지, 포장규정, 그리고 기술규격 등을 국내법에 규정하고 있다. 그런데 이들 국내규정은 상대적으로 국내공급업자들에게 유리하고 외국의 공급업자들에게 불리한 경우가 많다. 따라서 이 국내규정들을 수입상품에 적용할 때에 이들이 실질적으로 수입장벽으로 이용될 수 있다. 이와 같이 실질적인 수입장벽으로 작용하는 여러 가지 형태의 국내규정들은 포괄하여 무역에 대한 기술적 장벽, 즉 비관세장벽이라고 한다. 이와 같은 국내규정을 통한 수입제한행위는 다자간 무역협정 내의 기술적 무역장벽에 대한 규약(technical barriers to trade code)에 의해 규제를 받고 있다.

한편 보건 및 후생기준은 더욱 까다롭다. 대개의 국가들은 모든 음식물에 첨가제를 사용하는 것을 일체 금하고 있다. 또한 수출되기 전에 견본으로는 통관이 안되고 반드시 실제로 수입된 상품 중에서 견본을 뽑아 시험을 한다. 이러한 시험은 전부 전문 연구소에서 이루어지기 때문에 결과적으로 수출비용을 상승시키고, 또 사전에 수입통관 여부를 확신할 수 없기 때문에 불안요소가 될 수 있으며, 이와 같은 비용상승과 불안요소가 국제무역을 저해하는 비관세장벽 요인이 된다.

9) 통관 및 행정절차(valuation for customs)

관세의 부과는 그 관련상품의 수출가격과 그에 적용되는 관세율에 따라 결정된다. 수출가격에는 일반적으로 송장가격(invoice price)이 적용되는데, 그것은 송장가격이 실제의 거래가격으로 간주되기 때문이다. 그러나 만일 세관공무원이 송장가격 자체의 진실성에 의문을 가지게 되는 경우, 자국 내에서 그와 유사한 상품의 시장가격을 대신 적용하는 경우가 있다.

그리고 적용될 관세율을 정하는 데 있어서도 문제가 발생될 수 있는데, 즉 어느 나라의 관세율표도 수입되는 모든 상품을 다 포함하여 상품별로 관세율을 정할 수가 없으므로 유사한 제품들을 일정한 기준에 따라 분류하여 그에 대한 관세율을 정하고 있다. 따라서 특정의 수입품이 어떻게 분류되는가에 따라 관세율의 적용이 달라질 수 있다. 이는 일반적으로 세관원의 재량에 의해서 이루어지는데, 만일 어떠한 상품의 분류가 부당하게 이루어져 높은 관세를 부담해야 할 경우가 발생하면 수입업자는 궁극적으로 법적 구제에 호소할 수밖에 없으며, 이는 많은 시간과 비용을 필요로 하므로 수입을 주저하게 되어 결국 수입이 억제되는 결과를 초래하게 된다. 한편 관세평가와 분류의 문제는 다자간무역협정 내의 관세평가에 관한 규약(customs valuation code)의 적용을 받고 있다.

제3절 보호무역정책의 정치경제학 측면

무역은 무역으로부터 이득을 보는 사람뿐만 아니라 손실을 보는 사람도 만든다. 이러한 시각이 현대 세계경제에서 실제 무역정책을 결정하는 과정을 이해하는 데 매우 중요하다. 여기에서는 무역정책의 정치경제학적인 측면을 간단하게 설명하고자 한다.

무역정책을 바라보는 데는 두 가지 시각이 있다. 첫째, 목표를 수립하면 어떠한 정책을 수행하는 것이 바람직한가? 과연 무엇이 최적 무역정책인가? 둘째, 정부는 실제로 어떤 정책을 수행할 것인가? 무역으로 인한 소득분배효과는 이들 물음에 결정적인 요소라 할 수 있다.

정부가 전체국가의 후생을 극대화하기를 원한다고 가정하자. 만약 모든 사람이 소득과 취미 면에서 서로 같다면 정부는 가능한 개인의 후생을 증가시킬 수 있는 정책들을 선택하기가 쉬울 것이므로 동질적인 경제에서 자유무역정책은 정부의 목표를 확실히 달성시켜 줄 수 있을 것이다. 그렇지만 국민들이 서로 다른 소득과 선호를 갖는 경우 모두에게 만족을 주는 정부정책은 쉽게 도출되기 어렵다. 어떤 보호정책을 선택할 때 그 정책으로 인해 손해보는 집단과 이익을 보는 집단이 항상 공존하게 된다. 이때 정부는 손실을 당하는 사람들에 대해서 무역으로부터 이득을 얻는 사람들과의 이해관계를 조정하고 정책의 효율성을 평가하여야 한다.

예를 들어, 우리나라 정부가 자국의 시장을 완전히 개방해야 하는 WTO에 가입함으로써 자유무역정책을 더욱 가속화시킨 결과 농업부문의 종사자는 자유무역으로 인해 손해를 보겠지만 공산품을 수출하는 기업들은 무역자유화로 큰 이익을 얻을 수 있게 된다. 이러한 정부의 정책에 대해 농업 종사자들은 자유무역조치가 자신들에게 피해를 주는 해악적인 조치로 평가하고 적극적으로 반대하는 입장을 취할 것이다.

한 집단이 다른 집단보다 더 중시되는 이유는 여러 가지가 있겠지만 가장 중요한 이유 중의 하나는 어떤 집단이 상대적으로 빈곤하여 특별한 대우를 해줄 필요가 있는 경우이다. 예를 들면, 미국정부가 부과한 무역제재조치가 의복과 신발가격을 인상시키지만, 이들 산업 내의 노동자들이 타 산업에 비해 저임금을 받고 있으므로 국민들은 의복과 신발에 대한 수입제한조치를 동의하고 있다. 미국정부는 부유한 소비자가 담당할 손실보다 신발과 의복산업에 있는 저임금 노동자들이 얻는 이득을 더 중요시하므로 미국 일반대중들은 이들 산업에 대한 수입제한조치를 별로 큰 문제로 생각하지 않고 있다.

그러면 무역은 저소득층을 해치지 않을 때만 허용해야 하는가라는 문제가 제기된다. 그러나 어떤 경제학자도 여기에는 동의하지 않을 것이다. 무역의 소득분배 기능에 대한 중요성에도 불구하고 대부분의 경제학자들은 자유무역을 강하게 선호하고 있다. 경제학자들이 일반적으로 무역의 소득분배효과를 강조하지 않는 몇 가지 중요한 이유가 있다.

첫째, 소득분배효과는 국제무역에만 있는 특수한 문제가 아니다. 기술진보, 소비자기호의 변화, 자원의 고갈 및 새로운 자원의 발견 등과 같은 국가경제에서 발생하는 모든 변화들이 소득분배에 영향을 준다. 만약 경제 내의 모든 변화가 소득분배효과를 고려한 후에만 허용된다면 경제적인 진보는 소득분배로 인해 쉽게 소멸될 수 있을 것이다.

둘째, 무역을 금지하는 것보다 무역을 허용하여 무역에 의해 손실을 본 사람들에게 보상해 주는 방안이 더 바람직할 수 있다. 현대 산업국가들은 무역에 의해 피해를 본 집단의 손실을 보상해 줄 수 있는 여러 종류의 소득지원 방안을 갖고 있는데 예를 들면 재취업교육비, 산업구조조정지원비 등의 지원조치를 생각할 수 있다. 경제학자들은 이러한 보상계획이 적절하다고 느끼며 무역을 제한하기보다는 보상을 강화하는 방안이 바른 접근방식이라고 주장하고 있다.

셋째, 무역의 증가로부터 손실을 보는 사람들은 이득을 보는 사람들에 비해 전통적으로 잘 조직화되어 있다. 이러한 조직상의 불균형은 피해를 본 집단에게 무게를 더 주도록 정치적으로 편중되기 마련이다. 경제학자들은 전통적으로 국가 전체의 이득을 지적하면서 자유무역을 강하게 지지하고 있지만 손실을 당한 사람들은 자신들의 불만을 대중들에게 강하게 표현한다. 대부분의 국가들에 있어서 무역제한을 원하는 사람들은 강하게 로비할 것이라고 기대할지 모르지만 그러한 경우는 거의 드물다. 대부분의 국가들에서 무역제한을 원하는 사람들은 무역확대를 원하는 사람들보다 정치적으로 더 큰 영향력을 갖고 있다. 전형적으로 특정 제품에서 무역의 이득을 보는 사람보다 손실을 보는 사람들이 더 집중되고 많은 정보를 가지고 있으며 잘 조직화되어 있는 것이 일반적이다.

따라서 경제학자들은 불평등한 소득분배에 대한 무역의 효과는 인정하지만 국가 내의 특정 집단에게 발생할 수 있는 손실보다 무역으로부터 얻는 잠재적 이득을 강조하는 것이 더 중요하다고 믿고 있다. 그렇지만 이해집단 간의 갈등이 첨예하게 대립될 경우, 경제정책을 결정하는 데 결정적인 목소리를 내는 집단은 결코 경제학자들이 아니며 조직화되어 정치력을 발휘하는 집단들이 될 가능성이 많다. 경제정책이 이들에 의해 영향을 받게 되면 경제적 논리는 뒷전이고 정치적 논리가 우선시되는 우를 범하기 쉽다.

두 집단 간의 이러한 대조는 미국의 설탕산업의 예에서 극명하게 나타남을 알 수 있다. 미국은 과거 오랜 기간 동안 설탕수입을 제한하였다. 현재 미국시장에서 설탕가격은 세계시장가격의 두 배 정도 수준이다. 대부분의 연구에서 설탕수입제한조치가 미국 소비자에게 1년에 약 20억 달러 정도, 즉 모든 남녀 및 어린아이에게 1년에 8달러 정도의 손해를 끼쳤다고 주장하고 있다. 설탕생산자의 이득은 아마 20억 달러의 절반 이하로 추정되고 있다. 만약 생산자와 소비자가 똑같이 자신들의 이해를 표출할 수 있다면 이러한 수입제한정책은 결코 제정되지 않았을 것이다. 그렇지만 소비자 각자는 절대치로 보았을 때 거의 피해를 보지 않는 것으로 나타났다. 1년에 8달러는 큰 돈이 아니다. 더구나 설탕을 직접 구입하기보다 다른 식품의 원료로 사용되기 때문에 대부분의 피해는 숨겨져 있다. 그래서 소비자들은 설탕에 수입할당제도가 존재하며, 이러한 수입제한조치가 자신들의 소득수준을 낮추고 있다는 사실조차 모르고 있다. 만약 소비자들이 이러한 사실을 인식할지라도 8달러라는 손실은 항의를 조직화시키고 국회의원에게 편지를 쓸 정도로 큰 돈이 아니다. 그러나 설탕생산업자의 입장은 아주 다르다. 평균적인 설탕생산자는 수입할당제도로부터 1년에 수천 혹은 수만 달러의 이득을 보았다. 더구나 설탕수입에 대한 설탕생산업자들은 설탕생산자의 이해를 적극적으로 도와줄 관련 협회와 정치가들을 통해서 잘 조직화되어 있다. 그래서 설탕수입에 대한 설탕생산업자들은 효과적으로 불만을 크게 표현하고 있다. 설탕산업에서 수입제한조치의 정치경제학은 국제무역에서 일종의 극단적인 정치적 과정이라고 볼 수 있다. 이제까지의 세계무역의 흐름을 살펴볼 때 세계무역이 점진적으로 자유로워졌다는 사실은 자유무역에 반대하는 정치적인 성향을 제어하는 특별한 정치 · 경제적 환경에 의해서만 가능하였다는 사실이다.

제4장

국제무역환경

제1절 무역정책의 변화
제2절 GATT와 WTO
제3절 뉴라운드
제4절 도하개발어젠다
제5절 지역무역협정

학습목표

1. 무역정책의 변화과정을 이해한다.
2. GATT와 WTO를 이해하고, 이들의 역할과 차이점을 파악한다.
3. 새롭게 부상하는 뉴라운드를 학습한다.
4. 도하개발어젠더의 동향과 한국의 대응방안을 이해한다.
5. 지역무역협정의 형태를 파악하고, 한국의 현황을 조사한다.

| 핵심사항 |

❶ 무역정책의 변화

1. 중상주의

   국가의 부를 측정함에 있어 귀금속의 보유량의 과다로 국부를 파악하였으며, 따라서 금·은의 보유를 중요시하고 금·은의 획득을 위하여 수출을 장려하고 수입을 억제하는 정책하에서 무역차액의 흑자를 유지하는 것을 국가의 가장 중요한 정책으로 채택하였다.

2. 자유무역주의

   자유무역이론은 프랑스 중농주의 경제학자인 케네와 영국 고전경제학파를 대표하는 아담 스미스에 의하여 발전되었다. 아담 스미스는 자유주의사상에 입각하여 중상주의자들의 극단적인 국가간섭정책을 비판하고 농업을 중심으로 한 자유주의를 주장하였다.

3. 보호무역주의

   보호무역주의는 19세기 초에 들어와서 아담 스미스에 의해 확립된 영국 고전학파의 자유무역주의에 대항하여 미국과 독일이 자국의 유치산업을 보호하고 공업을 육성하기 위하여 채택하였다.

4. 신보호무역주의

   관세 이외의 비관세 성격의 보호조치를 관세를 무역규제수단으로 사용하는 전통적 보호무역주의와 구별하는 의미에서 '신보호무역주의'라고 부른다.

❷ GATT와 WTO

1. GATT의 기본원칙

   자유무역의 원칙, 최혜국대우(MFN)의 원칙, 내국민대우(NT)의 원칙, 다자간협의의 원칙

2. GATT의 다자간협상 경과

   GATT는 세계무역 확대를 위하여 관세인하와 수입제한철폐를 추구하였다. 이러한 GATT는 국제무역의 기본질서를 규율하는 국가 간의 협정으로서 WTO 출범 전까지 자유무역과 공정무역을 추구하면서 세계무역의 확대에 지대한 역할을 수행하였다.

3. UR협상과 무역자유화

   (1) 우루과이라운드(UR)는 세계 여러 나라의 관세·비관세장벽 철폐를 논의하기 위해 열린 관세 및 무역에 관한 일반협정(GATT)의 제8차 다자간무역협상으로 1986년 9월 우루과이의 푼타 델 에스테에서 시작되어 1994년 4월 15일에 마무리되었다.

   (2) 협상의 주요 결과 : 항구적이고 강력한 세계무역기구(WTO)를 수립하였고, 상품의 관세인하 및 무세화를 통해 기존의 관세장벽을 대폭 낮추었을 뿐만 아니라 회색조치 등 비관세장벽도 대폭 완화시켰으며, 각종 수량제한조치로 보호되어 왔던 농산물에 대해서도 일단 관세화를 통해 WTO체제 내로 끌어들임으로써 농산물무역에 대한 비관세장벽을 단계적으로 완화시켰다.

4. WTO체제의 출범

   GATT와 비교하여 WTO의 특징을 든다면 WTO는 국제무역질서를 유지하기 위한 공식적인 기구로서 상품, 서비스, 지적재산권 등 광범위한 분야를 다루고 있으며, 특히 WTO는 GATT체제와 비교하여 실질적인 분쟁해결능력을 갖춘 기구가 되기 위하여 산하에 다자간무역협정 중의 하나인 「분쟁해결규칙과 절차에 관한 양해각서(DSU)」에 근거하여 분쟁해결기구(DSB : Dispute Settlement Body)가 설치되어 일원화된 채널을 통하여 모든 분

쟁해결을 담당한다는 것이다.

❸ 뉴라운드

1. 뉴라운드의 의의
   우루과이라운드(UR) 종결 이후 전개되는 선진국들의 자유무역 공세를 통칭하여 뉴라운드(New Round)라고 한다. 뉴라운드는 각국의 경제주체들이 공통된 조건과 게임의 법칙 아래에서 보다 자유롭고, 보다 공정한 무역을 할 수 있도록 하자는 논의이다.
2. WTO 뉴라운드 논의의 대두
   WTO체제 출범 후 교통, 통신, 과학기술의 발달로 국제무역환경이 크게 변화함에 따라 이전과 다른 새로운 통상문제가 등장하고 이에 대한 효과적인 대응책이 요구되면서 새로운 다자간무역협상, 즉 뉴라운드 논의가 대두되었다.
3. 뉴라운드의 이슈
   무역과 환경정책(Green Round), 무역과 경쟁정책(Competition Round), 무역과 노동정책(Blue Round), 전자상거래(Internet Round), 국제투자(Investment Round)

❹ 도하개발어젠다

1. 협상의 개요 및 경과
   세계무역기구(WTO) 도하개발어젠다협상(DDA : Doha Development Agenda)은 2001년 11월 카타르 도하에서 개최된 제4차 WTO 각료회의에서 출범했다. DDA는 우루과이라운드협상에 이어 제2차 세계대전 이후 시작된 9차 다자간무역협상이며, WTO 출범 이후 첫 번째 다자간무역협상이다. “개발”이라는 이름이 붙은 것은 앞선 협상들과 달리 개도국의 개발에 중점을 두어야 한다는 개도국들의 주장을 반영했기 때문이다.
2. 주요 협상분야
   농업협상, 서비스협상, 비농산물협상, WTO협정 개정협상

❺ 지역무역협정

1. 지역무역협정의 개념과 유형
   (1) 지역무역협정이란 지역적으로 차별적인 무역정책을 말한다. 즉 여러 국가들이 협정을 체결하거나 동맹을 결성하여 이러한 협정이나 동맹에 가입한 회원국들 사이의 교역에 대해서는 관세 및 기타 무역규제를 완화 내지 철폐하지만 비회원국과의 교역에 대해서는 차별적인 무역규제를 유지하는 것을 의미한다.
   (2) 지역무역협정의 유형은 회원국들 간의 경제적 결합 정도에 따라 크게 부문별특혜무역협정(sectoral preferential trade arrangement), 자유무역지역(FTA : Free Trade Area), 관세동맹(customs union), 공동시장(common market), 경제동맹(economic union), 완전경제통합(complete economic integration)으로 분류될 수 있다.
2. 주요 지역무역협정
   유럽연합(EU), 북미자유무역협정(NAFTA), ASEAN지역의 경제협력, 남미공동시장(MERCOSUR)

제1절 무역정책의 변화

1. 중상주의

중상주의(mercantilism)란 16세기부터 18세기 동안 근대국가의 건설과 근대적 산업체제의 확립을 위하여 구미제국에서 채택한 국가본위의 간섭정책 내지 이를 기초로 한 이론에 대하여 총체적으로 일컫는 이름이라 할 수 있다. 즉, 중상주의란 일반적으로 자본주의 경제발전의 초기에 있어서 서구제국이 주로 국가의 발전과 경제적 부를 강화시키기 위하여 채택한 사상 또는 경제정책을 의미하는 것이다.

따라서 중상주의정책을 실시하는 나라들은 국가의 부강을 유일한 정책목표로 삼았다. 이를 위해 중상주의를 실시하는 국가들은 대내적으로 국가제일주의정책을 지향하고 대외적으로는 자국본위의 대외배척정책을 채택하였다. 국가의 부를 측정함에 있어 귀금속의 보유량 과다로 국부를 파악하였으며, 따라서 금 · 은의 보유를 중요시하고 금 · 은의 획득을 위하여 수출을 장려하고 수입을 억제하는 정책하에서 무역차액의 흑자를 유지하는 것을 국가의 가장 중요한 정책으로 채택하였다.

중상주의는 초기의 중금주의(bullionism)를 기반으로 하는 초기중상주의와 무역차액에 의한 금 · 은의 획득을 부로 간주하는 후기의 무역차액제도주의(balance of trade system)로 구분해 볼 수 있다. 중금주의정책은 주로 무역을 통한 금과 은의 획득에 있었으며, 한 나라의 부는 금 · 은 등, 즉 화폐량에 있다고 생각하였다. 이 정책의 핵심은 모든 대외거래에 있어서 금 · 은과 같은 귀금속의 국내유입을 촉진시키고 해외로의 유출을 억제하여 국가의 부를 증대시키는 것이었다. 후기의 무역차액주의는 무역정책에 있어 중금주의보다는 완화된 입장을 취하고 있는데 이는 일국의 부는 금은의 수출을 금지함으로써 축적되는 것이 아니라 외국과의 무역을 확대함으로써 전체수출이 수입을 얼마나 상회하는지에 의해, 즉 출초의 크기에 따라 결정된다. 다시 말하면 특정 국가와의 거래에서 수입초과로 인한 차액의 적자가 발생되더라도 전체적인 무역거래에 있어서 수출초과를 통한 차액의 흑자가 되면 국부로 증대된다는 것이다.

이러한 중상주의는 화폐, 즉 귀금속을 모든 경제활동의 원동력이라 인식함과 동시에 세계의 부는 일정하기 때문에 자국의 이익은 곧 타국의 손실로 생각하였으며 경제활동에 있어 정부의 역할을 중요시하였다. 구체적으로 군주들은 상공업자들이 해외무역이나 제조업을 통하여 부를 획득할 수 있도록 적극적으로 지원하였으며 반대급부로 부를 축적한 상공업자들은 군주들이 군대와 경찰력을 유지할 수 있도록 지원하는 경제시스템을 운영하였다.

2. 자유무역주의

자유무역이론은 프랑스 중농주의 경제학자인 케네(F. Quesnay)와 영국 고전경제학파를 대표하는 아담 스미스에 의하여 발전되었다. 아담 스미스는 자유주의 사상에 입각하여 중상주의자들의 극단적인 국가간섭정책을 비판하고 농업을 중심으로 한 자유주의를 주장하였다. 케네를 중심으로 하는 중농주의자의 자유방임론(Laissez-faire)은 농산물 생산이 과잉일 때는 수출을 통하여 가격을 유지하고, 반대로 흉작의 경우 외국으로부터 수입하여 가격의 등귀를 막는 자유무역사상에 근거하고 있다. 중농주의자들이 주장한 무역의 자유화는 무역 자체의 중요성보다는 농산물의 가격유지가 목적이었기 때문에 무역정책에 미친 영향은 작았다. 그러나 케네를 중심으로 하는 중농학파 학자들의 자유방임사상은 무역자유화의 기초가 되었으며 아담 스미스에게 영향을 주었다.

아담 스미스는 중상주의를 비판하고 자본주의 확립에 부합되는 무역이론을 제시하였다. 아담 스미스는 화폐를 중요한 부라고 생각하는 중상주의에 대하여 부는 생산물이고 노동이라고 생각하였다. 외국무역은 자국의 생산증대에 기여하고 자본축적을 촉진하여 생산적 노동자를 증가시킨다. 이를 위해서 관세와 장려금은 유해하며 특수한 경우를 제외하고는 자유무역이 필요하다는 것을 주장하였다. 아담 스미스는 자유무역론의 이론적 근거를 국제분업에 따른 이익에 두고 있다. 그에 의하면 외국무역을 자유경쟁원리에 따라 운영하면 국제분업이 이루어지고 그 결과 모든 나라가 이익을 본다는 것이다. 즉, 자유무역을 통하여 자기 나라에서 생산하는 것보다 싼 상품은 수입하고, 외국에 비해 비교우위가 있는 상품은 국내에서 특화 생산하여 상호 교환하면 모두가 유리하다는 이론이다. 이러한 자유무역론은 개인의 이기적 행동이 '보이지 않는 손(invisible hand)' 에 이끌려 사회적 이익에 합치된다고 하는 사상에 기초를 두고 있다. 즉, 개인의 자유로운 처분에 맡겨두는 것이 국가의 번영을 가져오고 또 물질적 · 정신적으로 높은 행복수준에서 사회생활을 조화시킨다는 것이다.

3. 보호무역주의

보호무역주의는 19세기 초에 들어와서 아담 스미스에 의해 확립된 영국 고전학파의 자유무역주의에 대항하여 미국과 독일이 자국의 유치산업을 보호하고 공업을 육성하기 위하여 채택하였다. 이러한 보호무역주의의 등장배경으로는 유치산업의 보호, 구산업 및 고임금의 유지, 금 유출의 방지 및 덤핑 등의 경제적인 측면뿐만 아니라 군사상 및 외교상의 관점도 들 수 있다. 19세기의 보호무역주의를 주장한 대표적인 인물은 미국 독립 이후 초대재무장관이 된 해밀턴(Hamilton)과 독일 역사학파의 원조인 리스트(List)이다.

해밀턴은 의회에 제출한 제조업의 장려 및 보호에 관한 보고서에서 미국의 공업이 유럽 여러 나라에 비하여 유치한 단계에 있기 때문에 보호정책을 실시하여야 한다고 주장하였다. 해밀턴은 미국의 공업을 보호 · 육성하기 위한 정부의 보호조치를 촉구하면서 공업보호의 방법으로 수출입의 금지, 관세의 부과, 면세조치, 검사제도의 실시와 보조금 및 장려금의 지급을 주장하였다. 그는 공업이 농업에 비하여 생산력상 유리할 뿐만 아니라 이익도 높기 때문에 공업을 진흥시켜야 한다고 하였으며, 보호할 공업의 선정은 일정한 기준을 정하여 신중히 결정할 필요가 있다고 하였다. 해밀턴은 당시 농업국의 위치에 머물러 있던 미국경제가 공업화 노력을 통하여 산업분화와 분업의 이익효과를 얻어야 한다고 주장하였기 때문에 이것을 해밀턴의 산업분화론 또는 공업보호론이라고 한다.

한편 해밀턴이 미국경제상황을 바탕으로 보호무역주의를 주창한 데 이어 유럽의 후발신흥공업국인 독일에서는 리스트(F. List)가 독일적 보호무역을 주장하였다. 그는 아담 스미스의 자유무역론을 비판하고 경제정책에 대한 국가의 역할을 강조하면서 경제발전단계를 미개상태, 목축상태, 농업상태, 농공상태, 농공상상태의 다섯 단계로 나누었다. 농공단계에 있는 독일이 가장 선진국이며 농공상상태에 있는 영국과 자유무역을 하게 되면 독일은 영국의 원료공급지와 완제품시장으로 전락해 버린다는 점을 지적하고, 국가는 산업발전을 위해 강력한 지원정책을 펴서 산업경쟁력을 확보해야 한다고 주장했다.

이러한 보호무역정책의 주장에 대해 유력한 근거를 제공하는 것은 유치산업보호론(Infant Industry Protection Argument)으로서 현재로는 경제발전단계의 후진성으로 발달하지 못하였으나 미래에 성장가능성이 있는 산업의 제품에 대해서는 수입관세를 부과하여 후진국의 유치산업을 보호 · 육성하고 선진국의 상품과의 자유경쟁에서 살아남을 수 있도록 해야 한다는 논리가 적용될 수 있다.

4. 신보호무역주의

전통적인 보호무역정책에서는 주로 관세에 의한 무역규제수단이 강조되어 왔다. 그러나 1960년대를 기점으로 하여 세계 각국은 기존의 수입제한조치인 관세에서 물량규제를 하기 위한 쿼터제 또는 수출자율규제 등의 비관세장벽을 이용하여 보다 적극적인 수입제한조치를 취하기 시작하였다. 더구나 1970년대에 들어 자원파동의 외적인 충격, 선진국 경제 자체에 내재하는 구조적 경직성 및 GATT 기능상의 결함 등 여러 가지 요인이 복합적으로 작용하여 이와 같은 경향은 더욱 강화되었다.

이러한 관세 이외의 비관세 성격의 보호조치를, 관세를 무역규제수단으로 사용하는 전통적 보호무역주의와 구별하는 의미에서 '신보호무역주의'라고 부른다. 새로운 보호무역 조류의 대두 및 강화는 세계경제의 순조로운 발전을 지연시키게 되었고, 특히 개발도상국의 경제성장을 제약하는 결과를 가져오고 있다. 또한 신보호무역주의가 세계적으로 만연됨에 따라 자유무역의 원칙은 점차 한계에 부딪치게 되고 관리무역이 확대되고 있는 실정에 있다.

신보호무역주의가 대두하게 된 배경은, 첫째 1970년대 이후 세계경제의 물가앙등과 경기침체(stagflation)현상의 지속 및 선진국 경제에 내재하는 구조적인 경직성을 들 수 있다. 여러 차례에 걸친 석유파동 등에 따른 자원가격의 상승은 세계 인플레이션을 가속화시켰을 뿐만 아니라 각국의 자원수입부담을 증대시켰고 비교우위에 입각한 세계무역구조에 커다란 변화를 초래하였다. 이러한 상황하에서 자원수입국은 노동력의 재배치, 임금안정정책 및 기술개발지원 등 산업구조정책을 적극 추진하는 데 매우 어려운 여건하에 있었기 때문에 수입조정을 통한 실업 및 자국산업의 보호가 불가피하게 되었다.

둘째, 개도국의 대선진국 수출이 급증하자 이에 대한 선진국의 자국산업보호조치가 가시화된 점을 지적할 수 있다. 수차에 걸친 GATT의 다자간무역협상을 통하여 공산품에 대한 대폭적이고 일괄적인 관세인하로 선진국 시장이 개도국에 노출되자 선진국은 GATT의 간섭에 의해 엄격히 통제되는 관세조치보다 GATT의 규제 밖에서 수입을 규제할 수 있는 여러 비관세조치를 빈번히 사용하게 되었다. 이러한 상황은 GATT체제 자체의 구조적 결함에서 찾아볼 수 있는데 GATT의 규범 밖에서 취해지는 GATT무역규제에 대해서는 GATT규정에 의해 제재를 가할 수 없는 현실적인 어려움이 있기 때문이다. 이러한 GATT체제의 한계점을 극복하기 위해 1995년 출범한 WTO협정하에서는 비교적 비관세조치의 남용이 명확한 규범 아래 관리되고 있기는 하지만 여전히 비관세조치는 무역규제의 중요한 수단으로 사용되고 있다.

제2절 GATT와 WTO

관세 및 무역에 관한 일반협정(GATT : General Agreement on Tariffs and Trade)은 제2차 세계대전 이전에 세계적으로 만연했던 보호무역주의에 대한 반성으로 출발하였다. 그 목적은 국제무역에 있어서 관세를 비롯한 제반 무역장벽의 완화 내지 철폐를 통하여 무차별적인 국제무역체제를 확립함으로써 국제경제의 안정적 성장과 발전을 추구하는 데 있다. 따라서 이러한 목적을 달성하기 위한 GATT의 기본원칙은 국제거래에 있어서 무역자유화의 실시와 각 가맹국 간의 최혜국대우 실시를 통한 전 세계의 균형적인 성장과 발전을 도모하기 위한 것이라 할 수 있다.

1. GATT의 기본원칙

(1) 자유무역의 원칙

자유무역의 원칙은 국가 간 무역이 정부의 보호나 간섭에 의해 이루어지는 것을 금지하고 한 국가의 부존자원과 밀접한 관련을 가지는 국제경쟁력, 즉 비교우위의 차이에 따라 자유롭게 이루어져야 하는 것을 의미한다. 따라서 GATT는 극히 예외적인 경우를 제외하고는 국제무역에 인위적인 제약이나 간섭을 하지 않는 것을 기본원칙으로 채택하고 있다. 이를 위해 우선 GATT는 관세를 완전히 철폐할 것을 요구하고 있지는 않으나 관세율을 가능한 한 크게 인하하고 수입제한은 완전히 철폐할 것을 원칙으로 하고 있다. 왜냐하면 수량, 외환제한, 수출자율규제 등과 같은 수입제한적 조치는 그 형태가 다양하고 복잡할 뿐만 아니라 무역제한 효과가 관세의 경우보다 훨씬 크기 때문에 무역의 왜곡을 초래하는 수입제한조치의 제거를 우선적으로 규정하고 있다.

(2) 최혜국대우(MFN)의 원칙

최혜국대우(MFN : Most-Favoured-Nation Treatment)원칙은 특정 국가에 대하여 다른 국가보다 불리한 교역조건을 부여해서는 안 된다는 원칙으로 GATT 규범 제1조[1)]에 근거하고 있다. 즉, 모든 체약국이 그 상호 간의 무역에 있어서 서로 동등하고 가장 유리한 조건하에서 무역하는 것을 골자로 하고 있는 것이 최혜국대우원칙이다.

(3) 내국민대우(NT)의 원칙

무차별원칙의 또 다른 기본원칙은 내국민대우(NT : National Treatment)원칙이다. 이를 정확하게 표현한다면 국내세와 국내규범에 있어서의 내국민대우원칙(National Treatment on Internal Taxation and Regulation)을 말한다. 이는 GATT 제3조의 규범에 근거한 것으로 수입물품에 대하여 국내세 및 국내규범에 의하여 같은 종류의 국내상품에 대하여 주어지는 대우보다도 불리하지 않는 대우를 부여해야 한다는 원칙을 말한다. 즉 수입물품과 국내물품을 차별대우해서는 안 된다는 원칙이다. 여기서 유의해야 할 점은 최혜국대우원칙이나 내국민대우원칙 모두 무차별원칙으로 의미는 같으나 최혜국대우원칙은 GATT 체약국 사이에 경쟁조건의 균등, 즉 국경통관 시의 무차별대우를 확보하기 위한 것이고, 내국민대우원칙은 수입국 내의 국내상품과 수입물품 사이에 경쟁조건의 균등, 즉 국내

1) GATT 체약국의 일방이 무역협정 등에 기하여 다른 제3국의 상품에 관하여 부여하고 있거나 장래 부여할 가장 유리한 대우를 상대 체약국의 동종상품에 대하여도 부여하여야 한다는 것이다.

사례연구

수입담배에 있어서의 국내세와 수입제한
United States versus Thailand
- Restriction on Imports of & Internal Taxes on Cigarettes -

1990년 미국과 태국의 담배분쟁으로 태국이 수입하는 담배에 대하여 국내세를 추가로 부과하고 수입을 제한하였다. 태국은 GATT 제20조 (b)항 인간, 동·식물의 생명과 건강의 보호를 위한 필요조치에 의거하여 미국 및 외국산 담배로부터 국민을 보호하고 담배 피우는 것을 통제하기 위하여 무역제한을 실시한다는 주장이었다.

패널은 흡연(smoking)이 인간의 건강에 심각한 위험으로 제20조 (b)항의 범위 내에서 담배 소비의 감소를 의도하는 조치에 관해서는 공감을 하였으나 문제는 그러한 무역제한조치를 실시함에 있어서 국내에 있어서는 아무런 규제조치가 없었다는 것이다. 즉 국내프로그램도 병행되어졌어야 한다는 것이다. 태국이 국산담배에 있어서는 아무런 제한조치가 없었기 때문에 태국의 무역제한조치는 자국의 담배산업을 보호하려는 의도를 가지는 것으로 내국민대우원칙 및 수량제한의 일반적 제거원칙에도 위배되며, 또한 GATT 제20조 일반적 예외 (b)항에 근거한 태국의 조치는 GATT 제20조 (b)항 예외에 해당되지 않는다고 판정하였다.

거래에서의 무차별대우를 확보하기 위한 것이라는 점이다.

(4) 다자간협의의 원칙

GATT의 권리의무와 관련하여 당사국 간에 문제가 발생한 경우 그 해결을 위해 협의는 1차로 당사국 간에 협의를 실시하도록 규정하고 있는데, 만족한 해결을 얻을 수 없는 경우에는 GATT라는 다자간 차원의 협상과 협의를 통해서 다각적으로 해결할 것을 규정하고 있다.

2. GATT의 다자간협상 경과

GATT는 세계무역 확대를 위하여 관세인하와 수입제한철폐를 추구하였다. 이러한 GATT는 국제무역의 기본질서를 규율하는 국가 간의 협정으로서 WTO 출범 전까지 자유무역과 공정무역을 추구하면서 세계무역의 확대에 지대한 역할을 수행하였다. GATT체제는 세계무역환경의 변화에 따라 8차례의 다자간무역협상을 타결하면서 수정·보완을 거듭해 왔다.

제1차 다자간무역협상부터 제6차 다자간무역협상인 케네디라운드까지는 선진국들 간의 관세인하가 주요 내용이었고, 제7차 다자간무역협상인 동경라운드에서는 관세인하 이외에도 비관세장벽의 철폐 및 감축이 본격적으로 다루어졌다. 8차 다자간무역협상인 UR협상은 기존의 GATT체제가 가진 근본적인 한계를 극복하고 새로운 WTO체제를 출범시키는 혁신적인 무역협상으로 이루어졌다.

표 4-1 | GATT의 다자간무역협정

명칭	기간	개최지	참가국수	주요 내용
1차 라운드 (제네바라운드)	1947. 4~10	제네바 (스위스)	23	• GATT 설립을 위한 최초의 관세인하 협상 • 4,500개 공산품을 관세양허 – 국별 · 품목별 협상방식 채택, 2국 간에 양허요구표와 양허가능품목을 상호교환, 양허의 균형을 추구, 이러한 2국 간 교섭을 다각적으로 동시 진행
2차 라운드 (앙시라운드)	1949. 8~10	앙시 (프랑스)	32	• GATT 기존 체약국과 11개 신규 가입국 간 교섭 • 5,000개 공산품을 관세양허 – 국별 · 품목별 협상방식
3차 라운드 (토케이라운드)	1950. 9~ 1951. 4	토케이 (영국)	34	• GATT 기존 회원국과 7개 신규 가입국 간 교섭 및 기한이 만료된 종래의 관세양허 재교섭 • 8,000개 공산품을 관세양허 – 국별 · 품목별 협상방식
4차 라운드 (제네바라운드)	1956. 1~5	제네바 (스위스)	22	• 3,000개 공산품을 관세양허 – 국별 · 품목별 협상방식
5차 라운드 (딜론라운드)	1961. 5~ 1962. 7	제네바 (스위스)	23	• EEC의 공통관세 설정에 따른 관세양허교섭 • 4,400개 공산품에 대한 관세율 평균 7% 인하
6차 라운드 (케네디라운드)	1964. 5~ 1967. 6	제네바 (스위스)	56	• 미국과 EEC 간의 관세장벽 제거를 목표 • 30,000개 품목에 대해 관세율을 평균 35% 인하 – 일률인하방식(linearreduction) 채택(예외품목을 제외한 대상품목에 대해 일정관세 인하폭을 일괄 적용)

7차 라운드 (동경라운드)	1973. 9~ 1979. 4	제네바 (스위스)	99	• 1971년 스미소니언 합의에 따라 출범 • 33,000개 품목에 대한 평균 33% 관세인하 – 조화인하방식(기존관세율이 높을수록 큰 폭의 인하율 적용) 채택 • 비관세장벽 제거를 위한 협정 제정(MTN) – 관세평가협정, 보조금 및 상계관세협정, 반덤핑협정, 정부조달협정, 무역에대한 기술장벽협정, 국제낙농협정, 국제우육협정, 민간항공기 협정 • 개도국에 대한 우대 및 의무규정 – 일반특혜관세제도(GSP) 합법화 – 신흥공업국들에 대한 개도국 졸업조항 신설
8차 라운드 (우루과이 라운드)	1986. 9~ 1994	푼타 델 에스테 (우루과이)	123	• 항구적이고 강력한 국제무역기구의 설립으로 다자무역체제 강화 • 회원국의 국내법을 WTO규정에 합치시키도록 규정 • 공산품 관세인하 및 비관세장벽 완화 – UR협상 이전에 비해 1/3 이상 관세인하 – VER, OMA 등 회색조치의 철폐 • 농산물 및 섬유류 무역의 GATT 편입 • 기존 GATT 규범의 강화 – 반덤핑, 보조금, 상계관세, 세이프가드 등의 명료성을 제거하고, 규율을 강화 • 서비스무역에 관한 기본규범 설정 및 최초의 양허교섭 완료 • 지적재산권 보호 및 투자관련 조치 규범 마련 • 통합분쟁해결절차 및 규칙(DSU) 합의

3. UR협상과 무역자유화

(1) 개관 및 내용

우루과이라운드(UR)는 세계 여러 나라의 관세 · 비관세장벽 철폐를 논의하기 위해 열린 관세 및 무역에 관한 일반협정(GATT)의 제8차 다자간무역협상으로 1986년 9월 우루과이의 푼타 델 에스테에서 시작되어 1994년 4월 15일에 마무리 되었다.

우루과이라운드는 본래 예정보다 거의 두 배의 시간이 소요된 7년 반 동안 진행되었으며 종반에는 125개국이 참여했다. 협상내용은 기존의 분야 외에도 서비스무역, 지적소유권보호, 무역관련 투자 등의 현재 국제무역이 직면하고 있는 모든 경제현안이 협상의 내용으로 다루어지게 되었다. 구체적으로 표현하면 우루과이라운드는 칫솔에서 호화보트, 금융에서 통신 그리고 벼종자에서 에이즈진료에 이르기까지 거의 모든 무역거래를 다루는 협정으로 정의할 수 있다. 이는 분명히 가장 큰 규모의 무역협상이었으며 아마도 앞으로의 모든 협상을 통틀어 역사상 가장 큰 규모의 협상으로 남을 것으로 평가되고 있다.

표 4-2 | UR 초기 15개 협상의제

우루과이라운드(UR)의 초기 15개 협상의제
관세, 비관세장벽, 천연자원, 섬유 및 의류, 농산물, 열대성 농산물, GATT 조항, 동경라운드협약, 반덤핑, 보조금, 지적재산권, 투자조치, 분쟁해결, GATT체제, 서비스무역

(2) 협상의 주요 결과

우루과이라운드는 GATT의 다자간무역협상 중 가장 중요하고 포괄적인 무역협상이었으며 우루과이라운드 협상의 타결은 자유무역을 향한 획기적인 진전의 의미를 가지고 있다 할 것이다. UR협상은 무역장벽을 대폭 완화하였을 뿐 아니라 자유무역환경을 보장하는 다자간무역규범을 크게 강화함으로써 무역확대를 통한 세계경제 도약의 계기를 마련한 것으로 평가되고 있다. 그 이유는 첫째, 항구적이고 강력한 세계무역기구(WTO)를 수립하였고, 둘째 상품의 관세인하 및 무세화를 통해 기존의 관세장벽을 대폭 낮추었을 뿐만 아니라 회색조치 등 비관세장벽도 대폭 완화시켰으며, 셋째 각종 수량제한조치로 보호되어 왔던 농산물에 대해서도 일단 관세화를 통해 WTO체제 내로 끌어들임으로써 농산물 무역에 대한 비관세장벽을 단계적으로 완화시켰으며, 넷째 다자간섬유협정(MFA)에 의해 규제되어 오고 있는 섬유류도 10년간에 걸쳐 완전히 WTO체제 내로 통합함으로써 섬유류 무역자유화의 기반을 마련하였다는 점이다. 다섯째, 각국의 보호무역 수단으로 활용된 사례가 많았던 기존의 반덤핑 · 상계관세 · 긴급수입제한조치의 남용을 억제하도록 규범화하였고, 보다 효율적이고 신속한 분쟁해결절차를 도입함으로써 자의적인 무역규제의 여지를 축소시켰으며, 여섯째, 최근 국제무역에서 비중이 커지고 있는 서비스무역분야에 대해 별도의 무역규범을 새로이 제정하고 이 분야의 시장개방계획을 작성토록 함으로써 서비스무역이 확대되는 발판을 마련하였으며, 마지막으로는 무역관련 지적재산권에 관한 협정을 수립함으로써 무역관련 지적재산권에 대한 보호를 강화하였다는 것이다.

난항을 거듭해 오던 우루과이라운드는 드디어 1993년 12월 15일 원래의 협상 시한을 3년이나 넘기면서 7년 이상을 끌어온 협상을 타결지었다. 그 후 1994년 4월 7일 무역협상위원회에서 각료선언과 무역과 환경에 관한 결정, WTO준비위원회 설립에 관한 결정, WTO 설립협정 수락 및 가입에 관한 결정, 조직 및 재정에 관한 결정 등 4개 결정문을 확정, 동년 4월 12일부터 15일까지 개최된 마라케쉬 각료회의에서 채택함으로써 1995년 1월 1일 WTO협정이 발효되어 새롭게 국제무역을 관장할 WTO체제가 도래하게 되었다.

4. WTO체제의 출범

(1) WTO의 성립배경

GATT는 행동범위가 제한된 상태에서 임시적으로 존재했으나 47년 동안에 걸쳐 세계무역의 상당부분에 대한 안정성 확보와 자유화 확대에 성공적으로 기여했다는 데에는 논란의 여지가 없다. 즉 GATT는 지속적인 관세인하만으로도 1950년대 및 1960년대에 걸쳐 연평균 8%에 달하는 고도의 세계교역성장률을 실현하는데 기여했다. 뿐만 아니라 무역자유화의 전기를 마련함으로써 전체 GATT시대에 걸쳐 세계의 생산증가율을 지속적으로 상회하는 세계교역증가율을 실현하는 동시에 교역국가 상호 간에 교역능력을 신장시키는 조치를 통해 모든 국가가 교역으로부터의 혜택을 누리도록 기여했다. 우루과이라운드 기간에 새로운 체약국의 급증은 다자간 교역체제가 경제발전의 기초가 되는 동시에 경제 및 무역제도 개혁의 수단으로 인식되고 있음을 입증한 것이었다. 그러나 시간이 흐르면서 새로운 문제가 발생했다. 동경라운드는 이들 문제의 일부를 해결하기 위한 시도를 했으나 그 성과는 제한적이었으며 이는 곧 고난의 시기가 도래할 것을 예고하는 것이었다.

GATT가 관세를 그와 같이 낮은 수준으로 인하하는 데에 성공한 가운데 1970년대 및 1980년대 초반에 일련의 경제침체가 발생하자 각국 정부는 외국의 경쟁압력에 직면한 분야에 대해 다른 형태의 보호조치를 고안해 내기 시작했다. 서구 및 북미의 각국 정부는 높은 실업률과 지속적인 공장폐쇄를 극복하고자 그들의 경쟁국들과 양자 간 시장분할협정을 모색하고 농산물교역에서 그들의 지분을 유지하고자 보조금을 경쟁적으로 지급하기 시작했다. 이와 같은 모든 변화는 GATT의 신뢰성 및 효율성을 저해했다.

또한 이러한 문제는 단순히 무역정책환경을 오염시키는 것만은 아니었다. 1980년대 초반 GATT는 분명히 1940년대의 경우와 같이 세계교역의 현실에 더 이상 적합하지 않았던 것이다. 우선 세계교역은 40년 전에 비해 훨씬 복잡하고 중요해졌다. 세계경제의 지구촌화가 전개되고 GATT규범의 관할하에 있지 않던 서비스교역이 많은 국가의 주요 관심대상이 되었으며, 국제투자도 신장되어 갔다. 서비스교역의 확산은 또한 세계상품교역의 증가와 더욱더 밀접한 연관을 갖게 되었다. 그 외에도 GATT는 또 다른 개선이 요구되고 있었는데, 예를 들어 농산물분야에서 다자체제의 허점이 악용되어 농산물교역의 자유화 노력이 큰 성과를 보지 못했던 것이다.

섬유 및 의류분야에서는 1960년대 및 1970년대 초반에 협상을 통해 이루어진 GATT의 보편적 규율에 대한 예외가 다자간섬유협정(MFA)의 결과를 낳기도 했다. GATT의 제도적 구조와 그의 분쟁해결체제까지도 우려의 대상이 되었다. 이와 같은 문제점을 포함한 다수의 요소가 GATT 회원국들로 하여금 다자간체제를 강화하고 확대하기 위한 노력을 시도해야 한다는 확신을 갖게 하였으며, 그 결과로 전 세계 125개국(GATT 가입국 123개국 포함)의 대표들이 참가한 우루과이라운드(UR) 각료회의는 현재의 GATT체제의 한계를 극복하고 향후의 새로운 국제무역질서를 더욱 효과적으로 규율하기 위하여 항구적이고 강력한 WTO(World Trade Organization)를 수립하도록 합의하였다. 이에 따라 1947년 10월에 제정되어 그간 47년 동안 세계무역을 관장해 온 GATT체제는 막을 내리고 신GATT체제라고 표현할 수 있는 WTO시대가 도래하게 되었다.

(2) WTO체제의 의미

지난 1947년 이후 세계무역질서를 규정해 온 GATT(관세와 무역에 관한 일반협정)가 자유무역확대를 통한 지구촌 공동번영이란 숙제를 세계무역기구(WTO)에 맡긴 채 역사 속으로 사라졌다. WTO는 이제 세계무역에 관한 유엔으로서의 막중한 책무를 안게 되었다. 세계무역기구(WTO)는 국가 간 무역규범을 다루는 유일한 국제기구로서 그 핵심은 세계의 다수 교역국가들이 협상을 거쳐 조인한 WTO협정문에 있다. WTO협정문은 국제상거래를 위한 법적 기본규칙을 제공하며, 협정문들은 본질적으로 합의된 범위 내에서 각국 정부가 자국의 무역정책을 수행해 나가도록 구속하는 약속이라고 할 수 있다. 비록 협정문은 각국 정부가 협상하여 조인하기는 했지만 그 목표는 상품 및 서비스의 생산자, 수출자 및 수입자들이 상행위를 하는 데 도움을 주는 것이다.

WTO체제의 가장 중요한 목표는 부작용이 없는 범위 내에서 가능한 한 무역을 자유롭게 하는 것이다. 이는 부분적으로는 무역장벽을 제거하는 것을 의미하며, 또 한편으로는 개인, 기업 및 정부가 세계무역규범이 무엇인지를 이해할 수 있도록 하는 동시에 그들에게 갑작스러운 정책변화가 없을 것이라는 확신을 부여하는 것을 의미한다. 즉 그와 같은 규범은 투명하고 예측가능해야 하는 것이다. 협정문들이 대부분 상당한 토론과 논란을 거쳐 교역국가들의 공동체에 의해 제정되고 조인되기 때문에 WTO의 가장 중요한 기능 중의 하나는 무역협상을 위한 토론의 장(場)을 제공하는 것이다.

또 하나 중요한 WTO의 활동은 분쟁해결이다. 교역관계는 흔히 상충적 이해관계를 수반하기 때문에 WTO체제 내에서 협상된 약속 및 협정은 해석을 필요로 하는 경우가 많다. 국가 간의 의견차이를 해결하는 가장 조화로운 방법은 합의된 법적 기초에 근거한 중립적 절차에 의존하는 것이다. 분쟁해결절차가 WTO협정에 설정된 목적도 여기에 있다.

WTO는 1995년 1월 1일에 출범했지만 그 무역체제는 반세기의 역사를 지니고 있다. 1948년 이래로 GATT가 그 체제를 위한 규범을 제공해 온 것이다. GATT 협정은 제정된 후 오래지 않아 비공식적이긴 하지만 일반적으로 GATT로 알려진 사실상의 국제기구로 탄생했다. 시간이 흐르면서 GATT는 수차례의 다자간협상을 통해 발전해 왔다.

최근의 다자간무역협상은 1986년부터 1994년까지 지속되었던 우루과이라운드(UR)협상이었으며 그 결과로 WTO가 창설된 것이다. GATT가 주로 상품교역을 관장한 데 비해 WTO 및 관련 협정문들은 이제 서비스와 함께 발명, 창작, 고안 등 무역관련 지적재산권까지 관장하게 되었다.

(3) GATT와 WTO체제의 비교

우루과이라운드협상의 결과로 탄생한 WTO는 다자간무역체제에 의한 전 세계의 자유무역을 확대하고 국가 간의 공정무역체제를 확립하기 위하여 1995년 1월 1일 공식적으로 출범하였다. WTO의 주요 기능은 다자간무역협정(MTA) 및 복수간무역협정(PTA)의 관리 및 이행, 다자간무역협상의 주도, 회원국 간의 무역분쟁해결, 각 회원국의 감독 등을 들 수 있다.

GATT와 비교하여 WTO의 특징을 든다면 WTO는 국제무역질서를 유지하기 위하여 공식적인 기구로서 상품, 서비스, 지적재산권 등 광범위한 분야를 다루고 있으며, 특히 WTO는 GATT체제와 비교하여 실질적인 분쟁해결능력을 갖춘 기구가 되기 위하여 산하에 다자간무역협정 중 하나인 「분쟁해결규칙과 절차에 관한 양해각서(DSU)」에 근거하여 분쟁해결기구(DSB : Dispute Settlement Body)가 설치되어 일원화된 채널을 통하여 모든 분쟁해결을 담당한다는 것이다.

또한 다자간무역협정 중의 하나인 「무역정책검토제도(TPRM)」에 근거하여 WTO 산하에 무역정책검토기구(TPRB : Trade Policy Review Body)를 설치하여 각 회원국들의 협정이행 여부와 회원국들의 전반적인 무역제도의 투명성(transparency)을 제고하기 위하여 각 회원국의 무역정책과 관련 제도 및 관행을 주기적으로 평가[2)]하고 있다. GATT와 WTO의 몇 가지 중요한 차이점을 정리해 보면 다음과 같다.

첫째, WTO는 구성원을 회원국(member)이라고 부르는 반면 GATT에서는 구성원을 계약체결국(체약국, contracting party)이라고 표현한다. 둘째, GATT는 기구가 아니라 하나의 협정에 지나지 않았고 WTO는 정식기구이다. 즉 GATT는 임시적이며 잠정적으로 존재했다. 일반협정은 회원국들의 의회에서 비준되지 않

2) WTO 회원국 중 1위에서 4위 교역국, 즉 4대 교역국(Quad 4국)인 미국, EU(영국, 프랑스, 독일, 이탈리아), 캐나다, 일본 등은 2년을 주기로, 우리나라를 포함하여 5위에서 20위 교역국은 4년을 주기로 검토를 받고 나머지 국가들은 6년을 주기로 무역정책 검토를 받아야 한다.

았으며, 기구창설에 관한 규정도 없다. 반면에 WTO 및 그 협정문들은 영구적인 것으로서 모든 회원국들이 WTO협정들을 비준했고 그 협정문들이 WTO의 기능을 규정하고 있다는 점에서 WTO는 국제기구로서 매우 튼튼한 법적 근거를 갖고 있다. 셋째, GATT는 상품교역, 특히 공산품을 관장하는 반면에 WTO는 상품(Goods)뿐만 아니라 서비스와 지적재산권까지 관장한다. 넷째, WTO 분쟁해결체제는 과거의 GATT체제에 비해 신속하고 보다 자동적이며 또한 그 판정 채택은 저지될 수 없다.

(4) WTO협정의 구성

WTO는 국제법인격을 갖는 국제기구이다. WTO는 WTO 설립협정 부속서(Annex)에 첨부된 협정들과 기타 관련 법적 문서와 관계되는 회원국 간 무역문제에 대하여 공통된 제도적 틀(framework)을 제공하는 역할을 담당한다. WTO가 관할하는 부속협정[3]들은 다음과 같다.

상기의 부속협정들 중 부속서 1(A, B, C), 부속서 2, 부속서 3은 다자간무역협정(MTA)으로서 모든 WTO 회원국을 구속하게 되고 WTO협정과 일체(integral part)를 이룬다. 즉 과거에 GATT 체약국과 회원국도 서로 다르고 법률적으로도 구분되었던 9개의 동경라운드 다자간무역협상(MTN) 코드(Code) 중 기술장벽, 반덤핑, 관세평가, 수입허가절차, 보조금 · 상계관세협정 등 5개 협정은 우루과이라운드(UR)협상 결과의 일괄수락원칙에 따라 GATT 1994와 법률적으로 일체를 이루게 된 것이다.

그러나 부속서 4에 수록된 정부조달협정 등 4개 협정은 모든 WTO 회원국을 구속하는 것이 아니라 동 협정들을 수락한 회원국에 대해서만 WTO 설립협정의 일부로 작용하게 되며, 이를 수락하지 않은 기타 WTO 회원국에 대해서는 권리와 의무에 아무런 영향을 미치지 않는다. 이들 협정들은 우루과이라운드협상과정에서도 별도의 트랙(track)으로 기존의 회원국 간에만 협상이 이루어져 왔으며 다른 모든 WTO회원국에 대하여 동 협정에 가입하도록 하는 것도 사실상 어려운 점이 많았기 때문에 동경라운드의 경우와 같이 복수간무역협정(PTA :

3) WTO 부속협정은 모두 21개 협정으로 구성되는데, 이 중 부속서 1에서 부속서 3까지의 17개 협정은 다자간무역협정(MTA : Multilateral Trade Agreement)으로 구성되고, 부속서 4의 4개 협정은 복수간무역협정(PTA : Plurilateral Trade Agreement)으로 구성된다. 또한 참고로 부속서 1은 다시 A, B, C로 나뉘게 되는데 부속서 1A는 상품무역에 관한 협정으로 모두 13개의 협정으로 구성되며, 부속서 1B와 C는 새롭게 관장하게 되는 서비스와 지적재산권에 관한 협정이다.

그림 4-1 | WTO협정

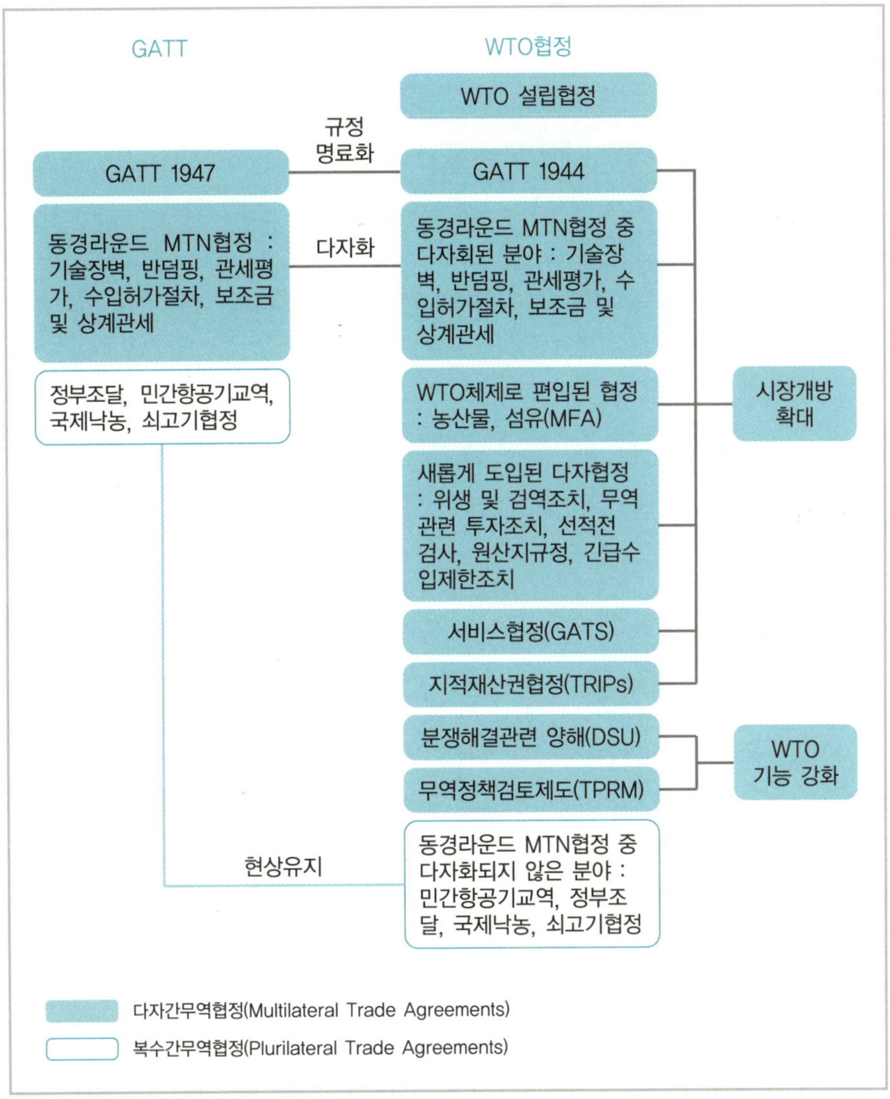

Plurilateral Trade Agreement)으로 남게 된 것이다. 따라서 이들 복수간협정의 수락, 가입, 발효, 탈퇴, 개정 등 동 협정의 운영도 WTO협정 규정이 아닌 개별협정 자체의 규정에 따르게 된다.

WTO협정의 구성

(1) Annex 1A : 상품무역에 관한 협정(13개 협정)
(GATT 1994, 농업, 위생 및 검역, 섬유, 기술장벽, 무역관련 투자조치, 반덤핑, 관세평가, 선적전검사, 원산지규정, 수입허가절차, 보조금 및 상계관세, 세이프가드)
(2) Annex 1B : 서비스무역에 관한 일반협정(GATS)
(3) Annex 1C : 무역관련 지적재산권협정(TRIPs)
(4) Annex 2 : 분쟁해결규칙 및 절차에 관한 양해각서(DSU)
(5) Annex 3 : 무역정책검토제도(TPRM)
(6) Annex 4 : 복수간무역협정(PTA)
(민간항공기 무역협정, 정부조달협정, 국제낙농협정, 국제우육협정)

제3절 뉴라운드

1. 뉴라운드의 의의

GATT는 국제협정이기 때문에 참가국들 간의 협상을 통해 국제무역규범을 정해 왔는데 이러한 다자간의 주기적 일괄협상을 라운드(Round)라고 부르고 있다. 선진국들은 우루과이라운드(UR)협정으로 이제 자유무역질서는 어느 정도 구축되었다고 보고 그 여세를 몰아 공정한 무역질서를 마련하기 위한 공세를 펴기 시작하였다. 미국은 유럽연합과 함께 마라케쉬회담 마지막 날 무역과 환경에 관한 각료결정을 발표하는 데 성공하였다. 이는 환경과 무역의 연계문제를 다루는 일명 '그린라운드(GR)' 의 출범선언이나 다름없었다. 뿐만 아니라 선진국들은 노동조건을 무역에 연계시키는 문제도 WTO에서 다루자고 강하게 주장하고 나왔는데 이는 부당노동행위로 생산된 제품의 국제교역을 규제하겠다는 것이다. 이 밖에도 각국의 불공정거래관행과 정부의 기술정책을 무역에 연계시키는 문제를 WTO에서 다루겠다는 뜻도 확고히 하고 있다.

우루과이라운드(UR) 종결 이후 전개되는 선진국들의 이러한 공세를 통칭하여 뉴라운드(New Round)라고 한다. 뉴라운드는 각국의 경제주체들이 공통된 조건과 게임의 법칙 아래에서 보다 자유롭고, 보다 공정한 무역을 할 수 있도록 하자는 논의이다. 한마디로 탈냉전 후의 경제우선주의를 반영한 통합 세계시장규범을 마련하자는 것이다.

UR의 종결로 세계무역규범은 마련되었지만 이것으로 생산 및 시장의 급속한 세계화를 규율하기에는 부족하다는 것이다. WTO를 발판으로 세계사회규범과 세계산업규범도 통합되어야 한다고 주장된다. 즉, 어느 기업이 세계 어느 곳에 가든지 국경을 불문하고 공정한 조건과 동등한 게임규칙 속에서 활동할 수 있도록 각종 여건이 개선되어야 함을 의미한다. 그러나 뉴라운드의 또 다른 의미는 이것이 강대국의 주도로 이루어지면 선 · 후진국 간의 경제력 격차를 지속시키는 데 이바지할 수 있다는 것이다. 다시 말해 통합 세계시장규범으로부터 발생하는 이익의 대부분이 선진국 차지가 되어버릴 수 있다는 것인데, 이것이 많은 약소국들을 불안하게 하는 이유이다.

2. WTO 뉴라운드 논의의 대두

WTO체제의 출범에 따라 상품뿐만 아니라 자본, 기술, 서비스 및 인력이동 등으로 무역자유화의 범위가 확대됨으로써 경제의 세계화(globalization)가 급속히 진전되어 왔다. 이에 따라 통상현안도 과거에는 시장접근에 중점을 두었으나 최근 들어 각종 국내제도 및 관행에까지 국제기준을 적용시키기 위한 논의로 진전됨으로써 그 범위가 한층 확대되고 있다. 이러한 대표적인 현안으로서는 환경, 노동, 직 · 간접투자, 경쟁정책, 부패방지, 전자상거래 등을 들 수 있는데 이들은 주로 국내문제를 다룬다는 측면에서 향후 관련 분야에 대한 국제규범이 만들어질 경우 세계경제에 큰 변화를 가져올 것으로 예상되고 있다.

이와 같이 WTO체제 출범 이후 교통, 통신, 과학기술의 발달로 국제무역환경이 크게 변화함에 따라 이전과는 전혀 다른 새로운 통상문제가 등장하고 이에 대한 효과적인 대응책이 요구되면서 새로운 다자간무역협상, 즉 뉴라운드 논의가 대두되었던 것이다. 최근 뉴라운드(New Round)는 이와 같은 맥락에서 세계 각국의 관심을 얻고 있는데 다음과 같은 몇 가지 점에서 뉴라운드 추진의 의의를 찾을 수 있다.

첫째, 과거 우루과이라운드협상에서 완전히 타결되지 못했거나 타결된 분야 중에서 이행이 미진한 분야에 대해 추가적으로 협상을 함으로써 기존 통상현안에 대한 자유화를 실질적으로 달성함과 동시에 다자간규범으로서 확고한 위상을 정립하는 데 기여할 수 있다.

둘째, 국가 간 상호 의존도가 높아지면서 무역에 지대한 영향을 미치고 있는 새로운 통상현안들에 대한 국제규범을 만들어 냄으로써 교역자유화를 실질적으로 확대하는 계기를 마련할 수 있다.

셋째, WTO규범의 확대, 감독 및 규율기능과 분쟁해결기능을 향상시킴으로써 다자무역체제를 더욱 공고히 할 수 있다.

3. 뉴라운드의 이슈

(1) 무역과 환경정책(Green Round)

WTO규범과 환경문제와 관련된 주요 쟁점을 살펴보면, 첫째 무역자유화를 추구하는 GATT의 기본원칙과 환경규범을 이유로 한 무역규제조치의 조화문제이다. GATT의 기본입장은 자유무역의 증진에 있고 환경정책이나 환경기준을 설정하는 데 있지 않으며, 무역규제조치는 불가피한 경우에만 사용되어야 하고 환경정책의 대안으로 이용되어서는 안 된다는 입장이나 지구환경보전을 명목으로 시작될 그린라운드는 어떤 형태로든 무역을 규제하는 방향으로 전개될 전망이다.

둘째, 무역규제의 방법으로서 EU, 개도국, GATT에서는 환경을 이유로 한 무역규제를 실시할 경우에도 국제환경협약 등 다자간협상에 의해야 한다고 주장한다. 그러나 차기 라운드에서 주도할 것으로 예상되는 미국은 경우에 따라서는 개별국가에 의한 일방적 무역규제도 필요하다는 입장을 보이고 있다. 예를 들어 CITES 이행과 관련하여 1994년 대만에 대한 무역규제를 결정한 바 있다.

셋째, 남북 간 입장의 대립으로서 미국이 주도하는 선진국들은 지구환경문제의 심각성을 감안할 때 무역규제가 가장 현실적이고 유효한 환경보호수단임을 확인하였고 국가 간 공정경쟁의 보장과 지구환경보존을 위해 환경파괴를 수반하는 개도국의 무역확대는 규제되어야 한다고 주장한다. 그러나 개도국의 입장에서는 환경파괴에 대한 선진국의 역사적 책임을 고려할 때 개도국에 대한 무역규제보다는 재정 및 기술지원이 긴요하며, 환경파괴의 근본원인은 빈곤이므로 무역자유화를 통해 지속가능한 발전을 촉진하는 것이 우선과제라고 주장하고 있다. 환경과 관련하여 무역을 규제할 수 있는 조치내용은 다음과 같다.

1) 상계관세부과

환경관세장벽, 즉 상계관세의 부과는 환경기준이 느슨한 국가에서 수입된 제품은 엄격한 환경기준을 적용하고 있는 국가의 제품에 비하여 일종의 부당한 숨겨진 보조금을 받는 것으로 간주하여 환경기준의 차이만큼 상계관세를 부과함으로써 자국 제품의 국제경쟁력을 확보하기 위한 것이다. 또한 각 국가에 대한 환경기준의 강화를 유도하여 지구환경보호에도 기여하고자 하는 것이다.

2) 기술장벽

기술장벽이란 어떤 상품의 기술명세(표준, 기술규정)와 기술명세에 적합한지의 여부를 판단하는 인증에 의하여 발생할 수 있는 무역상의 장벽을 말한다. 기술장벽의 유형으로는, 첫째 기술규정에 의한 무역장벽으로서 어떤 특정 상품에 대하여 법률적으로 구속력을 가지는 요건이나 기준을 설정하고 수출국에도 동일하게 적용하는 것이다. 예를 들어, 미국의 자동차 배기가스기준 강화라든지 가전제품의 기술기준 강화를 들 수 있다. 둘째로, 표준규격제도에 의한 무역장벽이다. 표준규격제도는 준수의 강제성은 없으나 자국의 표준규격 획득제품에 대한 신뢰성이 상품수요에 영향을 미치게 되므로 제품수출 시 수입국 규격획득을 위한 추가적인 부담이 발생하게 된다. 셋째로, 인증제도에 의한 무역장벽이다. 이는 수입국과 수출국의 기술명세가 동일한 경우에도 중복적인 검사를 요구하거나 인증기관의 절차지연 및 자국 시험기관에 의한 검사를 강요하는 것 등이 있다. 기술장벽에 대한 국제적인 논의로 미국의 기술규정은 인간 및 동 · 식물의 보건, 안전, 위생 등에 대해서 정부가 강제적 기준을 설정하고 준수의무를 부과하며 주정부에 따라 기술규정이 상이한 경우도 있어 외국수출업자에게는 커다란 무역장벽으로 작용하고 있다.

3) 공정 및 생산방법의 규제

공정 및 생산방법의 규제는 지구환경을 위한 무역규제의 대상을 제품의 소비부문에 한정할 것이 아니라 제품의 제조방법, 즉 생산부문까지도 포함해야 한다는 것과 수출국이 최적기준에 미달되는 공정 및 생산방법에 관한 기준을 갖고 있다면 환경비용이 수출품가격에 내재화되어 있지 않아, 일종의 eco-dumping으로 볼 수 있어 이에 대한 규제논의를 제기한 것이다. 이에 대한 사례로서 미국의 「바다거북이보호법」은 멸종위기에 처한 바다거북이 보호에 부정적인 영향을 주는 어획

기술에 의해 어획된 새우 및 새우제품의 수입을 금지하였다.

4) 특정 제품 및 성분의 사용규제

환경피해의 가능성이 있는 특정 제품과 물질의 생산, 사용 및 유통을 사전에 방지하고자 국내 생산품과 더불어 수입품에 대해서도 규제하려는 것이다. 이는 환경위해제품 및 물질이나 희귀자원 및 멸종위기에 처한 종 등의 사용과 판매를 제한 또는 금지하고 유해물질을 사용하여 제조된 제품의 교역을 금지하는 것을 포함한다. 이 사례로서 미국은 CFCs를 이용하여 제조한 발포플라스틱 제품의 수입을 금지하였고, 독일은 알레르기성 피부질환을 유발하는 니켈이 함유된 안경테 등 금속제품의 수입을 금지한 바 있다.

5) ISO(International Standard Organization)의 환경경영 표준화

ISO가 현재 국가별로 시행되고 있는 환경관련 규격을 통일하여 향후 제품, 용역, 기업조직 및 경영 전반에 대하여 환경경영체제, 감사 등 주제별로 인증을 주는 제도이다.

(2) 무역과 경쟁정책(Competition Round)

우루과이라운드(UR)의 타결에 따라 점증적으로 부상되고 있는 경쟁정책과 국제무역의 연계성은 크게 네 가지 이슈를 제시하고 있다.

첫째, 민간기업들의 경쟁제한적인 영업활동이 외국기업의 효과적인 시장접근을 제한할 뿐만 아니라 경쟁과정을 저해하고 있다는 점이다. 예로 들면 외국제품을 판매하거나 유통하는 것을 사전에 봉쇄하는 결과를 유발하는 배타적인 유통협정을 국내생산자가 국내유통업자와 체결하는 경우를 들 수 있다. 이 같은 문제점은 미국과 일본 사이에 1989년부터 진행된 "구조적 무역장벽협상"에서 본격적으로 제기되었다. 특히 일본의 대규모 기업군인 계열 내의 기업들이 유통망을 장악하고 있어서 미국을 비롯한 외국기업의 제품을 일본 국내시장에서 판매하는 것이 실질적으로 어렵기 때문에 미국은 이 같은 영업행위를 반경쟁적인 행위로 규정하여 시정을 요구하였다.

둘째, 반덤핑관세를 비롯한 무역규제조치가 경쟁을 제약한다는 점이다. 덤핑판정을 받은 수입품에 대하여 부과하는 반덤핑관세뿐만 아니라 자율수출규제협정(VER) 등의 수량제한조치 그리고 기술표준과 인·허가 등의 비관세장벽들이 외국제품의 국내시장접근을 제약하며 또한 국내시장의 경쟁을 제한하는 효과를 유발하고 있다.

셋째, 각국이 시행하고 있는 공정거래법의 규제 정도가 상이하여 이것이 불공정한 무역(unfair trade)을 유발하는 요인의 하나가 되고 있다는 점이다. 다시 말하면 동일한 경쟁제한적인 영업행위에 대하여 각국이 취하는 규제 정도가 일반적으로 상이하므로 상대적으로 엄격한 규제를 시행하는 국가에 위치한 기업들의 생산비용이 상대적으로 느슨한 규제를 도입한 국가의 기업들에 비하여 부담이 크기 때문에 이 같은 내재적인 생산비용 차이를 해소하려는 조치가 필요하다는 것이다. 이와 관련하여 일부 국가들은 상이한 규제조치가 국제경쟁력에 미치는 효과를 감안하여 기존의 규제수준을 완화하려는 일명 하향경주(race to the bottom)에 참여하려는 움직임을 보이고 있다. 그러므로 상이한 수준의 공정거래법을 다자간 차원에서 조화시키는 작업의 필요성이 제기되고 있다.

마지막으로 들 수 있는 이슈는 무역자유화와 병행하여 급증하고 있는 다국적 기업의 영업활동 등과 관련하여 발생하는 경쟁제한적인 행위를 규제하는 범위와 방법에 관한 것이다. 다국적기업의 해외직접투자와 관련하여 국제적인 인수·합병(M&A)을 심사할 때에 적용할 시장의 개념을 어떻게 규정할 것인지 그리고 국제기업 간의 전략적 제휴 및 외국기업과의 지적재산권관련 계약 등이 지니는 경쟁제한적인 요소들을 어떻게 처리해야 하는지 등이 주요 이슈이다. 이와 관련하여 제기되는 문제는 '역외적용' 문제이다. 즉, 한 국가의 공정거래법을 역외에서 발생한 경쟁제한적인 행위 또는 타국 소재의 기업이 개입된 경쟁제한적인 행위를 규제하는 데에 적용할 수 있는지 여부이다.

이와 관련하여 미국은 오래전부터 자국의 독과점금지법을 역외적용할 수 있는 규정을 마련하여 제한적으로 실시해 오고 있으나 교역상대국에서의 반발이 적지 않아서 무역분쟁의 원인이 되고 있다. 국제무역분쟁의 원인이 되는 경쟁정책관련 이슈에 덧붙여서 제기되는 문제는 과연 공정거래법과 무역규제조치가 대체관계인지 아니면 상호보완관계에 있는지 여부이다. 이 같은 근본적인 문제가 제기되는 이유는 만일 이 정책들이 대체관계라고 정책결정자들이 인식할 경우 무역규제수준을 강화했을 때에 공정거래법의 규제수준을 낮추게 될 것이다. 반대로 무역규제조치와 공정거래법이 상호보완관계에 있다고 판단할 경우 최근 들어 진행되고 있는 무역자유화와 병행하여 공정거래법의 규제수준을 완화해야 할 것이다. 따라서 두 가지 경제정책의 관계는 정책결정자의 정책방향을 결정하는 데에 있어

서 아주 중요한 역할을 할 것이다

(3) 무역과 노동정책(Blue Round)

국제적인 노동기준문제는 1994년 WTO 출범 이후 관세 · 비관세장벽이 철폐내지 완화됨에 따라 무역장벽의 개념이 공정한 거래를 권장하는 공통된 경쟁기반을 보장해야 한다는 보다 적극적인 무역자유화 개념으로 확대되었고 1990년대에 들어와서 환경투자, 경쟁정책과 함께 노동기준문제가 공정한 무역과 연관되는 1990년대의 새로운 무역이슈로 논의되기 시작하였다. 특히 무역과 노동기준 연계문제는 다른 나라와 비교해서 월등히 낮은 임금과 열악한 근로조건을 이용해서 상품을 수출하는 것은 일종의 불공정거래로서, 국제교역질서를 교란시키고 선진국의 실업을 더욱 악화시키게 할 것이라는 일부 선진국의 우려에서 논의가 출발하였다.

그러나 역사적으로 볼 때 무역과 노동기준을 연계하려는 시도 자체는 새로운 것이 아니며, 19세기부터 오랜 역사를 가진 것이다. 초기의 논의에서는 경제적 · 경쟁적 측면보다는 도덕적 · 인도적인 고려에 따른 근로자의 후생증진을 목적으로 하는 성격이었다. 일례로 1880년 미국에서는 죄수의 노동을 이용한 상품의 수입을 금지하는 법을 제정한 바 있는데 이것은 인간으로서의 기본권이 제한된 상황 아래 노동을 강요하여 물건을 만드는 것은 도덕적으로 바람직하지 못하다는 인식에서 출발한 것이다.

20세기에 들어와서 무역 및 노동기준 연계에 대한 논의는 다자체제 내에서 이루어지게 되었다. 1919년 창설된 국제노동기구(ILO)는 헌장 또는 권고형식을 통하여 국제노동기준을 설정하고, 이를 각 국가의 국내정책 지침으로 삼도록 권고하였으나 실효성 있는 지침으로까지 발전하지는 못하였다. 그 후 1948년의 국제무역기구(ITO) 창설을 위한 하바나헌장에도 노동권 조항이 포함되었으나 헌장 자체가 발효되지 못함으로써 실행되지 못하였다. 그 이후로 GATT 및 ILO를 중심으로 노동기준에 관한 조항(사회조항, social clause)의 채택을 위한 시도가 있었으나 별 성과가 없었으며, 단지 지역협정, 예를 들면 NAFTA 노동기준에 관한 부속서나 미국의 무역관련 법령(1988년 개정 제301조)에 부분적으로 나타나고 있을 뿐이다. 이와 같은 역사적으로 오랜 논의의 출발을 지닌 무역 및 노동기준 연계논의가 최근 새로운 국가 간 무역이슈로 부상하게 된 이유는 우루과이라운드 타결에 따른 국경 없는 시장(borderless market)의 형성과 1980년대 들어 급격히 악화된 선진국의 실업문제와 관련이 있다. 미국, 프랑스 등 주요 선진국들은 개도국으로부터 수입되는 값싼 상품이 자국 노동자의 일자리를 빼앗으며, 결국 실업률 증가의 원인이 된다는 생각을 갖게 되었다.

노동기준의 국제규범화 문제가 노동계에서 본격적으로 다루어지기 전에 무역의제로서 제기됨으로써 미국 등 선진국의 국내 실업문제에 대한 대응 등 국내 정치적 요소가 다분히 내포되어 있다는 개도국의 의구심과 반발을 초래한 측면이 있다. 결국 이 문제가 본격적으로 거론되기도 전에 국제적으로 찬반 양론이 극단적으로 대립하는 문제점을 안게 되고 무역과 노동의 연계문제는 경제적인 요소뿐만 아니라 정치 · 사회적인 요소를 내포하고 있기 때문에 더 신중한 접근이 필요하다고 할 수 있다.

그러나 세계화의 심화로 국가 간 국경이 무너지고 전통적 비교우위의 창출요인이 점점 사라짐에 따라 이른바 제도와 관행의 차이가 새로운 경쟁우위의 창출요인으로 인식되고 있으며, 특히 선진국에서는 후진국에서 아동노동, 강제노동 등 열악한 노동환경에 따른 비교우위를 근거로 생산되는 상품의 수입으로 인해 일자리가 잠식된다는 인식이 일반화되었다. 아울러 선진국의 경우 비정부기구(NGO)를 비롯한 시민사회의 목소리가 커지면서 세계화에 대한 요구사항이 높아지고 있고 인간복지의 향상으로 귀결되지 않는 세계무역의 증대는 의미가 없다는 자각이 커지면서 무역과 노동문제를 연계하려는 움직임이 커지고 있다.

이러한 배경에 따라 EU 통합과 NAFTA의 출범은 지역주의 차원에서 노동규범의 조화를 추구하는 하나의 모형이 되었고, 선진국의 입장에서 노동권의 보호를 위한 조치가 지역주의 통합과정에서 성공적으로 포함됨에 따라 다자간 차원에서 그 논의를 확대하고자 하는 시도를 하게 되었다.

(4) 전자상거래(Internet Round)

전 세계적으로 전자상거래에 대한 논의가 활발하게 진행되고 있는 상황에서 세계 각국은 인터넷상거래시장의 성장가능성을 높이 평가하고, 이 분야에서의 주도권 확보를 위해 노력을 경주하고 있다. WTO는 전자상거래가 21세기에는 경제성장을 주도하며, 세계경제의 생산성 증가에 대한 가능성을 제공할 것으로 기대한다. 이러한 범세계적인 전자상거래는 근로의 성격, 우리의 일상생활 및 정부의 역할 등에 대하여 경제적 및 사회적으로 막대한 영향을 주고 있다. 그러나 한 사회가 이러한 전자상거래에 의하여 이익을 충분히 얻기 위해서는 기업 및 소비자, 정부가 전자상거래의 발전과 성장을 이끌 수 있는 공통적인 틀을 구축할 것이 필요하다.

더불어 세계 각국은 전자상거래의 등장으로 국가 간 무역이 촉진되고 기업들이 생산과 시장 그 모든 면에서 글로벌화의 기회를 얻게 됨에 따라 전자상거래를 자국의 주요 정책 현안으로 대두시켰다. 전자상거래와 관련하여 자국의 이익을 확보하기 위해 전자상거래 주요 이슈에 대하여 자국의 입장을 정리한 보고서를 국제기구에 제출하는 등의 노력을 기울이면서 전자상거래 논의에 적극적으로 참여하고 있다. 세계무역기구(WTO), 경제협력개발기구(OECD), UN국제상거래법위원회(UNCITRAL), 아태경제협력기구(APEC), 세계지적소유권기구(WIPO) 등 국제기구들도 전자상거래에 법적 질서를 부여할 새로운 국제규범을 제정하기 위해 매우 빠른 속도로 논의를 진행하고 있다.

WTO는 전자상거래가 전 세계적으로 증가하고 새로운 교역기회를 제공한다는 점을 인식하여 1998년 5월 20일 제네바에서의 제2차 각료회의에서 "세계 전자상거래에 관한 각료회의 선언"을 하였다. 각료회의의 선언에 따라 1998년 9월 25일 일반이사회는 전자상거래에 관한 작업프로그램을 실시하였다. 전자상거래를 유형화하는 것은 매우 어렵기 때문에 일반이사회는 이 작업프로그램에서 중심적인 역할을 하고 있으며, 또한 작업프로그램을 계속 검토하게 된다. WTO 산하 TRIPs 이사회는 지적재산에 관한 정보를 일반인이 이용하는 것을 용이하게 하기 위하여 전 세계적인 네트워크와 지적재산정보 서비스에 관한 WIPO의 작업을 인지하고 있다. WIPO는 국경 밖에서의 지적재산권에 관한 프로그램에서 여러 쟁점들에 대하여 작업 중이다. 따라서 WIPO의 작업과 함께 WTO가 이 분야의 발전을 계속 검토할 것이 요구된다.

(5) 국제투자(Investment Round)

상품, 서비스, 지적재산권관련 교역의 질서를 규율하는 WTO체제가 구축되면서 외국인직접투자의 경우에서도 이에 상응하는 다자규범을 제정하는 문제가 우루과이라운드협상 타결 이후 본격적으로 논의되기 시작하였다. 외국인직접투자에 대한 국제규범은 외국인직접투자와 관련된 주체, 즉 외국인투자자, 투자유치국 정부, 투자국 정부 등의 권리와 의무관계를 규정하는 국제규범이다. 예컨대 투자유치국 정부가 외국인투자기업의 부당한 행위, 조세회피목적의 이전가격설정, 반경쟁, 반고용, 환경침해 등의 행위 등을 규제할 수 있는 권리 및 이들 기업을 적절한 이유 없이 차별적으로 대우해서는 안 되며 이들의 재산을 보호해야 하는 의무, 그리고 투자기업이 자국과 투자유치국의 법규를 준수해야 하는 의무, 투자유치국 정부에 정당한 대우를 요구할 수 있는 권리 등을 규정하게 된다.

이미 세계에는 1,700여 개가 넘는 양자간 투자협정(BIT)이 존재하고 있고, NAFTA, ASEAN 등의 지역협력체들도 회원국에 적용되는 투자준칙을 갖고 있으며 WTO협정 중 투자와 관련된 규범이 부분적으로 포함되어 있으나 이들 규범들은 투자자에게 안정되고, 투명하고, 예측가능한 투자환경을 제공하여 세계의 투자활성화에 기여한다는 목적을 부분적으로밖에 만족시키지 못하고 있다. 이러한 목적의 충족을 위해서는 참여국의 범위가 넓고, 내용이 포괄적이며, 구속력이 있는 다자간투자규범이 필요하다. OECD에서 추진된 다자간투자협정(MAI) 협상이 원래의 목표 달성에 실패하고 1998년 12월 사실상 종결되면서 WTO에서의 다자간투자규범 제정에 관한 논의가 주목을 받게 되었으며, WTO에서의 투자 문제 논의가 본격화되기 시작한 것은 1996년 12월 제1차 싱가포르 WTO 각료회의 이후부터이다. 동 회의의 각료선언문에는 무역과 투자 간의 관계를 검토하는 작업반을 설치하고, 작업반의 작업은 향후 협상 여부를 예단하지 않는다는 기초 위에 진행하며, 일반이사회는 2년간의 작업반 논의결과를 검토하여 향후 진행방향을 결정한다는 내용을 담고 있다. 그러나 WTO 투자협정 교섭상의 어려움이 따르고 있다. 세계경제에서 직접투자가 차지하는 중요성과 각국의 외국인투자유치 노력에도 불구하고, 세계투자의 지속적인 활성화를 위한 제도적 장치인 다자간투자규범의 추진이 난항을 겪고 있는데, 개도국의 다자간투자규범 형성 반대, WTO에서의 투자협정 추진에 대한 미국의 미온적 태도, 시민단체를 중심으로 한 투자협정에 대한 비판적 분위기, 그리고 투자협정 자체의 난해성 등이 WTO 투자협정 논의의 답보원인이라 할 수 있다.

첫째, 개도국의 입장을 살펴보면 개도국은 현재 WTO 다자간투자협정의 추진에 가장 반대하고 있다. 특히 인도, 파키스탄, 말레이시아, 인도네시아 등의 아시아권 개도국들은 매우 부정적인 입장을 보이고 있다. 개도국들이 WTO에서의 다자간투자규범 제정을 반대하는 것은 이들이 외국인투자를 정책적으로 최대한 이용하려는 의도가 숨겨져 있다. 즉 개도국들은 자국의 경제개발을 위해 외국자본이나 선진기술의 도입경로로 외국인투자를 유치하려고 적극 나서고 있는 바, 외국인투자를 유치하되 자국의 경제 · 사회적 목적을 위해서 규제할 수 있는 권리를 최대한 유지하고자 하는 것이다.

둘째, 미국의 반대이다. 미국도 투자의제를 뉴라운드 협상의제로 포함하는 것에 반대해 왔다. 미국은 WTO에서 투자협정이 체결되더라도 그 수준이 매우 낮을 것이라는 점에서 회의적 입장을 보여 왔고 또 한편으로 다자간투자규범이 미국에게도 상당한 부담을 줄 수 있다고 생각하고 있다. 다자간투자협정(MAI) 협상과정에서 미국의 헬름즈-버튼법[4]과 같은 역외적용조치는 세계투자의 활성화를 지향하는 MAI의 정신에 어긋났기 때문에 EU가 이 문제를 MAI 협상에서 공식적인 의제로 다룰 것을 주장했었다. 또한 미국 내의 환경단체 등은 투자로 인한 환경규제의 제한에 우려를 강하게 표명하였고 미국이 주정부 차원의 투자 규제조치 등을 제외하려던 시도도 회원국과의 마찰을 초래하기도 했었다. 그러나 미국이 다자간투자규범의 논의 자체를 부정하는 것은 아니며, WTO 투자협정이 출현할 경우 미국기업들이 가장 큰 혜택을 볼 것이라는 점에서 WTO 투자협정이 뉴라운드 의제로 포함될 가능성을 완전 배제할 수는 없다.

셋째, 시민단체의 영향력 강화를 들 수 있다. 다자간투자협정(MAI) 협상에서와 같이 WTO에서의 다자간투자협정 논의에 대해서도 시민단체들은 반대하는 입장을 보였다. 정도의 차이는 있지만 대부분의 시민단체들은 MAI 협상과정부터 범세계화가 세계환경의 희생과 노동자 및 소비자의 권익이 침해되는 과정에서 거대다국적기업의 이익이 추구되는 과정이라고 주장해 왔다. WTO에서 다자간투자협정에 대한 논의가 성공적으로 진행되도록 추진하기 위해서는 시민단체들이 파괴자가 아니라 건설적인 참여자로서의 역할을 수행해야 한다.

넷째, 투자협정과 정책주권 간 대립문제이다. 무엇보다도 다자간투자협정 체결상의 핵심 과제는 투자유치국 정부의 정책주권과의 조화문제이다. 예를 들어 개도국들의 관심사인 경제개발문제, 일부 선진국들이 주장하는 자국의 문화보호문제, 시민단체들이 제기하는 환경권과 노동권의 보호 등 다자간투자협정에서 이슈화되는 문제들의 배경에는 투자유치국 정부의 관련 정책주권이 다자간투자협정과 같은 구속적인 협정에 의해서 침해되는 것에 대한 우려라고 할 수 있다.

다자간투자협정은 외국인투자에 대한 투자유치국 정부의 정책적 자의성을 제약함으로써 투자자가 보다 안정된 환경 속에서 장기적인 투자계획을 수립하고 집

---

4) 미국의 상원의원인 헬름즈와 버튼에 의해 발의된 법으로서 공식명칭은 「1996년 쿠바 자유 및 민주연대법(The Cuban Liberty and Democratic Solidarity Act of 1996)」이다. 동법은 쿠바당국에 의해 재산을 몰수당한 미국시민과 회사들이 몰수재산과 관련된 불법거래를 한 자들을 상대로 미국법정에서 제소할 수 있음을 규정하는 법이다.

행하도록 하는 데 의의가 있으므로 이로부터의 이익을 극대화하면서 불필요한 또는 의도하지 않은 정책주권의 침해부분을 극소화할 수 있는 협정체계의 설계가 과제라 할 수 있다.

제4절 도하개발어젠다

1. 협상의 개요 및 경과

(1) 개요

세계무역기구(WTO) 도하개발어젠다협상(DDA : Doha Development Agenda)은 2001년 11월 카타르 도하에서 개최된 제4차 WTO 각료회의에서 출범했다. DDA는 우루과이라운드협상에 이어 제2차 세계대전 이후 시작된 9차 다자간무역협상이며, WTO 출범 이후 첫 번째 다자간무역협상이다. "개발"이라는 이름이 붙은 것은 앞선 협상들과 달리 개도국의 개발에 중점을 두어야 한다는 개도국들의 주장을 반영했기 때문이다.

2001년 협상을 출범시켰을 때의 계획은 2005년 이전에 협상을 일괄타결방식[5]으로 종료한다는 것이었다. 그러나 농산물에 대한 수입국과 수출국의 대립, 공산품 시장개방에 대한 선진국과 개도국 간의 대립 등으로 인해 아직까지도 협상이 계속되고 있다.

DDA의 협상의제는 ① 농산물, 농산물을 제외한 나머지 상품(공산품 및 임수산물), 서비스시장의 개방과, ② 반덤핑, 보조금, 지역협정, 분쟁해결에 대한 기존 WTO협정의 개선, 그리고 ③ 관세행정의 개선 등을 추구하는 무역원활화, 환경, 개발 그리고 지적재산권 등 크게 세 그룹으로 나누어진다.

5) 일괄타결방식이란 최종적으로 모든 분야에 대해 동시에 합의를 추구하는 방식(Nothing is agreed, until everything is agreed)을 말한다.

(2) 경과

비농산물(NAMA : Non-Agricultural Market Access), 서비스, 규범(반덤핑 · 보조금 · 지역협정), 환경, 지적재산권, 분쟁해결, 무역원활화, 개발분야에 대해 협상그룹이 설치되어 2002년부터 본격적인 협상이 진행되었다.

농산물과 비농산물에 대해서는 우선 관세와 보조금의 감축 정도와 같은 시장개방의 정도를 정하는 자유화세부원칙(modalities)에 합의하고 이에 따라 각국이 구체적인 품목과 보조금 프로그램별 감축수준을 제시하는 이행계획서(C/S : Country Schedule)를 제출하여 이에 최종적인 합의를 도출하는 방식을 기초로 협상을 진행하였다.

협상세부원칙이 협상의 대강을 결정하는 만큼, 이에 대한 합의도출이 계속 미루어지면서, 2003년도에 개최된 칸쿤 제5차 WTO 각료회의도 성과 없이 끝나 한동안 협상이 공전하기도 하였다. 그러나 2004년 8월 자유화세부원칙의 윤곽을 결정하는 기본골격합의(Framework Agreement)가 타결되면서 다시 협상은 본격적으로 진행되었다. 이때 소위 "싱가폴 이슈"라고 불리던 투자, 경쟁정책, 정부조달투명성, 무역원활화 4개 이슈에 대한 개도국들의 반발을 수용하여 무역원활화를 제외한 나머지 이슈에 대해서는 논의를 중단하기로 결정했고, 무역원활화는 정식협상의제로 다루기로 합의하였다. 2005년 12월 홍콩에서 제6차 WTO 각료회의가 개최되어 다시 한 번 진전을 위한 노력이 시도되었지만, 자유화세부원칙 타결에는 이르지 못하였다.

2007년부터 더욱 가속화된 DDA협상은 농업, NAMA 및 규범 의장들이 각각 자유화세부원칙의 초안을 제출하고 이를 개정하면서 조금씩 진전을 이루어 나갔다. 2008년 7월 개최된 소규모 각료회의에서는 농산물 및 NAMA 관세 감축수준과 농업보조금 감축수준을 포함한 잠정타협안에 의견이 수렴되는 듯한 모습을 보여 타결이 기대되기도 하였으나, 개도국의 농산물 수입급증 시 긴급관세를 부과하는 메커니즘을 포함한 몇몇 쟁점에 대한 이견을 해소하지 못해 합의를 도출하지 못하였다.

2009년 12월 제네바에서 개최된 제7차 WTO 각료회의에서는 2010년 DDA협상 타결을 목표로 1/4분기 중 DDA협상 현황을 점검키로 합의하였다. 이에 따라 2010년 3월 개최된 협상점검회의에서는 WTO 사무총장이 제시한 향후 협상 프로세스에 합의하고 현재 다각적으로 협상을 계속 진행 중이다.

2. 주요 협상분야[6)]

(1) 농업협상

농업분야는 UR협상 이전에는 국제무역협상의 논의대상이 아니었으나, UR협상에서 처음으로 예외 없는 시장개방의 원칙이 적용되었다. 2000년 초부터는 UR협상 타결 시의 합의에 따라 WTO에서 농업에 대한 후속 협상이 개시되었는데, 2001년 11월 도하각료회의에서 DDA협상이 출범하면서 농업협상도 DDA협상의 일부로 편입되었다.

농업협상에서는 관세와 같은 보호장벽의 실질적 감축, 농업분야에 대한 국내보조의 실질적 감축 그리고 수출보조의 단계적 철폐를 위한 방안을 주로 논의하고 있다. 이러한 목표를 추구함에 있어서는 그동안 우리나라와 EU, 일본 등이 주장한 식량안보, 환경, 농촌개발 등 농업의 비교역적 고려사항(NTC : Non-Trade Concerns)을 반영하도록 되어 있다.

원래 WTO 다자간무역협상은 무역장벽을 줄여나감으로써 세계무역을 증대하는 목적하에 추진되는 것이다. 또 세계 농산물시장이 심각한 수급불균형현상을 보임에 따라 세계적 차원의 농업개혁의 필요성에 대해서는 상당한 공감대가 이미 형성되어 있는 상태이다. 아울러 세계적으로 관세나 보조금은 줄여나가는 추세이다. 또 농산물이 주요 생산품인 개도국들도 농산품에 대한 무역장벽을 대폭 낮추어야 한다는 주장을 강력하게 펴고 있어 협상여건은 농산물 수입국에게 유리하다고 할 수 없는 상황이다. 이런 맥락에서 미국은 모든 농산물 수입관세의 상한을 25%로 하고 스위스 공식[7)]에 따라 5년 동안 급진적으로 관세를 감축하자는 제안을 제출하였다. 미국은 국내보조에 있어서도 전체 농업생산액의 5% 수준을 상한으로 설정하여 그 이하로 감축할 것을 주장하고 있다. 호주, 브라질, 아르헨티나를 구성원으로 하는 농산물 수출국그룹인 케언즈그룹도 이와 유사한 취지의 제안을 제출하였으며, 많은 농산물 수출 개도국들도 선진국들의 시장을 대폭 개방할 것을 요구하고 있다.

우리나라를 비롯한 EU, 일본 등 농산물 수입국들은 이와 같은 급진적 개혁 제

6) DDA협상의 득과 실, 외교통상부 대외경제정책연구원, 2002년 11월의 내용 중 일부를 정리하였다.
7) 스위스 공식이란 높은 관세는 많이 인하되고 낮은 관세의 인하폭은 낮은 공식에 입각한 관세 감축을 말한다.

안을 반대하면서 각국의 현실과 NTC를 반영한 점진적인 개혁을 추진할 것을 주장하고 있다. 미국의 제안에 대한 대응으로 우리나라는 미국 제안의 문제점을 지적하는 문서를 두 차례에 걸쳐 제출하고 국내보조에 있어서 NTC를 반영하기 위한 구체적인 제안을 제출하였다. 일본, 노르웨이 등도 수입국으로서 우리나라와 유사한 취지의 제안을 제출하였다.

WTO 회원국들은 이러한 제안을 종합하여 관세와 보조금의 감축 등 시장개방의 폭과 속도에 대한 세부원칙("modalities")을 2003년 3월 말까지 수립하도록 되어 있었다. 하지만 미국과 케언즈그룹과 우리나라, EU, 일본 등의 입장이 팽팽히 맞서고 있기 때문에 어떤 합의가 이루어질지에 대해서는 전망하기 어려운 형편이다.

(2) 서비스협상

UR협상에서 서비스무역에 관한 일반협정(GATS : General Agreement on Trade in Services)이 서비스분야의 국제무역을 다루는 최초의 구속적 다자간규범으로서 탄생했다. 서비스협정이 상품분야협정과 다른 것은 WTO의 가장 중요한 기본원칙이라고 할 수 있는 각 회원국이 국가 간 차별을 두지 않도록 하는 최혜국대우(MFN : Most-Favored-Nation)를 제한적인 범위 내에서 일시적으로 적용하지 않을 수 있도록 허용한다는 점이다. 아울러 상품분야협정은 원칙적으로 수입을 금지하지 못하도록 되어 있으나 서비스협정은 각국이 협상에 의해 시장을 개방하는 분야를 결정하도록 하고 개방된 분야에 있어서도 사전에 양허표에 기재된 사항에 대해서는 시장접근 및 내국민대우에 대한 제한을 둘 수 있도록 허용하고 있다. 이에 따라 UR협상 결과 합의된 서비스시장개방 및 자유화 약속의 수준은 상품분야에 비해 상당히 미흡하다고 할 수 있다.

이를 시정하기 위하여 WTO 회원국들은 UR협상을 마치면서 서비스분야의 시장개방을 확대하고 개방된 분야에 부과되는 각종 제한사항과 국내적 규제를 완화하기 위한 후속협상을 2000년부터 개시하도록 합의하였다.

이 합의에 따라 2000년 2월 서비스 후속협상이 개시되었는데 2001년 3월에 제1단계 작업을 완료하여 협상범위와 방식, 일정 등에 대한 협상가이드라인을 채택하였으며 2002년 3월까지 분야별 주요 무역장벽에 대한 협상제안서 등을 논의하는 제2단계 협상을 완료하였다.

서비스협상은 농업협상과 마찬가지로 DDA협상의 출범과 함께 DDA협상의 일환으로 편입되었는데 2002년 6월까지 각국이 무역상대국에 대해 1차 시장개방요청서(Request)를 제출하였다. 우리나라는 미국, 일본, EU 등 선진국과 중국 등 개도국을 포함한 36개국에 대해 시장개방요청서를 제출하였으며 24개국으로부터 시장개방요청서를 접수하였다. 각국은 상호 교환한 시장개방요청서를 바탕으로 양자협의를 진행하고 있으며, 2003년 3월 말까지 자국이 서비스시장을 얼마나 그리고 어떻게 개방할 것인지에 대한 1차 시장개방계획서(Offer)를 제출하였다. WTO 회원국들은 제출된 시장개방계획서와 시장개방계획서를 기초로 본격적인 서비스시장개방협상을 진행하게 되었다.

서비스협상에서의 최대 목적은 회원국 서비스시장의 개방확대와 개방한 서비스 분야에 있어 외국의 서비스공급자에게 부과되는 각종 시장접근 및 내국민대우에 대한 제한을 가능한 줄이는 데 있다. 따라서 각국이 무역상대국으로부터 접수한 시장개방요청을 모두 수용하지는 않겠지만 상당한 정도로 추가적인 시장개방이 이루어질 것임은 분명하다.

(3) 비농산물협상

비농산물협상은 농산물이 아닌 상품, 즉 공산품과 수산품 그리고 임산품의 관세와 비관세장벽을 감축함을 목적으로 한다. 공산품 관세인하는 지금까지 8차례 있었던 다자무역협상에서 핵심의제로 다루어져 왔으며, 괄목할 만한 성과가 있었다. 1950년부터 1961년까지 세계총생산(GDP)은 1.6배 증가하였으며 세계 총수출은 2.1배 증가한 데 그쳤다. 그런데 GATT체제하에서 폭넓은 관세협상이 이루어진 1961년 이후 1999년까지의 기간 중 세계 총생산은 3.9배 증가한 데 비해 세계 총수출은 8.4배가 증가함으로써 수출의 증가세가 생산의 증가세를 압도하였다. 즉, GATT체제하에서 이루어진 공산품 관세인하가 지난 40여 년 동안 세계경제의 성장에 견인차 역할을 해온 것이다.

국제무역계의 일각에서는 지금까지 거듭된 관세협상을 통해서 주요국의 관세가 이미 충분히 낮아졌기 때문에 이제는 관세협상이 별로 의미가 없는 것이 아닌가 하는 견해도 있다. 그러나 관세는 WTO체제하에서 WTO회원국들이 활용할 수 있는 유일한 국내산업 보호수단으로서 아직도 중요한 역할을 하고 있다.

또한 세계화가 심화되면서 세계시장의 차원에서 경쟁이 치열하게 전개되고 있기 때문에 단 1%의 가격차이가 성패를 결정할 수도 있는 상황이 되었다. 이에 따라 주요국의 관세율이 크게 낮아진 최근에도 상대국의 관세수준에 대한 관심이 높은 것은 당연하다고 할 수 있다. DDA협상에서도 관세협상은 중요한 분야로 인식되고 있다. 특히 선진국의 경우 평균관세율은 낮지만 섬유, 의류, 신발 등의 분야는 관세율이 높으며 개도국의 경우에는 아직도 평균관세율이 20% 수준을 상회하고 있다. 이에 따라 DDA 비농산물협상에서는 각국의 관세를 어떻게 어느 정도로 감축할 것인지에 대해 집중적으로 논의하고 있다. 각 회원국들은 관세인하방식에 대한 제안서를 활발하게 제출하고 있는데 미국은 최근 2015년까지 모든 공산품에 대해 관세를 철폐하자고 제안하여 관심을 모으고 있다.

(4) WTO협정 개정협상

농산물, 서비스, 비농산물에 관한 협상은 기본적으로 시장개방에 관한 협상이다. 이러한 시장개방협상과 함께 DDA협상의 또 다른 축을 구성하고 있는 것이 국제무역규범에 관한 협상이다. 국제무역규범에 관한 협상은 다시 현행 WTO협정을 개정하는 협상과 새로운 무역규범을 수립하는 협상으로 구분된다.

현행 WTO협정을 개정하는 협상의 대표적인 분야는 반덤핑이다. 덤핑은 수출자가 자국 내에서 통상적으로 거래되는 정상가격보다 낮은 가격으로 제품을 수출하는 행위를 가리킨다. 덤핑행위는 일반적으로 비교우위에 입각한 국제무역을 왜곡하고 시장질서를 어지럽히기 때문에 WTO체제하에서 허용되지 않는 불공정무역으로 간주된다. WTO 반덤핑협정은 덤핑행위로 인해 수입국의 국내산업에 실질적인 피해가 발생하는 경우 수입국이 반덤핑관세를 부과할 수 있도록 한다.

덤핑행위는 비난받아야 마땅한 불공정행위이지만 수입국의 자의적인 반덤핑조치 또한 국제무역을 위축시키는 요인이 되고 있다. WTO 출범 이후 반덤핑조치의 발동현황을 분석해 보면 전 세계적으로 반덤핑조사가 급증하고 있는데다가 반덤핑조사가 무혐의 판정으로 종결되는 경우가 속출하고 있다. 이에 따라 덤핑행위를 억제하기 위한 WTO규정이 실제로는 수출기업에 부당한 부담을 주는 보호무역조치의 수단으로 활용되고 있다는 불만이 제기되고 있다.

이러한 불만을 고려하여 DDA협상에서는 반덤핑조사의 발동요건과 절차를 개선하여 본래의 목적에 합치하게 운영될 수 있도록 WTO 반덤핑협정을 개선하기 위한 논의를 진행하고 있다. 많은 회원국들이 반덤핑조치의 피해를 보고 있기 때문에 협정개정에 찬성하고 있으나 반덤핑조치를 가장 빈번하게 발동하는 미국은 업계와 의회가 자국 국내법의 약화를 가져오는 협정개정에 반대하고 있어서 협상

전망이 밝지만은 않다.

DDA협상에서는 반덤핑협정뿐만 아니라 보조금협정, 분쟁해결에 관한 협정, 그리고 FTA와 같은 지역무역협정에 적용되는 WTO규정의 개선방안도 논의하고 있다. 보조금협정 개선작업의 일환으로는 수산보조금에 대한 별도의 규제를 도입할 것인지에 대해서도 논의하고 있다. 미국, 아이슬란드, 뉴질랜드, 칠레와 같은 수산물 수출국들은 수산보조금이 수산물 무역을 왜곡하는 한편 어족자원의 고갈을 촉진하는 특성을 갖고 있으므로 다른 보조금보다 규제를 강화해야 한다고 주장하고 있다. 반면 우리나라와 일본은 수산보조금이 자원보존에 긍정적인 효과도 있음을 들어 별도의 규제 도입에 반대하고 있다.

제5절 지역무역협정

1. 지역무역협정의 개념과 유형

우루과이라운드의 결과로 출범한 WTO는 GATT의 기본정신을 그대로 유지하면서 국제무역질서를 규정하는 국제기구라고 할 수 있다. 새롭고 강화된 틀을 가지고 출범한 WTO는 자유로운 국제무역을 통하여 세계경제의 안정적 성장과 고용확대에 기여할 것으로 기대되며, 다자주의(multilateralism)원칙을 추구하고 있다. 즉 무역자유화를 위한 협상이나 협정에서 관련 국가들 모두가 참가하여 모든 국가들의 이해관계가 반영된 국제무역의 규칙을 마련하고 이를 실행하고자 한다.

그러나 WTO가 출범한 지금도 세계에는 유럽연합(EU), 북미자유무역협정(NAFTA) 등 일부 국가들로 구성된 다양한 경제적 지역주의와 무역협정들이 존재한다. 이러한 경제적 지역주의들의 전개과정은 WTO와 함께 세계경제에 커다란 영향을 미칠 것이다.

지역경제블록의 형성은 지리적 근접성으로부터 발생하는 자연스러운 현상으로 볼 수 있다. 지리적으로 근접하다는 사실은 상호 교역하는 데 있어서 수송비와 통신비용이 상대적으로 낮아 기업들이 역내에서 생산활동을 넓히는 것이 용이하며 또한 경제, 사회 및 문화적으로 유사한 환경을 가지고 있을 가능성이 높기 때문에 생산된 상품이나 서비스가 역내 국가들의 수요를 잘 반영할 수 있다는 장점이 있다.

1950년대 이후에 경제적 지역주의가 활발히 형성된 다른 하나의 이유로 GATT 체제가 가지고 있었던 문제점을 들 수 있다. GATT체제 출범 당시와 비교하여 회원국의 수가 대폭 증가하였을 뿐만 아니라 국제무역환경도 크게 변화하였다. 변화된 국제무역환경에서 발생되는 각종 문제들을 다자주의적으로 해결하기 위하여 관련된 모든 국가들이 합의할 수 있는 규칙을 마련하는 데는 많은 시간과 노력이 들어갈 뿐만 아니라 개별국가들의 입장에서 이렇게 마련된 국제무역에 관한 합의가 국내정책 및 규제와 일치하지 않을 위험성도 있는 것이다. 다자주의적 체제는 모든 국가들이 여러 가지 복잡한 문제들을 다루기 때문에 개별국가들의 경제, 문화 및 정치적 필요가 반영되기 힘들다. 따라서 다자주의적 기본원칙에 위배되지 않는 한 소수의 국가들이 모여 그들 나름의 경제, 문화 및 정치적 환경을 반영하는 경제통합을 이룩하는 것은 다자주의적 국제무역체제가 가지고 있는 일종의 획일성을 보완하여 다양성을 보충하는 것으로 볼 수 있다.

(1) 지역무역협정의 개념

지역무역협정이란 지역적으로 차별적인 무역정책을 말한다. 즉 여러 국가들이 협정을 체결하거나 동맹을 결성하여 이러한 협정이나 동맹에 가입한 회원국(member)들 사이의 교역에 대해서는 관세 및 기타 무역규제를 완화 내지 철폐하지만 비회원국(non-member)과의 교역에 대해서는 차별적인 무역규제를 유지하는 것을 의미한다. 다시 말하면 여러 국가들이 공동의 이익을 증대시키기 위하여 국가보다 큰 경제단위를 형성하여 대외적으로 차별적인 무역자유화를 추진하고 내부적으로는 산업 및 경제정책의 조화를 도모하는 등 특별한 관계를 유지하는 것을 말한다.[8] 이러한 지역무역협정은 특혜무역협정, 자유무역지역, 관세동맹, 공동시장, 경제동맹 등의 다양한 형태로 존재하고 있다.

(2) 지역무역협정의 유형

지역무역협정의 유형은 회원국들 간의 경제적 결합 정도에 따라 크게 부문별특

8) 김완순 · 한복연, 국제경제기구론, 박영사, 1998, p.329.

혜무역협정(sectoral preferential trade arrangement), 자유무역지역(FTA : Free Trade Area), 관세동맹(customs union), 공동시장(common market), 경제동맹(economic union), 완전경제통합(complete economic integration)으로 분류될 수 있으나 같은 유형의 지역무역협정이라도 회원국들 간의 구체적인 협정내용과 지역적 특징 등에 따라 상이한 구성내용을 가질 수 있다. 또한 지역경제블록은 지리적으로 근접한 인근 국가들로 구성되어 있는 것이 대체적인 현실이지만 경제블록의 형성이 반드시 지리적으로 근접한 국가들로 구성되는 것은 아니다.

1) 부문별특혜무역협정(sectoral preferential trade arrangement)[9)]

협정국가들 사이에 이루어지는 무역거래에 대하여 완전한 자유무역은 아니더라도 협정 당사국들 간에 상호 일정한 특혜를 줌으로써 역외 비협정국들에 대하여 차별하는 경우를 말한다. 특혜를 주는 상품들의 범위가 제한적일 수 있으며 이렇게 제한된 범위의 상품들에 대하여 협정국들에게 낮은 관세나 비관세장벽 특혜를 주는 경우가 이에 해당한다. 가장 느슨한 형태의 경제통합유형이라고 할 수 있다.

2) 자유무역지역(FTA : Free Trade Area)

자유무역지역은 협정을 맺은 회원국들 상호 간에 관세를 포함한 모든 무역장벽을 철폐하고 자유무역을 실시하지만 회원국들이 역외 비회원국들에 대하여는 회원국들 나름의 무역보호수준(독자적인 무역정책)을 유지하는 경우를 말한다. 따라서 회원국들이 비회원국들에 대하여 동일한 무역보호수준을 유지할 필요가 없으며 자국의 실정에 맞는 무역보호수준을 유지할 수 있다. 북미자유무역지역(NAFTA)이나 유럽자유무역지역(EFTA), 아세안자유무역지대(AFTA) 등을 예로 들 수 있다. 자유무역지역의 결성으로 회원국들 사이에 자유무역이 이루어지므로 각 회원국들의 무역유형, 즉 수출입구조가 변화할 수도 있으며 수입선이 비회원국에서 회원국으로 전환되는 등 회원국뿐만 아니라 자유무역지역에 속한 국가들과 무역거래를 하고 있는 비회원국들의 무역구조 및 무역규모가 변동하게 되는 등 자유무역지대가 형성되는 국가들과 밀접한 대외거래관계가 있는 국가들에 심각한 영향을 줄 수 있다.

---

9) 협정체결국 간에 특정 상품의 교역에 대해서만 제한적으로 특혜를 부여하는 것으로서 경제통합의 초기단계에 나타나는 형태라고도 할 수 있다.

3) 관세동맹(customs union)

관세동맹은 자유무역지역에서 한 걸음 더 나아가 관세동맹 회원국들 사이에 자유무역을 유지할 뿐만 아니라 역외의 비회원국들에 대하여 회원국들이 공통의 무역보호수준(공동의 무역정책)을 부과하는 것이다. 현실적으로 무역보호수단은 관세뿐만 아니라 수입수량할당제와 같은 비관세장벽도 있으며 관세동맹으로 불리는 것은 과거에 무역보호의 주된 수단이 관세였으며 비회원국들에 대하여 회원국들이 공통의 관세체계를 적용하였기 때문이다. 자유무역지역과 비교하여 관세동맹은 회원국들의 경제적 결합 정도에서 보다 강한 지역경제블록유형이라고 할 수 있으나 국제무역정책을 제외한 회원국들 나름의 경제정책과 화폐를 보유하며 국가 간 노동과 자본과 같은 본원적 생산요소의 이동이 불가능하거나 크게 제약되어 있는 상황이다. 즉, 관세동맹은 무역정책측면에서의 경제통합이며 완전한 형태의 경제통합이라고 볼 수 없다. 현재 관세동맹 형태를 유지하는 경제적 지역주의는 존재하지 않으나 초기의 EC가 관세동맹의 형태를 가졌으며 20세기 이전에 관세동맹과 유사한 형태의 경제적 지역주의가 존재한 바 있다.

4) 공동시장(common market)

관세동맹은 상품의 수출입에 관한 역외 비회원국에 대한 무역정책을 공동으로 유지하고 회원국들 사이에는 자유무역이 이루어지지만 노동, 자본 등 생산요소의 역내이동이 자유롭지 못한 지역경제블록의 유형이다. 관세동맹에서 생산요소의 자유로운 역내이동이 이루어지는 형태까지 포함하는 것이 바로 공동시장이다. 이러한 공동시장형태의 지역경제블록 예로 완전한 형태는 아니지만 EC를 들 수 있다. 1986년에 EC가 단일유럽의정서(Single European Act)를 만듦으로써 상품뿐만 아니라 노동, 자본 등 생산요소를 포함하여 유럽공동시장 내 총 282개의 교역장벽을 폐지함으로써 1993년에 공동시장으로 출범하였다.

5) 경제동맹(economic union)

공동시장형태의 지역경제블록은 상품과 생산요소의 역내 국가 간 교역이 자유롭지만 각 회원국 나름의 경제정책을 사용하게 된다. 즉, 각 회원국들은 상품과 생산요소의 자유무역을 실현하고 역외의 비회원국들에 대하여 공통의 무역보호체계를 적용하지만 무역정책을 제외한 다른 경제정책에는 독자성을 갖고 있으며, 공동시장의 회원국들은 자국의 정치 및 경제적 상황에 적합하다고 생각하는 통화정책이나 재정정책을 다른 회원국들과는 독립적으로 독자성을 가지고 사용하게 된다. 그러나 경제동맹에서는 이러한 경제정책들을 상호 협조하에 실시하게 되며 더 나아가 화폐까지 단일화한다면 완전한 형태의 경제동맹체제를 갖추게 되는 것이다. 이러한 의미에서 경제동맹 내의 회원국들은 정치적으로는 독립국가이지만 경제적으로는 하나의 단일경제권을 형성하는 명실상부한 경제적 통합을 이룩하게 된다. 경제동맹의 형태로는 EURO화라는 단일통화를 사용하고 있는 EU를 들 수 있다.

6) 완전경제통합(complete economic integration)

완전경제통합은 경제통합형태 가운데 최후의 단계로서 회원국 전체를 동일시장으로 간주하는 형태이다. 경제동맹이 지향하는 경제정책의 조정에만 국한하지 않고 각국의 주권으로부터 완전히 독립된 초국가적 기구의 설립을 목표로 설정하여 통화, 금융, 재정 그리고 사회정책 등을 통일화함으로써 새로운 국가형태를 탄생시키려는 것이다. 즉, 완전경제통합은 가장 강력한 경제협력형태로서 사실상 하나의 단일화된 경제로 통합되는 것을 의미한다. 유럽연합이 추구하는 궁극적 목표도 바로 이러한 완전경제통합이라고 할 수 있다.

2. 주요 지역무역협정

(1) 유럽연합(EU)

유럽의 경제통합 노력은 1957년에 EEC 창설조약인 로마조약으로 프랑스, 독일, 이탈리아, 네덜란드, 벨기에, 룩셈부르크에 의하여 유럽공동체가 결성됨으로써 시작되었다. 1968년의 관세동맹을 거쳐 1986년 단일유럽의정서(SEA)가 조인됨으로써 유럽의 단일시장 구성과 경제적으로 하나의 유럽을 만드는 것을 목표로 추진되어 왔으며 상품뿐만 아니라 노동, 자본과 같은 본원적 생산요소와 서비스가 회원국들 간에 자유롭게 이동할 수 있도록 하는 공동시장 형태로 발전하였다. 유럽연합은 창설 이후에 회원국의 수를 점차 늘리면서 유럽 단일시장을 형성하기 위하여 282개의 입법사항 중 262개 사항에 대한 입법조치를 통하여 1993년부터 상품, 생산요소 및 서비스의 단일시장을 출범시키게 되었다.

그러나 진정한 경제적 단일시장의 형성은 상품과 생산요소의 자유로운 이동뿐만 아니라 금융정책과 재정정책을 포함한 회원국가들의 국내 경제정책들을 조율할 필요가 있었으며 환율과 이자율 등 각국의 통화문제와 관련된 회원국 간의 경제적 이해관계를 해결할 필요가 있었기 때문에 유럽연합은 화폐의 통합까지 추진하게 되었다. 상품 및 생산요소의 자유로운 역내 이동과 단일화폐의 추진으로 유럽연합의 경제적 단일화가 완성되기 위해서는 경제에 영향을 주는 정치적인 단일화가 요구되었다. 유럽연합에 속한 국가들의 정치적 결정이 독자적으로 이루어지는 경우, 그러한 정치적 결정이 유럽연합의 경제적 단일화와 일관되지 않을 수 있으며 실제로 각국의 정치적 독립성은 회원국들 간에 합의된 경제적 단일시장을 위한 조건들을 제약하는 경우도 있었다. 유럽연합에 속한 회원국들의 정치적 결정이 유럽연합의 경제적 단일시장이라고 하는 목표와 일관되도록 하기 위해서는 경제적 동맹뿐 아니라 정치적 동맹도 필요하게 되었다. 이러한 필요에 따라 유럽

그림 4-2 | 유럽연합

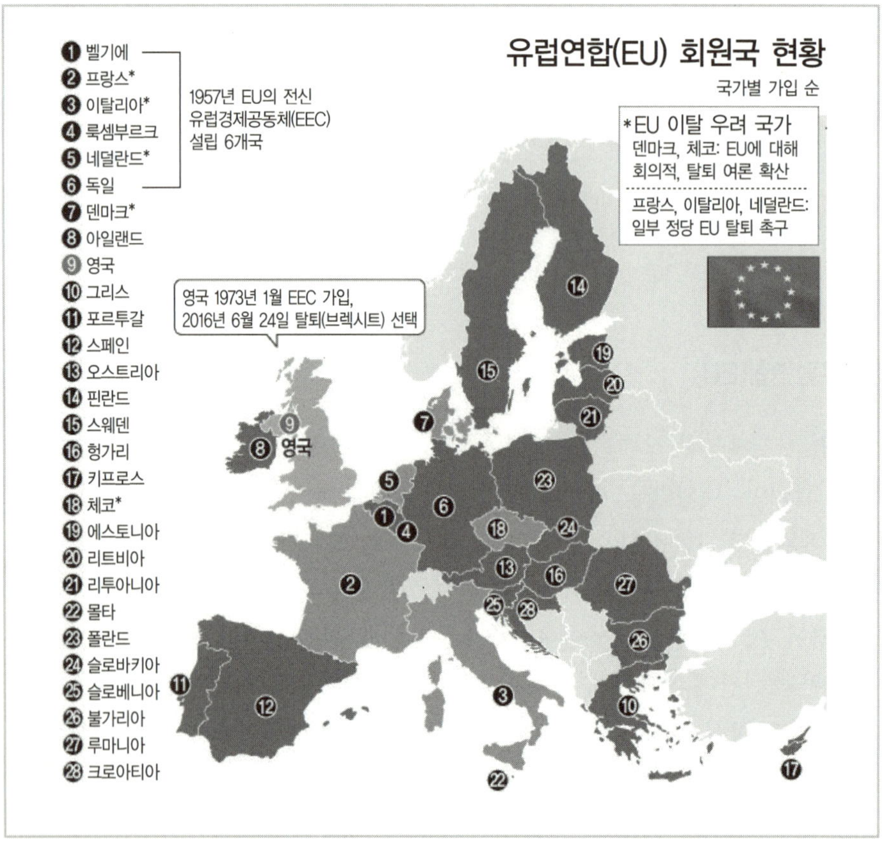

자료 : 연합뉴스

연합국들은 1991년 네덜란드의 마스트리히트에서 경제 및 통화동맹과 정치동맹을 내용으로 하는 유럽연합조약(이른바 마스트리히트조약)을 체결하기로 합의하였다. 그러나 현재 영국의 탈퇴와 일부 회원국들의 경제 불황으로 앞날은 불투명하다.

(2) 북미자유무역협정(NAFTA)

북미자유무역협정(NAFTA : North American Free Trade Agreement)은 1989년 미국과 캐나다 간 자유무역협정이 체결된 후 이와 별도로 1987년부터 추진된 미국과 멕시코 간 자유무역협정이 확대되어 1991년 6월부터 미국, 캐나다, 멕시코 3국 간 협상이 개시되면서 1992년 8월 결실을 보게 됨에 따라 1994년 1월 1일 발효되었다.

NAFTA는 세계 최대의 경제대국인 미국과 경제규모가 미국의 1/20수준인 멕시코 등 선진국과 개발도상국 간에 이루어진 첫 경제통합이라는 점에서 3국 간 득실에 대한 많은 찬반 논란이 있었다. 미국은 NAFTA를 통하여 지역주의에 효과적으로 대응하고 미국의 자본과 멕시코의 저렴한 노동력을 상호 보완적으로 결합함으로써 그동안 악화되었던 미국 상품의 국제경쟁력을 회복할 수 있을 것을 기대한 반면, 멕시코에 대한 투자확대와 수입증가로 인한 실업증가와 임금하락의 우려를 가지고 있었다. 캐나다는 미국과 멕시코 간 자유무역협정이 캐나다가 배제된 가운데 체결될 경우 그동안 누려왔던 미국시장에서의 기득권을 멕시코에 빼앗길 것을 우려하여 NAFTA에 참여하였으며 NAFTA 체결로 인한 멕시코에 대한 투자증가와 수출증가를 기대하였다. 멕시코는 NAFTA를 통해 미국에서의 관세 및 비관세장벽의 철폐로 인한 수출증가와 미국으로부터의 자본과 기술의 도입 및 미국시장 진출의 교두보로서 활용가치가 있는 멕시코에 대한 역외국의 직접투자의 확대를 기대하여 NAFTA에 대한 긍정적인 의견이 지배적이었다. 일반적으로 NAFTA는 세 나라 모두에게 이익을 가져다주는 것으로 평가되고 있다.

(3) ASEAN지역의 경제협력

아세안자유무역지대(AFTA : ASEAN Free Trade Area)는 1992년 1월 28일 제4차 ASEAN 정상회의에서 브루나이, 인도네시아, 말레이시아, 필리핀, 싱가포르 및 태국 6개국에 의해 AFTA 창설의 기본골격이 되는 싱가포르선언이 채택되고

'아세안경제협력증진에 대한 골격협정(Framework Agreement on Enhancing ASEAN Economic Cooperation)'이 서명됨으로써 합의되었다.

AFTA는 역내 무역을 활성화하고 지역경제의 발전을 도모하려는 ASEAN국가들의 여러 가지 시도가 회원국 간의 경제와 산업구조가 상호 보완적이기보다는 경합적인 성격을 가진 이유로 큰 결실을 보지 못하고 1990년대 새로운 국제경제환경에 직면함에 따라 강력한 경제협력프로그램이 절실히 요구되면서 그 필요성이 제기되었다. 특히, 단일유럽시장(EU) 형성과 NAFTA의 추진 등 세계경제가 보호주의 무역블록으로 나누어지는 경향을 보임으로써 이들 지역 수출에 크게 의존하고 있던 아세안국가들은 불안감을 갖게 되었으며, 기존 국제경제환경의 변화에 따른 아세안의 협상력 강화 필요성이 대두되었다. 또한 아세안 경제성장의 큰 힘이 되었던 외국인 직접투자가 다른 개도국들로 빠져나가는 심각한 상황을 맞게 되었다. AFTA는 이상과 같이 아세안 제품의 경쟁력을 유지하여 중국 등 후발국에 대한 비교우위를 지키고 주요 시장인 미국, 일본 및 유럽으로의 지속적인 시장접근을 확보함으로써 고도경제성장을 유지하기 위한 필요성에서 추진되었다.

(4) 남미공동시장(MERCOSUR)

남미공동시장(MERCOSUR)은 남아메리카지역에서의 자유무역과 관세동맹을 목표로 결성된 경제블록이다. 1980년대 브라질과 아르헨티나의 양국경제협력프로그램을 시발로 하여 1991년 인접국인 우루과이와 파라과이를 포함한 아순시온조약(Treaty of Asuncion)이 체결됨으로써 제도적 골격을 마련한 남미공동시장은 4년 동안의 준비기간을 거쳐 1995년 1월 1일 정식 발효되었다.

남미공동시장의 정식 회원국은 아르헨티나, 브라질, 파라과이, 우루과이 4개국이다. 칠레와 볼리비아가 자유무역지대수준에서 준회원국으로 참가하고 있으며, 페루, 에콰도르, 콜롬비아, 베네수엘라와 남미자유무역지대 결성을 위한 협상이 진행되고 있다. 역외적으로는 1995년 유럽연합(EU)과 경제블록 간의 협력합의가 서명되었다. 통합의 단계로는 초기 자유무역지대에서 관세동맹을 거쳐 궁극적으로는 회원국들 간의 자본과 인력의 자유로운 이동과 동등한 권리를 보장하는 공동시장 형성을 목표로 한다. 아순시온협약에서부터 MERCOSUR가 결성되기 전인 1994년 말까지의 과도기는 자유무역지대의 형성단계였으며, 현재 MERCOSUR는 대외공동관세제도를 채택함으로써 관세동맹의 형태를 띠고 있으나 일정기간 예외품목규정을 두고 있기 때문에 엄밀하게 구분한다면 자유무역지대와 관세동맹의 중간단계로 볼 수 있다.

MERCOSUR의 결성은 중남미의 경제통합에 새로운 모델을 제공하였다. 과거 경제통합의 시도가 수입대체산업화와 역내 국가로의 교역의 단순한 전환을 통한 소극적인 방식이었다면 MERCOSUR는 개방화와 상호 경제보완에 근거한 새로운 교역의 창출 시도로 국제경쟁력을 강화하는 개방적인 모델이다. 경제공동체로서 MERCOSUR의 성공적인 출발은 선진국들의 모임이라고 할 수 있는 EU나 미국이 실질적인 역할을 하고 있는 NAFTA와 달리 개도국들 간의 협력으로 이루어졌다는 점에서 남미에서뿐만 아니라 다른 지역경제권에 대해서도 훌륭한 통합사례가 될 수 있음을 보여준다.

(5) 남미국가연합(USAN)

남미국가연합(USAN : Union of South American Nations)은 남아메리카의 12개 국가의 정치 · 경제공동체 조직이다. 2008년 5월 브라질에서 열린 정상회의를 통해 공식적인 출범을 선언했다. 남아메리카국가연합의 기초가 된 남미국가공동체(Comunidad Sudamericana de Naciones)는 2004년 남아메리카 12개국 대표들이 페루에서 열린 제3차 남아메리카 정상회의에서 출범을 결의하고, 남아메리카연합으로 가기 위한 중간 단계로 남미국가공동체 기본 헌장에 서명해 출범하게 되었다.

회원국은 남미공동시장(MERCOSUR) 회원국(아르헨티나, 브라질, 파라과이, 우루과이), 안데스공동체(CAN) 회원국(볼리비아, 콜롬비아, 에콰도르, 페루), 기타(칠레, 가이아나, 수리남, 베네수엘라)이며, 옵서버로 2개국(멕시코, 파나마)이 있다.

그림 4-3 | 남미국가연합

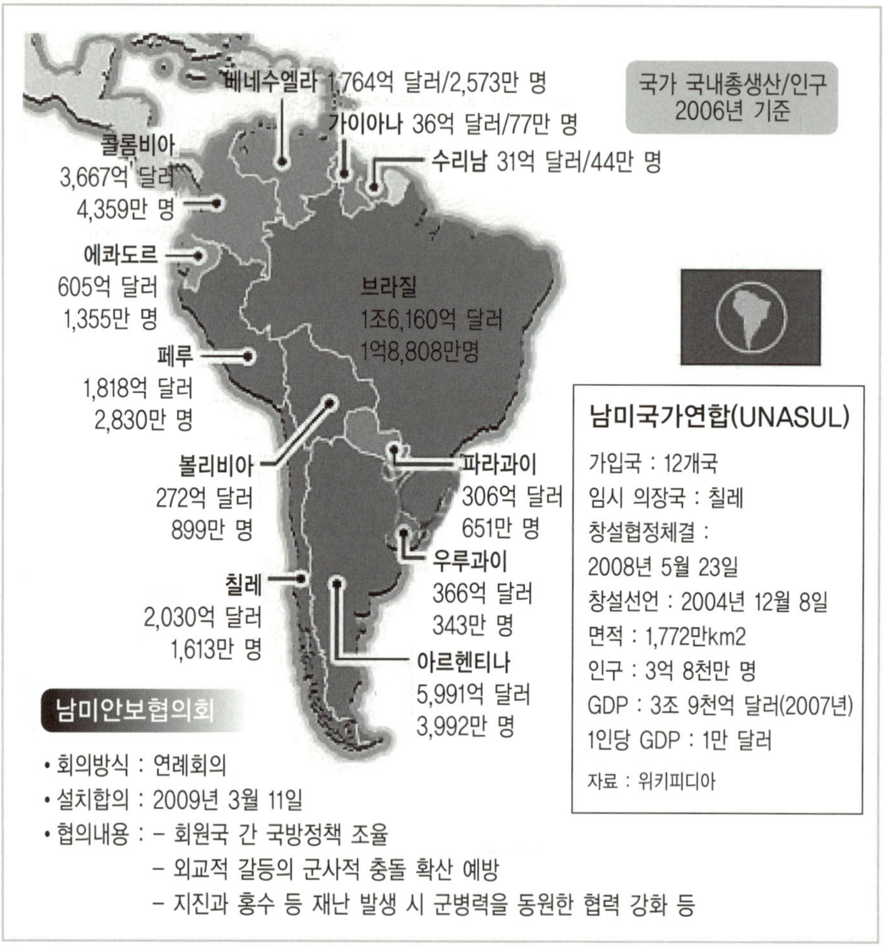

자료 : 연합뉴스

3. 메가 FTA

(1) 개념

메가 FTA란 다수의 협상국이 참여하는 무역자유화협정을 말한다. FTA(무역자유화협정)에 '크다' 라는 뜻의 메가(Mega)라는 그리스어 접두어를 더한 신조어로 국제통상질서의 새로운 틀로 떠오르고 있으며, TPP(환태평양경제동반자협정)와 FTAAP(아태자유무역지대), RCEP(역내포괄적경제동반자협정) 등이 대표적인 사례이다.

기존의 FTA가 두 국가 간의 협정이어서 효과가 제한적인 데 비해, 메가 FTA는 가입국들 모두에 영향을 끼치는 특징이 있으며 한국이 참여 중인 메가 FTA로는 역내포괄적경제동반자협정(RCEP) 등이 있다.

(2) 환태평양경제동반자협정(TPP)

아시아 · 태평양지역의 관세철폐와 경제통합을 목표로 추진된 협력체제를 말한다. 미국과 일본이 주도하다가 보호주의를 주창하는 도널드 트럼프 대통령이 미국 탈퇴를 선언하면서 총 11개국이 명칭을 CPTPP로 변경한 후 자국 내 비준을 거쳐 2018년 12월 30일 발효되었다.

농업을 포함, 무역자유화에 원칙적으로 예외를 두지 않으며 모든 무역상품에 대해 100% 관세철폐를 목표하는 협력체제로, 경제동반자협정(EPA)보다 더 높은 단계의 무역자유화로 알려져 있다. 2005년 뉴질랜드, 싱가포르, 칠레, 브루나이 4개국이 2006년 1월까지 회원국 간 관세의 90%를 철폐하고, 2015년까지 모든 무역장벽을 철폐하는 것을 목표로 '환태평양 전략적 경제동반자협력체제(TPSEP : Trans-Pacific Strategic Economic Partnership)'를 구축하였으며 이후 2008년 조지 부시 미국 대통령이 협정 참여를 위한 교섭이 시작되면서 명칭이 '환태평양경제동반자협정(TPP : Trans-Pacific Partnership agreement)'으로 전환되었다. 이후 2010년 미국 · 말레이시아 · 베트남 · 페루 · 호주가 참여하기로 밝힌 뒤, 2011년 멕시코와 캐나다가 TPP 교섭에 참가하고, 2013년 4월 일본의 참여가 최종 승인되면서 12개국이 참여하게 되었다.

그러나 낙농품, 자동차시장, 생물의약품 특허보호 문제 등에서 당사국 간의 이견이 발생하면서 타결에 난항을 겪다가 2015년 10월 전격 타결되었다. 2015년 10월 타결된 TPP는 2016년 2월 공식서명을 마치고 각국이 국내 비준을 준비 중이었으나 자국주의와 보호주의를 주창하던 도널드 트럼프가 미국 대통령에 당선된 후 TPP가 미국인의 일자리를 빼앗았다고 비판하며 2017년 1월 TPP에서 탈퇴한다는 내용의 행정명령에 서명하며 변수가 생기게 된다. 즉, 총 12개국 중 전체 국내총생산(GDP)의 60% 이상을 차지하던 미국이 TPP에서 탈퇴하면서 경제권 규모와 참가국 인구가 대폭 축소됐고 TPP가 와해될 것이라는 전망까지 나왔다.

그러나 일본 주도로 TPP 협상이 진행됐고, 결국 11개국은 2017년 베트남 다낭에서 1,000개 이상의 항목 중 의약품 특허 보호 등 미국이 그간 강력하게 주장해오던 22개 항목만 동결하고 기존 협정문을 그대로 적용하면서 큰 틀에서 합의를 이끌어냈다. 동결한 항목들은 향후 미국이 복귀하면 해제를 논의하기로 하였으며 이때 협정의 포괄적 · 점진적 환태평양경제동반자협정(CPTPP: Comprehensive and Progressive Agreement for Trans-Pacific Partnership)으로 변경하였다. 즉 미국이 탈퇴하면서 CPTPP로 명칭이 변경된 것이다. 특히 일본은 기존에는 쌀 시장 개방에 대해 반대했으나 협상 타결을 위해 개방을 결정하면서 2018년 3월 8일 공식서명의 길을 열었다.

(3) 역내포괄적경제동반자협정(RCEP)

아시아 · 태평양 지역을 하나의 자유무역지대로 통합하는 '아세안+6 FTA로, 동남아시아국가연합(ASEAN) 10개국과 한 · 중 · 일 3개국, 호주 · 뉴질랜드 · 인도 등 총 16개국이 참여하여 관세장벽 철폐를 목표로 하는 일종의 자유무역협정(FTA)이다. 아태지역 16개국 정상들은 2012년 11월 20일 캄보디아 프놈펜 평화궁전에서 열린 동아시아정상회의(EAS)에서 발표한 공동선언문에서 RCEP 협상을 2013년 개시해 2015년까지 타결한다는 데 합의하였다. 그러나 이후 일정이 지연되면서 2015년 11월 22일 말레이시아 쿠알라룸푸르에서 열린 회의에서 2016년까지 RCEP를 타결하는 정상 공동선언문을 채택했으며, 협상 7년만인 2019년 11월 4일 협정문을 타결하였다.

즉, 2012년 11월 협상 개시 선언 이후 협정문 타결에 이르기까지 약 7년간 28차례 공식협상, 16차례 장관회의, 3차례 정상회의가 이어졌다. RCEP 16개국 정상들은 2019년 11월 4일 태국 방콕에서 열린 제3차 RCEP 정상회의에서 공동성명을 통해 인도를 제외한 15개국간 협정문 타결을 선언하고, 시장개방협상 등 잔여 협상을 마무리해 2020년 최종 타결 및 서명을 추진하기로 하였다. 다만 인도는 주요 이슈에 대해 참여국들과 공동으로 해결하기 위해 노력하고, 추후 입장을 결정하기로 하였다.

RCEP가 체결되면 역내 인구 34억 명, 무역규모 10조 1,310억 달러(약 1경 1,043조 원), 명목 국내총생산(GDP) 19조 7,640만 달러에 이르는 자유무역지대가 성립된다. 이는 명목 GDP 기준으로 북미자유협정(NAFTA, 18조 달러)과 유럽연합(EU, 17조 6,000억 달러)을 능가하는 세계 최대 규모의 경제블록의 출범이다.

그림 4-4 | 메가 FTA

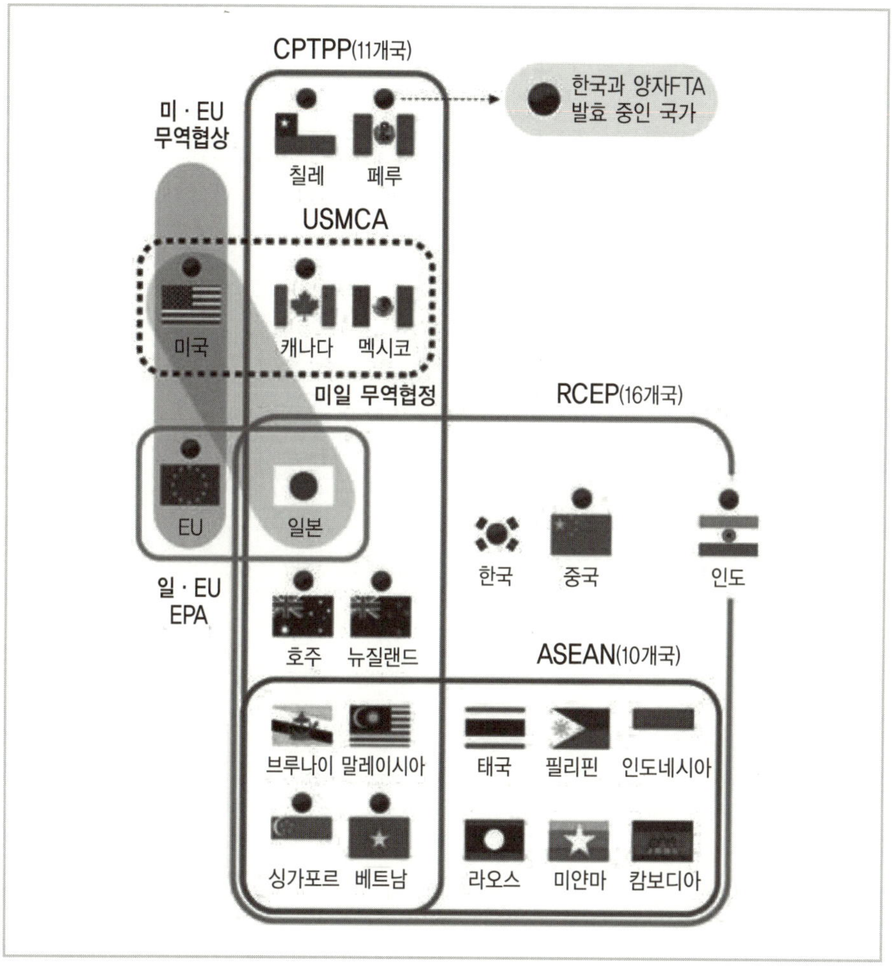

자료 : 한국무역협회 통상지원단

제 2 부

무역실무론

INTERNATIONAL TRADING

제**5**장

무역거래 개관과 무역관리

제1절 무역거래의 개관
제2절 무역관리제도

학습목표

1. 수출과 수입의 절차를 이해한다.
2. 무역과 관련된 다양한 법규를 이해한다.
3. 무역업, 무역대리업, 종합상사의 개념과 차이점을 파악한다.

| 핵심사항 |

❶ 무역거래의 개관

1. 수출거래절차
해외시장조사 → 수출계약의 체결 → 신용장의 접수 및 검토 → 수출승인 → 수출물품의 확보 및 무역금융 → 해상운송 및 보험계약 → 수출통관 → 선적 → 수출대금의 회수 → 관세환급
2. 수입거래절차
(1) 수입계약의 체결 → 수입승인 → 수입신용장개설 → 운송서류의 내도 → 수입대금의 결제 → 물품수입통관
(2) 수입통관절차 : 수입신고 → 서류검사 → 물품검사 → 관세율 결정 → 관세부과 및 징수 → 수입신고필증 발급

❷ 무역관리제도

1. 대외무역관리의 의의
무역관리(international trade control)란 자국의 경제적 이익을 도모하기 위한 국가 또는 정부의 대외무역거래에 대한 간섭이나 통제 및 규제를 의미한다.
2. 무역관리와 법규
대외무역법, 외국환거래법, 관세법, 불공정무역행위조사 및 산업피해구제에 관한 법률 등이 있다.
3. 무역관리기구
(1) 무역관리기구의 개요 : 대외무역의 중앙행정기관, 협조 중앙행정기관
(2) 위임 및 위탁기관 : 기술표준원장, 시 · 도지사, 자유무역관리원장, 관계중앙행정기관의 장, 국립산림과학원장, 세관장, 한국무역협회장 및 한국소프트웨어산업협회, 관세청장, 관계행정기관 또는 단체의 장, 한국기계산업진흥회장, 한국수출입은행장, 대한상사중재원, 대한상공회의소, 외국환은행의 장
(3) 무역위원회 : 불공정무역행위에 대한 조사 · 판정, 수입증가 · 덤핑 · 보조금으로 인한 국내산업의 피해조사 · 판정, 산업경쟁력 영향조사 등에 관한 업무 수행
4. 무역업등의 관리
(1) 무역업 : “무역거래자”라 함은 수출 또는 수입을 하는 자, 외국의 수입자 또는 수출자의 위임을 받은 자 및 수출 · 수입을 위임하는 자 등 물품 등의 수출 · 수입행위의 전부 또는 일부를 위임하거나 행하는 자를 말한다.
(2) 무역대리업 : 무역대리업이라 함은 외국의 수입업자 또는 수출업자의 위임을 받은 자(외국의 수입업자 또는 수출업자의 지사 또는 대리점을 포함한다)가 국내에서 수출품을 구매하거나 수입물품을 수입함에 있어서 그 계약의 체결과 이들의 부대되는 행위를 업으로 영위하는 것을 말한다.
(3) 종합무역상사 : 대체로 대규모의 자본력을 가진 무역업자로서 다종다양한 물품의 수출입을 광범위한 지역에 취급하는 대형화된 무역상사를 말한다. 즉 주기능인 수출입업무 이외에 이러한 기능에 수반되는 수출입금융, 창고, 보관, 운송 등의 업무를 포괄하는 대형 무역상사라 할 수 있다.

제1절 무역거래의 개관

1. 수출거래절차

수출절차는 각종 수출을 관리하는 법규의 내용에 따라 수출계약의 체결단계로부터 수출승인, 통관, 선적, 수출대금의 회수 등 거래가 종료될 때까지의 일련의 행정적 · 법규적 흐름을 의미한다.[1] 여기에서는 가장 일반화되어 있는 신용장방식에 의한 수출절차를 개괄적으로 살펴보면 다음과 같다.

(1) 해외시장조사

수출거래를 하고자 하는 자는 먼저 어느 나라, 어느 수입업자에게 수출할 것인지를 물색하는 해외시장조사를 해야 한다. 해외시장조사란 수출입절차의 최초단계로 특정 시장에 있어서 어떤 물품의 판매 또는 구매가능성을 조사하는 것을 말한다. 해외시장은 국내시장과는 달리 지역적인 격리성, 상관습 및 언어의 차이 등과 같은 여러 요인들로 인하여 조사하는 데 많은 어려움이 따른다. 그럼에도 불구하고 외국의 거래선을 발굴하는 데 비용과 위험을 최소화하고 부가가치를 극대화하기 위해서는 사전에 목표시장(target market)에 대한 시장조사가 필수적이다.

(2) 수출계약의 체결

수출업자는 청약(offer)을 하고 이에 대하여 수입업자가 승낙(acceptance)을 하면 계약이 성립된다. 일정한 조건으로 계약을 체결하고 싶다는 의사표시인 청약은 보통 매도청약(selling offer)이며, 법적으로 구속력 있는 확정청약(firm offer)이다. 그리고 이러한 청약이 무조건적이고 무수정으로 승낙되면 즉시 체결되고 이때부터 계약은 성립된다. 한편, 국제 간의 매매계약은 구두로 하더라도 성립되며 반드시 문서로 작성할 필요는 없지만, 계약내용에 관하여 매매당사자 간에 상호 확인하고 후일에 있을지도 모르는 분쟁에 대비하기 위하여 매매계약서(sales contract)를 서로 교환해 두는 것이 필요하다.

---

1) 이용근, 무역실무, 동성사, 1998. p.53.

매매계약서의 기재내용은 상대방, 물품의 목적지, 물품의 내용 등에 따라 달라지지만 당사자 간에 합의된 사항을 정확히 기재해야 한다. 매매계약서에 기재될 사항은 물품명세, 품질, 수량, 가격, 선적 등과 같은 개별거래조항과 불가항력, 무역조건, 이권침해, 클레임 제기기간, 중재, 준거법 등과 같은 일반거래조항 등이 있다.

(3) 신용장의 접수 및 검토

매매계약이 성립하면 매매당사자는 계약조건에 합치하는 각자의 의무를 이행하지 않으면 안 된다. 즉, 계약의 결제조건에 따라 매수인은 자기의 거래은행에 신용장거래약정을 체결하고 수입신용장개설신청서를 제출하여 매도인 앞으로 신용장을 개설하도록 의뢰하고, 그 신용장을 통지은행을 통하여 전달받은 매도인은 수령한 신용장이 매매계약과 일치하는지를 확인[2)]하고 일치하지 않는 사항이 있으면 신용장의 조건변경을 요구한다. 신용장은 수출자가 수출계약을 제대로 이행했을 때 수입자의 거래은행(신용장개설은행)이 대금결제를 보증하는 제도로서 수출업자에게는 대금회수와 관련된 위험을 제거하고 수입자에게는 화물인수에 따른 위험을 제거하는 제도이다.

(4) 수출승인

우리나라에서 대부분의 물품은 수출하는 데 아무런 제한이 없으나 일정물품에 대해서는 개별수출에 대한 제한을 가하고 있다. 이에 따라 수출업자는 우리나라 대외무역법상에서 정한 수출입공고 등에 게시된 수출이 제한되는 물품을 수출하고자 하는 경우에는 산업통상자원부장관(중앙관계행정기관 및 단체의 장)으로부터 수출승인을 받아야 한다.

(5) 수출물품의 확보 및 무역금융

수출승인을 받은 뒤에는 물품을 생산을 하거나 완제품을 구매하여 수출물품을 확보해야 한다. 수출물품을 제조 · 가공하는 데 소용되는 원자재는 소정의 수입절

2) 신용장조건의 주요 확인사항은 무역계약 내용과 대조, 개설은행의 서명확인, 신용장의 종류확인 및 특수조건의 확인 등이다.

차에 따라 외국에서 직접 수입할 수도 있으며, 내국신용장(local L/C) 또는 구매확인서에 의하여 국내에서 조달 또는 구매할 수도 있다. 또한 수출금융규정에 의거 소요 원자재를 수입할 경우에는 원자재 수입자금, 국내에서 구매하는 경우에는 원자재 구매자금, 완제품의 생산을 위해서는 생산자금을 융자받을 수 있다.

(6) 해상운송 및 보험계약

수출상은 수출통관수속과 함께 한편으로는 운송을 위하여 선박회사와 운송계약을 체결하게 되는데 실무적으로는 운항일정을 감안하여 수출상은 선복요청서(S/R : Shipping Request)를 제출하여 선복예약(booking)을 하게 된다. 한편 무역거래조건이 보험료를 포함하는 CIF, CIP조건일 경우에 수출상은 운송 중의 위험을 담보하기 위하여 보험회사와 해상보험계약을 체결하게 되는데, 이때 물품의 성질과 담보 및 면책위험 등을 감안하여 보험가입조건을 결정해야 한다.

(7) 수출통관

수출통관이란 대외무역법령 등에 의해 수출이 적법하게 된 물품을 관세법상의 소정절차를 거쳐 외국물품화하는 과정을 말한다. 수출업자는 물품 선적 전에 우선 관세법에 의한 수출통관을 거치게 되는데, 이러한 수출통관은 통상 수출물품을 보세구역에 반입한 후 실시된다. 이후 수출업자가 세관장에게 수출신고를 하면 세관장은 구비서류 및 기재사항 등을 심사한 다음 수출신고필증을 교부하고, 수출물품은 내국물품에서 외국물품으로 되어 보세구역으로부터 반출하여 선박에 선적할 수 있게 된다.

(8) 선적

수출통관을 마친 화물은 내륙운송을 거쳐 본선의 선측까지 운송하여 본선에 적재한다. 화주가 선적지시서(S/O : Shipping Order)를 본선에 제시하면 일등항해사(chief mate)가 이와 화물을 대조한 후 인수하고, 그 증빙으로 본선수취증(M/R : Mate's Receipt)을 화주에게 교부하면 선박회사는 이와 상환으로 화주에게 선하증권(B/L : Bill of Lading)을 교부한다. 한편, 화물이 컨테이너에 적입될 경우 컨테이너만재화물(FCL : Full Container Load)은 화물적재컨테이너를 CY(Container Yard)에, 컨테이너만재미달화물(LCL : Less than a Container Load)은 화물을

그림 5-1 | 신용장에 의한 수출절차

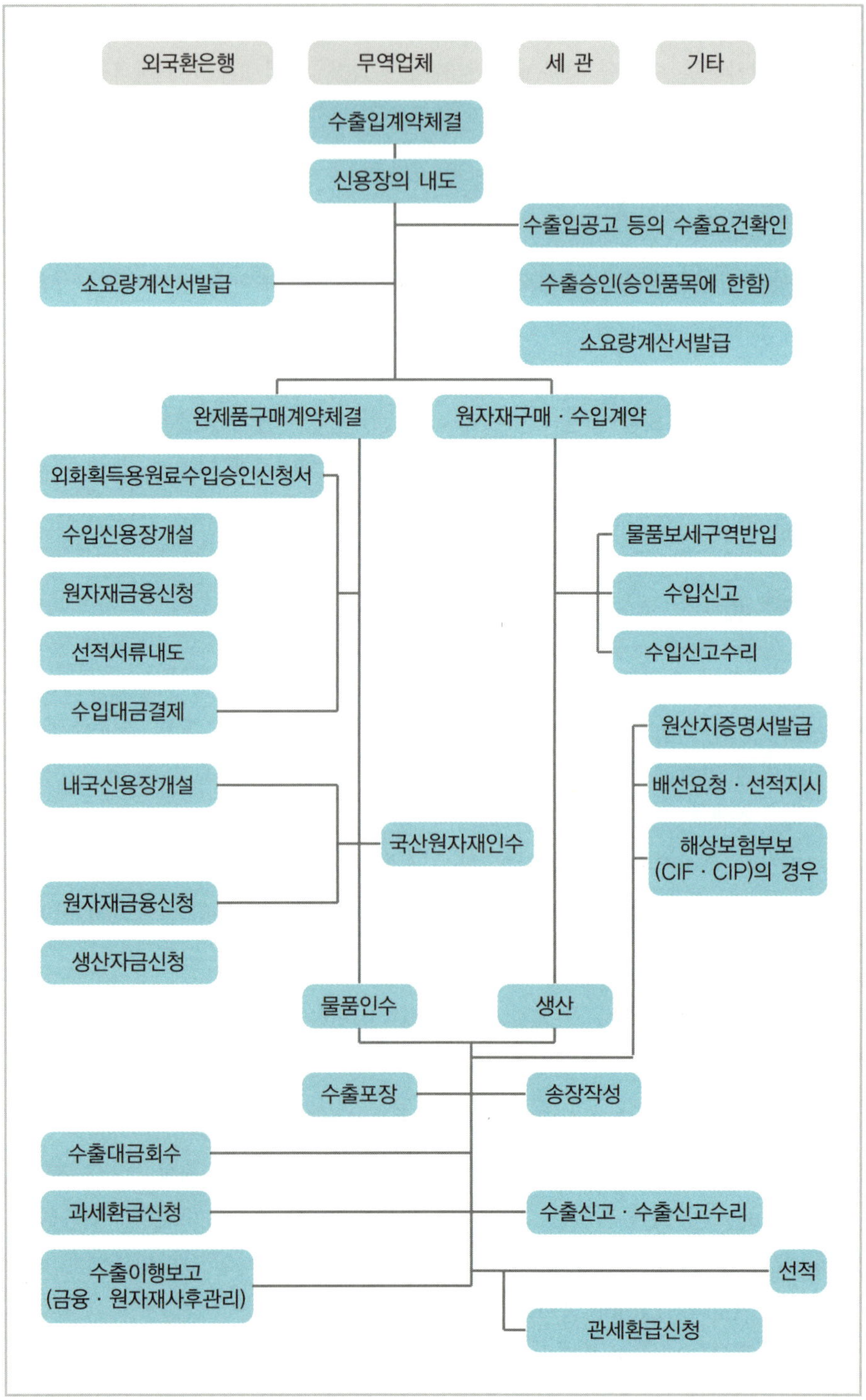

CFS(Container Freight Station)에 반입하면 선박회사의 대리인인 CY Operator 또는 CFS Operator로부터 부두수령증(D/R : Dock Receipt)을 교부받는다. 화주는 이와 상환으로 선박회사로부터 선하증권이나 복합운송서류를 발급 받는다.

(9) 수출대금의 회수

수출물품의 선적을 완료한 수출업자는 신용장에서 요구하는 환어음과 운송서류, 즉 상업송장(commercial invoice), 선하증권(bill of lading), 포장명세서(packing list), 원산지증명서(certificate of origin) 등의 서류를 구비하여 거래 외국환은행에 환어음의 매입을 의뢰하게 된다. 매입을 의뢰받은 외국환은행은 제시된 서류가 신용장조건과 일치하는지의 여부를 검토하고 수출이 이행되었는지를 확인하기 위하여 수출신고필증을 요구한 다음, 환어음을 매입하여 수출대금을 수출업자에게 지급한다. 수출대금을 지급한 외국환은행은 수입자의 거래은행인 신용장개설은행에게 환어음과 선적서류를 송부하여 대금을 회수하게 된다.

(10) 관세환급

관세환급이란 수출품 원재료를 수입할 때 납부한 관세 및 내국세를 당해 원자재를 사용하여 만든 물품을 수출할 경우 수출업자에게 되돌려주는 것을 의미한다. 관세환급의 방법은 개별환급과 간이정액환급이 있다. 개별환급을 받을 때는 환급신청서에 소요량계산서, 수입신고필증 등을 첨부하고, 간이정액환급을 받을 때는 환급신청서에 수출신고필증만을 첨부하여 수출 등에 제공된 날로부터 2년 이내에 환급신청인의 주소지 관할세관에 환급신청을 해야 한다.

2. 수입거래절차

수입절차라 함은 수입업자가 외국으로부터 수입이 허용되는 물품을 수입하기 위하여 수입계약을 체결하고 무역대리업자 또는 기타로부터 물품매도확약서(offer sheet)를 수취하여 물품종류에 따라 수입승인을 받고 수입신용장을 개설한 후에 선적서류가 내도되면 수입대금을 결제하고 수입화물이 도착하면 이를 인수하여 수입통관을 하는 일련의 절차를 말한다.

(1) 수입계약의 체결

물품을 수입하고자 하는 수입상은 우선 해외시장조사와 함께 물품의 수입에 관한 조회(inquiry) 등을 통하여 신뢰성 있는 해외공급업자를 선정한다. 그리고 수입계약은 국외의 직접 청약(offer)에 의하거나 또는 보통 오퍼상이라 말하는 무역대리업자의 청약에 대해 수입상의 승낙을 통하여 이루어진다.

(2) 수입승인

해외수출상과 물품수입계약을 체결한 수입상은 수출의 경우와 마찬가지로 자신이 수입하고자 하는 물품이 수입의 제한을 받는 물품인지의 여부를 수출입공고 등을 통하여 확인한 후 수입제한품목으로 확인되면 산업통상자원부장관의 수입승인을 받아야 한다.[3] 이 경우 수입하고자 하는 물품이 수출입공고 등에서 제한품목이나 통합공고상 수입이 제한되는 품목일 경우에는 동 제한조치에 따라 관련조합이나, 협회, 주무부처의 수입요건확인 또는 승인을 받아야 한다.

(3) 수입신용장개설

신용장이라 함은 수입업자의 요청에 의하여 수입업자의 거래은행이 상대방 수출업자에 대하여 신용장조건과 일치하는 운송서류의 지시가 있으면 그 수출화물의 대금을 틀림없이 지급하겠다는 개설은행의 확약을 나타내고 있는 서장(書狀)을 의미한다. 수입계약에서 대금결제를 신용장에 의해서 한다고 약정되어 있는 경우에는 수입승인을 받은 후 외국환은행을 통하여 일정한 수입담보금을 적립하고 수입신용장을 개설해야 한다. 신용장은 신용장개설신청서에 기재된 내용대로 발행되므로 개설신청서의 모든 사항은 간단하고도 명료해야 하며 수입업자가 원하는 모든 조건을 빠짐없이 기재해야 한다.

(4) 운송서류의 내도

수출업자는 물품을 선적한 후 신용장상의 요구조건에 따른 운송서류를 구비하고, 환어음을 거래은행을 통하여 신용장개설은행에 송부하여 대금을 회수하게 된

---

3) 현행 우리나라 대외무역법상 권한의 위임 및 위탁에 의해 산업통상자원부장관은 수출입승인기관을 관계행정기관의 장 또는 단체의 장에게 위탁하고 있다.

다. 신용장개설은행은 내도된 선하증권(B/L : Bill of Lading) 등의 운송서류가 신용장조건과 일치하는지의 여부를 심사한 후 신용장개설의뢰인인 수입업자에게 운송서류도착통지서(arrival notice of documents)를 발송한다. 한편 수입화물은 이미 도착하였으나 운송서류가 도착하지 않아 화물의 인수가 불가능한 경우에는 은행으로부터 수입화물선취보증서(L/G : Letter of Guarantee)[4]를 받아 당해 화물을 인수할 수 있다.

(5) 수입대금의 결제

신용장개설은행은 환어음과 선적서류의 심사가 끝나면 개설의뢰인인 수입업자에게 대금의 지급을 청구하게 된다. 수입업자가 선적서류를 인수하고 수입대금의 지급을 동의하게 되면, 개설은행은 수입업자로부터 수입대금 및 관련수수료를 징수하고 선적서류를 인도하게 된다.

(6) 물품수입통관

선적서류 원본이나 수입화물선취보증서를 수취한 수입업자는 수입신고를 하고 수입신고필증을 발급받아야 한다. 수입신고를 받은 세관은 수입화물이 수입승인서의 물품과 동일한 것인지의 여부와 구비서류상의 기재사항이 일치하는지를 검사·확인한 후 과세가격을 결정하고 세율을 확정하여 관세 등을 납부고지한다. 수입업자가 관세 등을 납부하게 되면 세관장은 수입신고를 수리하고 그 증거로 수입업자에게 수입신고필증을 교부해 준다.

이와 같이 수입통관은 "수입신고 → 서류검사 → 물품검사 → 관세율 결정 → 관세부과 및 징수 → 수입신고필증 발급"에 이르는 일련의 과정으로서 수입신고가 수리된 후에야 비로소 수입물품은 관세법상 내국물품이 되어 보세구역으로부터 자유롭게 반출될 수 있다. 수입신고필증을 교부받은 수입신고인은 물품을 보세구역으로부터 반출하여 자신이 의도한 용도에 쓰기 위해 최종목적지로 운송을 함으로써 수입절차는 모두 종료된다.

---

4) 수입화물선취보증서(L/G)는 수입업자의 요청에 따라 신용장개설은행이 수입업자와 연대하여 선박회사 앞으로 발행하는 서류로서, 선박회사가 미리 수입상에게 물품을 인도해 주더라도 나중에 신용장개설은행에 도착되는 선하증권 원본에 의해 이중으로 물품인도청구를 않겠다는 취지의 보증서이다.

그림 5-2 | 신용장에 의한 수입절차

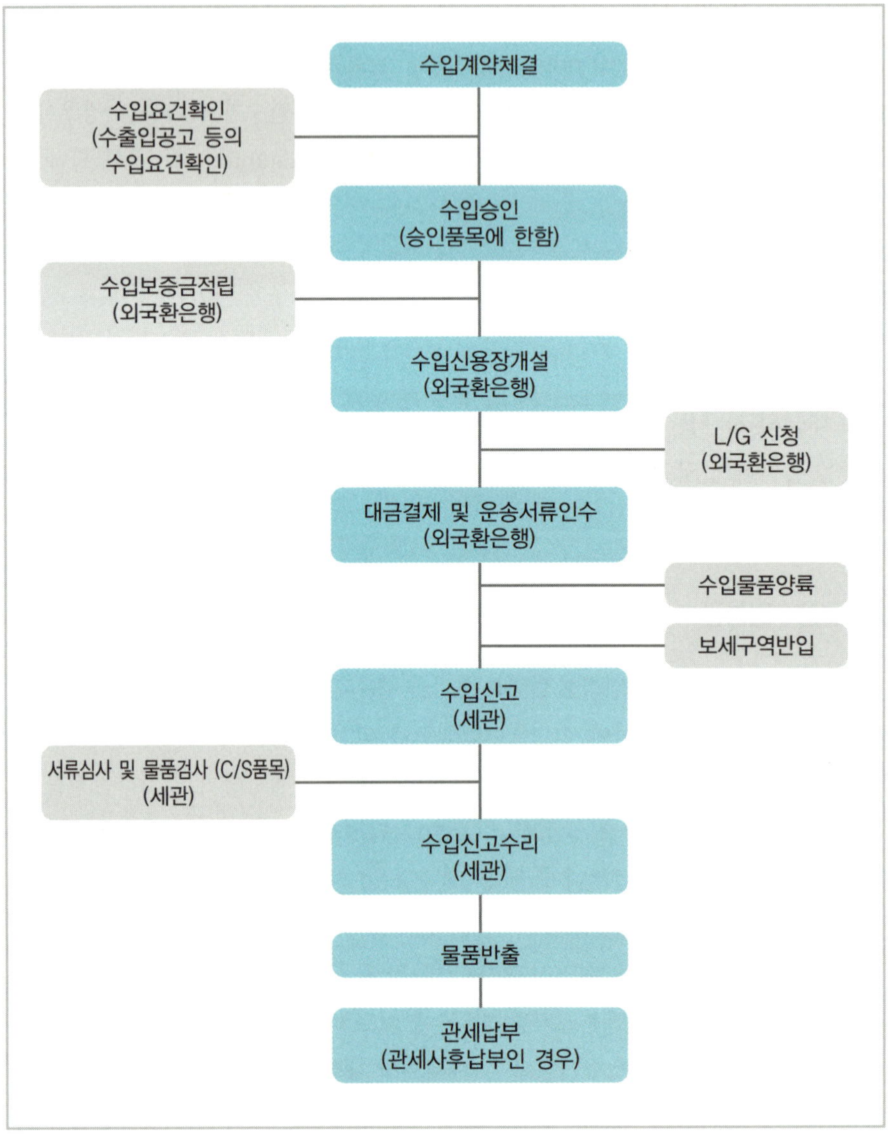

제2절 무역관리제도

1. 대외무역관리의 의의

무역관리(international trade control)란 "자국의 경제적 이익을 도모하기 위하여 국가 또는 정부가 대외무역거래에 대한 간섭이나 통제 및 규제를 의미하는 것으로서, 무역의 전부 혹은 일부에 대하여 총액, 내용, 시기, 결제방법 및 거래대상국을 규제하는 것"을 말한다. 즉, "특정 국가가 무역거래에 직접적으로 개입하여 대외무역의 질서를 유지하고, 자국의 수출을 촉진하며 수입을 적정하게 조정하는 것"을 의미한다. 우리나라의 무역은 헌법에 의하여 체결 · 공포된 무역에 관한 조약과 일반적으로 승인된 국제법규가 정하는 바에 따라 자유롭고 공정한 무역을 조장함을 원칙으로 하고 있으며, 정부는 대외무역법이나 다른 법률 또는 헌법에 의하여 체결 · 공포된 무역에 관한 조약과 일반적으로 승인된 국제법규에서 무역에 대한 제한을 정한 규정이 있는 경우에는 그 목적을 달성하기 위해 필요한 최소한의 범위 내에서 운용하도록 하고 있다.

2. 무역관리와 법규

(1) 대외무역법

대외무역법은 대외무역의 기본법으로 대외무역법과 대외무역법시행령, 대외무역관리규정 및 각종 고시 · 공고 등이 있으며 대외무역의 일반법이며, 대외무역을 총괄하는 기본법이다.

(2) 외국환거래법

외국환거래법 제1조에서는 "외국환거래와 그 밖의 대외거래의 자유를 보장하고 시장기능을 활성화하여 대외거래의 원활화 및 국제수지의 균형과 통화가치의 안정을 도모함으로써 국민경제의 건전한 발전에 이바지함을 목적으로 한다"고 규정하고 있다. 외국환거래법 역시 최종목적은 국민경제의 발전에 이바지하는 데 있으며 그 추진수단으로서 외국환 및 대외거래의 자유를 보장하고 시장기능을 활성화하여 이를 통해 대외거래의 원활화를 기하고 국제수지의 균형과 통화가치의 안정을 도모하려는 데 있다.

(3) 관세법

관세법 제1조에서는 "관세의 부과 · 징수 및 수출입물품의 통관을 적정하게 하여 국민경제의 발전에 기여하고 관세수입의 확보함으로써 국민경제의 발전에 이바지함을 목적으로 한다"고 규정하고 있다. 관세법은 궁극적으로는 국민경제 발전과 관세수입의 확보를 목적으로 하되, 그 방법 및 수단으로서 관세의 부과 · 징수 및 수출입물품의 통관을 적정하게 하려는 것이므로 관세법은 조세법으로서의 성격과 통관법으로서의 성격을 가지고 있다.

(4) 불공정무역행위조사 및 산업피해구제에 관한 법률

이 법은 불공정무역행위 및 수입의 증가로 인한 국내산업의 피해를 조사하고 구제하는 절차를 정하여 공정한 무역질서를 확립함으로써 국민경제의 건전한 발전에 기여하는 한편, 세계무역기구 설립을 위한 마라케쉬협정 등 무역에 관한 국제협약의 이행을 위하여 필요한 사항을 규정함을 목적으로 한다.

3. 무역관리기구

(1) 무역관리기구의 개요

1) 대외무역의 중앙행정기관

우리나라의 대외무역관리에 관한 중앙행정기관은 산업통상자원부로, 대외무역과 통상정책에 관한 최고중앙행정기관이다. 산업통상자원부장관은 상업 · 무역 · 공업 · 통상, 통상교섭 및 통상교섭에 관한 총괄 · 조정, 외국인투자, 산업기술 연구개발정책 및 에너지 · 지하자원에 관한 사무를 관장하며,[5] 그 산하기관에 수출자유지역관리소와 무역위원회를 두고 있다. 그러나 무역행정의 신속화와 능률을

5) 정부조직법 제37조

그림 5-3 | 무역관리체계

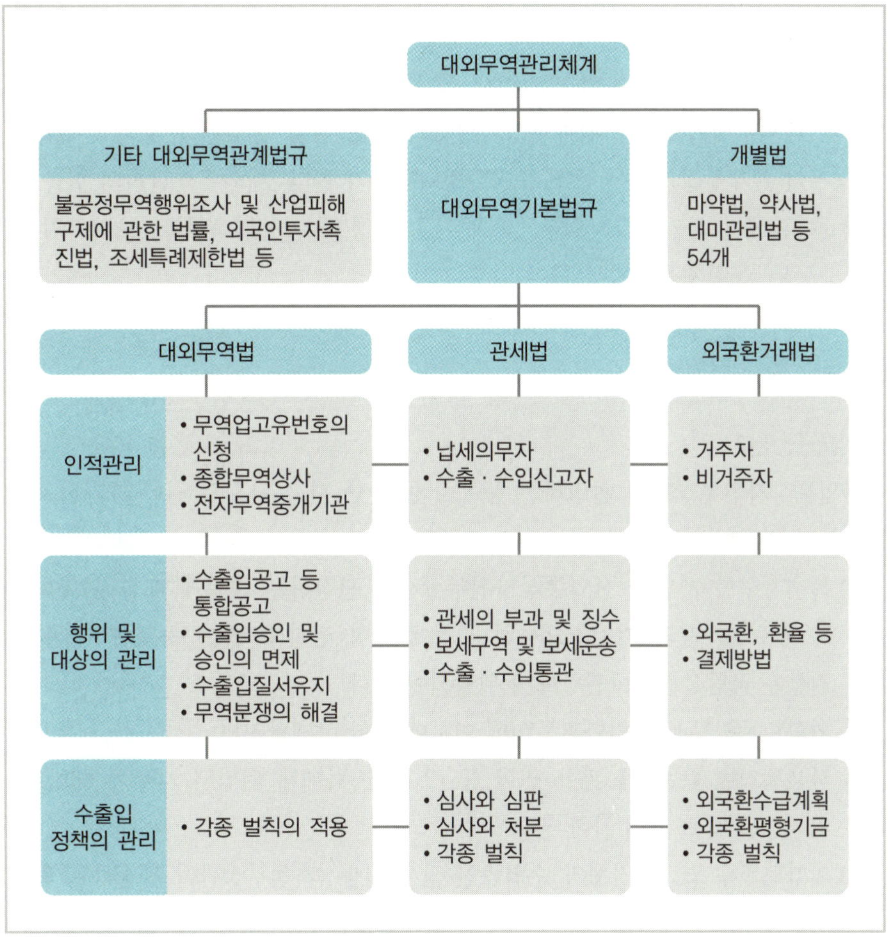

높이기 위하여 산업통상자원부장관을 대통령이 정하는 바에 의하여 관계행정기관, 협회, 단체 등에 권한의 일부를 위임 및 위탁하여 관리하고 있다.[6)]

2) 협조 중앙행정기관

대외무역활동 과정에서는 국내경제, 보건, 외환, 지적재산권 등 사회 전반에 걸

6) 권한의 위임이라 함은 행정관청이 권한의 일부를 다른 행정기관에 이전하여 수임기관의 권한으로 행사하도록 하는 것을 말한다. 또한 권한의 위임은 그 권한을 위임하는 행정관청의 하급행정청 또는 보조기관에 하는 것이 보통이다. 위임행정관청과 대등한 행정관청 기타 직접적인 지휘 · 감독하에 있지 않는 행정청이나, 공공단체 · 그 기관 또는 사인에 대해서도 할 수 있다. 또한 법령에서는 위임이라는 용어 이외에 위탁이라는 용어도 사용되고 있는데, 전자는 상하관계에 있는 자 사이, 후자는 대등관계에 있는 자 사이에서 위임관계를 말한다.

쳐 관련된 사항이 있고 개별행정법에서도 무역과 관련된 업무를 수행하는 경우가 있다. 이와 같은 분야는 대외무역의 중앙행정기관의 장인 산업통상자원부장관이 관장하는 업무영역에 속하지 않기 때문에 무역관리의 일원화를 통한 통상진흥을 위하여 대외무역법에서는 관계행정기관들과의 협의 및 협조를 규정하고 있는데 이 경우의 관계행정기관을 협조 중앙행정기관이라 한다. 대외무역관리의 협조 중앙행정기관에는 산업통상자원부, 외교부, 안전행정부, 농림축산부, 보건복지부, 국토교통부, 문화체육관광부 등이 있다.

(2) 위임 및 위탁기관

1) 기술표준원장

산업통상자원부장관이 관장하는 품목의 물품 중 다음 각호의 권한을 기술표준원장에게 위임한다.[7)]

① 목재가구를 제외한 산업통상자원부장관이 관장하는 품목에 대한 외화획득용 원료 · 기재의 기준소요량의 결정에 관한 권한(목재가구품목에 대한 이 권한은 국립산림과학원장에게 위탁되어 있다)

② 외화획득의무자의 외화획득이행 여부에 대한 사후관리의 권한

③ 사용목적변경승인에 관한 권한 중 시 · 도지사에게 위임된 사무에 대한 지휘 · 감독 및 보고에 관한 권한

④ 외화획득용 원료 · 기재의 수입승인 및 산업통상자원부장관이 관장하는 외화획득용 원료 · 기재의 사후관리에 관한 산업통상자원부장관이 지정 · 고시한 관계행정기관이나 단체에 위탁된 사무에 대한 지휘 · 감독 및 보고에 관한 권한

2) 시 · 도지사

다음의 권한은 시 · 도지사에게 위임한다.[8)]

① 산업통상자원부장관이 관장하는 품목에 대하여 외화획득이행기간을 연장하는 권한

② 산업통상자원부장관이 관장하는 품목에 대하여 외화획득 원료 · 기재의 사용목적변경승인에 관한 권한

---

7) 대외무역법 시행령 제91조 ②항 참조
8) 대외무역법 시행령 제91조 ③항 참조

③ 수입물품에 대한 원산지표시 검사권한 중 국내유통 중에 있는 물품의 검사권한(수입물품통관 시 수입물품의 원산지표시 및 원산지확인권한은 세관장에게 있다)

④ 원산지확인을 위한 수출입물품의 검사를 거부, 방해 또는 기피한 자에 대한 과태료부과, 징수, 과태료부과에 대한 이의제기의 접수 및 통보에 관한 사항

⑤ 수입물품에 대한 원산지표시에 대하여 시정조치명령 또는 과징금부과에 관한 권한 중 국내유통 중인 물품에 관한 권한

3) 자유무역관리원장

자유무역지역이라 함은 대외무역법 · 관세법 등 관계법률에 대한 특례와 지원을 통하여 자유로운 제조 · 물류 · 유통 · 무역활동 등이 보장되는 지역이다.[9] 이는 관계법령의 적용이 전부 또는 일부가 배제되거나 완화된 보세구역의 성격을 띤 지역이며, 자유무역관리원장에게는 관할구역 내의 입주업체에 대한 시 · 도지사에게 위임되었던 권한[10]사항이 위임되어 있다.

4) 관계중앙행정기관의 장

산업통상자원부장관은 산업통상자원부장관이 관장하는 물품을 제외하고 해당 품목을 관장하는 관계중앙행정기관의 장에게 다음의 권한을 위탁한다.[11]

① 국산원료 · 기재의 사용을 촉진하기 위한 외화획득용 원료 · 기재의 수입제한에 관한 권한

② 외화획득용 원료 · 기재의 기준소요량의 결정에 관한 권한

③ 외화획득이행기간의 결정 및 그 연장에 관한 권한

④ 외화획득용 원료 · 기재 또는 그 원료 · 기재로 제조된 물품(산업통상자원부장관이 정하여 고시하는 품목에 한함)에 대한 다음의 권한

- 외화획득이행 여부에 대한 사후관리에 관한 권한
- 사용목적변경승인에 관한 권한
- 양도 · 양수의 승인에 관한 권한

9) 자유무역의 지정 및 운영에 관한 법률 제2조 참조
10) 대외무역법 시행령 제91조 ③항 참조
11) 대외무역법 시행령 제91조 ①항 참조

⑤ 무역거래자에 대한 수출입질서유지를 위한 조정명령에 관한 권한
⑥ 시 · 도지사에게 위임한 외화획득이행기간 연장 및 사용목적변경승인업무에 대한 지휘 · 감독 및 보고에 관한 권한

5) 국립산림과학원장

국립산림과학원장에게는 산업통상자원부장관이 관장하는 품목의 물품 중 목재가구에 대한 외화획득용 원료 · 기재의 기준소요량의 결정에 관한 권한을 위탁한다.

6) 세관장

산업통상자원부장관은 다음의 권한을 세관장에게 위탁하고 있다.[12]

① 물품의 수출 · 수입승인면제의 확인에 관한 권한
② 수입물품의 원산지표시의 확인에 관한 권항
③ 수입물품 등과 관련 서류의 검사에 관한 권한
④ 무역거래[13]관련 시정조치명령 또는 과징금 부과에 관한 권한
⑤ 수입물품의 원산지증명서의 제출명령에 관한 사항
⑥ 원산지증명서 발급업무 중 관세양허를 받기 위한 원산지증명서 발급업무에 관한 권한
⑦ 불공정무역거래자에 대한 과태료의 부과 · 징수 · 이의제기 접수 및 통보에 관한 권한

7) 한국무역협회장 및 한국소프트웨어산업협회

산업통상자원부장관은 한국무역협회(KFTA : Korean Foreign Trade Association) 또는 한국소프트웨어산업협회(아래 ③항의 업무에 한한다)에 위탁한다.

① 무역업고유번호의 부여 및 관리 등 수출입통계데이터베이스의 구축을 위한

---

12) 대외무역법 시행령 제91조 ④항 및 대외무역법 제52조 ①항 참조
13) 첫째, 국내의 법령 또는 교역상대국의 법령에 의하여 보호되는 특허권 · 실용신안권 · 의장권 · 상표권 · 저작권 · 저작인접권 · 프로그램 저작권 및 반도체 집적회로의 배치설계권을 침해하는 물품을 수출 · 수입하는 행위
둘째, 원산지를 허위로 표시한 물품 또는 원산지의 표시를 손상하거나 변경한 물품을 수출 · 수입하는 행위
셋째, 원산지표시 지정물품이 원산지표시를 하지 아니하는 행위
넷째, 원산지를 혼동 · 오인할 수 있는 방법으로 원산지표시를 한 물품을 수출 · 수입하는 행위

전산관리체제의 개발 · 운영

② 수출입거래에 관한 정보의 수집 · 분석

③ 전자적 형태의 무체물[14)]의 수출입확인

8) 관세청장

산업통상자원부장관은 다음의 권한을 관세청장에게 위탁한다.[15)]

① 원산지표시의 사전 판정 및 이의제기의 처리에 관한 권한

② 세관장에게 위탁된 사무에 대한 지휘 · 감독 및 보고에 관한 권한

③ 산업통상자원부장관이 정하는 원산지표시방법의 범위 안에서 동 표시방법에 관한 세부적인 사항을 정하는 권한

9) 관계행정기관 또는 단체의 장

산업통상자원부장관은 수출입승인대상물품에 대한 다음의 권한을 산업통상자원부장관이 지정하여 고시하는 관계행정기관 또는 단체의 장에게 위탁한다.[16)]

① 수출 · 수입의 승인, 변경승인 및 변경사항신고의 수리에 관한 권한

② 외화획득용 원료 · 기재의 수입승인에 관한 권한

③ 산업통상자원부장관이 관장하는 외화획득용 원료 · 기재에 대한 사후관리에 관한 권한(이때 "산업통상자원부장관이 지정하여 고시하는 관계행정기관 또는 단체의 장"은 수출입공고, 수출입별도공고에 산업통상자원부장관이 지정 · 고시한 기관 · 단체의 장을 말한다)

10) 한국기계산업진흥회장

산업통상자원부장관은 산업설비수출의 승인 및 변경승인(일괄수주방식에 의한 수출로서 국토교통부장관의 동의가 필요한 경우를 제외)의 업무를 한국기계산업진흥회에 위탁하고 있다.

---

14) 전자적 형태의 무체물은 다음에 해당하는 것을 말한다(대외무역법 시행령 제2조의 10 참조).
① 소프트웨어산업진흥법 제2조 제1호의 규정에 의한 소프트웨어
② 부호 · 문자 · 음성 · 음향 · 이미지 · 영상 등을 디지털방식으로 제작하거나 처리한 자료 또는 정보 등으로서 산업통상자원부장관이 정하여 고시하는 것
③ 제1호 및 제2호의 집합체 기타 이와 유사한 전자적 형태의 무체물로서 산업통상자원부장관이 정하여 고시하는 것

15) 대외무역법 시행령 제91조 ⑥항 참조

16) 대외무역법 시행령 제91조 ⑦항 참조

11) 한국수출입은행장

한국수출입은행장에게는 연불금융지원의 경우로서 산업설비수출의 승인 및 변경승인을 하는 권한(일괄수주방식에 의한 수출로서 국토교통부장관의 동의가 필요한 경우를 제외한다)이 위탁되어 있다.

12) 대한상사중재원

산업통상자원부장관은 다음의 권한을 대한상사중재원에 위탁한다.

① 무역분쟁에 대한 의견조정 또는 알선에 관한 권한

② 선적전검사와 관련된 분쟁조정, 조정비용부담 등에 관한 권한

13) 대한상공회의소

산업통상자원부장관은 원산지증명서 발급업무 중 관세양허 목적 외의 원산지증명서 발급업무를 상공회의소법에 의하여 설립된 대한상공회의소 또는 민법 제32조의 규정에 의하여 설립된 법인 중 산업통상자원부장관이 지정하여 고시하는 법인에게 위탁한다.

14) 외국환은행의 장

산업통상자원부장관은 구매확인서[17]의 발급 및 사후관리에 관한 권한을 외국환은행의 장에게 위탁한다.

(3) 무역위원회

1) 무역위원회의 설치

불공정무역행위에 대한 조사 · 판정, 수입증가 · 덤핑 · 보조금 등으로 인한 국내산업의 피해조사 · 판정, 산업경쟁력 영향조사 등에 관한 업무를 수행하기 위하여 산업통상자원부에 무역위원회를 둔다. 또한, 국제무역제도의 연구 등 무역위원회의 업무를 처리하기 위하여 무역위원회에 사무기구를 둔다.[18]

---

17) "구매확인서"라 함은 국내에서 생산된 물품 등이나 수입된 물품을 외화획득용 원료 또는 물품으로 사용하기 위하여 구매하고자 하는 경우 외국환은행의 장이 내국신용장에 준하여 발급하는 증서를 말한다(제1-0-2조(용어의 정의) 17호).

18) 불공정무역행위조사 및 산업피해구제에 관한 법률 제27조

2) 무역위원회의 업무

무역위원회의 소관업무는 다음과 같다.[19)]

① 불공정무역행위의 조사 · 판정 및 잠정조치의 결정

② 불공정무역행위를 한 자에 대한 시정조치 및 과징금부과

③ 수입증가로 인한 국내산업피해의 조사 · 판정

④ 세이프가드조치 또는 잠정세이프가드조치, 서비스세이프가드조치, 특별세이프가드조치 및 잠정특별세이프가드조치, 자유무역협정세이프가드조치 및 잠정자유무역협정세이프가드조치의 건의 및 재검토 또는 연장검토

⑤ 무역피해의 조사, 판정 및 무역피해조치의 건의

⑥ 산업경쟁력 영향조사의 규정에 의한 물품의 수입 또는 서비스의 공급이 국내산업의 경쟁력에 미치는 영향 등의 조사

⑦ 교역상대국의 국제무역규범 위반으로 인한 국내산업피해의 조사

⑧ 덤핑방지관세의 부과를 위한 산업피해의 조사개시 결정, 덤핑사실의 조사, 덤핑으로 인한 산업피해의 조사 · 판정, 덤핑방지조치의 건의, 재심사 등

⑨ 상계관세의 부과를 위한 산업피해의 조사개시 결정, 보조금 등의 지급사실의 조사, 보조금 등으로 인한 산업피해의 조사 · 판정, 상계조치의 건의, 재심사 등

⑩ 무역조정지원기업 해당 여부에 대한 심의

⑪ 국제무역에 관한 법규 · 제도 및 분쟁사례 등의 조사 · 연구

⑫ 다른 법령에 의하여 무역위원회의 소관으로 규정된 사항

⑬ 기타 공정무역의 촉진 등 무역위원회가 필요하다고 인정하는 사항의 조사 및 건의

19) 불공정무역행위조사 및 산업피해구제에 관한 법률 제28조

사례연구

북한산 일회용라이터의 원산지허위표시 불공정수출입행위 조사

〈조사개시결정〉

한국라이터공업협동조합은 일부 라이터수입업체들이 관세를 포탈할 목적으로 중국산 일회용 라이터의 원산지를 북한산으로 허위표시하여 수입함으로써 국내제조업체에게 피해를 주고 있다면서 1998년 10월 22일 무역위원회에 조사를 요청하였다.

이에 대해 무역조사실은 국내생산자, 수입자, 관세청 및 검찰 등으로부터 수집한 관련 자료의 분석과 현지실사 및 물품의 상호 비교 등을 통하여, 북한산 일회용라이터의 상당 부분이 중국산임에도 북한산으로 원산지를 허위로 표시하여 반입되고 있다고 판단하여 1998년 10월 31일 조사개시를 결정하였다.

〈조사결과〉

무역조사실은 북한의 일회용라이터 생산능력, 중국과 북한 간의 수출입통계, 중국산과 북한산 라이터의 동일성 여부 등에 대한 조사 · 확인 결과 대부분의 조사대상업체들이 중국산을 북한산으로 위장수입한 것이라고 추정하였다. 그러나 검찰 및 세관의 수사결과 원산지허위표시행위가 사실로 드러나 이미 기소 중에 있는 일부 업체를 제외한 대부분의 업체가 수입한 라이터를 북한산이라고 믿고 중국무역업체로부터 수입하였음을 소명하고 있는 상황에서, 무역조사실은 북한이라는 특수성으로 인해 사실확인을 위한 현지조사가 불가능함에 따라 동 업체들이 원산지를 허위로 표시하였다는 객관적이고 명백한 증거를 확보할 수 없는 한계에 도달하였다.

〈조치사항〉

이에 따라 무역위원회는 북한에서 반입되고 있는 일회용라이터를 "남북교류협력에 관한 법률"에 의한 반입승인대상품목으로 추가되도록 관계부처와 협의하여 줄 것을 산업통상자원부장관에게 건의하였고, 이후 통일부에서는 "남북한 교역대상물품 및 반출 · 반입승인절차에 관한 고시"를 개정고시하였다.

〈참고자료 : 무역위원회, 무역위원회 자료 제2000-8호, 2000〉

4. 무역업 등의 관리

(1) 무역업

"무역거래자"라 함은 수출 또는 수입을 하는 자, 외국의 수입자 또는 수출자의 위임을 받은 자 및 수출 · 수입을 위임하는 자 등 물품 등의 수출 · 수입행위의 전부 또는 일부를 위임하거나 행하는 자를 말한다. 여기에서 '수출 또는 수입을 하는 자'라 함은 본인거래로서 무역거래를 실행하는 데 자기의 이름과 자기의 계산으로 거래하는 자를 말하며, '외국의 수입자 또는 수출자의 위임을 받은 자'는 타인으로부터 물품의 판매 또는 구매의 수탁을 받고 수탁자의 자격으로 물품을 수출입하는 자이다. 또한 '수출 · 수입을 위임하는 자 등 물품 등의 수출 · 수입행위의 전부 또는 일부를 위임하거나 행하는 자'는 물품 등의 판매 또는 구매를 위탁한 위탁자의 자격으로 물품을 수출입하는 자로 볼 수 있다.

한편, 1996년 12월 30일 대외무역법 개정 시에 무역의 활성화를 위하여 2000년 1월 1일부터 무역업의 신고제를 폐지하도록 하는 경과규정(부칙 제2조)을 두어 현재는 무역을 하고자 하는 자가 산업통상자원부장관에게 신고할 의무가 없어졌다. 그러나 무역업신고제가 폐지되면 지금까지 무역업신고번호를 기초로 한 각종 무역통계의 작성이 사실상 곤란해지고, 기존 통계와 연속성이 없어지게 되며, 쿼터관리, 수출실적확인 등과 같은 업체별 통계관리가 불가능하게 되어 산업피해조사, 통상마찰대응 등 무역 및 산업정책 수립의 어려움이 발생할 수 있다. 따라서 이와 같은 문제들을 해결하기 위하여 대외무역관리규정(제24조)에서는 2000년 1월 1일부터 통계목적을 위해 무역업고유번호를 부여하는 제도의 실시를 규정하고 있다. 이에 따라 산업통상자원부에서는 종전의 무역업신고 위탁기관이었던 한국무역협회로 하여금 우편 · 팩스 · E-mail · EDI 등의 방법으로 무역업체의 신청을 받아 무역업고유번호를 부여하도록 하고 이를 관리하도록 위탁하고 있다. 무역업체가 무역업고유번호를 부여받지 않았다 하더라도 그에 따른 처벌규정은 없으나 수출(입)신고 시 종전 무역업신고번호를 기재하던 것과 같이 무역업고유번호를 필히 기재하도록 하고 있어 수출입활동을 원활히 영위하기 위해서 무역업체는 반드시 무역업고유번호를 무역협회에 신청하여 이를 부여받아야 한다. 단, 기존의 신고업체는 무역업신고번호를 그대로 사용하고, 신규업체만 무역업고유번호를 신청하여 사용하면 된다.[20]

(2) 무역대리업

무역대리업이라 함은 외국의 수입업자 또는 수출업자의 위임을 받은 자(외국의 수입업자 또는 수출업자의 지사 또는 대리점을 포함한다)가 국내에서 수출품을 구매하거나 수입물품을 수입함에 있어서 그 계약의 체결과 이들의 부대되는 행위를 업으로 영위하는 것을 말한다. 여기서 무역대리업자는 수출업자 또는 수입업자로부터 수수료를 받고 수출입을 중개 · 알선 · 보조하는 자이며, 본인이 아닌 계약대리인으로서의 수출입계약단계에서만 개입하여 계약대리권만 행사하므로

20) 산업통상자원부, 대외무역관리규정 개정고시, 1999. 12. 참조

수출입거래에 대한 책임은 거래당사자인 무역업자에게 있다. 따라서 무역대리업자와 무역업자의 근본적인 차이점을 보면, 무역업자는 자기명의로 자기 책임하에 소유권 이전을 전제로 한 수출 · 수입행위를 하는데, 무역대리업자는 그렇지 않다.

(3) 종합무역상사

종합무역상사(general trading company)는 정부주도의 수출드라이브정책에 따라 무역기업의 대규모를 통한 국제경쟁력의 확보로 수출성장이라는 국가적 사명을 수행하기 위한 기간산업으로서 정부에 의해 인위적으로 창조된 기업군(企業群)이다. 종합무역상사의 개념은 대체로 대규모의 자본력을 가진 무역업자로서 다종다양한 물품의 수출입을 광범위한 지역에 취급하는 대형화된 무역상사를 말한다. 즉 주기능인 수출입업무 이외에 이러한 기능에 수반되는 수출입금융, 창고, 보관, 운송 등의 업무를 포괄하는 대형 무역상사라 할 수 있다.

한편 우리나라의 종합무역상사의 도입[21)]은 일본의 종합무역상사제도를 도입한 것인데, 적극적인 마케팅활동, 신제품개발, 신시장의 개척, 신속한 정보의 수집 등 수출마케팅능력을 강화하기 위해서 전문적인 무역업체가 필요하였고, 이러한 전문화 · 대형화를 통해 국제경쟁력을 강화하는 동시에 우리나라의 지속적인 무역발전에 견인차로서 역할을 하는 데 목적이 있다.

우리나라 대외무역법상 종합무역상사로 지정받을 수 있는 자의 요건은 상장법인으로서 전년도 수출통관액이 우리나라 전체 수출통관액의 2% 이상을 점하고 있는 자 중에서 신청을 받아 산업통상자원부장관이 지정하고 있다. 한편, 지정을 받은 종합무역상사가 2년 이상 계속하여 지정기준에 미달하여 종합무역상사로서의 무역활동이 심히 곤란하다고 인정되는 때에는 산업통상자원부장관은 그 지정을 취소할 수 있다.

---

21) 종합무역상사는 1975년 4월 30일 상공부고시(제10607호) "종합상사지정 등에 관한 요령"을 공포하여 도입되었다. 이 당시의 지정요건은 자본금 10억 원, 연간 수출실적 5천만 달러, 100만 달러 이상 수출국 10개국에 10개 이상의 해외지사설치, 50만 달러 이상의 수출품목 7개 이상, 그리고 기업공개 등이었다.

제6장 무역계약

제1절 무역계약의 사전단계
제2절 무역계약의 성립
제3절 무역계약의 기본조건

학습목표

1. 해외시장조사의 내용과 과정을 이해한다.
2. 무역계약의 성립요건과 단계를 파악한다.
3. 무역계약의 기본조건을 이해한다.
4. 인코텀즈의 결제조건을 이해한다.

| 핵심사항 |

❶ 무역계약의 사전단계

1. 해외시장조사

(1) 해외시장조사(overseas market research)란 해외시장의 개척과 수출증진을 목적으로 무역상사가 특정 시장의 제반환경 및 동향을 조사 · 분석하는 일련의 과정을 말한다.

(2) 해외시장조사의 내용은 우선적으로 목적시장의 일반환경조사를 한 다음 고객조사, 상품조사, 판매경로조사 그리고 판매조사 등을 보다 구체적으로 실시하고 마지막으로 믿을 만한 거래선을 발굴하는 단계를 거치게 된다.

2. 거래처 선정과 조회

(1) 거래처 선정 : 무역업자명부를 통한 발굴, 해외광고를 통한 발굴, 국내외공공기관 등을 통한 발굴, 인터넷을 이용한 방법, 각종 사절단 및 전시회 참가

(2) 거래의 제의 : 거래처가 선정되면 해외출장이나 전시회에 참가하여 직접 상대방과 교섭하는 경우를 제외하고는 거래를 제의하는 권유장(circular letter)을 발송한다.

(3) 신용조회의 내용 : 신용조회에 있어서 필수적으로 조회내용에 포함해야 하는 것으로는 보통 당해 업체의 성격(character), 자본(capital) 및 능력(capacity)의 셋을 들고 있는데, 이를 일컬어 신뢰도측정요소(reliability of credit factors)로서의 "Three C's"라 한다.

(4) 조회 : 거래제의를 받은 해외의 수입업자가 수출업자의 거래조건 내용에 대한 구체적인 문의를 조회(inquiry)라 한다.

❷ 무역계약의 성립

1. 무역계약의 개요

(1) 개요 : 무역계약은 물품이 국제적으로 이동하는 수출입거래를 포함한 대리점계약, 플랜트수출계약, 합작투자계약 등 제(諸) 계약을 의미한다.

(2) 무역계약의 법적 성격 : 낙성계약, 불요식계약, 유상계약, 쌍무계약

(3) 무역계약의 종류 : 개별계약, 포괄계약, 독점계약

2. 무역계약의 성립요건

(1) 계약은 그 거래의 목적과 내용이 합의가 확정되고 타당하며 합법성(legality)을 지녀야 한다.

(2) 계약당사자의 행위능력(capacity)이 있어야 한다.

(3) 당사자의 의사표시가 착오(mistake), 사기(fraud)나 강박(duress)에 의한 경우가 아니어야 한다.

(4) 약인(consideration)이 있어야 한다.

3. 청약

청약자(offerer)가 상대방인 피청약자(offeree)에 대하여 특정 물품을 일정한 조건으로 계약을 체결하고 싶다는 의사표시를 하는 행위, 즉 판매 또는 매매의 의사를 그 거래조건과 함께 상대방에게 제시하는 행위를 말한다.

4. 승낙

승낙은 청약자(offeror)의 상대방인 피청약자(offeree)가 청약에 응하여 합의를 성립시킬 의사를 갖고 청약자에 대하여 행하는 의사표시이다.

❸ 무역계약의 기본조건

1. 품질조건
2. 수량조건
3. 가격조건
4. 정형거래조건 : '인코텀즈 2000' 에는 13개 조건이 있었으며 2011년 '인코텀즈 2010' 부터는 11개 조건으로 조정되었다.
5. 포장조건
6. 선적조건 : 선적(shipment)의 의미는 계약물품을 선적항의 지정선박에 적재하는 것뿐만 아니라 항공기에 적재하거나 운송인(carrier)에게 인도하는 것까지를 포함하며, 선적조건에서는 주로 선적시기, 분할선적 또는 환적의 허용 여부 등에 관하여 약정한다.
7. 결제에 관한 조건
   (1) 대금결제의 시기 : 선지급(advanced payment)조건, 동시지급(concurrent payment)조건, 후지급(연지급, deferred payment)조건
   (2) 대금결제의 방법 : 현금결제조건, 어음결제조건, 송금환결제조건
8. 보험조건과 중재조건
   (1) 보험조건 : 무역거래 시 CIF나 CIP조건인 경우에는 수출업자가 적하보험계약을 체결해야 하고, FOB나 CFR과 같은 거래조건에서는 수입업자가 적하보험계약을 체결해야 한다.
   (2) 중재조건 : 클레임의 해결방법으로는 화해(amicable settlement), 조정(conciliation), 중재(arbitration) 및 재판(litigation) 등의 여러 방법에 의할 수 있으나, 그 가운데 중재가 가장 보편적인 해결방법으로 활용되고 있다. 중재조항에 중재기관, 중재장소 및 준거법에 관한 사항을 포함해 두는 것이 바람직하다.

제 1 절 무역계약의 사전단계

1. 해외시장조사

(1) 해외시장조사의 개념

해외시장조사(overseas market research)란 해외시장의 개척과 수출증진을 목적으로 무역상사가 특정 시장의 제반환경 및 동향을 조사·분석하는 일련의 과정을 말한다. 즉, 목적상품을 가장 효율적으로 수출할 수 있는 목적시장을 탐색하고 그 판매가능성을 조사하는 활동이라고 할 수 있다. 해외시장조사는 목적시장의 전반적인 개황(정치, 경제, 사회, 문화, 역사, 경제기구, 과학기술의 수준, 기후, 언어 등)을 조사한 다음 취급상품에 대한 유통구조, 경쟁대상, 제품의 가격정책, 거래대상, 거래처 등을 조사하는 일련의 단계를 거치게 된다. 마케팅전략의 성공은 정확한 정보의 확보에 달려 있다. 그러므로 무역업을 성공시키기 위해 특정 시장을 형성하는 여러 가지 요소를 과학적으로 조사·분석한 후 적격성을 판정하고, 이에 따라 해당 품목의 수출 또는 수입계획을 수립하는 일련의 과정이 해외시장조사이다.

(2) 해외시장조사의 내용

해외시장조사는 마케팅(marketing)활동의 기초가 된다. 해외시장조사의 내용은 우선적으로 목적시장의 일반환경조사를 한 다음 고객조사, 상품조사, 판매경로조사 그리고 판매조사 등을 보다 구체적으로 실시하고 마지막으로 믿을 만한 거래선을 발굴하는 단계를 거치게 되며, 주요 내용은 다음과 같다.

1) 목적시장의 일반환경조사

만일 해외시장에서 가죽의류를 팔고자 한다면 목적시장은 열대지방이 아닌 계절적으로 어느 정도 추위를 느낄 수 있는 지역을 선정해야 할 것이다. 이처럼 지리적으로 어떠한 국가를 목적시장으로 할 것인가를 고려하여 당해 시장의 일반적인 제 환경(surroundings)에 대하여 다음과 같은 사항을 조사한다.

① 정치(politics)에 관한 사항으로 정치체제, 정치적 안정도 조사

② 경제(economy)에 관한 사항으로 전반적인 경제사정, 경제적 안정도, 국민소득, 국제수지, 경제성장률, 주요 자원, 노동 및 고용사정, 임금, 물가, 조세체계, 금융기관, 산업구조 내용 조사
③ 사회일반(society general)에 관한 사항으로 인구, 인구증가율, 면적, 기후, 인종, 종교, 문화, 통신, 교통, 언어, 교육수준, 법률제도 내용 조사
④ 무역(international trade)에 관한 사항으로 품목별 · 지역별 수출입 규모, 수출입규제제도, 외환관리, 대금결제조건, 관세율, 환율, 특허, 항만사정, 운송수단, 상관습 내용 조사

2) 고객조사

고객(customer)이란 당해 상품을 직접적으로 수출할 수 있는 거래선과 실제 최종수요자 모두를 포함하는 개념이다. 고객조사는 다음과 같은 사항을 조사한다.

① 고객층에 관한 사항으로 소비자 또는 사용자의 지역적 분포, 소득분포, 계급별 분포, 구매능력 정도 조사
② 고객의 기호(taste) 및 이미지(image)에 관한 사항으로 기호, 취향 및 품질 · 상표 · 메이커 등의 이미지 조사

3) 상품조사

상품조사(merchandise research)는 취급상품의 수요 · 공급 · 가격에 대한 전반적인 조사를 말하며 다음과 같은 사항을 조사한다.

① 당해 상품의 수요에 관한 사항으로 수요품목 · 품질 · 규격, 현재의 수요량, 장래의 수요량, 계절적인 특별수요, 현지에서의 국산품 수요량의 정도 조사
② 당해 상품의 공급에 관한 사항으로 주요 공급선, 공급선의 상호, 계절적인 특별공급가능성, 현지에서의 국산품 공급량 조사
③ 경쟁품(competitive goods), 대체품(substitute goods) 및 유사품(similar goods)의 현황 조사
④ 가격(price)에 관한 사항으로 수입품과 현지국산품의 가격 정도 조사
⑤ 할당품목(quota item)에 해당 여부 조사
⑥ 당해 상품은 특허 · 상표 · 공업소유권에 저촉될 수 있는 품목 여부 조사

4) 판매경로조사

판매경로조사(sales route research)란 고객이 수입한 상품은 어떠한 경로를 통하여 판매되고 소비자 내지 사용자에게 전달되는가를 조사하는 것으로 다음과 같은 사항을 조사한다.

① 시장기구 및 유통과정에 관한 사항으로 수입상, 판매점, 특약점, 백화점, 체인스토어, 도매상, 소매상 등의 기구와 유통경로조사

② 서비스(service)에 관한 사항으로 판매 전에 행하여지는 사전서비스(pre service)와 판매 후에 행하는 사후서비스(after service) 등의 조사

5) 판매조사

판매조사(sales research)는 상품계획(merchandising)과 효과적인 판매정책(sales policy)을 어떻게 수립할 것인가를 조사하는 것으로 다음과 같은 사항을 조사한다.

① 상품계획에 관한 사항으로 수출상품의 품종, 품질, 디자인, 상표, 특허, 포장, 운송 등에 대한 선택의 계획 조사

② 판매정책에 관한 사항으로 판매계획과 예측, 견본, 카탈로그, 안내서 제공 등 판매촉진(sales promotion), 광고, 전시 등의 효율적 기획 조사

(3) 해외시장조사의 방법

시장조사 내용은 다음의 방법으로 조사한다.

1) 국별 수출입 통계자료

상공회의소나 무역협회 등 도서실에 비치된 「UN 무역통계연보」나 「IMF 발간 연보」 등의 국별 수출입 통계자료를 이용한다.

2) 국내외 경제단체 및 유관기관의 자료

해외시장조사에 필요한 기초자료는 무역협회나 대한무역투자진흥공사 도서실에 비치된 각종 무역통계, 지역별 시장동향, 국별 수출업체 총람 등을 활용할 수 있다. 그리고 해당 지역에 대한 구체적 조사를 요할 때에는 대한무역투자진흥공사의 해외무역관을 활용하는 방법이 현지조사라는 데에서 신빙성이 높다. 시장조사의 문의나 조사신청은 동 공사 내의 종합상담실이나 각 지방지사에 의뢰하면

된다. 경비는 실비만 받고 있으며, 대한무역투자진흥공사의 회원인 경우 조사수수료의 20%를 할인하여 준다.

3) 주한외국공관의 자료

국내에 주재하고 있는 외국공관의 상무관실 또는 자료실에 비치된 각종 자료를 이용할 수 있으며, 상무관과의 상담을 통해 시장조사를 할 수 있다.

4) 자체 시장조사방법

수출입가능지역을 직접 방문하는 방법이 최선의 조사방법이다. 물론 경비문제가 따르겠으나, 일단 해당 지역의 수입규제가 없는 한 최소한의 주문도 받을 수 있고, 수입의 경우도 예상 공급선을 직접 방문하면 큰 성과를 기대할 수 있다.

2. 거래처 선정과 조회

(1) 거래처 선정

시장조사(market research)를 통하여 목적시장이 결정되면 그 다음 단계로 해당 시장에서의 거래선(business counterpart)을 물색해야 한다.

1) 무역업자명부를 통한 발굴

거래처의 선정을 위해서는 세계적인 상공인명부(Trade Directory), 기타 각종 간행물이나 동업자 또는 전문기관을 통하여 해당 품목을 수입 혹은 취급하는 업체의 명단을 입수하여 그 가운데 몇몇을 잠정적인 후보 거래선으로 내정한 다음 이들 업체의 홍보물(catalog, leaflet)을 발송, 거래제의 또는 offer의 제시 등을 통하여 거래선을 물색하게 된다.

2) 해외광고를 통한 발굴

해외거래처를 발굴하기 위한 기초단계로 해외홍보용 상품목록(catalog) 및 소책자(leaflet)를 제작하여 예상거래처에 배포하거나 국내의 해외홍보매체 등에 자사상품을 홍보하여 거래선을 물색할 수 있을 것이다. 홍보물을 배포할 경우에는 경제적인 비용으로 홍보효과를 극대화시키기 위하여 작성 배포처를 선정하는 것이 중요한데, 작성 배포처는 지역별 상공인명부를 통해 물색된 예정 거래선, 주한 외국공관의 바이어 안내, 기타 대한무역투자진흥공사, 한국무역협회 등 무역유관 기관의 거래알선, 안내 등을 활용하여 선정 · 배포하는 것이 효과적이다.

3) 국내외 공공기관 등을 통한 발굴

각국의 상공회의소, WTCA(c)체인, 또는 수출입관련 기관에 거래알선의뢰 안내장을 발송하는 방법으로, 그들이 발행하는 기관지를 통해 업계홍보 또는 관련 업자의 소개를 의뢰하여 발굴하는 방법이다.

한편 국내의 유관기관으로서는 한국무역협회의 거래알선 서비스를 받거나, 세계 각국에 현지 무역관을 운영하고 있는 대한무역투자진흥공사에 의뢰하여 거래처를 선정하거나 국제상업회의소에 가입되어 있는 대한상공회의소를 활용하거나 기타 우리나라 재외공관에 협조를 의뢰하여 거래선을 선정할 수 있다.

4) 인터넷을 이용한 방법

인터넷을 이용한 방법으로는 웹사이트를 구축하여 각종 검색엔진을 등록하고 거래알선 사이트, 무역관련 사이트에 연결시키는 방법과 무역관련 뉴스그룹, 메일링 리스트(mailing list)에 가입하여 자사의 제품이나 회사를 홍보하는 방법이 있다. 보다 적극적인 방법으로는 목표시장에 대한 잠재고객을 웹사이트를 통하여 직접 찾아보거나 유명사이트에 자사를 홍보하는 방법, 그리고 웹사이트상의 무역전시회 등에 참여하는 방법이 있다.

5) 각종 사절단 및 전시회 참가

무역관련 기관에서 주관하여 파견하는 각종 투자 및 무역사절단, 박람회 및 전시회에 참여하여 거래처를 직접 물색할 수 있다. 특히 한국무역협회에서 총괄하여 파견하는 해외투자 및 무역사절단과 대한무역투자진흥공사에서 총괄하여 참가하는 해외박람회 및 전시회를 통해 각종 경비를 지원받을 수 있고, 사전홍보를 통해 현지 거래처와의 상담을 효율적으로 수행할 수 있다.[1)]

1) 해외전시회에 대해서는 http://www.fairbank.co.kr을 통해 검색할 수 있다.

(2) 거래의 제의

앞에서 살펴본 방법에 의하여 거래처가 선정되면 해외출장이나 전시회에 참가하여 직접 상대방과 교섭하는 경우를 제외하고는 거래를 제의하는 권유장(circular letter)을 발송한다. 권유장은 알지 못하는 상대방에게 자기를 소개하는 첫 번째의 서신이므로 권유장을 받은 상대방으로 하여금 좋은 인상을 받게 하여 거래가 성사될 수 있도록 작성되어야 한다. 그리고 권유장을 보낼 때에는 카탈로그나 가격표(price list)를 동봉하는 것도 유익하다. 또한 한 번의 권유장으로 즉각 반응을 보이는 경우는 드물기 때문에 수차에 걸쳐 끈기 있게 보내야 할 것이다.

(3) 신용조회

1) 신용조회의 필요성

신용조회(credit inquiry)란, 특정인에 대한 신용상태(credit standing; business standing; standing)의 조회를 말한다. 그리고 신용조회의 목적은 특정인이 신뢰할 수 있는 자인가의 여부를 조사하는 데에 있다. 신용조회의 필요성으로는 다음 세 가지를 지적할 수 있다.

① 무역거래에는 신용위험(credit risk)이 존재하기 때문에 신용조회가 필요하다. 신용위험이란 수입업자가 무역계약상의 결제조건대로 지급을 이행하지 아니하는 위험을 말한다.[2)]

② 무역거래에는 때때로 악덕상인이 등장하기 때문에 신용조회가 필요하다. 악덕상인 중에는 해외에서 견본만을 요구 · 수집하여 그것을 전매함으로써 이익을 보는 견본상인(sample merchant)이 있으며, 고의로 클레임(claim)을 제기할 것을 처음부터 계획하고 계약의 맹점을 남겨두었다가 상습적으로 클레임을 제기하는 클레임상인(claim merchant)이 있다.

③ 무역거래는 본질적으로 거래상대방의 신뢰성에 기반을 둔 거래이기 때문에, 거래상대방의 신뢰성을 확인하기 위한 신용조회가 필요하다.

---

2) 신용위험은 구체적으로 ① 수입업자의 파산 등에 기인하는 지급불능의 위험, ② 수입업자의 부도덕이나 불법행위에 기인하는 지급불이행의 위험, ③ 지급은행의 지급거절 등에 기인하는 환어음의 부도위험, ④ 전쟁, 천재지변, 외환통제 등의 비상위험에 기인하는 지급불이행의 위험 등이 있다.

2) 신용조회의 내용

신용조회에 있어서 필수적으로 조회내용에 포함해야 하는 것으로는 보통 당해 업체의 성격(character), 자본(capital) 및 능력(capacity)의 셋을 들고 있는데, 이를 일컬어 신뢰도측정요소(reliability of credit factors)로서의 "Three C's"라 하며 그 각각의 구체적 내용을 보면 다음과 같다.

① 성격(character)

당해 업체의 개성(personality), 성실성(integrity), 평판(reputation), 영업태도(attitude toward business) 및 특히 채무변제이행열의(willingness to meet obligation) 및 계약이행에 대한 도덕성에 관련된 내용을 조사한다.

② 자본(capital)

당해 업체의 재무상태(financial status), 즉 수권자본(authorized capital)과 납입자본(paid-up capital), 자기자본과 타인자본, 기타 자산상태 등 지불능력과 직결되는 내용을 조사한다.

③ 능력(capacity)

당해 업체의 연간매출액(turn-over), 개인 또는 법인 등 업체의 형태, 업종, 연혁(historical background) 내지 경력(career) 및 영업권(goodwill) 등 영업능력에 관한 내용을 조사한다. 이러한 "Three C's" 이외에 거래조건(condition), 담보능력(collateral), 거래통화(currency), 소속국가(country) 가운데 두 가지를 추가시켜 "Five C's"라고도 한다.

3) 신용조회의 방법

신용조회의 방법에는 다음과 같은 3가지의 방법이 있다.

① 신용조회처(credit reference)를 이용하는 방법

조사대상자의 은행조회처(bank reference) 또는 동업자조회처(trade reference)를 알고 있는 경우에 그러한 신용조회처에 조사대상자의 신용상태를 조회하는 방법을 말한다. 은행조회처를 이용하는 경우에는 조사자의 거래은행을 경유하여 조사대상자의 은행조회처에 조회하는 것이 좋다.

② 상업흥신소(mercantile agency; credit agency; credit bureau)에 의뢰하는 방법

세계적으로 유명한 상업흥신소에 조회비용을 지급하는 조건으로 조회목적과 조회항목을 명시하여 특정인에 대한 신용조회를 의뢰하는 방법을 말한다. 상업흥신소는 신용조회를 전문업으로 하는 기관이며, 세계적으로 유명한 상업흥신소는 세계 주요 도시에 통신원 또는 조사원을 주재 또는 파견하여 현지조사를 실시하고 있다.

③ 국내의 신용조회기관에 의뢰하는 방법

우리나라에서 신용조사를 해주는 기관으로 한국수출보험공사(수출신용정보센터), 대한무역투자진흥공사(종합상담실), 신용보증기금(신용조사부)이 있다. 이들 기관에 의뢰하는 방법은 비용도 그다지 많이 들지 않고 늦어도 2개월 이내에 회신을 받을 수 있어 우리나라 업체가 가장 많이 이용하는 방법이다.

(4) 조회

거래제의를 받은 해외의 수입업자가 수출업자의 거래조건 내용에 대해 구체적으로 문의하는 것을 조회라 한다. 이 조회(inquiry)를 거래조회 또는 무역조회(trade inquiry)라 하며, 이것은 해외거래처 선정 시의 신용조회(credit inquiry)와는 구별된다. 이 조회는 계약체결 전 예비적인 무역상담의 한 과정에 있어서 수입업자의 물품수입에 관한 최초의 의사표시를 말한다. 조회(inquiry)의 내용에는 정가표나 견본의 송부를 의뢰하는 조회, 수출업자에게 청약(offer)을 권유하는 조회 등이 있다. 이와 같이 조회는 일반거래조건의 협정 또는 청약을 위한 당사자 간의 거래조건에 대한 의사를 타진하는 상담의 과정이며, 조회를 받은 수출업자는 지체 없이 조회사항에 대하여 회신을 하여야 한다.

제2절 무역계약의 성립

1. 무역계약의 개요

(1) 무역계약의 개념

본질적으로 계약이란 일정한 채권 · 채무관계의 형성을 목적으로, 복수당사자의 상호 대립되는 의사표시의 합치에 의하여 성립되는 법률행위를 말한다. 다시 말하면 채권 · 채무관계를 창설하는 당사자 상호 간의 합의(agreement)를 의미한다. 여기서 합의란 계약을 체결하려는 당사자들의 의사의 합치를 말한다. 따라서 계약이 성립하려면 당사자의 의사표시가 내용적으로 합치하고 있을 것, 즉 합의가 반드시 있어야 한다. 이와 같이 계약당사자 상호 간의 합의의 성립이 계약성립의 기본원칙이다. 일반적으로 합의는 일방 당사자가 상대방의 청약을 승낙한 경우에 성립되며, 그러한 합의는 반드시 명확하고 최종적(certain and final)이어야 한다.

무역계약은 물품이 국제적으로 이동하는 수출입거래를 포함한 대리점계약, 플랜트수출계약, 합작투자계약 등 제(諸) 계약을 의미한다. 무역계약의 기본적 계약은 매도인(seller)과 매수인(buyer) 사이에 체결되는 국제물품매매계약(contracts for international sale of goods)이다. 이를 매도인 측에서 보면 수출계약(export contract)이며, 매수인 측에서 보면 수입계약(import contract)이다.

(2) 무역계약의 법적 성격

1) 낙성계약

무역계약은 매매당사자 쌍방의 의사표시 합치만으로 성립하고 계약성립을 위하여 당사자 간에 아무런 급여를 요하지 않는 낙성계약이다. 무역계약이 성립되기 위해서는 당사자 일방의 청약(offer)과 이에 대한 상대방의 승낙(acceptance)만 있으면 된다. 매도인이 물품을 일정 조건으로 판매하고 싶다는 의사표시를 하고 매수인이 이를 승낙하면 무역계약은 성립된다.

2) 불요식계약

무역계약은 그 성립을 위하여 당사자 간의 합의 외에는 다른 특별한 방식을 필요로 하지 않는 불요식계약이다. 무역계약에서는 법률행위의 요소인 의사표시를 일정한 방식에 의해 행할 것을 필요로 하지 않는다. 따라서 무역계약은 문서뿐만 아니라 구두에 의해서도 성립된다. 이와 같이 무역계약에서는 계약을 매매당사자의 자유의사에 맡겨 당사자 간의 합의를 최우선으로 존중하는 계약자유의 원칙이 적용된다.

3) 유상계약

유상계약은 계약당사자가 서로 가치 있는 대가교환을 목적으로 하는 계약을 말한다. 무역계약은 유상계약에 해당하므로 매도인은 물품을 인도하고 매수인은 그에 따른 대금을 지급함으로써 계약이 성립된다.

4) 쌍무계약

쌍무계약은 계약의 결과로 당사자들이 서로 채무를 부담하는 계약을 의미한다. 이에 반해 편무계약은 당사자 일방만이 급부를 하고 상대방은 이에 대응하는 반대급부를 하지 않는 계약을 말한다. 무역계약에서 매도인은 물품인도의무를 부담하고 매수인은 대금지급의무를 부담하므로 무역계약은 쌍무계약에 해당한다.

(3) 무역계약의 종류

1) 개별계약

개별계약(case by case contract)은 거래가 성립될 때마다 매매당사자가 거래조건에 합의하여 계약서를 작성하는 경우를 말한다. 판매서, 구매서, 물품매도확약서 등은 모두 개별계약에 해당된다. 매 거래 시마다 개별계약을 체결해야 하는 번거로움은 따르지만 모든 거래조건을 법적으로 분명히 해둠으로써 분쟁을 사전에 방지할 수 있다.

2) 포괄계약

포괄계약(master contract)은 매매당사자 간에 서로 오랜 기간 거래를 하여 잘 알고 있을 경우 특정 품목을 지정하여 일정기간 포괄적으로 계약을 체결하고 필요할 때마다 선적해 주는 경우에 사용되는 계약형태이다. 포괄계약을 체결할 때는 지정품목에 대해서 일반거래조건을 합의한 일반거래협정서를 당사자 간에 교환한다. 동일품목을 반복해서 거래할 경우 매 거래시마다 거래조건을 확인해야 하는 개별계약보다 일반거래협정서에 의한 포괄계약이 편리하다.

3) 독점계약

수출입을 특정 기업에 국한시킬 경우에는 당사자 간에 독점계약(exclusive contract)이 체결된다. 독점계약이 체결되면 수출업자는 계약품목을 수입국의 지정수입업자 외에는 수출해서는 안 되며, 특히 다른 명의나 제3자를 통해서도 그 시장에 침투하지 않아야 한다. 마찬가지로 수입업자도 수출국의 다른 기업으로부터 동일한 품목을 수입해서도 안 된다.

독점계약을 체결하는 목적은 당사자 간의 이윤극대화에 있기 때문에 수출업자는 가능한 한 저렴한 가격으로 오퍼를 해야 하고 해당 품목의 품질도 보장해 주어야 한다. 그리고 수입업자는 가장 좋은 가격으로 최대한 계약물품을 판매하도록 노력해야 하며 연간 어느 정도 판매량을 보장해 주어야 한다.

2. 무역계약의 성립

(1) 무역계약의 성립요건

매매계약은 계약당사자 일방의 청약(offer)에 대해 상대방이 이를 승낙(acceptance)함으로써 이루어지는 합의(agreement)가 계약성립의 기초가 되지만, 그 합의가 계약으로서 당사자를 법적으로 구속하는 효과를 가지기 위해서는 다음과 같은 몇 가지 요건을 갖추어야만 한다.

① 계약은 그 거래의 목적과 내용의 합의가 확정되고 타당하며 합법성(legality)을 지녀야 한다.

② 계약당사자의 행위능력(capacity)이 있어야 한다.

③ 당사자의 의사표시가 착오(mistake), 사기(fraud)나 강박(duress)에 의한 경우가 아니라야 한다.

④ 약인(consideration)이 있어야 한다.

(2) 무역계약의 성립

무역계약의 성립단계를 상무적으로 보면 해외시장조사를 통하여 발견된 해외의 유망 무역상사와의 거래관계를 창설하기 위하여 수출상사는 자신을 소개하는 거래권유장(circular)을 보내게 된다. 이에 따라 해외수입상은 구체적인 상품의 가격, 인도방법, 결제문제 등에 관하여 수출업자에게 문의와 함께 청약(offer)을 요청하게 되는데, 이 과정을 조회(inquiry)라고 한다. 이러한 수입상의 조회에 의하여 수출상사는 청약을 내고 다시 수입상은 이에 승낙(acceptance)함으로써 당사자는 매매계약을 성립시키게 되는 것이다. 한편 이상의 무역계약의 성립단계를 도해하면 [그림 6-1]과 같다.

그림 6-1 ┃ 매매계약의 성립단계

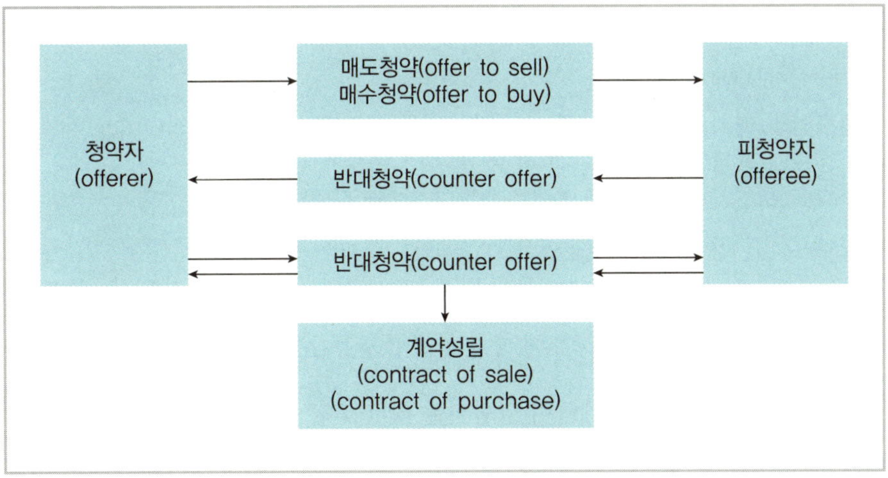

3. 청약

(1) 청약의 의의

청약(offer)이라 함은 청약자(offerer)가 상대방인 피청약자(offeree)와 특정 물품에 대하여 일정한 조건으로 계약을 체결하고 싶다는 의사표시를 하는 행위, 즉 판매 또는 매매의 의사를 그 거래조건과 함께 상대방에게 제시하는 행위를 말한다. 우리나라의 대외무역법상의 용어로는 "물품매도확약"이라 한다. 다시 말해 청약이란 계약을 성립시킬 목적으로 청약자가 피청약자에게 행하는 확정적인 의사표시로서 특별한 방식을 필요로 하지 않으며 구두, 서면 또는 행위에 의하여 상대방에게 할 수 있다. 따라서 본질적으로 상대방의 승낙에 의하여 합의로 전환될 수 있는 청약은 특정한 조건이 승낙되면 법적인 구속력을 가지는 명확한 약속으로 구성되어야 한다.

(2) 청약의 종류

1) 청약의 주체기준

① 매도청약(selling offer)

매도인의 매도의사를 말하며 무역거래에서의 일반적인 청약이라 하면 매도청약을 의미한다.

② 매수청약(buying offer)

매수인의 매입의사를 말하며, 보통 매입주문서(P/O : Purchase Order)와 같은 형식으로 이루어진다.

2) 청약의 확정력 기준

① 확정청약(firm offer)

청약자가 청약내용에 대하여 승낙회답의 유효기간(validity of offer)을 지정하고 그 기간 내에 승낙하면 계약이 성립되는 청약이다. 또한 유효기간을 정하지 아니한 경우라도 그 청약이 확정적(firm) 또는 취소불능(irrevocable)이라는 표시가 있거나, 승낙 · 회답의 유효기간과 확정적 또는 취소불능이라는 표시가 동시에 있는 청약도 확정청약이 된다. 확정청약의 예문을 보면 다음과 같다.

> "We offer you firm subject to your acceptance reaching us by May 10 as follows."

② 불확정청약(free offer)

청약자가 청약 시에 승낙 · 회답의 유효기간이나 확정적(firm)이라는 표시를 하지 아니한 청약이다. 불확정청약의 경우 상대방이 승낙을 받기 전까지는 청약자가 청약내용을 일방적으로 철회하거나 변경할 수 있다. 불확정청약의 예문을 보면 다음과 같다.

> "We offer you the following merchandise on the terms and conditions mentioned hereunder."

3) 조건부 청약(conditional offer)

조건부 청약은 특수한 상황을 기준으로 계약의 성립에 관한 어떠한 특수한 조건이 명시된 것이다.

① 무확약청약(offer without engagement)

시황변동에 따라 사전통고 없이 제시가격이 변경될 수 있음을 조건으로 한 청약으로서 일종의 불확정청약에 속한다.

② 재고잔류조건청약(offer subject to being unsold; offer subject to prior sale)

승낙의 의사표시가 청약자에게 도달했을 때(또는 발신되었을 때) 미판매재고가 남아 있는 분에 한해 유효하다는 조건으로 발행된 청약으로서 이 역시 확정청약의 일종인 바, 재고잔류조건청약 또는 선착순매매조건청약이라 부른다.

③ 확인조건청약(offer subject to confirmation)

이것은 "subject to our final confirmation"이라는 단서가 붙는 청약으로서 청약자에 대한 구속력이 없고 따라서 엄밀한 의미에서는 청약이 아니다. "offer without engagement" 또는 "offer subject to change without notice" 또는 "offer subject to market fluctuation"과 같이 상대방의 승낙만으로 계약이 성립되는 것이 아니고 다시 청약자의 최종확인(confirmation)이 있어야만 계약이 성립된다.[3] 이 청약은 시장상황, 환율변동이나 비용증가의 가능성 등 불확정요인이 있는 경우에 이용되는 것으로서 청약자에 대해 구속력이 없다. 일종의 청약의 유인(invitation to offer)에 해당된다.

---

3) 末川 博, 契約法(上), 岩波書店, 1975, p.49; 浜谷 源藏, 最新 貿易實務, 同文館, 1981, p.90.

④ 반대청약(counter offer)

청약이 제시되면 상대방이 이를 바로 승낙하는 경우는 흔치 않다. 왜냐하면, 피청약자는 그 나름대로의 가격수준이나 그 밖의 거래조건을 생각하고 있을 것이며, 가능한 한 그것에 접근시키려 할 것이기 때문이다. 그럴 경우 피청약자는 당초는 청약자가 제시한 원청약(original offer)의 내용 가운데 일부를 수정하여, 예컨대 가격을 낮춘다든가 선적일을 변경한다든가 또는 결제조건을 바꾼다든가 하여 반대로 청약을 제시하게 되는 바, 이러한 청약을 반대청약(counter offer)이라 한다.

4. 승낙

(1) 승낙의 의의

승낙(acceptance)은 청약자(offeror)의 상대방인 피청약자(offeree)가 청약에 응하여 합의를 성립시킬 의사를 갖고 청약자에 대하여 행하는 의사표시이다. 합의를 성립시키는 것이 승낙의 목적이기 때문에 승낙은 청약의 내용과 완전히 일치해야 한다. 즉, 승낙은 절대적이고 무조건적(absolute and unconditional)일 것을 요한다. 따라서 일정조건을 첨부한 승낙, 청약의 내용을 변경한 승낙 및 청약자가 지정한 승낙방법 · 시기 등에 따르지 않는 승낙은 계약성립요건으로서의 승낙의 효력이 발생하지 않는다.

(2) 승낙의 방법

승낙의 방법은 청약방법과 같이 별도의 약정이 없는 한 서면이나 구두에 의하거나 또는 행위에 의할 수도 있다. 그러나 승낙은 그 의사를 외부에 표현할 필요가 있으므로 청약자가 일방적으로 피청약자에게 '침묵은 승낙으로 본다'고 선언함으로써 침묵하고 있는 피청약자에게 계약이 성립되었다고 주장할 수는 없다. 그러나 청약 · 승낙의 내용으로서 행위의 이행을 요구하고 있을 경우에는 그 행위자체가 승낙이며, 별도의 승낙통지를 할 필요가 없다. 청약이 승낙의 내용으로서 행위의 이행을 요구하고 있는 이외의 경우에는 승낙의 통지가 필요하다.[4] 승낙방

4) 양영환 · 오원석, 무역상무론, 법문사, 1997, pp.163~165.

법은 청약 시에 승낙방법이 지정되어 있는 경우와 지정되어 있지 않은 경우로 나누어 볼 수 있다.

첫째, 청약 시에 승낙방법이 지정되어 있는 경우에는 지정된 통신수단을 이용하여 승낙을 해야 하며, 다른 통신수단을 이용하게 될 때는 청약자의 승인이 없으면 그 계약은 성립할 수 없다.

둘째, 청약 시에 승낙방법이 지정되어 있지 않은 경우에는 당해 거래사정 또는 관습 등을 고려해서 상황에 맞는 매체나 수단으로 승낙을 하면 된다.

따라서 승낙방법이 정해져 있지 않은 청약에 대한 승낙은 관습적으로 가능한 한 빠른 방법이나 혹은 청약 시에 이용한 방법으로 승낙을 하는 것이 계약을 유효하게 성립시키는 최선의 방법일 수 있다.

(3) 승낙의 효력발생시기

청약(offer)을 받은 자가 침묵을 지키는 경우의 계약성립 여부 살펴보기

무역실무상 침묵을 승낙으로 간주하는 거래태도는 바람직스럽지 못하고 분쟁의 여지를 남기게 된다. 일방이 무언가 신청을 해도 상대방이 하등의 회신을 하지 않는 경우엔 반드시 독촉을 해서 낙부(諾否)의 의사를 확인해야 하며 거래선으로부터 신청을 받았을 때는 오해가 없도록 분명하게 낙부(諾否)를 회신해야 한다.

영미법에선 일반적으로 침묵은 동의(同意)가 아니라고 해석하고 있다. 1862년의 Felthouse v. Bindley 사건이 이 문제에 관한 중요한 판례인데 이 사건에서 백부가 생질에게 편지를 보내면서 30파운드 15실링으로 생질의 말(horse)을 사고 싶다고 신청했다. 그리고 이 신청서는 "If I hear no more about him, I consider the horse mine at that price."로 되어 있었다. 생질이 아무 회신(回信)도 하지 않고 있다가 말을 다른 사람에게 팔자 백부와 생질 간에 말에 대한 매매계약이 성립되었는지가 문제가 되었던 것인데 법원은 백부가 생질에게 계약의 성립을 억지 주장할 수 없다고 판결함으로써 침묵에 의한 계약의 성립을 인정하지 않았다.

청약자의 청약과 피청약자의 승낙으로 계약이 성립하지만 청약자와 피청약자는 공간적으로 떨어져 있는 국제물품매매계약에 있어서 승낙의 의사표시가 피청약자로부터 발송되어 청약자에게 도달하기까지 어느 시점에서 그 효력이 발생하며, 계약이 성립하느냐에 관한 문제가 제기될 수 있다. 이러한 문제를 해결하기 위해 각국의 국내법과 국제조약 등에서는 다음과 같은 입법주의에 근거하여 법률을 제정함으로써 이러한 문제를 해결하고 있다([표 6-1] 참조).

① 발신주의 : 피청약자가 승낙의 의사표시를 발송한 때 계약이 성립된다.

② 도달주의 : 피청약자의 승낙의 의사표시가 청약자에게 도달한 때 계약의 성립을 인정한다.

③ 요지주의 : 단지 물리적으로 승낙의 의사표시가 청약자에게 도달할 뿐 아니라 현실적으로 청약자가 그 내용을 인지한 때에 계약의 성립을 인정한다.

표 6-1 | 승낙의 의사표시에 대한 효력발생시기

<table>
<tr><th colspan="3">준거법
통신수단</th><th>한국법</th><th>일본법</th><th>영국법</th><th>미국법</th><th>독일법</th><th>비엔나협약</th></tr>
<tr><td colspan="3">의사표시에 관한 일반원칙</td><td>도달주의</td><td>도달주의</td><td>도달주의</td><td>도달주의</td><td>도달주의</td><td>도달주의</td></tr>
<tr><td rowspan="5">승낙의 의사 표시</td><td rowspan="3">대화자 간</td><td>대면</td><td>도달주의</td><td>도달주의</td><td>도달주의</td><td>도달주의</td><td>도달주의</td><td>도달주의</td></tr>
<tr><td>전화</td><td>도달주의</td><td>도달주의</td><td>도달주의</td><td>도달주의</td><td>도달주의</td><td>도달주의</td></tr>
<tr><td>텔렉스</td><td>도달주의</td><td>도달주의</td><td>도달주의</td><td>도달주의</td><td>도달주의</td><td>도달주의</td></tr>
<tr><td rowspan="2">격지자 간</td><td>우편</td><td>발신주의</td><td>발신주의</td><td>발신주의</td><td>발신주의</td><td>도달주의</td><td>도달주의</td></tr>
<tr><td>전보</td><td>발신주의</td><td>발신주의</td><td>발신주의</td><td>발신주의</td><td>도달주의</td><td>도달주의</td></tr>
</table>

제3절 무역계약의 기본조건

무역계약을 체결할 때에는 후일의 오해와 분쟁을 방지하기 위하여 그 내용을 명확히 하는 동시에 다른 절차나 무역클레임에 대한 해결방법까지도 명시하여 문서화하는 것이 현명하며, 또한 상대방과의 장기적인 거래관계가 예상되면 거래의 기준이 되는 일반적인 거래조건을 계약서 또는 무역조건협정서에 협정해 두어야 한다. 무역거래에서 필수적으로 약정해야 할 거래조건을 "무역거래의 기본조건"이라 부르는데, 그 주요한 내용으로서는 품질조건, 수량조건, 가격조건, 정형거래조건, 포장조건, 선적조건, 결제조건, 보험조건과 중재조건 등이 있다.

1. 품질조건

무역거래에 있어서 거래대상물품의 품질조건은 품질의 결정방법, 품질의 결정시기, 품질의 증명방법 등을 미리 약정하여야 한다. 왜냐하면 품질문제로 인한 상거래분쟁이 야기되는 경우가 많기 때문이다.

(1) 품질의 결정방법

품질결정방법으로 견본매매, 상표매매, 규격매매, 명세서매매, 표준품매매, 점검매매 등이 있다.

1) 견본매매

견본매매(sales by sample)란 거래목적물의 품질을 제시된 견본(sample)에 의하여 약정하는 방법, 즉 매매당사자가 제시한 견본과 같은 품질의 물품을 인도하도록 약정하는 방법을 말하며, 오늘날의 무역거래에서 가장 널리 이용되고 있는 방법이다. 견본에는 매도인견본(seller's sample, 매도인이 매수인에게 보내는 견본), 매수인견본(buyer's sample, 매수인이 매도인에게 보내는 견본), 반대견본(counter sample)[5]이 있다. 견본에 의해 품질을 결정할 경우에는 향후 조회나 분쟁 시의 입증용으로 매도인은 동일한 견본품 3개를 1조로 하여 준비해 두는 것이 통례이다. 그것은 1개는 매수인에게 발송하는 원견본(original sample)으로 다른 1개는 매도인 자신이 보존하는 비치견본(duplicate sample)으로 그리고 또 다른 하나는 물품공급자의 보존용인 제3견본(triplicate sample)으로 사용하기 위해서이다.

2) 상표매매

상표에 의한 매매(sales by brand or trade mark)라 함은 국제적으로 널리 알려진 물품에 대해서는 견본을 제시할 필요 없이 상표(trade mark)나 통명(brand)에 의하여 품질기준으로 삼는 거래를 말한다. 이를테면, 니콘(Nikon)카메라, 파카(Parker)만년필, 오메가(Omega)손목시계 등과 같은 상표를 이용하는 방법이다.

---

5) 매도인이 매수인에게 보낸 견본에 대해 매수인이 수정을 하여 매도인에게 다시 보내는 견본 또는 매수인이 매도인에게 보낸 견본에 대해 매도인이 실제로 선적이 가능한 견본을 다시 보내는 견본이 있다.

3) 규격매매

규격매매(sales by type or grade)란 물품의 규격이 국제적으로 통일되어 있거나 수출국의 공적 규격으로 특정되어 있는 경우에 이용되는 매매방법이다. 국제표준화기구, 즉 ISO(International Organization for Standardization), 영국의 BBS(British Standard Specification), 일본의 JIS(Japan Industrial Standard), 한국의 KS(Korean Standard) 등에서 정한 규격으로 거래할 때 자주 이용되며 전기전자제품 등과 같은 공산품이 여기에 해당된다.

4) 명세서매매

명세서매매(sales by specification or dimensions)는 상품의 재료, 구조, 성능 등을 자세히 설명한 명세서, 설명서, 청사진 등에 의해서 품질을 결정하는 방법이다. 주로 견본이 곤란한 선박, 철도차량, 기계류, 의료기구 등 고가상품의 거래에서 많이 이용된다.

5) 표준품매매

농산물이나 수산물 및 광물의 경우에는 공산품과는 달리 일정한 규격이 있을 수 없고 유명한 상표도 있을 수 없으며 견본제시도 곤란하다. 이처럼 종류는 같지만 이질적인 여러 제품들이 혼합되어 한 가지 종류의 상품을 이루는 천연산물은 등급(grade)을 정하여 거래하는 것이 일반적인데, 이러한 품질결정방법을 "표준품매매(sales by standard)"라 한다. 여기서 표준품(standard)이란 동종 이질상품의 품질을 대표하는 상품의 소량을 말하는데, 이에 의하여 거래되는 표준품매매 방법에는 다음과 같은 표준이 사용되고 있다.

① 보통표준품질조건(U.S.Q : Usual Standard Quality) : 공인검사기관 또는 공인표준기준에 의해서 보통품질을 표준품의 품질로 결정하는 조건이다. 이 조건은 미국의 면화판매에서 시작되었으며 우리나라에서 수출하는 상품 중 인삼, 오징어, 해태 등은 품질에 따라 1등급, 2등급 또는 A급, B급 또는 A1, B2 등으로 구분된다. 이 구분은 당해 수출조합이나 정부지정 공공기관에서 판정하고 있다.

② 평균중등품질조건(F.A.Q : Fair Average Quality) : 동종상품 중 평균적이며 중등의 품질을 뜻하는 것으로, 이 평균중등품 품질조건이 표준품매매의 일반적 기준이다. 이 조건은 곡물매매에서 많이 쓰이는데, 선적지에서 해당

계절 출하품의 평균중등품을 표준으로 하고 선물거래일 때는 전년도 수확물의 평균중등품의 가격을 기준으로 정하며 인도물품의 품질수준은 신수확물의 평균중등품으로 한다.

③ 판매적격품질조건(G.M.Q : Good Merchantable Quality) : 목재, 냉동수산물, 광석 등의 거래에 주로 적용되는 조건이다. 이들 물품은 내부의 부패나 기타의 잠재하자(潛在瑕疵)가 외관상으로는 확인하기가 곤란하므로 수입지에서 인수한 현물에서 내부의 하자가 발견되어 판매가 불가능한 부분에 대하여는 매수인이 매도인에게 배상을 요구할 수 있는 판매적격품 품질조건이다.

6) 점검매매

매수인이 현물을 직접 점검 · 확인한 후 점검한 그 현물을 수도하는 매매방법을 점검매매(sales by inspection)라 한다. 이 조건은 오늘날 국내거래에서 널리 활용되는 점두매매가 전형적인데, 격지 간의 무역거래에서는 많이 이용되지 않고 있다. 다만, 보세창고거래(BWT : Bonded Warehouse Transaction)[6]와 물품인도결제방식(COD : Cash On Delivery)[7]을 이용한 거래 등을 통하여 활용되고 있다.

(2) 품질결정시기

1) 선적품질조건(Shipped Quality Terms)

검품의 기준시기를 선전완료시점(time of shipment)으로 하는 조건을 선적품질조건이라 하며 FCA, FOB, CFR, CIF, CIP조건에 의한 거래에서는 대체로 이 조건에 따르게 되고, 전술한 평균중등품질조건(FAQ) 역시 그러하다.

2) 양륙품질조건(Landed Quality Terms)

이 조건은 인도물품의 품질이 계약과 일치하는지의 여부를 목적항(port of destination)에서 물품을 양륙한 시점에 검품한 결과에 따라 정하는 조건이다. 따

6) 보세창고인도조건(BWT : Bonded Warehouse Transaction)의 수출은 수출업자가 당해 수출지역에 지정 또는 사무소를 설치하고 거래상대국의 정부로부터 허가받은 보세창고에 상품을 무환으로 반입한 후 현지에서 상품의 구매계약이 성립되는 것이다. 한편, 이와 유사한 거래인 CTS(Central Terminal Station) 수출이 있는데, 이는 수출업자가 교역상대국의 법인 설립인가를 받아 그 법인의 명의로 수출업자 본국으로부터 수입하여 현지 직접 수출하는 제도이다.

7) 물품인도결제방식의 수출(COD : Cash On Delivery)은 수출업자가 수출물품을 선적하고 운송서류를 수출업자의 해외지사나 대리인 또는 거래은행에 송부하고 수출물품이 목적지에 도착하면 수입업자가 직접 상품의 품질 등을 검사한 후 수출대금은 상품과 상환하여 현금으로 영수하는 거래방식이다.

라서 매도인은 운송 도중의 상품변질에 대해서 모든 책임을 지고 보상해야 한다. 특히 DAF, DES, DEQ, DDU 또는 DDP 등 양륙지인도조건(arrival terms)의 경우와 전술한 판매적격품질조건(GMQ)이 그 성질상 양륙품질조건에 의한 것이다.

3) 곡물의 품질결정조건

곡물류의 거래에 있어서는 선적 시와 양륙 시의 품질상위에 대하여 매매당사자 중 누가 책임을 지느냐에 대하여 관용되는 특수한 조건들이 있다.

① Tale Quale(T.Q.)[8] : 이 조건은 선적품질조건(shipped quality terms)으로 매도인은 약정한 물품의 품질을 선적할 때까지만 책임지는 조건이다.[9]

② Rye Terms(R.T.) : 이 조건은 호밀(rye)거래에 사용되면서 물품이 도착 시 손상되어 있는 경우 그 손해에 대하여 매도인이 변상하는 관례에서 생긴 것으로 양륙품질조건(landed quality terms)이다.

③ Sea Damaged(S.D.) : 조건부 선적품질조건이다. 즉 해상운송 중에 발생한 바닷물 등의 조우 또는 응고(condensation) 등에 기인하는 품질손해에 대하여는 매도인이 부담하는, 이른바 선적품질조건과 양륙품질조건을 절충한 조건이라고 할 수 있다.

(3) 품질증명방법

품질의 증명방법은 품질의 증명시기와 직결된다. 즉 선적품질조건에서는 이러한 입증책임이 매도인에게 있으므로 그는 권위 있는 공인검사기관으로부터 검사증명서(certificate of inspection) 내지 품질증명서(certificate of quality)를 발급받아 매수인에게 제공해야 한다. 반대로 양륙품질조건의 경우에는 매수인에게 품질수준의 미달 또는 운송 도중의 변질에 대한 입증책임이 귀속되기 때문에 그가 권위 있는 감정인(surveyor)의 검정보고서(survey report)에 의해 사실을 증명하고 배상을 청구하게 된다.[10] 한편 농산물이나 일부 천연산물의 품질에 대해서는 공공기관의 검사(agency's inspection), 관계조합이나 협회의 검사 및 물품별 전

---

8) Tale Quale은 불어로 Tel Quel이라고도 하며 "Such as it is" 또는 "Just as they come"이라는 의미이다.

9) 이 조건에서는 보통 다음과 같이 약정한다. "Shipment in good condition but tale quale as regards condition on arrival."

10) 권위 있는 검사기관 내지 감정인으로는 Lloyd's Surveyor, Lloyd's Agent, SGS, Del-Corporation 등이 세계적으로 유명하다.

문검사기관의 검사에 의한 품질증명서(certificate of quality)나 검정보고서(survey report)로써 품질을 증명하기도 한다.

사례연구

품질불량에 따른 손해배상청구

〈사건내용〉

신청인이 피신청인과 플라스틱 백에 관하여 피신청인은 2,025BOX에 해당하는 압출을 하고, 인쇄 및 가공은 다른 업체에서 하기로 하였으나 전체적인 관리는 피신청인이 하기로 계약하였는데, 위 물건선적 후 수입업자로부터 인쇄불량 및 수량부족 등의 이유로 손해배상금액이 사실상 확정되자 신청인은 피신청인에게 위 손해배상금을 청구하였는데, 피신청인은 인쇄 잘못은 자신의 책임이 아니고 신청인이 검수과정에서 이의가 없었다고 주장하였다.

이에 대하여 중재판정부는 전체적인 관리를 하기로 한 피신청인이 인쇄 및 가공의 잘못으로 인한 이 사건 수출품 제작에 관하여 책임을 면할 수 없고, 신청인이 검수과정에서 하자를 지적하였으나 피신청인이 모든 책임을 사후에 자신이 부담할 것이라고 하여 선적에 이르게 되었으므로 피신청인은 신청인에게 이 사건 제품의 하자로 인하여 입은 손해액을 지급할 책임이 있다고 판정하였다.

〈판정내용〉

피신청인은 신청인에게 미화 6,377.70달러를 지급하라. 중재비용은 피신청인의 부담으로 한다.

〈판정이유의 요지〉

1. 기초사실

변론의 전 취지에 의하여 진정성립이 인정되는 갑제1호증 내지 갑제7호증의 각 기재내용과 당사자 심문결과 및 심문의 전 취지를 종합하면 다음과 같은 사실을 인정할 수 있고, 달리 위 인정을 뒤집을 증거가 없다.

① 신청인은 1988년 설립 이래로 연간 4백만 달러 이상 미주 등으로 POLY-ETHYLENE BAGS을 수출하는 업체로서 1994년 11월부터 피신청인이 대표자로 있는 신청외 D산업과 14차례의 거래를 해왔던 사실이 있다. 1996년 1월 3일 신청인이 피신청인과 플라스틱 백(PLASTIC BAGS)에 관하여, 한 컨테이너분의 공급계약을 체결하였고 위 물품이 같은 해 2월 9일에 선적된 사실이 있다. 피신청인은 2,025BOX에 해당하는 압출만을 하기로 하였고, 나머지 인쇄 및 가공은 다른 업체에서 하기로 하였으나, 전체적인 관리는 피신청인이 하기로 계약하였던 사실이 있다.

② 그런데 그 선적 후 바이어인 M은 1996년 3월 22일 인쇄불량 및 수량의 부족 등의 이유로 클레임을 제기해 왔고, 같은 해 8월 1일 그 손해배상금액이 미화 금 6,377.70달러로 사실상 확정되었던 사실이 있다. 그렇다면, 특단의 사정이 없는 한 피신청인은 신청인에게 위 손해액 전부인 미화 금 6,377.70달러를 지급할 의무가 있다 할 것이다.

2. 피신청인의 항변에 관한 판단

① 인쇄 잘못은 자신의 책임이 아니라는 항변 : 피신청인은 자신은 본 건의 공정 중 원단의 제작 · 압출만 담당하였을 뿐이고, 인쇄 및 가공은 S라는 상호를 가진 업체에서 취급하였고, 그 인쇄대금도 신청인이 위 S에게 직접 지급하였는 바, 이 건 하자는 전적으로 위 인

쇄 및 가공과정에서 발생한 것이므로, 신청인의 청구에 응할 수 없다고 항변한다. 생각건대, 위 인쇄 및 가공과정에서 이 건 하자가 대부분 발생하였고, 그 인쇄대금을 신청인이 직접 위 인쇄업자에게 지급한 사실은 인정되나, 위와 같은 사실만으로 전체적인 관리를 하기로 한 피신청인이 인쇄 및 가공의 잘못으로 인한 이 건 수출품 제작에 관하여 책임을 면할 수 없고, 오히려 피신청인이 신청인에게 그 인쇄업자를 소개 알선하고, 인쇄대금의 직접 지급은 피신청인이 부도를 내고 피신하고 있는 상태에 있었기 때문에 신청인의 입장에서 부득이한 조치였음을 엿볼 수 있으므로 위 항변은 받아들일 수 없다.

② 신청인이 검수과정에서 이의가 없었다는 항변 : 다음으로 피신청인은 이 건 물품출고 당시 신청인에게 물품의 이상 유무 등에 관하여 검사할 기회를 주었으나, 애당초 그 이상 유무를 확인조차 하지 않았으므로, 결국 아무런 이의를 제기한 바 없는 셈이 된다. 그럼에도 불구하고, 이제 와서 위와 같은 하자를 주장하며 피신청인 자신에게 책임을 묻는 것은 신의원칙에 반한다는 취지의 주장을 한다. 그러나 피신청인의 위와 같은 항변을 인정할 아무런 증거가 없고, 오히려 심문의 전 취지를 종합하면, 신청인의 대표이사인 N 자신이 직접 제품을 관례에 따라 샘플을 임의추출하는 방식으로 검사한 다음 도안에 없는 선이 그어져 있는 등 하자를 지적하였으나, 피신청인이 모든 책임을 사후에 자신이 부담할 것이라고 다짐하여, 신청인은 그 말을 믿고 위 제품인도기일을 지키기 위하여 일단 선적한 사실을 엿볼 수 있으므로, 위 항변도 이유 없다.

3. 결론

그렇다면, 피신청인은 신청인에게 신청인이 이 건 제품의 하자로 인하여 입은 손해액 미화금 6,377.70달러를 지급할 의무가 있다 할 것이므로, 그 이행을 구하는 신청인의 이 건 신청은 모두 이유 있어 이를 인용하고, 중재비용은 패소자인 피신청인의 부담으로 하기로 하여 주문과 같이 판정한다.

〈참고자료 : 대한상사중재원, 중재판정사례집 제8권, 1996〉

2. 수량조건

(1) 수량단위

수량단위는 상품의 성질과 관습에 따라 중량(weight), 용적(measurement), 개수(piece, dozen), 길이(lenghth), 포장단위(package), 면적(square)으로 분류된다.

1) 중량(weight)

중량을 표시하는 단위에는 ton, pound(1b), kilogram(kg) 등의 종류가 있고, ton의 경우에는 다음과 같다.

① long ton(English ton) = 1,061kgs = 2,2401bs

② short ton(America ton) = 907kgs = 2,0001bs

③ metric ton(French ton) = 1,000kgs = 2,2041bs

2) 용적(measurement)

용적을 단위로 하는 경우에는 목재 등에 cubic meter(m^3), cubic feet(cft), 석유 등 액체에 barrel(31.5America galon), 곡물 등에 bushel(8English galon; 36.367liters)이 사용된다.

3) 개수(number)

잡화 및 기계들의 수량단위로 사용되며, piece(1개), dozen(12개), gross, small gross, great gross 등이 있다.

① 1gross = 12dozen(12×12piece) = 144개

② 1small gross = 10dozen(10×12piece) = 120개

③ 1great gross = 12gross(12×12×12piece) = 1,728개

4) 길이(lenghth)

길이는 섬유류, 전선, 강관 등에 사용된다.

5) 포장단위(package)

면화, 밀가루, 시멘트, 비료, 통조림, 유제품 등의 거래에는 bale, bag, case, can, drum 등의 포장용기가 사용된다.

(2) 수량의 결정시기

무역거래는 상품의 성질에 따라서 선적할 당시에는 계약의 내용대로 정확한 수량을 선적하여도 해상운송을 하는 과정에서 기온변화나 기타의 사정에 영향을 받아 선적상품의 중량이 증감될 수도 있다. 따라서 인도상품의 수량이 계약서에 언급된 수량과 일치하는 시점을 어디로 할 것인가에 관하여 확정해 둘 필요가 있다. 일반적으로 거래수량을 확정하는 방법으로는 선적지를 기준으로 하는 선적수량조건과 양륙지를 기준으로 하는 양륙수량조건이 있다.

(3) 과부족용인조건

살화물(bulk cargo)[11]을 거래할 때에는 물품인도 시에 일정비율의 과부족이 발생하는 것이 통례이다. 이 경우 매매계약서상에 과부족의 허용치를 명시하기도 하는데 이를 과부족용인조건(M/L Clause : More or Less Clause)이라 한다. 예를 들어 More or Less 5%로 매매계약을 체결하면 5% 이내의 과부족이 발생해도 클레임이 제기되지 않는다. 그리고 수량표시단위에 'about', 'circa', 'approximately' 등의 표현이 있으면 현행 신용장통일규칙 제39조에 의해 10% 과부족이 허용된다. 철광석, 석탄, 양곡 등과 같이 산적되는 화물은 정확하게 수량을 측정하는 것이 불가능하기 때문에 과부족용인조건이 없더라도 신용장금액의 범위 내에서 5%의 과부족이 허용된다.

사례연구

수량부족으로 인한 클레임

〈사건개요〉

이집트의 H사는 국내에 에이전트(agent)를 두고 동 대리점을 통하여 직물류 등을 수입해 가는 수입상으로서 1984년 5월경 한국의 의류제조업체인 W사와 남성용 의류 300dozen을 개당 US$40로 총 US$12,000어치를 수입하기로 계약하고 동 물품을 수입하였으나, 물품을 받고 검사해 본 결과 계약수량의 절반 정도인 152dozen밖에는 되지 않자 수량부족을 이유로 한국의 W사에게 직접 클레임을 제기하였으나 W사가 계약대로 300dozen 전량을 선적했다고 주장하면서 동 클레임의 해결을 거부하자 당 중재원에 그 해결을 의뢰해 오기에 이르렀다.

〈제기상사의 주장요지〉

이집트의 H사는 국내의 피제기자로부터 남성용 의류제품 300dozen을 수입하기로 계약하였으나 한국의 W사는 단지 152dozen만을 선적하고 300dozen에 대한 물품대금금액을 수령함으로써 148dozen만큼의 부당이득을 취한 바 있으면서도 지금까지 동 선적부족분에 대한 손해배상을 않고 있어 본 클레임의 해결을 의뢰하게 되었으며 이러한 종류의 클레임은 한국의 여러 다른 무역상사들의 대외신용도에도 중대한 영향을 미칠 수 있다는 점을 고려하여 신속히 해결해 줄 것을 요청하면서 선적부족분 상당액 US$5,920와 부대비용으로 US$4,604 도합 US$10,524의 손해배상을 청구하였다.

〈피제기상사의 답변요지〉

따라서 당 중재원에서는 피제기상사인 한국의 W사에게 동 클레임 사실을 통보하면서 동 클레임에 대한 경위, 입장 및 해결방안을 제시할 것을 요청하였던 바, 피제기상사인 W사는 다음과 같이 그 입장과 클레임 해결방안을 밝혀 왔다.

---

11) 살화물(撒貨物)이란 포장을 하지 않은 상태로 운송하는 화물로서 주로 원자재가 이에 해당되며 부정기선 화물의 대부분이 이에 속한다. 반대개념은 일반화물(general cargo)이라 한다

1. 폐사는 이집트의 H사에게 계약물품인 남성용 의류 300dozen을 전량 선적하였으며 이러한 사실은 관련 서류에 의해 입증되고 있음. 따라서 당사가 고의적으로 148dozen을 부족하게 선적하였다고 주장하는 것은 터무니없는 일로서 납득하기 어려운 사항임.
2. 또한 폐사는 클레임 사실을 제기자로부터 통보받고 본건을 확실히 하기 위해서 Lloyd's에서 발행한 검정보고서를 제시할 것을 제기자에게 요구한 바 있으나 제기자는 이미 물품을 판매하였기 때문에 Lloyd's로부터 검사보고서를 받을 수 없다고 하였음. 이러한 상황으로 미루어 볼 때는 수량부족으로 인한 클레임으로 처리될 문제가 아닌 것으로 사료됨.
3. 실제 수량부족이 발생하였다면 이는 해상운송과정 중에 발생한 것이므로 보험으로 해결되어야 할 것임.

〈처리결과 및 검토의견〉

당중재원에서는 상기 피제기자가 제출한 답변내용을 제출된 관련 선적서류와 함께 검토한 결과 동 주장에 다음과 같은 모순이 있음을 발견하였다.

수출하기 전에 수출자가 신고하는 이론치 중량은 300dozen 618kg이었으나 실제 선적 시 선박회사에 의해 측정된 중량(선하증권상에 표시된 중량)은 포장무게까지 합해서 490kg에 불과하였으며 이러한 중량은 제기자 측 세관에서 작성된 보고서상의 중량과 거의 일치하는 것으로 보아 국내 W사의 주장은 그 신빙성이 결여되어 있었다. 따라서 당 중재원에서는 이러한 사실을 피제기상사인 W사에게 추궁하고 대차 이에 대한 설명을 요구한 바, 피제기자는 본건 클레임에 대한 해명과 함께 제기자에게 동 부족분에 상당하는 US$5,920를 송달함으로써 본건은 원만히 해결을 보게 되었다.

〈참고자료 : 장치순, 현대무역클레임론, 동성출판사, 1991, pp.346~348〉

3. 가격조건

가격조건(price terms)은 적정한 매매가격을 채산하는 데 기본적인 조건이며 중요한 요소이다. 가격조건에서는 매매가격의 산정기준, 가격의 표시통화를 고려해야 한다.

(1) 가격의 산정기준

상품의 판매와 구매가격, 즉 수출입단가(unit price)는 물품의 제조원가만으로 정해지는 것이 아님은 물론이다. 물품의 제조원가에 이윤을 붙이고 거기에다 수출입에 수반되는 여러 가지 수출입 부대비용을 포함시킨 '수출입요소비용' 전체에 의하여 단가는 채산(estimation)되어 그에 따라 가격제시(quotation)가 이루어진다.

수출입에서 소요되는 수출입 요소비용으로는 제조원가(manufacturing cost), 포장비(packing charges), 희망이익(expected profit), 각종 검사 및 증명료와 인허가비용, 선적항(port of shipment)까지의 수출국에서의 내륙수송비(inland freight), 창고비(godown rent) 또는 보관료(storage), 수출통관비용(cost of export clearance) 및 수출세(export duties), 선적비용(shipping charges 및 stowing charges), 해상운임(ocean freight), 보험료(insurance premium), 양하비용(unloading charges), 항구세와 부두세(사용료), 수입통관비(cost of import clearance) 및 관세(import duties), 수입국 내에서의 창고료와 보관료 및 각종 행정비용, 그 밖에 수출입에 수반되는 이자, 환비용(cost of exchange), 수수료(commission), cable이나 telex 비용을 포함한 여러 가지 영업비용 또는 잡비(petty expenses) 등이 있는데 이들을 매도인과 매수인이 각각 어느 정도 부담하는가에 따라 상품의 단가가 달라진다.

(2) 가격의 표시통화

물품의 수출입대금을 결제하는 데는 화폐가 필요하며, 어느 나라 통화로 결제하느냐 하는 것은 환율의 변동에 따르는 환위험을 회피하는 데 중요하다. 즉, 거래통화를 자국통화로 할 경우 아무런 환위험이 개재되지 않으나 상대방 국가의 통화나 제3국의 통화로 표시할 경우에는 환위험이 수반된다. 따라서 수출입업자는 무역계약 시 통화의 교환성, 안정성, 유통성 등을 고려하여 물품대금의 결제통화를 결정해야 한다.

4. 정형거래조건

정형거래조건(trade terms)은 물품이 매도인으로부터 매수인에게 이르기까지 운송과 수출입통관을 비롯하여 모든 비용과 위험부담의 당사자를 구분해 주는 국제매매계약의 주요소를 말한다. 그런데 이러한 정형거래조건도 국가나 지역별로 상관습과 법체계가 달라 종종 그 해석상의 오해와 분쟁이 야기되기도 하였다. 따라서 국제무역을 원활히 수행하고자 하는 시도가 무역실무계를 중심으로 있어 왔으며, 제1차 세계대전 이후에 국제상업회의소(ICC : International Chamber of Commerce)는 1936년에 무역조건의 해석에 관한 국제통일규칙(International Rules for the Interpretation of Trade Terms; 인코텀즈, 1936)을 제정하게 되었다. 즉, 인코텀즈(Incoterms)는 매도인과 매수인의 권리와 의무를 국제적으로 통일하여 규정한 규칙이지만 강제력이 없으므로 실질적으로는 국제적 기준이라고 볼 수 없다. 따라서 무역거래에서 반드시 인코텀즈를 사용할 필요는 없고 당사자가 합의하면 다른 국제규칙(CIF계약에 관한 와르소-옥스포드규칙,[12] 개정미국무역정의 등)이나 상관습을 얼마든지 사용할 수 있다.

(1) 인코텀즈의 발전

한편, 인코텀즈 1936은 11종의 조건으로 제정되었으며, 제2차 세계대전을 계기로 복잡한 국제환경은 정형거래조건의 재정비와 수정을 필요로 하여 1953년 개정 시에는 지정선적항반입 인도조건(Free or Free Delivered...named point of destination)이 삭제되어 9개의 조건이 남게 되었다. 이후 국제무역환경의 급격한 변화로 인하여 ICC에서 "Montreal Rules 1967"이라는 국경인도조건(Delivered of frontier...named place of destination in the country of importation)이 "인코텀즈 1953"에 추가되었다. 1976년에는 항공수출화물의 증가에 따라 FOB계통의 사용이 증가함에 따라 FOB Airport...(named airport of departure)조건이 수록되었다.

한편 1970년대에 복합운송방식의 등장으로 복합운송거래를 수용할 수 있도록 새로운 조항의 신설과 기존 조건들의 수정을 요구하게 되었다. 이에 따라 1980년에는 복합운송과 연관하여 "Free Carrier", "Freight or Carriage Paid to..." 및 "Freight or Carriage and Insurance Paid to" 조건을 신설하는 한편 수정된 조건과 이 세 가지 조건이 개정 또는 새로 추가되어 "인코텀즈 1980"으로 불리게 되었다. 이로써 "인코텀즈 1953" 이후 1967년, 1976년의 추가조건과 1980년의 신조건을 포함하여 새로이 편성된 "인코텀즈 1980"을 공표하게 된 것이다. 그리고 인코텀즈는 ① 전자자료교환방식(EDI)의 사용증가, ② 새로운 운송기술 발달, ③ 거래조건별 세부조건의 명확화의 필요성, ④ 철도운송조건(FOR/FOT)의 내용상 오해로 인한 분쟁의 증대로 "인코텀즈 1990"을 탄생시키게 되었고, 2000년 1월 1일부터 시행된 "인코텀즈 2000"은 ① 관세자유지역의 확대, ② 전자적 통신의 사용 증가, ③ 운송관행의 변화 등에 부응할 수 있도록 하기 위해 개정되었다. 그리고 2011년 1월 1일부터 시행된 "인코텀즈 2010"은 "인코텀즈 2000"의 개정원인에 해당하는 관세자유지역의 확대, 전자적 통신의 사용증가 그리고 운송실무

12) Warsaw-Oxford Rules for CIF Contract, 1932.

의 변화뿐만 아니라 물품이동에 있어 안전에 대한 관심 고조 등과 같은 국제무역의 환경변화에 대응하여 내용을 개정하였다. 그리고 2019년 9월 10일 개정된 인코텀즈 2020은 기존 DAT 삭제 및 DPU 신설, CIP와 CIF의 적하보험 부보수준을 차별화하는 등 2020년 1월 1일부로 시행되고 있다.

(2) 인코텀즈 2010의 주요 개정내용

인코텀즈 2010의 주요 개정내용을 살펴보면 다음과 같다.

1) 정형거래조건의 축소

컨테이너화의 진전 및 지점 간(point-to-point) 인도방식의 확대 등과 같은 운송실무에 있어서의 변화를 반영하여 인코텀즈 2000의 조건 가운데 DAF, DES, DEQ 그리고 DDU 조건을 삭제하고 그 대신 DAT와 DAP 조건을 새로 도입하였다. 따라서 인코텀즈 2000은 13가지 조건이었으나 인코텀즈 2010에서는 11가지 조건으로 바뀌었다.

2) 정형거래조건의 분류방식 변경

인코텀즈 2000에서는 전체 13가지 거래조건을 E, F, C, D그룹으로 분류하고 있었으나, 인코텀즈 2010에서는 현대의 상거래 현실을 반영하여 전체 11가지 거래조건을 운송수단에 따라 단일 또는 복수의 운송방식을 위한 규칙과 해상 및 내수로 운송을 위한 규칙으로 구분하고 있다. 그리고 인코텀즈 2000까지는 FOB, CFR 그리고 CIF에서 인도지점을 선측의 난간(ship's rail)으로 규정하고 있었으나 인코텀즈 2010에서는 물품이 본선상에 '적재(on board the vessel)' 된 때에 인도되는 것으로 규정하였다.

3) 국내거래에 대한 적용 공식화

인코텀즈는 전통적으로 물품이 국경을 통과하는 국제매매계약에 사용되어 왔다. 그러나 세계의 다양한 지역에서 유럽연합과 같은 무역권이 형성되어 국경에서의 절차가 중요하지 않게 되었다. 따라서 인코텀즈 2010의 부제에는 "ICC rules for the use of domestic and interpretation trade terms"와 같이 규정해 공식적으로 인코텀즈가 국내 매매계약에서도 사용가능함을 인정하고 있다.

4) 사용지침(guidance note)의 도입

이번 인코텀즈 개정에서 주목할 사항 중의 하나가 당사자들이 종종 잘못된 거래조건을 선택하여 사용하고 있다는 것이었다. 따라서 인코텀즈 2010에서는 각 조건의 앞부분에 「사용지침」을 두어 인코텀즈규칙이 언제 사용되어야 하고 언제 위험이 이전되는지 등의 기본적인 사항을 설명하여 거래조건의 선택에 도움이 되는 정보를 담았다.

5) 전자통신에 종이서류와 동일한 효력 부여

종전의 인코텀즈에서는 EDI 메시지로 대체할 수 있는 서류를 특정하고 있었다. 그러나 인코텀즈 2010의 A1/B1조에서는 당사자들이 합의할 경우 전자통신수단에 서면통신과 동일한 효력을 부여하고 있다.

6) 2009년 협회적하약관에 관한 규정 반영

인코텀즈 2010은 새로운 협회적하약관이 시행된 2009년 이후 처음으로 개정된 것이므로 개정된 약관의 내용을 고려하였다. 또한 운송 및 보험계약이 다루어지고 있는 A3/B3조에서는 보험에 관한 정보제공의무를 규정하였다.

7) 보안에 관련된 규정 도입

9·11 테러 이후 물품의 이동에 있어서 보안에 대한 관심이 높아지면서 인코텀즈 2010의 A2/B2조와 A10/B10조에서는 '물증보관의 계속성(chain-of-custody)' 정보와 같은 보안에 관련된 확인을 함에 있어서 매매당사자 사이에 상호 협력할 의무를 부과하고 있다.

8) THC(Terminal Handling Charge)의 취급에 관련된 규정 추가

THC와 관련한 비용은 현실적으로 발생하고 누가 부담하느냐에 대한 분쟁이 늘어나고 있어 인코텀즈 2010은 각각 A6/B6조에 이들 비용을 명확히 할당함으로써 매도인과 매수인 간의 분쟁을 회피하도록 하고 있다.

9) 연속매매(string sales)와 관련된 규정 도입

제조물(manufactured goods)의 매매와 달리 일차산품(commodities) 매매에서는 종종 화물이 운송되는 도중에 여러 차례 전매되기도 한다. 이러한 경우 중간에 판매한 매도인은 물품이 이미 첫 번째 매도인에 의해 선적되어 있기 때문에, 물품을 '선적'하지는 않는다. 따라서 연속매매의 경우 중간에 있는 매도인은 매

참고자료 **인코텀즈 2010**

1. 시행일 : 2011년 1월 1일
2. 주요 개정내용 : 기존 13개 조건에서 11개 조건으로 통합변경
   - 2004년 화물보안을 강화하는 미국통일상법전(UCC)의 개정 및 2009년 협회적하약관(ICC)의 개정내용을 반영
   - DAF, DES, DEQ 및 DDU가 삭제되고, DAT(Delivered At Terminal)와 DAP(Delivered At place)조건이 신설
3. 인코텀즈 2010의 11개 조건
   - RULES FOR ANY MODE OR MODES OF TRANSPORT
     EXW ex works
     FCA free carrier
     CPT carriage paid to
     CIP carriage and insurance paid to
     DAT delivered at terminal
     DAP delivered at place
     DDP delivered duty paid
   - RULES FOR SEA AND INLAND WATERWAY TRANSPORT
     FAS free alongside ship
     FOB free on board
     CFR cost and freight
     CIF cost insurance and freight

수인에 대한 자기의 의무를 물품의 선적이 아닌 선적된 물품을 '조달(procuring)' 함으로써 이행한다. 이처럼 인코텀즈 2010은 물품을 선적할 의무 대신 선적된 물품을 조달할 의무를 신설하고 있다.

(3) 인코텀즈 2010의 무역조건

1) 공장인도조건(EXW : Ex Works…named place)

공장인도란 매도인이 수출통과절차를 이행하지 않고, 수취용 차량에 적재하지 않은 상태로 매도인의 영업소 또는 기타 지정된 장소(예 : 작업장, 공장, 창고 등)에서 물품을 매수인의 임의처분상태로 놓아두었을 때 매도인이 인도하는 것을 의미한다. 따라서 이 조건은 매도인에 대한 최소한의 의무를 나타내며, 매수인은 매도인의 영업소로부터 물품을 인수하는 데 수반되는 모든 비용과 위험을 부담해야 한다. 그러나 만일 당사자가 출발 시의 물품의 적재에 대한 책임과 그러한 적재의 모든 비용과 위험을 매도인에게 부담시키고자 하는 경우에는, 매매계약에서 이러

한 취지에 관한 문언을 명시적으로 추가함으로써 이를 명확하게 해야 한다.[13] 이 조건은 매수인이 직접 또는 간접적으로 수출절차를 이행할 수 없을 경우에 사용되어서는 안 된다. 이러한 상황하에서는 매도인이 자신의 비용과 위험으로 적재할 것이라고 합의한다면, FCA조건을 사용하여야 한다.

2) 운송인인도조건(FCA : Free Carrier⋯named place)

이 조건은 1980년에 인코텀즈를 개정할 때 처음으로 제정된 이후 종전의 FRC, FOR/FOT, FOA(FOB Airport)조건을 흡수 통합하여 1990년에 개정되어 현재에 이르고 있다. 따라서 이 조건은 철도운송, 육로운송, 해상운송, 항공운송, 내수로운송, 및 복합운송 등 어떠한 운송형태(mode of transport)에서도 사용가능하다. 이 조건은 매도인이 지정된 장소에서 매수인이 지정한 운송인에게 수출통관된 물품을 인도함으로써 의무가 끝나며, 지정된 장소에서 운송인에게 계약물품이 인도

표 6-2 | 인코텀즈 2010의 구성

인코텀즈 2010		
운송방식별	무역조건	인코텀즈 전신부호
단일 또는 복수의 운송방식을 위한 규칙 (RULES FOR ANY MODE OR MODES OF TRANSPORT)	Ex Works(공장인도조건)	EXW
	Free Carrier(운송인인도조건)	FCA
	Carriage Paid to(운송비지급조건)	CPT
	Carriage and Insurance Paid to(운송비보험료지급조건)	CIP
	Delivered at Terminal(터미널인도조건)	DAT
	Delivered at Place(도착장소인도조건)	DAP
	Delivered Duty Paid(관세지급인도조건)	DDP
해상 및 내수로운송을 위한 규칙(RULES FOR SEA AND INLAND WATER-WAY TRANSPORT)	Free Alongside Ship(선측인도조건)	FAS
	Free on Board(본선인도조건)	FOB
	Cost and Freight(운임포함조건)	CFR
	Cost, Insurance and Freight(운임 · 보험료포함조건)	CIF

주 : 2011년 1월 1일부로 인코텀즈 2010이 시행됨에 따라 기존 D군의 5개 조건은 DAT(터미널인도), DAP(지정장소인도), DDP(관세지급인도) 3개의 조건으로 대체된다.

13) 인코텀즈 2010, EXW.

표 6-3 | 매도인과 매수인의 의무

매도인	매수인
A. THE SELLER'S OBLIGATIONS (매도인의 의무)	B. THE BUYER'S OBLIGATIONS (매수인의 의무)
A1. General obligation of the seller (매도인의 일반적인 의무)	B1. General obligation of the buyer (매수인의 일반적인 의무)
A2. Licences, authorizations, security clearances and other formalities (허가, 인가, 보안통과 및 기타 절차)	B2. Licences, authorizations, security clearances and other formalities (허가, 인가, 보안통과 및 기타 절차)
A3. Contracts of carriage and insurance(운송계약과 보험계약)	B3. Contracts of carriage and insurance(운송계약과 보험계약)
A4. Delivery(인도)	B4. Taking delivery(인도의 수령)
A5. Transfer of risks(위험의 이전)	B5. Transfer of risks(위험의 이전)
A6. Allocation of costs(비용의 분담)	B6. Allocation of costs(비용의 분담)
A7. Notices to the buyer (매수인에 대한 통지)	B7. Notices to the seller (매도인에 대한 통지)
A8. Delivery document(인도서류)	B8. Proof of delivery(인도의 증거)
A9. Checking-packaging-marking (검사, 포장, 하인)	B9. Inspection of goods(물품의 검사)
A10. Assistance with information and related costs(정보제공에 대한 협조 및 관련 비용)	B10. Assistance with information and related costs(정보제공에 대한 협조 및 관련 비용)

되는 시점이 바로 매매당사자 간의 비용부담과 책임의 분기점이 된다.

여기서 운송인이란 운송인과 운송중개인(운송주선인, freight forwarder) 등의 운송관계인을 포함한 개념이다. 즉, 운송계약에 따라 철도운송, 육로운송, 해상운송, 내륙수로운송 및 복합운송을 수행하는 자를 말한다. 운송인의 지정권은 원칙적으로 매수인에게 있다. 그러나 예외적으로 매수인의 요청이 있는 경우 또는 관습상 요구되는 경우에는 매도인이 운송인을 선택하기도 한다. 또한 물품인도장소(지점)는 당사자 간의 약정이나 매수인의 지정에 의하여 약정함을 원칙으로 하지만, 만약 그것이 약정되어 있지 않은 경우 또는 인도가능한 장소가 여러 지점으로 되어 있는 경우에는 매도인이 가장 적합한 지점을 선택할 수 있다.

물품인도장소가 되는 운송터미널은 철도터미널, 육상터미널(freight terminal), CY(Container Yard)나 CFS(Container Freight Station) 등 container terminal,

다목적화물터미널(multipurpose cargo terminal), 내륙의 depot, 공항화물터미널, 항구, 매도인의 영업장(premise) 등이다. 그리고 물품인도일 또는 기간은 당사자 간의 약정이나 매수인 지정통지에 의하며, 인도방법은 당사자 간의 약정이나 인도장소의 관습 또는 매수인의 지시에 의하지만 매수인의 정확한 지시가 없는 경우에 매도인은 당해 운송형태와 물품의 수량 및 성질에 맞게 가장 적절한 방법으로 인도하면 된다. 운송인에 대한 물품의 인도는 구체적으로 다음과 같다.

① 철도운송의 경우

철도화차 1량분(Wagon Load Lot) 또는 컨테이너 1량분(FCL : Full Container Load Lot)이 되는 경우에는 wagon이나 컨테이너(container)[14]에 물품을 적재하여 이를 철도 측(railway carrier 또는 그 대리인)에게 인도함으로써 화물인도가 완료된다.

② 육로운송의 경우

매도인의 영업장(premise)에서 물품을 적재하는 경우에는 매수인이 제공한 vehicle에 적재완료함으로써 인도가 완료된다. 그리고 운송인의 영업장에서 물품을 인도하는 때에는 육로운송인(road carrier) 또는 그 대리인에게 물품을 인계함으로써 인도가 완료된다.

③ 내륙수로운송의 경우

매도인의 영업장(premise)이나 항구에서 물품을 적재하는 때에는 매수인이 지정한 운송선박에 적재완료함으로써 인도가 완수된다. 그리고 운송인의 영업장에서 인도되는 경우에는 내륙수로운송(inland waterway carrier) 또는 그 대리인에게 물품을 인계한 때를 인도의무가 완료되는 시점으로 한다.

④ 해상운송의 경우

컨테이너 만재화물(FCL : Full Container Load)인 경우에는 물품을 컨테이너(container)에 적재하여 해상운송인(sea carrier)에게 인도함으로써 매도인의 물

---

14) 국제표준화기구(ISO : International Organization for Standardization)에서 공인한 것이든 아니든 불문하고, container, flat(무개차), trailer, swap body, RORO장비, igloo, pallet 등 단위화화물(unitize cargo)에 사용되는 일체의 장비를 말한다.

품인도의무가 완수되지만, 해상운송인을 대리한 운송터미널의 관리인(operator)에게 컨테이너가 운반된 때에는 컨테이너야적장(CY : Container Yard)과 같은 운송터미널에 반입함으로써 물품인도가 완료된 것으로 간주한다.

컨테이너 1대에 미달하는 화물(LCL : Less than Container Load)의 경우나 또는 단위화(containerization)에 의한 운송이 아닌 경우에는 컨테이너화물야적장(CFS[15] : Container Freight Station)과 기타의 운송터미널에 물품을 운반해서 해상운송인이나 CFS operator와 같은 운송인의 대리인에게 인계한 때에 물품인도가 완료된다.

⑤ 항공운송의 경우

항공운송인(air carrier) 또는 그 대리인에게 물품을 인계함으로써 물품인도의무가 완수되며, 인도장소는 대체로 공항의 화물터미널이 된다.

⑥ 불특정운송(unnamed transport)의 경우

운송방법(형태)을 정하지 않은 경우에는 매수인이 지정하거나 또는 매도인 스스로가 선정한 운송인 또는 그 대리인에게 물품을 인계함으로써 인도의무가 종료된다.

⑦ 복합운송의 경우

복합운송은 위에 열거한 여러 가지 운송형태 가운데 두 가지 이상이 결합되므로 위에 열거한 인도방법 가운데 어느 하나에 의해 인도의무가 완료된다. 어떠한 인도방법이 채택될 것인가는 복합운송구간의 최초의 운송형태가 무엇인가에 따라 결정되기 때문에 주로 최초의 운송인(first carrier) 또는 그 대리인의 관리하에 물품을 인도하는 형식이 된다. FCA조건에서는 작업장인도조건(EXW)에 비해 매도인이 수출통관된 물품을 지정된 운송인에게 인도해야 하는 의무가 추가된다. 매도인은 자신의 위험과 비용으로 모든 수출허가 또는 기타 공적 인증을 취득해야 하고 물품의 수출에 필요한 통관절차도 이행해야 한다.

---

15) CFS란 컨테이너화물을 적입(vanning)하거나 해제(devanning)하는 컨테이너조작장을 말한다.

3) 운송비지급조건(CPT : Carriage Paid To…named port of destination)

이 조건에서는 물품의 멸실이나 손상에 대한 위험부담은 수출국 내에서 운송인의 보관하에(into the custody) 물품이 인도된 때에 매도인에게서부터 매수인에게로 이전된다. 복합운송의 경우처럼 운송형태(수단) 또는 운송구간별로 하청운송인 등 다수의 운송인이 운송을 분담함으로써 일관운송(through carriage)이 이루어지는 경우 필연적으로 1인 또는 여러 명의 후속운송인이 운송에 개입하게 된다. 이때에는 최초의 운송인에게 물품이 인도된 때에 물품에 대한 위험부담이 매도인으로부터 매수인에게로 이전된다.

또한 매수인 수송비를 제외하고 물품이 운송인의 보관하에 인도된 이후의 모든 추가비용은 매수인에게 귀속된다. 이 조건은 어떠한 운송형태에도 채용될 수 있으며, 특히 FCA나 CIP와 함께 복합운송에 적합하다. CPT조건하에서의 매도인은 물품의 수출통관을 이행해야 한다. 따라서 수출승인(E/L : Export Licence) 등 수출국 내에서의 수출에 관련된 모든 공적 절차는 매도인이 완수해야 한다.

4) 운송비보험료지급조건(CIP : Carriage and Insurance Paid To…named port of destination)

이 조건은 운송 도중에 발생될 수 있는 물품의 멸실이나 손상에 대한 위험에 대비하여 매도인이 매수인을 위하여 적하보험(cargo insurance)에 부보할 의무를 진다는 것 이외에는 CPT와 동일하다. CFR과 CIF의 관계는 CPT와 CIP의 관계와 같다고 할 수 있다. 이 조건에서는 매도인이 물품의 수출통관을 이행할 의무를 부담하며, 복합운송을 포함하여 어떠한 운송형태에도 사용될 수 있으나, 특히 복합운송의 경우에는 더욱 유용하게 이용될 수 있다는 점에서 FCA나 CPT조건과 공통점을 갖는다. 또한 이 조건에서 매매당사자 간의 책임분기점은 CPT조건과 마찬가지로 최초의 운송인이 된다. 따라서 매도인이 비록 운송 도중의 물품에 대해서 운송보험을 체결하더라도 매도인의 책임은 물품을 최초의 운송인에게 인도, 보관시키는 시점에서 끝나기 때문에 운송 도중의 위험에 대해서 책임질 필요는 없다.

CIP조건에서도 문제가 될 수 있는 점은 매도인이 매수인을 위하여 운송보험을 체결하고 보험료를 지불하는 점이다. 매도인은 자신을 위한 보험이 아니라 매수인을 위한 보험계약이기 때문에 가능하면 보험료를 적게 부담하려고 할 것이다. 이런 점 때문에 CIP조건에서도 매도인이 체결해야 할 보험을 엄격히 규정하고 있다. 그 내용은 CIF조건에서의 보험규정과 동일한데, 단지 CIF조건에서는 해상보험이 체결되기 때문에 적하보험약관 중 최소의 담보조건으로 보험계약이 체결되도록 규정하고 있다. 그러나 CIP조건은 주로 복합운송에서 사용되기 때문에 해상보험의 약관을 이용하도록 획일적으로 규정할 수 없어 보험조건은 당사자가 합의하도록 하고 있다.

5) 터미널인도조건(DAT : Delivered at Terminal)

터미널인도조건은 지정목적항 또는 지정목적지에 있는 지정터미널에서 물품이 도착된 운송수단으로부터 양화된 상태로 수입통관하지 않고 매수인의 임의처분상태로 두었을 때 인도가 완료되는 조건으로, 이 조건을 사용할 경우 DAT 뒤에 목적항 또는 목적지의 지정터미널을 표시한다. 여기서 언급하는 '터미널' 은 지붕의 유무를 불문하며 부두, 창고, 컨테이너야적장(CY), 도로, 철도 또는 항공화물터미널과 같은 장소를 포함한다. 이 조건의 경우 매도인은 자기의 비용으로 합의된 목적항 또는 목적지에 물품을 운송하기 위한 운송계약을 체결하여야 하고 지정목적항 또는 지정목적지에 있는 터미널까지 운송하여 양화하는 데 따르는 모든 위험을 부담한다. 따라서 당사자들은 매도인이 위험을 부담해야 하는 지정목적항 또는 지정목적지에서의 터미널을 지정함과 동시에 합의된 목적항이나 목적지 터미널 내의 특정 지점까지도 가능한 한 명확하게 명시하는 것이 바람직하다. 그리고 만약 특정 터미널이 합의되지 않았거나 관습에 의해 결정되고 있지 않은 경우, 매도인은 합의된 목적항 또는 목적지에서 자기의 목적에 가장 적합한 터미널을 선택할 수 있다(A3 a).

더욱이 당사자들이 터미널에서 다른 장소로 물품을 운송하고 처리하는 데 수반되는 위험과 비용을 매도인이 부담하도록 원하는 경우에는 DAP 또는 DDP조건이 사용되어야 한다.

한편 매수인은 물품이 지정터미널에서 인도된 이후의 모든 위험과 수입통관을 위한 비용을 포함한 모든 비용을 부담한다.

6) 도착장소인도조건(DAP : Delivered at Place)

도착장소인도조건은 지정목적지에서 수입통관을 하지 않은 계약물품을 도착된 운송수단으로부터 양화하지 않은 상태로 매수인의 임의처분상태로 두었을 때 매도인이 인도한 것으로 이때 위험과 비용은 모두 매수인에게 이전된다. 이 조건의 경우 매도인은 자기의 비용으로 지정목적지 또는 경우에 따라 지정목적지의 합의된 지점까지 물품을 운송하는 데 따른 모든 위험을 부담한다. 따라서 합의된 목적지 내의 지점을 가능한 한 명확하게 명시하는 것이 바람직하다. 만약 매도인이 목적지에서 양화에 관한 비용을 지출한 경우에 당사자 간에 별도의 합의가 없었다면 매도인은 이러한 비용을 매수인으로부터 상환청구할 권리가 없다.

이 조건에서 물품의 수출통관은 매도인이 하지만 수입통관은 매수인이 하여야 한다. 만약 당사자 간에 매도인이 물품에 대한 수입통관절차를 수행하도록 원하는 경우에는 DDP조건이 사용되어야 한다.

DAP조건과 DAT조건의 주된 차이점은 인도조건이다. 즉 DAP조건의(Incoterms 2000의 DAF, DES, DDU조건에서와 같이) 경우 매도인은 지정장소에서 물품을 도착된 운송수단으로부터 양화하지 않은 상태로 매수인이 임의처분할 수 있는 상태에서 인도하면 되는데, 이때 도착된 운송수단은 선박이 될 수도 있다. 또한 지정목적지도 항구가 될 수 있다. 한편 DAT조건은(Incoterms 2000의 DEQ조건과 같이) 지정터미널에서 물품이 일단 선박이나 기타 운송수단으로부터 양화된 후 매수인이 임의처분할 수 있는 상태로 두었을 때 인도되는 것으로 이때 지정터미널은 항구에 있을 수 있다. DAT조건의 경우 매도인은 이러한 지정터미널에 가져와 양화할 때까지의 모든 위험을 부담한다.

7) 관세지급인도조건(DDP : Delivered Duty Paid…named port of destination)

이 조건은 매도인이 지정된 목적지에서 수입통관을 이행하고, 도착된 운송수단으로부터 양륙되지 않은 상태로 매수인에게 물품을 인도하는 것을 의미한다. 매도인은 목적지 국가에서의 수입에 필요한 모든 관세를 포함하여, 그곳까지의 물품의 운송에 따른 모든 비용 및 위험을 부담하여야 한다. EXW조건이 매도인의 최소의무를 나타내는 데 비해, DDP조건은 최대의무를 나타낸다. 이 조건은 매도인이 직접 또는 간접적으로 수입허가를 취득할 수 없을 경우에 사용되어서는 안 된다.

그러나 당사자가 물품의 수입 시에 지불해야 하는 비용의 일부(예 : 부가가치세, VAT)를 매도인의 의무로부터 제외시키고자 하는 경우에는, 매매계약에서 이러한 취지에 관한 문언을 명시적으로 추가함으로써 이를 명확하게 하여야 한다. 그리고 당사자 간의 합의에 의해 매도인이 부가가치세를 부담하지 않기로 합의한다면 "Delivered Duty Paid, VAT unpaid"처럼 명확하게 표시해야 한다. 관세지급인도조건은 매도인이 수입에 따른 모든 법적 절차를 취해야 하는 점을 제외하고는 관세미지급인도조건과 동일하므로 매매당사자 간의 의무는 생략하기로 한다.

8) 선측인도조건(FAS : Free Alongside Ship…named port of shipment)

이 조건은 물품이 지정된 선적항에서 본선의 선측[16]에 놓여졌을 때 매도인이 인도하는 것을 의미하며, 그 순간으로부터 매수인이 물품의 멸실 또는 손상에 관한 모든 비용과 위험을 부담하여야 한다. 이 조건은 매도인이 수출물품의 통관절차를 이행할 것을 요구하고 있다. "인코텀즈 1990"에서는 수출물품의 통관수속을 매수인이 수행하도록 하였으나 "인코텀즈 2000"에서 매도인이 수행하도록 변경되었고 이 점은 2010년 인코텀즈에서도 마찬가지이다. 그러나 만약에 당사자가 수출통관절차를 매수인에게 이행시키고자 하는 경우에는 매매계약에서 이러한 취지에 관한 문언을 명시적으로 추가시킴으로써 이를 명확하게 해야 한다. 또한 이 조건은 해상 또는 내수로운송에만 사용가능한 조건이다.

9) 본선인도조건(FOB : Free on Board…named port of shipment)

이 조건은 물품이 지정된 선적항에서 매수인이 수배한 선박에 선적할 때 매도인이 인도하는 것을 의미한다. 이것은 매수인이 그 지점으로부터 물품의 멸실 또는 손상의 모든 비용과 위험을 부담하여야 한다는 것을 의미한다. FOB조건은 매도인에게 수출을 위하여 물품을 통관할 것을 요구하고 있다. 이 조건은 해상 또는 내륙수로운송에만 사용될 수 있다. 만일 당사자가 선박에 선적하여 물품을 인도할 의도가 없는 경우에는 FCA조건을 사용하여야 한다.

위에서 살펴보았듯이 이 조건에서 매도인의 인도의무가 완료되는 시점은 지정된 선적항에서 약정물품이 매수인이 수배한 선박에 선적되는 시점이다. 이렇게 "인코텀즈 2000"에서는 인도지점으로서의 선측 난간(ship's rail)이라는 문구가 모두 삭제되고 대신에 물품이 본선에 적재(on board the vessel)된 때에 인도됨으로 바뀌었다. 따라서 이 시점은 매도인과 매수인 사이의 위험 및 비용의 분기점이 되는 것이다. 즉, 매도인은 물품을 매수인이 수배한 선박에 선적할 때까지의 물품 인도과정에서 발생되는 모든 비용을, 매수인은 선창내적부비용(stowage)을 포함하여 그 이후 발생하는 모든 비용을 부담한다.

---

16) 선측은 본선의 양화기(loading tackle), 부두크레인 등에 의해 선내로 적재될 수 있는 선측으로서, 부선에 의한 선측인도장소도 포함된다. 즉, 선측은 본선의 양화기 등이 도달될 수 있는 지점을 의미하므로, 본선이 내항의 부두에 접안하는 경우에는 부두상(on the quay), 본선이 외항에 정박하고 있는 경우에는 매도인이 제공한 부선내(in lighter)를 말한다.

사례연구

FOB계약에서 매수인의 선박지정의무

Agricutores Federados Argentinos v. Ampro S. A.사건에서는 매도인이 FOB Rosario 조건으로 계약물품을 9월 20일~29일 사이에 선적하기로 계약을 체결하였다. 이에 매수인은 Oswestry Grange호를 지명했으며, 악천후로 인해 해당 선박의 입항이 늦어져 선적만기일까지 선적할 수 없게 되었다. 그리하여 매도인은 9월 29일 오후 4시에 매수인이 지명한 선박이 도착하지 않았다는 이유로 매수인에게 계약해제의 통지를 하였으나, 매수인은 당일 오후 4시 30분에 해당 물품을 운송할 수 있는 대체선박 Austral호를 수배하여 매도인에게 통지하였다. 그러나 매도인은 Austral호에의 선적을 거절함으로써 당사자 간에 분쟁이 발생되었다. 사실조사 결과 매도인이 선적할 수 있는 시간은 충분했던 것으로 판명되었으며, 이 사건을 담당했던 Widgery 판사는 "…매도인의 행위로 미루어 보아 매도인이 계약을 이행할 의사가 없었음이 명백하므로, 매수인은 이를 매도인의 계약이행거절로 처리할 수 있다. … 해당 계약서에 특정 선박을 지명한다는 내용의 명시적 규정이 없고, 또한 약정기간 내에 선적이 가능한 경우에는 매수인의 대체선박지명권을 매도인이 부인해야 할 이유가 없다"라고 판시함으로써 매도인 패소판결을 내렸다. 따라서 매수인이 계약서에 명시된 약정기간 내에 대체선박을 지명한 경우, 매도인은 어떤 불가항력적 상황이 존재하지 않는 한 이를 이행하여야 할 의무가 있다.

Trading Society Kwik-Hoo-Tong v. Royal Commission on Sugar Supply사건에서는 FOB계약조건으로 매매계약이 체결되었는데 매수인이 선박지정의 의무를 이행하였음에도 불구하고 매도인이 선적부두를 지정하지 않음으로써, 이로 인한 비용발생에 대한 분쟁이 발생되었다. 즉, 계약물품의 선적을 위하여 외항에 도착한 선박은 매도인이 선적부두를 지정하지 않음으로써 며칠 동안 외항에 정박하고 있는 상태에 있었다. 그 결과 매수인은 매도인에게 선적지연에 따른 체선료를 요구하였고, 매도인은 이를 거절함으로써 분쟁이 발생되었다. 이에 대하여 이 사건을 담당했던 법원은 매수인이 약정기간 내에 선박명을 매도인에게 통지한 사실을 확인함으로써, 매도인이 매수인에게 체선료를 지불해야 한다는 내용의 매도인 패소판결을 내렸다.

〈참고자료 : 김선광, 무역사례연구, 동성출판사, 1996, pp.44~45〉

10) 운임포함조건(CFR : Cost & Freight…named port of destination)

FOB조건과 마찬가지로 매도인이 선박의 본선까지 계약물품을 인도하여야 하며 일단 화물이 매수인이 수배한 선박에 선적된 그 이후로는 매수인의 위험과 비용부담이 된다. 이 조건은 선적항에서의 약정품의 선적원가(cost), 목적항까지의 운임(freight)을 포함한 복합가격으로 계약을 체결하는 것이다. 이러한 운임포함조건(CFR)은 운임 · 보험료포함조건(CIF)의 변형으로서 그 기본적 성격은 CIF조건과 동일하다. 그러나 CFR조건은 선적지항에서 양륙지항까지의 물품의 멸실 및 손상의 위험에 대한 부보(附保)는 매수인에게 그 의무가 있는 데 반해 CIF조건에서는 매도인이 그 의무를 지고 있음이 유일한 차이라고 할 수 있다.

이 조건은 FOB조건과 마찬가지로 해상운송 또는 내륙수로운송을 전제로 하는 무역계약에만 사용할 수 있는 조건이다. 이 조건으로 무역계약을 체결하는 경우에 있어서의 매매가격에는 해상운임 또는 내륙수로운임이 포함된다. 따라서 CFR가격은 수출원가(export cost)에 해상운임 또는 내륙수로운임이 가산된 금액이라고 할 수 있다. 한편, 목적지 항구에서의 양하비(charges for unloading)는 원칙적으로 수입업자가 부담해야 할 비용이지만, 해상운임에 그것이 포함되어 있는 경우에는 결과적으로 수출업자가 부담하게 되는 비용이다.

11) 운임 · 보험료포함조건(CIF : Cost, Insurance and Freight…named port of destination)

이 조건은 선적항에서의 계약물품의 선적원가(cost), 목적항까지의 보험료(insurance) 및 해상운임(freight) 등 세 가지 복합요소가 하나의 거래조건에 통합된 계약형태이다. 따라서 CIF조건은 인도장소를 중심으로 하는 FOB조건과는 달리 FOB가격(C)에 수입항까지의 해상보험료(I)와 해상운임(F)을 가산한 비용을 중심으로 하는 거래조건이다. 이 조건의 거래에 있어서 매도인은 자기의 위험과 비용으로 약정기간 내에 지정된 목적항까지의 운송계약을 체결하여 약정품을 선적하고 선적품의 위험에 대하여 해상보험을 체결하고, 선적서류를 취득하여 매수인에게 제공할 의무를 부담하는 한편, 매수인은 선적 이후의 약정품에 대한 모든 위험을 부담하는 동시에 그 선적서류와 상환으로 대금을 지급할 의무가 있다.

또한 이 조건은 FOB와 마찬가지로 위험의 분기점은 약정물품이 선적항에서 매수인이 수배한 선박에 선적되는 시점이며, 해상운송 또는 내륙수로운송을 전제로 하는 조건이다. 한편, 인코텀즈에 직접 규정이 되어 있지는 않지만 변형 CIF조건에는 다음과 같은 것들이 있으며, 또한 이러한 변형 CIF조건과 유사한 변형 CFR조건이 있다.

① CIF & C(보험료, 운임, 수수료 포함)

CIF & C 3%라고 하면 상대방이 commission agent인 경우에 계약완결 후 결제받은 대금 중에서 중개인에게 송금해 줄 3%의 return commission을 CIF가격에 추가하는 가격조건이다.

② CIF & E(보험료, 운임, 환비용 포함)

여기의 E는 환비용(cost of exchange)으로서 외국환은행을 통하여 수출품결제를 할 때의 환(換)어음 추심수수료, 기타 매도인이 은행에 지급하는 비용을 말한다. 이 조건에서는 매도인이 수출품결제통화를 다른 통화로 교환할 때 부담하게 될지도 모르는 환시세의 변동에서 오는 환위험(exchange risk)이 포함된다는 설도 있다.

③ CIF & I(보험료, 운임, 이자 포함)

수출자가 멀리 해외에 있는 수입자 앞으로 발행한 환어음으로 수출지의 은행에서 대금결제를 받은 날로부터 그 어음이 수입자에 보내져서 이 은행에 자금이 추심될 때까지의 이자(interest)가 붙는 경우 이를 매도인이 부담한다는 가격조건이다.

④ CIF landed(보험료, 운임, 양륙비 포함)

CIF가격에 수입항에서의 양륙비를 추가시킨 것으로 이를 매도인이 부담하는 가격조건이다.

⑤ CIF customs duty paid(보험료, 운임, 관세 포함)

CIF가격에 수입관세만이 추가된 가격조건이다.

⑥ CIF cleared(보험료, 운임, 통관비 포함)

CIF가격에 수입지에 있어서의 통관비용을 추가한 것으로서 이에는 수입을 위하여 지출을 요하는 관세, 기타 제세, 부과금, 요금 등이 포함된다.

⑦ C & I(보험료 포함)

Cost and Insurance로서 매도인은 부보 및 보험료부담의무는 있으나 운임부담의무는 없다.

표 6-4 | 주요 가격조건(FOB, CFR, CIF)의 비교

구분	FOB	CFR	CIF
위험의 이전시점	• 선적항에서 매수인이 수배한 선박에 선적할 때	• 선적항에서 매수인이 수배한 선박에 선적할 때	• 선적항에서 매수인이 수배한 선박에 선적할 때
수출업자의 비용부담	• 선적항에서 본선 적재 시까지 부담	• FOB비용 • 목적항까지의 운임	• FOB비용 • 목적항까지의 운임 및 보험료
물품인도방식	• 현물인도방식	• 서류인도방식	• 서류인도방식
수출업자의 주요 의무	• 수출통관 • 선적완료	• 수출통관 • 선적완료 • 해상운송계약체결	• 수출통관 • 선적완료 • 해상운송계약체결 • 해상보험계약체결

(4) 인코텀즈 2020의 무역조건

1) 인코텀즈 2020의 주요 개정내용

앞에서도 언급한 바와 같이 Incoterms가 국제무역에서 가지는 의미는 ICC가 제정한 인코텀즈의 공식명칭은 국내 · 국제거래조건의 사용에 관한 ICC 규칙이라 할 수 있다. 즉, 물품매매계약에서 기업 간 실무를 반영한 3개의 문자로 이루어진 11개의 정형거래규칙이다. 이러한 Incoterms를 통해 정형거래규칙을 정하는 것은 매매계약을 의미하는 것이 아니며, 모든 물품의 거래관행을 반영하도록 고안된 정형거래규칙이라 할 수 있다. 다시 말하면, 무역거래는 국제 간의 정치, 사회, 문화, 경제적 배경 및 상관습의 차이로 거래당사자 간의 분쟁과 마찰이 발생할 소지가 많으므로 이러한 문제점들을 제거하고 거래당사자, 거래장소, 거래물품에 상관없이 무역거래에 통일적으로 적용하기 위하여 국제상업회의소(International Chamber of Commerce)가 제정한 국제상관습이 바로 Incoterms이다.

Incoterms는 그 자체가 강제력이 있는 것이 아니라 거래당사자가 Incoterms를 채택한다는 합의문헌이 있어야 강제력을 갖게 되는 것이고 Incoterms에서는 다음 사항에 대해서는 규정하지 않는 것을 염두에 두고 매매계약을 체결하여야 한다. ① 물품의 매매계약 및 성립 ② 물품의 소유권 ③ 매매계약 존재 여부, 물품사항, 구제조치에 대한 문제사항 ④ 대금결제의 시기, 장소, 방법, 통화 ⑤ 계약 준거법, 이행지체 및 그 밖의 계약상 의무위반의 결과 ⑥ 무역제재의 효과, 관세부과, 수출입 금지, 지식재산권, 불가항력 또는 하드십 ⑦ 의무위반의 분쟁해결 시

방법, 장소, 준거법 등은 인코텀즈의 내용에서는 다루지 않는 내용이란 점을 인식할 필요가 있다.

Incoterms 2020은 2019년 9월 10일 제8차 개정버전으로 제정되었다. Incoterms 2020에서는 기존의 인코텀즈 2010의 사용에 있어서 발생할 수 있는 혼란을 최소화하고 무역실무에서 적절히 사용할 수 있도록 사용자에게 지침을 제공하고 있는 것이 가장 큰 특징 중의 하나라 할 수 있다. 이러한 내용을 구체적으로 살펴보면 다음과 같다.

① DAT의 삭제와 DPU의 신설

Incoterms 2020의 주요 특징으로는 DAT가 DPU로 변경되어 11개 조건으로 구성되었다. DPU(Delivery at Place Unloaded)규칙이 신설되었으며, 이전의 DAT에서 목적지가 터미널(Terminal)뿐만 아니라 어떤 장소(Place Unloaded)도 될 수 있음을 강조하였다.

② Guidance Note를 Explanatory Notes for Users

기존의 2010에서 앞머리에 있던 사용지침(Guidance Note)을 사용자를 위한 설명문(Explanatory Note for Users)으로 명칭을 바꾸어 더 자세하게 설명하였고 일부 규칙 및 목차의 순서도 바꾸었다.

③ FCA에서 본선적재의무 후 선적선하증권 발행의무

본선적재 표기가 있는 선하증권과 인코텀즈 FCA규칙을 명료화하였다. FCA규칙이 해상으로 쓰일 때 선적선하증권이 요구되는 경우가 많아 이를 첨부할 것을 요구할 수 있다는 내용이 추가되었다.

④ CIF 및 CIP에서의 부보범위 이원화

CIF와 CIP 간 적하보험부보 범위의 차별화가 명기되었는데, 즉 CIF조건과 CIP조건에서의 부보수준이 변경되었다. 과거 2010버전에서는 각 규칙에서 매도인이 매수인을 위하여 부보해야 했고, 그 수준은 최소담보조건(협회적하약관의 C약관이나 그와 유사한 약관)으로 하도록 했으나 CIF조건에서는 기존 부보조건을 그대로 두되 CIP조건에서는 최대담보조건(A약관)으로 부보하도록 규정하였다.

⑤ FCA의 D(duty)규칙에서 매도인 또는 매수인 자신의 운송수단 허용

FCA의 경우 매수인은 지정인도장소에서 물품을 수취하기 위하여 또는 그 인도물품을 자신의 영업구내까지 운송하기 위하여 자신의 운송수단을 사용할 수 있음을 규정하였다. 또한 DAP/DPU/DDU의 규정에서도 매도인은 지정목적지까지의 운송을 제3자에게 아웃소싱하지 않고 자신의 운송수단을 사용할 수 있도록 규정하였다.

⑥ 복합운송규칙에서도 조달(procure)의 의무를 규정

물품의 운송 중 매수인이 지속적으로 바뀌는 조달의 문제를 그동안 컨테이너 화물에는 적합하지 않아 해상운송규칙에만 적용하였으나 Incoterms 2020에서는 복합운송규칙에도 조달을 허용하였다.

⑦ 운송/비용조항 보안관련 의무조항의 신설

2010버전에서는 A2/B2 내지 A10/B10에 보안관련요건이 규정되어 있었다. 그러나 2020버전에서는 선적관행이 상당히 정립되었다고 보고 보안관련의무를 명시적으로 할당하도록 A4와 A7에 규정함과 동시에 비용도 명확하게 A9/B9에 규정하였다.

⑧ 11개의 정형조건을 규정함

EXW, FCA, FAS, FOB, CFR, CIF, CPT, CIP, DAP, DPU, DDP

2) 인코텀즈 2020의 거래조건

① EXW(공장인도: … 지정장소)

공장인도란 매도인이 수출통관절차를 이행하지 않고 수집용 차량에 적재하지 않은 상태로 매도인의 구내 또는 기타 지정된 장소(예를 들면, 작업장, 공장, 창고 등)에서 물품을 매수인의 임의 처분상태로 놓아두었을 때 매도인이 인도하는 것을 의미한다. 따라서 이 조건은 매도인에 대한 최소한의 의무를 나타내며, 매수인은 매도인의 영업소로부터 물품을 인수하는데 수반되는 모든 비용과 위험을 부담하여야 한다. 그러나 만일 당사자가 출발시의 물품의 적재에 대한 책임과 그러한 적재의 모든 비용과 위험을 매도인에게 부담시키고자 하는 경우에는 매매계약에서 이러한 취지에 관한 문언을 명시적으로 추가함으로써 이를 명확하게 하여야

그림 6-2 | 인코텀즈 2020하에서 매도인과 매수인의 비용과 위험분담표

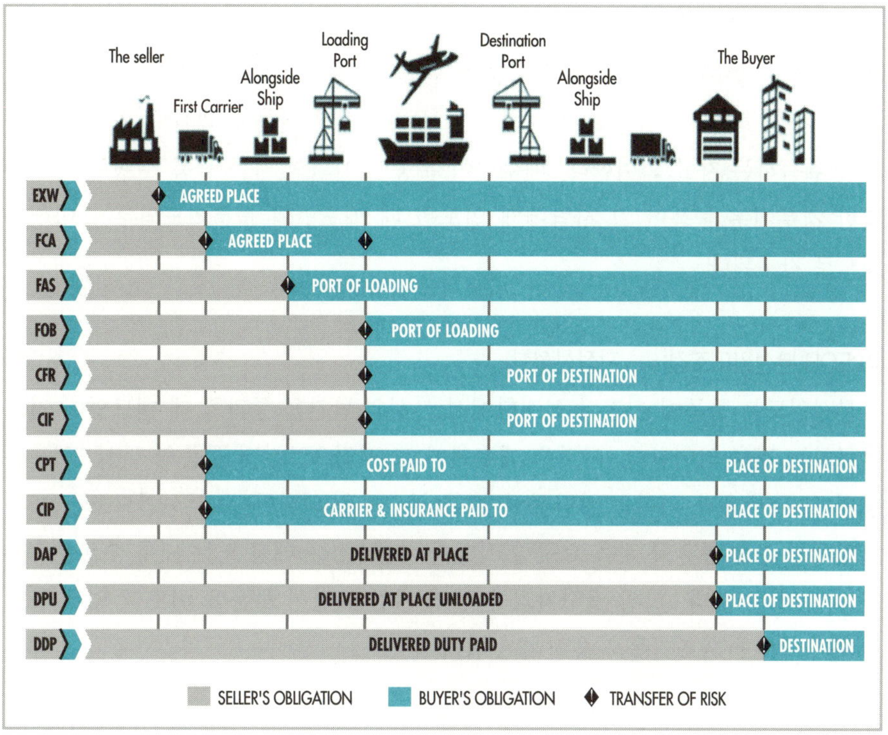

한다.

② FAS(선측인도: … 지정선착장)

선측인도란 물품이 지정된 선적항에서 본선의 선측에 놓여졌을 때 매도인의 인도를 의미한다. 이것은 그 순간부터 매수인이 물품의 멸실 또는 손상에 대한 모든 비용과 위험을 부담하여야 한다는 것을 의미한다. FAS조건은 매도인이 수출물품의 통관절차를 이행할 것을 요구하고 있다. 그러나 만일 당사자들이 수출통관 절차를 매수인에게 이행시키고자 하는 경우 매매계약에서 이러한 취지에 관한 문언을 명시적으로 추가함으로써 이를 명확하게 하여야 한다, 이 조건은 해상 또는 내륙수로 운송에만 사용될 수 있다.

③ FCA(운송인인도: … 지정장소)

운송인 인도란 매도인이 매수인에 의하여 지정된 장소에서 매수인이 지명한 운송인에게 수출통관된 물품을 인도하는 것을 의미한다. 인도가 매도인의 작업장에

서 행해지는 경우에는 매도인은 적재에 대한 책임을 진다. 인도가 기타의 장소에서 행해지는 경우에는 매도인은 양륙에 대한 책임이 없다. 이 조건은 복합운송을 포함하여 운송수단에 관계 없이 사용될 수 있다. 운송인이란 운송계약에서 철도, 도로, 항공, 해상, 내륙수로 또는 이러한 운송수단의 결합에 의한 운송을 이행하거나 취득하는 자를 의미한다. 매수인이 운송인 이외의 자를 물품 수령하도록 지명한 경우에는 물품이 그 사람에게 인도될 때 매도인의 물품인도의무는 이행된 것으로 간주된다.

④ FOB(본선인도조건: … 지정선적항)

본선인도는 물품에 지정된 선적함에서 본선의 난간을 통과할 때 매도인이 인도완료하는 것을 의미한다. 이것은 매수인이 그 지점으로부터 물품의 멸실 또는 손상의 모든 비용과 위험을 부담하여야 한다는 것을 의미한다. 본선인도조건은 매도인에게 수출 통관할 것을 요구하고 있다. 이 조건은 해상 또는 내륙 수로운송에만 사용될 수 있다. 만일 당사자가 본선의 난간을 넘어 물품을 인도할 의무가 없는 경우에는 FCA조건을 사용하여야 한다.

⑤ CFR(운임포함조건: … 지정목적항)

운임포함이란 물품이 선적항에서 본선의 난간을 통과할 때 매도인이 인도를 완료하는 것을 의미한다. 매도인은 지정된 목적항까지 물품을 운송하는 데 필요한 비용 및 운임을 지불하여야 한다. 그러나 인도 이후에 발생하는 사건에 기인하는 물품의 멸실 또는 손상의 위험 및 모든 추가비용은 매도인으로부터 매수인에게 이전된다. CFR조건은 매도인이 수출통관을 해야 한다. 이 조건은 해상 또는 내륙운송조건에서만 사용할 수 있다. 만일, 당사자가 본선의 난간을 횡단하여 물품을 인도할 의무가 없는 경우에는 CPT조건을 사용해야 한다.

⑥ CIF(운임보험료포함조건: … 지정목적항)

운임보험료포함이란 물품이 선적항에서 본선의 난간을 통과할 때 매도인이 인도완료하는 것을 의미한다. 매도인이 지정된 목적항까지 물품을 운송하는데 필요한 비용 및 운임을 지불하여야 하지만, 인도 이후에 발생하는 사건에 기인하는 물품의 멸실 또는 손상의 위험 및 모든 추가비용은 매도인으로부터 매수인에게 이전된다. 그러나 CIF조건에서는 매도인은 매수인의 운송 중의 물품의 멸실 또는 손상의 위험을 담보하기 위해 해상보험을 취득하여야 한다. 결과적으로 매도인은 보험계약을 체결하고 보험료를 지불한다. 매수인은 CIF조건 하에서 매도인이 최소담보의 보험만을 취득하도록 요구된다는 사실에 주의하여야 한다. 매수인이 보다 광범위한 담보로 보호 받고자 하는 경우에는 매수인은 매도인과 명시적으로 담보의 정도를 합의하거나, 혹은 자신의 부담으로 별도의 보험에 부보할 필요가 있다. CIF조건은 매도인에게 수출통관할 것을 요구하고 있다. 이 조건은 해상 또는 내륙수로운송에만 사용될 수 있다. 만일 당사자가 본선의 난간을 통과하여 물품을 인도할 의무가 없는 경우에는 CIP조건을 사용하여야 한다.

⑦ CPT(운임비지급조건: … 지정목적지)

운송비 지급이란 매도인이 자신이 지명한 운송인에게 물품을 인도하는 것을 의미하며, 아울러 매도인은 지정된 목적지까지 물품을 운송하는 데 필요한 운송비를 지불해야 하는 것을 의미한다. 이것은 물품이 인도된 후에 발생하는 모든 위험과 기타 다른 비용을 매수인이 부담하는 것을 의미한다. 만일 합의된 목적지까지 운송하는데 여러 운송인이 이용될 경우에는 물품이 최초의 운송인에게 인도될 때 위험이 이전한다.

⑧ CIP(운송비보험료지급조건: … 지정목적지)

운송비보험료지급이란 매도인이 자신이 지명한 운송인에게 상품을 인도하는 것을 의미하고, 또한 매도인은 지명된 목적지까지 상품을 운송하는 데 필요한 운송비를 지불해야 하는 것을 의미한다. 이것은 물품이 인도된 후에 발생하는 모든 위험과 추가비용을 매수인이 부담하는 것을 의미한다. 그러나 운송비 보험료 지급조건 또한 매도인은 매수인이 부담하는 운송 중의 상품의 멸실 또는 손상의 위험에 대해서 보험을 취득하여야 한다. 따라서 매도인은 보험계약을 체결하고 보험료를 지불한다. 매수인은 CIP조건하에서 매도인이 최소 담보의 보험만을 부보해야 한다는 사실에 주의하여야 한다. 매수인이 보다 광범위한 담보로 보호되기를 희망하는 경우 매수인은 매도인과 어느 정도 담보가 필요한지를 명시적으로 합의하거나 또는 자신의 부담으로 별도의 보험을 취득할 필요가 있을 것이다. 운송인이란 운송계약에서 철도, 도로, 항공, 내륙수로 또는 이러한 운송수단을 결합한 운송을 이행하거나 취득할 의무를 진다. 합의된 목적지까지 운송하는데 여러 운송인이 이용될 경우에는 최초의 운송인에게 상품이 인도되었을 때 위험도 이전된다. CIP조건은 매도인에게 수출통관이 요구된다. 이 조건은 복합운송을 포함하여 운송수단에 관계없이 사용될 수 있다.

⑨ DAP(도착장소인도: … 지정장소)

"도착터미널인도"란 물품이 도착운송수단으로부터 양하된 상태로 지정목적항이나 지정목적지의 지정 터미널에서 매수인의 처분하에 놓이는 때에 매도인이 인도한 것으로 되는 것을 말한다. "터미널"은 부두, 창고, 컨테이너장치장(CY) 또는 도로, 철도, 항공화물의 터미널과 같은 장소를 포함하여, 지붕의 유무를 불문한다. 매도인은 지정목적항이나 지정목적지까지 물품을 운송하고 거기서 양하하는데 수반하는 모든 위험을 부담한다. DAT에서 매도인이 해당되는 경우에 물품의 수출통관을 하여야 한다. 그러나 매도인은 물품을 수입통관하거나 수입관세를 부담하거나 수입통관절차를 수행할 의무가 없다.

⑩ DPU(도착지양하인도: … 지정장소)

"도착지양하인도"란 인코텀즈 2020에 신설된 규칙으로 DAP규칙에서 매도인의 양하의무가 추가되었다. 목적지나 약속한 합의지점에서 매도자가 양하를 한 후 인도가 이루어지는 조건이며, 매도자가 양하의 위험과 비용을 부담하고 인도와 목적지의 도착은 같다. 만약 매도자가 양하의 위험과 비용을 부담하지 않으려면 DAP조건을 사용해야 한다.

⑪ DDP(관세지급인도: … 지정장소)

"관세지급인도"란 수출자가 화물이 수입자의 창고에 도착하기까지 발생되는 모든 비용과 위험을 부담하며, 수입국의 세금(관세, 부가세) 까지도 수출자가 지불하는 위험부담이 가장 큰 조건이다. DDP조건의 가장 큰 특징이라면, 수출자가 수입통관을 진행하는 주체임과 동시에 관세/부가세 등의 수입국의 세금까지 모두 부담한다는 것이다.

참고자료 **Incoterms 2020**

1. 시행일 : 2020년 1월 1일
2. 주요 개정 내용 : 기존 DAT 삭제 및 DPU 신설, CIP와 CIF의 적하보험 부보수준을 차별화
3. Incoterms 2020의 11가지 규칙

   (RULES FOR ANY MODE OR MODES OF TRANSPORT : 단일 또는 복수의 운송방식에 사용 가능한 규칙)
   - EXW EX WORKS : 공장인도
   - FCA FREE CARRIER : 운송인인도
   - CPT CARRIAGE PAID TO : 운송비지급인도
   - CIP CARRIAGE AND INSURANCE PAID TO : 운송비 · 보험료지급인도
   - DAP DELIVERED AT PLACE : 도착장소인도
   - DPU DELIVERED AT PLACE UNLOADED : 도착지양하인도
   - DDP DELIVERED DUTY PAID : 관세지급인도

   (RULES FOR SEA AND INLAND WATERWAY TRANSPORT : 해상운송과 내수로운송에 사용 가능한 규칙)
   - FAS FREE ALONGSIDE SHIP : 선측인도
   - FOB FREE ON BOARD : 본선인도
   - CFR COST AND FREIGHT : 운임포함인도
   - CIF COST INSURANCE AND FREIGHT : 운임 · 보험료포함인도

5. 포장조건

포장(packing)은 수출입물품을 수송 도중 안전하게 보호하고 상품으로서의 가치를 유지하기 위해 살화물(bulk cargo)이 아닌 개품운송인 경우 필수적으로 행해지며, 포장은 값싸고 튼튼하여야 하고 또한 계약물품임을 알 수 있도록 해야 한다. 포장조건에서는 포장의 종류와 재질, 화인 등이 문제가 된다.

(1) 포장의 방법

포장의 내용은 다음과 같이 개장, 내장 및 외장으로 나눌 수 있다.

1) 개장(unitary packing)

물품의 최소 소매단위를 하나하나 개별적으로 포장하는 것을 말한다.

2) 내장(interior packing)

개장된 물품을 수송 또는 취급하기에 편리하도록 일정한 양의 개장물품을 묶어 다시 한 번 포장하는 것을 말한다.

3) 외장(outer packing)

수송 중 화물의 변질, 파손, 도난, 유실 등을 방지하고 하역에 편리하도록 몇 개의 내장을 목재나 골판지(carton) 등으로 된 상자에 다시 포장하는 것을 말한다.

(2) 화인

매도인의 창고에서 매수인의 창고까지 전 운송기간 동안의 화물을 확인하고 혼란과 지연 없이 도착지까지의 신속 · 원활 · 안전한 운송과 화물 및 화물관련 서류의 대조 · 점검을 위하여 각 화물의 외장에 특정 기호와 포장의 번호, 목적지 또는 목적항 등을 표시하는데, 이를 총칭하여 화인(shipping mark)이라 한다.

그러나 화인은 반드시 각종 mark를 모두 표시하는 것은 아니며 목적항, 포장번호, 수입업자명 등의 주화인(main marks)을 제외하고는 임의적으로 표시하는 것이 일반적이다. 그러나 이 가운데 가장 중요한 것은 목적항표시(port mark)로 이를 누락시킨 화물을 NM(Non-Mark) cargo라 부른다. 화인을 보면 [그림 6-2]와 같다.

수출용 물품은 화물로서 포장을 한 후 표장의 겉면에 화물의 분류번호 및 표시를 하게 되는데, 이를 Shipping Marks & Numbers라고도 하며 그냥 Marks & Numbers라고도 한다. 그 내용은 다음과 같다.

① Main Mark(주화인) : 화물의 주요 분류기호로서, 이는 회사 고유의 표시라 할 수 있다.

② Counter Mark(부화인) : 다른 회사에서 동일한 주화인을 사용하는 경우 이와 구분하기 위하여 또는 자사의 화물들을 화물의 종류나 목적지별로 구분하기 위하여 표시되는 보조하인으로서 보통 Main Mark의 위쪽에 표시한다.

③ Port Mark(목적항표시) : 이는 Destination Mark라고도 하며 Main Mark 밑에 목적항 또는 목적지를 기재한다.

④ Number Mark(일련번호) : Case Number, Running Number, Serial Number, Consecutive Number라고도 하며, 해당 화물의 번호와 총화물의 수량을 C/# 3/50, case No. 13/30 등의 형식으로 Port Mark 밑에 기재한다.

⑤ C.O. Mark(원산지표시) : 원산지국가의 이름을 기재하는데 화인 제일 밑에

그림 6-2 | 화인

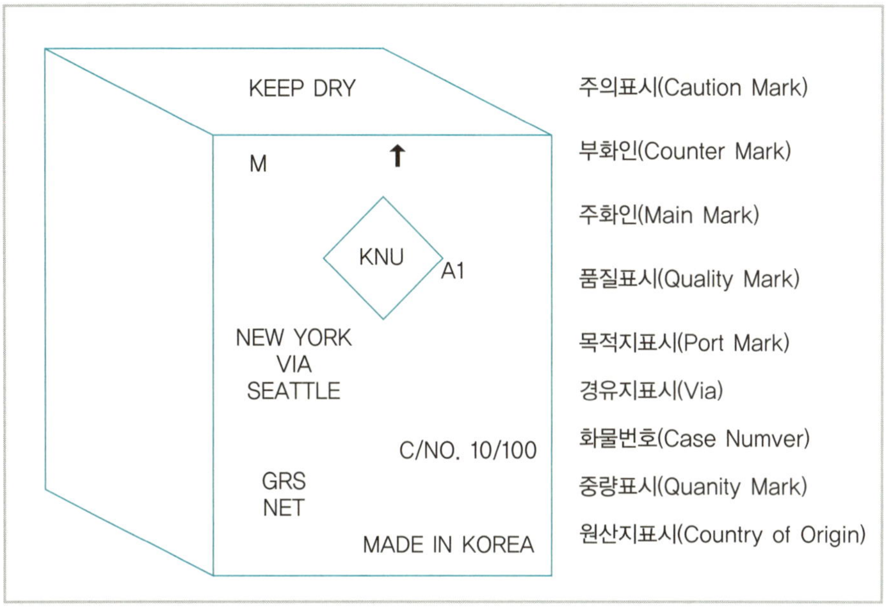

사례연구

서류상의 화인(shipping mark) 상이는 하자사유가 되는가?

개설은행은 접수된 서류의 화인(shipping mark) 상이를 사유로 보도통보를 하였다. 선하증권상의 화인은 'N/M & N/N'으로 표시되었으나, 상업송장상의 화인은 'N/M, N/N'으로 표시되었던 것이었다. 매입은행은 신용장에서 서류상의 화인에 대하여 특별하게 명시(요구)하지 않았으며, 실제로 화물(화학제품)의 운송이 살화물로 이루어지므로 'No Mark'와 'No Number'를 의미하는 'N/M', 'N/N'을 표시하는 것이 일반적이므로 하자가 아니라고 주장하였다. 매입은행의 주장은 타당한가?

〈해설과 결론〉

본건은 화학제품 등과 같은 살화물의 선적에 관한 건으로, 그러한 선적의 경우에는 화물을 나타내기 위한 화인이나 화번을 사용하지 않는다. UCP 제21조에 의하면 신용장에서 자료내용을 명시하지 않으며 그 자료내용이 신용장에서 요구하는 다른 서류와 모순되지 않으면 그러한 서류는 제시된 대로 수리되어야 한다. 그러므로 서류상의 'N/M & N/N'과 'N/M, N/N'의 표현은 서류 간의 불일치를 야기한다고 볼 수 없으므로 개설은행은 서류를 수리해야 하는 것이다.

〈참고사항〉

일반적으로 내용의 타이핑 오류와 마찬가지로 화인의 경우에도 본건과 같이 오류내용이 경미할 경우에는 서류가 상호 간에 불일치하다고 오해할 가능성이 거의 없으므로 하자로 보지 않으나, 서류상 화인의 내용이 명백하게 불일치할 경우에는 신용장에서 별도로 화인에 대하여 언급하고 있지 않더라도 하자로 보는 것이 일반적인 견해이다.

〈참고자료 : ICC Document 470/TA.441 http://www.keb.co.kr/biz/sindex3.htm〉

표시한다.

⑥ Care Mark(주의표시) : 이는 Caution Mark라고도 하며 상자의 옆면 또는 윗면에 표시한다.

6. 선적조건

오늘날 선적(shipment)의 의미는 계약물품을 선적항의 지정선박에 적재하는 것뿐만 아니라 항공기에 적재하거나 운송인(carrier)에게 인도하는 것까지를 포함하며, 선적조건에서는 주로 선적시기, 분할선적 또는 환적의 허용 여부 등에 관하여 약정한다.

(1) 선적시기

1) 특정월선적

"Shipment shall be effected during September, 1999" 또는 "September Shipment"라고 선적시기를 약정하는 방법인데, 이 경우 수출업자는 1999년 9월 1일부터 9월 30일까지의 1개월 중에 선적을 이행하여야 한다.

2) 특정연월(連月)조건

"Shipment shall be effected during September and October, 1999" 또는 "September and October Shipment"라고 약정하는 방법인데, 이 경우 수출업자는 1999년 1일부터 10월 31일까지의 2개월 중에 선적을 이행하여야 한다. 그리고 "Shipment shall be effected during October, November and December, 1999" 또는 "October~December Shipment"라고 약정한 경우에는 1999년 10월 1일부터 12월 31일까지의 3개월 중에 선적이 이행되어야 한다. 이와 같은 "특정연월선적조건"을 "연월(連月)선적조건"이라고도 한다.

3) 특정기간선적

"Shipment shall be made till September 15, 1999"와 같이 "1999년 9월 15일까지 선적"이라고 되어 있으면 9월 15일 당일까지 선적하면 된다. 또한 "Shipment shall be made within 30days after receipt of L/C"와 같은 날로부터 30일 이내에 선적하면 된다. 여기서 유의해야 하는 것은 기간용어 및 일자용어인

바 “from”, “till”, “until”, “to”는 당해일을 포함하며 “after”는 당해일을 제외한다. 또한 “on or about”는 지정일로부터 5일 전후로 이루어지는 기간을 지칭한다.

최종선적일(latest shipping date)을 표시하는 형태로 “Shipment shall be made May 10, 1999” 혹은 “Shipment shall be made on or about May 10, 1999” 등으로 표시하기도 한다. 앞에서 본 바와 같이 이때의 “on or about”는 “당해일자 또는 그때쯤”이라는 뜻으로 당해일자의 양단일을 포함하여 5일 전부터 5일 후까지의 기간을 의미한다. 또한 선적에 관한 용어 중 “first half”, “Second half”라는 용어는 “1일부터 15일”, “16일부터 30일”이라는 개념이고 “beginning”, “middle”, “end”라고 되어 있으면 “초순”, “중순”, “하순”이라는 뜻이다.

4) 즉시선적

이것은 선적시기를 약정하지 아니하고, “prompt shipment”, “immediate shipment”, “Shipment as soon as possible” 등의 표현과 같이 막연하게 선적시기를 약정하는 방법이다. 이와 같은 방법으로 선적시기를 약정하는 경우에는 수출입의 당사자 간에 선적시기에 관한 분쟁이 야기되기 쉽다. 그러므로 이러한 방법으로는 선적시기를 위와 같이 약정하는 것을 삼가하여야 한다. 현행 신용장통일규칙(1993년 개정) 제46조 b항에서도 “선적에 관한 표현에 있어서 ‘신속한(prompt)’, ‘즉시(immediately)’, ‘가능한 조속히(as soon as possible)’ 및 이와 유사한 표현은 사용되어서는 아니되며, 만일 그러한 표현이 사용된 경우라면 은행은 그러한 표현을 무시한다”라고 규정하고 있다.

사례연구

매수인의 선박제공의무에 대한 태만

Olearia Tirrena S. P. A. v. N. A. Algemeene Oliehandle(The Osterbek)사건에서는 이탈리아산 콩기름에 대한 매매계약이 FOB Angio 및 1970년 3월 선적조건으로 체결되었다. 또한 계약서에는 매수인이 선적항에 선박이 도착하기 10~15일 전에 매도인에게 이를 통지해 주어야 하며, 만일 매수인이 약정기간 내에 선박을 제공하지 못한 경우에는 이에 따른 추가비용 및 보험료를 매수인 부담으로 한다는 조건이 포함되어 있었다. 그런데 매수인은 3월 중에 선박을 지명하지 못했으며, 매도인은 4월 5일~20일 사이에 매수인이 대체선박지정에 대한 통지를 하도록 하는 데 합의하였다. 그 후 매수인은 이 기간 내에 4월 28일이나 29일에 Osterbek호가 선적항에 도착할 것이라는 통지를 매도인에게 하였다. 그러나 이 날짜에 해당 선박이 도착하지 않음으로써 당사자 간에 분쟁이 발생되었다. 이 사건을 담당했던 Mocatta 판사는 매수인이 4월 28일까지 선박지정을 하지 못한 것은 계약의 본질적 위반에 해당되므로 매도인의 계약물품에 대한 인도거절권은 유효하다고 판결함으로써, 매도인 승소판결을 내렸다. 즉 이 사건은 FOB계약상 매수인이 매도인의 인도의무발생에 대한 정지조건인 선박지명의무를 태만하였기 때문에, 이에 대한 책임을 매수인이 부담해야 하는 것으로 판결되었다.

〈참고자료 : 김선광, 무역사례연구, 동성출판사, 1996, p.44〉

(2) 분할선적과 환적

1) 분할선적

분할선적(partial shipment)이란 계약상품을 선적하지 못하고 2회 이상 분할하여 선적하는 경우를 의미하며, 할부선적은 계약당사자에 의해 선적수량 · 선적일자가 각각 정해져 있는 경우이다. 그리고 이러한 분할선적은 신용장상에 별도의 금지규정에 관한 내용이 표시되지 않는 경우에는 허용된다. 따라서 매수인은 분할선적의 내용에 특수한 조건이나 또는 분할선적을 금지시키고자 할 경우에는 금지규정을 계약의 조건에 명시하여야 한다. 그러나 동일항해의 동일선박에 의한 선적은 비록 선하증권의 일부가 다르거나, 또는 상이한 선적항이 표시되어 있다 하여도 그것은 분할선적으로 간주하지 않는다.

사례연구

분할선적의 의미와 상품명세의 상이

〈사건개요〉

A국의 수출상은 냉동 닭다리를 B국에 지속적으로 수출하였다. B국의 수입상은 이 거래를 위하여 신용장을 개설하여 A국의 수출상에게 통지되도록 하였다. 그런데 논란의 여지가 있는 하자를 사유로 하여 신용장의 대금지급이 이루어지지 않았다. 서류가 매입은행에 제시되었을 때 하자가 지적되었고 매입은행은 이러한 하자를 지적하면서 그대로 개설은행에 서류를 송부할 것을 권유하였다. 여기서 하자란 신용장에는 "Frozen Chicken Leg Quarters and Sub-Products"였는데 제시된 서류상에는 "Frozen Chicken Leg Quarters"로만 되어 있었다.

신용장은 분할선적을 허용하고 있었고 신용장금액도 전부 사용되지 않았기 때문에 수출상은 선적서류의 개설은행 앞 송부를 승인하였다. 사용된 신용장금액은 신용장금액의 USD 0.41의 잔고만을 남겼다. 신용장에는 "Sub-Products"에 대한 개별명세도 없었고 품목명세에 일반 단가나 수량에 대한 표시는 없었다. 수입상의 권유에 따라 수출상은 하자를 정정한 대체서류를 제시하였고 이러한 제시는 신용장에서 정한 기한 이내에 이루어졌다. 그러나 이 대체서류는 서류에 대한 정정을 사유로 거절되었다.

수출상은 상담을 통해 은행에 서류의 유효성과 이러한 서류를 근거로 지급을 청구하고 대체서류가 제시된 이유는 첫 번째 제시서류에 대한 부당한 하자 때문이고 이러한 대체서류가 첫 번째 서류를 대신할 수 있다는 점을 주장하도록 권고를 받았다. 이러한 상황에 대한 은행위원회의 의견은 무엇인가?

〈해설과 결론〉

신용장통일규칙 5차 개정은 제40조 a항에 다음과 같이 명시하고 있다. "신용장에 별도의 명시가 없는 경우 분할인출과 분할선적은 허용된다." 신용장통일규칙에는 이 조항 외에는 사례에서의 경우에 대하여 무엇이 분할선적인가에 대한 규정은 없다. 또한 제37조 c항은 다음과 같이 명시하고 있다. "상업송장의 품목명세는 신용장에 있는 품목명세와 일치하여야 한다. 다른 서류에 있어서는 물건이 신용장에 있는 품목명세와 모순되지 않는 범위 내에서 일반적인 방식으로 표시되어도 된다."

위의 사례에서 신용장에는 품목명세가 "Frozen Chicken Leg Quarters and Sub-Products"로 되어 있다. 선적된 물건에 대하여 선적서류에는 단지 "Frozen Chicken Leg Quarters"로만 되어 있었다. 분할선적에 대한 허용과 관련하여 이러한 품목명세는 "Sub-Products"가 과거 이행되었거나 이행될 분할선적에 해당된다고 보고 은행에서 수리가능하다고 볼 수 있다. 물론 신용장이 분할선적을 허용한다고 하여 수출상이 이미 분할선적을 한 경우 추가 분할선적을 해야 하는 의무를 부여하는 것은 아니다.

신용장금액의 거의 전부에 대하여 분할선적이 이루어졌고 그러한 선적이 "Frozen Chicken Leg Quarters"에 대해서만 이루어졌으며 남은 신용장금액이 USD 0.41을 Sub-Products에 대하여 남겨 놓았다고 하는 사실은 신용장에 품목별로 단가가 산정된 경우를 제외하고는 은행과는 무관한 것이다. 따라서 제시된 선적서류는 하자가 아니다.

〈참고자료 : ICC Document 470.TA.277 http://www.keb.co.kr/biz/sindex3.htm〉

2) 환적

환적(換積, transshipment)이란 선적된 화물을 다른 선박이나 운송기관에 다시 적재하는 경우를 의미한다. 일반적으로 환적은 귀중품이나 파손되기 쉬운 상품의 경우에는 매수인에 의하여 금지되는데, 이에 대하여는 사전에 명확히 합의하는 것이 바람직하다.

신용장통일규칙 제28조에서는 환적의 개념과 범위를 규정하고 있는데, 환적의 범위는 동조의 c항과 d항에 언급되어 있다. 즉, 환적이 "신용장의 조건에 의하여 금지되지 않는 한 은행은 물품이 환적될 것이라는 표시가 있는 운송서류를 수리하여야 한다. 그리고 신용장에서 환적을 금지한다 하더라도 환적내용이 전 운송과정에서 단일 및 동일운송서류에 포괄되어 있는 경우에는 은행이 운송서류를 수리하여야 한다"라고 규정하고 있다.

사례연구

환적에 의한 대금지급거절 사례

〈사건개요〉

S사는 환적을 금지하는 조건이 있는 신용장을 접수하였으나, 선박사정이 여의치 못하여 환적(transshipment)에 의한 선적을 하여 선박회사로부터 환적이 표시된 B/L의 이면에 환적할 수 있는 권리를 유보하고 있다는 인쇄약관이 명기되어 있으므로 "Article 29-c-i"에 의거 아무런 하자 없이 한국은행을 통해 Nego하였으나 개설은행으로부터 환적금지조건의 위반을 사유로 Unpaid 통보가 왔다.

〈결론〉

B/L 이면에 표시된 일반운송조건(e.g : methods and routes of transportation 조항)에 의한 환적유보약관은 신용장의 조건에 우선하는 것이 아니므로 환적으로 인한 개설은행의 Unpaid 주장은 타당하다 그러나 B/L상 환적 표시가 없이 본 인쇄약관만 명기되어 있는 선하증권은 수리가 가능한 것으로 보아야 한다.

〈해설〉

1. "Article 29-c-i"항은 인쇄된 환적약관이 있는 B/L의 취급을 정하고 있다. 신용장이 환적을 금지하고 있을 경우 수출자로서는 B/L에 이러한 인쇄약관이 있으면 신용장조건에 불일치하는 것이 아닌가 하는 의문을 갖게 된다. 그러나 이러한 약관은 운송인의 일반운송조건에 속하는 것이며, 개개의 약관에 의거 환적을 약정하고 있는 경우의 환적약관과는 다르다. 따라서 B/L에 인쇄되어 있는 부지약관(不知約款)이 Clean B/L의 조건에 저촉되지 않는다는 인쇄약관이 들어 있다 하더라도 이것은 환적금지조건에 위배되는 것이 아님을 분명히 하고 있다.
2. 일반운송조건에 의한 환적약관은 신용장조건에 우선하는 것이 아니고 운송업자의 업무수행상 불가피한 경우에는 자신의 책임하에 환적할 수도 있게 함으로써 운송을 원활히 하고자 함에 있으므로 신용장상의 환적금지 문언에도 불구하고 선하증권상의 특정 화물이 개별적으로 환적되었음이 표시되면 동 운송서류는 신용장상의 조건과 불일치하는 것으로 봄이 당연하다. 즉 선하증권에 환적을 할 수 있다고 표시했다고 해서 환적을 한 B/L을 발급받아서는 안 된다는 것이다.

〈참고자료 : http://www.keb.co.kr/biz/sindex3.htm〉

(3) 선적지연에 따른 면책조항

선적지연(delayed shipment)이란 약정된 선적기한 내에 약정물품의 선적을 이행하지 못하는 것을 말한다. 이때 매도인의 고의 또는 과실에 의한 선적지연은 명백한 계약의 불이행에 해당하므로 매도인이 책임을 져야 한다. 단 선적지연이 천재지변이나 파업, 전쟁 등의 불가항력(force majeure)으로 인한 것일 경우에는 매도인의 사유가 아니기 때문에 면책이 된다.

그러나 불가항력으로 인한 경우에는 즉시성(卽時性) 입증책임을 조건으로 선적일이 약 3주 또는 1개월 정도 연장된다. 그리고 매도인은 선적을 방해하는 불가항력의 존재를 입증할 수 있는 서류를 매수인에게 지체 없이 송부하여 그 사실을 통지해야 한다.

7. 결제에 관한 조건

무역계약은 매도인의 물품인도와 매수인의 대금결제(payment)로 이루어지므로, 수출입계약은 전술한 선적조건과 더불어 대금결제조건이 그 근간이며 핵심을 이룬다. 이러한 결제조건은 다음에 열거될 여러 가지 대금결제방식 가운데 어느 것을 채택할 것인지 결정해야 한다.

(1) 대금결제의 시기

1) 선지급(advanced payment)조건

물품이 선적이나 인도되기 전에 미리 대금을 지급하는 선지급조건으로 상품의 구매주문과 동시에 현금결제가 이루어지는 CWO(Cash With Order)방식과 주문과 함께 T/T(Telegraphic Transfer) 등에 의해 송금하는 이른바 단순송금방식(remittance base) 및 선대신용장(red clause L/C, packing L/C)에 의해 신용장 통지도착 수익자(beneficiary)인 매도인의 신용장수취와 더불어 미리 대금의 일부를 결제하는 선대신용장방식 등을 들 수 있다.

2) 동시지급(concurrent payment)조건

물품의 선적 또는 인도나 물품을 화체(化體)한 운송서류의 인도와 동시에 대금결제가 이루어지는 동시지급조건에는 COD(Cash On Delivery, 상품인도결제방식), 즉 현물인도와 동시에 현금결제가 일어나는 조건과 CAD(Cash Against Documents, 서류인도결제방식), 즉 선하증권을 위시한 보험증권(insurance policy), 상업송장(commercial invoice) 등 운송서류인도와 동시에 현금결제가 이루어지는 조건이 있다.

3) 후지급(연지급, deferred payment)조건

물품의 선적 또는 인도나 운송서류의 인도가 있은 후 일정한 기간이 경과되어야 대금결제가 이루어지는 외상거래조건이 곧 연불(후지급)조건이다. 후지급에는 단기연지급과 중장기연지급의 두 가지로 구분할 수 있는데, 단기와 중장기의 구분기준이 일정하지 않아 통일적으로 말하기는 어려우나 통상 물품의 선적이나 인도 후 또는 운송서류의 인도 후 1년 이내에 결제되면 단기연지급, 그 이상의 기간, 즉 1년 초과 10년 이내(때로는 20년까지)의 기간에 결제되면 중장기연지급이라 할 수 있다.

(2) 대금결제의 방법

1) 현금결제조건

현금(cash)으로 수출입대금을 직접 결제하는 방식으로는 CWO와 COD 및 CAD 등이 있고, 이 밖에 수취증상환지급신용장(payment on receipt L/C)에 의한 결제에도 서로 어음의 발행 없이 바로 현금결제방식을 취한다.

2) 어음결제조건

매도인이 매수인을 지급인으로 하는 어음을 발행하여 이를 매입(negotiation) 또는 추심(collection)을 하여 수출대금을 회수하는 역환방식(逆換方式)을 활용하며 때로는 신용장개설은행을 지급인으로 하는 어음을 발행하기도 한다. 무역거래에서 사용되는 어음은 화환어음(documentary bill/draft)이 원칙이고 또 일반적으로 드물게는 무담보어음(clean bill/draft)에 의하는 경우도 있다.

전자는 어음에 선하증권이나 보험증권 등의 운송서류가 담보물로 첨부되어 당해 어음의 지급불능(default)이나 지급거절(unpaid)과 같은 어음사고가 발생하였을 경우 선하증권으로 물품을 찾아 이를 매각하거나 보험증권으로 보험금을 찾아 전보(塡補)를 받을 수 있는 안전한 어음이며, 후자는 운송서류를 첨부하지 않고 어음만 발행함으로써 담보물이 첨부되지 않은 불안전한 어음이다. 따라서 전자는 은행에의 매각, 즉 은행의 어음매입(negotiation)이 자유롭고 후자의 경우는 은행이 매입에 선뜻 응하지 않기 때문에 유의할 필요가 있다.

한편, 무역거래에서 사용되는 어음을 신용장에 의한 어음과 무신용장거래에 의한 어음으로 대별할 수도 있다. 즉, 신용장방식에 의한 거래에서 사용되는 어음은 기술한 바와 같이 일람지급어음(sight bill)과 기한부어음(usance bill)이며, 무신용장거래인 추심결제방법에 의한 수출입에서 발행되는 어음은 기술한 D/P어음과 D/A어음이다.

3) 송금환결제조건

전신환(T/T : Telegraphic Transfer)이나 우편환(M/T : Mail Transfer)에 의하여 송금함으로써 대금을 결제하는 조건으로는 전술한 단순송금방식에 의한 수출입거래를 가장 대표적인 것으로 들 수 있다. 누진지급 또는 분할지급방식의 경우에도 이러한 T/T나 M/T가 활용되며 중장기연불수출입에서도 순수한 연불부분을 제외한 선수금부분과 공정별 지급부분은 일반적으로 송금환에 의해 결제된다.

(3) 대금결제의 통화

무역계약에서 대금을 결제하기 위한 통화는 일반적으로 ① 자국통화로 결제하는 방법, ② 상대국국가의 통화로 결제하는 방법, ③ 제3국의 통화로 결제하는 방법 등 세 가지가 있다. 이 중에서 어느 통화로 결제할 것인가는 당사자 간의 합의나 협정된 방법에 의해 이루어지는 것이 원칙이다. 일반적으로 거래협정서에서 "Prices; Prices are to be quoted in U.S. Dollars on the basis of CIF Los Angeles unless otherwise specified"로 결제통화를 협정하고 있다.

8. 보험조건과 중재조건

(1) 보험조건

무역거래에서 취급하는 보험은 주로 해상적하보험을 말하는 것이 보통이다. 이는 화물을 수송하는 도중에 발생하는 위험에 대한 손해를 보험회사(insurer)가 피보험자(insured)에게 보상해 주는 것으로, 계약에서 결정한 부보조건에 해당하는 담보범위(擔保範圍)만 보상해 주게 된다. 해상적하보험의 경우 런던보험업자협회가 제정한 정형화된 보험약관들이 있는데, 이것을 협회적하약관(I.C.C. : Institute Cargo Clause)이라고 한다. 구(舊)협회적하보험약관에서 기본적인 약관으로 F.P.A.(Free from Particular Average, 단독해손부담보약관 또는 분손부담보약관)와 W.A.(With Average, 분손담보약관) 및 A/R(All Risks, 전위험담보약관)이 있으며, 이는 신약관에서 I.C.C.(A), I.C.C.(B), I.C.C.(C)조건으로 변경되었고 이 밖에 부가위험을 담보하는 부가약관(Additional or Marginal Clauses)이 있다.

1) 부보의무자의 결정

무역거래 시 CIF나 CIP조건인 경우에는 수출업자가 적하보험계약을 체결해야 하고, FOB나 CFR과 같은 거래조건에서는 수입업자가 적하보험계약을 체결해야 한다. 보험계약 시 보험목적물인 물품에 대해 어떠한 담보조건으로 부보할 것인가에 대한 약정이 필요하다.

2) 보험금액의 약정

보험금액을 정하기 위해서는 매도인과 매수인 사이에 매매계약을 체결하면서 "the amount of invoice plus 10%" 또는 "115 percent of the CIF invoice value"와 같이 송장금액에 희망이익 10%를 가산한 금액으로 부보할 것인가 또는 그 이상을 가산한 금액으로 부보할 것인가를 약정하여야 한다. 가산비율에 따라서 보험료(insurance premium)가 달라지기 때문에 부보금액을 약정할 때는 보통 최소부보금액으로 송장금액에 10%를 가산하여 부보하는 것으로 합의하는 것이 일반적이다.

3) 보험조건의 선택

해상적하보험(marine cargo insurance)의 경우에는 런던보험업자협회(ILU : Institute of London Underwriters)가 "Lloyd's S.G.[17] Policy"를 기초로, 이른바 구약관인 '협회적하약관(I.C.C. : Institute Cargo Clause)' 에서는 기본적인 약관으로 전위험부보조건(A/R : All Risk)인 I.C.C.(A/R), 분손담보조건(W.A. : With Average)인 I.C.C.(W.A.), 단독해손부담보조건(F.P.A. : Free Particular Average)인 I.C.C.(F.P.A.) 등이 있고, 런던보험업자협회와 로이즈보험협회(Lloyd's Underwriters' Association)의 합동작업에 의한 새로운 보험증권양식과 새로운 협회적하약관인 I.C.C.(A), I.C.C.(B), I.C.C.(C)를 마련하여 1982년 1월 1일부터 시행되고 있다.

I.C.C.(A)는 I.C.C.(A/R)과 I.C.C.(B)는 I.C.C.(WA), I.C.C.(C)는 I.C.C.(F.P.A.)에 대응하는 것이지만 I.C.C.(B)와 (C)의 위험담보내용은 다소 차이가 있으며, I.C.C.의 신약관은 보험자의 담보위험과 면책위험이 명확하게 구분되어 있어 비교적 이해하기 쉽게 되어 있다. 매매당사자 간에 보험조건을 약정할

---

17) 일반적으로 S는 Ship을 말하며, G는 Goods를 말한다. 즉, 선박과 적하를 뜻한다.

경우에는 보험자의 담보위험과 면책위험을 검토하여야 한다. 만일 보험조건을 I.C.C.(A)로 부보하지 않고,[18] I.C.C.(B)나 I.C.C.(C)조건으로 부보할 경우에는 담보가 되지 않는 것이 많으므로, 물품의 성질과 운송상의 사정 등을 감안하여 부가위험(extraneous risks)을 추가하여 부보하여야 한다. 예를 들면, 유리그릇이나 도자기의 파손(breakage)과 같은 위험이다.

(2) 중재조건

무역거래 과정에서 당사자 간에 계약내용의 이행 여부와 관련하여 무역분쟁이 발생될 수 있으며, 계약을 위반한 상대방에 대해서 단순한 불평(complaint)을 넘어서 자기의 권리회복이나 손해배상을 청구하는 것을 무역클레임이라 한다. 클레임의 해결은 화해(amicable settlement), 조정(conciliation), 중재(arbitration) 및 재판(litigation) 등의 여러 방법에 의할 수 있으나, 그 가운데 중재가 가장 보편적인 해결방법으로 활용되고 있다.

우리나라에서도 중재법이 제정되어 있고, 그 중재기관으로서 대한상사중재원이 설립되어 있어 무역분쟁의 해결을 중재에 의한다는 중재조항을 미리 설정해 두거나, 후에 중재에 붙인다는 중재협약을 하여야 이용할 수 있다. 따라서 중재조항에 중재기관, 중재장소 및 준거법에 관한 사항을 포함해 두는 것이 바람직하다.

> "Governing Law : This contract shall be governed, construed and performed by the laws of the Republic of Korea."

---

18) I.C.C.(A)로 부보하더라도 전쟁위험(war risk)은 담보되지 않기 때문에 추가로 보험료를 내고 추가담보하도록 부보하여야 한다.

제 7 장

무역결제

제1절 무역대금의 결제방법
제2절 신용장에 의한 무역결제
제3절 환어음
제4절 선적서류

학습목표

1. 추심결제방식과 송금결제방식의 과정 및 차이점을 이해한다.
2. 신용장의 필요성을 이해한다.
3. 신용장의 특성과 종류를 파악한다.
4. 무역결제에 필요한 각종 서류를 이해한다.

| 핵심사항 |

❶ 무역대금의 결제방법

1. 추심결제방식

추심결제방식(collection basis)은 신용장 없이 단순히 매매당사자 간의 계약에 의거하여 수출상이 상품을 선적한 후 관련 서류를 첨부한 화환어음을 수입업자에게 제시하면 수입업자가 그 어음에 대한 지급 또는 인수를 하여 결제하는 방법이다. 지급인도(D/P)조건과 인수인도(D/A)조건이 있다.

2. 송금결제방식

송금(remittance)결제방식은 수입업자가 상품의 인도 전 · 인도 후 또는 인도와 동시에 수출업자에게 물품대금의 전액을 외화로 송금(remittance)하여 지불함으로써 결제를 완료하는 방법이다. 단순송금방식(payment in advance), 수표송금방식(D/D : Demand Draft), 우편송금환방식(M/T : Mail Transfer), 전신송금방식(T/T : Telegraphic Transfer), 대금상환도방식(COD, CAD)이 있다.

❷ 신용장에 의한 무역결제

1. 신용장의 개념과 특성

(1) 신용장의 필요성 : 신용장은 수출입당사자들의 신용문제에 은행이 개입함으로써 국제거래를 활성화시키는 제도라고 할 수 있다.

(2) 신용장의 개념 : 신용장(L/C : Letter of Credit)이란 매수인의 거래은행인 신용장개설은행이 신용장의 제 조건에 일치되고 약정기간 내에 신용장상에 요구하는 서류가 제시되었을 때 수익자인 수출상에게 대금의 지급을 확약한 증서를 말한다.

(3) 신용장의 특성

- 독립성 : 일단 신용장이 은행에서 개설되면, 신용장은 그 기초가 되었던 매매계약(賣買契約)이나 기타의 계약관계로부터 완전히 독립되어 자체적으로 별도의 법률관계를 형성하게 된다.
- 추상성 : 은행은 오직 신용장에서 요구하는 서류만 가지고 대금지급 여부를 판단한다는 것을 말한다.

(4) 서류엄격일치의 원칙 : 은행이 신용장조건에 엄격히 일치하지 않는 서류를 거절할 권리가 있다는 것을 말한다.

2. 신용장 결제과정 및 거래당사자

(1) 신용장의 결제과정

(2) 신용장이 거래당사자

- 기본 당사자 : 개설의뢰인, 개설은행, 수익자, 확인은행
- 기타 당사자 : 통지은행, 지급은행, 인수은행, 매입은행, 상환은행, 양도은행

3. 신용장의 종류

화환신용장과 무담보신용장, 취소불능신용장과 취소가능신용장, 확인신용장과 무확인신용장, 보통신용장과 특정신용장, 일람출급신용장과 기한부신용장, 양도가능신용장과 양도불능신용장, 매입신용장과 지급신용장, 상환청구가능신용장과 상환청구불능신용장, 내국신용장, 보증신용장, 회전신용장, 전대신용장, 구상무역신용장

❸ 환어음

1. 환어음의 개념
   채권을 갖고 있는 채권자가 채무를 지고 있는 채무자에게 "특정의 지급기일에 일정한 금액을 자기 또는 제3자에게 무조건으로 지급할 것"을 위탁한 유가증권을 말하며, 이것은 일종의 지급지시서이다.
2. 환어음의 종류
   화환어음과 무담보어음, 일람불어음과 기한부어음
3. 환어음의 기재사항
   환어음의 기재사항에는 필수기재사항과 임의기재사항이 있다.

❹ 선적서류

1. 주요 서류
   (1) 상업송장 : 수출물품의 선적을 마친 수출업자가 수입업자 앞으로 작성 · 발행하는 물품대금의 청구서이며, 동시에 선적물품에 관한 명세서이다.
   (2) 운송서류 : 운송할 물품의 적재, 발송, 운송을 위한 인수, 복합운송을 위한 수탁(책임수령) 등을 증명하는 서류를 말한다.
   (3) 보험서류 : 통상 두 종류가 있는데 확정보험에 사용되는 보험증권과 포괄예정보험에서 사용하는 보험증명서나 확정통지서가 있다.
2. 부속서류
   포장명세서, 중량 · 용적증명서, 원산지증명서, 영사송장, 세관송장, 검사증명서, 위생증명서

제1절 무역대금의 결제방법

1. 추심결제방식

추심결제방식(collection basis)은 신용장 없이 단순히 매매당사자 간의 계약에 의거하여 수출상이 상품을 선적한 후 관련 서류를 첨부한 화환어음을 수입업자에게 제시하면 수입업자가 그 어음에 대한 지급 또는 인수를 하여 결제하는 방법이다. 추심결제방식에는 지급인도조건(D/P)과 인수인도조건(D/A)이 있으며, 대금결제가 수입상으로부터 수출업자에게 이루어지는 것이지만, 환의 이동방향이 그 반대로 움직이기 때문에 이를 '역환방식'이라고도 한다. 추심결제방식은 송금방식에서 문제가 되었던 수입업자의 상업위험을 커버할 수 있는 보다 발전된 방식이다.

(1) 지급인도(D/P : Documents Against Payment)조건

D/P거래는 무신용장방식지급인도조건(줄여서 지급도조건)으로서 수출업자가 수출물품을 선적한 뒤 수입업자를 지급인으로 하는 일람불(at sight)어음을 발행하여 선적서류와 함께 거래외국환은행에 추심으로 의뢰하면 추심은행(수입업자의 거래은행)은 어음지급인(수입업자)의 대금지급과 상환으로 선적서류를 인도하고 그 대금을 추심의뢰은행(수출업자의 거래은행)에 송금하여 수출업자가 수출대금을 영수케 하는 거래방식이다.

① 수출업자와 수입업자는 신용장 없이 추심방식(collection), 즉 D/P방식의 대금결제조건으로 매매계약을 체결한다.

② 수출업자는 수입업자의 선적지시를 받는 대로 매매계약에 일치한 물품을 통관하여 기한 내에 선적을 완료한다.

③ 수출업자는 관련 서류들이 첨부된 일람불추심환어음(documentary sight bill)을 수입업자를 지급인(drawee)으로 발행하여 자신의 거래은행에 제시하면서 수입업자의 거래은행에 어음대금을 추심의뢰해 줄 것을 요청한다.

④ 수출업자로부터 추심요청을 받은 거래은행(추심의뢰은행, remitting bank)은 추심에 필요한 모든 지시사항을 기재한 추심의뢰서(collection order)를

작성하여 수출업자의 환어음과 선적서류를 첨부한 후 수입업자의 거래은행(추심은행, collecting bank)에 송부하고 수입상 앞으로 추심해 줄 것을 의뢰한다.

⑤ 서류를 접수한 수입업자의 거래은행(추심은행)은 추심환어음과 선적서류를 접수하는 즉시 수입업자에게 선적서류가 도착하였다는 통지서(arrival notice)를 발송하고 환어음대금을 지급할 것을 요청한다.

⑥ 은행으로부터 추심을 받은 수입업자는 어음을 지급한다. 그러면 수입상으로부터 환어음을 지급받은 추심은행은 선적서류를 인도해 준다. 그 후 수입업자는 선적서류를 가지고 운송업자로부터 물품을 수령한다.

⑦ 수입업자의 거래은행(추심은행)은 수입상으로부터 지급받은 추심대금을 추심의뢰서에 명기된 대로 추심의뢰은행에게 송금한다.

⑧ 수출업자의 거래은행은 수출업자에게 대금을 지급한다.

그림 7-1 | 지급인도(D/P)조건의 절차도

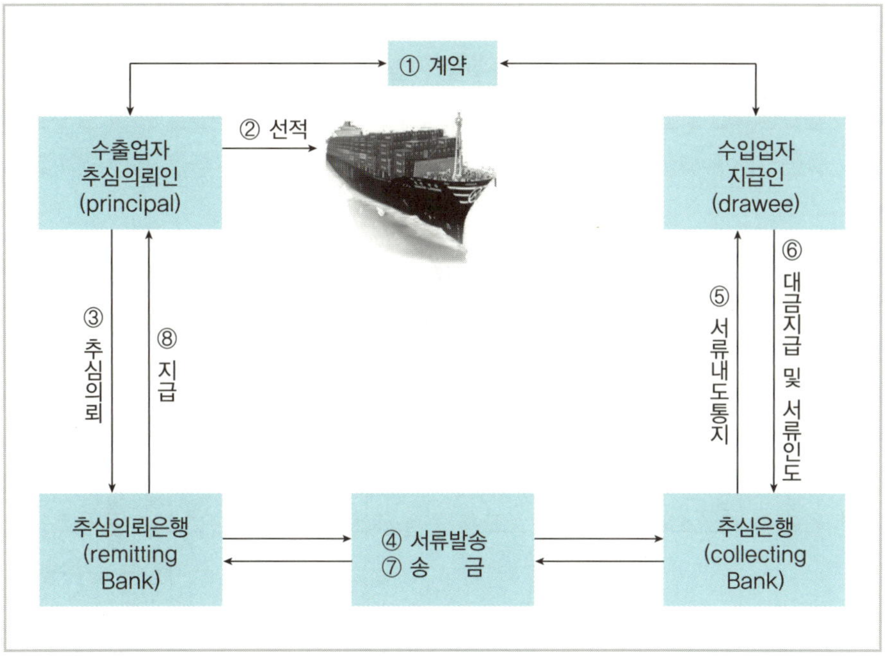

(2) 인수인도(D/A : Documents Against Acceptance)조건

인수인도조건은 수입업자가 환어음에 대한 인수(acceptance)만으로 운송서류를 찾아갈 수 있는 어음인수서류인도조건이다. 이 조건에서는 수출업자가 기한부어음을 발행하고 수입업자는 어음에 대한 지급의 약속으로 'accepted' 라고 쓰고 서명날인함으로써 운송서류를 인도받을 수 있으며 만기일에 수입대금을 추심은행에 지급한다. 따라서 인수도조건은 외상거래에 해당되며 수입업자는 인도받은 운송서류로 화물을 찾아 판매한 후 그 대금으로 어음기일 이내에 결제하면 된다. 수출업자는 만기일 후 수출대금을 추심은행을 통해서 지급받는다.

① 수출업자와 수입업자는 신용장 없이 추심방식(collection), 즉 D/A방식의 대금결제조건으로 매매계약을 체결한다.

② 수출업자는 수출통관 및 계약물품을 선적한다.

③ 수출업자는 관련서류들이 첨부된 기한부환어음(documentary usance bill)을 수입업자를 지급인(drawee)으로 발행하여 거래은행에 추심을 의뢰한다.

④ 수출업자의 거래은행은 그 환어음과 관련서류들을 수입업자의 거래은행으

그림 7-2 | 인수인도(D/A)조건의 절차도

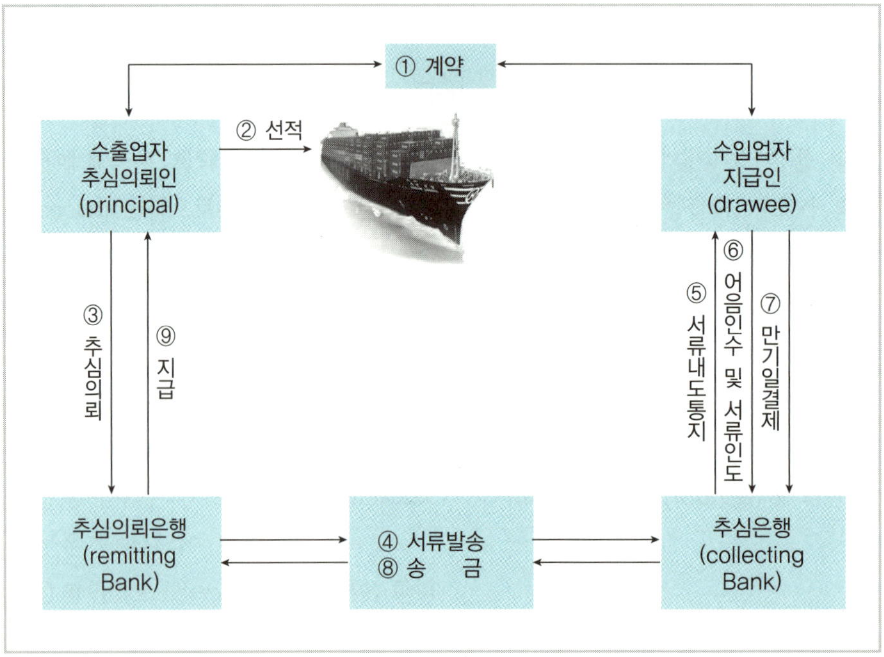

로 추심을 위하여 송부한다.
⑤ 서류를 접수한 수입업자의 거래은행은 수입업자에게 내도통지를 한다.
⑥ 수입업자는 제시된 어음의 인수를 하면서 서류를 인도받는다.
⑦ 수입업자는 어음이 만기일이 되면 거래은행에 지급한다.
⑧ 수입업자의 거래은행은 수출업자의 거래은행으로 송금한다.
⑨ 수출업자의 거래은행은 수출업자에게 대금을 지급한다.

2. 송금결제방식

송금(remittance)결제방식은 수입업자가 상품의 인도 전 · 인도 후 또는 인도와 동시에 수출업자에게 물품대금의 전액을 외화로 송금하여 지불함으로써 결제를 완료하는 방법이다. 이 중에서 물품을 수출하기 전에 미리 대금전액을 외화로 지급하는 방식을 단순송금방식(advance remittance; payment in advance)이라 하고, 수출상이 물품이나 서류를 인도할 때 또는 이를 인도한 후에 수입상이 대금을 외화로 지급하는 방식을 대금상환도방식(COD : Cash On Delivery 및 CAD : Cash Against Document 등)이라 한다. 이것은 대금과 환의 이동방향이 모두 수입상으로부터 수출업자에게 같이 향한다고 하여 일명 '순환(順換)방식'이라고도 한다. 송금결제방식에 의한 물품의 수출입은 결제자금의 금융적 편의와 안전성의 문제를 전혀 커버하지 못하는 가장 단순한 방식이다.

(1) 단순송금방식(payment in advance)

단순송금방식은 수입업자가 대금의 전액을 물품선적 전에 외화나 수표 등으로 수출업자에게 미리 송금하여 지불하고, 수출업자는 일정기간 이내에 이에 상응하는 상품을 선적하는 방식이다. 이를 선송금방식(advance remittance)이라고도 한다. 이 방식은 계약당사자 간의 계약이나 주문만으로 대금결제가 이루어지기 때문에 화환신용장방식에 의한 대금결제방식과 구별되며, 대금결제가 물품의 인도 전에 미리 이루어진다는 점에서 이후에 이루어지는 추심결제방식과도 차이가 난다. 또한 단순송금결제방식은 매매계약을 체결할 때 송금하는 방법을 우편(mail)으로 할 것인가 전신(cable)으로 할 것인가에 따라 구분되는데, 우선 대금을 우편으로 송금하고자 할 경우에는 수입상이 직접 송금수표를 우송하는 방법과 은행을 통하여 우편송금환을 우송하는 방법이 있으며, 은행을 통하여 전신환으로 행하는 방법이 있다.

(2) 수표송금방식(D/D : Demand Draft)

1) 수입업자의 외화송금신청

수입업자는 자기의 거래은행에 외화송금신청서를 작성하여 제출하고 수입대금에 해당하는 금전과 송금수수료를 납부한다.

2) 송금은행의 송금수표교부

송금은행은 수출업자를 수취인으로 한 송금수표를 발행하여 그것을 송금신청인(수입업자)에게 교부한다.

3) 송금수표의 우송

송금신청인은 송금은행에서 발행한 자기 자신의 책임하에 국제우체국을 통하여 수출업자(수취인)에게로 우송한다.

4) 수출업자의 지급청구

송금수표를 접수한 수출업자는 수취인의 자격으로 그 수표의 지급은행에게 수표금액의 지급을 청구하거나 혹은 자기의 거래은행에 매각함으로써 송금액을 수령한다.

(3) 우편송금환방식(M/T : Mail Transfer)

1) 수입업자의 우편송금신청

수입업자는 외화송금신청서상에 우편송금방법으로 명기하여 작성 · 제출하고 수입대금에 해당하는 금전과 송금수수료를 송금은행에 납부한다.

2) 송금은행의 지급지시서 우송

송금은행은 수취인(수출업자)에게의 일정한 금액의 지급을 위탁하는 지급지시서를 발행하여 그 지급지시서를 송금은행의 책임하에 지급은행 앞으로 우송한다.

3) 지급은행의 송금액 지급

송금은행으로부터 지급의 위탁을 받은 지급은행은 지급지시서에 따라 수취인(수출업자)에게 송금액을 지급한다. 이때 송금(지급지시서의 우송)에 따른 분실 또는 도난의 위험은 은행이 부담하기 때문에, 수입업자로서는 단순송금방식보다는 안전한 결제방식이 된다. 그러나 은행을 통한 우편환결제방식은 지급지시서의 송부기간이 전신보다는 길기 때문에, 긴급을 요하지 않는 송금이나 소액송금 등에 주로 이용된다.

(4) 전신송금방식(T/T : Telegraphic Transfer)

1) 수입업자의 전신송금(T/T)신청

수입업자는 외화송금신청서상의 송금방법을 전신송금으로 명기하여 송금신청을 하고서, 수입대금에 해당하는 금전과 송금수수료 및 전신료를 송금은행에 납부한다.

2) 송금은행의 전신에 의한 지급지시

송금은행은 전신, 텔렉스, 컴퓨터통신(SWIFT) 등의 신속한 통신수단으로 지급은행에 대하여 수취인(수출업자)에게 일정한 금액의 지급을 지시한다.

3) 지급은행의 송금액지급

송금은행으로부터 전신 등에 의한 지급지시를 받은 지급은행은 그 지시에 따라 수취인(수출업자)에게 전신송금액을 지급한다.

(5) 대금상환도방식(COD, CAD)

대금상환도방식은 단순송금방식과는 달리 수입상이 물품이나 서류가 인도될 당시 또는 그 후에 대금을 외화로 지급하는 것을 조건부로 수출입하는 방식이다. 따라서 이를 후송금방식(later remittance) 혹은 대금상환도 조건부수출입방식이라 한다. 이 방식은 대금과 상환으로 인도하여야 할 대상물이 물품일 경우에는 COD(상품인도결제, 현물상환급결제)방식이라 하고 대상물이 서류일 경우에는 CAD(서류결제인도, 서류상환급결제)방식으로 구분된다.

1) 상품인도결제방식(COD : Cash On Delivery)

이 방식은 수출업자가 상품을 선적한 후 선적서류를 자신의 대리인(주로 수입업자의 국가에 소재) 또는 지사에 송부하여 상품이 목적지에 도착하면 수입업자가 품질이나 수량을 직접 검사 후에 상품을 인도받으면서 대금을 현금으로 결제하는 방식이다.

2) 서류인도결제방식(CAD : Cash Against Document)

이 방식은 수출업자가 상품을 선적 후 이를 증명하는 선적서류를 수입업자의 대리인(주로 수출업자의 국가에 소재) 또는 거래은행에 제시하여 선적서류와 상환으로 대금을 결제하는 방식이다.

사례연구

선 생산유도 후 헐값 상품인수 횡포

W사는 미국 현지법인을 통해 P사와 약 60만 달러 규모의 무선통신기기 수출상담을 했다. 마침 국내의 시장수요가 크게 줄고 있어, COD결제조건에다가 독점판매권까지 바이어가 원하는 대로 수용해 준 결과, 마침내 구매승인서를 받았다. 그동안 내수시장의 불황 때문에 생산을 거의 못하고 있던 W사는 전력을 다해 생산에 박차를 가했다. 생산이 끝날 때쯤 미국의 P사로부터 연락이 왔다. 선적이 다소 지연되었다는 이유로 가격을 대폭 할인해 주지 않으면 제품을 인수하지 않겠다는 것이었다. W사는 현지법인을 통해 계약이행을 강력하게 촉구했으나, 수출업체의 다급한 사정을 잘 알고 있는 바이어는 막무가내였다. 하는 수 없이 요구대로 가격을 깎아 주고 약 20만 달러 규모의 1차분 선적을 끝마쳤다.

그러나 문제는 여기서 끝나지 않았다. 선적서류와 현금을 교환할 것으로 기대했던 W사에 바이어가 내민 것은 수표였고, 이마저 고의로 부도를 내고는 품질이 나쁘다, 회사사정이 어렵다 하면서 대금지불을 계속 지연시켰으며 결국 절반도 안 되는 대금만 간신히 받았고 나머지는 계속 현지법인을 통해 독촉하는 어려움을 겪었다. 그런데 이보다 더 큰 문제는 미리 생산해 놓은 40만 달러 규모의 재고상품으로, 이것은 바이어의 요구사항에 미리 맞추어 제작된 제품이라 다른 곳에 처분할 수도 없게 되었다. 아무런 구속력이 없는 구매승인서만 보고 조급하게 생산을 한 결과 바이어의 횡포에 속수무책으로 손해를 보게 되었다.

수입상이 대규모 물량을 주문하는 경우, 생산에 들어가기 전 반드시 수입상의 신용상태를 조사하여 실질적인 구매, 영업능력을 확인하여야 할 것이다. 또한 상대의 신용도가 파악되지 않은 첫 거래에서 불리한 조건의 결제방식을 받아들여서는 안 되며, 아무런 결제보장 없이 생산에 들어가는 것은 극히 주의해야 할 사례라 할 수 있다.

〈참고자료 : KOTRA 국제무역사기〉

제2절 신용장에 의한 무역결제

1. 신용장의 개념과 특성

(1) 신용장의 필요성

국제 간의 무역거래는 정치, 경제, 상관습 등을 달리 하는 외국과의 거래이기 때문에 매우 복잡하면서도 많은 위험을 내포하고 있다. 그 중에서도 중요한 것은 수출상이 물품을 선적하고 대금회수의 불안에 직면하게 된다는 것이다. 이러한 문제가 해결되지 않는 한 국제거래의 활성화를 기대하기 어렵고 각국은 이의 해결방안을 모색하게 되었다.

수출대금회수에 대한 불안을 회피하기 위해서 수출업자는 선불을 원할 것이다. 그러나 수입업자의 입장에서 물품을 인수하기 전에 대금을 먼저 지급할 자들은 그리 많지 않다. 이 문제를 해결하자면 매매당사자, 특히 수입상을 대신하여 대금지급을 책임질 신용 있는 제3자의 출현이 가장 소망스러운 방법이다. 이런 대금지급을 책임질 수 있는 제3자로서 가장 적임자는 은행이나, 은행은 상품에 대한 전문지식의 결여, 복잡한 법률관계의 개입기피 등의 제약을 받으므로 신용장이란 결국 은행의 행동제약요인을 제거하여 은행으로 하여금 대금지급자의 지위를 맡을 수 있도록 매매계약을 은행편의 위주로 개편, 제도화한 것이라 할 수 있다.

따라서 은행은 수입업자의 거래은행으로서 자기의 고객을 위해 수입업자 앞으로 발행되는 어음의 대금지급을 약속하는 보증서를 수출업자에게 보내줌으로써 수출업자로 하여금 대금회수에 대한 불안을 잊고 기꺼이 선적준비를 할 수 있게 한다. 수입업자 입장에서도 대금을 먼저 지불하는 것이 아니라 계약상품이 도착하는 시점에서 은행에다 결제하므로 선불에 따르는 불안과 자금부담을 면할 수 있게 된다. 이와 같이 신용장은 수출입 당사자들의 신용문제에 은행이 개입함으로써 국제거래를 활성화시키는 제도라고 할 수 있다.

(2) 신용장의 개념

1) 신용장의 기원

신용장의 기원은 상당히 오래된 것으로서 고대 로마시대와 중세기에 지중해와 이집트 상인에 의해 사용되었다고 한다. 또한 고대 그리스 은행들은 고객이 구매한 물품의 대전(代錢)으로 금 · 은을 운송해야 하는 번거로움을 덜어주기 위해 신용장을 발급하였다고 한다. 그러나 문헌에 나타나 있는 최초의 신용장은 1654년에 발급된 여행자신용장이다. 그 후 현대식 신용장은 19세기 후반에 접어들면서 영국의 은행들이 고객의 요청에 의해 발급하게 되었고, 제1차 세계대전 이후에 미국을 중심으로 전 세계에 보급되었다.

2) 신용장의 정의

신용장(L/C : Letter of Credit)이란 매수인의 거래은행인 신용장개설은행(issuing bank)이 신용장의 제 조건에 일치되고 약정기간 내에 신용장상에 요구하는 서류가 제시되었을 때 수익자(beneficiary)인 수출상에게 대금의 지급을 확약한 증서(documents)를 말한다.[1] 다시 말해 신용장은 특정 은행의 조건부지급확약(conditional bank undertaking of payment)으로서, 한편으로는 상업신용(commercial credit)을 은행신용(bank credit)으로 전환시켜 주는 일종의 금융수단이다. 신용장에 대한 구체적 정의를 제5차 개정 화환신용장통일규칙(UCP : Uniform Customs and Practice for Documentary Credits)에서는 다음과 같이 내리고 있다.[2]

"화환신용장 및 보증신용장이란 표현은 그 명칭이나 표현에 관계없이 고객(개설의뢰인)의 요청과 지시에 따르거나 또는 은행 스스로를 위하여 행동하는 한 은행(개설은행)이 신용장의 제 조건에 일치하는 소정의 서류와 상환으로 제3자(수익자) 또는 그 지시인에게 지급을 행하거나, 수익자가 발행한 환어음을 인수하고 지급하거나, 다른 은행으로 하여금 이러한 지급을 하도록 하거나, 또는 이러한 환어음을 인수하고 지급하도록 수권하거나, 다른 은행으로 하여금 매입하도록 수권

---

1) M. A. Davis, *The Documentary Credits Handbook*, New York, Woodhead-Faulkner, 1989, p.3.

2) 신용장 분쟁해결의 해석에 기초가 되는 화환신용장통일규칙(UCP)이 ICC에 의하여 제정되었는데, 최근 2007년 7월 1일에 시행된 UCP 600(제6차 개정 신용장통일규칙)은 종전의 제49조의 조문이 총 39개 조항으로 축약되었다(중요 변경사항은 [표 7-1] 참조). 또한 신용장이 전자적으로 사용될 때의 문제점을 보완하기 위해 보충규정인 eUCP 및 ISBP(국제표준은행관행)를 각각 제정하였다.

한 약정을 말한다." 이와 같이 신용장은 신용장이 요구하는 서류를 제시했을 때 대금을 지급하겠다는 은행의 '조건부지급확약서' 라고 말할 수 있다.

(3) 신용장의 특성

1) 독립성

무역거래에 있어서 매매당사자가 계약 시 지급조건(payment)에 신용장조건으로 약정하면 매수인인 수입상은 자신의 거래은행에 신용장개설을 의뢰한다. 그러나 일단 신용장이 은행에서 개설되면, 신용장은 그 기초가 되었던 매매계약(賣買契約)이나 기타의 계약관계로부터 완전히 독립되어 자체적으로 별도의 법률관계를 형성하게 되는데, 이를 신용장의 독립성(independency of the credit)이라 한다.

만약 신용장이 그러한 계약에 관한 참조사항을 언급하고 있다 하더라도 신용장의 당사자들은 이에 영향이나 구속을 받지 않는다. 거의 모든 신용장은 매수인과 매도인 사이에 체결된 매매계약 등에 의거하여 발행되는 것이다. 즉, 무역거래의 당사자는 매매계약의 지급방식으로서 신용장에 의한 방식을 선택한다고 합의하며, 따라서 매매계약의 확정과 함께 매수인인 수입상은 자기의 거래은행에 의뢰하여 신용장을 발행한다.

그러나 신용장이 일단 은행에 의하여 발행되면 신용장은 그 근거가 되었던 매매계약으로부터 완전히 독립되어 그 자체로서 별도의 법률관계를 형성하게 되는 독립성을 갖게 된다. 만일 신용장이 그러한 계약에 관한 참조사항을 언급하고 있다 하더라도 신용장의 관계당사자들은 그 계약의 조건에 아무런 영향이나 구속도 받지 않는다. 이것은 신용장거래를 매매계약에 연계시키게 되면 은행이 매매계약의 내용을 일일이 확인하여야 하는 바, 이는 현실적으로 불가능하므로 이러한 구속으로부터 은행을 해방시켜 신용장거래가 원활하게 이루어지도록 함에 그 취지가 있다.

따라서 수입업자는 신용장의 조건이 매매계약의 조건과 다르다는 이유로 대금지급을 취소하거나 지연시킬 수도 없거니와 매매계약조건과 일치하지 않는 물품을 선적했다고 하여 대금지급을 취소 또는 지연시킬 수 없다. 마찬가지로 수출업자도 수입업자에 의해 매매계약이 취소되었다고 할지라도 신용장조건대로 이행을 하였다면 은행으로부터 대금을 지급받을 수 있다.

사례연구

신용장의 독립성에 관한 판례 – I

〈사건개요〉

원고는 피고에게 2회의 선적을 위하여 2개의 신용장을 개설하였다. 첫 번째 선적품은 계약과 다른 품질이었으나 피고는 대금결제를 받았다. 원고는 피고가 두 번째 신용장하에서 대금결제를 받을 수 없도록 법원에 정지(injunction)신청을 했다. 법원은 잠정적 정지(停止)는 허락하였으나 그 연장신청은 허락하지 않았다.

〈판결내용〉

1. 상품의 계약내용과 일치 여부에 관한 당사자 간의 분쟁에 관계없이 은행의 확인신용장은 은행과 매도인 간에 은행이 반드시 지불하겠다는 절대적인 의무에 바탕을 둔 아주 정교한 상거래체제가 확립되어 있다.
2. 법원이 이러한 관행(慣行)에 개입하는 것은 좋지 않다.
3. 이 사건에서는 법원이 집행정지를 명(命)할 수 있는 입장이었으나 법원의 사려 깊은 판단으로 그렇게 하지 말아야 할 사건이다.

〈해설〉

다른 여러 사건에서도 지적되었듯이 이 사건은 신용장개설의뢰인이 상품이 계약과 일치하지 않는다는 이유로 대금지불을 중지시킬 수 없다는 원칙을 법원이 재확인하는 사건 중의 하나이다. "신용장"은 이런 점에서 주계약(main contract)과는 아무런 관계가 없으며 매도인의 유일한 의무는 제출된 서류가 신용장과 일치하도록 하면 된다는 것이다.

신용장의 독립성에 관한 판례 – II

〈사건개요〉

1974년 5월 17일에 원고가 제1피고에게 프랑스의 레코드 수출상 앞으로 취소불능신용장을 개설해 주도록 요청하였고 제2피고는 동 신용장을 통지해 주었다. 신용장개설의뢰인은 신용장 대금을 전액 현금으로 은행에 입금시켰다.

6월 16일에 원고가 상품을 받아 보니 원고가 주문한 상품이 아니었다.

어떤 상자는 주문번호와 일치시키기 위하여 숫자를 고쳐 놓았고 어떤 상자는 빈 상자였고 또 어떤 상자에서는 쓰레기가 발견되었다.

원고는 수출회사를 사기꾼으로 단정하고 제1피고에게 대금결제를 해주지 말 것을 지시하였다. 6월 24일에 제1피고은행은 당해 신용장은 확인된 취소불능신용장이므로 자기들로서는 당해 신용장하에서 대금지급을 기피할 수 없다는 이유로 지급거절지시에 따르지 않았다. 이에 원고는 고등법원에 두 피고은행이 재판결과가 나오거나 추후 지시가 있을 때까지 대금지급을 할 수 없도록 하는 잠정적인 집행정지요청을 내었다.

〈판결내용〉

1. 본건(本件)은 입증된 사기는 아니며 단순한 사기의 주장만 있었다.
2. 이 사건은 집행정지에 관한 것이 아니며 법원이 개입하여 원고가 주장하는 집행정지를 명할 수 있는 근거를 성립시키기에는 불충분하였다. 이에 추가하여 법원은 은행이 취소불능

신용장에 의한 거래에 개입하는 것은 되도록 피하여야 하며 특별히 충분한 증거가 없는 한 국제 간의 은행거래에서는 더욱더 그러하여야 하며, 만일 법원이 너무 빨리, 또 너무 자주 개입하면 신용장에 부여된 신뢰에 큰 손상을 가져올 수 있다고 판단하였다.

〈해설〉

이 사건은 매매계약을 이행하는 과정에서 공급된 상품과는 무관하게 서류만 일치하면 신용장 하에서 대금지급이 된다는 사실을 강조해 주고 있다. 매매계약과 신용장거래는 각기 독립된 거래임을 보여주고 있으며, 신용장개설의뢰인은 이러한 신용장의 특성을 잘 이해해야 할 것이다.

〈참고자료 : 박대위, 무역사례Ⅱ, 법문사, 1991, pp.69~70;
김선광, 무역사례연구, 동성출판사, 1996, pp.192~193〉

2) 추상성

신용장의 추상성(abstraction)이란 은행은 오직 신용장에서 요구하는 서류만 가지고 대금지급 여부를 판단한다는 것을 말한다. 따라서 신용장거래는 오직 서류에 의해 거래하는 것이지 상품거래가 아니라는 점과 은행은 신용장조건에 일치하는 서류와 상환으로 대금을 지급한다는 원칙을 신용장거래의 추상성이라 한다.

신용장과 관련하여 선적서류를 자기 자금으로 매입하거나 지급하는 당사자는 모두 은행들인데 은행은 상품에 관한 전문지식 결여 및 복잡한 계약관계 개입기피라는 기본입장 때문에 매매당사자 간의 사실상의 거래내용에는 관여하기 어려운 특성을 가지고 있다. 따라서 은행이 매입이나 지급에 응할 때 부담하는 의무는 수출상이 제시한 여러 가지 서류가 신용장의 요구사항과 일치하는지, 또는 서류 상호 간의 모순이 있는지의 여부에만 국한하여 서류심사를 하게 되고 선적된 상품의 불량이나, 사실상의 선적 여하에는 전혀 관여할 필요가 없는 것이다.

이 추상성의 결과에 따라 신용장거래를 "서류상의 거래"라 칭하게 되고 은행은 가장 간편한 의무만을 부담하게 되지만, 수입상은 계약조건과 다른 상품을 입수할 위험을 부담하게 되고 수출상은 서류작성상의 사소한 실수만으로 대금지급을 거절당할 위험에 직면하게 되는 것이다. 신용장거래는 물품의 거래가 아니고 CIF 계약과 같은 서류상의 거래이다. 즉, 신용장거래의 목적은 물품이 아니라 이와 인과관계에 있는 서류라는 것이다. 따라서 수입상은 물품이 미리 목적지에 도착하였다 하더라도 그 물품을 검사한 후 지급한다는 주장을 할 수 없다. 신용장거래의 원활한 결제에 필요한 법칙은 바로 서류가 외관상 정당하면 은행은 지급의무를 진다는 것이다.

(4) 서류엄격일치의 원칙

신용장거래에 있어서 분쟁의 대상이 종종 되는 것은 제시된 서류를 은행이 어느 정도의 주의를 갖고 검토해야 상당한 주의가 되는지에 관한 기준으로서 이른바 엄격일치의 원칙이다.

엄격일치의 원칙(doctrine of strict compliance)이란 은행이 신용장조건에 엄격히 일치하지 않는 서류를 거절할 권리가 있다는 것을 말한다. 다시 말해 은행은 제시된 서류가 신용장조건과 문면상 일치된 것으로 판명되었을 때에만 지급할 수 있다는 원칙이다. 따라서 제시된 서류는 신용장조건에 엄격하게 일치하여야 하는 것이다. 신용장거래에서 매입은행은 개설은행의 특별대리인(special agent)이며, 그 개설은행은 수입상의 특별대리인이다. 그러므로 대리인인 은행이 보호받기 위해서는 서류의 엄격일치원칙이 필요하다. 무역거래에서 은행이 매매계약으로부터 독립하고 물품이 아닌 추상적인 서류만을 가지고 큰 위험 없이 개입할 수 있는 것은 사실은 신용장의 이러한 독립 · 추상성과 엄격일치의 거래관행이 보장되기 때문이라 하겠다.

2. 신용장 결제과정 및 거래당사자

(1) 신용장의 결제과정

신용장방식의 대금결제는 일반적으로 다음의 과정을 통하여 이루어진다.

① 매수인인 수입상(신용장개설의뢰인)은 외국의 수출상인 매도인과 매매계약을 체결하면서 일반거래조건협정서나 매매계약서에 대금결제방법으로서 신용장에 의한 대금지급이 이루어지도록 합의한다.

② 수입상은 관계기관, 단체, 조합 등에 수입승인을 신청하여 수입승인서(I/L : Import Licence)를 받는다(해당되는 경우).

③ 수입상은 자기 거래은행을 통하여 매도인 앞으로 수입신용장(수출업자의 입장에서 보면 수출신용장)을 주도록 의뢰한다. 이때 수입상은 발행될 신용장의 제조건을 명시한 신용장개설신청서(application for irrevocable documentary credit)에 명확하게 기재하여야 한다.

④ 신용장개설을 의뢰받은 수입상 나라의 외국환은행(신용장개설은행)은 개설

의뢰인의 지시를 준수하여 수익자 앞으로 신용장을 개설하여 수출상이 소재하고 있는 외국의 환거래은행(통지은행)에 신용장을 송부하여 신용장의 통지를 요청한다.

⑤ 수익자 소재지의 수출지의 통지은행은 신용장의 외관상의 진정성(眞正性)을 확인하여 수출상에게 신용장 도착을 통지한다. 이 경우 통지은행이 개설은행으로부터 확인의 추가를 요청받은 경우에는 별도의 확약문언을 기재한 통지은행 양식의 신용장을 통지한다.

⑥~⑨ 신용장을 수취한 수출상은 그 신용장조건이 매매계약조건과 일치하는가를 반드시 확인하고, 해당되는 경우 이를 토대로 경우에 따라 수출승인을 신청하여 수출승인서(E/L : Export License)를 발급 · 신청하여 교부받는다. 신용장을 받은 수출상은 물품을 제조하거나 집하(集荷)하여 선적한 후, 신용장에서 요구한 선적서류와 환어음을 준비하여 신용장에서 지정된 지급 · 인수 또는 매입은행 또는 자유매입신용장의 경우에는 자신에게 유리한 은행에 이를 제시한다.

⑩ 수출지의 매입은행은 환어음 및 제시서류와 교환으로 수출상에게 환어음대금을 지급한다.

⑪ 매입은행은 수출상에게 지급한 환어음대금을 결제받기 위해 신용장개설은행에 환어음 및 서류를 송부한다.

⑫ 매입은행은 환어음대금을 개설은행에 상환청구하여 수출대금을 상환받는다. 상환은행(결제은행)이 별도로 있을 경우에 매입은행은 선적서류를 개설은행 앞으로 송부하고 상환은행으로부터 수출대금을 상환받는다.

⑬ 개설은행은 매입은행으로부터 운송서류와 환어음이 도착하면 수입상에게 운송서류도착을 통지한다.

⑭ 개설은행은 수입상으로부터 수입대금을 결제받고 운송서류를 인도한다. 앞에서도 살펴보았듯이, 만일 수입상이 개설은행에 대금을 불입하지 않고 선적서류를 먼저 인수하고자 한다면 개설은행에 수입담보화물보관증의 성격을 가지고 있는 대도증서(T/R : Trust Receipt)를 제공한다.

⑮ 선박회사는 화물이 도착하면 수입상에게 그 사실을 통지한다.

⑯ 화물도착통지를 받고 선적서류를 인수한 수입상은 선박회사에 선하증권을 제시하고 화물을 수령한다. 이때 수입상은 물품이 계약과 일치하는지의 여부를 검사하여야 하며, 만약 물품이 계약에 부적합할 때에는 계약서에서 약

정한 기일 내에 클레임을 제기한다. 물품은 이미 도착하였으나 선적서류가 도착하지 않았을 경우에는 개설은행으로부터 수입화물선취보증장(L/G : Letter of Guarantee)을 발급받아 운송인으로부터 미리 물품을 수령할 수 있다.

그림 7-3 | 신용장거래의 메커니즘

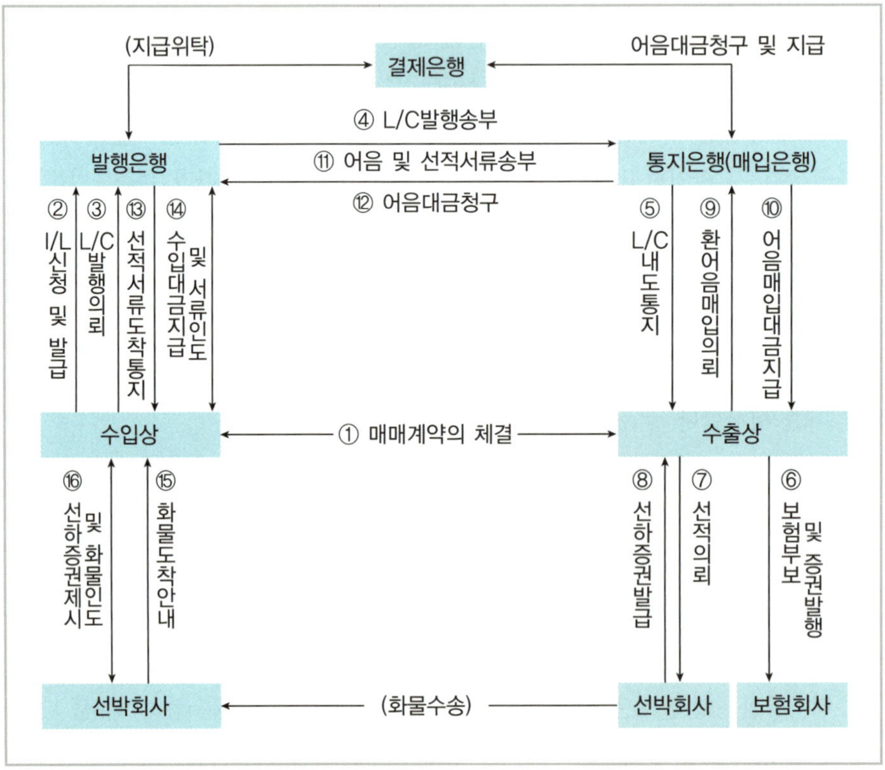

(2) 신용장의 거래당사자

신용장거래에 관계되는 자를 총칭해서 당사자(parties) 또는 관계당사자(parties concerned)라고 한다. 관계당사자는 모든 신용장에 일정하게 등장하는 것이 아니고 신용장의 종류별 또는 개설은행의 사정에 따라 다르다. 여기에서는 신용장의 조건변경 또는 취소에 관계되는 기본 당사자 그리고 기타 당사자로 구분하여 살펴보기로 한다.

1) 기본 당사자

① 개설의뢰인(applicant)

"신용장개설의뢰인" 또는 "신용장개설신청인"은 수출상과의 매매계약에 따라 수출상 앞으로 신용장개설을 해줄 것을 자신의 거래은행(개설은행)에 요청하거나 지시하는 자를 말한다.

② 개설은행(issuing bank)

개설은행은 자기 고객인 개설의뢰인의 요청과 지시에 따라 수출업자(수익자) 앞으로 신용장을 개설하는 은행이다. 개설은행은 신용장의 조건에 따라 개설된 환어음을 지급, 인수 또는 매입할 것을 수출업자나 그 밖의 선의의 소지인에게 약정한다. 신용장거래는 개설은행이 신용을 토대로 모든 거래가 이루어지기 때문에 개설은행의 역할이 아주 중요하다.[3)]

③ 수익자(beneficiary)

신용장의 대금을 수취하는 자를 수익자라고 한다. 수익자는 보통 수출업자(exporter)가 되며, 매매계약의 매도인(seller)이거나 송하인(shipper/ consignor)이다. 또한 수익자는 환어음의 발행인(drawer)이며, 신용장을 사용한다는 점에서 사용인(user)이고 채권자(accounter)이며, 신용을 받고 있다는 점에서 신용수취인(accreditee)이라고도 한다.

④ 확인은행(confirming bank)

개설은행으로부터 수권되었거나 요청받은 제3은행이 신용장에 의해 발행된 어음의 지급 · 또는 매입을 추가로 확약하는 은행을 확인은행이라고 한다. 신용장의 확인은 개설은행과는 독립적인 확약이며 개설은행에 대한 확인은행의 여신행위라고 할 수 있으므로 개설은행의 확인요구에 대해 반드시 응할 필요는 없다. 수출상은 수입상의 거래은행이 정치 · 경제적으로 대금회수의 위험(risk)이 있다고 판단되면 보통 수출상 소재지의 제3은행을 확인은행으로 하는 이른바 확인신용장(confirmed L/C) 발행을 요청하게 할 수 있다.

---

3) 개설은행을 나타내는 표현으로는 "issuing bank," "opening bank," "credit writing bank," "grantor(신용공여은행)" 등이 있지만 신용장통일규칙에서는 "issuing bank"를 사용하고 있다.

2) 기타 당사자

① 통지은행(advising bank)

신용장거래에서 통지은행은 개설은행이 발행한 신용장을 수익자의 소재지에 위치한 개설은행의 본점이나 지점 혹은 환거래은행을 통하여, 수익자에게 신용장이 발행된 사실과 그 신용장의 내용을 통지하는 은행이다. 일반적으로 이를 "advising bank", "notifying bank", "transmitting bank" 등으로 부른다. 통지은행은 개설은행의 위탁을 받고서 수익자에게 신용장발행의 사실과 내용을 단순히 통지해 주는 은행으로 신용장에 대한 어떠한 책임이나 의무를 지거나 약정을 하지 않는다. 그러나 그 통지은행은 자기가 통지하는 신용장의 외면상의 진정성(authenticity)을 증명하기 위하여 상당한 주의를 기울여야 할 의무가 있다.

② 지급은행(paying bank)

수익자가 발행한 환어음에 대해서 직접 대금을 지급하여 주는 은행으로서 어음금액을 지급하도록 수권받은 은행을 지급은행이라고 한다. 지급은행은 개설은행의 예치환거래은행(depositary bank)으로서 예치환거래계약을 체결하고 개설은행의 예금계정(deposit account)을 설정하여 신용장조건과 일치되는 서류에 대하여 제시환어음지급[4] 시마다 개설은행의 예금계정에서 당해 금액을 차감하면서 지급을 행하기 때문에 지급과 동시에 상환을 받게 된다. 그러나 어음지급에 대한 최종적 책임은 지급은행이 아니고 개설은행이 지게 된다.

③ 인수은행(accepting bank)

신용장조건에 따라 수익자가 발행하는 어음이 기한부어음(usance bill)일 경우 은행은 지급에 앞서 인수(acceptance)[5]를 하게 되는데 이러한 기한부어음을 인수하는 은행을 인수은행이라고 한다. 인수은행은 어음의 인수행위에 의하여 그 환어음을 지급할 의무를 지게 되며 지급만기일에 어음금액을 지급하게 된다. 인수된 환어음에 대하여 수익자인 수출업자는 즉시 현금화를 원하게 되며 인수은행이

---

4) 지급(payment)은 개설은행의 요청에 따라 지정된 수출지의 특정 은행(예치환거래은행) 또는 개설은행 자신이 매입은행 또는 수익자가 제시하는 서류를 받고 약정된 신용장금액을 액면가액 그대로 지급하는 것을 말한다.

5) 인수(acceptance)는 개설은행의 요청에 따라 지정된 수출지의 인수은행이 수익자 또는 매입은행에 대하여 기한부신용장의 어음을 기간만료 시 자행에 제시하면 대금을 지급하겠다고 하는 의사표시를 말한다.

그 환어음을 할인하여 매입하거나 수출업자가 직접 금융시장에서 매도할 수가 있다. 일단 은행에서 인수한 환어음은 은행의 무조건지급보증이 추가되므로 금융시장에서 유리하게 유통될 수 있다.

④ 매입은행(negotiating bank)

수익자는 신용장을 받은 후 상품을 제조하거나 구입하여 선적을 완료하면 신용장조건에 따라 수입업자 또는 신용장개설은행 혹은 개설은행이 지정하는 거래은행 앞으로 어음을 발행하고 이 어음에 신용장에서 요구하는 운송서류를 첨부하여 통지은행 또는 자기의 거래은행에 그 어음의 매입[6]을 의뢰하게 된다. 이때에 그 어음을 매입하는 은행을 매입은행이라고 한다. 매입은행은 신용장에 지정되어 있는 경우도 있고 아무런 제한이 없는 경우도 있다. 신용장상에 매입은행의 지정유무 따라 일반신용장(general credit)과 특정신용장(special credit)으로 나누어진다.

⑤ 상환은행(reimbursing bank)

신용장거래에서 상환은행은 신용장에서 지급, 인수 또는 매입은행에 대한 상환[7]을 개설은행의 본 · 지점 또는 제3의 은행으로 청구하게 하는 경우, 개설은행을 대신하여 상환업무를 수행하는 은행을 상환은행이라 하며, 개설은행의 당좌예금계정을 발행하고 있는 예치환거래은행(depository correspondent bank)이 이를 담당한다. 대금을 결제한다는 의미에서 결제은행(settling bank), 어음에 대하여 지급을 하는 은행이라는 점에서 어음지급은행(drawee bank)이라고도 한다. 상환은행은 개설은행의 예치계정을 보유하고 있으며 개설은행의 상환수권이나 지시(reimbursement authorization (instruction)에 따라 상환업무를 대행하게 된다.

⑥ 양도은행(transfering bank)

양도가능신용장(transferable L/C)에서 최초수익자(1st beneficiary)의 요청을 받아 그 신용장의 모든 권리와 의무를 제2의 수익자(2nd beneficiary)에게 양도하는 은행을 양도은행이라고 한다. 주로 통지은행이 그 역할을 하게 된다.

---

6) 매입(negotiation)은 수출지의 은행이 수출상이 제시하는 서류(환어음, 선적서류, 상업송장 등)를 할인가격(신용장금액에서 이자, 수수료 등을 공제한 금액)으로 사는 것을 말한다.

7) 상환(reimbursement)은 수출지 또는 제3국에 소재하는 개설은행의 예치환거래은행이 개설은행의 요청과 지시에 따라 일람불 또는 기한부신용장의 대금을 어음수령과 동시에 지급하는 것을 말한다.

사례연구

유령은행의 위조신용장 사기

브라질 바이어 H는 국내 직물업체를 상대로 본격적인 사기행각에 나섰다. 1997년 말경, 국내 K직물은 평소 거래관계가 있던 브라질의 수입상 H와 수출계약을 체결했다. 얼마 후, 국내 H은행에는 HKPB(우루과이 소재 홍콩민간은행)가 개설한 6개월 후 대금결제조건인 15만 달러 규모의 usance L/C가 도착했고, 선적과 은행 네고도 일정대로 이루어졌다. 그런데 첫 번째 선적품의 대금결제도 되지 않은 상태에서 이보다 훨씬 큰 120만 달러 규모의 두 번째 신용장이 동일은행을 통해 개설되었고, 바이어는 하루가 멀다 하고 선적을 독촉하는 것이었다.

그제야 미심쩍어진 K직물은 바이어에게 제3국 은행의 L/C확인을 요구했고, 바이어는 유러카리비안은행을 통해 confirmed L/C를 보내 주었으나, 그 은행은 국제은행 리스트에도 없는 정체불명의 은행임이 밝혀졌다. 결국 K직물은 우루과이의 KOTRA무역관에 신용조사를 의뢰하게 되었고, 이로 인해 우루과이 유령은행을 통한 사기행각이 차례차례 밝혀지기 시작하였다. KOTRA 현지 무역관의 현장조사 결과, HKPB은행은 우루과이에 등록조차 되지 않았으며 Findemar사가 paper상으로 운영하는 유령은행인 것으로 확인되었다. Fimdemar사의 대표인 Mr. Dracuose(그리스국적)는 HKPB가 태평상에 있는 멜치제덱(Melchizedek)국에 등록된 우량은행이라고 주장하고 있으나, 그 나라 또한 실체가 없는 유령국가였음이 밝혀졌다.

결국 Mr. Drauose는 중남미의 금융중심지인 우루과이에 Findemar라는 이름의 회사를 차려 놓고, 브라질 등지의 수입상들과 짜고 위조 L/C발행을 업으로 하고 있었던 것이다. 이들은 HKPB(Hongkong Private Bankers Ltd.) 외에도 Swiss Private Bankers Ltd.라는 유령은행명을 사용하였으며, 이러한 일련의 사기사건으로 Findemar사의 사장이 우루과이 당국에 의해 기소된 후에도 국내업체에 HKPB 명의의 사기신용장이 계속 내도되어 이들의 사기행각에 휘말려 피해를 본 업체가 발생하기도 하였다.

이 사건은 의심스러운 신용장(후진국의 잘 알려지지 않은 은행이 발행한 신용장)이 내도되었을 경우 신용장개설은행의 국적 및 소재지, 연락처 및 은행명부 포함 여부를 확인하는 것이 필요하고 정체불명의 통지은행과 확인은행을 경유하였을 경우 통지은행 및 확인은행에 대한 신용조사가 반드시 필요함을 보여준 좋은 사례라 할 수 있다.

〈참고자료 : KOTRA 국제무역사기〉

3. 신용장의 종류

신용장의 종류를 구분하는 것은 절대적 기준이나 통일된 기준이 없다. 왜냐하면 무역거래를 하는 상인들의 편의에 따라 만들어진 수단이므로 그 형태나 기능이 다양하며 운송 및 통신수단의 발달 등 상업환경의 변화에 따라 새로운 신용장이 생겨날 수 있기 때문이다. 일반적으로 신용장은 개설주체, 사용목적, 표시통화, 개설행위, 용도, 매입자금의 상환방법, 운송서류의 첨부유무 등으로 분류할 수 있다. 이처럼 하나의 신용장이 보통 여러 가지의 종류를 겸하고 있는 것이 대부분이기 때문에 신용장통일규칙에서도 종류별 특성에 관한 명문규정은 두고 있지 않다.

(1) 화환신용장과 무담보신용장

화환신용장(documentary credit)이란 수익자가 발행한 환어음에 신용장조건과 일치하는 선하증권, 상업송장, 보험증권 등의 운송서류를 첨부할 것을 조건으로 지급, 인수 또는 매입할 것을 확약하는 신용장을 말한다. 무담보신용장(clean credit)이란 환어음의 발행에 있어 운송서류의 첨부가 필요 없이 수익자가 발행한 환어음의 제시만으로 그 지급, 인수 또는 매입을 보증하는 신용장을 말한다.

(2) 취소불능신용장과 취소가능신용장

취소불능신용장(irrevocable credit)이란 신용장에 명기된 조건과 일치하는 한 개설은행이 틀림없이 대금을 지급하겠다는 확약하에, 개설은행이 일단 신용장을 발행하여 수익자에게 통지된 이상 그 유효기간 내에는 신용장의 기본 당사자 전원의 동의가 없이는 일방적으로 신용장의 취소나 내용의 변경이 불가능한 신용장을 말한다. 신용장상에 "irrevocable"이라는 문자가 표시되어 있거나, 신용장상에 취소불능 또는 취소가능의 어떠한 표시도 없는 경우에는 "취소불능신용장"으로 간주한다.

이 취소불능신용장은 개설은행이 수익자와 그 신용장에 의하여 발행된 환어음 또는 제시된 선적서류의 선의의 소지인(bona fide holder)에 대하여 그것이 신용장의 모든 조건에 합치되어 있는 한, 이 신용장이 확약하는 지급 · 인수 또는 매입을 이행해야 하므로 어느 한 당사자에 의해서 임의로 변경이나 취소될 수 없다. 또한 수익자의 개설은행에 대한 권리는 수출업자와 수입업자 간의 매매계약의 내용이나 수입업자와 개설은행 간의 계약관계에 구애됨 없이 독립되고 절대적인 것으로서 이를 취소불능신용장의 독립성이라 한다. 취소가능신용장(revocable credit)이란 신용장을 발행한 은행이 수익자에게 사전에 아무런 통지 없이 일방적으로 신용장을 취소하거나 그 조건을 변경할 수 있는 신용장을 말한다. 신용장상에 "revocable"이라는 표시가 되어 있으면 개설은행은 수익자의 동의 없이 일방적인 의사표시로 신용장의 매입통지가 있지 전에는 아무 때나 취소권을 행사할 수 있다. 그러나 개정된 UCP600에서는 취소가능신용장 조문이 삭제되었다.

(3) 확인신용장과 무확인신용장

확인신용장(confirmed credit)이란 신용장개설은행의 신용도가 낮아 수익자가 수입자에게 개설은행 이외의 제3의 은행이 발행된 신용장에 대하여 지급보증해 줄 것을 요구하여 제3의 은행이 지급보증에 대한 확인을 해주는 신용장을 말한다. 따라서 확인신용장은 개설은행이 도산하여 대금상환을 할 수 없는 상황이 발생하면 제3의 은행이 대금상환을 하여야 한다. 그리고 이때의 지급보증을 하는 제3의 은행은 국제적으로 신용도가 높은 은행이 되기 때문에 수익자는 안심하고 상품선적을 하게 된다.

확인신용장을 수익자가 요구하는 경우는 개설은행의 신용도가 낮은 경우와 수입국 내의 사회불안으로 외화자금결제가 동결될 가능성이 있는 국가에 수출하는 경우로서 수익자는 대금결제에 따르는 위험을 피하기 위하여 사용한다. 무확인신용장(unconfirmed credit)은 제3의 확인은행이 없는 일반적인 신용장을 의미한다.

사례연구

확인신용장에 대한 지급의무가 있는 채무자는 누구인가?

수입상 A의 요청을 받은 예멘은행은 독일은행을 통지은행 및 확인은행으로 하는 신용장을 개설하였다. 한편 수출상은 A의 예금에 대하여 신용장의 대금결제용으로 사용하기 위하여 신용장의 채무자를 A로 한 저당권을 설정하였다. 물품을 선적하고 확인은행앞 서류를 제시한 후 동 예금으로 결제를 하려고 하였다. 이때 A에 대한 제3의 채권자가 나타나 저당권 설정은 적법하였으나, 확인신용장의 채무자는 개설신청인이 아니라 확인은행이므로 개설신청인 A를 신용장의 채무자로 한 저당권 설정은 무효이므로 예금을 본인에게 지급하라고 주장하였다. 확인신용장의 채무자는 누구인가?

〈해설과 결론〉

신용장통일규칙 제9조에 의하면 신용장을 개설한 개설은행은 일치된 서류가 제시되면 대금을 지급하여야 하며, 확인신용장의 경우에는 개설은행에 추가하여 확인은행도 대금지급의무가 있다. 그러므로 확인신용장에서는 확인은행이 주채무자가 될 것이다. 그러나 물품의 공급에 관한 계약을 근거로 하여 살펴보면 개설신청인이 법률적인 채무자가 될 것이다. 이러한 거래의 특수한 상황을 고려해 볼 경우 본건에 대한 결정은 현지법원의 결정에 따라야 할 것으로 보여진다.

〈참고사항〉

본건은 확인신용장의 수익자가 대금결제를 우려하여 담보를 취득한 점 및 신용장의 결제에 대한 채권보전조치를 개설은행이 아닌 수출상이 하였다는 점에서 정상적인 거래는 아니거나, 다른 내용이 숨겨진 사례로 보여진다.

〈참고자료 : ICC Document 470/TA.403 http://www.keb.co.kr/biz/sindex3.htm〉

(4) 보통신용장과 특정신용장

특정신용장(special credit)이란 신용장상의 수익자가 선적을 완료한 후 수출대금의 회수를 위하여 발행하는 환어음의 매입은행을 신용장에서 금융관계 · 자금의 수배 또는 업무상의 연락 등으로 특정은행에 한정하고 있는 것을 말하며, 이를 매입제한신용장(restricted credit)이라고도 한다.

보통신용장(general credit)이란 신용장에서 어음의 매입을 특정한 은행으로 제한하지 않고 아무 은행에서나 매입할 수 있도록 된 조건의 신용장을 말하며, 이를 일반신용장, 자유매입신용장(freely negotiable credit) 또는 개방신용장(open credit)이라고도 한다. 따라서 수익자의 입장에서 보면 자기의 거래은행에 매입시킬 수 있고, 또한 서비스나 기타의 조건의 유리한 은행에 매입시킬 수 있기 때문에 보통신용장이 훨씬 편리하다.

(5) 일람출급신용장과 기한부신용장

일람출급신용장(sight credit)이란 환어음이 제시되면 지급인은 즉시 대금을 지급할 의무가 있는 신용장이다. 기한부신용장(usance credit)이란 발행된 환어음의 기간이 기한부인 신용장으로 어음의 지급인에게 제시되면 즉시 인수가 이루어지고, 만기일(maturity date, due date)이 도래하면 지급할 것을 약속한 것이다. 그리고 기한부어음의 기일에 따라 다음과 같이 구분할 수 있다.

① 일람 후 정기출급(at ×× days after sight)
② 일부 후 정기출금(at ×× days after date)
③ 확정일 후 정기출급(at ×× days after B/L date)

(6) 양도가능신용장과 양도불능신용장

양도가능신용장(transferable credit)이란 원래의 수익자가 신용장의 금액 전부나 일부를 제3자에게 양도할 수 있는 권한이 부여된 신용장을 의미하고, 양도불능신용장(non-transferable credit)은 원래의 수익자가 제3자에게 양도할 수 없는 경우의 신용장을 말한다. 양도가능신용장에는 반드시 "transferable"이라는 표시가 명시되어 있어야 한다. 그리고 양도가능신용장에 특별한 명시가 없는 한 동일국내 또는 타국의 제3자에게 양도할 수 있으며, 양도는 1회에 한하여 가능하고 분할선적이 가능하면 분할양도도 가능하다. 그리고 양도가능신용장에게 원래의 신용장에 나타나 있는 수익자를 최초수익자(1st-beneficiary), 양도가 이루어진 후에 나타나는 수익자를 제2의 수익자(2nd-beneficiary)라 하고, 모든 책임은 제2의 수익자에게 이전된다.

한편 위와 같은 원인들 때문에 양수받는 제2의 수익자는 복수로 존재할 수 있으나 제2수익자가 제3자에게 재양도할 수는 없다. 양도된 신용장의 조건은 원신용장의 조건과 동일하여야 하나, 신용장금액, 단가, 선적기한, 유효기간, 서류제출기한 등은 원신용장보다 적게 하거나 단축시키는 것이 허용된다.

기존의 UCP500에서는 오직 transferable만이 신용장의 양도를 가능하도록 규정하고 있었으나, UCP600에서는 이러한 명시적인 표현을 삭제하였다. 즉, transferable은 물론 assignable, divisible, fractional, transmissible 등의 표현도 모두 양도가능신용장의 표현으로 이용이 가능하게 되었다.

(7) 매입신용장과 지급신용장

신용장에 기재된 개설은행의 확약문언이 어음의 발행인(drawer), 배서인(endorser) 및 선의의 소지인(bona fide holder)에 대하여도 신용장에 의해서 발행되는 화환어음이 매입될 것을 확약하고 있는 신용장을 매입신용장(negotiation credit)이라 한다. 지급신용장(straight credit)이란 신용장에 의거한 화환어음의 매입 여부에 대하여는 아무런 명시가 없이 신용장개설은행 또는 그가 지정하는 은행에 수익자가 직접 화환어음을 제시하면 지급하겠다고 약정하는 신용장을 말한다.

(8) 상환청구가능신용장과 상환청구불능신용장

취소불능신용장은 환어음이 신용장조건에 일치하여 발행된 이상 개설의뢰인의 파산과 관계없이 개설은행은 이러한 어음의 지급, 인수 또는 매입을 확약하고 있으므로 가령 개설의뢰인이 파산되었을 경우에도 개설은행은 어음의 지급 · 인수의 책임이 있다. 따라서 신용장조건대로 발행된 화환어음의 발행인인 수익자는 상환청구를 받지 않는다. 그러나 개설은행의 파산 등으로 어음의 인수 또는 지급불능이 되었을 경우 어음의 인수 · 지급이 거절되면 매입은행은 어음의 발행인에게 상환을 청구하게 된다. 또한 만일 그 어음이 신용장조건과 불일치할 경우에는 어음지급인은 지급을 거절할 수 있으며, 이때 어음의 소지인이 어음발행인에게 상환청구를 할 수 있는 신용장을 상환청구가능신용장(with recourse credit)이라 하며, 상환청구를 할 수 없는 신용장을 상환청구불능신용장(without recourse credit)이라 한다.

(9) 내국신용장

내국신용장(local credit)은 수익자인 수출업자가 받은 원신용장(原信用狀)을 근거로 하여 수출품 또는 원자재공급업자(make or supplier)에게 대금지급을 보증하기 위해 수익자가 원신용장의 통지은행 또는 거래은행에 의뢰하여 별도로 수출품 또는 원자재공급업자를 수익자로 하는 신용장을 국내에서 발행하는데 이를 내국신용장이라고 한다.

내국신용장은 수출업자로 하여금 수출물품이나 수출용 원자재를 국내에서 손쉽게 조달할 수 있게 해줄 뿐만 아니라 공급업자에게도 대금지급보증 및 수출금융의 혜택을 주며 내국신용장에 의한 공급실적을 수출실적으로 인정해 주고 있다.

(10) 보증신용장

보증신용장(stand-by credit)이란 수출입상품대금의 결제를 목적으로 하는 화환신용장이 아니고, 금융이나 보증을 위해 발행되는 일종의 무담보신용장이다.[8)] 예를 들면, 우리나라 해외지사 등이 수입하기 위하여 신용장발행을 의뢰한다거나 또는 현지은행으로부터 금융의 편의를 받고자 해도 은행에 제공할 만한 담보가 부족한 경우, 서울 본사에서 국내거래은행에 의뢰하여 해외지사가 거래하는 은행앞으로 그 은행을 수익자로 하는 보증신용장을 발행해 주면 이 신용장을 받은 은행은 그것을 즉시 이용하는 것이 아니라 그것을 담보로 하여 우리나라 해외지사의 요청에 의거하여 수입신용장을 발행해 준다거나 혹은 금융의 혜택을 줄 수가 있다.

만약 이 해외지사가 약정된 기간 안에 채무이행을 하지 않거나 부도를 냈을 경우에는 보증신용장의 수익자인 해외지사의 거래은행은 환어음을 발행하여 보증신용장개설은행에 제시하여 대금을 지급받을 수 있다.

---

8) 무담보신용장임에도 불구하고 보증신용장(standby credit)은 신용장통일규칙에 적용받을 수 있도록 1983년 개정(UCP400) 시 이에 관한 규정을 삽입해 두었다(UCP Aticle 1~2조).

(11) 회전신용장

회전신용장(revolving credit)이 자동적으로 갱생되는 방법에는 다음과 같은 방법들이 있다. 첫째, 신용장조건에 따라서 발행된 환어음의 지급통지가 있으면 그 금액만큼 자동적으로 보충되는 방법, 둘째 발행된 환어음이 매입되어 신용장개설은행에 송부된 후 신용장에서 정한 일정기간 내에 지급거절의 통지가 없으면 그 금액만큼 자동적으로 보충되는 방법, 셋째 1개월 등과 같이 일정기일이 경과한 후에는 소정일에 자동적으로 갱생되는 방법이 있다. 그리고 신용장금액을 갱신할 때에는 다음과 같은 방법에 의한다. 첫째, 갱신되기 전에 미(未)사용잔액이 있을 경우, 이 미사용잔액을 다음번에 갱생되는 금액에 합하여 사용할 수 있도록 규정하는 누적적 방법, 둘째 미사용잔액이 있어도 다음에 갱생되는 금액과 합하여 사용하지 못하도록 규정하고 있는 비(非)누계적 방법이 있다.

(12) 전대신용장

전대신용장(red clause L/C, packing credit)이란 상품의 생산 · 가공 · 집하 등에 필요한 자금을 미리 융통해 주기 위하여 선적서류발행 전에 신용장금액을 수익자에게 선급하여 줄 것을 수권하고 있는 신용장을 말한다. 선적 전 물품대금을 먼저 지급하라는 약관이 붉은 글자로 되어 있다고 하여 red-clause L/C라고 하며 또한 수익자 입장에서 선대자금으로 상품을 집하 · 포장한다는 의미에서 packing credit이라고 한다.

(13) 구상무역신용장

1) 동시개설신용장

동시개설신용장(back to back credit)은 무역협정이나 지급협정이 체결되지 않은 국가 간에 수출입 균형을 유지하기 위한 구상무역을 위하여 사용되는 신용장이다. 즉, 한 나라의 매수인이 일정한 금액의 수입신용장을 발행할 경우 그 신용장은 수출국에서 같은 금액의 수입신용장을 발행해 오는 경우에만 유효하다는 조건이 붙는 신용장을 말한다. 다시 말해 동액(同額)의 신용장이 동시에 발행될 것을 조건으로 하는 신용장이다.

2) 기탁신용장

기탁신용장(escrow credit)은 수입업자가 수입신용장발행을 신청할 때에 신용장의 한 조건으로서 그 신용장에 의해 발행되는 어음의 매입대금은 수익자에게 지급되지 않고 수익자 명의의 기탁(escrow)계정에 두었다가 그 수익자가 원신용장발행국으로부터 수입하는 상품의 대금결제에만 사용하도록 규정한 신용장을 말한다.

3) 토마스신용장

토마스(Tomas)신용장은 수출입 양측이 서로 동액의 신용장을 발행하는데, 한쪽은 먼저 신용장을 발행하고 상대방은 동액의 신용장을 일정기간 후에 발행하겠다는 보증서를 발행할 것을 조건으로 하는 신용장을 말한다. 토마스(Tomas)라는 용어는 처음으로 이러한 방식을 이용하여 중국과의 거래를 행하였던 일본무역상사의 전신약호이며, 이때 양국 간에 원활한 무역거래의 이행을 위하여 각서가 교환되었다고 하여 각서무역이라고도 한다.

표 7-1 | 신용장통일규칙 개정 시행(UCP600) 주요 내용 대비표

구분	주요 변경내용	비고
• 서류심사기간 및 하자서류의 통지기간 단축 – 14(Standard for Examination of Documents)	선적서류 내도일 익일로부터 7영업일 이내 → 5영업일 이내	선적서류 내도일 익일로부터 7영업일 이내 → 5영업일 이내
• 신용장의 취소불능성 – 2(Definitions) – 3(Interpretations)	모든 신용장은 그 명칭이나 기술에 관계없이 취소불능	취소가능신용장 조문 삭제
• 용어 정의의 명확화 – 2(Definitions)	정의(Definitions)조항 신설 – 지급이행, 매입 등	용어 일관성 증대
• 기준일자에 관한 해석 변경 – 3(Interpretations)	– 선적기간상(기존) : from은 당해일자 포함 after는 당해일자 미포함 – 만기일 결정(신설) : from, after 모두 당해일자 미포함(제외)	선적일 또는 선적기간에 관해서만 적용되던 일자를 만기일 등 모든 일자에 적용되는 것으로 변경
• 서류의 심사기준과 일치하는 제시 – 15(Complying Presentation)	신용장 제조건, UCP600 및 국제표준은행관행의 규정에 의거한 서류제시 필요	"in compliance with L/C terms"를 "complying presentation" 개념으로 변경함으로써 가시적인 내용뿐 아니라 비가시적인 내용도 포함

• 연지급신용장의 할인허용 – 7(Issuing Bank Undertaking)	신용장발행은행의 확약에 포함 반영되어 연지급신용장의 경우에도 만기일 전에 할인(선지급 또는 구매)할 수 있도록 허용	조항 신설
• 지정은행 개념 신설 – 12(Nomination)	신용장의 확인은행, 지급은행, 인수은행, 매입은행 등을 반드시 지정	"available with any bank"라고 명시하지 않는 한 지정은행만 개설은행에 대한 권리행사 가능
• 하자통보방법 – 16(Discrepant Documents, Waiver and Notice)	하자통보요건 강화 – 지급거절의 사실 명시 – 서류의 행방 명시방법 추가	서류의 행방 명시방법이 두 가지에서 네 가지로 늘어남

자료 : 산업은행

제3절 환어음

1. 환어음의 개념 및 당사자

(1) 개념

환어음(bill of exchange; bill; draft)이란 채권을 갖고 있는 채권자가 채무를 지고 있는 채무자에게 "특정의 지급기일에 일정한 금액을 자기 또는 제3자에게 무조건으로 지급할 것"을 위탁한 유가증권을 말하며, 이것은 일종의 지급지시서(payment order)이다.

추심결제방식의 무역거래에 있어서는 선적을 마친 수출업자가 수출대금을 회수할 채권자로서 수입대금을 지급하여야 할 채무자인 수입업자를 지급인(drawee)으로 한 환어음을 발행한다. 신용장결제방식의 무역거래에 있어서 그 신용장이 매입신용장이거나 인수신용장인 경우에는 그 신용장의 문면에 환어음발행조건이 명시되므로 선적을 마친 수출업자는 채권자로서 신용장에 명시된 환어음발행조건에 따라 환어음을 발행한다.

(2) 당사자

환어음은 국내에서 사용하는 약속어음과는 달리 채권자가 채무자에게 발행하는 역환의 기능을 갖고 있어 어음발행인은 물품을 인도한 매도인이나 수출업자 또는 신용장 수익자가 되며, 어음지급인은 어음을 인수 · 지급해야 하는 매수인이나 수입업자 또는 지급을 보증한 신용장개설은행(확인은행 포함)이 된다. 또한 환어음발행인과 매입은행의 관계는 특약이 없는 한 매도인은 배서인으로서 어음상의 의무만 부담하며, 이때 매입은행은 환어음의 수취인(payee)이 된다. 수취인은 어음대금을 지급받을 자로서 발행인이 될 수도 있고 발행인이 지정하는 제3자가 될 수도 있다. 그러므로 신용장에 근거를 두고 환어음을 매입한 외국환은행이 통상 수취인이 되는 것이다.

2. 환어음의 종류

(1) 화환어음과 무담보어음

화환어음(documentary bill of exchange)은 환어음의 담보로서 선적서류가 첨부된 경우의 환어음을 말하며, 신용장부화환어음(documentary bill of exchange with L/C)과 추심방식에 의한 화환어음(documentary bill for collection)으로 나눌 수 있다. 무담보어음(clean bill of exchange)은 선적서류가 첨부되지 않아 담보가 없는 환어음을 말한다. 특히 무담보어음은 담보로서 선적서류가 첨부되지 않기 때문에 수수료, 보험료, 운임 등의 수단으로 이용되고 있다.

(2) 일람불어음과 기한부어음

환어음은 어음상에 기재된 만기일(tenor)에 따라서 일람불어음과 기한부어음으로 구별된다. 일람불어음(at sight bill, demand bill)은 어음이 제시되면 그날 즉시 지급되는 조건이며 기한부어음(usance bill, time bill, term bill, tenor bill)은 제시된 후 어음상에 기재된 일정기간 후에 지급되는 어음이다.

1) 일람출급어음

일람출급어음(sight bill)은 그것이 지급인(drawee)에게 제시되는 날이 만기의 날이 되는 환어음이다. 일람출급어음은 일람불어음 또는 일람지급어음 또는 요구불어음(D/D : Demand Draft)이라 불리기도 하며, 이 어음의 만기는 "at sight"라는 문언으로 어음의 문면에 표시된다.

2) 일람 후 정기출급어음

일람 후 정기출급어음(after sight bill)은 그것이 지급인(인수인)에게 제시되어 인수된 일자로부터 일정한 기간(30일, 60일 등 또는 1개월, 2개월 등)이 지난 후에 만기가 되는 환어음이다. 이 어음의 만기는 "at 30 days after sight 30d/s" 또는 "at 1 month after sight"와 같은 문언으로 어음의 문면에 표시된다.

3) 발행일자 후 정기출급어음

이것은 환어음의 발행일자 후 또는 선하증권의 발행일자 후 일정한 기간(30일, 60일 등 또는 1개월, 2개월 등)이 지난 후에 만기가 되는 환어음이다. 이 어음의 만기는 "at (30, 60일 등) days after date[9](30d/d, 60d/d)"와 같은 문언으로 어음의 문면에 표시된다.

3. 환어음의 기재사항

환어음에 들어가는 필수기재사항과 임의기재사항은 다음과 같다.

① 특별한 의미는 없고 다만 후일 참조할 경우가 생길 때 편리하게 하기 위해서 기재한다.

② 환어음의 효력은 행위지 법률에 의해 처리되므로 발행지를 꼭 표시하여야 한다. 발행지는 도시명까지만 표시해도 되므로 "Seoul Korea"라고 기재하면 된다.

③ 어음의 발행일은 외국환은행이 어음과 함께 제시된 선적서류를 매입한 날짜이며 이는 신용장 유효기일 이내여야 한다.

④ 환어음의 금액은 상업송장금액과 일치해야 한다. 그러나 상업송장금액의 100% 이하로 어음을 발행하도록 신용장에 요구하는 경우에는 그 조건을 충

9) 여기서 'date'는 어음발행일자를 말한다.

족시켜야 하며, 이러한 경우의 신용장 문구는 다음과 같다. "available by your draft at sight on us for ~% of invoice value"에서 ~% of란에 98% 등과 같이 발행할 수 있는 어음금액을 표시해 주고 있으며 송장금액 전액에 대해 어음을 발행할 경우에는 100% of invoice value 또는 full invoice value 등과 같이 나타낸다.

⑤ 어음상의 문언 중 at~sight of의 at~다음에 기재되는 것이 만기일(tenor)의 표시가 된다. 신용장의 조건에 따라 차이가 있지만 크게 일람출급과 기한부 2가지로 구분된다. 일람출급일 경우 at XX sight of로 표시되며 기한부일 경우 at ○○days after sight 또는 at ○○ days after B/L date의 형식으로 기재하면 된다. 또한 ○月 ○日에 지급하겠다는 확정일출급일 경우에는 동란에 지급일자를 적으면 된다.

⑥ 환어음의 지급을 받는 자로서 발행인이 될 수도 있고, 발행인이 지정하는 제3자가 될 수도 있다. 어음상의 문언 중 pay to 다음에 기재되는 것으로 통상 신용장거래 시는 매입은행이 기재된다.

⑦ 어음금액을 아라비아숫자가 아닌 문자로 표시하는 것으로, 예를 들어 미화 11,040달러일 경우 US dollars eleven thousand forty only라고 기재한다. 이것은 앞서 설명한 ④번 항의 금액과 같이 병기(併記)하게 되는데, 이 경우 양자 간에 차이가 나면 문자로 표시된 금액을 어음금액으로 간주한다. 또는 표시되는 통화의 종류는 완전하게 기재되어야 한다. 막연히 dollars($)나 pound(£)로 표시되어서는 안 되며 반드시 US dollars(US$), Sterling pound(Stg £)로 표시되어야 한다.

⑧ 이것은 은행이 지급인에게 지시하는 내용으로서 당해 환어음이 지급인에 의하여 결제되면 그 자금은 Account of~ 이하에 기재되는 자로부터 차기하라는 의미이다. 따라서 Account of~ 이하는 신용장상의 Account가 기재된다. 이 문구는 법적인 필수문구는 아니나 오랜 상관습상 계속 사용되고 있다.

⑨ Drawn under~ 이하에는 신용장개설은행(issuing bank)을 기재하며 D/P, D/A 등 무신용장방식의 경우에는 공란 또는 계약서상 지정은행을 기재한다.

⑩ 이곳은 신용장번호를 기재하는 곳으로 L/C상에 요구가 있으면 T/S번호도 같이 기재되며, 또한 D/A, D/P인 경우에는 계약서번호를 기재한다. 두 개의 신용장을 근거로 하나의 환어음을 발행해도 좋다는 문구(combined shipment with other credits are acceptable)가 있을 경우에는 다음과 같이

표시한다. "Drawn Under L/C No~ for US$ ~ and Drawn Under L/C No ~ for US$~ "

⑪ 신용장상의 발행일자를 기재한다.

⑫ 지급인과 지급지를 기재하는 곳으로 지급지는 신용장에 별도 명시가 없는 한 도시 명의 표시만으로도 충분하다. 만약 지급지 기재가 없으면 지급인의 표시지가 보충하여 어음효력을 구제할 수가 있다. 지급인은 신용장의 개설은행이나 개설의뢰인, 즉 수입업자가 될 수도 있고 또 다른 제3의 은행이 될 수도 있다. 통상적으로 신용장이 지급인을 지시하는 문구는 "Documentary credit which is available by negotiation of your draft at sight drawn on~"이며 이 문구 중에서 on~ 이하에 나타나는 것이 바로 지급인이 된다. "~on us"라고 되어 있으면 신용장개설은행, "on buyer" 또는 "~on accountee"인 경우에는 신용장개설의뢰인이 지급인이 되며 "~on~" 이하가 개설은행이 아닌 다른 은행일 경우에는 그곳이 바로 drawee bank가 된다.

⑬ 환어음을 발행하는 자는 신용장상의 수익자 또는 양도받은 경우에는 양수인이 되며 반드시 기명날인까지 해야 된다. 사용되는 발행인의 서명날인은 화환어음약정 시 은행에 계출된 서명감과 일치하여야 한다.

그림 7-4 | 환어음 예시

BILL OF EXCHANGE ② SEOUL, ③ KOREA MAY 1997

① NO. 123456

④ FOR US$53,200.

⑤ AT XXXXXXXXXXXX SIGHT OF THIS FIRST BILL OF EXCHANGE (SENOND OF THE SME TENOR AND DATE BEING UNPAID)PAY TO

⑥ THE COMMERCIAL BANK OF KOREA, LTD. OR ORDER THE SUM OF

⑦ SAY US DOLLARS FIFTY THREE THOUSAND TWO HUNDRED ONLY : VALUE RECEIVED AND CHARGE THE SAME TO ACCOUNT OF ⑧ TOKYO SUPPLY LTD

⑨ DRAWN UNDER THE MITSUBISHI BANK, LTD HEADOFFICE TOKYO, JAPAN

⑩ L/C NO. U – 1041509 ⑪ DATED APRIL 17, 1994

⑫ TO THE MITSUBISHI BANK LTD.,
HEAD OFFICE, TOKYO

⑬ K . N . TRADING CO.

사례연구

환어음은 신용장에서 요구하는 제시서류의 하나로 간주되어야 하는가?

〈사건개요〉

중국은행은 가봉의 수출자앞 환어음 작성을 요구하는 매입신용장을 개설하였으며, 신용장에서 모든 서류는 영어로 작성하도록 명시(All documents must be made in English)하였다. UCP 제9조에 의하면 환어음의 지급인을 개설신청인으로 한 경우 환어음은 부가적인 서류(additional document)로 간주하는 바, 환어음의 지급인이 개설은행인 경우에는 제시서류의 하나로 간주되어야 하는가? 또한 UCP 제18조에 의하여 개설의뢰인은 외국의 법률 및 관습에 의하여 부과되는 모든 의무와 책임에 구속되며 이에 대하여 은행에 보상할 책임이 있는 바, 수익자국가의 법률에 따라 환어음이 현지어로 작성되어야 한다면 개설은행이나 개설신청인은 상기 조문에 의거 영어로 작성되지 않은 환어음을 수리하여야 하는가?

〈해설과 결론〉

원칙적으로 신용장에서 지급인을 개설은행으로 한 환어음을 요구하였다면 이는 서류의 심사가 필요한 제시서류의 하나이다. 또한 환어음 작성을 현지어로 하여야 한다는 내용은 UCP 제18조에 적용되지 않으므로 개설신청인이나 개설은행은 수익자국가의 그러한 법률을 준수할 의무나 책임이 없으므로 개설은행은 현지어로 작성된 환어음의 수리를 거절할 수 있다.

〈참고사항〉

제시서류란 신용장에서 요구한 서류로서 신용장에 의한 대금을 청구하기 위하여 반드시 제출되어야 하는 서류를 의미한다. 한편 부가적인 서류란 신용장에서 요구하지 않았음에도 불구하고 수익자가 신용장에서 요구한 서류를 제시할 때 함께 첨부한 서류를 의미하며, 이러한 서류가 제시된 경우 매입은행이나 개설은행은 해당 서류를 심사할 의무가 없으므로 수익자앞 반환하거나 별도의 심사 없이 개설신청인앞 전달할 수 있는 것이다.

〈참고자료 : ICC Document 470/TA.373 http://www.keb.co.kr/biz/sindex3.htm〉

제4절 선적서류

1. 주요 서류

(1) 상업송장

상업송장은 수출물품의 선적(shipment)을 마친 수출업자(seller)가 수입업자(buyer) 앞으로 작성 · 발행하는 물품대금의 청구서이며, 동시에 선적물품에 관한 명세서이다. 수출업자 측에서 본다면, 상업송장은 수출대금의 회수에 필요한 주요 서류일 뿐만 아니라 수출통관의 수속에 필요한 서류이다. 한편, 수입업자 측에서 본다면 상업송장은 수입물품에 관한 명세서이며, 수입통관을 위한 필수적인 서류이다. 상업송장상에 어떤 내용을 명시하도록 지시하고 있으면 반드시 그 지시사항대로 기재하여야 하며 별도의 지시가 없는 한 신용장금액을 초과한 금액으로 발행된 상업송장은 수리되지 않음에 유의해야 한다.

사례연구

상업송장상의 상품명세 상이로 인한 대금지급거절 사례

〈사건개요〉

S사는 상품조건이 "As per order No.123"로 표시되어 있는 수출신용장을 받고 송장 작성시 상품란에 해당 품목을 기재한 후 "상기 상품내용은 order No.123과 일치함"의 내용으로 확인문언을 표시하여 거래은행을 통해 nego를 하였는데 개설은행으로부터 buyer가 상품명세 및 규격이 order No.123과 일부 일치하지 않는다는 사유로 지급거절을 하므로 unpaid하겠다는 통보를 해왔다.

〈결론〉

상업송장의 상품명세는 신용장의 상품명세와 일치하여야 하며 동 일치성의 판단은 서류의 문면상의 일치확인으로 족하므로 개설은행 및 buyer의 unpaid 주장은 부당하다.

〈해설〉

신용장상에 상품명세가 구체적으로 나열되지 아니하고 단순히 "As per order No.123"과 같이 되어 있는 경우 "Article 41-c"에 의거 신용장상의 상품명세로 order상의 상품명세와 일치하게 기술되어 있는지를 확인할 것인가 아니면 신용장상에서 언급한 order의 상품과 같다는 문언만으로 만족할 것인가가 문제이다. 이 문제는 "Article 15"에 의거 은행은 상당한 주의(with reasonable care)를 가지고 서류가 문면상(one the face) 신용장상 조건과 일치하는가만을 검토하면 은행의 임무는 끝나는 것이므로 신용장상의 상품명세에 관한 문언(as per order No.123)이 상업송장에 정확히 전달되었음을 확인(즉 상업송장의 상품명세가 order No.123과 일치한다는 문언의 확인)하는 것만으로 "Article 41-c"에 의한 상업송장과 신용장상의 상품명세는 일치하는 것으로 보아야 한다.

〈선적서류로서 유효한 송장(invoice)〉

CIF 매매계약에서 매도인은 B/L, 보험증권과 함께 송장을 선적서류로서 매수인에게 제공해야 하는 것이 각국의 일반적으로 인정하고 있는 상관습이다. 무역거래에서 사용하는 송장에는 약정품을 선적할 때 작성되는 선적송장과 상담과정에서 작성되는 견적송장 또는 가송장이 있다. 이 중에 선적서류로서 매수인에게 제공되는 것은 선적송장으로서 견적송장이나 가송장은 단지 물품에 관한 자료를 제공하거나 매도인의 계약이행의사를 알려주는 구실을 할 뿐으로 매수인이 이러한 것을 요구한다 해도 이것이 서류제공의 일부분으로 해석될 수는 없다.

〈참고자료 : 박대위, 무역사례II, 법문사, pp.115~116〉

(2) 운송서류

운송서류란 운송할 물품의 적재(loading on board), 발송(dispatch), 운송을 위한 인수(accepted for carriage), 복합운송을 위한 수탁(책임수령, taking in charge) 등을 증명하는 서류를 말한다. 이러한 의미의 운송서류는 운송방식의 상이에 따라 해상운송서류, 항공운송서류, 복합운송서류, 도로 · 철도 · 내수로운송서류, 특사수령증 및 우편수령증 등으로 구분된다.[10)]

1) 운송서류 수리요건

① 해상선하증권(marine bill of lading)

은행은 그 명칭에 관계없이 다음과 같이 서류를 수리하도록 하고 있다.[11)] 첫째, 운송인의 명의와 운송인, 선장, 그 대리인이 서명하거나 기타의 방법으로 인증한 운송서류, 둘째 물품이 본선적재 또는 선적되었음을 명시한 운송서류, 셋째 선적항과 수탁지 또는 양륙항과 최종목적지가 다르거나, 또는 지정된 선적항과 양륙항을 명시하면서 "예정된(intended)" 선적항이나 양륙항을 명시한 경우에도, 신용장에 지정된 선적항과 양륙항을 명시한 운송서류, 넷째 단일의 원본이나 여러 통의 원본으로 발행된 전통으로 구성된 운송서류, 다섯째 운송에 관한 배면약관이 있거

10) 현행의 신용장통일규칙(UCP, 1993) 제23조 내지 제30조.
11) 신용장통일규칙 제23조.

나 또는 그 약관이 없는 약식의 운송서류(short form/blank back transport document), 여섯째 용선계약 또는 범선만에 의한 운송이라는 어떠한 명시도 없는 운송서류, 일곱째 기타 신용장에 있는 규정을 충족한 운송서류는 수리한다.

② 비유통성 해상화물운송장(non-negotiable sea waybill)

첫째, 이 운송서류는 운송인의 명의와 함께 운송인, 선장 또는 그 대리인이 서명하거나 기타의 방법으로 인증한 서류이면 수리한다. 둘째는 상품의 선적 여부로, 운송증권에 상품이 발송(dispatch), 인수(taking in charge), 본선적재(loading on board)되었음을 나타내는 표시가 있는 운송서류는 수리한다. 셋째, 제시되는 서류가 전통으로 구성된 운송서류는 수리한다. 넷째, 신용장에 환적금지표시가 있더라도 단일증권으로 전 항로를 커버(covered)하는 한 운송증권에 표시가 있어도 은행은 이를 수리한다. 다섯째, 배면약관이 있거나 또는 그 약관이 없는 약식의 운송서류는 수리한다. 여섯째, 용선계약 또는 범선만에 의한 운송의 어떠한 명시도 없는 운송서류는 수리한다. 일곱째, 기타 신용장에 있는 모든 규정을 충족한 운송서류는 수리한다.

③ 용선계약선하증권(charter party B/L)

신용장이 용선계약부선하증권을 요구하거나 허용한 경우, 은행은 그 명칭에 관계없이 다음과 같은 서류를 수리하여야 한다. 첫째, 용선계약에 따른다고 명시한 운송서류, 둘째 선장이나 선주 또는 그 대리인이 서명 또는 기타 인증한 운송서류, 셋째 운송인의 명의가 있거나 또는 없는 운송서류, 넷째 물품이 본선적재 또는 선적되었음을 명시한 운송서류, 다섯째 지정된 선적항과 양륙항을 명시한 운송서류, 여섯째 단일의 원본이나 여러 통의 원본으로 발행된 전통으로 구성된 운송서류, 일곱째 범선만에 의한 운송의 어떠한 명시도 없는 운송서류, 여덟째 기타 신용장에 있는 모든 규정을 충족한 운송서류는 수리한다.

④ 복합운송서류(multimodal transport document)

복합운송서류를 요구한 경우 은행은 그 명칭에 관계없이 다음과 같은 서류를 수리하도록 하고 있다. 첫째, 운송인이나 복합운송인의 명의와 함께 운송인이나 복합운송인, 선장 또는 그 대리인이 서명하거나 기타의 방법으로 인증한 운송서류, 둘째 물품이 발송(dispatch), 수탁(taking in charge) 또는 본선적재(loading on board)되었음을 명시하고 있는 운송서류, 셋째 선적항과 수탁지 또는 양륙항과 최종목적지가 다른 서류, 또는 "예정된" 선박, 선적항 또는 양륙항만을 명시한 운송서류, 넷째 단일의 원본서류나 수통의 원본으로 발행된 전통으로 구성된 운송서류, 다섯째 운송에 관한 배면약관이 있거나 또는 그 약관이 없는 약식의 운송서류, 여섯째 용선계약 또는 범선만에 의한 운송의 어떠한 명시도 없는 운송서류, 일곱째 기타 신용장에 있는 모든 규정을 충족한 운송서류는 수리한다.

⑤ 항공화물운송장(air waybill)

항공운송서류(air transport document)를 요구한 경우 은행은 그 명칭에 관계없이 다음과 같은 서류를 수리하도록 별도의 규정을 두고 있다. 첫째, 운송인의 명의와 함께 운송인이나 그 대리인이 서명하거나 기타 방법으로 인증한 운송서류, 둘째 물품이 운송을 위하여 인수되었음을 명시한 운송서류, 셋째 실제의 발송일이 요구된 경우에는 그 발행일을 별도로 명시한 운송서류, 넷째 지정된 출발공항과 목적공항을 명시한 운송서류, 다섯째 탁송인/송하인 앞으로 발행된 원본으로 구성된 운송서류, 여섯째 운송에 관한 배면약관이 있거나 또는 그 약관이 없는 약식의 운송서류, 일곱째 기타 신용장에 있는 모든 규정을 충족한 운송서류는 수리한다.

⑥ 도로, 철도, 내수로운송서류(road, rail or inland waterway transport document)

도로, 철로, 내수로운송서류를 요구한 경우, 은행은 각각 그 명칭에 관계없이 다음의 요건을 갖춘 운송서류는 수리한다. 첫째, 증명서에 운송인, 운송인의 대리인 자격을 표방한 agent의 성명 및 서명이 있는 운송서류, 둘째 운송일시 및 운송구간이 스탬프 등으로 명확히 표시되어 있는 운송서류, 셋째 선적 또는 적재를 위하여 화물이 수취되었다는 표시가 있는 운송서류, 넷째 발급된 운송서류는 원본전통이 제시된 운송서류, 다섯째 신용장이 도로, 철도 또는 내수로운송서류를 요구한 경우, 비록 환적이 금지되어 있더라도 전 운송이 동일한 운송방식으로 이루어지고 또 하나의 동일한 운송서류로 커버되는 운송서류는 수리한다.

⑦ 특사배달 및 우편수취증(courier and post receipt)

우편수령증(post receipt)이나 우송증명서를 요구한 경우 은행은, 첫째 스탬프 등으로 접수일자나 장소를 명확하게 표시하고 있는 서류, 둘째 선적을 위하여 화물이 수취되었다는 사실을 문자로 표시하고 있는 서류, 셋째 기타 신용장이 요구하고 있는 사항을 충족하고 있는 서류를 수리한다. 특사나 속달업자가 발행한 물품의 수령증(courier receipt)을 요구한 경우 은행은 그 명칭에 관계없이 다음과 같은 서류를 수리하여야 한다. 첫째, 지정된 특사 또는 속달업자가 타인, 서명 또는 기타의 방법으로 인증한 운송서류, 둘째 접수일이나 수령일을 명시한 운송서류, 셋째 기타 신용장에 있는 모든 규정을 충족한 운송서류, 다만 만약 특사나 속달업자가 지정되지 아니한 때에는, 은행은 어떤 특사가 발행한 서류도 제시된 대로 이를 수리하여야 한다.

(3) 보험서류

보험서류(insurance document)는 통상 두 종류가 있는데 확정보험에 사용되는 보험증권(insurance policy)과 포괄예정보험(open cover)에서 사용하는 보험증명서(insurance certificate)나 확정통지서(declaration)가 있다. 신용장에서는 통상 보험증권이나 보험증명서 중 어느 하나를 요구하고 있다. 그러나 보험중개업자(broker)가 발행하는 보험승낙서인 "Cover Note"는 신용장에서 특별히 허용하지 않는 한 수리되지 않는다.[12]

2. 부속서류

(1) 포장명세서

포장명세서(packing list)는 선적물품의 포장 및 포장단위별 물품명세, 순중량(net weight), 총중량(gross weight), 화인(shipping marks), 포장개수(number of packages) 등을 기재한 상업송장의 부속서류로서 수출업자가 수입업자 앞으로 작성하는 서류이다. 이러한 포장명세서에 기재되어 있는 선적물품의 총중량과 용적(부피)은 운송서류에 기재되어 있는 그것과 각각 일치되어야 한다.

12) 제5차 개정 신용장통일규칙(UCP500), 제34조 (c)항.

(2) 중량 · 용적증명서

중량 · 용적증명서(certificate of weight/measurement)는 상업송장상의 기재 내용을 확인할 목적으로 요구하는 보충서류이다. 따라서 이 서류는 수출화물이 선적업자의 집하장소에서 세관보세구역에 반입되면 등록검량업자에 의하여 화물의 용적과 중량에 대한 검사를 받아 발급하는 증명서로 선적지시서, 선하증권 등에 그 수량이 기재되어 운임과 기타 제 비용의 산출근거가 되는 서류가 된다. 중량증명의 경우 신용장에서 검사기관을 별도로 정하지 않고 단순히 중량증명만을 요구하는 때에는 운송인에 의한 서류상의 중량표시 스탬프 또는 문자표기를 그 증명으로 갈음할 수 있다.

(3) 원산지증명서

1) 원산지증명서의 의의

원산지증명서(certificate of origin)는 수출상품의 원산지국가를 증명하는 성격을 가진 서류로서 화환어음의 부대서류이다. 이 서류는 생산국 등을 판별하고자 하는 목적이나 외환관리 및 덤핑방지 등 수입정책상의 목적으로 이용된다. 따라서 수입통관 시 원산지증명을 요구할 경우, 해당 상품의 생산지 또는 국가를 증명하는 이 서류를 구비하여야 한다. 이 서류는 수출국에 주재하는 수입국의 영사 또는 상공회의소에서 발급하며, 원산지가 우리나라인 경우에는 그 원산지의 표시를 "MADE IN KOREA"로 명기하도록 하고 있다.

2) 원산지증명서의 종류

현재 당해 물품이 수출국인 우리나라에서 생산 또는 제조되었다는 사실을 증명하는 공용문서로서 사용 · 발급되는 원산지증명서에는 두 가지 종류가 있다.

① 일반용 원산지증명서 : 이 서류는 상공회의소가 발급하는 원산지증명서 Form No. KCCI-1형식으로, 일반적으로 원산지증명서라 하면 이 증명서를 의미한다.

② 일반특혜관세 원산지증명서(GSP C/O Form A) : GATT(General Agreement on Tariffs and Trade) 규정에 따라 선진국이 저개발국 물품을 수입할 때 관세감면의 혜택을 주고 있는데, 이 제도를 일반특혜관세제도(generalized system of preference)라 한다. GSP 혜택을 받고자 하면 수입통관 시 그 물

품이 GSP 대상국가에서 생산된 것임을 증명해야 하며 그 방법은 GSP용 원산지증명서를 제출하는 것이다. 따라서 이 서류는 1968년 UNCTAD 총회의 결의에 따라 개도국이나 후진국의 수출촉진 및 남북문제의 해결을 위해 도입되었다.

사례연구

**원산지증명서발급에 있어서 현지법을 따라야 하는가?
아니면 신용장통일규칙을 따를 것인가?**

〈사건개요〉

A국의 수출상은 B국의 수입상으로부터 신용장을 받아서 선적서류를 준비하고 있었다. 그런 과정에서 원산지증명서를 발급받아야 하는데 문제가 생겼다. 그것은 현지법에 의하면 원산지증명서는 현지의 상공회의소에서만 발급받아야 되는데 신용장통일규칙 제21조에서는 신용장에 특별히 명시하고 있지 않는 경우 은행에서는 제시된 그대로 서류를 수리하도록 되어 있다. 즉 현지법에서 정한 것처럼 원산지증명서가 반드시 현지 상공회의소에서 발급되어야 하는 것은 아니다.

그럼 이 경우 원산지증명서를 발급하여야 하는데 현지법에 따라 현지 상공회의소에서 발급하여야 하는지 아니면 신용장통일규칙에 따라 아무 곳에서나 발급받아도 되는 것인가? 신용장에는 어느 특정 발급기관을 명시하고 있지 않다.

〈해설과 결론〉

UCP500 제21조는 "운송서류, 보험서류와 상업송장 외의 서류를 신용장에서 요구하는 경우, 신용장에서는 그러한 서류가 누구에 의하여 발행되어야 하는가와 문구 그리고 내용에 대하여 명시하여야 한다. 신용장에 그러한 내용이 없는 경우, 은행은 그러한 서류가 제시된 대로 수리하고, 단 요구된 다른 서류와 내용상 불일치하는 내용은 없어야 한다"로 되어 있다. 따라서 신용장에서 원산지증명서를 요구하면서 누구에 의하여 발급되어야 한다는 것을 명시하고 있지 않으면 제21조는 은행에서 누구에 의하여 발급되었든 간에 동 서류를 수리할 수 있도록 하고 있다. 신용장통일규칙은 이러하지만 원산지증명서에 대한 발급에 대하여 정해진 현지법에 대하여서는 국제상공회의소에서 논할 수는 없다.

〈참고자료 : ICC Document 470.TA.296 http://www.keb.co.kr/biz/sindex3.htm〉

(4) 영사송장

영사송장(consular invoice)이란, 수입국에서 수입관세의 탈세, 외화도피, 덤핑(dumping, 염가판매) 등을 방지하기 위하여, 또는 수출국 소재의 수입국 공관의 사증료 수입을 증대시키기 위하여, 수출국에 주재하고 있는 수입국의 영사가 작성하거나 사증(visa)을 해주는 송장을 말한다. 영사송장은 주로 중남미의 제국과 사우디아라비아를 비롯한 중동의 국가에서 수입물품의 수입통관 시에 제출을 요구하는 공적 필요서류이다.

(5) 세관송장

세관송장(customs invoice)은 수출상이 수입국 세관에 직접 송장내용의 진실성을 선서하는 공용송장으로서, 영사송장과 같이 수입통계 작성이나 수입관세의 부과 및 덤핑수입 방지 등을 목적으로 징구(徵求)한다. 즉, 이 서류는 수입상이 세관에 수입신고를 할 때 국가의 사정에 따라 필요한 송장이다. 이 송장은 반드시 지정된 양식을 사용하여야 하지만 수출국 주재의 영사의 사증을 받지 않고 수입국 정부의 특정 양식에 따라 작성하고 서명하여야 한다. 이 서류는 우리나라의 경우 무역협회나 상공회의소 또는 당해 국가의 영사관에서 구할 수 있다.

한편 이 송장이 영사송장과 다른 점은 영사의 서명을 받을 필요가 없고, 양식 뒷면에 있는 원산지 란에 수출국의 국명이 기재되어 있어야 한다는 것이다. 이 송장은 구(舊)영국연방국에서는 1921년부터 "Conference Invoice Form"이란 세관 양식을 사용하고 있으며, 미국에서는 1958년 7월부터 종래의 영사송장제도를 폐지하고 대신에 특별관세송장(Special Customs Invoice 5515) 양식을 사용하여, 면세규정에 해당하는 것을 제외한 500달러 이상의 모든 수입물품에 대해 이 서류의 제출을 요구하고 있다.

(6) 검사증명서

검사증명서(inspection certificate)는 수입업자가 확실한 품질의 상품을 수입하고자 할 때 요구하는 서류이며, 검사의 공정성을 확립하기 위하여 수입업자가 지정한 수출검사인(inspector)이나 전문검사기관의 검사증을 첨부하도록 한다. 이 서류의 발행은 곧 수출품의 품질조건상에 하자가 없음을 증명하는 것이기 때문에, 특히 신용장에 이를 요구하고 있는 경우에는 위와 같은 자에 의한 수출품의 검사증명서의 첨부 없이 수출이 불가능하다. 한편, 신용장에서 검사증명서를 요구하면서도 사전에 특정 검사기관이 합의되지 않았다면 수입상의 대리인이 발행한 합격증이 있어야 은행이 수리한다. 이러한 증명서의 종류로는 농산물이나 수산물의 경우에 필요로 하는 농산물검사소의 검사증명서나 수산물검사소의 검사증명서와 내용증명서(certificate of measurement), 수량증명서(certificate of quantity) 등이 있다. 또한 품질증명서나 분석증명서도 이 검사증명서의 일종이다.

(7) 위생증명서

위생증명서(health certificate; certificate of health; sanitary certificate)란 식료품 · 약품 · 화장품 · 생물 · 수피 등을 수출할 경우, 그것이 생산 · 제조 · 출하되었을 때에 수입국에서 규정한 위생기준에 합치한 것임을 또는 무해 · 무균인 것임을 증명하는 서류를 말하며, 수입통관 시에 이 증명서가 사용된다. 동 · 식물의 검역증명서(quarantine certificate)는 위생증명서의 일종이다.

제8장

국제운송

학습목표

1. 해상운송의 형태와 각종 운임방식을 이해한다.
2. 선하증권의 법적 성질과 종류를 파악한다.
3. 해상운송과 항공운송의 장·단점을 이해한다.
4. 국제복합운송의 장점과 종류를 이해한다.

| 핵심사항 |

❶ 해상운송

1. 해상운송의 개념과 형태

(1) 해상운송의 개념 : 해상운송(shipping by sea, ocean transportation)이란 "바다 위에서 선박을 이용하여 사람이나 재화를 장소적 · 공간적으로 이동하는 현상"을 말한다.

(2) 해운동맹 : 폐쇄식 동맹(closed conference)과 개방식 동맹(open conference)이 있다.

(3) 해상화물운송의 형태

- 정기선운송 : 특정 항로를 화물의 많고 적음에 관계없이 규칙적이고 반복적으로 운송하는 것을 말한다.
- 부정기선운송 : 하주가 요구하는 그때그때의 시기 및 장소에 맞춰 불규칙적으로 운항하는 운송형태이다.

2. 운송계약과 정기선의 운임

(1) 해상화물 운송계약

- 개품운송계약 : 운송인(carrier)인 선박회사가 다수의 송하인의 개개의 화물을 운송하는 것을 인수하는 계약이다.
- 용선운송계약 : 선주가 제공한 선박의 전부나 일부의 선복에 의하여 화물을 운송할 것을 약정하고, 이에 대하여 보수를 지급할 것을 약속하는 해상운송방법을 말한다.

(2) 정기선의 운임

- 정기선운임의 계산방법 : 화물의 중량기준(weight basis), 화물의 부피기준(measurement basis), 종가단위(ad valorem), 개수단위, 적하량단위, 박스 레이트(box rate)
- 해상운임의 종류 : 선불운임(freight prepaid)은 CIF 또는 CFR(C&F)조건에 의한 수출의 경우 수출업자가 선적지에서 운임을 지불하게 되는 것을 말한다. 후불운임(freight to collect)은 FOB조건으로 수출하는 경우 수입업자가 운임을 부담하므로 화물이 수입항에 도착한 후, 수입업자(수하인) 또는 그 대리인이 지급하는 운임이다.

3. 선하증권

(1) 선하증권의 의의와 기능 : 선하증권(Bill of Lading : B/L)은 선주가 자기 선박에 하주로부터 의뢰받은 운송화물을 적재하고 또는 선적을 위하여 그 화물을 수취한 것을 증명하고, 이것을 도착항에서 일정조건하에 수하인 또는 그 지시인에게 인도할 것을 약정한 유가증권이다.

(2) 선하증권의 법적 성질 : 선하증권은 법률상 채권증권, 요식증권, 문언증권, 요인증권, 인도증권, 제시증권, 수여증권, 처분증권, 지시증권, 면책증권 등의 성질을 가지고 있다.

(3) 선하증권의 종류

선적선하증권과 수취선하증권, 무사고선하증권과 사고부선하증권, 기명식선하증권과 지시식선하증권, 유통선하증권과 유통불능선하증권, 복합운송선하증권, 통과선하증권, 환적선하증권, 적색선하증권, 용선계약선하증권, 제3자명의 선하증권, FIATA 선하증권, 부서부선하증권, 집단선하증권, 약식선하증권, 기간경과선하증권, 전자식선하증권

❷ 항공운송

1. 항공화물운송의 개념과 특성
   (1) 항공화물운송의 개념 : 항공기의 항복(plane's space)에 승객, 우편 및 화물을 탑재하고 국내외 공항(air port)에서 공로(air route)로 다른 공항까지 운송하는 운송시스템을 의미한다.
   (2) 항공화물운송의 특성 : 적시성, 비계절성, 서비스의 완벽성
   (3) 항공화물운송의 장 · 단점 : 해운에 비해 20배 정도 비싸고 중량에 제한을 받는다는 단점을 가진 반면, 수송시간이 절대적으로 짧고 안전도가 비교적 높다는 장점을 갖고 있다.
2. 항공화물의 취급절차
   수출화물과 수입화물의 취급절차의 흐름을 살펴본다.
3. 항공화물운송장
   (1) 의의 : 해상운송의 선하증권에 해당하는 항공운송의 기본서류가 항공화물운송장(AWB : Air WayBill) 또는 항공화물위탁서(air consignment note)이다.
   (2) 항공화물과 선하증권의 차이점 : 선하증권과 항공화물운송장은 법률적 성격 면에서 차이가 있다.

❸ 국제복합운송

1. 컨테이너 화물운송
   (1) 컨테이너의 정의 : 컨테이너는 반복적으로 사용이 가능하도록 규격화된 수송도구이며 화물의 단위운송(unit load)을 실현시켜주는 혁신적인 수송용구이다.
   (2) 컨테이너화물의 운송형태 : CY/CY(FCL/FCL), CFS/CFS(LCL/LCL), CFS/CY(LCL/FCL), CY/CFS(FCL/LCL)
2. 국제복합운송
   (1) 국제복합운송의 의의
      • 개념 : 단일운송계약하에서 복수의 운송인이 관여하는 운송을 통과운송(through transport)이라 하며, 각 구간에 동일 운송수단을 이용하는 경우를 '단순통과운송'이라 하여 이종운송수단을 이용하는 경우를 말한다.
      • 특성 : 운항비용의 절감, 하역비의 절감, 포장비의 절감, 보관비의 절감, 해상보험료의 절감, 투입된 자본의 가동률 향상 효과, 운송의 안정성, 내륙운송비의 절감, 운송서류의 간소화
   (2) 주요 경로 : 아메리카 랜드 브리지(ALB : America Land Bridge), 미니 랜드 브리지(MLB : Mini Land Bridge), 시베리아 랜드 브리지(SLB : Siberia Land Bridge), 차이나 랜드 브리지(CLB : China Land Bridge), 해공복합운송의 경로

제1절 해상운송

1. 해상운송의 개념과 형태

(1) 해상운송의 개념

해상운송(shipping by sea, ocean transportation)이란 "바다 위에서 선박을 이용하여 사람이나 재화를 장소적 · 공간적으로 이동하는 현상"을 말한다. 따라서 해상화물운송은 그 중에서 상선(商船)에 의하여 이루어지는 국제 간의 물품의 운송을 뜻한다. 해상운송이 다른 운송부분과 구별되는 점은 '운송로'와 '운송수단'이 다르다는 점이다.

해상운송은 항공운송, 육상운송과 비교하여 신속성, 편리성, 안전성, 정확성 등의 면에서는 뒤떨어지지만 대량성, 장거리성, 저렴성을 가지고 있다. 따라서 삼면이 바다이고 자원을 해외에 의존하고 있는 우리나라의 경우에는 화물운송의 대부분이 해상운송을 이용하고 있다. 물론 최근에 항공화물운송이 뚜렷하게 발달하고 있지만 무역화물의 수량 면에서 볼 때 해상운송화물은 아직도 압도적인 비중을 차지하고 있다.

(2) 해운동맹

1) 의의

해운동맹(shipping conference)은 특정 정기항로에 배선을 하고 있는 선박회사들이 상호 간의 과당경쟁을 방지할 목적으로 국제 카르텔(cartel)을 형성하여 운송에 관한 여러 가지 협정, 즉 운임 및 영업조건(기항지, 취항항로, 적하량 등)을 맺고 있는 것을 말한다. 이것을 운임동맹(freight conference) · 항로동맹(navigation conference)이라고 부른다.[1)]

1) 임석민, 국제운송론, 삼영사, 1998, p.187.

2) 종류

① 폐쇄식 동맹(closed conference)

이는 신규가입을 극단으로 제한하는 형태로서 동맹이 승인할 만한 일정자격과 실적을 갖고 있지 않는 선박회사는 가입시키지 않는 방식이다. 구주항로[2)]나 호주항로 등에 결성되어 있으며, 영국식 동맹이라고도 부르고 있다.

② 개방식 동맹(open conference)

이는 그 항로에 배선하는 의지 및 능력이 있는 선주면 언제라도 자유로이 가입시키는 형태로 북미항로에서 주로 운영되고 있다고 하여 미국식 해운동맹이라고 한다. 특히, 이 동맹이 결성되어 있는 북미항로에서는 미국정부의 해운법(Shipping Act)에 의거한 해운동맹규제정책에 따라 해운동맹의 활동이 제한받고 있다. 미국에서는 선복과잉을 정당한 가입거부의 이유로 원칙적으로 인정하지 않고 배선의 의지와 능력이 있는 선주는 모두 해운동맹에 가입시키고 있다.

(3) 해상화물운송의 형태

1) 정기선운송

정기선(liner)이라 함은 특정 항로를 화물의 많고 적음에 관계없이 규칙적이고 반복적으로 운송하는 것을 말한다. 정기선운송은 일정한 항로에 선박을 취항시켜 일정한 항해일정(sailing schedule) 및 운임률표(freight tariff)에 따라 운항하는 것을 공표하고 행하여지는 운송서비스를 말한다. 정기선운송방식의 특징을 요약하면 다음과 같다. 첫째, 사전에 작성되고 공표된 운항일정에 의해서 사전에 정해진 특정한 항로만을 반복운항한다. 둘째, 불특정다수 하주의 소량화물이나 여객 및 우편물 등의 장거리 수송을 주요 대상으로 하고 있다. 셋째, 고정된 항로(route), 운임(tariff) 등에 의하여 선사마다 평등한 서비스를 제공하고 있다.

2) 부정기선운송

부정기선(tramper)은 하주가 요구하는 그때그때의 시기 및 장소에 맞춰 불규칙적으로 운항하는 운송형태이다. 정기적으로 일정한 항로를 운항하는 정기선과는

---

2) 대표적으로 FEFC(For East Freight Conference, 구주운임동맹)이다. 이는 1879년 Ben, P&O, CGM 등 4개 라인이 결성하여 110년의 역사를 가진 운임동맹으로 폐쇄식 동맹의 대표격이다.

달리 항로나 화물 또는 항해에 관한 아무런 제한을 받지 않고 집화(集貨)가 가능한 곳을 찾아 어느 곳이나 회항(回航)하기도 한다.

부정기선운송의 특징은 운송수요가 급증하는 화물과 운임부담력이 약한 철광석, 곡물, 원당, 원면, 원목, 비료 등의 대량의 화물(bulk cargo)을 주로 운송하며, 운임은 그 당시의 수요와 공급에 의하여 결정되고 용선계약(charter party)에 의하는 것이 보통이다.

2. 운송계약과 정기선의 운임

(1) 해상화물운송계약

1) 개품운송계약

일반적으로 정기선항로에 취항하는 정기선운송의 대부분은 개개의 화물을 운송하는 계약하에 여러 하주로부터 화물을 모아 혼합적재하여 운송하는 방식을 취하고 있다. 이것이 개품운송계약(contract of affreightment in a general ship)이다. 즉, 개품운송계약은 운송인인 선박회사가 다수의 송하인의 개개의 화물을 운송하는 것을 인수하는 계약이다. 이 운송계약에 의한 운송형태는 통상 선박회사가 불특정다수의 송하인으로부터 화물운송을 위탁받아 이들 화물을 혼재하여 운송하는 형태이다.

2) 용선운송계약

선주가 제공한 선박의 전부나 일부의 선복에 의하여 화물을 운송할 것을 약정하고, 이에 대하여 보수를 지급할 것을 약속하는 해상운송방법을 말한다. 용선계약에 이용되는 화물은 주로 특수한 화물로서 곡물, 석탄, 원목, 광석 등 1회의 적하가 대량일 때에 이용되며, 부정기선을 사용하는 것이 일반적이다. 용선운송계약은 일부용선계약(partial charter)과 전부용선계약(whole charter)으로 구별되고, 전부용선계약은 다시 어느 일정한 계약기간을 정하고 계약하는 기간용선계약(time charter)과 특정의 항구로부터 특정의 항구까지의 항해를 정해 계약하는 항해용선계약(voyage charter)으로 구분되며, 특수한 형태의 나용선이 있다.

① 일부용선계약(partial charter)

일부용선계약이란 용선운송계약 시에 선복의 전부를 빌리는 것이 아니고 일부만 차용하는 경우 체결되는 계약을 말한다.

② 전부용선계약(whole charter)

전부용선계약이란 용선계약 시에 선복의 전부를 빌리는 경우에 체결되는 계약을 말한다.

- 항해용선계약(voyage charter, trip charter) : 항해용선계약이란 일정한 항구에서 항구까지 화물의 운송을 의뢰하는 하주(용선주)와 선주인 선박회사 간의 용선계약을 말하는데, 이를 항로용선계약이라고도 한다. 항해용선계약의 경우 적하의 수량에 따라 운임을 계산하는 방식을 운임용선계약(contract of affreightment)이라고 하며, 적량과는 관계없이 본선의 선복을 대상으로 하여 1항해에 대한 운임을 포괄적으로 약정하는 선복운임(lump sum freight)에 의한 방식을 선복용선계약(lump sum charter)이라고 한다.
- 기간용선계약(time charter) : 기간(정기)용선계약이란 선박을 일정한 기간을 정하여 용선하는 계약으로, 이 경우 선주는 일체의 선박부속용구를 갖추고 선원을 승선시키는 등 선박의 운항상태를 갖추어 선박을 소정의 항구에서 용선자에게 인도하여야 하므로 전부용선이 된다.
- 나용선계약(bareboat charter, demise charter) : 나용선계약은 자본력이 약한 운항선사가 선복을 보충하면서 선대(fleet)를 늘리는 일종의 할부제도 내지 리스제도이다. 통상 나용선계약은 10~20년의 장기에 걸쳐 체결되고, 계약이 만료되면 선박의 소유권이 선주로부터 용선인에게 이전된다. 또한 나용선계약[3]에서는 용선자가 일종의 대차방식에 의하여 선원의 수배는 물론 운행에 관한 일체의 모든 감독 및 관리권한까지 행사하도록 한다.

3) 다른 용어로 선박임대차라고도 한다.

사례연구

용선계약에서의 조건과 담보의 차이

〈쟁점개요〉

계약을 체결함에 있어 계약에 나타나는 조항이 조건(condition)인가 담보(warranty)에 해당하는가에 따라 이 조항을 위반했을 때의 법적인 효과가 달라지게 된다. 즉, 단순한 담보에 해당하는 약속으로서 그 담보의 위반은 단지 손해배상의 문제로 그치는 것인지, 아니면 그 약속을 이행한 일방이 다른 당사자에 대해 가지는 계약상의 여타 모든 요구에 선행(先行)하는 정지조건인 약속인지(이 경우엔 만일 그 약속이 불이행되면 다른 당사자는 더 이상 그 계약에 구속을 받지 않을 권리를 부여받는다)를 법원은 주위상황과 당사자의 숨은 의도를 분석하고 찾아내야 한다.

Bentsen v. Taylor. Sons & Co.사건은 용선계약하에서 조건과 담보와 관련해 발생한 분쟁이었다. 용선계약서상에는 본선의 동정에 대해 다음과 같이 나타내고 있었다. 용선계약서는 3월 29일자였으나 사실상 본선이 출항한 것은 4월 23일이었다. 법원은 본 계약의 본질적인 약관으로서 정지조건에 해당하므로 용선자에게 본 계약의 이행을 거부할 수 있는 권리를 준다고 판단하였다. 다만 본 사건에서 용선자는 본 계약위반에 대한 권리를 포기했기 때문에 거부할 수가 없다.

〈참고자료 : 박대위, 무역사례 II, 법문사, pp.278~279. [(1983), 69.L.T.48.]〉

(2) 정기선의 운임

1) 정기선운임의 계산방법

운임은 화물의 모양, 성질 등에 따라 산정되며 그 기준은 일단 운송인에게 유리한 쪽으로 적용된다는 점이 가장 큰 특징이다. 예를 들어, 부정기선운임은 중량을 기준으로 하는 것이 운송인에게 유리하기 때문에 대부분 중량기준이 적용되고, 정기선운임은 운송인에게 중량기준이 유리하면 중량을 적용하고 부피(용적)가 유리하면 용적을 적용하는 것이 가장 좋은 예이다.

① 화물의 중량기준(weight basis)

용적(부피)은 작지만 중량이 높은 화물, 예컨대 철강제품이나 화학제품 등은 중량을 기준으로 하여 운임이 책정된다. 중량기준 화물도 1long ton=2,240lbs(1,016kg), 1short ton=2,000lbs(907kg), 1metric ton=2,204lbs(1,000kg) 등 세 가지 톤 중에서 어느 것을 사용하느냐 하는 것은 선적지역이나 화물종류에 따라 각각 다르다.

② 화물의 부피기준(measurement basis)

부피가 큰 화물은 당연히 부피가 운임산정의 기준이 된다. 부피(용적)를 재는 단위는 feet(cft)가 있는데, 이 중에서 cubic meter(CBM)가 실무상 보편화되어 있다. 화물의 포장명세서(packing List), 선적요청서(shipping request) 등에 W/M이라고 표기되어 있는 것을 보게 되는데, 이것은 Weight/Measurement를 뜻하며, 중량과 용적의 두 가지 중 어느 쪽이든 높은(큰) 쪽의 톤 수가 운임산정의 기준이 된다. 이때 운임산정의 기준이 된 톤 수를 운임톤(Freight Ton or R/T : Revenue Ton)이라고 한다.

③ 종가단위(ad valorem)

종가라는 말은 가격에 따른다(according to the price)는 뜻이다. 보석이나 예술품, 희귀품 등에 대해서는 보통 상품가격의 2~5% 정도의 일정비율을 할증하여 운임으로 결정하는 경우가 있는데 이를 종가운임이라고 하며, 정기선운임에서만 통용되는 계산기준이다.

④ 개수단위

화물의 관습상 포장방법이 일정하고 내용물의 용적 또는 중량이 일정한 화물, 예컨대 석유, 방적용 실 등은 1상자(case, box), 1bale 등의 단위를 기준으로 하여 운임액을 정한다.

⑤ 적하량단위

해상운임을 산출하는 데 기준이 되는 적하량을 선적지의 적하량으로 하는 경우를 "intaken quantity basis"라고 하고, 양륙지의 적하량으로 하는 것을 "outturn quantity basis"라고 한다. 운송 도중에 화물의 과부족이 일어나기 쉬운 쌀, 밀, 철광석, 석탄 등의 제1차 상품의 거래에는 특히 주의해야 한다.

⑥ 박스 레이트(box rate)

컨테이너운송의 발전으로 운임체계를 단순화시키는 것은 필연적인 과제가 되었다. 그 결과 컨테이너 내부에 넣는 화물의 양(부피)에 상관없이 무조건 컨테이너 하나당 얼마라고 하는 식으로 운임을 책정하여 실무에서 사용하게 된 것이다. 이는 상품종류에 상관없이 적용하는 품목별 무차별운임(FAK : Freight All Kind),

상품을 크게 몇 가지의 등급으로 분류하여 적용하는 등급별 박스 레이트, 상품을 몇 가지 품목으로 분류하여 적용하는 품목별 박스 레이트 등이 있다.

2) 해상운임의 종류

① 선불운임과 후불운임

선불운임(freight prepaid)은 CIF 또는 CFR(C&F)조건에 의한 수출의 경우 수출업자가 선적지에서 운임을 지불하게 되는 것을 말한다. 후불운임(freight to collect)은 FOB조건으로 수출하는 경우 수입업자가 운임을 부담하므로 화물이 수입항에 도착한 후, 수입업자(수하인) 또는 그 대리인이 지급하는 운임이다.

② 부과방법

- 종가운임(ad valorem freight) : 이는 귀금속 등의 고가품의 운송에 있어 화물의 가격을 기초로 하여 이의 일정률을 운임으로 징수하는 경우의 운임이다.
- 최저운임(minimum all kinds rate) : 이 운임은 일정단위(CBM 또는 ton)를 기초로 부과되는데 화물의 용적과 중량이 일정기준 이하(예 : 1CBM)일 경우의 운임을 말한다.
- 무차별운임(freight all kinds rate) : 이는 품목 여부를 가리지 않고 일률적으로 부과하는 운임으로 FAK rate라 한다.

③ 운송완성도의 분류

- 전액운임(full freight) : 이는 운송의 완성 여부에 불구하고 전액을 지급하는 방식이다.
- 비례운임(pro rata freight) : 이는 운송의 완성도의 비율에 따라 지급되는 방식이다.
- 부적운임(dead freight) : 이는 하주가 계약한 수량보다 실제 적재한 양, 즉 선적부족분에 대해서도 지급되는 운임이다. 즉, 부적운임은 만약 용선자가 선적하기로 계약한 수량의 화물을 실제로 선적하지 아니한 경우에는 그 선적부족량에 대해서도 운임을 지급하여야 되는 운임을 말한다. 일종의 위약금의 개념이다.

3) 할증운임

① 중량할증운임(heavy cargo surcharge)

화물 한 개의 중량이 일정한도 이상(예 : 4ton 이상)이 되는 것은 본선 양하능력에도 관계가 있고 또한 취급상 보통 이상의 시간 및 비용이 소요되므로 이러한 경우에 부과되는 운임이다.

② 용적 및 장척할증료(bulky/lengthy surcharge)

이것은 화물의 부피가 너무 크거나 길이가 너무 긴 화물에 대해 부과되는 할증료를 말한다.

③ 체선할증료(port congestion surcharge)

이것은 도착항의 항만사정이 혼잡할 때 받는 할증료이다.

④ 통화할증료(CAF : Currency Adjustment Factor)

이것은 통화의 변동에 따른 환차손을 하주에게 부담시키는 할증료이다.

⑤ 유류할증료(BAF : Bunker Adjustment Factor)

이것은 유류가격의 인상으로 발생하는 손실을 보전하기 위한 할증료이다.

⑥ 양륙항 선택화물할증(optional/diversion surcharge)

화물선적 시에 양륙항이 지정되지 않고 출항 후에 하주가 가장 편리한 양륙지를 선적하여 그 항구에서 양륙하여 화물을 인도하는 경우도 있다. 이 경우 B/L의 양륙항 란에는 예컨대 "London/Hamburg option" 혹은 "Pusan/Inchon option"과 같이 두 개 이상의 항구가 명시된다.

⑦ 벽지항 할증료(out port surcharge)

동맹이 지정한 base port(주항구) 외의 out port(벽지항)에서의 선적 및 양륙에 대한 할증료이다.

3. 선하증권

(1) 선하증권의 의의와 기능

1) 의의

선하증권(B/L : Bill of Lading)은 선주가 자기 선박에 하주로부터 의뢰받은 운송화물을 적재하고 또는 선적을 위하여 그 화물을 수취한 것을 증명하고, 이것을 도착항에서 일정조건하에 수하인 또는 그 지시인에게 인도할 것을 약정한 유가증권이다.

2) 기능

첫째, 선하증권은 선장 또는 선주의 대리인으로서 정당한 권한을 부여받은 자가 서명한 화물수취증(receipt of goods)이다. 즉 선하증권은 선적된 화물의 수량, 중량 및 화물의 상태 등에 대한 추정적 증거(prima facia)가 된다.

사례연구

구두운송계약과 선하증권상의 내용이 상이한 경우

〈사건개요〉

S. S. Ardennes(Cargo Owners) v. S. S. Ardennes(Owners)사건에서는 스페인의 청과물업자인 매도인이 1947년 11월 20일경에 선박회사의 대리점과 운송계약을 구두로 체결하였는데, 대리점은 매도인의 수출물품인 오렌지를 싣고 런던으로 직항할 것에 합의하였다. 그런데 11월 22일 매도인의 물품이 선적되어 대리점이 선하증권을 발행하였으나, 선하증권상에는 선박이 런던으로 향하는 도중 다른 항구에 기항할 자유를 갖는다는 내용의 규정이 기재되어 있었다.

실제로 본선은 Antwerp에 기항했기 때문에 런던에 도착한 것은 12월 4일이었으며, 이러한 본선도착의 지연으로 인해 이 기간 동안 오렌지의 수입세가 인상되었고 11월 중의 오렌지 수입의 대량 입하로 인해 시황이 악화되어 매수인은 많은 손해를 보게 되었다. 이에 매수인은 선박회사가 구두약속을 위반하였다는 이유로 선박회사를 상대로 손해배상을 청구하게 되었고, 선박회사는 선하증권의 내용이 당사자의 권리와 의무를 규정하는 것이기 때문에 선하증권상에 중간항에 기항할 자유를 규정하고 있는 이상 런던으로 직항한다는 요지의 구두약속에 구속되지 않는다고 항변하였다. 이 사건을 담당했던 Coddar 판사는 "운송계약은 선하증권이 서명되기 전에 존재한 것이기 때문에, 선하증권이 계약 그 자체가 아니다. 송하인과 선박회사 간의 구두약속은 선하증권의 내용과 모순된다 하더라도 유효한 것이다"라고 판결함으로써, 매수인 승소판결을 내렸다. 그 결과 선박회사 측은 매수인에게 손해배상을 해주어야 하는 것으로 판결되었다.

〈참고자료 : 김선광, 무역사례연구, 동성출판사, 1996, pp.244~245〉

둘째, 현시점에서 다른 더 완전한 운송계약이 없는 한, 송하인과 운송인 사이에서 협정된 구체적인 운송계약사항을 나타내는 증거서류의 역할을 한다.

셋째, 선하증권에 기재된 물건을 화체(化體)하는 권리증권(document of title)이다. 즉, 선하증권의 법적 성질 중 가장 중요한 것은 무엇보다도 선하증권 자체가 그 화물을 대신하는 권리증권이라는 데 있다. 따라서 권리증권인 선하증권의 정당한 소지인은 증권상에 기재된 물품을 임의로 처분할 수 있는 권한을 가지게 된다.

(2) 선하증권의 법적 성질

선하증권은 법률상 채권증권, 요식증권, 문언증권, 요인증권, 인도증권, 제시증권, 수여증권, 처분증권, 지시증권, 면책증권 등 다음과 같은 성질을 가지고 있다.

1) 채권증권

선하증권의 소지인은 선하증권과 상환으로 물건의 인도를 청구할 수 있다.

2) 요식증권

선하증권은 기재사항이 법으로 정해진 유가증권이다. 즉, 선하증권은 유통을 전제로 작성 · 발행되는 증권이므로 적어도 이것을 양도받은 제3자가 운송계약의 주요 내용을 알 수 있는 정도로 일정사항이 증권 자체에 기재되어야 한다.

3) 문언증권

선하증권에서 운송인은 선하증권의 선의의 소지인에 대하여 증권의 기재문언에 관하여 책임을 진다. 반면에 그 소지인은 증권의 기재문언에 따라 권리를 주장할 수 있다.

4) 요인증권

선하증권은 운송인 또는 그 대리인이 물건을 선적 또는 선적을 위하여 수취하였다는 요인이 있어야 비로소 발행된다. 이러한 요인이 없이 발행되면 그것은 위법행위가 되므로 이런 점에서 선하증권은 반드시 요인이 없어도 발행되는 어음이나 수표와는 다른 법적 성질을 가지고 있다.

5) 인도증권

선하증권은 증권의 정당한 소지인에게 물건을 인도하며 그 인도는 증권기재의 물건 그 자체를 인도한 것과 동일한 효력을 갖게 한다. 따라서 선하증권을 인도하면 운송품 자체를 인도한 것으로 간주한다.

6) 처분증권

선하증권은 증권상 표시된 물건에 관한 처분(양도 등)을 하는 경우에는 그 증권으로 해야 된다.

7) 지시증권

선하증권은 증권상에 지정된 자 또는 지정된 자가 다시 증권상에 지정하는 자를 증권이 나타내는 권리의 정당한 행사 주체로 하는 유가증권이다. 지정하는 방식은 배서(endorsement)의 방법이 주로 이용된다.

(3) 선하증권의 종류

1) 선적선하증권과 수취선하증권

선하증권은 본선상에 운송화물이 선적된 후에 발행되는데, 증권면에 shipped 혹은 shipped on board와 같이 실질적으로 화물의 선적완료를 표시한 것이 선적선하증권(shipped or on board B/L)이다. 또한 지정선박이 아직 부두에 정박하지 않았거나 입항조차 하지 않았을 경우에는 우선 화물은 선박회사의 부두창고에 입고되어 received for shipment 형식으로 발행되는 것이 수취선하증권(received for B/L)이다.

2) 무사고선하증권과 사고부선하증권

본선상에 계약화물을 선적할 때 그 화물의 상태가 양호하고 수량이 맞아 비고(remarks)란에 아무것도 기재되지 않고, 증권면에 "shipped on board in apparent good order and condition"이라고 표시된 선하증권을 무사고, 무하자 또는 완전선적증권(Clean B/L)이라고 한다. 한편, 비고란에 "5 bags torn" 등과 같이 선박회사가 인수할 당시 포장상태가 불완전하거나 수량이 부족하면 이 사실을 증권상에 기재하게 되며, 이런 사실이 기재된 선하증권을 사고부선하증권(foul or dirty B/L)이라 한다.

3) 기명식선하증권과 지시식선하증권

기명식선하증권(straight B/L)은 화물의 수취인으로서 수입자명이 기재된 선하증권으로, 무역화물에는 거의 이용되지 않고 이삿짐 또는 개인의 물품을 발송하는 경우에 많이 이용되며, 유통이 되지 않으므로 송하인의 배서는 필요 없다. 지시식선하증권(order B/L)은 B/L의 수하인란에 특정의 수하인명이 기재되지 않고, 단순히 "to order", "to order of shipper", "to order of...bank"와 같이 지시인(order)만 기재하여 유통을 목적으로 한 선하증권을 말한다. 무역거래에서는 원칙적으로 order B/L을 사용하므로 수입자의 이름과 주소는 수하인란이 아니고 화물도착통지처(notify party)란에 기재된다.

4) 유통선하증권과 유통불능선하증권

선박회사는 선하증권을 발급할 때 주로 3통이 한 세트가 되는 선하증권 원본을 발행하는데, 이를 유통선하증권(negotiable B/L)이라 한다. 이들은 원본이라야 그러한 선하증권이 표창하는 화물과 상환이 되며, 또 은행에서는 신용장에서 요구하는 정당한 선하증권으로 인정하여 대금결제가 이루어진다. 한편, 선박회사가 발급하는 원본 이외의 모든 선하증권에는 발급될 때 이미 "non-negotiable"이라는 도장이 찍혀 발급되기 때문에 이들 사본으로는 은행에서 nego가 되지 않는다.

5) 복합운송선하증권

복합운송선하증권(combined transport B/L)은 수출국의 화물인수장소로부터 수입국의 인도장소까지 해상 · 육상 · 항공 중 적어도 두 가지 이상의 운송기관을 이용하여 운송되는 경우에 발행하는 운송증권으로서 복합운송인이 발행한다.

6) 통과선하증권

운송화물을 목적지까지 운송하는 데 선주가 다른 선박회사의 선박을 이용하거나 해운과 육운을 교대로 이용하여 운송된 경우 최초의 운송업자가 전 구간의 운송에 대하여 발행하여 모든 책임을 지는 운송증권을 통과선하증권(through B/L)이라고 한다.

7) 환적선하증권

통과선하증권에서는 최초의 운송인만이 서명하여 그가 수하인 또는 동 증권 소지자에 대하여 운송상의 모든 책임을 지나, 이 환적선하증권(transshipment B/L)은 화물을 목적지까지 운송 도중 중도항에서 다른 선박에 환적하여 최종목적지까지 운송할 때 발행되는 선하증권이다.

8) 적색선하증권

적색선하증권(red B/L)은 보통 선하증권과 보험증권을 결합시킨 것으로서 이 증권에 기재된 화물이 항해 중에 사고가 발생하면 이 사고에 대해서 선박회사가 보상해 주는 선하증권이다. 선박회사는 또 보험회사와 모든 red B/L 발행분에 대해서 일괄하여 부보하게 되므로 손해부담은 보험회사가 지며, 보험료만큼 선박회사는 운임에 추가시키므로 결국 보험료도 송하인이 부담하는 셈이 된다.

9) 용선계약선하증권

용선계약선하증권(charter party B/L)은 하주가 대량화물을 수송하기 위하여 일항해 또는 일정기간 동안 부정기선을 사용하는 경우, 하주와 선박회사 사이에 체결된 용선계약에 의하여 발행되는 선하증권을 말한다.

10) 제3자명의 선하증권

B/L상에 표시되는 선적인(shipper)은 일반적으로 신용장의 수익자가 되는 것이 보통이나 수출입거래의 매매당사자가 아닌 제3자(third party)가 선적인이 되는 경우가 있는데 이를 제3자 선하증권(third party B/L)이라 한다. 주로 중계무역에서 이용되는데 신용장에 별도의 명시가 없는 한 은행은 수리하도록 신용장통일규칙에서 정하고 있다.

11) FIATA 선하증권

FIATA[4] 선하증권은 운송주선인이 발행한 선하증권이다. 신용장통일규칙에서는 운송인이나 운송인의 정당한 대리인의 자격으로 발행되지 않는 한 FIATA 가맹의 주선인이 발행한 서류라 할지라도 은행은 이의 수리를 거절하도록 되어 있다.

---

4) 국제운송주선인연맹(FIATA : International Federation of Forwarding Agent's Association)은 운송주선인들의 이익을 옹호할 목적으로 1926년 설립된 기관이다.

12) 부서부선하증권

해운화물이 도착지 지불운임이나 그 외 다른 채무가 부수되어 있는 경우 물품을 인수하는 자는 채무에 대한 대금을 선박회사에 지불하고 화물을 수취하게 되는데, 이때 선박회사는 결제를 끝낸 것을 증명하기 위하여 선하증권에 이서한다. 이러한 부서가 되어 있는 선하증권을 부서부선하증권(counter-sign B/L)이라 한다.

13) 집단선하증권

운송해 보낼 화물이 한 컨테이너분이 안 되거나(less than container load cargo) 한 Lot가 안 될 정도로 적은 분량이면 화물운송회사가 같은 목적지로 가는 화물을 같이 모아서 하나의 그룹으로 선적해 보낼 때 선박회사가 발급하는 선하증권을 집단선하증권(groupage B/L, housing B/L)이라 한다.

14) 약식선하증권

절차의 간소화를 위해서 선하증권면에 기재된 장문의 약관을 생략한 것을 약식선하증권(short form B/L)이라 한다. short form B/L에는 분쟁이 발생하면 원래의 선하증권, 즉 long form B/L의 약관에 따른다는 문언이 기재되어 있다.

15) 기간경과선하증권

기간경과선하증권(stale B/L)이란 선하증권의 어떤 형태를 말하는 것이 아니고 선하증권의 제시시기가 필요 이상으로 지연되었을 때 그러한 지연된 선하증권을 말하는 것이다. 신용장통일규칙 제43조에 모든 선적서류는 발행 후 신용장에서 명시한 기간 내에 제시되어야 한다고 되어 있고, 만일 B/L 발행 후 21일이 지나 매입은행에 제시하면 은행은 특별히 신용장상에 "stale B/L acceptable"이란 조항이 없이는 수리를 거절하게 된다.

16) 전자식선하증권

전자식선하증권(electronic bill of lading)은 기존의 종이선하증권을 발행하지 않고, 선하증권의 내용을 구성하는 정보를 전자적 방법에 의해 운송인의 컴퓨터에 보관하고, 운송인이 부여한 '개인키(private key, 비밀번호)'를 사용함으로써 물품에 대한 지배권 및 처분권의 권리를 그 권리자의 지시에 따라 수하인에게 그 정보를 전송하는 형식의 선하증권을 말한다.

제2절 항공운송

1. 항공화물운송의 개념과 특성

(1) 항공화물운송의 개념

항공운송(air transportation)이란 항공기의 항복(plane's space)에 승객, 우편 및 화물을 탑재하고 국내외 공항(air port)에서 공로(air route)로 다른 공항까지 운송하는 운송시스템을 의미한다. 항공운송은 오늘날 국제무역에 있어서 중요한 수송수단의 역할을 담당하고 있으며 상업적인 수송수단으로서의 위치를 차지하고 있다.

국제화물운송은 해상이나 육상운송이 주류를 이루고 있지만 항공산업의 발전과 화물전세기가 등장하여 세계를 일일생활권으로 하는 신속한 운송요구에 따라 항공운송의 비중이 점차 증가되고 있다. 경제의 질적인 발전과 함께 반도체, 전자제품, 시계 등 고부가가치의 소형경량 화물에 대해서는 비싼 운임을 지급하여도 채산성이 있는데다 신속한 운송의 장점 등으로 항공운송을 선호하게 되었다.

(2) 항공화물운송의 특성

1) 적시성

적시성은 항공운송이 가지는 최대의 장점인 신속성을 바탕으로 정시서비스(on-time operation service)가 가능하고 야간의 운행으로 화물인도(over night delivery)가 가능하다는 것이다. 즉 화물을 저녁 때까지 집하하여 탑재한 다음, 다음날 아침에 수하인에게 인도할 수가 있어 긴급화물이나 부패성화물의 운송에 가장 적합한 운송수단이 된다.

2) 비계절성

항공화물은 여객에 비해 계절적인 영향을 적게 받는다는 것이다. 물론 꽃, 패션제품, 크리스마스상품 등 계절적 유행상품은 예외이다.

3) 서비스의 완벽성

서비스의 완벽성이란 하주는 집하(pick-up), 인도(delivery), 화물추적(tracing)의 용이성, 특수취급을 요하는 위험물품과 귀중품 등의 안전성, 기타 보험이나 클레임 업무의 편리성 등을 요구하고 있는데 이에 대한 서비스가 타 운송보다 월등히 우수하다는 것이다.

(3) 항공화물운송의 장 · 단점

해상운송과 비교하여 항공운송의 장 · 단점을 살펴보면 항공운임은 해운에 비해 20배 정도 비싸고 중량에 제한을 받는다는 단점을 가진 반면, 수송시간이 절대적으로 짧고 안전도가 비교적 높다는 장점을 갖고 있다. 따라서 저가의 중량화물을 대량으로 운송하는 경우 해상운송이 유리한 반면 고가의 화물로 화물의 단위무게당 가치가 높을수록 항공운송이 더욱 유리할 것이다. 운임이 싼 해상운송보다 항공운송을 선택하는 가장 큰 이유 중의 하나는 물품의 신속한 정시(just-in-time)공급이다.

상품에 대한 고객의 선호도와 상품의 시간성 때문에 고객에게 그 운송비용을 전가함은 물론 그 상품의 실제가치보다 더 높은 가격(premium-price)에 판매할 수 있고 상품을 보관함으로써 발생하는 자본비용의 절감은 물론 도난과 손상으로 발생할 수 있는 손실을 최소화할 수 있다. 이처럼 비록 운송 그 자체에 따른 운임은 비싸지만 수송의 신속성에 따른 다른 부분에서의 비용절감과 총이익증대가 항공운송을 빠른 속도로 증가시키는 요인이라고 할 수 있다.

2. 항공화물의 취급절차

(1) 수출화물

수출화물 취급절차의 흐름을 개괄적으로 나타내면 다음과 같다.

① 항공화물대리점을 통해 화물터미널 도착 및 장치장 반입
② 화물의 척량검사 실시 및 수출화물 반입계 발급
③ 세관에 수출화물 반입계 제출 후 보세구역(bonded area) 장치지정 및 승인
④ 수출신고서(export declaration), 신용장원본, 수출승인서, 상업송장

(invoice), 포장명세서(packing list), 검사증(certification of inspection)을 첨부하고 수출신고

⑤ 수출신고서류의 심사 및 화물검사

⑥ 수출면허(export permit)

⑦ 항공사에 운송장 및 화물의 인계

⑧ 단위적재용기에 적재작업 실시

⑨ 항공기에 탑재작업

⑩ 적하목록(manifest) 및 환적적하목록(transfer manifest) 작성

⑪ 항공기 출발 및 도착지, 중간기항지에 탑재내용, 특수화물의 명세, 수하인(consignee), 탑재위치 등을 통보

(2) 수입화물

수입화물 취급절차의 흐름을 개괄적으로 살펴보면 다음과 같다.

① 출발지로부터 도착화물에 대한 전문접수

② 항공기 도착 시 기내검역 후 운항 또는 객실승무원으로부터 운송장, 출발지 출항허가, 적하목록 등을 인수 후 세관에 적하목록, 기용품목록 등을 제출하여 입항허가취득

③ 허가취득 후 운송장과 적하목록을 대조하여 수입금지물품, 보안물품 확인 및 작업지시

④ 세관감독하에 운송장상의 목적지 또는 하주의 요청에 따라 창고배정 작업

⑤ 창고배정 완료 후 분류적하목록에 의거 실화물 배정창고에 입고

- 무환화물 : 서울세관 관할 영동창고로 보세운송 후 통관
- 김포현도화물 : 무환화물 중 신문, 뉴스필름, 외교행낭, 귀중품 등의 화물 및 김포에서 통관
- 유환화물 : 김포세관 관할 화물터미널에서 통관

⑥ 운송장의 분류 및 정리가 완료되면 통관지역에 따라 수하인에게 도착통지 및 송부

⑦ 본인이나 대리인에게 운송장인도

3. 항공화물운송장

(1) 의의

해상운송의 선하증권에 해당하는 항공운송의 기본서류가 항공화물운송장(AWB : Air WayBill) 또는 항공화물위탁서(air consignment note)이다. Air WayBill과 유사한 것으로 Air Bill이 있는데 후자는 혼재업자가 발행하는 것이다. Air WayBill과 Air Bill을 구분하기 위하여 전자를 Master Air Waybill이라고 부르며, 후자를 House WayBill이라고 부른다. 여하튼 이들 운송장은 송하인과 운송인 사이에 운송계약이 체결되었다는 증거서류이며 동시에 송하인으로부터 화물을 수령하였다는 증빙이 된다.

(2) 항공화물과 선하증권의 차이점

항공화물운송장은 때때로 선하증권(B/L : Bill of Lading)과 유사한 것으로 잘못 알려지고 있다. 그러나 선하증권과 항공화물운송장은 법률적 성격 면에서 다음과 같이 몇 가지 중요한 점에 차이가 있다.

① 항공운송장은 선하증권과 달리 양도성이나 유통성을 갖고 있지 않다. 항공운송장에는 분명히 'non negotiable' 이라고 표시되어 있으므로 유통이 안 되는 '비유통증권' 으로서만 발행된다. 즉, 운송장의 수하인용 원본은 목적지에서 화물과 함께 수하인에게 교부되는 것으로서 유통을 목적으로 하는 것이 아니며, 운송계약의 권리행사에 필요한 것이 아니므로 이는 유가증권이 아니다.

② 선하증권의 발행은 선적식인 데 반해 항공운송장의 발행은 수취식이라 할 수 있다. 즉, 선하증권은 선적을 증명하는 증권이므로 선적이 완료된 후에 발행되는 것이 일반적이다. 그러나 항공운송의 경우는 발착편이 많고 화물을 운송 · 위탁해서 비행기에 적재할 때까지 많은 시일을 요하지 않으므로 항공사 창고에 화물이 도착하면 바로 운송장을 발행해 주고 있다.

③ 선하증권은 지시식으로 되어 있어 정당한 배서(endorsement)에 의해 누구에게나 양도되는 권리증권(document of title)인 데 반하여 항공운송장은 기명식으로 되어 있기 때문에 항공운송장에 기재되어 있는 수하인이 아니면 당해 화물을 인수할 수 없다.

④ 법률적으로 항공운송장은 항공사와 계약된 대리점이 작성하여 항공사에 교부하는 형식을 취하고 있는 데 반해, 선하증권은 반대로 선박회사가 작성해서 송하인에게 교부되고 있다.

표 8-1 | 항공화물운송장과 선하증권의 차이점

Air WayBill	Bill of Lading
• 양도성이 없는 비유가증권 (non-negotiable) • 창고에 반입 후 AWB 발행(수취식) • 기명식 • 항공사와 계약된 대리점이 작성	• 양도성이 있는 유가증권 (negotiable) • 선적 후 B/L 발행(선적식) • 무기명식(지시식) • 선박회사가 작성

사례연구

유가증권이 아닌 항공운송장의 경우에도 백지배서를 하여야 하는가?

〈사건개요〉

A은행은 "수하인을 최종수입자 지시식으로 백지배서를 하여 운임을 표시한 선하증권을 요구하였으며, 항공운송장도 수리가 가능한(bills of lading made out to order of the name of the end user and blank endorsed, showing freight amount. Air WayBill acceptable) 신용장을 개설하였다.

B은행으로부터 송부되어 온 선적서류 검토 후 선하증권 대신 제시된 항공운송장에는 수하인이 최종수입자인 기명식으로 발행되었으며 배서 및 운임이 누락되었음을 사유로(Air WayBill made out to the name of the end user and not blank endorsed and nor showing the freight amount) 부도통보를 하였다.

B은행은 항공운송장은 유가증권이 아니며 지시식이 아닌 기명식으로 발행되므로 배서가 불필요하고, 항공운송장은 수리가 가능하다고만 명시되었지 별도의 조건설명이 없었고 운임은 표시하지 않는 것이 일반적인 관행이므로 하자가 아니라고 주장하였다. A은행은 대금을 지급하여야 하는가?

〈해설과 결론〉

백지배서하지 않은 것은 하자가 아니나, 항공운송장에 운임을 표시하지 않은 것은 하자이므로 대금을 지급할 의무가 없다. 신용장에서 선하증권을 요구하면서 항공운송장도 수리가능하다고 명시한 경우, 이는 항공운송장을 선하증권과 동일하게 발급하여야 한다는 의미는 아니며 항공운송장은 기명식으로 발행되므로 배서가 필요 없다. 대부분의 항공운송장에는 운임을 표시하는 란이 있으며, 신용장에서 운임을 표시토록 요구하고 있으므로 본건의 경우 운임은 표시되어야 한다.

〈참고사항〉
실무적으로 많이 발생하고 있는 오류의 하나로, 선하증권의 배서권자는 수하인이므로 본건과 같이 수입자를 수하인으로 하면서 배서를 요구하면 수출자가 배서를 할 수 없으므로 이러한 신용장은 반드시 사전에 조건변경을 하여야 매입 시 배서불비로 인한 지급거절 사례가 발생하지 않는다.

〈참고자료 : ICC Document 470/TA.342 http://www.keb.co.kr/biz/sindex3.htm〉

제3절 국제복합운송

1. 컨테이너화물운송

(1) 컨테이너의 정의

컨테이너(container)란 물적 유통(physical distribution)부문의 포장 · 수송 · 하역 및 보관 등 모든 과정에서 육 · 해 · 공을 연합한 이점인 경제성, 수익성, 안전성을 최대한으로 충족시키고 화물운송 도중 화물의 이적 없이 일관수송(through transportation)을 실현시킨 혁신적인 수송도구이다. 즉, 컨테이너는 반복적으로 사용이 가능하도록 규격화된 수송도구이며 화물의 단위운송(unit load)을 실현시켜 주는 혁신적인 수송용구이다.

(2) 컨테이너화물의 운송형태

1) CY/CY(FCL/FCL)

이 방식은 컨테이너의 장점을 최대한 이용한 운송방법이다. 수출업자의 공장 또는 창고에서부터 수입업자의 창고까지 컨테이너에 의한 일관수송형태로 수송되며, 운송 도중 컨테이너의 개폐 없이 수송된다.

2) CFS/CFS(LCL/LCL)

이 방식은 선적항의 CFS에서 목적항의 CFS까지 컨테이너에 의해서 운송되는 가장 기본적인 운송방법이다. 여러 하주의 소량컨테이너화물(LCL)을 CFS에서 혼재(consolidation)하여 선적하고 목적지의 CFS에서 컨테이너를 개봉하여 화물을 분류하여 여러 수입업자에게 인도된다. 이러한 혼재업무는 프레이트 포워더들이 행하기 때문에 이를 forwarder's consolidation이라 한다. 이 운송방식은 pier to pier(부두에서 부두까지)라고 부르며 운송인이 여러 하주로부터 컨테이너에 운송하여 목적항의 CFS에서 여러 수하인에게 화물을 인도하는 방법이다.

3) CFS/CY(LCL/FCL)

이 방식은 운송인이 지정한 선적항의 CFS로부터 목적지의 CY까지 컨테이너에 의해 운송되는 형태로서 운송인이 여러 송하인(수출업자)들로부터 화물을 CFS에서 집하하여 목적지의 수입업자 창고 또는 공장까지 운송하는 것을 말한다. 이를 buyer's consolidation이라고도 한다. 이 운송형태는 CFS/CFS에서 발전한 운송방법으로서, 대규모 수입업자가 여러 송하인들로부터 각 LCL 화물들을 인수하여 일시에 자기지정창고까지 운송하고자 하는 경우에 이용하며 현재 우리나라에서 많이 이용하고 있다.

4) CY/CFS(FCL/LCL)

이 방식은 선적항의 CFS에서 목적항의 CFS까지 컨테이너에 의해서 운송되는 방법으로서, 여러 하주의 소량 컨테이너화물(LCL)을 CFS에서 혼재(consolidation)하여 선적하고 목적지의 CFS에서 컨테이너를 개봉하여 화물을 분류하여 여러 수입업자에게 인도된다.

2. 국제복합운송

(1) 국제복합운송의 의의

1) 개념

복합운송(multimodal transport)[5)]은 단일운송계약하에서 복수의 운송인이 관

5) 복합운송이란 용어는 미국지역에서는 "Internodal Transport", 유럽지역에서는 "Multimodal Transport"라 하고 있으며, TCM조약과 UNCTAD에서는 "Combined", UIRMTD와 UCP에서는 "Multimodal"로 사용하고 있다. 또한 명칭도 국제복합운송, 국제복합일괄운송, 국제복합일관수송,

여하는 운송을 통과운송(through transport)이라 하며, 각 구간에 동일운송수단을 이용하는 경우를 '단순통과운송'이라 하여 이종운송수단을 이용하는 경우를 말한다.

또한 복합운송은 복합운송인이 화물을 자기의 보관하에 인수한 한 국가의 지점에서 다른 국가에 위치한 인도지점까지 복합운송계약에 의거하여 적어도 두 가지 이상의 상이한 운송수단에 의해 수행되는 화물운송을 의미한다. 따라서 비록 특정화물의 운송을 위해 여러 운송수단이 이용되더라도 수 개의 운송계약이 체결되고 또 그에 따라 운송증권이 발행된 경우에는 이를 부분운송 또는 구간별 운송이라 하여 복합운송과는 구별된다.

2) 특성

컨테이너에 의한 국제복합운송은 재래식 운송방식에 비해 다음과 같은 경제적 효과를 갖는다.

① 운항비용의 절감

컨테이너선에 의한 수송은 재래식 운송방식에 비해 기계화된 선적, 양하로 운항시간 및 정박기간이 많이 단축됨으로써 연료비, 항세, 선임비, 보험료 등 제반 경비가 절감되는 효과를 갖는다.

② 하역비의 절감

하역방식의 기계화로 인해 인력에 의한 재래식 하역방식에 비해 하역시간과 인건비를 포함한 하역비용이 절감되는 효과를 갖는다.

③ 포장비의 절감

컨테이너 자체가 하나의 화물의 외포장 역할을 해주기 때문에 포장이나 보호장치에 필요한 비용이 절감되는 효과를 갖는다.

④ 보관비의 절감

재래선에 의한 경우 화물의 검사 및 본선적재에 필요한 사전절차인 보세창고에

국제복합수송 등 다양하게 사용되고 있으나 복합운송인, 복합운송서류와의 접합성이 유지되는 측면에서 원어와 명칭은 각각 "Multimodal"과 "(국제)복합운송"이 적합하다고 본다.

의 반입에 따르는 입고료, 창고료, 출고료 등의 경비가 소요되었으나 컨테이너운송에서는 그 자체가 별개의 독립된 창고 역할을 하기 때문에 그러한 추가경비를 절감할 수 있는 효과를 갖는다.

⑤ 해상보험료의 절감

운항기간의 단축과 아울러 컨테이너 자체의 견고성으로 인해 화물의 분실, 손상, 멸실 등의 위험이 감소하기 때문에 해상보험료가 절감되는 효과를 갖는다.

⑥ 투입된 자본의 가동률 향상 효과

하역방식의 기계화로 하역시간과 선박의 정박기간이 상당히 단축됨으로써 선박의 가동성이 향상되고 그에 따른 선박회사의 투입된 자본의 가동성이 향상되는 경제적 효과를 갖는다.

⑦ 운송의 안정성

컨테이너 자체의 견고성으로 인해 운송 도중에 발생할 수도 있는 여러 가지 장애요소(하역 중 발생할 수 있는 갈고리에 의한 파손, 천재지변에 의한 작업의 지연, 장기간 항해 중에 발생하는 충식, 열손 등)를 제거함으로써 운송의 안정성을 더하고 있다.

⑧ 내륙운송비의 절감

생산공장 또는 송하인의 창고에서 화물이 적입된 컨테이너가 섀시에 의해서 수송됨으로써 종래의 운송비보다 적은 비용으로 선적항까지 운송할 수 있는 경제적 효과를 가지고 있다.

⑨ 운송서류의 간소화

서류작성과 하인이 간소화되는 효과를 갖는다.

(2) 주요 경로

1) 아메리카 랜드 브리지(ALB : America Land Bridge)

ALB는 미국대륙의 횡단철도를 이용하여 극동과 유럽을 연결하는데 태평양 및 대서양을 항해해야 하는 만큼 운송구간이 너무 길어 많이 이용되고 있지 않다.

2) 미니 랜드 브리지(MLB : Mini Land Bridge)

MLB는 미국대륙을 이용하여 극동지역과 미대서양 연안 또는 걸프만을 연결하는 경로와 유럽과 미태평양 연안을 미국대륙횡단철도로 연결하는 경로를 말한다. ALB의 운송구간을 절반만 활용한 운송경로이다.

3) 시베리아 랜드 브리지(SLB : Siberia Land Bridge)

SLB는 시베리아대륙을 교량으로 이용하여 극동과 유럽이나 중동지역을 연결하는 경로이다. 극동지역으로부터 대륙운송의 접점인 러시아의 나호트가(Nakhodka)나 보스토치니(Vostochny)까지 컨테이너선으로 해상운송하는 그곳에서 시베리아횡단철도에 의해 육상운송한 후 유럽 또는 중동의 운송기관을 연결하여 목적지까지 운송한다.

4) 차이나 랜드 브리지(CLB : China Land Bridge)

CLB는 중국대륙철도와 실크로드(Silk Road)를 이용하여 극동지역과 유럽지역을 연결하는 경로이다. 최근에 개발되어 SLB보다 이용빈도가 적지만 중국경제의 발전과 기후, 운송거리 등이 SLB보다 유리하여 앞으로 많이 활용될 수 있는 경로이다.

5) 해공복합운송의 경로

일본에서부터 북미서해연안을 연결하는 태평양항로에서는 해상운송을 이용하고 미국 내륙지역 및 대서양상에서는 항공운송을 이용하여 극동지역, 미국 중동부 및 유럽권을 연결하는 경로이다.

제9장 해상보험

학습목표

1. 해상보험의 당사자를 이해한다.
2. 해상위험과 해상손해의 차이점과 종류를 습득한다.
3. 협회적하약관의 각종 담보조건을 이해한다.

| 핵심사항 |

❶ 해상보험의 개요

1. 해상보험의 정의와 당사자
   (1) 해상보험의 정의 : 해상보험(marine insurance)이란 해상위험에 의해 발생하는 손해를 보상할 것을 목적으로 하는 보험으로서 손해보험의 일종이다.
   (2) 해상보험의 당사자
   - 보험자 : 보험계약의 당사자로서 보험사고가 발생한 경우에 보험금을 지급할 의무를 지는 자로 보험계약을 인수(underwriting)하는 주체를 말한다.
   - 보험계약자 : 보험자와 보험계약을 체결하는 자를 말한다.
   - 피보험자 : 피보험이익을 갖는 자, 즉 손해의 보상을 받을 권리가 있는 자를 말한다.

   (3) 보험가액과 보험금액
   - 보험가액 : 보험계약이 체결될 수 있는 금액으로서 보험목적물의 실제적인 가치를 말한다.
   - 보험금액 : 피보험자가 실제로 보험에 가입한 금액으로서 손해발생 시 보험자가 부담하는 보상책임의 최고한도액을 말한다.

2. 해상위험과 해상손해
   (1) 해상위험
   - 해상위험이란 항해에 기인하고 항해에 부수하여 발생하는 사고를 말한다.
   - 해상위험의 종류 : 해상고유의 위험, 해상위험, 전쟁위험, 기타의 모든 위험으로 분류한다.

   (2) 해상손해
   - 해상손해(marine loss)란 항해사업에 관련된 적하 · 선박 기타의 보험목적물이 해상위험으로 인하여 피보험이익의 전부 또는 일부가 멸실 또는 손상되어 피보험자가 입게 되는 재산상의 불이익이나 경제상의 부담을 말한다.
   - 전손 : 피보험이익이 전부 멸실된 경우를 말하며 현실전손과 추정전손으로 구분된다.
   - 분손 : 피보험이익 일부의 멸실이나 손상을 말하며, 이는 단독해손과 공동해손으로 분류된다.
   - 비용손해 : 구조비, 특별비용, 손해방지비용

3. 보험금의 청구
   보험사고를 통지하고, 손해의 사정을 거쳐, 보험금청구 구비서류를 받아 보험금청구가 타당하다고 인정되면 보험금을 지급한다.

❷ 협회적하약관

1. 협회적하약관의 의의 및 구성
   (1) 의의 : 현재 우리나라에서는 보험계약자의 선택에 의해 구약관과 신약관이 공히 사용되고 있으나, 런던보험자협회에서는 전면 · 강제적으로 신협회적하약관을 사용하도록 하고 있다.
   (2) 구성 : 현재 사용되고 있는 협회적하약관은 I.C.C.(A), I.C.C.(B), I.C.C.(C) 약관으로 각 약관은 8개 그룹약관으로 구성되어 있고, 이들은 다시 19개의 개별약관으로 나누어져 있다.
2. 신협회적하약관에 의한 보상범위
   (1) 담보위험 : I.C.C.(A)조건은 포괄책임주의 채택하고 있기 때문에 면책이 아닌 한 모든 우발적인 사고로 인한 손해를 포괄적으로 담보하지만, I.C.C.(B)조건과 I.C.C.(C)조건은 열거책임주의를 채용하기 때문에 담보위험에 게기된 위험을 보상한다.
   (2) 면책조항 : 일반면책약관, 불내항(不耐航)성 및 부적합 면책약관, 전쟁위험면책약관, 동맹파업위험면책약관 등이 있다.
   (3) 보험기간 : 보험자의 책임은 보험자의 위험부담책임이 존속하는 일정기간을 의미하며, 위험기간 또는 보험기간(duration of risk)이라고 한다.

제1절 해상보험의 개요

1. 해상보험의 정의와 당사자

(1) 해상보험의 정의

해상보험(marine insurance)이란 해상위험에 의해 발생하는 손해를 보상할 것을 목적으로 하는 보험으로서 손해보험의 일종이다. 해상보험계약(marine insurance contract)은 해상위험을 보험사고로 하여 보험자(insurer, underwriter, 우리나라에서는 해상보험회사)가 손해를 담보할 것을 약속하고, 보험계약자(policy holder)는 그 대가로서 보험료(insurance premium)를 지급할 것을 약속한 계약이다.[1)]

(2) 해상보험의 당사자

1) 보험자

보험자(insurer, assurer, underwriter)란 보험계약의 당사자로서 보험사고가 발생한 경우에 보험금을 지급할 의무를 지는 자로 보험계약을 인수(underwriting)하는 주체를 말한다. 즉 보험회사(insurance company)나 개인보험업자(underwriter)가 있는데, 우리나라는 주식회사의 형태인 보험회사가 영업을 하고 있다.

2) 보험계약자

보험계약자(policy holder)란 보험자와 보험계약을 체결하는 자를 말한다. 보험계약자는 보험자, 즉 보험회사와 보험계약을 체결하고 보험료(insurance premium)를 납입하는 자로 보험자에 대하여 고지의무, 위험의 변경 · 증가의 통지의무를 부담하게 된다.

---

1) 1906년의 영국해상보험법(Marine Insurance Act, 1906: 이하 MIA라 한다)

3) 피보험자

피보험자(assured, insured)란 피보험이익(insurable interest)을 갖는 자, 즉 손해의 보상을 받을 권리가 있는 자를 말한다.

해상적하보험에서 보험계약자와 피보험자는 동일인이 될 수도 있고 타인이 될 수도 있다. FOB조건이나 CFR조건에서는 매수인이 보험계약자이면서 자신을 피보험자로 하여 보험에 부보한다. CIF계약에서는 매도인이 매수인을 위하여 해상보험계약을 체결하여야 하므로 보험계약자와 피보험자는 다르다.

(3) 보험가액과 보험금액

1) 보험가액

보험가액(insurable value)이란 보험계약이 체결될 수 있는 금액으로서 보험목적물의 실제적인 가치를 말한다. 다시 말해 보험가액은 보험사고가 발생할 경우 피보험자가 입게 되는 손해액의 최고한도이다.

2) 보험금액

보험금액(insured amount)은 피보험자가 실제로 보험에 가입한 금액으로서 손해발생 시 보험자가 부담하는 보상책임의 최고한도액을 말한다. 보험금액은 보험자의 보상액이 되기 때문에 보험산정의 기준이 된다. 보험가액이 높게 책정된다 하더라도 보험금액을 낮게 책정할 경우에는 보상액도 그만큼 낮게 된다.

3) 보험가액과 보험금액과의 관계

① 전부보험(full insurance) : 보험가액과 보험금액이 일치하는 경우를 말한다.

② 일부보험(under insurance) : 보험목적물에 대해 보험가액의 일부만을 보험금액으로 책정하는 것을 말한다. 따라서 보험가액이 보험금액보다 크다.

③ 초과보험(over insurance) : 보험가액보다 보험금액이 더 큰 것을 말하는 것으로, 이는 선의의 경우를 제외하고는 무효가 된다.

4) 피보험이익

해상보험계약의 목적은 담보위험에 의하여 입은 피보험목적물에 대한 손해를 피보험자로 하여금 보상받도록 하는 것이다. 이러한 손해를 보상받기 위하여 피보험자는 위험에 직면한 부보된 재산에 이해관계(interest)를 가져야 한다. 만약 이해관계가 없다면 손해를 당할 일도 보상받을 일도 없게 된다. 따라서 피보험이익(insurable interest)이란 피보험목적물에 대한 특정인의 이해관계를 의미한다고 할 수 있다.

2. 해상위험과 해상손해

(1) 해상위험

1) 해상위험의 의의

해상위험(marine risks, marine perils)이란 항해에 기인하고 항해에 부수하여 발생하는 사고를 말한다. 우리나라 상법에서는 "해상보험계약의 보험자는 항해에 관한 사고로 인하여 생길 손해를 보상할 책임이 있다"라고 해상위험을 포괄적으로 규정하고 있다.[2] 영국 해상보험법에서는 "항해에 기인 또는 수반되는 위험"으로 정의하고 해상위험을 하나하나 열거하고 있다.[3] 해상위험은 항해에 관한 사고인데 그 발생장소가 반드시 해상에 국한되는 것은 아니며 또한 반드시 해상에서만 발생하는 사고, 즉 해상 고유의 사고에 한정되는 것은 아니다. 예를 들면 화재나 도난과 같이 육상에서 발생하는 해상사고도 있다.

2) 해상위험의 종류

"Lloyd's S.G. Policy"상에서는 위험약관(perils clause)에서 항해에 있어 보험자가 담보하는 위험을 명시하고 있는데, 해상위험의 종류를 편의상 ① 해상고유의 위험, ② 해상위험, ③ 전쟁위험, ④ 기타의 모든 위험으로 분류하고 있다.

① 해상고유의 위험(perils of the seas)

- S.S.C. 위험 : 침몰(sinking), 좌초(stranding), 충돌(collision)
- 악천후(heavy weather)

2) 우리나라 상법 제693조
3) MIA 제3조

② 해상위험(perils on the seas)

- 화재(fire, burning)
- 투화(jettison)
- 선원의 악행(barratry)
- 해적, 표도, 강도(pirates, rovers, thieves)

③ 전쟁위험(war perils)

- 군함(men of war)
- 외적(enemies)
- 습격과 포획(surprisals and capture)
- 해상탈취 및 나포(taking at sea & capture)
- 관헌의 강유, 억지, 억류(arrests, restraints and detainment of kings, princess and people)
- 포획면허장 및 보복포획면허장(letters of mart and countermart)

④ 기타의 모든 위험(all other perils)

(2) 해상손해

1) 개념

해상손해(marine loss)란 항해사업(marine adventure)에 관련된 적하 · 선박, 기타의 보험목적물이 해상위험으로 인하여 피보험이익의 전부 또는 일부가 멸실 또는 손상되어 피보험자가 입게 되는 재산상의 불이익이나 경제상의 부담을 말한다. 해상손해는 보험계약에 약정한 피보험이익에 한정되며 또한 그 보험사고와 인과관계가 있는 손해에 한정된다. 해상보험에 있어서의 손해는 보험목적물의 멸실 또는 손상뿐만이 아니라 책임 또는 비용도 포함되는데, 일반적으로 물적손해(physical loss), 비용손해(expenses) 및 배상책임손해(liability loss)로 크게 나눌 수 있다.

2) 해상손해의 종류

그림 9-1 ❙ 해상손해의 종류

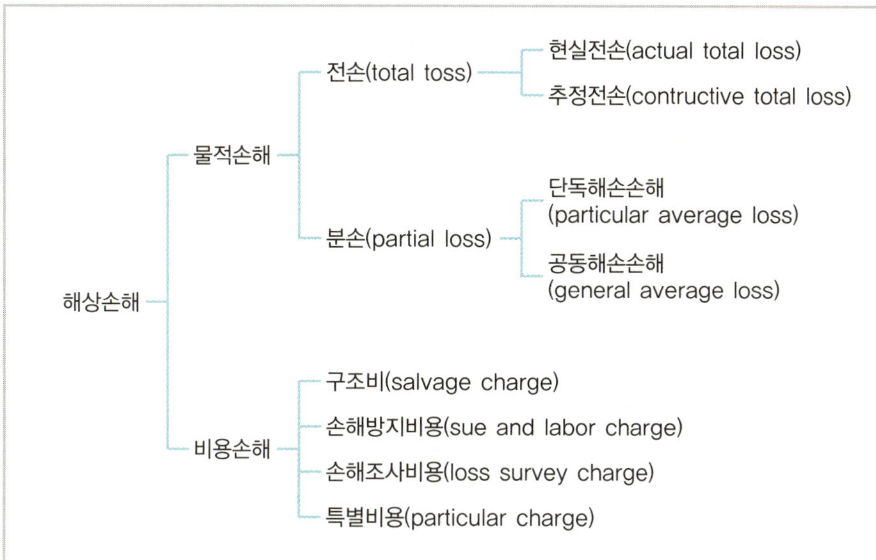

① 전손

전손(total loss)이란 피보험이익이 전부 멸실된 경우를 말하며 전손은 다시 현실전손과 추정전손으로 구분된다.

㉮ 현실전손

현실전손(actual total loss)은 보험의 목적물이 현실적으로 전멸된 경우를 말하는데, MIA에 의하면 구체적으로 다음과 같은 손해를 현실전손이라고 한다.[4]

- 보험의 목적물이 완전히 파손되어 상품가치가 완전히 멸실되었을 경우
- 보험의 목적물이 존재하고는 있지만 부보된 종류의 물건이 본래의 성질보다 상실되었을 경우
- 피보험자가 보험의 목적물을 탈취당해 다시 찾을 수 없는 경우, 그리고 선박이 상당한 기간 행방불명된 때[5]에는 현실전손으로 간주하고 있다.

---

4) MIA 제57조 제1항
5) MIA 제58조

㈏ 추정전손

보험증권에 명시된 특약의 경우를 제외하고는 보험의 목적물이 현실전손을 피하기 어려울 정도로 손해가 심하여 종래 그 목적물이 갖는 용도로 사용할 수 없게 되었을 때와 그 수선 및 수리비가 수선 후 그 목적물이 갖는 시가보다 클 때에는 추정전손(constructive total loss)으로 간주한다.

이러한 경우에 피보험자는 그 피보험물에 대하여 갖는 일체의 권리를 보험자에게 이전하고 현실전손과 마찬가지로 보험금액 전액을 청구할 수 있는데, 이것을 위부(abandonment)라고 한다.

② 분손

피보험이익의 일부의 멸실이나 손상을 분손(partial loss)이라 하며, 이는 단독해손과 공동해손으로 분류된다.

㈎ 단독해손

단독해손(particular average)이란 보험의 목적이 일부멸실되거나 손상되어 그 손해를 피보험자가 단독으로 부담하는 손해를 말한다.

㈏ 공동해손

공동해손(general average)이란 선박 및 적하 등이 공동의 위험에 처하여 이로부터 벗어나기 위하여 취하여진 공동해손행위로 인하여 발생한 손해 또는 공동해손행위의 직접적인 결과로 발생하는 비용 등을 이해관계자가 공동으로 부담하는 손해이다.

공동해손손해는 공동해손비용 및 공동해손희생을 포함한다. 공동해손희생에 대하여 그의 소유자는 공동해손 이익단체로부터의 배상을 기다릴 필요 없이 보험자에게 직접 보상을 청구할 수 있다.

③ 비용손해

㈎ 구조비

해난에 봉착한 재산에 발생할 가능성 있는 손해를 방지하기 위하여 계약에 기하지 아니하고 구조한 자에게 해상법에 의하여 지불하는 보수를 구조비(salvage charge)라고 한다. 피보험위험으로 인하여 발생하는 손해를 방지하기 위하여 지출한 구조비는 피보험위험으로 인한 손해로서 회수할 수 있다.

㈏ 손해방지비용

손해방지비용(sue and labor charge)은 보험계약에 부수하는 손해방지의무를 이행함에 있어서 피보험자가 입은 비용손해이다. 이는 보험사고로 인한 직접손해의 유무에도 불구하고 그 원인인 피보험위험에 직면하여 예상되는 손해를 방지 또는 경감하였음이 입증될 경우에 보험자가 부담한다.

㈐ 특별비용

특별비용(special charge)이라 함은 보험목적물의 안전 또는 보존을 위하여 피보험자가 지급한 또는 피보험자를 위하여 지급한 비용으로서 공동해손 및 구조비 이외의 것을 말한다. 따라서 특별비용에 대하여 보험자는 비록 보험목적이 분손부담보조건(FPA)으로 부보되어 있더라도 보상의 책임을 진다. 그리고 특별비용을 구성할 수 있는 구체적인 비용에는 중간항 또는 피난항에 있어서 지출된 양륙비, 창고료, 제반 수송료 등이 있다.

3. 보험금의 청구

(1) 보험사고의 통지

화물에 손해가 발생하면 피보험자는 이러한 사실을 아는 즉시 보험자에게 통지해야 할 의무가 있다. 이는 피보험자로 하여금 보험사고가 발생한 사실을 신속히 통지하도록 함으로써 보험자가 손해의 원인, 범위 등을 조사하고 그에 대한 적절한 조치를 취하도록 하기 위해서이다. 만약 피보험자가 이러한 통지의무를 소홀히 하여 손해가 증대되면 보험자는 보험금을 감액할 수 있다.[6] 손해통지의 방법으로는 구두(전화) 혹은 서면 어느 것이라도 무방하며 통지해야 할 내용은 보험계약의 내용, 화물의 손상상태, 화물의 보관장소 및 그 후의 예정 등이다.

6) 신속조치약관(reasonable despatch clause)에 따라 피보험자는 자기가 좌우할 수 있는 모든 여건하에서는 가능한 한 신속하게 행동해야 된다. 만약 그렇지 않다면 보험자는 면책된다.

(2) 손해의 사정

손해의 사정은 전문검정인이 하는데 손해의 정도가 경미하면 확인내용으로 대체할 수 있다. 그러나 손해액이 큰 경우와 운송인 등 제3자에 대한 손해배상청구가 가능한 경우에는 원칙적으로 전문검정기관에 입회조사를 의뢰해야 한다. 특히 공동해손이 선언되어 있는 경우나 원면, 곡물류 등 검정인이 지정되어 있는 경우에는 전문검정기관에 의한 입회조사가 반드시 필요하다.

(3) 보험금청구 구비서류

증요약관에 따르면 보험금을 청구할 때 피보험자가 통상 구비해야 할 서류는 보험증권의 원본이나 부본, 선하증권, 상업송장, 포장명세서, 검정보고서 선사앞 손해배상청구 공문 등이나, 보험사고의 유형에 따라 이들 서류 외에 다른 서류가 필요하다.[7)]

표 9-1 | 보험금청구 시 구비서류

전손 및 단독해손	공동해손
① 보험금청구서한(손해액 명세) ② 보험증권 또는 보험증명서 원본 또는 사본 ③ 상업송장(서명된 사본) ④ 선하증권	① 공동해손구상장 ② 보험증권의 원본 또는 사본 ③ 선하증권 사본 ④ 상업송장 사본 ⑤ 공동해손통지서 사본 ⑥ 기타 서류 • 공동해손보증장 또는 공동해손공탁금 • 공동해손맹약서 • 화물가액신고서

(4) 보험금의 지급

보험자는 구비서류를 받아 보험금청구가 타당하다고 인정되면 보험금 영수증(claim receipt) 및 대위권 양도서(letter of subrogation)와 교환하여 보험금을 지불한다. 대위권 양도서는 피보험자가 선박회사 등 제3자에 대한 자신의 손해배상

7) 기타 서류로는 입고협정서, 세관신고서, 해난보고서, 화물적부도, 사고확인서 등이 있다. 자세한 내용은 전무부, 해상보험료, 형설출판사, 1997, pp.488~489 참조

청구권이나 기타 이것에 관한 일체의 권리를 보험자에게 양도한다는 취지와 보험자가 대위권을 행사하는 데 모든 협조를 제공한다는 취지의 서류이다.

제2절 협회적하약관

1. 협회적하약관의 의의 및 구성

(1) 의의

오늘날 무역거래 시 각국에서 사용하고 있는 해상보험증권 양식은 1979년 영국의 로이즈(Lloyd's)에서 공식적으로 사용했던 보험증권을 그대로 사용하거나, 일부를 수정 · 첨가하여 사용하고 있다. 그러나 지난 200년 동안 사용하면서 표현방법이 고어체로 되어 있고 문장이 난해하여 런던보험시장의 내부와 UNCTAD의 노력으로[8] 신증권을 사용하게 되었다. 신협회적하약관은 종전의 I.C.C.(A/R), I.C.C.(W.A) 및 I.C.C.(F.P.A.) 등의 구약관으로부터 각각 I.C.C.(A), I.C.C.(B), I.C.C.(C)로 바뀌게 되었다. 현재 우리나라에서는 보험계약자의 선택에 의해 구약관과 신약관이 공히 사용되고 있으나, 런던보험자협회에서는 전면 · 강제적으로 신협회적하약관을 사용하도록 하고 있다.

(2) 구성

현재 사용되고 있는 협회적하약관은 I.C.C.(A), I.C.C.(B), I.C.C.(C) 약관으로, 각 약관은 8개 그룹약관으로 구성되어 있고, 이들은 다시 19개의 개별약관으로 나누어져 있다. 각 약관은 제1조의 위험약관, 제4조의 일반면책약관 및 제6조의 전쟁면책약관만 서로 다르고 나머지 항목은 모두 동일하며, [표 9-2]와 같다.

8) 1979년 UNCTAD의 해상보험에 관한 보고서가 작성되었고 이것은 적하보험에 관한 내용의 표현이 어렵고, 보험자 위주의 약관으로서 해상운송만을 대상으로 하고 있다는 비판의 소리와 복합운송발달에 따른 운송 관행을 반영하기 위한 것이다.

표 9-2 | 신협회적하약관의 구성체계

구분	조항	약관내용
담보위험 (Risks Covered)	1 2 3	위험약관(Risks Clause) 공동해손약관(General Average Clause) 쌍방과실충돌약관(Both to Blame Clause)
면책조항 (Exclusion)	4 5 6 7	일반면책약관(General Exclusions Clause) 불내항성 및 부적합면책약관 (Unseaworthiness and Unfitness Exclusion Clause) 전쟁위험면책약관(War Exclusion Clause) 동맹파업위험면책약관(Strike Exclusion Clause)
보험기간 (Duration)	8 9 10	운송약관(Transit Clause) 운송계약종료약관 (Termination of Contract of Carriage Clause) 항해변경약관(Change of Voyage Clause)
보험금청구 (Claims)	11 12 13 14	피보험이익약관(Insurable Interest Clause) 계반비용약관(Forwarding Charges Clause) 추정전손약관(Constructive Total Loss Clause) 증액약관(Increased Value Clause)
보험이익 (Benefit of Insurance)	15	보험이익불공여약관(Not to Insure Clause)
손해경감 (Minimising Losses)	16 17	피보험자의무약관(Duty of Assured Clause) 포기약관(Waiver Clause)
지연의 회피 (Avoidance of Delay)	18	신속조치약관(Reasonable Despatch Clause)
법률 및 관습 (Law and Practice)	19	영국의 법률 및 관습약관(English Law and Practice Clause) 주의사항(Note)

자료 : 전무부, 해상보험론, 형설출판사, 1997, p.283.

2. 신협회적하약관에 의한 보상범위

(1) 담보위험

I.C.C.(A)조건은 포괄책임주의를 채택하고 있기 때문에 면책이 아닌 한 모든 우발적인 사고로 인한 손해를 포괄적으로 담보하지만, I.C.C.(B)조건과 I.C.C.(C)조건은 열거책임주의를 채용하기 때문에 담보위험에 게기된 위험을 보상한다.

신협회적하약관상의 담보위험은 [표 9-3]과 같다.

표 9-3 | 신협회적하약관상 담보범위 비교

보상하는 손해 \ 구분	I.C.C.(A)	I.C.C.(B)	I.C.C.(C)
① 화재 또는 폭발	○	○	○
② 본선 또는 부선의 좌초, 교사, 침몰, 전복	○	○	○
③ 육상운송용구의 전복 또는 탈선	○	○	○
④ 본선, 부선, 운송용구의 타물과의 충돌·접촉	○	○	○
⑤ 피난항에서의 화물의 하역	○	○	○
⑥ 지진, 화산의 분화, 낙뢰	○	○	×
⑦ 공동해손 희생	○	○	○
⑧ 투하로 인한 손해	○	○	○
⑨ 갑판유실	○	○	×
⑩ 본선, 부선, 선창, 운송용구, 컨테이너, 지게차 보관장소에 해수, 호수, 강물의 유입	○	○	×
⑪ 본선, 부선에 선적 또는 하역작업 중 바다에 떨어지거나 또는 갑판에 추락하여 발생한 포장단위당 전손	○	○	×
⑫ 상기 이외의 멸실·손상의 일체의 위험	○	×	×
⑬ 공동해손 구조비	○	○	○
⑭ 쌍방과실 충돌(Both to Blame Collision)	○	○	○

* I.C.C.(A)의 경우 A/R 면책사항은 담보되지 않음

자료 : 오원석, 해상보험론, 삼영사, 2002, p.199 참조; 동경화재해상보험(주), 전게서, pp.92~93 참조 재구성

(2) 면책조항

1) 일반면책약관(general exclusion clause)

협회적하약관 (A), (B) 및 (C)는 각각의 제4조에서 일반면책위험을 규정하고 있다.

① 피보험자의 고의적인 불법행위에 기인하는 멸실, 손상 또는 비용

② 보험목적물의 통상의 누손, 중량 또는 용적의 통상적인 멸실 또는 통상적인 소모 또는 마모

③ 보험목적물의 포장이나 준비의 불충분 또는 부적절함에 기인한 멸실, 손상 또는 비용

④ 보험목적물의 고유의 하자나 성질로 인한 멸실, 손상 또는 비용

⑤ 지연이 피보험위험으로 인하여 발생한 경우에도 지연에 근인하여 발생한 멸실, 손상 또는 비용(공동해손조항에 의해 지급되는 비용은 제외함)
⑥ 선박의 소유권, 관리자, 용선자 또는 운항자의 도산이나 금전상의 채무불이행으로 인하여 발생한 멸실, 손상 또는 비용
⑦ 어떤 자 또는 어떤 자들의 불법행위에 의한 보험목적물 또는 그 일부의 의도적인 손상이나 파괴
⑧ 원자핵분열 및/또는 원자핵융합, 또는 기타 유사한 반응, 또는 방사능이나 방사성 물질을 이용한 일체의 무기의 사용으로 인하여 발생한 멸실, 손상 또는 비용

2) 불내항(不耐航)성 및 부적합면책약관(unseaworthiness and unfitness exclusion clause)

선박은 통상적인 항해과정에서 발생하는 위험을 견딜 수 있는 내항성(耐航性) 또는 감항성(seaworthiness)과 선박이 화물의 운송에 사용되는 경우에는 화물운송을 위한 적합성(fitness)을 갖추어야 한다. 화물보험의 경우 피보험자는 선박의 내항성이나 적합성을 통제할 수 있는 입장에 있지 않기 때문에, 비록 선박이 내항성을 상실하여 화물에 손해를 입혔다고 하더라도, 피보험자가 그러한 불내항성을 알고 있지 않는 한 보험자는 내항성에 대한 묵시담보 위반을 이유로 보상을 거절할 권리를 포기하여야 하는 것은 당연하다.

3) 전쟁위험면책약관(war exclusion clause)

협회화물약관 (A), (B) 및 (C)조건은 보험자에게 전쟁위험을 면책시키고 있다. 만약 피보험자가 전쟁위험을 담보하려면 그는 추가로 협회전쟁위험약관(Institute War Clauses [Cargo])에 부보해야 한다.

4) 동맹파업위험면책약관(strikes exclusion clause)

협회화물약관 (A), (B) 및 (C)조건은 보험자에게 동맹파업위험을 면책시키고 있다. 만약 피보험자가 동맹파업위험을 담보하려면 그는 추가로 협회동맹파업위험약관(Institute Strikes Clauses [Cargo])에 부보해야 한다.

(3) 보험기간

보험자의 책임은 보험자의 위험부담책임이 존속하는 일정기간을 의미하며, 위험기간 또는 보험기간(duration of risk)이라고 한다. 해상보험자는 해상위험으로 발생하는 보상책임이 있는데, 보험자의 보상책임은 시간적으로 일정한 제한을 받게 된다.

운송약관의 보험기간은 ① 화물이 운송 개시를 위하여 보험증권에 기재된 장소의 창고 또는 보관장소를 떠날 때에 개시되고, ② 통상의 운송과정 중에 계속되며, ③ 다음 중 어느 것이고 먼저 발생한 때 종료한다. 첫째, 최초목적지의 수하인 창고에 인도될 때, 둘째 통상의 운송과정이 아닌 보관, 할당 또는 분배를 위해 피보험자가 택한 창고에 인도될 때, 셋째 최초양륙항의 외항본선으로부터 하역완료 후 60일이 경과한 때(우리나라는 30일), 넷째 최종양륙항의 외항본선으로부터 하역 후 부보된 목적지 이외의 타 목적지로 운송이 개시될 때 그리고 운송계약종료조항(termination of contact of carriage clause)에 의해 운송계약이 보험증권에 기재된 목적지 이외의 장소에서 종료될 경우 보험도 종료되며, 단 보험자에게 그 취지를 지체 없이 통보하고 계속 담보를 요청할 경우는 보험자가 요구하면 추가 보험료를 지급하는 조건으로 상기 운송약관과 같이 연장 담보된다.

사례연구

해상적하보험에서 최종창고 내 입고(入庫)의 의미

〈사건개요〉

충남방적주식회사는 1981년 4월에서 6월까지 사이에 미국으로부터 원면(原綿)을 수입하면서 피고인 동양화재보험주식회사 외 4개사와 수입원면에 대한 해상적하보험(海上積荷保險)계약을 체결하였다.

이 보험계약에는 보험자의 책임이 개시되고 종료되는 시기, 즉 보험기간에 대한 두 개의 약관(보통약관으로서 협회적하약관)이 첨부되어 있었는데 이에 의하면 보험은 원칙적으로 수입원면을 미국에서 선적한 때에 개시되고, 동 적하가 목적지인 한국 내의 수하인의 최종창고(consignee' final warehouse)에 도달하면 종료되나 다만 운송 도중이라도 동 적하가 통상의 운송과정이 아닌 보관장소나 할당 및 분배의 장소에 도착할 경우엔 그 시점에서 종료되도록 되어 있었다. 또한 이 보험계약에 기하여 발행된 보험증권상의 최종목적지도 단순히 final mills warehouse로 기재되어 있었다. 수입원면이 1981년 5월부터 7월 사이 부산 및 인천항에서 각각 하역되어 충남방적 소유 대전창고 보세장치장(保稅藏置場)에 반입되어 일부는 통관되고 일부는 아직 통관되지 아니한 채 보관되어 있던 중 1981년 7월 18일 23시 50분경 위 창고에 화재가 발생하여 원면이 소실되었다. 화재가 발생한 위 원면창고는 낙면(落綿)창고, 자가보세장치장, 일반원면창고로 3분되어 있는데 화재발생 당시 동 자가보세장치장에는 미통관 원면 7,010

표와 통관을 마쳤으나 이송되지 않고 출고(出庫) 대기 중인 원면 1,223표 도합 8,233표의 원면이 수용되어 있었는데(일반창고에 보관 중 소실된 원면도 있었으나 본건과는 무관함) 위 화재로 전소되었다. 충남방적은 위 대전공장 이외에도 천안시의 천안공장, 예산군에 예산공장 등 3개의 공장을 가지고 있었고 각 공장마다 일반원면창고 이외에 자가보세창치장을 설영(設營)하고 있었다. 화재발생 당시까지 충남방적은 위 원면을 화재보험에 부보하지 않았다. 이에 충남방적은 보험회사에 소실원면에 대한 보험보상을 청구하였으나, 보험회사는 이를 거절하여 원고는 피고를 상대로 보험금지급청구소송을 하게 되어 서울민사지방법원에 원고 승소판결을 받았고 피고는 이에 불응하여 서울고등법원에 재심(再審)을 청구하기에 이르렀다.
이 사건은 창고에 보관 중이던 원면이 화재로 인하여 소실되어 약 30억 원의 이재(罹災)를 낸 대형사건으로 보험보상 여부를 둘러싸고 방적업계와 국내해상보험계의 비상한 관심을 집중시켰는데, 사건의 최대쟁점은 수입원면에 대한 해상적하보험의 종기(終期)인 '종창고 내 입고(入庫)'의 의미를 어떻게 볼 것인가에 있다고 하겠다. 화재가 발생한 당시 원면이 보관되어 있던 충남방적공장의 자가보세장치장이 최종창고라고 본다면 여기에 원면을 인도함으로써 보험은 종료되고 그 이후에 발생한 사고에 대하여는 보험회사의 보험금지급의무는 없다고 할 것이다. 그러나 이 자가보세장치장을 단순히 통관목적을 위해 일시 보관 중인 창고로 보면 아직 보험기간은 종료되지 않았고 따라서 화재로 인하여 피보험자인 충남방적에 생긴 손해에 대하여 보험회사는 보상책임이 있다고 하겠다.

〈판결내용〉
항소를 담당했던 서울 고법(高法)은 다음과 같은 요지로 1심과 같이 원고의 주장을 인정하고 있다. 즉, 보험계약을 체결하면서 목적지를 특정하지 아니하고 수하인의 최종창고라고만 기재한 것은 이 사건 수입원면 중 일부만이 대전공장 일반창고에 이송될 사정이 있었고 대부분은 예산, 천안공장으로 이송될 형편이었으므로 보험계약 당시로서는 위 3개의 일반원면창고로 이송될 수입원면의 종류와 수량을 특정할 수 없었을 뿐만 아니라 과거 보세장치장에서 통관절차가 필(畢)하여진 후에도 일반창고까지 운송하기 위하여 출고까지는 다소 시일이 경과하는 경우가 있어 보관기간의 종기(終期)를 자기보세장치장에서의 통관 여부에 관계없이 이 사건 수입원면이 원고회사의 일반 원면창고에 인도되는 때까지로 하기 위한 것으로 약정했다고 볼 수 있다고 해석하였다. 이유는, 첫째 통상 면방업계(綿紡業界)는 수입원면에 대한 화재보험계약을 체결하면서 자가보세장치장에 입고된 물품까지도 포함한다는 특별한 약정을 하지 아니한 채 화재보험계약을 체결하여 왔으나, 둘째, 충남방적은 과거 수입원면에 대한 화재보험의 종기에 관하여 보세장치장이든 아니든 불문하고 수하인 소유의 창고에 입고됨과 동시에 보험은 종료된다는 문언을 별도로 명시하였는데 이와 같은 별도조항을 삽입하지 않고 충남방적의 최종창고에 인도될 때까지 하기로 약정한 점, 셋째 보험회사들은 영업안내서를 통하여 해상적하보험의 경우 자가보세장차장에 있는 수입화물도 보험목적물에 포함된다는 취지를 알려왔던 점, 넷째 자가보세장치장은 어디까지나 보세구역의 일종으로서 이를 설영한 자는 세관공무원의 지휘 · 감독 아래서만 이를 관리할 수 있다는 점이다(1심–본소 82가 합1728, 반소 82가 합 2964 2심–본소 83나 1640 반소 83나 1641).

〈참고자료 : 박대위, 무역사례Ⅱ, 법문사, 1991, pp.86~88〉

제10장 무역클레임과 중재

제1절 무역클레임
제2절 중재

학습목표

1. 무역클레임의 종류를 파악한다.
2. 무역클레임의 해결방안을 이해한다.
3. 중재의 장 · 단점을 이해한다.
4. 중재의 진행절차를 이해한다.

| 핵심사항 |

❶ 무역클레임

1. 무역클레임의 개요와 내용
무역클레임이란 무역거래당사자가 상대방의 계약위반 등의 이유로 입은 손해의 배상을 청구하는 것을 말한다. 중요한 원인으로는 계약불이행, 계약위반, 품질불량, 대금미지급, 선적지연이나 도착지연 등이 있고 시황이 나쁘면 고의적으로 마켓클레임(market claim)을 제기하는 경우도 있다. 주로 가격인하, 배상금 등의 금전적 요구나 계약해지, 화물의 반송, 교체 등을 요구하게 된다.
2. 무역클레임의 종류와 해결방법
(1) 무역클레임의 종류
• 클레임의 발생원인에 따른 분류 : 품질, 수량, 포장 및 화인, 선적, 운송, 보험, 결제에 관한 클레임
• 클레임의 성격에 따른 분류 : 일반적 클레임, 마켓클레임, 계획적 클레임
(2) 무역클레임의 해결방법
• 합의 : 무역클레임의 해결방법으로 당사자 간에 합의를 하는 것이 가장 좋은 방법이다.
• 알선 : 분쟁해결을 위하여 당사자와 이해관계 없는 중립적인 제3자가 개입하여 쟁점을 정리하고 화해안을 제시하는 절차이다.
• 조정 : 제3자인 조정인이 자발적으로 분쟁해결에 도달하도록 해결안을 제시하여 쌍방당사자를 설득시키는 절차이다.
• 중재 : 제3자인 중재인을 선임하여 그 분쟁을 중재인에게 맡겨 중재인의 판단에 양당사자가 절대복종함으로써 최종적으로 해결하는 자주법정제도이다.
• 소송 : 국가공권력 혹은 사법재판에 의해 클레임을 강제적으로 해결하는 분쟁해결방법이다.

❷ 중재

1. 중재의 개요
(1) 중재의 의의
• 중재(arbitration)란 사인 간의 사적인 분쟁을 법원의 소송에 의하지 않고 당사자들이 선정한 중재인들의 판단에 맡김으로써 분쟁을 우호적이고 자율적으로 해결하는 방법이다.
(2) 중재의 장점
• 자유합의에 의한 분쟁해결제도이다.
• 비공개적인 절차로 평화적 분위기 속에서 절차가 진행되고 결과는 공개되지 않음으로써 기업의 기밀을 유지 · 보장하고 신용상의 위험이나 사생활의 노출을 방지할 수 있다.
• 법원의 소송보다 신속히 해결되고, 단심제로 해결된다.
• 304304신속성으로 인하여 비용이 저렴하다.
• 각계의 전문가들이 판단하기 때문에 거래실적에 맞는 분쟁해결이 가능하다.
• 뉴욕협약에 의거 국제적으로도 판정의 승인과 강제집행이 보장된다.
(3) 중재의 단점 : 중재의 경우는 판정을 취소할 만한 중대한 결함이 없는 한 중재판정에 대한 불복종신청이 인정되지 않는다. 이러한 단심제도에 의한 최종판결은 중재에 회부하는 당사자에게는 막대한 심적인 부담을 주게 된다.
(4) 중재의 전제조건 : 중재에 의해 분쟁을 해결하기 위해서는 당사자 간에 자신들의 분쟁을 중재에 의해 해결하겠다는 중재합의가 있어야 한다.
(5) 중재의 효력 : 중재판정은 당사자 간에 있어서는 법원의 확정판결과 동일한 효력이 있으며, 단심제이므로 항소 또는 상고는 있을 수 없으며, 강제집행도 가능하다.

제1절 무역클레임

1. 무역클레임의 개요와 내용

(1) 무역클레임의 개요

클레임이란 무역거래당사자가 상대방의 계약위반 등의 이유로 입은 손해의 배상을 청구하는 것을 말하는데, 중요한 원인으로는 계약불이행, 계약위반, 품질불량, 대금미지급, 선적지연이나 도착지연 등이 있다. 한편, 시황이 나쁘면 고의적으로 마켓클레임(market claim)을 제기하는 경우도 있다. 클레임은 주로 가격인하, 배상금 등의 금전적 요구나 계약해지, 화물의 반송, 교체 등을 요구하게 된다.

(2) 무역클레임의 내용

1) 대금의 지급거절

대금의 지급거절(refusal of payment)이란 수입물품에 하자가 있어 수입업자가 수출업자에게 대금지급을 거절하는 것이다. 물품의 선적 전 송금, 취소불능신용장에 의한 대금결제 등은 대금의 지급거절이 불가능하나 추심으로서 결제기간이 장기간인 인수도조건(D/A)과 같은 무신용장방식의 거래에서는 제기될 수 있다.

2) 손해배상금의 청구

상대방의 고의나 과실로 입은 피해를 금전으로 보상해 줄 것을 요구하는 것이다. 금전 이외에 다른 방법으로 대체하기 어려운 환차손, 미지급된 운임, 수수료의 미지급 등과 같은 것이나, 새로 수입하더라도 수입국의 시황이 좋지 않은 경우에는 금전의 손해배상을 요구한다.

3) 대금의 감액청구

대금의 감액청구는 도착물품의 품질, 포장, 화인, 상표 등이 불량하거나 계약물품과 다른 경우 수입업자가 수출업자에게 계약가격보다 감액된 가격으로 물품을 인수하겠다고 요구하는 것을 말한다. 대금의 감액청구방법으로는 대금잔액으로부터의 감액, 추후 선적분의 가격으로부터의 감액 및 송금에 의한 감액 등이 있다.

4) 물품의 인수거절

물품의 인수거절은 물품이 도착된 후 품질상의 하자나 손상 등을 이유로 화물의 인수를 거절하는 것을 말한다. 이에 대한 방법으로는 전부인수거절(whole rejection)과 일부거절(partial rejection)의 방법이 있다.

5) 대체품의 청구

대체품의 청구(requirement of substituted goods)란 물품의 품질이 계약물품과 다르거나 수량이 부족한 경우, 이에 해당하는 물품에 대한 대체품을 요구하거나 다음 선적분에 부족한 수량만큼 추가하여 선적하여 줄 것을 요구하는 것이다. 이와 같은 방법은 지속적인 거래관계를 가지고 있는 우호적인 당사자들 간의 거래에서 이용된다.

2. 무역클레임의 종류와 해결방법

(1) 무역클레임의 종류

1) 클레임의 발생원인에 따른 분류

① 품질에 관한 클레임

무역클레임은 품질, 수량, 포장 및 화인, 선적, 운송, 보험, 결제 등 여러 가지에서 발생하지만, 가장 기본적이고 가장 많은 건수는 품질에 관한 클레임이다. 품질불량(inferior quality), 품질상위(different quality), 변질, 변색(discoloration) 등이 해당한다.

② 수량에 관한 클레임

수량의 감소(diminution)나 감량(light weight), 혹은 부족(short weight) 등이 이에 해당한다.

③ 포장 및 화인에 관한 클레임

포장불량(wrong packing), 화인누락(no mark) 등이 해당한다.

④ 선적에 관한 클레임

지연선적(delayed shipment) 혹은 부적(non-delivery) 등이 해당한다.

⑤ 운송에 관한 클레임

환적(transshipment)이나 취급불량(bad handling), 분실(missing), 혹은 도난(pilferage) 등이 있다.

⑥ 보험에 관한 클레임

부보태만(negligence in effecting insurance) 등이 해당한다.

⑦ 결제에 관한 클레임

대금미지급(non-payment)이나 부정송장(error in invoice) 등이 해당한다.

2) 클레임의 성격에 따른 분류

① 일반적 클레임

거래의 수행상 통상적으로 발생하는 클레임으로서, 거래당사자가 최선을 다했으나 물품의 인도나 대금의 지급까지 시간을 요하는 무역의 특성상 불가피하게 발생하거나 거래당사자 간에 어느 일방의 과실이나 태만에 따라 계약을 위반하였을 때 발생하는 것이 일반적 클레임이다.

② 마켓클레임

마켓클레임(market claim)은 무역계약의 성립 후 상품의 시세가 하락한 경우 수입업자가 입은 손실을 보상하기 위하여 보통의 경우에는 클레임의 대상이 되지 않는 사항에 대해 수출업자의 사소한 실수, 시황의 악화, 외환시세의 변동 등을 이유로 가격인하를 요구하거나 물품의 인수를 거부하는 등의 의식적인 클레임을 말한다.

③ 계획적 클레임

이는 거래상대방의 고의에 의한 클레임으로 수입업자가 처음부터 교묘한 방법으로 수출업자로 하여금 계약이행에 지장을 초래하게 하여 제기하는 클레임이다.

(2) 무역클레임의 해결방법

무역클레임이 발생하여 당사자 간에 합의가 이루어지지 않을 경우 경험이 많은 제3자의 도움을 받아 해결하는 방법으로 우리나라에서는 대한상사중재원이 대외무역법에서 산업통상자원부장관의 위탁을 받아 이 업무를 행하고 있다.

1) 합의

무역클레임의 해결방법으로 당사자 간에 합의를 하는 것이 가장 좋은 방법이다. 이 방법은 우호적인 거래관계를 지속시켜 나갈 수 있다는 장점이 있다.

2) 알선

알선(mediation)은 분쟁해결을 위하여 당사자와 이해관계 없는 중립적인 제3자가 개입하여 쟁점을 정리하고 화해안을 제시하는 절차이다.[1] 이는 당사자 간의 의견차이를 축소시키는 것이며, 조정이나 중재처럼 어떠한 형식이나 절차가 필요없으며, 강제력도 없다.

3) 조정

조정은 제3자인 조정인(conciliator)이 자발적으로 분쟁해결에 도달하도록 해결안을 제시하여 쌍방당사자를 설득시키는 절차이다.[2] 이 절차에서 조정인은 결정권이 없으며 조정은 법원의 판결 이전에 시도해 보는 절차이다. 조정은 당사자가 조정인의 조정안을 수락할 의무는 없지만 일단 수락하면 구속력을 갖게 된다. 조정은 조정인의 선정일로부터 일정기간 조정에 실패하면 조정절차가 폐기되고 중재단계로 넘어가게 된다.

4) 중재

중재(arbitration)란 당사자 간의 합의 및 법원의 소송절차에 의하지 아니하고 제3자인 중재인을 선임하여 그 분쟁을 중재인에게 맡겨 중재인의 판단에 양 당사자가 절대복종함으로써 최종적으로 해결하는 자주법정제도이다. 그러므로 중재

1) 이순우, 상사중재론, 법경사, 1998, p.23.
2) 상게서, p.23.

는 당사자 간 중재합의에 의하여야 하고 중재인의 판정에 절대복종하여야 하며 그 결과는 강제성을 가질 뿐만 아니라 그 효력도 당사자 간에는 법원의 확정판결과 동일하다. 또한 중재에 관한 뉴욕협약에 가입한 외국에서도 그 집행을 보장해 주고 승인해 주므로 소송보다도 더 큰 효력이 있다.

5) 소송

소송(litigation)은 국가공권력 혹은 사법재판에 의해 클레임을 강제적으로 해결하는 분쟁해결방법이다. 그러므로 외국과의 사법협정이 체결되어 있지 않기 때문에 그 판결은 외국에서 승인 및 집행이 보장되지 않는다. 따라서 소송에 의하여 클레임을 해결하려는 경우에는 피제기자가 거주하는 국가에서 현지 변호사를 법정대리인으로 선임하여 소송절차를 진행하여야 한다. 이 해결방법은 무역클레임이 상호 간의 대화로는 도저히 해결할 수 없는 경우에 이용되며, 중재와 비교하여 복잡한 소송절차, 3심제도, 비용의 과다, 공개주의원칙의 단점을 가지고 있는 분쟁해결방법이다.

사례연구

합의를 통한 무역분쟁의 해결

〈사건개요〉

국내의 대표적 스웨터 전문업체인 논현동 소재 A상사는 1955년에 설립되어 주로 미·구주지역에 수출해 오고 있는 중소기업이다. 종업원수는 19명에 불과하나, 수출실적은 자그마치 1997년 690만 달러, 1988년 996만 달러, 1999년 상반기 중 380억 달러어치를 수출했다. 잘 나가던 이 회사가 악덕 바이어의 마수에 걸려든 것은 IMF가 한창이던 1998년 9월이었다. 캐나다의 의류전문 바이어인 J사로부터 21만 2천 달러의 스웨터 완제품 수출신용장을 받은 게 화근이었다.

신용장을 받은 A상사는 1998년 12월과 1999년 1월 바이어가 지정한 캐나다 운송업체 L사와 L사의 한국대리점 8년차인 M항공해운을 통해 수출상품 선적을 완료하고 수출대금은 거래은행을 통해 전액 네고하여 모든 수출절차를 종결하였다.

그러나 캐나다 바이어는 1999년 1월 20일, 일부 제품에서 마무리 미숙으로 인한 불량품이 발견되었다는 연락을 보내왔다. 그러면서 A상사가 수출상품을 반송받거나 하자제품이므로 싼 값에 처분하여 추후 수입대금을 자신의 거래은행에 지불하겠다며 양자택일을 통보해 왔다. 나중에 밝혀진 사실이지만 이때 바이어인 캐나다 J사는 수입대금을 지불하지 않은 상태에서 운송업체와 공모, 화물전량을 무단 반출하여 토론토 인근의 위니펙(Winnipeg)지역에 있는 자신의 개인창고에 보관하는 불법을 저질렀다. 원래 캐나다 J사는 자국의 신용장개설은행인 토론토 도미니언뱅크에 수입대금을 지불하여 B/L 원본을 인수하고 이를 화물인도승낙서와 함께 운송업체에 제출하여 화물을 반출해야 했다. 분쟁이 발생함에 따라 국내의 A상사는 바이어의 대금결제거절로 인해 기네고한 수출대금을 전액 대납하여 수출대금이 미수로 남게 되었다.

〈양측의 상반된 주장〉

수출상인 국내 A상사는 수입대금결제를 보류한 상태에서 화물을 불법반출하는 것은 정식 신용장에 의한 거래에서는 있을 수 없는 일이라고 분개했다. 바이어가 품질하자를 이유로 대금지불을 거절했으나 불법반출이므로 우선 신용장 약관에 따라 수입대금 전액을 지불하고 품질하자 문제는 추후 클레임 제기를 통해 해결해야 한다는 것이었다. 특히 물품의 운송책임을 지고 있는 캐나다 L사는 바이어가 제시하는 B/L 원본을 받고 바이어에게 화물을 인도해야 함에도 불구하고, 화주인 국내 A상사의 허락 없이 B/L 원본도 받지 않고 화물을 반출했으므로, L사가 일차적으로 책임을 지고 대금을 전액 지불해야 한다고 주장했다.

반면 바이어인 캐나다 J사는 한국 A상사가 선적한 상품은 일부 상품이 오염되고 구멍이 뚫리는 등 품질불량으로 판매가 불가능하여 대금결제를 할 수 없고, 동 제품을 한국으로 다시 반송해야 한다고 주장했다.

운송업체인 캐나다 L사도 B/L 원본을 받지 않고 물품을 인도한 것을 인정하지만, 캐나다 현지 관행상 이런 일은 흔한 일이며 대금결제는 바이어와 한국업체 간의 문제인 만큼 관여할 사안이 아니라고 발을 뺐다.

〈무역지원실의 중재노력〉

무역지원실은 1999년 3월 20일 국내 A상사로부터 애로사항을 접수하고 진상을 파악한 결과, 국내의 다른 유력업체도 이 바이어의 상습적인 대금결제지연을 경험한 것을 알아냈다. 이 바이어는 신용장조항으로 수출업체가 지킬 수 없는 까다로운 조건을 붙이고 조건 미이행을 구실로 하자네고를 유도하는 것이었다. 이를 통해 수출업체가 네고금액을 대납토록 한 후 물품의 불법반출 및 판매부진 등을 이유로 대금할인이나 지불유예 등의 횡포를 계속해 온 것으로 드러났다.

진상을 파악한 무역지원실은 상사중재원 및 국제변호사와 관련 법률을 검토하여 동 건은 신용장상에 상사중재조항을 부가하지 않아 상사중재요건에는 해당되지 않고 캐나다 법원을 통한 민사소송으로 해결할 수밖에 없다는 결론을 얻었다. 또 민사소송은 B/L 원본 없이 화물을 반출한 운송업체를 대상으로 하는 것이 유리하며 운송업체를 대상으로 할 경우, 화물의 불법반출 부분에서 승소가능성은 있으나, 이후 제품하자 및 품질불량 부분에 대해 다시 바이어 측이 소송을 제기하면 실익이 없는 것으로 판단되었다. 국내 A상사도 중소기업 입장에서 부담이 과중한 국제민사소송은 곤란하므로 무역지원실에서 협상을 통해 타결해 주도록 요청하였다.

협상 전권을 위임받은 무역지원실은 캐나다 바이어 및 운송업체와 무려 42차례에 걸쳐 서신교환과 전화통화를 통해 밀고 당기는 협상을 진행했다. 감정이 악화될 대로 악화된 캐나다 바이어와 국내 A상사는 협상테이블에서 배제하고 대신 캐나다 운송업체인 L사를 창구로 지루한 협상을 계속해 나갔다. 이와 함께 캐나다 L사의 한국 에이전트인 M항공해운을 통해 수출화물 불법반출에 대한 책임소재가 캐나다 운송업체 및 한국 에이전트에 있음을 알렸다. 그리고 유사사례 재발방지를 위한 모든 조치를 취할 것임을 통고했다. 이를 위한 1단계 조치로 동 사례를 무역일보에 기사로 게재(1999년 5월 8일자 12면), 압박을 계속해 갔다. 또 M항공해운에 대해서는 시장질서 문란을 이유로 서울시의 영업허가 취소라는 양동작전을 구사했다.

이런 우여곡절 끝에 국내 A상사와 협상내용과 전략을 계속 숙의하면서 캐나다 L사와 협상을 진행한 결과 처음에는 캐나다 바이어 및 운송업체가 공동으로 수출금액 10%를 지불하겠다는 타협안을 제시하여 왔다. 일언지하에 이를 거절하자, 점차 30%, 40%, 50%로 올렸고 최종적으로 60% 지불을 제의하여 왔다.

캐나다 측의 최종한계선이 60%임을 확인한 무역지원실은 국내 A상사에게 수락을 권고하였으나, A상사 대표는 수출대금 85%를 받기 전까지는 절대 수락할 수 없다고 완강한 입장을 보였다. 양측의 입장이 워낙 팽배하여 한때 협상이 결렬될 위기를 맞았으나, 민사소송을 할 경우 막대한 소송비용이 드는 데다 캐나다 측에서 추가로 더 양보할 가능성이 전혀 없다고 판단한 무역지원실은 A상사에 60% 수락을 재차 권고했고, 결국 A상사가 이를 수락하였다.

〈협상결과〉

캐나다 바이어 및 운송업체 측은 전체 수출금액 21만 2천 달러 중 60%인 12만 7천 달러를 국내 A상사에게 지불키로 하고 일체의 이의를 제기하지 않는다는 서류를 요구해 왔다. 캐나다 측이 요구한 서류를 송부해 준 후 사흘째인 1999년 7월 8일 A상사는 캐나다 측이 송금한 수출대금의 60%를 자사의 외화예금통장에서 확인할 수 있었다. 6개월을 끌어온 분쟁에 종지부를 찍는 순간이었다.

〈참고자료 : 월간무역, 1999년 8월호〉

제 2 절 중재

1. 중재의 개요

(1) 중재의 의의

중재(arbitration)란 사인 간의 사적인 분쟁을 법원의 소송에 의하지 않고 당사자들이 선정한 중재인들의 판단에 맡김으로써 분쟁을 우호적이고 자율적으로 해결하는 방법이다.

(2) 중재의 장점

① 자유합의에 의한 분쟁해결제도이다.

② 비공개적인 절차로 평화적 분위기 속에서 절차가 진행되고 결과는 공개되지 않음으로써 기업의 기밀을 유지 · 보장하고 신용상의 위험이나 사생활의 노출을 방지할 수 있다(증인에 대한 선서도 금지되어 있다).

③ 법원의 소송보다 신속히 해결되고, 단심제로 해결된다(법원의 확정판결력이 있어 법적으로 더 이상 다툴 수 없다).

④ 신속성으로 인하여 비용이 저렴하다.

⑤ 각계의 전문가들이 판단하기 때문에 거래실정에 맞는 분쟁해결이 가능하다.

⑥ 뉴욕협약(United Nations Convention on the Recognition and Enforcement of Foreign Arbitral Awards)에 의거 국제적으로도 판정의 승인과 강제집행이 보장된다.[3)]

(3) 중재의 단점

① 중재인은 전문분야가 아닌 법률문제를 판정하여야 하기 때문에 판정결과의 불완전을 초래할 수 있고 사기(fraud)사건과 같은 고도의 전문적인 법적 논쟁이 개입되는 경우에는 더욱 큰 문제를 발생시킬 수 있다.

② 중재는 인간성에 기초를 둔 객관적인 정의나 형평의 원칙 및 조리(law of nature)에 근거를 두고 있기 때문에, 중재인의 자의나 주관에 의하여 좌우될 위험성이 내포되므로 판정의 공정성 문제가 내포된다. 또한 중재는 동종의 사건도 중재인에 따라 다른 판정가능성이 존재하기 때문에 법적 안정성이 결여된 제도라 할 수 있다.

③ 중재의 경우는 판정을 취소할 만한 중대한 결함이 없는 한 중재판정에 대한 불복종신청이 인정되지 않는다. 이러한 단심제도에 의한 최종판결은 중재에 회부하는 당사자에게는 막대한 심적인 부담을 주게 된다.

(4) 중재의 전제조건

중재에 의해서 분쟁을 해결하기 위해서는 당사자 간에 자신들의 분쟁을 중재에 의해 해결하겠다는 중재합의(arbitration agreement)가 있어야 한다. 중재합의는, 통상적으로 분쟁이 발생된 후에는 불리하다고 판단하는 당사자는 중재합의 자체를 기피하여 분쟁해결을 지연시키는 경우가 많으므로 계약서상에 중재조항(arbitration clause)을 삽입함으로써 중재계약을 맺는 것이 좋다.

중재계약은 통상적으로 ① 당사자가 중재를 합의한 서면에 서명 · 날인하거나, ② 계약 중에 중재조항이 기재되어 있거나, ③ 교환된 서신 또는 전보에 중재조항이 기재되어 있어야 한다. 그러나 주요국들은 중재조항을 표준화하여 이 서식을

3) 대한상사중재원, 상사분쟁해결안내, 1998, pp.8~9.
"한국은 1973년 가입, 가입 시 한국법상 상사관련 분쟁에 한하고, 또 상호체약국인 경우에 한해서 이 협약을 적용한다고 유보선언을 하였다."

계약서 중의 한 조항으로서 삽입하도록 권장하고 있으며, 중재부탁계약의 경우는 이를 서식화하여 중재신청인과 피신청인이 그 합의서에 서명 · 사용토록 하고 있다.[4] 대한상사중재원에서 권장하는 영문 표준중재조항은 다음과 같다.

> "All disputes, controversies or differences which may arise between the parties out of or in relation to or in connection with this contract or for breach thereof, shall be finally settled by arbitration in the Korean Commercial Arbitration Board in accordance with the Commercial Arbitration Rules of it."

(5) 중재의 효력

중재판정은 당사자 간에 있어서는 법원의 확정판결과 동일한 효력이 있으며, 단심제이므로 항소 또는 상고는 있을 수 없으며, 강제집행도 가능하다. 우리나라 중재법(제35조)에서는 "(내국)중재판정은 당사자 간에 있어, 법원의 확정판결과 동일한 효력이 있다"라고 규정하여 내국중재판정의 경우에는 이에 대한 별도의 승인을 필요로 하지 않고, 오직 법원의 집행판결만으로 강제집행이 가능하도록 규정하고 있다.

또한 중재판정은 국제적으로도 그 효력이 보장되고 있다. 외국중재판정의 승인 및 집행에 관한 국제연합협약(the United Nations Convention on the Recognition and Enforcement of Foreign Arbitral Awards, 일명 뉴욕협약)이 UN경제사회이사회의 주도 아래 1958년 6월 10일 미국 뉴욕에서 채택됨으로써 각 체약국 내에서는 외국중재판정의 승인 및 집행을 보장받게 되었다. 우리나라도 1973년 2월 8일 가입, 동년 5월 9일부터 그 효력이 발효됨에 따라 국내 유일의 상설중재기관인 대한상사중재원에서 내려진 중재판정도 본 협약체약국 간에서는 그 승인 및 집행을 보장받는다.

---

4) 매매당사자는 클레임을 원만히 해결하기 위해서 계약서에 클레임에 대한 조항내용, 즉 제기기간, 해결방법, 중재기관, 중재규칙, 비용부담 등을 계약서에 명시해 놓아야만 한다. 이와 같은 중재합의 또는 중재계약은 중재계약의 가장 기본적이고 필수적인 내용이 된다. 따라서 일반적으로 채용되는 중재계약에는 중재인(중재기관), 중재절차, 판정의 기준이 될 준거법(applicable law)이 지정되어 있다.

2. 우리나라 중재절차의 진행과정

(1) 일반절차

① 사무국은 중재신청인으로부터 신청을 접수하면 그 신청이 상사중재규칙에 적합한 것인지 여부를 확인하고 적합한 경우에는 쌍방당사자에게 이를 접수하였음을 통지한다.

② 사무국은 접수통지와 함께 중재인 명부에서 중재인후보자 10명을 선정하여 양 당사자에게 보내면 양 당사자는 의장중재인과 기타 중재인에 대하여 선호순위를 표시하여 발송일로부터 국내중재의 경우 15일, 국제중재의 경우 30일 이내에 사무국에 제출하도록 한다(피신청인의 답변서를 15일 이내에 제출).

③ 사무국은 양 당사자에 의해 제출된 중재인 후보자 선정명단 중에서 희망순위에 따라 선정된 중재인에게 수락서를 받아 중재판정부를 구성하고 심문기일을 정한다(중재판정부 구성은 신청금액이 US$30,000 이하인 경우에는 1인, 기준금액 이상인 경우에는 3인으로 구성됨).

④ 사무국은 양 당사자에게 중재인 선정통지 및 심문기일을 통지한다.

⑤ 심문을 개시 및 진행(중재판정부, 당사자, 중재서기가 참석한 가운데 진행)한다.

⑥ 중재판정부는 사건내용에 따라 수차에 걸쳐 심문을 진행한 후 당사자가 주장 및 입증을 다하였다고 인정할 때는 심문종결을 선언한다.

⑦ 중재판정부는 심문종결일로부터 30일 이내에 중재판정을 내린다.

⑧ 중재판정문은 중재판정부의 서명날인을 받아 양 당사자에게 송달하고, 예납된 중재비용은 정산한다.

(2) 신속절차

신청금액이 1,000만 원 이하의 국내중재사건 혹은 당사자들이 신속절차에 따르기로 합의하는 경우에는 중재인은 사무국이 지명하는 1인으로 구성되고, 심문도 1회 개최를 원칙으로 하여 신속히 절차를 진행한다.

※ 구비서류

① 중재신청서

② 중재합의를 인증하는 서면

③ 클레임을 입증하는 입증자료

④ 법인 등기부등본(개인인 경우 주민등록등본)

⑤ 대리인이 있는 경우에는 위임장

그림 10-1 | 중재절차 과정도

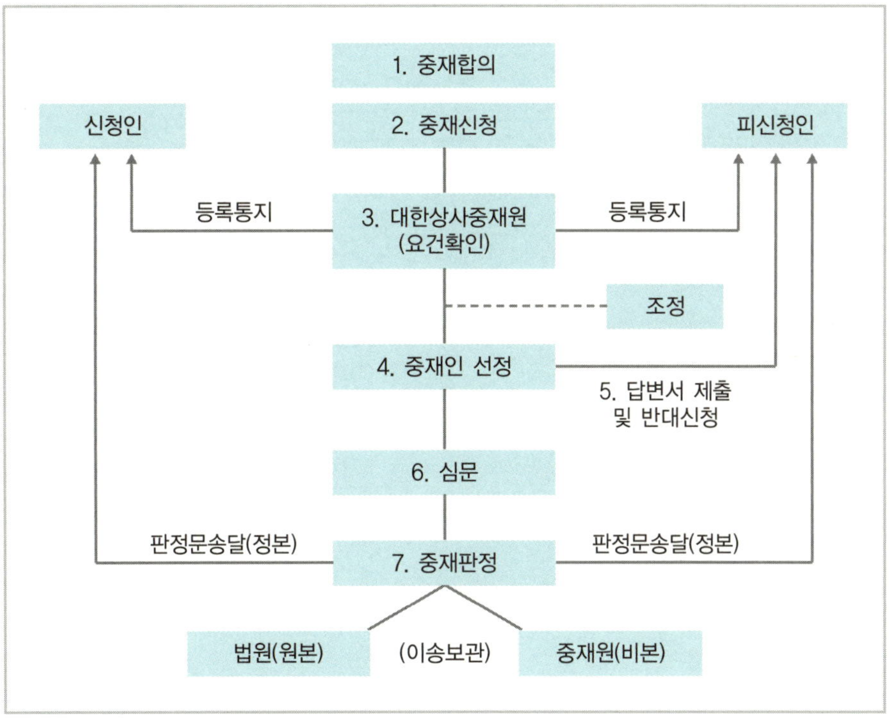

제11장 무역자동화와 인터넷무역

제1절 무역자동화
제2절 인터넷무역

학습목표

1. 전자무역의 개념을 이해한다.
2. 전통적 무역거래와 인터넷무역거래의 장 · 단점 및 차이점을 이해한다.
3. 최근의 전자무역 동향을 파악한다.
4. EUCP와 UCP의 관계를 이해하고, 주요 내용을 파악한다.

| 핵심사항 |

❶ 무역자동화

1. 무역자동화와 EDI

(1) EDI의 의의

• 정의 : EDI(Electronic Data Interchange)는 전자문서교환 또는 전자자료교환으로 해석되며, 서로 다른 기업 또는 조직 간에 표준화된 상거래서식(견적서, 주문서 등) 또는 공공서식(수출입신고서 등)을 서로 합의한 통신표준에 따라 컴퓨터 간에 교환하는 정보전달방식이다.

• 구성요소 : ① 전자문서와 통신방법의 표준화에 관한 EDI 표준, ② 전자문서를 전송하거나 수신하기 위한 사용자시스템, ③ 거래당사자의 중간에서 통신망 서비스를 제공하는 제3자 네트워크인 부가통신사업자(VAN), ④ EDI방식의 업무처리에 따른 거래당사자 간의 합의내용과 책임관계 등을 명확히 하는 거래약정(I/A) 등이 있다.

(2) EDI의 효과

① 시간단축을 통한 비용절감, ② 고객서비스의 향상, ③ 거래상대방과의 관계증진, ④ 내부업무처리절차의 개선 등이 있다.

2. 무역자동화

(1) 무역자동화 개관 : 대부분의 수출입화물 통관업무가 수출입 유관기관, 무역업체, 관세사, 은행 등 업체별 컴퓨터와 세관컴퓨터를 전자문서교환(EDI) 서비스망으로 연계하여 서류 없이 처리하는 것을 말한다.

(2) 무역자동화업무 : ① 수출신용장통지업무, ② 수입신용장개설업무, ③ 내국신용장업무, ④ 자금관련업무, ⑤ 계산서, 입출금통지업무, ⑥ 오퍼발행업무, ⑦ 적하보험업무, ⑧ 선적요청 및 선하증권발급업무, ⑨ 수출(입)통관업무, ⑩ 수입화물선취보증(수입항공화물인도승낙)업무, ⑪ 보세장치장업무, ⑫ 관세환급업무

3. EDI와 국제규칙

(1) 인코텀즈의 적용 : 인코텀즈 2000에서는 전자서류와 관련하여 기존의 종이서류를 EDI 메시지로 대체할 수 있다고 하였으나, 인코텀즈 2010에서는 당사자들이 합의하거나 거래관습이 있는 한 동등한 전자기록(electronic record)으로 대체할 수 있음을 규정하고 있다.

(2) 신용장통일규칙의 적용 : 신용장통일규칙 제5차 개정(UCP 500)에서 EDI시스템을 신용장과 그 관계서류에도 포괄적으로 적용할 수 있도록 규정하였다.

(3) 전자식선하증권에 관한 CMI규칙 : 국제해사법위원회(CMI : Comité Maritime Internationa)에서 「전자식선하증권을 위한 CMI규칙(CMI Rules for Electronic Bills of Lading)」이 채택되었다.

4. eUCP

최근 전자상거래의 발전은 신용장거래에서 서류의 전자적 제시(electronic presentation)와 무역에 사용되는 서류의 전자적 메시지화를 촉진시키고 있다. 이에 국제상업회의소(ICC)는 2000년 5월 24일 전자상거래의 활성화에 따라 화환신용장통일규칙(UCP 600)과 종이서류에 상응하는 전자적 자료처리를 위한 국제적 통일규칙의 필요성을 확인하고 2001년 11월 7일 eUCP를 제정하여 2002년 4월 1일부터 시행되었다. 이것은 eUCP 1.0판이며, 제1차 개정으로서 2007년 7월 1일부터 eUCP 1.1판을 시행하고 있다.

❷ 인터넷무역

1. 인터넷무역의 개념과 특징

(1) 인터넷무역의 개념 : 인터넷무역과 무역자동화는 해외는 물론 국내에서 각종 무역업무를 인터넷, 전자문서교환(EDI) 등의 정보기술을 이용하여 처리하는 의미인 전자무역(electronic trade)의 일부라고 할 수 있다.

(2) 인터넷무역의 특징 : ① 세계시장의 단일화, ② 가격의 단일화, ③ 글로벌마케팅활동, ④ 정보획득의 용이, ⑤ 비용의 절감, ⑥ 중소기업에 대등한 기회제공, ⑦ 실시간 해외마케팅

(3) 전통적 무역방식과 인터넷무역의 비교
인터넷무역의 경우 진행순서에 있어 기존의 무역체제와 별다른 차이점은 없으나, 거래수단과 방법의 차이점이 존재한다.

2. 인터넷무역거래수단과 과정

(1) 인터넷을 이용한 무역거래 수단 : ① 월드와이드웹, ② 뉴스그룹, ③ 이메일, ④ 무역거래알선사이트

(2) 인터넷무역의 체결과정 : 아이템을 선정하고 국가별 통계사이트나 무역기관사이트를 통하여 해외시장조사를 실시한다. 그리고 홈페이지나 알선사이트, 유즈넷 등을 통하여 홍보 및 마케팅 수행과 거래선을 발굴한다. 고객에게 전자우편으로 거래를 제의한 후 신용조사기관사이트를 통하여 신용조사를 수행한다. 신용에 문제가 없으면 역시 전자우편 등을 이용하여 조건협상 수행 및 계약을 체결한다.

3. 인터넷무역의 전망

(1) 인터넷무역거래의 전망 : 인터넷을 이용한 무역은 무역에 대한 기존 패러다임을 모두 바꾸게 될 것이다. 인터넷무역은 기존의 복잡한 거래단계에서 발생하는 비용을 획기적으로 줄일 수 있다.

(2) 전자결제 동향

- SWIFTnet : 금융데이터통신협회(Society for Worldwide Interbank Telecommunication)의 약자로 국제은행 간 대금결제를 위한 통신망이다.
- SURF : 국제자금결제의 대부분을 점유하고 있는 SWIFT와 세계해운업계를 장악하고 있는 TT Club(Through Transport Club)이 1998년 컨소시엄을 구성하여 설립한 국제무역네트워크회사에서 개발한 대금결제 솔루션이다.
- Trade Card : 기존의 신용카드가 소액결제에만 사용되는 단점이 있는 데 포착하여 기업 간 무역결제에서 거액의 대금을 카드로 결제할 수 있게 만든 국제무역용 온라인 카드솔루션이다.

제1절 무역자동화

1. 무역자동화와 EDI

(1) EDI의 의의

1) 정의

EDI(Electronic Data Interchange)는 전자문서교환 또는 전자자료교환으로 해석되며, 서로 다른 기업 또는 조직 간에 표준화된 상거래서식(견적서, 주문서 등) 또는 공공서식(수출입신고서 등)을 서로 합의한 통신표준에 따라 컴퓨터 간에 교환하는 정보전달방식이다. 다시 말해 EDI는 컴퓨터가 읽어서 해독하고 인간의 개입 없이 다음 업무를 컴퓨터가 자체 처리할 수 있는 구조화된 형태의 데이터(structured format data), 즉 표준전자문서를 통신망을 통해 컴퓨터 간에 교환하는 정보전달방식이다.[1)]

2) 구성요소

거래당사자 간에 컴퓨터와 통신망을 통해 비즈니스와 관련된 데이터를 표준화된 전자문서의 형태로 주고받는 EDI는 일반적으로 다음과 같은 4가지 구성요소를 갖고 있다. 첫째, 전자문서와 통신방법의 표준화에 관한 EDI 표준(standards), 둘째, 전자문서를 전송하거나 수신하기 위한 사용자시스템(user system), 셋째 거래당사자의 중간에서 통신망서비스를 제공하는 제3자 네트워크인 부가통신사업자(VAN : Value Added Network), 넷째 EDI방식의 업무처리에 따른 거래당사자 간의 합의내용과 책임관계 등을 명확히 하는 거래약정(I/A : Interchange Agreement) 등이 있다.

(2) EDI의 효과

일반적으로 EDI의 효과로는 시간단축을 통한 비용절감, 고객서비스의 향상, 거래상대방과의 관계증진, 내부업무처리절차의 개선 등이 있으며, 이는 기업경쟁력

1) 문희철 · 심상렬 공저, 무역자동화, 무역경영사, 1998, p.23.

의 제고를 강화할 수 있다. 자세히 살펴보면 다음과 같다.[2)]

1) 시간단축 및 비용절감

이는 주로 표준화된 전자문서의 사용과 문서를 전자적인 방법에 의해 통신하는 데서 얻어지는 종이서류의 제거, 재입력 또는 오류검색, 우송작업 등에 따르는 불필요한 업무와 인력의 단축효과에서 비롯된다. 또한 사람이 물리적으로 이동할 필요가 없어 인건비, 운송비 등의 비용도 대폭 줄일 수가 있다.

2) 고객서비스 향상

EDI를 이용하게 되면 실시간(real time) 정보의 가용성이 높아져 기업들은 고객의 욕구에 보다 신속하고 효과적으로 반응할 수 있게 된다. 즉 구문이나 판매정보를 신속 · 정확하게 공장이나 공급자에게 전송함으로써 시장환경 변화에 발빠른 대응을 할 수 있다. 이와 같이 고객에 대한 서비스의 수준이 높아지게 되면 판매고도 자연히 증가하게 된다.

3) 거래상대방과의 관계증진

EDI의 실행을 위해서는 거래상대방과의 상호신뢰, 협력 및 조정이 요구된다. 이러한 과정을 통해 EDI 당사자들은 파트너십을 증진시킬 수 있다. 또한 EDI는 거래상대방들이 동일한 데이터를 공유하도록 함으로써 양자 간에 더욱 긴밀한 유대감을 갖도록 하며, 데이터의 오류나 분실이 적어지므로 분쟁의 소지도 그만큼 줄어들게 된다.

4) 내부업무처리절차 개선

EDI에 의한 비용절감 효과보다 실제로 기업에서 더 중요하게 여기고 있는 것은 내부업무처리절차의 개선 효과이다. EDI의 준비과정에서 종래의 업무절차에 대한 체계적인 분석과 검토를 통해 불필요하거나 중복되는 업무절차를 과감히 제거 · 개선할 수 있게 된다.

---

2) 문희철 · 심상렬, 전게서, pp.27~31.

2. 무역자동화

(1) 무역자동화 개관

우리나라 무역업무의 전산화에 획기적인 전기를 마련한 무역자동화망은 종합무역자동화망 추진단이 출범한 이후, 무역업무지정사업자인 한국무역정보통신(KTNET)을 중심으로 진행되어 왔다. 무역자동화사업은 대외무역법 등과 관련된 업무로서 상역, 외환, 보험, 통관 등의 업무를 포괄하고 있으며, 무역과 관련된 표준전자문서를 개발 완료함으로써 무역업무의 전자문서교환(EDI)서비스를 제공하고 있다. 이러한 무역자동화사업에 참여하고 있는 사용자집단은 금융기관, 해운 및 항공운송업체, 국토해양부, 관세청 및 관련 협회, 조합단체 등으로 구성된다.

대부분의 수출입화물 통관업무가 수출입 유관기관, 무역업체, 관세사, 은행 등 업체별 컴퓨터와 세관컴퓨터를 전자문서교환(EDI)서비스망으로 연계하여 서류없이 처리한다는 점에서 국가경쟁력 강화와 기업의 물류업무체계를 개선하는 효율적인 무역업무의 정보거래수단이 될 것으로 보인다.

(2) 무역자동화업무

무역자동화업무는 수출입 전 영역에서 급속도로 파급 · 추진되고 있으며 개관해 보면 다음과 같다.[3)]

1) 수출신용장통지업무

해외수입상의 거래은행이 신용장을 개설하게 되면 SWIFT(국제은행 간 자금결제통신망)를 통하여 국내에 소재한 통지은행으로 신용장 전문을 통지하게 된다. 통지은행은 수신한 SWIFT 전문을 EDI 형태로 변환하여 신용장을 수출자에게 EDI로 통지하게 된다. 따라서 수출상은 통지은행을 방문하지 않고서도 신속하게 수출신용장을 수취할 수 있으며, 수출자는 자기컴퓨터에서 출력한 신용장으로 네고 시에 원본으로 사용가능하다.

---

3) 손태빈, 신무역실무, 도서출판 두남, 1998, pp.315~333.

그림 11-1 | EDI에 의한 수출신용장통지업무

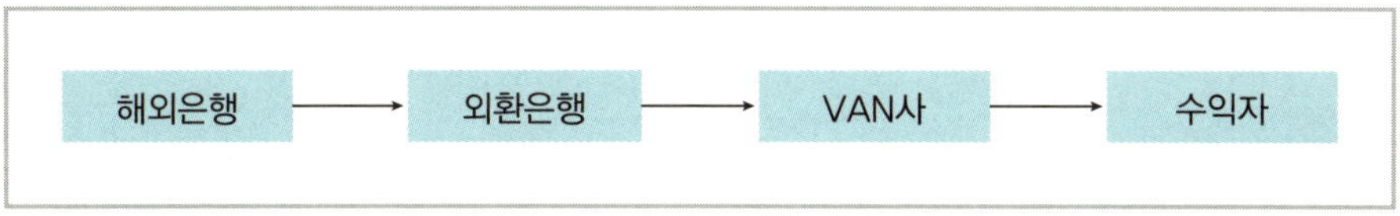

2) 수입신용장개설업무

수입업체가 수입신용장개설의뢰 전자문서(APP700)[4]를 개설은행에 송신하면, 개설은행은 SWIFT전문으로 변환하여 해외통지은행에 신용장개설내용을 통지하고 개설의뢰인에게는 수입신용장개설응답서(INF700)[5]를 전송한다.

그림 11-2 | EDI에 의한 수입신용장개설업무

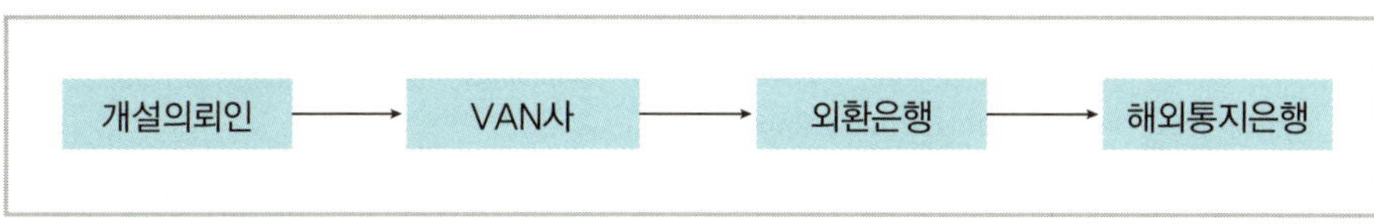

3) 내국신용장업무

내국신용장개설의뢰인은 내국신용장개설신청 전자문서(LOCAPP)[6]를 개설은행에 송신하고, 이를 수신한 개설은행은 개설의뢰인 또는 수혜자에게 내국신용장개설내용을 전자문서(LOCADV)[7]로 송신하게 된다.

---

4) APP700은 Application for A Documentary Credit의 의미로서 취소불능화환신용장개설신청서를 말한다. 또한 APP707은 Documentary Credit Amendment Application의 의미로서 취소불능화환신용장조건변경신청서를 말한다.

5) INF700은 Documentary Credit Issuance Information의 의미로서 취소불능화환신용장개설응답서를 말하며, INF707은 Documentary Dredit Amendment Information의 의미로서 취소불능화환신용장조건변경응답서를 말한다.

6) LOCAPP은 Local Credit Application의 의미로 내국신용장개설신청서를 말하며, LOCAMR은 Local Credit Amendment Application의 의미로 내국신용장조건변경신청서를 말한다.

7) LOCADV는 Local Credit Advice의 의미로 내국신용장통지서를 말하며, LOCAMA는 Local Credit Amendment Advice로서 내국신용장조건변경통지서이다.

그림 11-3 | EDI에 의한 내국신용장업무

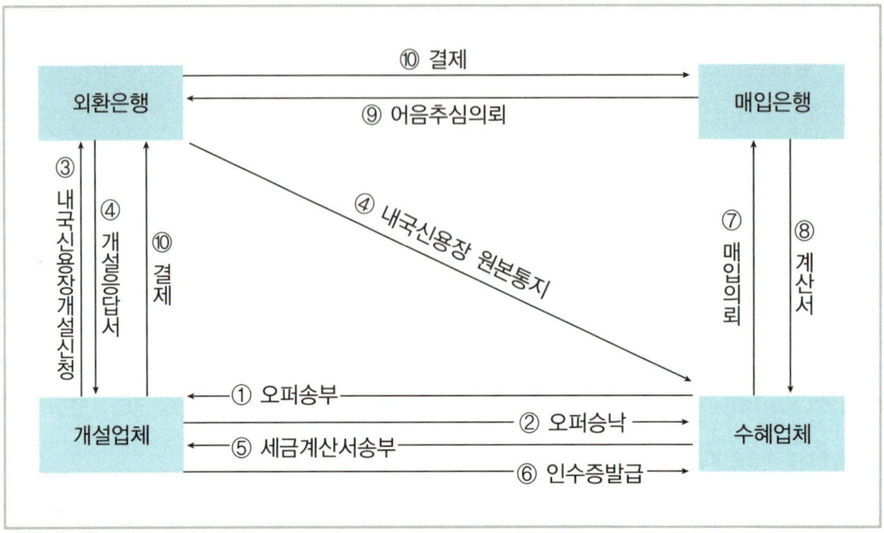

자료 : http://www.keb.co.kr/biz/sindex3.htm

4) 자금관련업무

① 수출입관련 대금결제 및 각종 수수료납부업무

무역업체는 수입신용장에 의한 환어음이나 내국신용장에 의한 어음을 결제하게 되는데 이때 이러한 어음의 결제를 요청하는 전자문서를 송신하면, 은행은 신청자의 계좌에서 어음금액을 인출하여 결제한 후 출금통지서를 통해 결제사실을 신청자에게 통지한다. 또한 수출입 시 발생하는 각종 수수료의 결제도 동일한 방식으로 처리할 수 있다.

② 해외송금신청업무

신용장 다음으로 많이 사용되고 있는 지급수단인 외화송금도 EDI방식으로 처리할 수 있는데, 신청자는 외화송금신청 전자문서를 은행으로 송신하면, 은행에서는 신청자의 계좌에서 송금하고자 하는 금액을 인출하여 송금한 후 출금통지서를 신청인에게 송신한다.

③ 외화자금 국내이체업무

본인명의 거주자계정 및 외화자금 처분인증을 받은 타인명의 거주자계정에 대한 외화자금 이체업무로 이체신청업체가 국내외화이체신청 전자문서를 은행에 전송하면 은행에서는 국내외화이체결과통지 전자문서를 신청자에게 전송한다.

④ 타 발송금 내도통지업무

해외 또는 국내에서 무역업체의 계좌로 입금된 내역을 은행이 무역업체에게 입금통지 전자문서로 송신한다. 따라서 무역업체는 은행을 방문하지 않고서도 계좌에 입금된 내역을 자동으로 파악할 수 있다.

5) 계산서, 입출금통지업무

① 계산서업무

무역업체는 수출물품을 선적한 후 네고서류를 구비하여 매입은행에 수출환어음매입신청을 하면 환가료 등 수수료를 공제한 후 네고대금을 수령하고 매입은행은 당일 또는 익일에 네고 상세내역을 수출환어음매입계산서(FINBIL)를 이용하여 수출자에게 전송한다.

무역업체는 은행에서 전송한 계산서를 관리시스템과 자동으로 연동시킴으로써 데이터를 재입력하지 않아도 되고, 네고금액의 입금 여부를 확인할 수 있다.

② 입금통지업무

수출대금이 해외은행으로부터 매입은행에 입금되면 매입은행은 수출대금의 입금사실을 EDI방식으로 무역업체에 통지하는 업무로 수출상은 네고대금의 입금 여부를 입금통지서를 이용하여 자동으로 확인할 수 있게 되어 관리인력이 절감되며, 수출건의 종결 여부를 자동으로 확인할 수 있다.

③ 출금통지업무

해외의 신용장개설은행이 선적서류 하자 등으로 네고대전 부도사실을 매입(추심)은행에게 통지하면 매입(추심)은행은 부도대전을 해외은행에 송금하고, 그 송금내역을 출금통지서(DEBADV)를 이용하여 무역업체에게 전송하게 된다.

6) 오퍼(offer)발행업무

국내오퍼의 EDI처리방법은 오퍼상이 오퍼발행 전자문서를 전송하면 수입자는 승낙전자문서를 오퍼상에게 전송하면 된다. 이렇게 함으로써 오퍼상은 인편에 의한 전달시간을 절감할 수 있고, 수입자는 수신한 오퍼 데이터를 이용하여 수입신용장개설신청서나 수입승인신청서 작성 시 중복되는 데이터를 재입력하지 않아도 되므로 서류작성 시간과 데이터 오류를 줄일 수 있다. 오퍼는 해외공급자로부터 받는 국외 오퍼와 해외공급자의 국내 대행자인 무역대리업(오퍼상)으로부터 받는 국내발행 오퍼가 있다.

7) 적하보험업무

무역업체가 EDI방식에 의해 적하보험을 부보하는 경우, 무역업체는 적하보험청약전자문서(APPCIP)[8]를 작성하여 보험회사에 전송하고, 보험회사는 보험증권발급통보전자문서(CIPADV)[9]를 무역업체로 전송하게 된다. EDI로 적하보험발급통보를 받은 무역업체는 미리 수령한 보험증권 양식에 부보사항을 출력하여 사용하면 된다. 적하보험업무의 EDI처리는 빠르고 정확한 적하보험청약이 가능하고, 보험증권을 무역업체가 직접 출력하여 사용하므로 보험증권 전달시간이 절약되어 무역업체가 조기에 네고하여 자금을 회전할 수 있는 장점이 있다.

8) 선적요청 및 선하증권발급업무

화주가 송장(invoice), 포장명세서(packing list)를 근거로 작성한 선적요청전자문서(SHPREQ)[10]를 운송회사에 전송하면 운송회사는 선하증권전자문서(BLADVI)[11]를 화주에게 전송한다. 그러면 화주는 면허 및 컨테이너정보를 운송회사에 전송하고, 운송회사는 이 정보를 활용하여 물품을 반출입하고 선적정보를 화주에게 전송한다. 따라서 보다 정확한 정보를 신속히 전달함으로써 수출물품의 적시선적을 도모할 수 있다.

9) 수출(입)통관업무

수출(입)자가 EDI방식에 의해 수출(입)신고를 하고자 할 경우 수출(입)자는 수출(입)신고의뢰 전자문서를 관세사에 송신하면 된다. 신고된 건의 수리가 결정되면 관세사는 수출(입)면허정보 전자문서를 수출(입)자에게 전송하게 된다. 또한 자가신고/통관업체는 세관에 직접신고도 가능하다.

---

8) APPCIP : Cargo Insurance Application(적하보험청약서)
APPEND : Application for Endorsement(적하보험배서청약서)

9) CIPADV : Cargo Insurance Application Advice(적하보험증권발급통지서)
ENDADV : Endorsement Advice(적하보험배서발급통보서)

10) SHPREQ : Shipping Request(선적요청서)

11) BLADVI : Bill of Loading Advice(선하증권발급통지서)

10) 수입화물선취보증(수입항공화물인도승낙)업무

먼저 해운사 · 항공사대리점이 은행과 EDI약정체결을 조건으로 하고 수입화물 선취보증서(L/G : Letter of Guarantee)신청 시 해운사 · 항공사대리점의 수 · 발신인 식별자 명시를 해야 한다. 그러고 나서 원본은 해운사 · 항공사대리점 앞으로 전송하고 사본은 수입업자 앞으로 전송한다. 제출서류는 FAX 등을 이용하여 송부하고 관련 수수료는 후납할 수 있으며, 지급지시서도 이용이 가능하다.

그림 11-4 | EDI에 의한 수입화물 선취보증업무

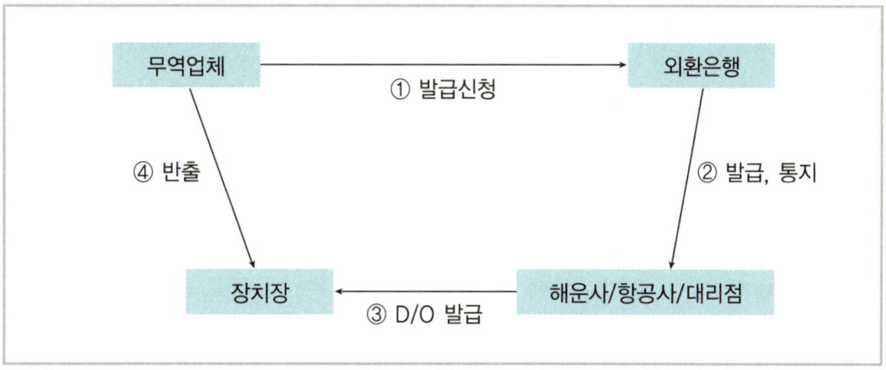

11) 보세장치장업무

세관은 보세장치장의 물품반출입내역, 즉 보세구역번호, 화물관리번호, 반입일자, B/L번호, 화물의 중량, 품명, 규격 등의 사항을 보고하는 업무를 EDI방식으로 처리하고 있다. 이에 따라 수입통관 시 반드시 화물이 보세장치장에 장치되어야 수입신고가 가능한데, 보세장치장이 자동화됨으로써 일선 관세사는 관세청의 데이터베이스를 조회하여 수입통관하고자 하는 물품의 장치 여부를 확인할 수 있다.

12) 관세환급업무

관세청은 현재 서류로 수작업 처리하고 있는 관세환급 및 환급관련 제증명(기납증, 수입분증)을 서류에 의하지 않고 EDI방식으로 처리하는 것이다. EDI 적용대상업무로는 ① 관세환급신청, ② 기초원재료납세증명신청, ③ 평균세액증명, ④ 각종 분할증명신청, ⑤ 접수통보, ⑥ 심사완료통보, ⑦ 정산신청, ⑧ 환급금지급통지(신청인용, 한국은행용), ⑨ 오류통보 등이 있다. 관세환급업무는 1997년 7월부터 전국세관에서 EDI로 업무를 처리하고 있다.

3. EDI와 국제규칙

(1) 인코텀즈의 적용

인코텀즈 2000에서는 당사자들이 다양한 서류들(상업송장, 통관에 필요한 서류 또는 운송서류뿐만 아니라 물품인도증빙서류)을 제공해야 할 경우 EDI로 대체가 가능하다. 매도인은 물품이 운송되고 있는 동안 흔히 그 물품을 판매할 목적으로 사용되는 유통운송서류, 특히 선하증권을 사용해야 할 경우에는 EDI 사용에 문제가 있으나 이때에도 EDI를 사용할 경우 매수인이 매도인으로부터 선하증권을 받았을 경우와 동일한 법적 지위를 갖는다면 별문제가 없다. 그리하여 인코텀즈(2000)상 공장인도조건(EXW)을 제외한 나머지 12개 조건에서는 매도인과 매수인이 전자적으로 통신할 것을 합의한 경우 EDI서류로 대체될 수 있도록 규정하고 있다.[12)]

그러나 인코텀즈 2010에서는 전자서류표기문언의 포괄화가 이루어졌다. 즉, 인코텀즈 2000에서는 전자서류와 관련하여 기존의 종이서류를 EDI 메시지로 대체할 수 있다고 하였으나, 인코텀즈 2010에서는 당사자들이 합의하거나 또는 거래관습이 있는 한 동등한 전자기록(electronic record)으로 대체할 수 있음을 규정하고 있다.

(2) 신용장통일규칙의 적용

신용장통일규칙 제5차 개정(UCP 500)에서 EDI시스템을 신용장과 그 관계서류에도 포괄적으로 적용할 수 있도록 규정하였다.[13)] 이렇게 됨으로써 EDI에 의해 전자식으로 작성된 신용장 및 선적서류들도 신용장에 별도규정이 없는 한 은행은 원본으로 수리해야 하며, 전자적 인정방법에 의하여 전자서명된 서류들도 인정한다는 규정을 새로이 추가하였다.[14)]

(3) 전자식선하증권에 관한 CMI규칙

전자식선하증권이라 함은 선하증권을 발행하지 않고, 선하증권의 내용을 구성

12) 매도인의 의무 각 8조(A8)
13) UCP 제5차 개정 제1조 및 제20조 참조
14) UCP 제5차 개정 제20조 b항

하는 정보를 전자적 방법에 의해 운송인의 컴퓨터에 보관하고, 운송인이 부여한 '개인키[15](private key, 비밀번호)'를 사용하여 운송인(선박회사)과 송하인(매도인) 혹은 수하인(매수인 또는 지시인) 상호 간에 EDI 메시지를 전송하고 권리의 증명으로서 '개인키(비밀번호)'를 사용함으로써 물품에 대한 지배권 및 처분권의 권리를 그 권리자의 지시에 따라 수하인에게 그 정보를 전송하는 것이다. 현재, 물류운송 분야에서는 컨테이너수송의 발달로 인하여 수송시간의 단축, 수송량의 확대, 선박의 대형화가 이루어졌으며, 또한 오늘날 항만시설의 근대화, 하역장비의 기계화 등으로 인하여 선적작업이 원활하게 그리고 신속하게 행해지고 있다.

이에 비하여 서류 분야에서는 선하증권의 발행지연 및 하주 측의 여러 가지 이유로 인한 화환취결의 지연으로 말미암아 선하증권보다 빨리 물품이 도착되어 물품의 인도를 위해 필요 없는 시간이 낭비되고, 수입화물선취보증장(L/G : Letter of Guarantee)을 제출하는 데 관련된 시간 및 비용이 낭비된다. 또한 도착지에서 연체되는 물품의 해소를 위해 사실상 선행인도가 관행화되고, 나아가서는 L/G의 위조 등 사기를 발생시킬 문제를 안고 있다.

따라서 국제해사법위원회(CMI : Comité Maritime International)에서 「전자식 선하증권을 위한 CMI규칙(CMI Rules for Electronic Bills of Lading)」이 채택되었다. 이 규칙은 정보전송의 신속화를 행하기 위해 종전의 서면형식의 선하증권을 발행하는 대신에 선하증권의 정보를 전자데이터 통신수단에 의해 전송하는 경우에 있어서 당사자의 권리 및 의무를 규정한 것이다.

4. eUCP

(1) eUCP의 의의

최근 전자상거래의 발전은 신용장거래에서 서류의 전자적 제시(electronic presentation)와 무역에 사용되는 서류의 전자적 메시지화를 촉진시키고 있다. 이에 국제상업회의소(ICC)의 은행기술실무위원회는 2000년 5월 24일 파리에서 개최된 회의에서 전자상거래의 활성화에 따라 화환신용장통일규칙(UCP 600)과 종

15) 물품의 매매나 소유권의 이전을 원하는 소지인에게 이를 가능하도록 하는 것으로 당사자들이 자료전송의 진정성과 안전성을 확보하는 주 수단이다. 이것은 숫자와 문자의 조합으로 구성된다.

이서류에 상응하는 전자적 자료처리를 위한 국제적 통일규칙의 필요성을 확인하고 2001년 11월 7일 eUCP를 제정하여 2002년 4월 1일부터 시행되었다. 이것은 eUCP 1.0판이며, 제1차 개정으로서 2007년 7월 1일부터 eUCP 1.1판을 시행하고 있다.

eUCP의 정식명칭은 "전자적 제시를 위한 화환신용장통일규칙 및 관례의 보칙 1.1판(Supplement to the Uniform and Practice for Documentary Credits for Electronic Presentation-Version 1.1)"으로서 e-UCP는 화환신용장통일규칙(UCP 600)과 함께 사용되면서 신용장거래에서 무역서류로서의 전자적 기록 또는 종이서류와 함께 이루어지는 전자서류의 제시를 수용하기 위하여 화환신용장통일규칙(UCP 600)을 보충하는 보칙이다. 즉, eUCP는 신용장거래에서 수익자는 신용장의 조건과 일치하는 선적서류를 제시하여야 하는데, 이러한 무역서류를 기존의 종이서류를 대신하여 전자적 기록으로만 제시하거나 또는 일부의 서류는 종이서류로 그리고 나머지 서류는 전자적 기록을 제시하는 경우 이러한 전자적 제시에 대하여 적용하기 위한 국제규칙이다.

(2) eUCP의 특징

① eUCP는 화환신용장통일규칙(UCP 600)의 개정이 아니며, 어디까지나 전자기록의 제시에 대한 불확실성을 제거하기 위해 제정한 화환신용장통일규칙(UCP 600)의 보칙이다. 따라서 eUCP가 적용되는 신용장에는 화환신용장통일규칙(UCP 600)에 대한 준거문언이 명시되어 있지 않더라도 화환신용장통일규칙(UCP 600)이 적용된다.

② eUCP는 완전히 전자적으로 제시하거나 또는 종이문서와 전자적 제시를 혼용할 수 있도록 하고 있다.

③ eUCP는 신용장의 전자적 발행 또는 전자적 통지와 관련하여 아무것도 제시하지 않고 있다. 그 이유는 현 시장관행과 화환신용장통일규칙(UCP 600)이 오랫동안 신용장의 발행 또는 통지를 전자적으로 행할 수 있도록 허용하고 있기 때문이다.

④ eUCP는 기술적 발전에 따라 필요시 개정 또는 후속 버전이 나올 수 있도록 그 버전번호를 부여하여 제정되었다.

⑤ 화환신용장통일규칙(UCP 600)의 조항과 혼란을 방지하기 위하여 eUCP 각 조 번호 앞에 'e'가 표시되어 있다.

⑥ 신용장이 전자문서 또는 종이와 전자문서의 혼용을 허용하도록 하고자 하거나 또는 당사자들이 eUCP를 적용하기를 원할 경우 eUCP를 명시적으로 삽입하여야 한다는 점이다. 그러나 eUCP와 화환신용장통일규칙(UCP 600) 모두를 삽입할 필요는 없는 것으로 하고 있다.

⑦ eUCP는 무역서류의 전자적 제시에 적용될 수 있는 적절한 기술적 보안이나 표준에 대한 지침을 제공하고 있지 않다. 따라서 거래당사자들은 그들 자신들의 기술적 표준을 결정하여야 하며, 또한 기술적 발전에 따라서 지속적으로 재검토하여야 한다.

⑧ eUCP는 특정 기술 및 개발되고 있는 전자상거래시스템과 독립적으로 초안되고 또한 특정 기술이나 전자적 제시를 촉진시키기 위하여 필요한 시스템을 제시하거나 정의하고 있지는 않다.

(3) eUCP의 적용범위

eUCP에서는 eUCP의 적용범위에 관해서 다음과 같이 규정하고 있다.

① "전자적 제시(electronic presentation)를 위한 화환신용장통일규칙 및 관례(2007 개정 UCP 600)의 보칙(supplement)은 전자기록 자체만의 또는 종이문서와 결합된 제시에 적용할 목적으로 화환신용장통일규칙을 보충한다"라고 하여 eUCP의 목적과 역할을 명시하고 있다.

eUCP는 완전히 온라인상에서의 전자적 거래뿐만 아니라 전통적인 종이문서에 기반을 둔 거래와 혼합하여 적용할 수 있으며, 화환신용장통일규칙(UCP 600)을 보충하는 것을 목적으로 하고 있다.

② "eUCP는 신용장이 eUCP에 따른다는 명시가 있는 경우 화환신용장통일규칙(UCP 600)의 보칙을 적용한다"고 하여 신용장의 본문에 eUCP를 적용한다는 문언, 즉 "…..Subject to the Supplement to Uniform Customs and Practice for Electronic Presentation(eUCP) Version 1.1"과 같이 명시가 있어야 적용된다. 즉, 화환신용장통일규칙(UCP 600)은 강행법규가 아니고 임의규칙이기 때문에 법적 구속력을 갖기 위해서는 신용장 본문에 준거문언을 삽입하여야 당사자를 구속할 수 있다.

③ "이 버전은 1.1이다. 신용장은 적용하는 eUCP의 버전을 반드시 명시하여야 한다. 신용장이 버전을 명시하지 아니할 경우 신용장이 발행된 일자에 시행되는 버전을 따르고 또는 수익자가 승낙한 조건변경이 eUCP에 따르도록 되

어 있을 경우 조건변경일자에 시행되는 버전에 따른다"라고 규정하여 eUCP를 적용하는 신용장은 그 본문에 "eUCP Version 1.1"과 같이 eUCP를 적용한다는 문언이 명시되어 있어야 한다.

이와 같이 eUCP에 적용되는 버전은 특정할 경우와 특정하지 아니한 경우를 구분하여 신용장발행과 조건변경 시의 적용 버전에 관하여 규정하고 있다.

(4) eUCP와 신용장통일규칙과의 관계

eUCP가 화환신용장통일규칙(UCP 600)을 대체하는 것은 아니다. 즉, eUCP는 오직 화환신용장통일규칙(UCP 600)의 보칙으로 eUCP와 화환신용장통일규칙(UCP 600)을 상호 보완하여 사용하도록 하고 있다.

① "eUCP를 준거로 하는 eUCP 신용장은 화환신용장통일규칙(UCP 600)의 적용을 명시하지 아니하더라도 또한 화환신용장통일규칙(UCP 600)을 적용한다"고 규정하고 있다. 따라서 eUCP에 준거하는 것으로 명시된 신용장의 경우 화환신용장통일규칙(UCP 600)의 준거문언이 명시되지 아니하여도 화환신용장통일규칙(UCP 600)을 적용할 수 있다.

② "eUCP가 적용되는 경우 그 조항은 화환신용장통일규칙(UCP 600)의 적용과 다른 결과를 발생시키는 범위 내에서 우선한다"고 규정하여 eUCP와 화환신용장통일규칙(UCP 600) 적용이 상충될 경우에는 eUCP를 우선 적용하는 것으로 하고 있다.

③ "eUCP신용장이 수익자가 종이문서 또는 전자적 기록의 제시 또는 종이문서 제시만을 선택하는 것을 허용하는 경우 수익자가 종이서류의 제시만을 선택한다면 그 종이서류의 제시에 대해서는 UCP만 적용하며, eUCP신용장이 종이서류만을 허용한 경우 화환신용장통일규칙(UCP 600)만 적용한다.

(5) 전자기록의 제시에 대한 수리요건

1) 전자기록의 제시에 대한 추가적인 면책사항

은행은 전자기록의 외관상의 진정성(apparent authenticity)을 확인하는 것 외에 전자기록의 수취(receipt), 인증(authentication) 그리고 확인(identification)을 위하여 상업적으로 수용가능한 자료처리방법의 이용에 의하여 수취된 전자기록에 명백하게 나타나는 것을 제외한 송신사의 신원(identity of the sender), 정보의 출처(source of the information) 또는 그러한 전자기록의 완전성과 무변조성에 대한 책임을 부담하지 않는다.

2) eUCP에 의하여 제시된 전자기록에 전자서명을 포함

eUCP에서는 eUCP에 의하여 제시된 전자기록에 화환신용장통일규칙(UCP 600)을 적용할 목적으로, 화환신용장통일규칙(UCP 600)에서 사용되고 있는 '서명하다(sign)' 라는 용어는 전자서명을 포함하여야 한다고 규정하고 있다. 이 규정은 화환신용장통일규칙(UCP 600)에 사용하고 있는 '서명하다' 라는 용어가 전자서명을 포함한다는 것을 eUCP에서 다시 확인하고 있는 규정이라고 할 수 있다.

여기서 전자서명(electronic signature)이란 어떠한 사실을 확인하기 위하여 그리고 전자기록에 대한 인증을 표시하기 위하여 전자기록에 첨부되거나 논리적으로 관련되고, 실행되거나 채용된 데이터의 처리과정(data process)을 의미한다.

3) 운송서류에는 물품이 지정선박에 선적되었음을 명시

해상운송, 항공운송 등의 운송을 증명하는 서류가 전자기록으로 제시되는 경우 그러한 운송을 증명하는 전자기록에 선적일이 표기되어 있지 않다면 전자기록의 발행일이 선적일로 간주된다. 그러나 만약 전자기록에 선적일 또는 발송일을 증명하는 부기가 포함되어 있는 경우 그러한 부기일자(date of notation)는 선적일 또는 발송일로 간주되며, 그러한 추가적인 데이터 내용을 보여주는 부기표시는 별도로 서명되거나 인증될 필요가 없다라고 규정하고 있다.[16)]

16) 이상의 eUCP 자료는 http://busan-hcmc.org/cyber_trade/Lectures/lesson15/Lesson15_04.html 에서 정리

제2절 인터넷무역

1. 인터넷무역의 개념과 특징

(1) 인터넷무역의 개념

전자무역이란 일반적으로 정보기술(IT)에 기반을 둔 정보네트워크를 통하여 무역하는 것을 말한다. 현재, 우리나라에서는 '전자무역, 사이버무역, 인터넷무역, 무역자동화'란 용어가 혼용되어 사용되고 있는 상황인데, 2000년에 개정된 대외무역법에는 전자무역이란 용어를 채택하였다.

2006년 12월 국회를 통과한 전자무역촉진에 관한 법률에서도 전자무역이라는 개념으로 포괄적으로 수용하고 있다.

인터넷무역(internet trade)이라는 용어에 대한 정의는 아직까지 명확하고 통일된 것이 없으나, 다만 실무적인 차원에서 '가상공간인 인터넷을 이용하여 국제시장에서 상품과 서비스를 거래하는 거래'로 규정하고 있는 정도이다. 즉, 무역업무가 개방형 네트워크인 인터넷을 통하여 이루어지는 특징을 갖고 있다. 무역자동화는 EDI를 활용하여 통관업무의 자동화에 초점을 맞추고 있으며, 주로 폐쇄형 네트워크인 VAN에 의하여 이루어진다. 그러므로 인터넷무역과 무역자동화는 해외는 물론 국내에서 각종 무역업무를 인터넷, 전자문서교환(EDI) 등의 정보기술을 이용하여 처리하는 의미인 전자무역(electronic trade)의 일부라고 할 수 있다.

인터넷무역의 활용은 일반적으로 많은 사람들이 행하던 기존 무역업무를 혼자서도 할 수 있도록 해주는 새로운 개념의 무역을 의미한다. 즉, 컴퓨터통신망이 구성하는 가상공간 자체가 시장이고 인터넷 접속 이용자가 고객이 되는 것이다. 이러한 거래는 물리적 공간으로서의 시장이 필요 없다는 점에서 전통적인 상거래와는 차이가 있다. 인터넷무역거래에서는 수출업자가 자사의 상품을 웹사이트를 통해 인터넷 시장에 내놓거나 반대로 수입업자가 웹사이트에 구매오퍼를 게시할 경우 수출입업자 상호 간에 전자우편 등을 통해 가격상담과 계약체결이 이루어지게 된다. 이때 물품은 일반우편이나 특송편으로 인도하고 대금은 전자은행을 통해 결제한다.

인터넷으로 무역을 할 경우 저렴한 비용으로 자사상품의 광고와 새로운 거래선의 발굴이 용이하게 되나, 아직은 전자결제시스템 미비, 네트워크 인증기관의 문제, 수출입업체의 신용이나 거래내용의 보안유지문제 등이 남아 있다. 이러한 문제는 개인의 신용정보를 처리해 주는 네트워크 인증기관들의 발전으로 점차 해결되고 있다.

(2) 인터넷무역의 특징[17)]

1) 세계시장의 단일화

이제까지 국가별 · 지역별로 독립적으로 존재하던 시장이 인터넷을 통하여 사이버공간상의 단일시장으로 통합되고 있다. 인터넷의 등장 이전에는 국가별 · 지역별로 물리적인 시장만이 존재가능하였다. 인터넷 등장 이후 가상공간상에 구축된 시장에서 누구나 손쉽게 전 세계를 대상으로 상품 및 서비스의 판매 및 구매가 가능하게 되었다.

2) 가격의 단일화

인터넷상에서는 모든 제품과 서비스에 대한 정보가 개방된 시장이 형성된다. 검색엔진 등을 활용하여 특정 상품 및 특정 기업에의 접근이 용이하다. 따라서 동일한 제품에 있어서는 경쟁력 있는 가격을 제시하고 있는 업체만이 수출 또는 판매가 가능하게 되어 궁극적으로는 모든 동일 제품의 가격이 경쟁력 있는 선두업체가 제시하는 가격으로 통일될 것이다.

3) 글로벌마케팅활동

인터넷의 등장은 해외시장조사활동을 인터넷을 통하여 저렴한 비용으로 쉽게 가능하도록 하고 있다. 회사 및 제품의 홍보도 웹사이트의 구축, 무역거래알선사이트를 통한 전자카탈로그의 게재, 매도오퍼의 게재, 인터넷 프로모션을 통해 소규모의 기업도 저렴한 비용으로 글로벌마케팅을 가능하게 하고 있다.

4) 정보획득의 용이

인터넷상에는 해외시장정보, 산업정보, 국가정보, 통상정보, 법률정보, 상품정보, 무역거래알선정보, 무역통계정보, 기업체정보, 수입업체정보 등 양질의 정보

---

17) 김관영 · 손태영, 인터넷무역 PULS, 두남, 2001, pp.6~8.

를 데이터베이스로 구축하여 서비스하는 사이트가 상당수 존재하고 있다. 이러한 사이트의 숫자는 계속 증가추세에 있으며 국제기관, 국가기관, 전문기관, 상업기관 등에 의해 유료·무료로 운영되고 있으며, 신뢰도 높은 정보가 제공되고 있다. 따라서 이러한 사이트를 이용하여 무역거래에 필요한 정보를 상대적으로 저렴하게 실시간으로 이용가능하게 되었다.

5) 비용의 절감

기존 오프라인방식에 의존한 해외마케팅은 카탈로그의 제작 및 배포, 상품잡지·무역잡지 등에 상품의 게재 등 상당한 비용이 지출되어야만 했다. 하지만 인터넷상에서의 해외홍보 및 마케팅은 웹사이트 구축, 무역거래알선사이트에 전자카탈로그 게재, 매도오퍼 게재 등 상대적으로 적은 비용으로 해외마케팅활동이 가능하게 되었다.

6) 중소기업에 대등한 기회제공

인터넷상에서는 중소기업도 대기업과 대등한 입장에서 경쟁할 수 있다. 기존의 체제에서는 자금, 조직, 인력자원이 충분치 못한 중소기업이 국제시장에서 대기업과 대등한 입장에서 마케팅활동을 전개하는 것이 불가능하였다. 하지만 인터넷의 등장은 저렴한 비용으로 전 세계 시장을 대상으로 마케팅활동을 가능하게 하였다.

7) 실시간 해외마케팅

인터넷상의 홈페이지, 무역거래알선사이트를 통해 실시간으로 시장조사, 제품홍보, 회사홍보, 매도오퍼의 게재 및 발송, 거래제의 등 마케팅활동의 전반을 실시간으로 시행할 수 있다.

(3) 전통적 무역방식과 인터넷무역의 비교

인터넷무역의 경우 진행순서에 있어 기존의 무역체제와 별다른 차이점은 없으나, 수단과 방법에 있어서는 상당한 차이가 있다. 따라서 물품이나 서비스의 개발단계에서부터 인터넷을 활용하여 무역을 할 수 있도록 기획되어야 하며, 특히 신제품의 개발과 효과적인 주문처리, 고객관리 및 대금결제 등을 위한 내부체제를 갖추는 것이 필요하다.

그림 11-5 | 기존 무역거래와 인터넷무역거래의 비교

〈기존 무역거래〉		〈인터넷 무역거래〉
거래알선기관 직접방문 등	정보수집 ↓	거래알선사이트, 인터넷 정보검색
카탈로그매체, 광고, 전시회 등	광고마케팅 ↓	홈페이지, 유즈넷, 메일링리스트 등
국제전화/팩스 우편, 출장 등	의사교환 ↓	전자우편, 인터넷, 국제전화/팩스 등
신용장, D/A, D/P 등(은행)	대금결제 ↓	무역카드, 전자자금이체 등
Forwarder, 해운, 항공운송	물류운송	온라인전송, 특급운송 등

자료 : 심상렬, "인터넷무역촉진을 위한 산 · 학 · 관 협력체제 구축방안", 한국국제통상정보학회 발표논문, 1999. 7, p.125.

2. 인터넷무역 거래수단과 과정

(1) 인터넷을 이용한 무역거래 수단[18]

1) 월드와이드웹

WWW(World Wide Web)는 정보제공자가 정보를 화상 또는 동영상 등의 멀티미디어 데이터, 텍스트 등 원하는 형태로 입력 · 제공함으로써 인터넷과 접속된 이용자에게 세계 어디서나 24시간 정보검색이 가능하도록 하는 서비스이다.

인터넷무역에서 World Wide Web은 기업이 경쟁력 우위확보를 위해 가장 신경 써야 할 부분 중 하나이다. 기업에서는 주로 상품 카탈로그나 기업정보 등을 수록하여 인터넷상에서 자사의 소개와 제품홍보 등에 활용하고 있다. 이렇게 인터넷에 올린 홈페이지는 24시간 열린 회사의 홍보매체이므로 특성에 맞게 만들어 적절한 홍보를 한다면 기업이나 상품의 광고효과를 저렴한 비용으로 극대화시킬 수 있다. 또한 무역거래 웹사이트에서는 수출입업자 간의 실제 거래의 기회를 제

18) http://www.samhwi.com/export/intrade.htm

공하는 중요한 사이버 마켓(cyber market)이기도 하다.

2) 뉴스그룹

뉴스그룹(news group)이란 인터넷상에서 공통의 관심을 가진 사람들이 원하는 내용을 게시하고 토론하는 일종의 게시판이다. 인터넷, 이메일이 특정인과 메시지를 주고받는 것이라면 뉴스그룹은 불특정다수를 대상으로 정보를 교환하는 서비스라고 할 수 있다. 관심의 대상에 따라 무역 등 수만 개의 세분화된 주제를 가진 그룹들이 있어 뉴스그룹 이용자는 주제별로 형성된 토론그룹에 참여하여 자신의 의견을 제시하거나 응답할 수 있다. 무역을 하는 입장에서 보면 표적시장에 접근할 수 있는 쉽고도 저렴한 광고매체인 동시에 소비자의 반응을 즉시 확인해 볼 수 있는 곳이기도 하다.

3) 이메일

이메일(e-mail)은 인터넷의 기능 가운데 가장 유용하게 사용하는 서비스이다. 이메일이란 일반우편과 똑같은 개념이나 발신인과 수신인 사이의 메시지 전달경로가 네트워크라는 것만 다르다. 이메일이 다양한 용도로 활용될 수 있는 것은 기존의 통신수단인 전화와 우편의 장점을 모두 갖추고 있어서 신속 · 정확하고 저렴하게 메시지의 전달이 이루어지고 그 이용이 간편하다는 장점이 있기 때문이다. 인터넷무역에서의 이메일은 종전 무역업체들이 외국의 무역관련 기관이나 거래기업에 팩스 또는 우편으로 해오던 거래업무를 이메일로 대체하게 된 것이다. 인터넷을 이용한 무역에서 성공할 수 있는 길은 이메일을 얼마나 잘 사용하느냐에 따라 좌우된다고 할 수 있을 정도로 이메일이 차지하는 비중은 커지고 있다.

4) 무역거래알선사이트

무역거래알선사이트는 우리나라 무역업체들이 회원으로 가입하여 팔고자 하는 물품에 대한 오퍼를 제시하며, 외국의 무역업체들도 이 거래알선사이트에 회원으로 등록하여 역시 팔고자 하는 물품에 대한 오퍼를 등록한다. 이 전자장터는 국경과 시간을 초월한 가상공간상에 자리잡고 있기 때문에 어느 나라 사람이나 인터넷만 가능하면 들어올 수 있고, 시간대를 초월하는 전천후 시장이라는 특징이 있다.

표 11-1 | 무역거래알선사이트

운영기관	홈페이지	주요 내용
대한무역투자 진흥공사	www.silkroad21.net	대한투역투자진흥공사가 유관기관과 공동으로 구축한 전자무역포털로 개별기관에 흩어져 있는 무역거래알선정보의 통합검색이 가능함
EC21 (전 한국무역협회)	www.ec21.com	한국무역협회에서 분사하여 거래알선, 주문, 대금지급까지 무역 전 과정을 온라인으로 지원함
ECPlaza (전 한국무역정보통신)	www.ecplaza.net	한국무역정보통신에서 분사하여 오퍼등록 및 검색, 전자카탈로그 제공, 신용조사, 인터넷 EDI방식으로 무역자동화 서비스를 제공하고 있음
중소기업진흥공단	www.tpage.com	중소기업의 수출촉진, 벤처창업지원, 중소기업 홈페이지 운영, 중소기업 연수를 담당함
티페이지	www.alibaba.com	B2B 전문검색엔진으로 국내기업정보, 오퍼검색, 해외마케팅 등 비즈니스 토털 솔루션 서비스를 제공함
ALIBABA	www.alibaba.com	인터내셔널, 중국, 중화권 등 3개 사이트를 중심으로 한 기업 간 전자상거래업체로서 오퍼등록 및 검색에 관한 정보를 제공함
Worldbid	www.worldbid.com	중화권 e-마켓플레이스로 출발하여 현재는 전 세계적 차원의 e-마켓플레이스로 성장함
Eceurope	www.eceurope.com	유럽의 기업들에 대한 데이터베이스를 구축하여 정보서비스를 제공함

자료 : 박의범 외, 무역학원론, 해남출판사, 2010, p.528.

(2) 인터넷무역의 체결과정

먼저 아이템을 선정하고 국가별 통계사이트나 무역기관사이트를 통하여 해외시장조사를 실시한다. 그리고 홈페이지나 알선사이트, 유즈넷 등을 통하여 홍보 및 마케팅 수행과 거래선을 발굴한다. 고객에게 전자우편으로 거래를 제의한 후 신용조사기관 사이트를 통하여 신용조사를 수행한다. 신용에 문제가 없으면 역시 전자우편 등을 이용하여 조건협상 수행 및 계약을 체결한다. 인터넷을 이용한 수출계약의 체결과정을 도해하면 [그림 11-6]과 같다.

그림 11-6 | 인터넷을 이용한 수출계약 체결과정

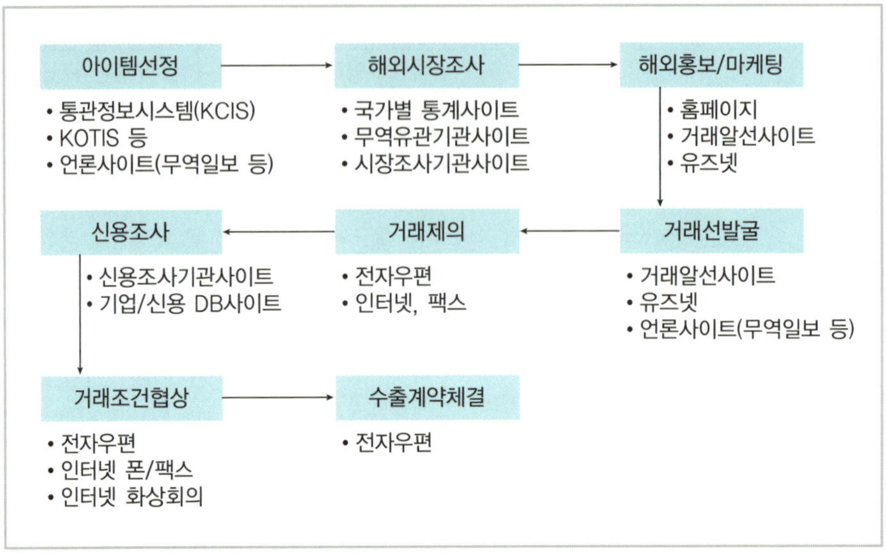

자료 : 이신규 · 김희철, 국제무역의 이해, 도서출판 두남, 2000, p.448.

3. 인터넷무역의 전망

(1) 인터넷무역거래의 전망[19]

인터넷을 이용한 무역은 무역에 대한 기존 패러다임을 모두 바꾸게 될 것이다. 기존의 무역거래방식은 해외시장조사에서 수출상품의 선적까지 여러 단계의 복잡한 절차를 거쳐야 하므로 그만큼 많은 시간과 비용이 소요되나, 인터넷무역은 이러한 복잡한 거래단계에서 발생하는 비용을 획기적으로 줄일 수 있다.

그러나 현실적으로 거래에 들어가면 국가 간의 법률적 · 제도적 장치 미비와 네트워크보안문제, 그리고 관세문제 등이 여전히 논란의 상태에 있어서 매매계약까지는 인터넷을 통한 방식을 사용하고 실제 거래는 기존의 거래방식을 사용하게 된다. 따라서 인터넷을 통한 무역거래를 이행하기 위해서 각국이 법적 · 제도적 장치들을 마련 중에 있고 네트워크 보안문제도 금융기관들을 중심으로 표준화 작업을 마련하고 있다.

---

19) http://www.samhwi.com/export/intrade.htm

(2) 전자결제 동향[20)]

과거의 무역결제방식은 주로 신용장방식과 송금 및 추심방식이 주를 이루고 있었다. 그러나 최근 들어 SEIFT신용장 및 전자자금이체, 전자화폐의 사용이 늘어나고 있다. 주요한 전자결제 네트워크를 살펴보면 다음과 같다.

1) SWIFTnet

스위프트는 금융데이터통신협회(Society for Worldwide Interbank Telecommunication)의 약자로 국제은행 간 대금결제를 위한 통신망이다. 회원은행 간 SWIFT 통신망을 통한 신용장 전송은 유효한 서류로 간주되고 있어 대부분의 신용장은 이 통신망을 통하여 수신한 전자문서를 출력하여 사용하고 있다. 이 방식은 폐쇄형 전용방식이었으나 최근에 개방형인 웹기반의 스위프트넷(SWIFTnet)으로 전환하였다.

2) SURF

볼레로(Bolero)사는 Bill of Lading Electronic Registry Organization의 약자로 선하증권 전자등록기구를 의미한다. 이 기구는 국제자금결제의 대부분을 점유하고 있는 SWIFT와 세계해운업계를 장악하고 있는 TT Club(Through Transport Club)이 1998년 컨소시엄을 구성하여 설립한 국제무역네트워크회사이다. 볼레로사는 선적서류 중 중요서류인 선하증권을 전자문서로 전환하는 데 중점을 두고 있다. 왜냐하면 그동안 무역자동화가 이루어졌으나 선하증권은 전자문서로 변환되지 못하였기 때문이다. 볼레로사는 최근 SURF(settlement utility for manageing risk and finance)라는 새로운 대금결제 솔루션을 개발하였다. 이것은 매도인과 매수인 사이에서 전자문서형태의 무역정보흐름을 관장함으로써 전자무역이 원활하게 이루어지도록 관리하는 시스템이다.

3) Trade Card

트레이드카드란 기존의 신용카드가 소액결제에만 사용되는 단점이 있는 데 포착하여 기업 간 무역결제에서 거액의 대금을 카드로 결제할 수 있게 만든 국제무역용 온라인 카드솔루션이다. 기존의 신용장거래가 서류점검 결과 불일치 비율이

---

20) 박의범 외, 무역학원론, 해남출판사, 2010, p.530 정리

70%를 상회하여 이를 수정하는 데 시간과 비용이 너무 과다하여 국제무역이 원활하게 이루어지지 않는 점에 기인하여 탄생하게 되었다. 즉, 전자문서형태로 중앙처리장치에 전송된 상업송장, 포장명세서, 선적관련 정보 등 무역전자문서들과 전자계약서의 일치성을 자동으로 점검하는 시스템을 갖추고 있다.

그림 11-7 | 무역결제방식의 변천과정

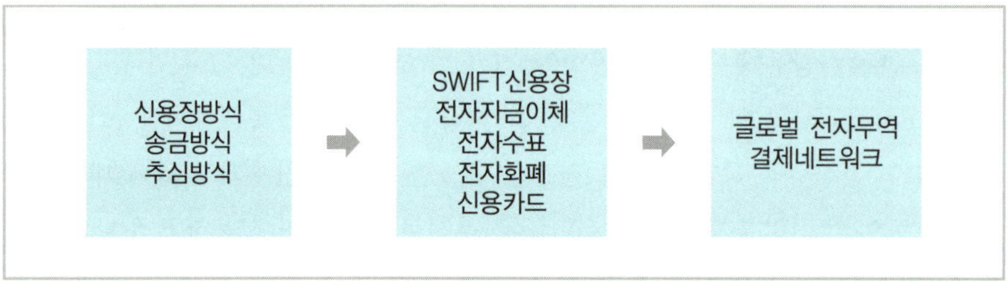

제 3 부

국제금융론

INTERNATIONAL TRADING

제 12 장 환율과 국제통화제도

제1절 환율
제2절 국제통화제도
제3절 한국의 통화제도

학습목표

1. 환율의 개념과 환율예측이론을 파악한다.
2. 국제통화제도의 종류와 변화과정을 이해한다.
3. 한국의 통화제도를 이해한다.

| 핵심사항 |

❶ 환율

1. 환율의 개념
환율이란 일정시점에서 어떤 한 나라의 통화와 다른 나라 통화와의 교환비율을 말한다. 환율을 표시하는 방법은 직접표시법(direct quotations)과 간접표시방법(indirect quotations) 두 가지로 크게 나눌 수 있다.
2. 환율예측이론
환율예측이론에는 국제일물일가의원칙, 금리평가이론, 구매력평가이론, 피셔효과이론, 기대이론, 국제피셔효과이론 등이 있다.
3. 환율제도
(1) 고정환율제도 : 환율변동을 전혀 인정하지 않거나 그 변동폭을 극히 제한하는 환율제도를 말한다.
(2) 변동환율제도 : 환율이 시장의 수요와 공급에 따라 변하는 제도를 말하며 현재 우리나라가 선택하고 있는 환율제도가 바로 변동환율제도이다.
(3) 관리변동환율제도 : 환율이 외환시장의 수급상황에 따라 변동되도록 하되 중앙은행이 적정하다고 판단하는 수준에서 환율을 안정시키기 위해 수시로 외환시장에 개입하여 환율수준을 관리하는 환율제도로서 고정환율제도와 자유변동환율제도의 장점을 살린 중간형태라 할 수 있다.
(4) 시장평균환율제도 : 우리나라에서 1990년 3월 이후 시행하였던 환율제도로서 기본적으로 환율이 외환시장에서의 수요와 공급에 의해 결정되도록 하되 급격한 환율변동에 의한 외환시장 교란과 경제에 미치는 부작용을 완화하기 위하여 환율의 일일 변동폭을 법적으로 제한하는 제도를 말한다.

❷ 국제통화제도

1. 국제통화제도의 변천과정
(1) 금본위제도 : 금과의 교환비율을 나타내는 자국통화의 금 평가를 설정 · 유지하고 금의 뒷받침하에서 통화를 발행하는 제도이다.
(2) 금환본위제도 : 금을 다량 보유한 국가가 금본위제도를 채택하고 여타 국가들은 금 및 금태환이 보장된 국가의 통화를 화폐발행 준비로 보유함으로써 자국 통화단위와 금의 일정량 사이에 간접적인 등가관계를 유지할 수 있도록 하는 제도이다.
(3) 브레튼우즈체제하의 국제통화제도 : 브레튼우즈체제하에서는 어떤 나라가 국제수지의 일시적인 불균형에 직면하게 될지라도 환율을 평가(par value)의 상하 1%의 범위 내에서 고정시켜야만 되도록 하였다.
(4) 스미소니언체제하의 국제통화제도 : 스미소니언협정의 내용은 두 가지인데 하나는 주요 통화의 평가를 재조정하는 것이고 다른 하나는 환율의 변동폭을 확대시킨 것이다.
(5) 킹스턴체제하의 국제통화제도 : IMF의 가맹국들이 스스로 자국의 경제적인 여건에 맞는 환율제도를 선택할 수 있는 재량권을 부여함으로써 주요국들이 1973년 3월에 스미소니언체제가 붕괴된 후 채택하고 있었던 변동환율제도를 사실상 인정하였다.
2. 국제통화의 개편논의 배경과 주요 내용
국제통화체제의 개편에 대한 국제사회의 논의는 1998년 G7회담을 계기로 본격적으로 시작되어 이어지고 있다.

❸ 한국의 통화제도

우리나라 환율제도의 흐름을 살펴보면 해방 이후인 1945년 10월부터 1964년 5월 2일까지는 고정환율제도를 사용하였고 그 이후 1964년 5월 3일부터 1980년 2월 26일까지는 단일변동환율제도를, 1980년 2월 27일부터 1990년 3월 1일까지는 복수통화바스켓제도, 1990년 3월 1일부터 시장평균환율제도, 1997년 12월 15일부터 자유변동환율제도로 변천되어 왔다.

제1절 환율

1. 환율의 개념

환율이란 일정시점에서 어떤 한 나라의 통화와 다른 나라 통화와의 교환비율을 말한다. 외환시장에서의 외국통화는 마치 일종의 상품으로 취급되어 환율이라고 하는 매매가격이 형성되는데 이는 기본적으로 그 통화에 대한 수요와 공급에 따라 결정된다. 이러한 환율을 표시하는 방법은 두 가지로 크게 나눌 수 있다.

(1) 직접표시법

직접표시법(direct quotations)이란 외화 1단위 또는 100단위(우리나라의 경우 일본 엔화, 이탈리아 리라, 스페인 페세타, 인도네시아 루피아 등에 대해 100단위를 적용하고 있음)에 대한 자국화폐의 교환대가를 표시하는 방법으로 우리나라를 포함한 대부분의 국가에서 자국 내 외환거래에 사용하고 있으며 자국통화표시법이라고도 한다. 예를 들면, U$1=₩1,000 또는 ₩/U$=1,000과 같이 표시한다.

(2) 간접표시법

간접표시법(indirect quotations)이란 자국화폐 1단위 또는 100단위에 대한 외화의 교환대가를 표시하는 방법으로 영국, 호주, 뉴질랜드 등 국가에서 사용하고 있으며 외국통화표시법이라고도 한다. 즉, ₩1=U$ 1/1,000 또는 U$/₩=1/1,000과 같이 표시한다.

2. 환율예측이론

(1) 국제일물일가의 원칙

동일한 시점에서 어느 한 나라의 상품가격은 다른 나라에서의 동일한 상품가격과 같다는 이론이 국제일물일가의 원칙이다. 즉, 전 세계가 상품의 이동이나 금융자산거래에 대한 규제조치가 전혀 없고, 모든 정보가 시장가격에 즉시 완전하게 반영되는 효율적인 시장이고, 거래비용이나 조세 등의 부대비용을 고려하지 않는 경우에 적용되는 원칙이다.

일반적으로 두 나라에서는 동일한 상품이라 하더라도 서로 다른 가격으로 거래되는데 여기에는 두 나라 간의 수송비나 거래비용의 차이가 존재한다. 그러나 동일한 상품에 대한 두 나라에서의 가격차이가 수송비와 거래비용 이상으로 확대될 경우에는 재정거래자(arbitrager)가 출현하게 된다.

$$S = \frac{\pi_{b,i}}{\pi_{f,i}} \quad (i = 1, 2, \cdots\cdots, n)$$

S = 국제일물일가가 적용되는 환율
$\pi_{b,i}$ = i상품의 국내가격
$\pi_{f,i}$ = i상품의 국외가격

(2) 금리평가이론

금리평가이론(IRPT : Interest Rate Parity Theory)이란 완전금융시장 및 무거래비용 무세금가정을 바탕으로 양국 간의 금리격차와 환율의 균형관계를 설명하는 이론으로서 불균형이 발생하면 재정거래가 이루어져 투자자들이 아무런 위험부담 없이 이익을 얻을 수 있는 기회가 존재할 수 있으며, 완전한 금융시장에서 양국 간의 금리차는 선물환 프리미엄(할증) 또는 디스카운트(할인)와 동일하다는 이론이다.

$$\frac{(F - S)}{S} = \frac{i(U\$) - i(£)}{1 + i(£)}$$

좌변 : 환전수수료(exchange agio)
선물환율과 현물환율의 차이를 현물환율로 나눈 것
우변 : 금리환전수수료(interest agio)
미국과 영국 양국의 금리차이를 영국금리로 할인한 것

(3) 구매력평가이론

구매력평가이론은 두 국가 간의 현행환율이 균형에서 출발한다면 두 국가 간의 인플레이션 차이의 변화는 정확히 현행환율의 변화에 의해 상쇄된다는 이론이다. 즉, 국내물가수준과 외국물가수준의 비율이 양국 간의 균형환율로 반영되어야 한다는 이론으로 가정은 통화 1단위의 구매력이 양국의 시장에서 동일하여야 한다는 것이다.

$$\pi(U\$) = S \times \pi(£) \text{ 또는 } S = \frac{\pi(U\$)}{\pi(£)}$$

그러나 이러한 구매력평가이론의 현실적 제약은 일정시점의 환율이 균형환율이라는 가정은 현실성이 없다는 점이다. 즉 어느 시점의 비교국 간의 환율이 상대물가수준을 정확히 반영한 환율인지는 아무도 모르며, 기준시점을 어디에 두느냐에 따라 평가절상 및 절하의 결정이 상반되기 때문이다. 또한 정확한 구매력 측정을 위한 동일상품이 존재하지 않으며, 수송비, 관세 및 비관세장벽 등으로 인하여 상품의 자유로운 이동이 불가능하다는 점이다.

(4) 피셔효과이론

피셔효과란 명목금리는 실질금리와 기대인플레이션율의 합과 같다는 이론으로서 기대인플레이션율과 명목금리와 실질금리와의 관계를 설명하는 이론이다. 즉 양국의 명목금리차이와 양국의 예상인플레이션율의 차이가 같다는 것이며, 어떤 통화로 예금을 하든 인플레이션을 감안한 실질수익률은 항상 같아야 한다는 가정을 지니고 있다.

$$\frac{i(U\$) - i(£)}{1 + i(£)} = \frac{*(U\$) - *\pi(£)}{1 + *\pi(£)}$$

그러나 이런 피셔효과는 현실적으로 제약을 받고 있다. 즉 국제균형금리 가정의 비현실성이 존재하며(각 국가들은 경제정책에 따라 금리를 임의로 조정하고 있음), 반드시 다른 나라와 실질임금수준을 맞추려고 하지 않고 있다. 또한 자본의 자유로운 이동을 가정하고 있으나 이는 통화동맹을 맺고 있는 일부 나라를 제외하고는 현실적으로 불가능한 가정이다.

(5) 기대이론

기대이론은 선물환율과 현물환율의 차이가 예상현물환율의 차이와 같다는 이론으로서, 선물환율은 선물환계약 만료시점의 현물환율에 대한 불편예측치가 되어야 한다는 것이다. 즉, 현재의 선물환율로 선물환계약 만료시점의 현물환율을 여러 번 예측했을 때 두 환율 간의 오차의 합이 영(0)이 되어야 한다는 것이다. 기대이론을 불편예측치(unbiased predictor)이론이라고도 하며 식은 다음과 같다.

$$\frac{F-S}{S}=\frac{*S(t)-S}{S}$$

이러한 기대이론은 유도과정상의 약점을 지니고 있다. 즉 기대이론은 금리평가, 구매력평가, 피셔효과이론이 합성되어 나타난 파생이론으로서 앞의 세 가지 이론의 약점이 증폭되어 나타난다는 단점이 있다. 또한 가정상의 약점으로는 현물환 및 선물환시장에서의 수급에 의한 현물환율 및 선물환율 결정을 가정하고 있으며, 그 수급요인은 시장의 현실과는 전혀 다른 가정에 기초한 이론들인 금리평가, 구매력평가 및 피셔효과이론에 의해 결정된다고 정의를 내리고 있다. 마지막으로 기대이론은 현재의 선물환율은 장래 선물환계약 만료시점의 현물환율과 같다는 생각은 아주 장기적으로는 성립될지 모르나 단기적으로는 두 환율 사이에 많은 오차가 발생할 가능성이 매우 높다.

(6) 국제피셔효과이론

국제피셔효과이론은 양국의 금리격차와 예상현물환율의 차이가 같다는 이론으로서 다음과 같이 구매력평가이론과 피셔효과이론의 관계에서 유도되었다.

$$\frac{i(U\$) - i(£)}{1 + i(£)} = \frac{*S(t) - S}{S}$$

본 이론은 환율이나 금리를 종합적으로 고려할 때 기업들은 어느 나라 통화로 자금을 빌리든 차이가 없어야 하며, 금융기관들이 어느 나라 주식이나 채권에 투자하든지 환율과 금리를 감안한 실제수익률은 같아야 한다는 전제가 있다. 그러나 다음과 같은 이론상의 약점을 지니고 있다. 첫째, 독립적인 이론이 아니라 피셔효과와 구매력평가를 통해 유추된 파생이론에 불과하며, 둘째 기존의 이론들이 갖고 있는 약점들이 결합되어 나타날 수 있고, 셋째 국내외 금리차에 의한 환율의 기대변동률과 일정시점 후에 실제로 실현된 환율변동률과는 격차가 존재한다. 그렇지만 본 이론은 현실적으로 환율과 금리를 종합적으로 고려할 때 기업이나 금융기관들이 어느 나라의 통화로 돈을 빌리거나 투자하는 것이 더 효과적인가를 판단하는 기준으로 활용되고 있다.

(7) 제 이론들 간의 상호관계

환율예측을 위한 지금까지의 제 이론들은 서로 독립적이지 않고 상호 밀접한 관계를 가지고 있는데 이들의 관계를 살펴보면 [그림 12-1]과 같다.

그림 12-1 | 환율예측이론들 간의 상호관계

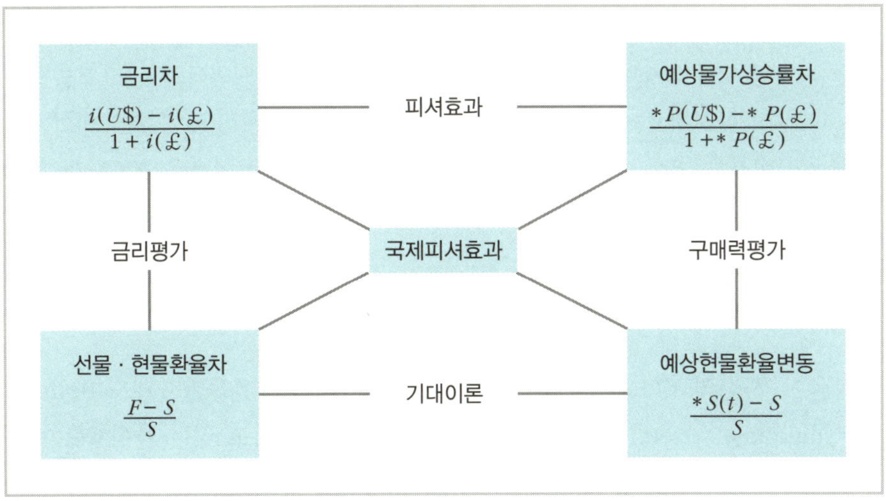

3. 환율제도

(1) 고정환율제도

환율변동을 전혀 인정하지 않거나 그 변동폭을 극히 제한하는 환율제도를 고정환율제도(fixed exchange rate system)라 한다. 가장 전통적인 고정환율제도는 19세기 말에서 20세기 초의 금본위제인데 동 제도하에서 각국은 자국통화의 가치를 금에 고정시키고 금태환성을 보장함으로써 모든 통화에 대한 환율을 안정적으로 유지할 수 있었다. 예를 들어 영국은 금 1온스에 4.5파운드로 고정하고, 미국은 금 1온스에 27달러로 고정하면 양국통화 간 환율은 고정된다. 제2차 세계대전 이후 1973년까지 유지되었던 브레튼우즈체제도 고정환율제도의 한 형태로서 이 제도하에서는 미달러화만이 금에 대해 가치가 고정되었고 금태환성이 보장되었다. 그리고 기타 국가는 미달러화에 자국통화의 가치를 고정시켜서 운용하였다.

고정환율제도를 설명하면 다음과 같다. 고정환율제도란 1달러 800원이라고 못을 박으면 영원히 환율이 800원에서 변하지 않는 환율결정 메커니즘을 말한다. 생각해 보면 매우 편하고, 환율계산도 쉬워서 좋을 것 같지만 사실은 그렇지가 않다. 예를 들어 환율이 1달러에 1,000원으로 묶여 있고, 우리나라 제품이 너무 좋아서 수출이 증가하여 달러를 많이 벌어들이고 있다고 하자. 달러가 흘러 들어오는 만큼 원화가 풀리고, 원화가 풀리는 만큼 물가는 뛰게 된다. 물가를 낮추고, 외국의 통상압력을 피하기 위해서는 수출을 줄여야 하는데 환율은 여전히 1달러에 1,000원이기 때문에 수출은 줄어들지 않는다. 환율을 낮추면 수출이 줄어들 수 있겠지만 환율이 고정되어 있기 때문에 어쩔 수가 없다. 고정환율제도의 최대 단점은 이처럼 국제수지를 조정하는 역할을 할 수 없다는 데 있다. 즉, 고정환율제도는 환율이 안정적으로 유지됨에 따라 경제활동의 안정성이 보장되어 대외거래를 촉진시키는 장점이 있으나 환율변동에 의한 국제수지의 조정이 불가능함에 따라 대외부문의 충격이 물가불안 등 국내경제를 불안정하게 하는 단점도 있다.

(2) 변동환율제도

환율이 시장의 수요와 공급에 따라 변하는 제도를 변동환율제도(floating exchange rate system)라고 하며 현재 우리나라가 선택하고 있는 환율제도가 바로 변동환율제도이다. 달러에 대한 수요가 많아지면 달러의 가치가 올라가서 환율이 800원에서 1,000원으로 뛰고, 반대로 달러에 대한 수요가 줄면 환율이 1,000원에서 800원으로 변하는 제도가 바로 변동환율제도이다.

환율이 시장의 수요공급에 따라 급격하게 변하면 1달러에 1,000원일 때 900원짜리 상품을 1달러에 수출하면 100원의 이익이 발생한다. 그런데 막상 대금결제를 받을 때에 환율이 변해서 1달러에 800원이 되면 수출업자는 가만히 앉아서 100원을 손해보게 된다. 이처럼 환율의 변동으로 오는 손실을 환차손이라고 하고, 환율의 변동으로 오는 이익을 환차익이라고 한다. 환율이 변동하면 환차손을 보아야 할 뿐만 아니라 원자재를 많이 수입하는 업체는 연초에 수립하였던 예산을 수정해야 한다. 이 같은 문제에도 불구하고 많은 나라들이 변동환율제도를 선택하는 이유는 변동환율제도가 국제수지를 조정하는 역할을 하기 때문이다.

환율이 1달러에 800원에서 1,000원으로 올랐다고 가정하자. 그러면 우리나라 제품의 수출은 늘어나고 달러는 늘어나게 된다. 수출이 많으면 많을수록 좋다고 생각할 수도 있겠지만 수출을 많이 해서 달러가 들어오면 기업은 임금을 주기 위해서라도 원화로 바꾸어야 하는데 지나치게 많은 달러가 들어오면 물가가 폭등하고, 경제에 거품이 생기는 현상도 발생할 수 있다. 이 같은 문제를 해결하기 위해서는 수출을 줄어야 하는데 변동환율제도하에서는 굳이 인위적인 수단을 강구하지 않아도 수출이 줄어들게 된다. 그 이유는 달러가 많이 들어오게 되면 환율이 1달러에 1,000원에서 1달러에 800원으로 떨어지기 때문이다. 미국기업의 입장에서는 옛날에는 1달러를 주고 1,000원짜리 물건을 살 수 있었는데 이제는 800원짜리 물건밖에 살 수 없게 되어 구매선을 다른 나라로 돌리게 되고 이로 인해 당연히 수출은 줄어 들 수밖에 없는 것이다.

(3) 관리변동환율제도

관리변동환율제도(managed floating exchange rate system)는 환율이 외환시장의 수급상황에 따라 변동되도록 하되 중앙은행이 적정하다고 판단하는 수준에서 환율을 안정시키기 위해 수시로 외환시장에 개입하여 환율수준을 관리하는 환율제도로서 고정환율제도와 자유변동환율제도의 장점을 살린 중간형태라 할 수 있다. 1970년대 브레튼우즈체제가 무너지면서 변동환율제도로 이행한 이후의 국제통화제도는 환율변동 허용 정도에 따라 여러 가지 제도가 혼재되어 있다. 주요 선진국들이 자유변동환율제도를 채택한 데 비하여 개도국들은 관리변동환율제도를 채택하는 경향이 있다.

(4) 시장평균환율제도

시장평균환율제도(market average exchange rate system)는 우리나라에서 1990년 3월 이후 시행하였던 환율제도로서 기본적으로 환율이 외환시장에서의 수요와 공급에 의해 결정되도록 하되 급격한 환율변동에 의한 외환시장 교란과 경제에 미치는 부작용을 완화하기 위하여 환율의 일일 변동폭을 법적으로 제한하는 제도를 말한다.

제2절 국제통화제도

1. 국제통화제도의 변천과정

(1) 금본위제도

금과의 교환비율을 나타내는 자국통화의 금 평가를 설정 · 유지하고 금의 뒷받침하에서 통화를 발행하는 제도를 금본위제도(gold standard system)라고 한다. 금본위제도에서는 통화단위의 가치가 일정량의 금으로 정의되는데, 통화당국이 그 가격에서의 금과 통화의 매매에 무제한으로 응하며 또한 대외적으로는 금의 수출입이 자유롭다.

이러한 금본위제도는 통화와 금의 결속 정도에 의하여 금만이 통화로서 유통하는 제도인 금화본위제, 국내에서 중심적 화폐는 은행권이며 정부가 대외적 결제수단으로서 금을 보유하는 제도인 금지금본위제 및 통화당국이 금화본위제와 금지금본위제제도를 채택하는 나라의 통화와의 교환을 약속하는 지폐를 발행하는 제도인 금환본위제의 세 가지로 분류된다.

영국은 1821년 이후 금본위제도를 공식적으로 채택하였으며, 유럽의 여타 주요국은 1870년대에 사실상 금본위제도로 이행하였다. 미국은 1879년에 금본위제도로 복귀하였다. 일본은 청일전쟁에서 얻은 배상을 준비금으로 하여 1897년에 금본위제를 확립하였다. 금본위제도는 제1차 세계대전이 일어난 1914년까지 유지되었다.

금본위제도는 사람들이 고안해서 만들어 낸 것이 아니라 흡사 가격기구처럼 자연발생적으로 생긴 것이다. 즉, 대부분의 나라에서는 금이 화폐로 사용되었으므로 국제통화제도로 금본위제도에 기초하게 되었다. 이때 각국의 화폐단위는 일정한 분량의 금을 함유하고 있었으므로 이에 따라서 국가들 사이의 환율도 고정되었다. 예를 들어, 금본위제도하의 어떤 국민경제가 국제수지 적자를 보이고 있다고 하자. 그러면 금의 해외유출이 발생하게 되는데, 이는 국내의 통화량을 감소시켜 물가수준의 하락을 가져온다. 물가가 하락하면 이 나라 수출품의 가격이 낮아지므로 수출은 증가하는 반면에 수입품의 가격은 비싸져서 수입은 감소하게 된다. 따라서 국제수지는 다시 균형상태로 돌아가게 된다. 흑자의 경우도 마찬가지이다.

그러나 제1차 세계대전 후에 대부분의 국가들은 금태환을 정지시킴으로써 금본위제도에서 이탈하였다. 한편 전쟁으로 인해 많은 나라들이 인플레이션을 겪었음에도 전후 환율이 변동되지 않았다. 즉 금본위제도의 재개에 있어서 각 나라들은 위신을 생각해서 전쟁 전의 환율을 그대로 고집하였다. 그 결과로 어떤 나라의 통화는 과대평가되어 국제수지에 적자가 생기게 되었고, 다른 통화는 과소평가 되어 국제수지가 상당한 흑자를 보게 되었다. 그런데 실제에 있어서는 국내물가수준이 너무 천천히 변동하였기 때문에 국제수지의 불균형은 시정되지 못하였다.

(2) 금환본위제도

금환본위제도는 금을 다량 보유한 국가가 금본위제도를 채택하고 여타 국가들은 금 및 금태환이 보장된 국가의 통화를 화폐발행 준비로 보유함으로써 자국통화단위와 금의 일정량 사이에 간접적인 등가관계를 유지할 수 있도록 하는 제도이다. 여기에서 금환(gold exchange)이란 금태환이 가능한 금본위국가의 교환성 통화나 환어음 및 예금 등의 채권을 말한다.

금환본위제도가 제1차 세계대전 이후 대두된 배경은 각국의 국제수지 불균형에 따른 금 준비의 국제적 편재현상과 금의 부족현상이다. 금환본위제도하에서 금본위국은 자국보유금을 준비로 하여 통화를 발행하고, 금환본위국은 금본위국의 통화를 준비로 하여 자국통화인 금환을 발행하기 때문에 금부족문제는 해결이 되었다. 그러나 국제수지 자동조절기능 면에서 취약점을 가져 1929년 세계공황을 계기로 1931년 9월 금환본위제도는 붕괴되었다.

금본위제도가 붕괴된 후의 1930년대는 환율의 혼란기였다. 주요국은 외환평형기금을 창설하여 시장개입에 의한 환율의 안정을 도모하였으며, 한편으로는 절하경쟁으로 불릴 만한 상황도 발생하였고, 또한 경제적인 대응으로서 무역의 블록화가 진행되었다

(3) 브레튼우즈체제하의 국제통화제도

세계대공황 중에 경쟁적인 평가절하로 말미암아 세계무역의 축소를 경험한 적 있는 주요국들은 제2차 세계대전이 끝날 무렵인 1944년에 미국 뉴햄프셔의 브레튼우즈에서 모임을 갖고 전후 세계무역의 원활한 성장을 위하여 고정환율제도의 채택을 주된 내용으로 하는 브레튼우즈체제를 탄생시켰다.

브레튼우즈체제하에서는 어떤 나라가 국제수지의 일시적인 불균형에 직면하게 될지라도 환율을 평가(par value)의 상하 1%의 범위 내에서 고정시켜야만 되도록 하였다. 이 체제는 국제수지의 단기적인 불균형에 직면할 때는 상하 1%의 범위 내에서 고정된 환율을 유지하도록 되어 있으나, 장기적이고 기초적인 국제수지의 불균형에 봉착하게 되면 환율을 국제통화기금(IMF)과의 협의하에 변경시킬 수가 있는 소위 조정가능한 고정환율제도를 채택하고 있었다. 그러나 실제에 있어서 IMF는 평가절하를 반기지 않았으며 국제수지의 적자국이 지출감소정책을 사용하여 스스로 대외균형을 회복해야 한다고 보았다. 이에 따라 선진국들은 평가절하를 하면 위신이 떨어지고 경제정책이 실패한 것처럼 보일 것을 두려워하여 평가절하를 거의 활용하지 않았다.

그리고 브레튼우즈체제는 금환본위제도에 기초하고 있었다. 즉, 금이 궁극적인 준비자산이지만 미국의 달러화가 각국의 통화당국에 의하여 준비자산으로 보유되는데 그 이유는 달러화가 금과 태환될 수 있기 때문이다. 이러한 브레튼우즈체제의 문제점에 대해서 알아보면 다음과 같이 요약할 수 있다.

첫째, 브레튼우즈체제는 고정환율제도에 기초하고 있었으므로 국제수지에 불균형이 생겼을 때 이를 시정 혹은 조정하는 데 어려움이 따르게 된다. 이런 경우는 오직 지출감소정책으로 총수요를 줄임으로써 국제수지의 적자를 조정할 수 있는데 이는 실업을 증가시킨다. 그렇다면 국제수지의 적자를 줄이기 위하여서는 수입은 줄이고 수출을 늘리기 위한 각종의 보호무역정책만이 남게 될 것이다.

둘째, 유동성의 부족인데 유동성이란 고정환율을 지탱시키기 위하여 각국의 통화당국이 보유하고 있는 준비자산을 말하며, 화폐용 금과 달러화가 그것이다. 즉, 어떤 나라가 외환시장에서 외환에 대한 초과수요가 존재할 때 평가절하를 피하고

고정환율을 유지하기 위해서는 통화당국이 보유하고 있는 준비자산을 매각하여야 하는데 이를 위해서는 평상시에도 준비자산을 지니고 있어야 하는 것이다. 그런데 이 체제하에서는 세계경제성장과 국제무역과 자본이동이 증가추세를 보임으로써 준비자산의 공급증대가 원활하지 못해 유동성의 부족을 일으켰다. 금은 생산비의 상승과 상업용 수요가 증대함으로써 공급이 부족했고 미국의 국제수지 적자가 가져오는 달러화공급의 증대는 실제로는 금준비의 감소로서 달러화의 금태환을 의심하게 했다. 한편 준비자산으로 쓰이는 통화는 설령 국제수지상에 적자가 계속되어도 평가절하를 하기가 어려운데 그 이유는 준비자산으로 보유하는 나라들에게 평가절하를 하면 준비자산의 가치가 떨어질 것이므로 이들 국가들은 준비자산으로 사용되는 통화의 평가절하가 일어나지 못하도록 모든 압력을 가할 것이다. 따라서 자연히 준비자산이 자국의 통화인 나라의 국내정책(실업문제나 물가와 같은 것 등)의 달성은 고정환율의 유지를 위하여 어려워지게 된다.

셋째, 신뢰도의 저하문제이다. 이 체제는 미국이 국제수지의 적자를 계속 나타내야만 국제적인 유동성인 달러화의 공급증대를 가져올 수 있는 딜레마를 가지고 있다. 1960년대의 전반기까지도 비교적 잘 운영되던 브레튼우즈제도는 후반기에 접어들면서 외환에 대한 투기가 점점 가열되어 빈번히 위기를 맞게 되었다.

고정환율제도가 지니는 주요한 취약점의 하나는 많은 사람들이 어떤 나라의 통화당국이 현재의 환율수준을 도저히 유지할 수 없을 것이라고 믿을 때 외환투기로 인한 위기가 발생하게 된다. 예를 들어 어떤 나라의 통화가 평가절하될 것이라고 생각되면 서둘러 이 나라의 통화를 외환시장에 매각하려 들 것이며 반대로 어떤 통화의 평가절상이 예상되면 이 통화를 서둘러 사려고 외환시장에 몰려들 것이다.

1960년대 중엽 이후 미국의 국제수지적자의 확대로 많은 사람들이 달러화의 평가절하는 금가격의 인상을 뜻하므로 달러화를 매각하고 금을 구입하기 위해 몰려들었고 이것은 금의 가격을 공정가격과는 별도로 자유시장가격에 의해 정해지게 하였다. 이로 인해 투기자들은 달러화를 팔고 그 대신 과소평가되어 있어 평가절상이 예상되는 독일의 마르크화나 일본의 엔화를 사기 위해 몰려들게 되었다. 며칠 동안에 수 십억 달러가 투기되어 외환시장은 붕괴되었고 이러한 위기가 계속되자 당시 미국의 닉슨 대통령은 1971년 8월 금태환을 정지하게 되었고 이에 따라 브레튼우즈체제는 붕괴되었다.

(4) 스미소니언체제하의 국제통화제도

극심한 투기로 외환시장의 위기가 계속되자 1971년 12월 주요 선진국들의 대표가 워싱톤의 스미소니언박물관에 모여 불안한 국제통화제도를 수습하기 위하여 스미소니언협정을 맺었다. 스미소니언협정의 내용은 두 가지인데 하나는 주요 통화의 평가를 재조정하는 것이고, 다른 하나는 환율의 변동폭을 확대시킨 것이다.

첫째로, 평가 재조정한 것을 보면 미국은 8% 평가절하해서 금 1온스의 가격이 35달러에서 38달러로 인상되었다. 일본의 엔화는 17%, 서독의 마르크화는 14%, 영국의 파운드화는 9%, 프랑스의 프랑화도 9% 그리고 이탈리아의 리라화는 8%가 달러화에 대해 각각 평가절상되었다.

둘째로, 종전에는 환율의 변동폭이 평가의 상하 1%이었으나 더욱 확대되어 +2.25% 범위 안에서 변동할 수 있게 되었다. 하지만 스미소니언협정이 체결된 지 6개월 만에 약세통화인 영국의 파운드화에 대한 투기가 심해지자 영국은 변동환율제를 채택함으로써 처음으로 스미소니언제도를 이탈하였다.

또한 1973년 1월에는 달러화를 매각하고 강세통화를 사려는 투기가 대규모로 일어나 11%의 평가절하를 실시하였다. 이에 EEC는 유럽통화제도(European Monetary System)를 만들어 공동변동환율제도(jointly floating system)를 채택함으로써 스미소니언체제도 붕괴되었다.

(5) 킹스턴체제하의 국제통화제도

1976년 자메이카의 킹스턴(Kingston)에서 열린 한 회의에서 잠정적인 스미소니언체제를 대체할 새로운 국제통화제도인 현재의 킹스턴체제를 탄생시켰다. 이 신체제에서는 IMF의 가맹국들이 스스로 자국의 경제적인 여건에 맞는 환율제도를 선택할 수 있는 재량권을 부여함으로써 주요국들이 1973년 3월에 스미소니언체제가 붕괴된 후 채택하고 있었던 변동환율제도를 사실상 인정하였다. 그런데 이 킹스턴체제는 자유로운 변동환율제도가 아니라 관리된 변동환율제도를 기초로 하고 있다. 즉 각국의 중앙은행은 환율의 급격한 변동을 억제하기 위해 외환시장에 개입하는 깨끗하지 못한 유동화(dirty floating)를 실시하고 있는 것이다.

한편 킹스턴체제는 금의 공정가격을 폐지하고 각종의 가치기준으로서 더 이상 금을 사용하지 않게 하고 특별인출권(SDRs : Special Drawing Rights)을 사용하였다. 즉 종전의 금환본위제도 또는 실제로는 달러본위제도가 SDR본위제도로 바

꿔기 시작한 것이다. 그러나 아직까지는 국제준비자산으로서 금과 달러화의 비중이 대부분을 차지하고 있으며 SDR의 비중은 극히 작은 편이다. 즉 현재에도 달러화는 기축통화로 사용되고 있다.

2. 국제통화의 개편논의 배경과 주요 내용

1997년에 발생하였던 아시아 외환위기는 기업 및 금융부문의 취약성 등과 같은 위기 국가들 내부의 구조적 결함에도 그 원인이 있었지만 그 당시의 국제통화체제가 급속히 확대된 세계자본이동을 적절히 조율할 수 없었기 때문이라고 할 수 있다. 이러한 아시아 외환위기의 발발과 확산은 기존의 국제금융기구, 특히 국제통화기금(IMF) 기능의 취약성을 부각시키는 계기가 되었다. 즉 기존의 국제통화기금체제는 국제수지 불균형을 초래하는 거시경제적 불균형만을 감시하고 조정하는 기능을 갖고 있었으나 아시아 외환위기 사태는 외환위기가 채무국의 구조적 모순과 투자자들의 위험을 무시한 투자확대와 이들의 집단행위 등과 같은 거시경제 이외의 요인으로 발생하였음을 보여주었다. 따라서 국제통화기금(IMF)이 아시아 금융위기의 발생을 사전에 예방하지 못하였을 뿐만 아니라 그 처방도 기존의 방식에 의한 긴축적인 재정 및 통화정책을 고집함으로써 불필요한 경제 전반의 위기확산을 초래하였던 것이다.

국제통화체제의 개편에 대한 국제사회에서의 논의는 1998년 G7회담[1)]을 계기로 하여 본격적으로 논의되기 시작하였다. 1999년 6월 G7재무장관[2)]들의 「국제금융체제 강화를 위한 보고서」가 발표되었고, 2000년 1월 G7재무장관 공동성명서에서는 과다채무금융기관에 대한 규제, 신흥시장국의 금융시스템 강화, 위기발생 시 민간 분야 책임 확대, 투명성 제고와 국제기준개발, 국제금융기구의 개혁 등의 주요 의제가 채택되었다. 또한 1999년 G7 산하에 설립된 금융안정포럼은 과다채무금융기관, 자본이동, 역외금융센터에 대한 정책권고를 위해 3개의 작업

---

1) G7회담은 서방의 대표적인 선진경제국인 미국과 영국, 프랑스, 독일, 일본, 이탈리아와 캐나다 간의 주요 경제문제에 관한 정기적인 정상급 협력회의를 말한다. 국제통화기금(IMF)의 많은 지분과 역할을 담당해 온 국가들로서 각국의 통화안전과 대외무역 불균형문제, 보호주의문제 그리고 각종 통상마찰과 제3세계와의 불평등구조 시정문제 등을 포괄적으로 다룬다.

2) 7개국 재무장관회의는 미국, 일본, 영국, 프랑스, 독일, 이탈리아, 캐나다 등 서방 7개 선진국을 통상 G7이라고 말한다. 통화문제를 포함한 국제경제문제에 대해 주요국 간의 효과적인 협조정책을 실시하기 위한 협의의 장으로 1986년 5월 동경서 미트(선진국 정상회담)에서 창설이 결정되었다.

반을 운영해 왔으며 2000년 3월에 최종보고서를 발표하였다. 그리고 1999년 9월 G7재무장관회의는 12개 주요 신흥시장국이 참여하는 G20[3]을 창설하기로 합의하였다. G20회의에서는 안정적 환율제도의 운영, 대외채무관리 개선, 위기해결을 위한 민간부문의 참여확대, 국제기준개발 및 이행 등이 중점논의되었다.

IMF, World Bank, BIS 등 국제기구 등은 자체적으로 국제통화체제 개편에 대한 논의에 주도적으로 참여하는 동시에 자체적인 구조개혁을 추진하고 있다. 아시아 외환위기 이후 현재의 국제통화 및 금융체제의 근본적인 구조로는 위기 재발을 억제할 수 없다는 주장이 빈번히 제시되었다. 과거 브레튼우즈(Bretton Woods)체제하에서 설립되었던 국제금융체제의 구조로는 급변하는 환경에 효과적으로 대처하여 환율을 안정시킬 수 없으므로 근본적인 개혁이 필요하다는 것이다. 이에 따라 국제부도처리법원의 설치, 국제투자보험회사의 설립, 세계중앙은행의 설립 등 새로운 형태의 국제금융기구의 설치가 논의되고 있으나 이러한 근본적인 개혁보다는 국제통화기금(IMF)을 중심으로 하는 점진적인 개혁안의 방향으로 체제개혁의 논의가 진행되고 있다.

제3절 한국의 통화제도

한국 환율제도의 흐름을 살펴보면 해방 이후인 1945년 10월부터 1964년 5월 2일까지는 고정환율제도를 사용하였고, 그 이후 1964년 5월 3일부터 1980년 2월 26일까지는 단일변동환율제도를, 1980년 2월 27일부터 1990년 3월 1일까지는 복수통화바스켓제도, 1990년 3월 1일부터 시장평균환율제도, 1997년 12월 15일부터 자유변동환율제도로 변천되어 왔다.

3) G20은 G7 국가 이외에 한국, 중국, 인도, 인도네시아 등 아시아소속국가, 멕시코, 브라질, 아르헨티나 등 남미소속국가, 남아프리카공화국, 사우디아라비아 등 아프리카 및 중동소속국가, 러시아, 터키, 호주, EU의장국 등 유럽 및 오세아니아 소속국가들로 구성되어 있다.

1. 고정환율제도

한국은 해방 이후 1964년까지 고정환율제도를 실시하였는데 동 기간 중 높은 인플레이션으로 인해 지속적인 원화가치의 하락압력이 존재함에 따라 몇 차례에 걸쳐 큰 폭의 평가절하가 불가피하게 되는 부작용이 발생하였다. 또 1949년 6월 대통령령에 의거 정부보유외환의 환금에만 적용되는 공정환율과 일반외환의 환금에만 적용되는 일반환율로 구분하는 복수환율제도를 채택하였다. 또한 1953년 2월 및 1962년 6월의 두 차례에 걸친 통화개혁으로 대미달러환율이 크게 변동하였다.

표 12-1 | 한국 환율제도의 변화

환율제도	시행기간	주요 내용
고정환율제도	1945. 10~ 1964. 5	• 원화의 대미달러환율을 고정
단일변동환율제도	1964. 5~ 1980. 2	• 고정환율의 유동화 · 실세화를 목적으로 원화의 가치를 미달러화에 연동시키는 사실상의 고정환율제도
복수통화바스켓제도	1980. 2~ 1990. 2	• 단속적인 평가절하가 경제에 미치는 충격을 완화하고 원화환율을 유동화시키기 위하여 도입
시장평균환율제도	1990. 3~ 1997. 12	• 대외적인 환율조작 오해를 없애고 환율의 시장기능을 높이되 외환시장의 기초여건이 성숙되지 못한 점을 감안하여 자유변동환율제도로 이행하기 위한 전단계로 도입하여 시행 • 환율변동 제한폭을 단계적으로 확대 ⇒ 1990. 3. 2 : ±0.4%, 1991. 9. 2 : ±0.6% 1992. 7. 1 : ±0.8%, 1993. 10 : ±1.0% 1994. 11 : ±1.5%, 1995. 12 : ±2.25% 1997. 11. 20 : ±10%
자유변동환율제도	1997. 12. 15~현재	• 가격결정원리에 입각한 완전자율변동환율제도 도입

2. 단일변동환율제도

1964년 5월 3일 1달러당 255원을 하한으로 하여 이전의 복수환율체계를 단일화하면서 환율이 외환시장에서 수급에 따라 결정되고 환율변동을 일부 허용하는 단일변동환율제도가 채택되었다. 그러나 단일환율로 정리는 되었으나 그 단일환율이 자유로이 변동되지는 못하였다. 왜냐하면 외환사용에 대한 통제가 여전히 남아 있었을 뿐 아니라 외환당국이 외환시장에 개입하여 환율을 고정환율로 유지하였기 때문이다. 단일변동환율제도 채택 이후 환율의 미조정(fine tuning)이 있었음에도 불구하고 국내물가상승 등으로 4차례에 걸친 큰 폭의 환율인상조치가 있었다.[4)]

3. 복수통화바스켓제도

환율을 경직적으로 운영함에 따른 간헐적이고 급격한 환율조정을 방지하고, 환율의 국제수지 조정기능을 회복하면서 주요 교역상대국통화에 대한 원화환율의 안정성을 추구하기 위하여 1980년 2월 26일부터 환율제도를 복수통화바스켓제도(composite currency basket)로 변경하였다. 이 제도하에서는 원칙적으로 환율이 매일매일 변동하게끔 하였는데 환율은 종래와 같이 미국달러화의 가격변화에 따라서 변화하도록 하지 않고 SDR(Special Drawing Right, 특별인출권)의 가치와 한국경제와 많은 교역을 하는 주요 교역국 통화의 가치변동에 의하여 결정되도록 하였다. 즉 이 제도에서는 달러를 통하여 다른 나라 통화와의 가치가 결정되는 것이 아니라 세계의 주요국들 그리고 우리나라와의 교역이 큰 나라의 통화가치의 변화를 주로 고려하고 여기에 실세 반영치를 가감하여 환율(한국은행집중기준율)을 결정하였다. 이 제도는 원화환율이 주요국의 통화시세 변동과 우리나라의 국제수지동향을 감안하여 결정되도록 함으로써 장기적으로 환율이 원화의 가치변동을 반영하면서 안정적으로 움직이는 데 기여한 면은 있으나 환율이 외환시장의 수요 및 공급상황을 충분히 반영하지 못한데다 대외적으로 환율을 인위적으로 조정한다는 오해의 소지가 있었다.

---

4) 1969년 11월 3일 291.40원에서 304.35원으로 4.4% 인상, 1971년 6월 28일 328.15원에서 370.80원으로 13.0% 인상, 1974년 12월 7일 399.00원에서 484.00원으로 21.3% 인상, 1980년 1월 12일 484.00원에서 580.00원으로 19.8% 인상의 평가절하가 있었다.

4. 시장평균환율제도

환율결정에 있어 시장메커니즘의 역할을 더욱 제고하기 위하여 1990년 3월 1일 환율제도를 현행의 시장평균환율제도로 변경하였다. 시장평균환율제도는 환율이 기본적으로 시장의 수급상황에 의해 결정되도록 하는 제도이다. 달러의 기준환율은 금융결제원의 외환자금중개실에서 전일에 거래된 달러거래환율의 거래량가중평균으로 결정되고 원화와 다른 통화 간의 환율은 국제금융시장에서 형성된 달러와 다른 통화 간의 환율을 재정하여 결정한다. 시장평균환율제도하에서는 외환시장의 수급에 심한 불균형이 생기면 환율이 급격한 변동을 일으킬 수 있다. 이러한 시장평균환율의 급격한 변동을 방지하기 위하여 은행 간 거래환율의 일일변동폭을 설정하였었다. 그러나 1997년 12월 16일부터는 일일변동폭이 완전히 폐지되어 완전한 자유변동환율제로 이행하였다. 환율의 일일변동 허용폭은 1990년 3월 기준환율의 ±0.4%로 정해진 이래 매년 확대되어 1995년 12월 이후 ±2.25%로 확대되었으며 1997년 11월 20일부터는 변동폭이 상하 10%로 확대되었다. 그러나 외환위기 이후 IMF의 권고를 받아들여 1997년 12월 16일부터는 변동폭이 폐지되어 완전한 자유변동환율제도가 되었다.

제 13 장 국제금융시장과 외환시장

제1절 국제금융시장
제2절 외환시장

학습목표

1. 국제금융시장의 개념과 종류를 이해한다.
2. 외환과 외환시장의 개념을 이해한다.
3. 외환거래의 형태를 이해하고, 결제방법을 파악한다.

| 핵심사항 |

❶ 국제금융시장

1. 국제금융시장의 개념
   국제금융시장이란 국제무역, 해외직접 및 간접투자, 장 · 단기적 자금의 국제적 대차거래에 의해 야기된 금융자산 및 부채를 결제하기 위해 국제적인 차원에서 이루어지는 장소 또는 종합적인 거래조정 프로세스 및 메커니즘을 말한다.
2. 국제금융시장의 구조
   (1) 기능적 분류 : 외환시장과 금융시장으로 구분할 수 있다.
   (2) 장소적 분류 : 역내시장(internal market)과 역외시장(external market 또는 유로시장이라고도 함)으로 구분할 수 있다.

❷ 외환시장

1. 외환의 개념
   외환은 두 가지 의미로 사용된다. 구체적 의미에서 대외지급수단으로서의 외환(foreign exchanges)과 추상적 의미에서 이종통화 간의 교환행위로서의 외환이다.
2. 외환시장의 개념
   외환시장(foreign exchange market)이란 외환의 수요와 공급을 연결하는 장소 또는 메커니즘을 말하며 참가자에 따라 은행 간 외환시장과 대고객 외환시장, 지역에 따라 국내외환시장과 국제외환시장으로 구분할 수 있다.
3. 외환거래의 형태
   (1) 현물거래 : 외환거래에서 가장 빈번한 거래로 거래가 이루어진 후 두 번째 영업일에 결제하기로 한 거래이다.
   (2) 선물거래 : 미래에 이루어질 두 통화의 교환비율을 거래액과 함께 계약일에 미리 결정해 두고, 결제는 계약일로부터 세 번째 영업일 또는 일정기간이 지나서 이루어지는 외환거래를 말한다.
   (3) 스왑거래 : 일정금액의 특정 통화를 동시에 사고팔고 하는 것을 의미한다.
4. 외국환거래의 결제방법
   외국환거래란 국제경제거래로 인하여 발생하는 국제대차관계를 은행의 중개를 통해 결제하는 방법을 말한다.
   (1) 송금환에 의한 결제방법 : 채무자가 거래은행을 통해 전신환이나 우편환을 채권자에게 송금함으로써 대차관계를 결제하는 방법이다.
   (2) 추심환에 의한 결제방법 : 국내채권자가 외국에 있는 채무자의 채무액을 채권자의 거래은행에 회수요청하여 채권액을 회수하는 방법으로 이루어진다.

제1절 국제금융시장

1. 국제금융시장의 개념

어느 일국과 타 국가들의 경제주체들 사이에서 반복적 · 지속적으로 발생되는 경제적 거래의 결과로 이동되는 금융자산의 국가 간 유출과 유입현상을 국제금융이라 한다. 즉 국내금융을 거주자들 사이의 금융자산에 대한 조달 및 운용과 관련된 것이라고 한다면 국제금융은 국내거주자와 국외비거주자 사이에 발생되는 경제적 거래와 수반된 금융자산의 이동현상이라고 말할 수 있다. 이러한 국제금융거래가 국제 간에 이루어지는 시장을 단순히 국제금융시장이라 할 수 있으며 엄밀하게 말하면 국제금융시장이란 국제무역, 해외직접 및 간접투자, 장 · 단기적 자금의 국제적 대차거래에 의해 야기된 금융자산 및 부채를 결제하기 위해 국제적인 차원에서 이루어지는 장소 또는 종합적인 거래조정 프로세스 및 메커니즘을 말한다.

2. 국제금융시장의 구조

국제금융시장의 구조는 다음과 같이 크게 기능적 분류와 장소적 분류로 구분할 수 있다.

(1) 기능적 분류

국제금융시장을 기능적으로 분류하면, 크게 외환시장과 금융시장으로 구분할 수 있다. 외환시장이란 각국의 통화, 즉 외환(foreign exchange)을 어떤 비율로 서로 교환하여 거래를 행할 것인가 하는 시장이며, 외환시장을 세분화하면 현물환시장(spot exchange market), 선물환시장(forward exchange), 스왑거래(swap transaction), 외환선물시장(foreign exchange futures market), 옵션시장(option market) 등으로 나눌 수 있다.

금융시장은 자금거래가 이루어지는 시장으로 직접금융시장과 간접금융시장으로 구분할 수 있는데, 직접금융시장은 일반적으로 국제자본시장이라고도 하며, 주로 주식(stock), 채권(bond) 등이 거래되는 시장이다. 간접금융시장은 전통적인 대출-융자시장을 말한다. 즉 간접금융시장은 기간으로 보아서 장기 · 중기 · 단기로 구분할 수 있으며, 1년 이하의 단기금융시장을 화폐시장이라고 한다. 이와 같은 국제금융시장을 기능적으로 분류하면 [표 13-1]과 같다.

표 13-1 | 국제금융시장의 기능적 분류

국제금융시장	외환시장	• 현물환시장(spot exchange market) • 선물환시장(forward exchange) • 스왑거래(swap transaction) • 외환선물시장(foreign exchange futures market) • 옵션시장(option market)
	금융시장	• 직접금융시장 : 국제자본시장 주식, 채권 • 간접금융시장 : 대출시장 – 장기(5년 이상) : 은행단 차관시장 – 중기(1년 이상 3~5년) – 단기(1년 이하) : 화폐시장

(2) 장소적 분류

국제금융시장을 장소적으로 보아 크게 역내시장(internal market)과 역외시장(external market 또는 유로시장이라고도 함)으로 구분할 수 있다. 역내시장이란 각국 금융시장 내에 있는 해외부문을 말하는 것으로 이러한 해외부문에서의 금융거래를 해외금융이라고 하며, 역내시장의 해외부문은 그 나라 금융당국의 규제를 받는다. 각국의 중요한 역내시장으로는 미국금융시장(양키시장), 일본금융시장(사무라이시장), 독일금융시장, 영국금융시장(불독시장) 등이 있다.

역외시장이란 어느 나라의 통화가 그 나라 밖으로 유출되어 그 나라 금융당국의 규제를 받지 않으면서 금융거래가 이루어지는 시장을 말한다. 중요한 역외시장으로는 유럽에서는 런던, 프랑크푸르트, 뒤셀도르프 등이며, 아시아에서는 홍콩, 싱가포르, 중동지역에서는 바레인 등이 있다. 이러한 국제금융시장을 장소적으로 분류하면 [그림 13-1]과 같다.

그림 13-1 | 국제금융시장의 장소적 분류

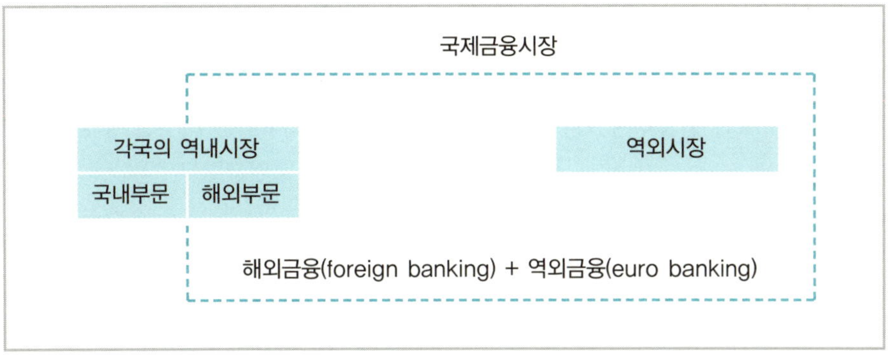

1) 자국의 국내금융시장

각국의 국내금융시장은 해당 국가의 경제적 · 정치적 · 지리적 상황에 따라서 그 구조와 기능 면에서는 차이를 보이고 있지만 역내금융시장으로서 해당 국가의 통화로 표시된 금융자산 및 부채가 거래된다는 공통점을 갖고 있다.

이는, 첫째 만기의 장 · 단에 의한 구분으로 만기일이 1년 미만인 금융자산이 거래되는 시장인 단기금융시장과 만기일이 1년 이상인 금융자산이 거래되는 시장인 중장기자본시장으로 나누어진다. 둘째, 금융기관의 중개 여부에 의하여 자금의 수요자가 발행한 채권 또는 주식을 자금의 공급자가 금융중개기관의 개입 없이 직접 구입하는 시장인 직접금융시장과 자금의 공급자가 은행 등 금융중개기관에 예치하고 금융중개기관이 자금의 수요자에게 대출하는 형태를 취하고 있는 간접금융시장으로 나누어진다.

2) 외국의 금융시장

자국의 측면에서 볼 때 외국의 금융시장을 말한다. 여기에는 직접금융시장인 외국채시장(foreign bond market)과 외국주식시장(foreign stock market), 간접금융시장인 외국대출시장(foreign credit market) 등이 있다.

3) 역외금융시장

역외금융시장이란 유로금융시장과 동일한 개념으로 특정국 통화표시의 금융자산거래가 특정국 이외의 지역에서 이루어지고 있는 시장을 말한다. 예를 들어 1,000달러의 미국화폐를 런던의 은행에 예금하는 경우 이것을 역외금융시장거래 또는 유로금융시장거래라고 한다.

여기에는, 첫째 만기에 의한 구분에 의하여 유로커런시선물, 유로커런시선물옵션이 거래되는 유로커런시시장인 단기금융시장과 유로크레디트시장(대출시장) 및 유로채(Eurobond)시장과 같은 중장기금융시장이 있다. 여기에서 유로채란 발행국 통화표시채권이 발행국 이외의 지역에서 발행되어 거래되는 채권을 총칭한다.

4) 외환시장

외환시장(foreign exchange market)이란 국제금융거래에서 야기되는 이종통화표시 통화나 외환의 매매거래가 이루어지는 시장을 의미한다. 자국의 국내금융시장, 외국의 금융시장, 역외금융시장에서 설명한 시장들이 국제금융자산 및 부채에 대한 대차거래를 하는 신용시장인 반면에, 외환시장이란 현물환(spot exchange), 선물환(forward exchange), 통화선물(currency futures), 통화옵션(currency options) 등의 거래를 통하여 직접 매매거래가 이루어지는 시장을 의미한다.

제2절 외환시장

1. 외환의 개념

외환은 두 가지 의미로 사용된다. 구체적 의미에서 대외지급수단으로서의 외환(foreign exchanges)과 추상적 의미에서 이종통화 간의 교환행위로서의 외환이 그것이다. 구체적 의미로서의 외환은 외국통화표시의 은행권, 수표, 환어음, 예금잔고 및 예금 등을 포함하나 오늘날 실제적으로 외환은 대외지급수단으로 사용할 수 있는 외화표시의 어음이나 수표형태일 수도 있는데 은행 간의 외환거래에서는 단지 해외은행에 예치되어 있는 외국통화만이 거래대상이 된다.

우리나라 외국환거래법에서는 "외국환이라 함은 대외지급수단, 외화증권, 외화채권을 말하며 대외지급수단이라 함은 외국통화와 외국통화로 표시되거나 외국에서 사용할 수 있는 지급수단을 뜻한다"라고 규정하고 있는데 이러한 개념에서 보면 외환은 자국통화가 아닌 일체의 외국통화로 넓게 정의되기도 한다.

다음으로 추상적 의미에서의 외환개념은 한 나라의 통화와 다른 나라 통화 간의 교환을 뜻하는데 여기서도 역시 은행 간 외환시장에서의 외환거래는 은행잔고를 대상으로 하기 때문에 외환을 상이한 통화표시 은행잔고 간의 교환행위로 정의하기도 한다.

상기의 정의방법을 종합적으로 볼 때 외환은 외국통화를 교환하는 거래행위로서 교환의 대상은 외국통화나 외국채권 등이 되며, 거래방식은 현금거래가 아닌 환거래가 발생하게 된다는 성격을 가진다. 이와 같은 외환거래의 성격을 좀 더 자세히 살펴보면 다음과 같다.

첫째, 일국 내에서는 자국통화만으로의 거래가 가능하나 국가 간 거래에서는 자국통화뿐만 아니라 외국의 통화가 필요하다. 따라서 국제적인 자금결제에 있어서는 거래상대방이 필요로 하는 각종 통화를 거래수단으로 사용하게 된다. 특히, 최근 들어 급증하고 있는 국가 간 혹은 다국적기업 간 거래는 과거와는 달리 더욱 더 많은 통화 간 거래의 필요성을 증대시킴으로써 다양한 외환의 사용이 증가되고 있다.

둘째, 국내가 아닌 국가 간 거래에 있어서는 현금결제보다는 환거래가 발생하게 된다. 즉, 국가 간의 거래는 거리가 멀고 일반적으로 대규모의 거래이기 때문에 직접적인 현금수송이 어려우므로 환거래를 이용하는 것이 편리하다. 일반적으로 환이란 직접 현금을 송부하지 않고 원격지 간의 송금이나 자금의 수수 그리고 채권 · 채무의 결제를 일정한 신용수단에 의해서 행하는 방법을 말한다. 이런 의미에서 외환이란 환거래가 국내가 아닌 국가 간의 거래에 적용되는 것이라 할 수 있다.

2. 외환시장의 개념

외환시장(foreign exchange market)이란 외환의 수요와 공급을 연결하는 장소 또는 메커니즘으로 참가자에 따라 은행 간 외환시장과 대고객 외환시장, 지역에 따라 국내외환시장과 국제외환시장으로 구분할 수 있다.

즉 외환시장이란 외환의 매입자와 매도자 그리고 이들의 매매를 지원하는 딜러와 브로커들을 연결하는 통신망을 통해 거래가 이루어지는 기능적인 의미에서의 시장 또는 은행의 딜러와 외환브로커가 모여서 거래하는 구체적 시장의 형태를 말한다.

이러한 외환시장에 참가하는 사람은 외환서비스의 실수요자인 개인과 기업, 외환시장에서 대단히 중요한 역할을 하고 있으며 매매의 반대입장에 있는 거래자들을 중개시켜 주는 브로커가 되기도 하고, 거래의 당사자가 되기도 하는 은행(금융기관), 외환시장여건을 조정하거나 자국의 통화를 보호목적으로 환율에 개입하는 각국의 정부와 중앙은행, 은행들이 제시하는 매입률과 매도율을 알아내어 다른 은행에게 가격정보를 제공해 주고 거래가 이루어지도록 주선하는 업무를 담당하는 외환브로커(외환중개인) 등이다.

외환시장에 참여하는 목적에 따라 구분해 보면, 첫 번째 참여자는 헤저(hedger)를 들 수 있다. 헤저는 무역거래나 국제적 자본거래에 부수되는 외환위험을 피하려는 목적으로 참여하는 실수거래자들이다. 두 번째 참여자는 재정거래자(arbitrageurs)로서 국가 간의 이자율의 차이를 재정하려고 하며, 이 과정에서 선물계약을 체결하여 자금의 국제적 이전에 따른 외환위험을 제거하여 확실한 이익을 얻으려 한다. 세 번째 참여자는 투기적 거래자(speculators)로서 고의로 외환위험에 노출되는 계약을 체결하여 환율의 변동에 따르는 이익을 추구하려는 다시 말해 적극적으로 환위험을 부담하고 그 대가를 추구하려는 목적을 가진 거래자이다.

3. 외환거래의 형태

(1) 현물거래

외환거래에서 가장 빈번한 거래로서 현물거래[1]는 거래가 이루어진 후 두 번째 영업일에 결제하기로 하는 거래이다. 현물거래에 따른 지불지시가 은행제도를 통해서 결제되는 데는 보통 2영업일이 소요되기 때문에 현물환[2]의 경우에 계약이

1) 현물(환)거래(spot exchange transaction)는 통상 외환매매계약 후 2영업일 이내에 외환의 인수도가 이루어지는 거래를 말한다.

2) 외국환은 거래된 외국환을 언제 건네받는가에 따라 현물환과 선물환으로 구분된다. 현물환(spot exchange)은 외국환 매매계약과 동시 또는 2영업일 이내에 받는 외국환을 말한다. 선물환(forward exchange)은 장래의 일정기일 또는 기간 내에 미리 정한 금액과 종류의 외환을 약속한 환율로 건네받는 것을 말한다. 기간은 1주일 내지 6개월이 일반적이다. 고객거래는 매매계약과 동시에 인도되는 현물환이 보편적이다. 단 은행 간 거래는 규모를 감안해 보통 2영업일을 기준으로 하고 있다. 현물환

성립된 지 이틀 후에야 실제로 외환이 거래되는 것이다.

(2) 선물거래[3)]

미래에 이루어질 두 통화의 교환비율을 거래액과 함께 계약일에 미리 결정해 두고, 결제는 계약일로부터 세 번째 영업일 또는 일정기간이 지나서 이루어지는 외환거래를 말한다. 이러한 선물거래에 적용되는 선물환율[4)]은 현물환율[5)]과 같지 않으며 선물환계약의 만기에 따라 각기 다른 선물환환율이 존재한다. 어떤 통화의 선물환율이 현물환율보다 높을 경우 그 통화가 그 선물만기에서 할증(premium)으로 거래된다고 말하고, 현물환율보다 낮을 때는 할인(discount)되어 거래된다고 하며 같을 때는 선물환율이 동률(flat)이라고 한다.

(3) 스왑(swap)거래[6)]

일정금액의 특정 통화를 동시에 사고팔고 하는 것을 의미하는데 이때 매입과 매도가 같은 은행을 상대로 행해지지만 각각의 결제일은 서로 다르게 된다. 흔히 볼 수 있는 스왑거래의 예로서 현물-선물은 딜러가 특정 통화를 현물환시장에서 매입함과 동시에 같은 금액을 선물환시장에서 매도하는 경우이다. 이러한 경우

은 주로 무역거래 목적으로 사용한다. 선물환은 환시세변동에 따른 환리스크(환위험)를 사전에 방지하기 위한 것이다. 수출업자는 수출계약 체결과 동시에 환계약을 체결함으로써 수출계약 때부터 수출대금회수 때까지 환율변동에 따른 손해를 예방하게 된다. 또 선물환은 환차익을 적극적으로 이용한 환투기나 외국환은행의 각종 환조작에도 이용된다.

3) 선물거래란 미리 정한 가격으로 미래의 특정 시점에 상품을 사고팔기, 즉 매도와 매수를 하기로 현재 시점에서 약속하는 거래를 말한다.

4) 선물환율(forward exchange rate)이란 선물환거래에 적용되는 환율로서 일반적으로 현물환율과의 차액으로 표시되며 이 차액을 선물마진이라 한다. 선물환율이 현물환율보다 높은 경우를 프리미엄, 낮은 경우를 디스카운트라 하며 선물마진 옆에 P 또는 D의 부호를 쓰고, 같은 경우에는 F 또는 E로 표시한다. 선물환율은 일반적으로 현물환율과 내외국 간의 금리차에 의해 결정된다. 자국통화 표시의 경우 일반적으로 고금리국에서는 선물환율이 현물환율보다 높고 저금리국에서는 그와 반대이다.

5) 외환의 매매계약의 성립과 동시에 외환의 인도와 대금결제가 이루어지는 외환거래를 현물거래(spot transaction)라 하고 이때 적용되는 환시세를 현물환율(spot exchange rate)이라 한다. 외환현물시장에서의 결제는 거래일로부터 2영업일에 이루어지는 것이 보통이다. 이에 상응되는 것으로 매매계약 후 3영업일 이후 특정일 또는 특정 기간 내에 외환의 인도가 이루어지는 거래를 선물환거래라 한다.

6) 스왑거래(swap transaction)란 서로 다른 금리 또는 통화로 표시된 부채를 상호교환하는 거래를 말한다. 스왑거래에는 동일한 통화이지만 금리가 다른 금리스왑, 같은 금리이지만 결제통화가 다른 통화스왑 등이 있다. 또 외환시장에서 외국통화 현물과 같은 액수의 선물(先物)을 교환하는 거래도 있다. 이 경우의 스왑거래는 수출입을 하는 기업이 외국환결제은행과 예약한 외환결제기간을 연장할 경우 등에 주로 이용된다.

현물환율과 선물환율과의 차이는 계약일에 고정되므로 예상치 못한 환위험에 노출되지 않게 된다.

4. 외국환거래의 결제방법

외국환거래란 국제경제거래로 인하여 발생하는 국제대차관계를 은행의 중개를 통해 결제하는 방법을 말한다. 이러한 외(국)환에 의한 결제방법은 기본적으로 두 가지 방식으로 구분된다. 첫 번째 방식은 송금환에 의하여 결제하는 방법이고, 두 번째 방식은 추심환에 의한 결제방법이다.

(1) 송금환에 의한 결제방법

송금환에 의한 결제방식은 채무자가 거래은행을 통하여 전신환이나 우편환을 채권자에게 송금함으로써 대차관계를 결제하는 방법이다. 송금환이나 우편환은 송부방향과 자금이동방향이 동일하다는 뜻에서 순환(順換)이라고도 불린다. 이러한 순환방식은 해외송금이나 서비스거래의 결제방법으로 널리 이용되고 있다.

우리나라 외환시장 내의 외환결제방법

외환결제란 외환시장에서 외환거래에 따라 발생하는 채권·채무관계를 서로 다른 통화의 이전을 통해 청산하는 것을 말한다. 외환거래는 금융결제원 자금중개실 또는 한국자금중개㈜를 통한 장내거래와 거래당사자 간 직접접촉에 의한 장외거래가 있다. 장내거래는 다음과 같은 방식으로 이루어진다. 외국환업무 취급기관은 Telerate, Infomax, Reuter 등을 통해 금융결제원 및 한국자금중개㈜가 실시간으로 제공하는 시황정보를 파악하고 직통전화를 통해 외환거래를 신청한다. 금융결제원 또는 한국자금중개의 자동거래체결시스템에 의해 거래가 성립되면 해당 기관은 전화 또는 텔렉스 등으로 거래조건을 확인한 후 거래확인서를 교환함으로써 최종적으로 거래가 체결된다.

외환매매에 따른 외국환업무 취급기관 간 자금결제는 원화의 경우 대부분 한국은행에 설치된 외국환업무 취급기관의 당좌예금계정을 통해 이루어지고 있다. 외화의 경우 매도기관은 한국은행 금융결제망을 이용하여 자금을 이체하거나 SWIFT(전 세계 금융기관 간 지급결제 및 금융정보의 전자적인 교환을 위해 표준화된 금융정보통신망으로 우리나라는 1992년 3월에 가입하였음)를 통해 자신의 코레스은행 예금계정에서 매입기관의 코레스은행 예금계정으로 자금을 이체함으로써 자금결제가 이루어지고 있다.

(2) 추심환에 의한 결제방법

추심환에 의한 결제방식은 국내채권자가 외국에 있는 채무자의 채무액을 채권자의 거래은행에 회수요청(이를 '추심' 이라 한다)하여 채권액을 회수하는 방법으로 이루어진다. 이것은 외국환어음의 송부방향과 자금이동방향이 정반대가 된다는 점에서 역환(逆換)이라고도 한다. 추심환에 의한 결제방식은 주로 무역거래에서 널리 이용되고 있다.

제 14 장 국제수지와 환위험

제1절 국제수지
제2절 환위험

학습목표

1. 국제수지의 개념과 구성항목을 이해한다.
2. 국제수지불균형의 조정정책을 이해한다.
3. 환위험의 개념과 종류를 이해한다.

| 핵심사항 |

❶ 국제수지

1. 국제수지의 개념과 구성

(1) 국제수지와 국제수지표의 개념 : 국제수지(BOP : Balance of Payments)란 일정기간 동안 한 나라의 거주자와 비거주자 사이에 발생한 상품 및 서비스, 자본 등의 모든 경제적 거래에 따른 수입과 지급의 차이를 의미한다. 그리고 이를 체계적으로 정리한 것이 국제수지표이다.

(2) 국제수지표의 구성체계 : 국제수지에서는 경상수지가 가장 중요시되는데 경상수지는 상품수지, 서비스수지, 소득수지 및 경상이전수지의 4부문으로 나누어진다. 그리고 자본수지는 투자수지와 기타 투자수지로 나누어진다.

2. 국제수지의 균형과 불균형

(1) 국제수지의 균형과 불균형 : 국제수지균형이란 각종 거래로 인하여 외국으로부터 수취한 총액과 외국에 지급한 총액이 일치하는 상태를 말한다. 이와 반대로 수취한 금액과 지급한 금액이 일치하지 않을 경우 국제수지가 불균형을 이루고 있다고 말한다.

(2) 국제수지불균형의 조정 : 한 나라의 대외적인 자금의 수입과 지출이 일치하지 않는 것을 말하며 수입이 지출보다 많은 경우에는 국제수지흑자, 지출이 많은 경우에는 국제수지적자라고 한다. 한 나라의 국제수지가 불균형상태에 있을 경우 균형성립을 위한 조정메커니즘으로서는 가격조정메커니즘과 소득조정메커니즘이 있다.

❷ 환위험

1. 환위험의 개념과 종류

(1) 환위험의 개념 : 환위험(foreign exchange risk)이란 환율변동으로 인한 기업의 현금흐름의 변동가능성을 말하며, 이러한 환위험을 부담하는 것을 환노출(Foreign Exchange Exposure)이라 한다.

(2) 환위험의 종류

- 거래환위험 : 외화채권과 외화채무확정일의 환율과 결제일의 환율 간에 차이가 발생함으로 인하여 환위험을 부담하는 것을 말한다.
- 환산환위험 : 외화자산과 외화부채의 발생시점의 역사적 환율과 대차대조표 작성일의 현행환율 간에 차이가 발생함으로 인하여 환위험을 부담하는 것을 말한다.
- 경제적 환위험 : 예상치 못한 환율변동으로 인한 기업의 현금흐름의 변동가능성을 부담하는 것을 말한다.

2. 환위험관리전략

환위험의 관리전략은 크게 내부적 관리전략과 외부적 관리전략으로 구분할 수 있다. 내부적 관리전략으로는 상계(netting)전략, 매칭(matching)전략, 리딩과 래깅(leading & lagging)전략, 자산부채종합관리(ALM : Asset-Liability Management)전략, 포트폴리오(portfolio)전략, 결제통화조정전략, 재송장(reinvoicing)전략, 환차손준비금전략 등이 있으며, 외부적 관리전략으로는 선물환(forward exchange)전략, 통화선물(currency futures)전략, 통화옵션(currency options)전략, 통화스왑(currency swap)전략 등이 있다.

제1절 국제수지

1. 국제수지의 개념과 구성

(1) 국제수지와 국제수지표의 개념

국제수지(BOP : Balance Of Payments)란 일정기간 동안 한 나라의 거주자와 비거주자 사이에 발생한 상품 및 서비스, 자본 등의 모든 경제적 거래에 따른 수입과 지급의 차이를 의미한다. 또한 이를 체계적으로 분류 · 정리한 것이 국제수지표이다. 다시 말하면 국제수지표란 일정기간 동안 자기 나라와 다른 나라 사이에 일어난 모든 경제적 거래를 종합적으로 기록한 통계표이다.

외국과의 경제적 거래, 즉 대외거래는 상품과 서비스를 사고파는 경상거래와 돈을 빌리거나 빌려주는 자본거래로 나눌 수 있으며 이에 맞추어 국제수지표에서도 두 거래의 결과가 각각 경상수지와 자본수지로 기록된다. 또한 경상수지는 상품의 수출과 수입의 차이를 나타내는 상품수지, 외국과 이루어진 서비스거래 결과를 기록한 서비스수지, 근로자가 외국에 나가 일해서 벌어들인 돈과 해외투자 결과 발생한 배당 및 이자를 기록하는 소득수지, 아무런 대가 없이 이루어지는 무상거래인 경상이전수지 등으로 나누어진다.

국제수지표를 작성하는 대상기간은 통상 1년을 기준으로 하고 있으나 나라에 따라서는 분기별 또는 월별로 작성하기도 한다. 현재 우리나라에서는 한국은행이 국제수지표를 월별로 작성하여 익월 말일경에 발표하고 있다.

(2) 국제수지표의 구성체계

국제수지표는 외국과의 거래를 체계적으로 요약하여 정리한 것이다. 실제로 국제수지표에서는 외국과의 거래가 그 특성에 따라 경상계정과 자본계정으로 나누어 기록되며 경상계정에는 상품과 서비스를 외국에 팔고 사는 거래와 외국에 투자한 대가로 벌어들이는 배당, 이자 등의 소득이 계상되며 자본계정에는 외국에 돈을 빌려주거나 빚을 얻어오는 거래가 기록된다. 그리고 경상거래의 결과 벌어들인 수입과 지급한 금액과의 차이를 경상수지라고 하며 자본거래의 결과로 나타난 들어온 돈과 나간 돈의 차이를 자본수지라고 한다.

국제수지에서는 경상수지가 가장 중요시되는데 경상수지는 상품수지, 서비스수지, 소득수지 및 경상이전수지의 4부문으로 나누어진다. 그리고 자본수지는 투자수지와 기타 투자수지로 나누어진다.

1) 경상수지

① 상품수지 및 서비스수지

상품수지는 상품의 수출과 수입의 차이를 나타낸다. 즉 과거에 사용하였던 개념인 무역수지(trade balance)로서 상품의 수출로 인하여 지급받은 돈과 상품의 수입으로 인하여 그 대가를 지불한 돈과의 차액으로 나타난다.

서비스수지는 외국과의 서비스거래 결과로 획득한 돈과 지급한 돈의 차이를 말한다. 즉 우리나라의 선박이나 항공기가 상품을 나르고 외국으로부터 받은 운임, 외국관광객이 쓰고 간 돈, 무역대리점의 수출입 알선수수료 수입 등이 서비스수입이 된다. 반대로 우리나라가 외국에 지급한 선박과 항공기의 운항경비, 여행경비, 특허권 사용료 등은 모두 서비스지급으로 나타난다.

② 소득수지

소득수지는 우리나라가 외국에 투자한 결과 벌어들이는 돈과 외국인이 우리나라에 투자한 결과 벌어가는 돈의 차이 그리고 우리나라 근로자가 외국에 나가 일해서 벌어들이는 돈과 외국인 근로자가 우리나라에서 일해서 벌어가는 돈의 차이를 나타낸다. 소득수지는 거주자가 외국에 단기간(1년 이내) 머물면서 일한 대가로 받은 돈과 국내에 일시 고용된 비거주자에게 지급한 돈의 차이를 나타내는 급료 및 임금수지와 거주자가 외국에 투자하여 벌어들인 배당금 · 이자와 비거주자에게 국내에 투자한 대가로 지급한 배당금 · 이자의 차이를 나타내는 투자소득수지로 구성된다.

③ 경상이전수지

경상이전수지라 함은 거주자와 비거주자 사이에 아무런 대가 없이 주고받은 거래, 즉 무상거래의 수지차를 말한다. 경상이전은 수혜자의 소득과 소비를 늘려주게 되는데 해외에 거주하는 교포가 국내의 친척 등에게 보내오는 송금, 종교기관이나 자선단체의 기부금과 구호물자, 정부 간의 무상원조 등이 여기에 기록된다.

2) 자본수지

경상수지가 상품 · 서비스와 소득거래를 대상으로 하는 데 비해 자본수지는 민간기업, 금융기관, 정부 등이 외국으로부터의 차입 등의 방식으로 돈을 빌리거나 이와는 반대로 외국에 신용공여 등의 방식으로 돈을 빌려줌으로써 발생하는 외화의 유출과 유입의 차를 나타낸다. 자본수지는 크게 투자수지와 기타 자본수지의 두 가지로 구분되며 투자수지는 다시 직접투자, 증권투자, 그리고 기타 투자의 3부문으로 나누어진다.

직접투자는 외국에 있는 기업에 대한 경영참여 등과 같이 영속적인 이익을 취득하기 위하여 행하는 대외투자를 기록한다. 직접투자는 직접투자가와 직접투자기업의 관계를 발생시키는 최초거래뿐만 아니라 양자 간 및 계열기업 간 자금의 차입, 대출 등 후속거래도 포함한다.

증권투자는 외국과의 주식, 채권, 파생금융상품거래를 나타낸다. 그런데 동일한 주식투자라 하더라도 기업의 경영참여를 통한 영속적인 이익추구를 목적으로 하였을 때는 직접투자로 계상하며 이와는 달리 단지 투자자본의 가치증가 또는 이윤획득만을 목적으로 한 경우는 증권투자로 기록한다.

표 14-1 | 국제수지의 구성체계

대분류	소분류	수취	지급	수지(수취-지급)
경상계정	• 상품 및 서비스 계정 • 소득계정 • 경상이전계정	• 상품 및 서비스의 수출 • 급료 및 임금, 투자소득 수취 • 경상이전수취	• 상품 및 서비스의 수입 • 급료 및 임금, 투자 • 소득지급	• 상품 및 서비스 수지 • 소득수지 • 경상이전수지
자본 및 투자계정	• 투자계정 • 자본계정	• 국내금융자산의 수출 → 외국인 국내 투자 → 대외부채의 증가 • 자본이전수취 • 외국 비생산 · 비금융자산의 취득	• 외국금융자산의 수입 → 내국인 해외 투자 → 대외자산의 증가 • 자본이전지급 • 국내 비생산 · 비금융자산의 처분	• 투자수지 • 기타 자본수지
국제수지계정	상품 및 서비스, 소득, 경상이전, 투자, 자본계정의 합계	상품, 서비스, 자산의 수출 및 이전의 수취	상품, 서비스, 자산의 수입 및 이전의 지급	종합수지 (=국제수지 =경상수지 +자본수지)

기타 투자는 직접투자와 증권투자에 포함되지 않는 외국과의 모든 금융거래를 기록한다. 여기에는 대출 및 차입, 상품을 외상으로 수출하거나 수입할 때 발생하는 무역관련 신용, 현금 및 예금 등의 금융거래가 기록된다.

기타 자본수지는 특허권, 상표권 등을 사고파는 거래와 해외이주자가 외국에 이주할 때 가지고 가는 해외이주비 등을 기록한다.

자본수지가 플러스라는 것은 자본거래 결과 발생한 자금의 유입이 유출보다 많았다는 것을 의미한다. 따라서 차관 등 외국 빚을 들여온 금액이 갚은 금액보다 많거나 우리가 가지고 있던 대외채권의 회수금액이 공여금액을 상회하여 들어온 돈이 나간 돈보다 많게 되면 자본수지는 플러스가 되고 반대의 경우는 마이너스가 된다.

2. 국제수지의 균형과 불균형

(1) 국제수지의 균형과 불균형

국제수지가 균형을 이루고 있다고 하는 것은 국제수지를 구성하는 각 항목들의 수지들이 균형을 이루고 있음을 의미한다. 상품수지를 예로 들면 상품의 수출로 인하여 수입국으로부터 수취한 금액과 수입으로 인하여 외국으로 대금을 지급한 금액이 일치하는 것이다. 즉 국제수지균형이란 각종 거래로 인하여 외국으로부터 수취한 총액과 외국에 지급한 총액이 일치하는 상태를 말한다. 그러나 이와 반대로 수취한 금액과 지급한 금액이 일치하지 않을 경우 이를 국제수지가 불균형상태를 이루고 있다고 말한다. 국제수지의 불균형은 국제수지의 흑자 혹은 국제수지의 적자로 나타난다. 즉 외국으로부터 수취한 금액이 외국에 지급한 금액보다 클 경우 이를 국제수지가 흑자상태에 있다고 말하며, 반대로 외국에 지급한 금액이 더 클 경우 국제수지가 적자상태에 있다고 말한다.

(2) 국제수지불균형의 조정

한 나라의 대외적인 자금의 수입과 지출이 일치하지 않는 것을 말하며 수입이 지출보다 많은 경우에는 국제수지흑자, 지출이 많은 경우에는 국제수지적자라고 한다. 수입과 지출을 구성하는 항목 중 국제수지의 균형 여부를 보는 데 포함되는 항목이 무엇이냐에 따라서 실제 불균형의 정도는 차이가 날 수 있다. 이러한 한 나라의 국제수지가 불균형상태에 있을 경우 균형성립을 위한 조정메커니즘으로서는 가격조정메커니즘과 소득조정메커니즘이 있다.

1) 가격조정메커니즘(가격조정기구)

고전학파적인 국제금본위제하의 가격조정기구에서는 한 나라의 국제수지가 흑자를 나타낼 경우에는 금의 유입으로 국내통화량이 증가하게 되어 국내물가를 상승시키며 수출감소 · 수입증가라는 일련의 경로를 통하여 당초의 국제수지 흑자가 해소되어 국제수지의 균형이 실현되며 적자의 경우에는 반대의 경로를 통하여 균형에 이르게 된다.

자유변동환율하의 가격조정기구에서는 수출초과가 발생하였을 때에는 환시세가 등귀하고 따라서 외국통화로 표시한 수출품가격이 상승하며 국내통화로 표시한 수입품가격은 하락하기 때문에 수출은 감소하고 수입은 증가하여 균형이 회복되며 수입초과의 경우에는 반대의 경로를 통하여 균형에 이르게 된다.

이와 같이 국제수지불균형의 주요인을 환시세의 변화와 금의 이동이 가져오는 물가수준 또는 교역조건의 변동에서 구하고 있기 때문에 가격효과를 중요시하는 것이라 할 수 있다. 그러나 완전고용이 존재하지 않는 경우나 화폐당국의 태도 여하에 따라서는 이 같은 자동조정기구는 작용하지 않게 되며 가격조정기구의 현실적 결함은 국내균형의 희생에 의하여 국제균형이 달성되는 점에 있다.

2) 소득조정메커니즘(소득조정기구)

구매력 내지 국민소득의 변동을 통하여 국제수지가 균형화되는 기구를 지칭한다. 즉, 출초국[1]에서는 소득이 증가하고 입초국[2]에서는 소득이 감소하며, 이런 소득변동은 출초국의 수입을 증가시키고 입초국의 수입을 감소시킨다. 이와 같은 쌍방의 매출입의 상대적 변동에 의하여 국제수지의 균형이 달성된다.

가격조정기구에서는 물가나 교역조건의 변화가 없이도 구매력 내지 국민소득의 변동에 의하여 국제수지균형이 달성된다. 그러나 이 같은 소득조정기구도 항

---

1) 출초(出超)라 함은 수입보다 수출이 더 많은 상태, 즉 수출초과를 의미한다. 그러므로 출초국이란 수출초과국을 뜻한다.
2) 입초(入超)라 함은 수출보다 수입이 더 많은 상태, 즉 수입초과를 의미한다. 그러므로 입초국이란 수입초과국을 뜻한다.

상 원활히 작용한다고는 할 수 없다. 예를 들어 출초국의 한계수입성향[3]이 작고, 그 출초에 의하여 타국의 수출이 억압받고 이들 국가의 국민소득이 감소한다면 이 국가의 출초와 타국의 입초는 계속되어 국제수지는 균형되지 않을 것이다. 이 같은 경우에는 쌍방의 국제수지조정을 위하여 출초국으로부터 입초국에의 국제투자의 증대 등의 정책이 취해져야 한다.

과거 고정환율제도를 채택하였던 많은 나라들이 경상수지적자에 빠지면 고통스러운 소득조정의 과정을 회피하려고 자국통화의 평가절하(환율인상)를 추구하는 경우가 많았다. 예를 들어 1달러에 1,000원으로 고정되어 있던 환율을 달러당 1,100원에 고정하는 것으로 바꾼다는 것이다. 그러나 어떤 일국 통화의 평가절하(환율인상)는 교역상대국의 국제수지를 악화시키는 성향이 있으므로 교역상대국도 자국의 통화를 평가절하하려고 할 것이다. 이러한 국가 간 자국통화의 경쟁적인 평가절하가 발생하면 결국에는 어느 나라도 달성하려 했던 목표가 성과를 거두지 못하고 물가상승을 부추기는 부작용만 초래할 가능성이 높다.

제2절 환위험

1. 환위험의 개념과 종류

(1) 환위험의 개념

환위험(foreign exchange risk)이란 환율변동으로 인한 기업의 현금흐름의 변동가능성을 말하며, 이러한 환위험을 부담하는 것을 환노출(foreign exchange exposure)이라 한다. 즉, 환위험이란 외화표시자산, 부채 또는 손익흐름을 가지고 있거나 외화표시의 예상치 못한 환율변동으로 인하여 변할 수 있는 가능성을

3) 국민소득의 수준(Y)이 상승할 때에는 그에 따라서 외국상품의 수입(M)도 증가하는 것이 보통 볼 수 있는 현상이다. 물론 수입에는 이 같은 소득의 증가에 의해서 초래되는 유발적 수입 이외에 수입품과 국내품과의 상대가격, 관세 혹은 외환시세의 변화에 근거한 자발적 수입이 있으나, 여기에서 한계수입성향이라 함은 자발적 수입을 제외하고 유발적 수입에 대해서만 고려할 경우 소득의 증가분(ΔY)에 대한 수입의 증가분(ΔM)의 변화를 말하는 것이다.

말한다. 이러한 환위험에 노출되어 있는 정도 또는 크기를 환노출이라고 하는데, 환노출은 미래의 예상치 못한 환율의 변동으로 인하여 외화표시 순자산의 가치 또는 현금흐름의 순가치가 변동될 수 있는 불확실성을 말하며, 환차손 및 환차익의 발생가능성 모두를 포함한다. 그러므로 환위험이란 환차손의 발생가능성을 의미한다.

(2) 환위험의 종류

1) 거래환위험

거래환위험은 외화채권과 외화채무확정일의 환율과 결제일의 환율 간에 차이가 발생함으로 인하여 환위험을 부담하는 것을 말한다. 즉, 외화로 표시된 거래의 결제를 시행할 때 환율변동으로 인하여 이익이나 손실이 생길 가능성을 말하며 환율변동 이전에 발생한 거래의 결제가 환율변동 이후에 이루어질 때 발생한다.

2) 환산환위험

환산환위험은 외화자산과 외화부채의 발생시점의 역사적 환율과 대차대조표 작성일의 현행환율 간에 차이가 발생함으로 인하여 환위험을 부담하는 것을 말한다. 즉, 본사와 해외에 있는 자회사들 간에 연결재무제표를 작성하는 과정에서 외화로 표시된 자산, 부채, 수익, 비용 등을 자국의 통화로 환산할 때 환율이 변동함에 따라 기업의 재무상태 및 성과가 변동될 가능성을 의미한다.

3) 경제적 환위험

경제적 환위험이란 예상치 못한 환율변동으로 인한 기업의 현금흐름의 변동가능성을 부담하는 것을 말한다. 즉, 예상치 못한 환율의 변동으로 판매량, 판매가격 및 원가 등이 변하고 이에 따라 기업의 현금흐름이 변화할 수 있는 가능성을 말한다.

환위험의 종류를 그림으로 표현하면 다음과 같다.

그림 14-1 | 환위험 종류

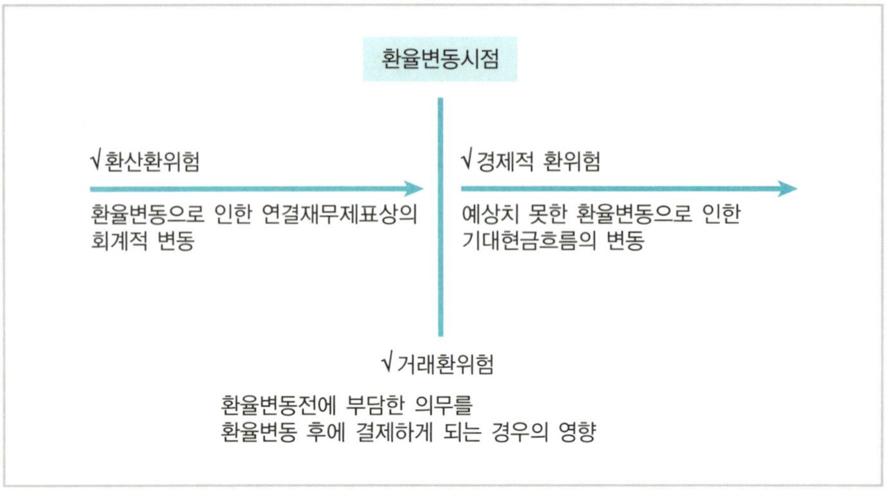

2. 환위험관리전략

환위험의 관리전략은 크게 내부적 관리전략과 외부적 관리전략으로 구분할 수 있다. 내부적 관리전략으로는 상계(netting)전략, 매칭(matching)전략, 리딩과 래깅(leading & lagging)전략, 자산부채종합관리(ALM : Asset-Liability Management)전략, 포트폴리오(portfolio)전략, 결제통화조정전략, 재송장(reinvoicing)전략, 환차손준비금전략 등이 있으며, 외부적 관리전략으로는 선물환(forward exchange)전략, 통화선물(currency futures)전략, 통화옵션(currency options)전략, 통화스왑(currency swap)전략 등이 있다.[4)]

(1) 내부적 환위험관리전략

1) 상계전략

상계전략이란 채권 · 채무 결제 시에 그 차액만을 결제하여 결제를 축소시킴으로써 환위험을 줄이는 전략으로 환위험관리에 가장 간단하고 효과적인 방법이다. 이러한 상계전략의 종류에는 양자간 상계(bilateral netting)와 다자간 상계

4) 지호준, 국제재무관리, 경문사, 2000.

(multilateral netting)가 있다. 양자간 상계(bilateral netting)는 두 회사 간 발생하는 순채권, 순채무포지션만을 일정시점에서 상호 결제하는 방식으로서 두 회사 간의 채권 · 채무의 청산에 있어 결제자금 규모를 축소시켜 환위험을 감소시킬 수 있다. 다자간 상계(multilateral netting)는 동일기업 내의 3개 이상의 자회사 간에 이루어지는 상계로서 상계센터를 통해 각 자회사 간 채권 · 채무의 상계금액을 총괄관리하고 이를 해당 자회사에 통지하는 방식을 말한다.

2) 매칭전략

매칭전략이란 외화자금의 흐름을 일정하게 일치시키는 전략으로서 외화자금의 유입과 지급을 통화별 및 만기별로 일치시킴으로써 외화자금흐름의 불일치에서 발생할 수 있는 환위험을 원천적으로 제거시킬 수 있다. 이러한 매칭에는 자연적 매칭(natural matching)과 평행적 매칭(parallel matching)이 있다. 자연적 매칭은 통화별로 자금의 수입과 지출을 일치시키는 방법으로 환위험을 거의 완전히 제거시킬 수 있다. 평행적 매칭은 환율변동 추세가 유사한 여타 통화의 현금수지와 일치시키는 방법이다.

3) 리딩과 래깅전략

리딩과 래깅이란 환율변동에 대비하여 외화자금흐름의 결제시기를 의도적으로 앞당기거나 지연시키는 전략으로서 환율변동에 따른 환위험을 극소화하거나 환차익을 극대화하기 위해 사용하는 간단하고 단기적인 환위험관리기법이다. 즉, 리딩(leading)은 결제시기를 앞당기는 것이고, 래깅(lagging)은 결제시기를 지연하는 것을 말한다.

이러한 리딩과 래깅전략의 특징은, 첫째 제3자와의 거래에서는 매매쌍방의 이해관계가 상충하여 어느 일방이 이익을 실현하면 상대방은 손실을 보게 되기 때문에 그룹기업 간에 쉽게 발생한다는 점, 둘째 자회사들 간의 효율적 자금관리기법으로도 이용된다는 점, 셋째 리딩과 래깅은 위험이 수반되는 투기적 요소를 내포하고 있는 등 환투기를 수반하거나 원활한 국제거래의 질서를 저해할 우려가 있어 각국은 외환관리의 대상으로 하여 일정한 한계를 두고 있으며, 우리나라의 경우 수출입의 연지급기간을 일정기간 이내로 제한하고 있다는 점 등이다.

4) 자산부채종합관리전략

자산부채종합관리(ALM : Asset Libility Management)란 환율전망에 따라 기업이 보유하고 있는 자산 · 부채의 포지션을 조정함으로써 환위험을 효율적으로 관리하는 방법을 말한다. 이러한 자산부채종합관리는 외화자산 · 부채를 자국통화나 특정 통화로 환산할 때 발생하는 환산환위험이나 거래환위험관리가 주요 목적이다.

이러한 자산부채종합관리는 광의로는 내부적 환위험관리기법과 외부적 기법을 모두 포괄하는 개념이고, 협의로는 자산 · 부채항목의 조정을 통한 환위험관리를 말한다. 자산과 부채항목의 조정을 통해 환위험을 관리하는 전략에는 적극적인 자산부채관리전략(환차익 극대화전략)과 소극적인 자산부채관리전략(환차손 극소화전략)이 있다.

적극적인 자산부채관리전략은 특정 통화가 강세로 전망될 경우 해당 통화표시 자산 및 현금의 포지션 증대 · 부채의 조기상환을 하고, 특정 통화가 약세로 전망될 경우 해당 통화표시 자산 및 현금의 포지션 축소 · 부채 증대를 하는 전략이다.

소극적인 자산부채관리전략은 통화의 강세 · 약세에 관계없이 만기별 · 통화별로 자산과 부채, 현금수입과 지급규모를 일치시키는 것, 즉 스퀘어 포지션을 유지하는 전략을 말한다.

5) 포트폴리오전략

포트폴리오(portfolio)전략이란 국제재무관리에 있어 투자증권이나 거래통화를 다양하게 구성하여 환율의 변동에서 초래될 수 있는 거래 및 환산환위험을 분산시키는 전략을 말한다. 일반적으로 포트폴리오 위험에는 비체계적 위험(non systematic risk)과 체계적 위험(systematic risk)이 있는데 비체계적 위험이란 분산투자를 통하여 완화시킬 수 있는 개별기업의 특정 위험을 말하며, 체계적 위험이란 분산투자에 의해서도 완화시킬 수 없는 위험을 말한다. 그런데 이러한 국제분산투자를 하게 되면 비체계적 위험뿐만 아니라 체계적 위험까지 분산가능하다는 이점을 지닌다.

포트폴리오전략을 이용하는 방법에는 크게 두 가지가 있다. 첫째는 복합통화를 거래통화로 계약하는 방법이다. 즉 Euro(유럽 12개국의 통화로 구성된 복합통화), SDR(미국, 영국, 프랑스, 독일, 일본 통화로 구성된 복합통화) 같은 통화를 거래통화로 계약을 체결하는 방법이다. 다른 하나는 여러 통화로 자산이나 부채를 동시에 보유하는 방법으로서 위험을 줄이거나 분산시킬 수 있다.

(2) 외부적 환위험관리전략

1) 선물환전략

선물환거래란 외환거래에서 거래 쌍방이 미래에 거래할 특정 외화의 가격을 현재 시점에서 미리 계약하고 이 계약을 미래의 특정 시점에 이행하는 방식을 말한다. 이러한 방식은 거래시점과 결제시점 간의 환율변동에서 초래되는 환위험을 제거하는 방법으로 일반적인 예로는 아파트 신규 분양과 유사한 원리이다. 입주시기와 관계없이 분양가격에 입주할 수 있는 원리와 비슷하기 때문이다.

2) 통화선물전략

통화선물(currency futures)거래란 선물환거래와 같이 일정통화를 미래의 일정시점에서 미리 약정한 가격으로 매입 · 매도하기로 하는 금융선물거래의 일종으로서 일반적인 예로는 아파트 분양권 전매(轉賣)와 유사한 원리를 지닌다. 이러한 통화선물환거래의 특징으로는 거래형태나 방법에 있어 선물환거래와는 성격상 전혀 다르다는 점, 선물환과는 달리 미래의 외화자금 결제일이 불확정적인 거래에 이용될 수 있다는 점, 환율변동의 추이에 따라 결제일 이전이라도 유리한 시점에서 쉽게 반대매매가 가능하다는 점, 거래비용이 저렴하다는 점, 통화선물시장에 제시된 몇 개의 통화에 대해서만 거래가 가능하다는 점 등이 있다.

3) 통화옵션전략

통화옵션(currency option)이란 통화옵션시장에 상장된 특정 통화를 미래 일정시점 또는 일정기간 내 거래일에 약정된 가격으로 매입 또는 매도할 수 있는 권리를 말하며, 아파트 분양권 반환과 유사한 원리를 가진다. 이러한 통화옵션에는 다음과 같은 종류가 있다.

- 옵션발행자(option seller) : 권리를 발행판매한 자
- 옵션매입자(option buyer) : 권리를 매입한 자
- 콜옵션(call option) : 특정 상품을 살 수 있는 권리
- 풋옵션(put option) : 특정 상품을 팔 수 있는 권리

또한 이들 매입자와 발행자가 콜옵션과 풋옵션에 대하여 사용할 수 있는 전략은 [표 14-2]와 같다.

표 14-2 | 통화옵션의 사용전략

	콜옵션	풋옵션
매입자 발행자	• 가격상승 예상 • 가격하락 내지 불변 예상	• 가격하락 예상 • 가격상승 내지 불변 예상

4) 통화스왑전략

통화스왑(currency swap)이란 두 거래당사자가 계약일에 약정된 환율에 따라 해당 통화를 일정시점에서 상호 교환하는 외환거래를 말한다. 즉, 통화스왑은 일정 통화로 차입한 자금을 다른 통화차입으로 대체하는 맞교환 거래로서 금리스왑과는 달리 이자지급의무의 교환뿐만 아니라 원금의 교환도 이루어진다는 특징을 가지고 있다. 일례로 옷가게와 구둣가게 직원의 상품권 맞교환과 유사한 원리이다.

이러한 통화스왑의 기능으로는 중장기적인 환위험을 헤지하는 기능 수행, 차입 비용을 절감시키고 자금관리의 효율성을 높여주는 기능, 새로운 시장에의 접근수단으로 이용, 장부외거래의 성격을 갖고 있어 금융기관의 경우 자본 · 부채비율의 제한을 받지 않고 이들 거래를 이용할 수 있으며, 자본시장의 불완전성, 외환규제 및 조세와 회계기준의 차이에서 오는 각종 문제점을 해결할 수 있는 방법이 되기도 한다.

5) 기타 외부적 환위험관리전략

이 외에도 외부적 환위험관리전략에는 여러 가지가 있는데 몇 가지를 살펴보면 다음과 같다.

단기금융시장 이용전략은 단기차입하고 예치하는 단기금융거래와 현물환거래를 동시에 이용하는 전략으로 선물환거래와 동일한 환위험관리효과를 거둘 수 있으며, 해외단기금융시장에서 해당 금액 미리 차입 → 현물환시장에서 매각하여 자국통화로 전환 → 국내 단기금융기관에 환산금액 예치 → 만기대금으로 차입자금 상환이라는 과정을 거친다.

팩토링전략은 기업이 소유하고 있던 외상매출금인 매출채권을 상환청구권 없이 외부기관인 팩터(factor)에게 매각하여 결제기간 동안의 환율변동위험에서 벗어나는 전략을 말한다. 즉, 수출업자가 수출환어음 등 매출채권을 은행에 매입 · 추심 · 결제하는 방법 대신에 팩터에게 매출채권을 매각하고, 팩터는 이 매출채권의 대금을 수입업자로부터 직접 회수해서 수출업자가 수출대금 입금 전에 팩터로부터의 단기금융을 이용함으로써 수출대금을 조기에 사용하고 환위험도 회피하는 방식이다.

할인전략은 수출거래가 수출환어음에 의하여 결제되는 경우에 어음만기까지의 환율변동위험을 회피하기 위하여 어음할인시장에서 자국통화로 어음을 할인하는 것으로서 수출업자가 수출환어음을 어음의 만기일 이전에 은행에 할인 매각하여 수출대금을 조기에 회수할 수 있는 방법이다.

환변동보험전략은 환율의 변동에 의한 환차손을 보상하고 플랜트 수출과 같은 장기수출의 안정화를 꾀하는 보험(수출보험제도의 일환)전략이다. 환변동보험과 환차손준비금을 비교해 보면 두 경우 모두 사후적 관리전략이라는 측면에서 동일하지만 환변동보험은 외부적 성격을, 환차손준비금은 내부적 성격을 띠고 있다는 차이점이 존재한다.

참고자료 **키코(KIKO) 소송사태**

(1) 키코 개념

키코란 환변동보험의 일종으로 환헤지를 목적으로 하는 통화옵션계약이다. 환율이 일정 범위에서 움직이면 미리 정한 환율(약정환율)에 달러를 팔 수 있지만 환율이 한번이라도 상한선(knock-In) 위로 올라가면 기업은 계약금액의 두 배 이상의 외화를 약정환율에 팔아야 한다. 즉, 약정환율과 환율변동의 상한(knock-in)과 하한(knock-out)을 정해놓고 환율이 일정 범위에서 변동한다면 미리 정한 약정환율에 달러를 팔 수 있어 환율변동에 따른 위험을 줄일 수 있다. 반면 환율이 상한 이상으로 오르게 되면 약정액의 1~2배를 같은 고정환율에 매도해야 한다는 옵션이 붙고, 환율이 하한 이하로 떨어지면 계약이 해지되어 환손실을 입는 상품이다. 예를 들어 기업이 계약환율 1,000원에 약정액을 100만 달러로 하고 상한을 1,100원 · 하한을 900원으로 은행과 계약했을 경우 환율이 상한인 1,100원 이하로 오르면 현실환율로 매도할 수 있고, 환율이 떨어지더라도 하한인 900원을 넘으면 계약환율 1,000원을 적용받을 수 있어 이익을 얻을 수 있다. 즉, 환율이 상 · 하한 사이에서만 변동하면 환차손을 줄이고 일부 환차익을 얻을 수 있다. 그러나 환율이 하한 이하로 떨어지면 계약이 해지되어 떨어진 환율로 적용받아 환손실을 입을 수 있다.

(2) 키코 소송

2008년 초 미국발 글로벌 금융위기가 발생하면서 예상치 못하게 원 · 달러 환율이 급격하게 상승하면서 기업들은 계약금액의 두 배가 넘는 외화를 마련해 은행에 약정환율로 팔아야 했다. 이에 키코에 가입했던 수출중소기업들이 피해가 속출했는데, 키코 공동대책위원회는 당시 723개 기업이 환차손으로 약 3조 3,000억 원의 피해를 입은 것으로 파악하고 있다. 2008년 6월 중소기업 8곳은 키코 약관에 대해 공정거래위원회(공정위)에 심사를 청구하였고, 한 달 후 공정위는 '키코는 불공정계약이 아니어서 약관법상 문제없다'는 결정을 내렸다. 하지만 키코 관련 피해업체는 키코 상품을 계약한 은행을 상대로 손해배상 소송을 제기함으로써 키코 소송 사태가 시작되었고, 이어 11월 100여 개 기업으로 구성된 키코 피해기업 공동대책위원회(키코 공대위)가 법원에 민사소송을 제기함으로써 대규모 집단소송으로 이어졌다. 이후 5년간의 법적 다툼 끝에 2013년 9월 26일 대법원은 키코가 환헤지 목적의 정상상품이므로 은행이 상품에 대해 충분히 설명한 경우 피해 책임은 원칙적으로 가입자가 져야 하고, '키코는 불공정거래행위가 아니다'라고 확정 판결함으로써 마무리하였다. 그러나 금융감독원이 키코 사태 발생 11년 만인 2019년 12월 12일 키코 판매 은행들의 불완전판매를 인정하고 손해액의 15~41%를 배상토록 권고했다. 금감원은 "판매 은행들이 과도한 규모의 환헤지를 권유하고 향후 예상되는 위험성에 대해 명확하게 설명하지 않았다"며 "불완전 판매에 따른 손해배상 책임이 인정된다"고 권고 이유를 밝혔다. 이에 따르면 은행별 배상금액은 신한은행 150억 원, 우리은행 42억 원, KDB산업은행 28억 원 등 총 255억 원이다. 다만 은행들이 이 권고를 따를 법적 의무가 없어 실제 배상으로 이어질지는 미지수다.

자료 : 시사상식사전(pmg 지식엔진연구소, 박문각). 재정리함.

제 4 부

국제경영론

INTERNATIONAL TRADING

제 15 장 글로벌환경

제1절 글로벌 문화적 환경
제2절 글로벌 정치적 환경

학습목표

1. 국가 간 문화차이를 이해한다.
2. 문화분석모형을 이해한다.
3. 정치적 위험과 국가적 위험을 이해한다.
4. 정치적 위험분석방법을 이해한다.
5. 글로벌환경이 기업에게 미치는 영향을 분석한다.

| 핵심사항 |

❶ 글로벌 문화적 환경

1. 문화적 정의와 의의

일반적으로 문화란 사람들이 공유하는 가치관(value)이나 규범(norm) 등을 의미한다. 여기에서 가치관이란 어느 집단의 사람들이 가지고 있는 옳다거나 또는 바람직하다거나에 대한 추상적인 생각을 말하며, 규범이란 특정 상황에서 적절한 행동이라고 여겨지는 사회적인 규칙이나 지침을 의미한다.

2. 문화적 환경의 분석방법

문화적 환경, 즉 문화차이에 대한 분석방법에는 부분적 접근방법과 종합적 접근방법이 있다.

3. 홉스테드의 모형

네덜란드 심리학자인 홉스테드는 전 세계 10만 명이 넘는 IBM종업원들을 대상으로 그들이 갖고 있는 태도와 가치관에 대한 자료를 수집하여 4가지 차원, 즉 개인주의와 집단주의, 권력간격 불확실성의 회피, 남성주의적 정도로 문화를 구분하였다. 이러한 구분은 인류가 공통적으로 직면하게 되는 생존의 문제에 대한 판단의 기준을 제공한다.

개인/집단주의는 사람들이 얼마나 개인주의적이거나 집단주의적인 성향을 보이는가에 대한 차원이다. 권력간격이 사회 내에서 부와 권력이 불평등하게 배분되어 있다거나 혹은 편중되어 있는 경우 이를 어느 정도로 수용하는가를 말한다. 불확실성의 회피란 불확실성을 어떻게 인지하며 과연 불확실성에 의해 초래되는 위험을 어떠한 방법으로 해결하려고 하는가 또는 사람들이 모호한 상황이나 불확실성이 용인하는 정도를 말한다. 남성주의적 정도란 특정 사회에서의 지배적인 가치관이 어느 정도로 남성다움을 중요시하는가를 말한다.

4. 홀의 모형

기본적인 믿음은 문화 차원 중에서 가장 깊숙이 내재되어 있는 차원이다. 따라서 사회구성원들은 너무나 당연한 것으로 받아들이는 경향이 있다. 가치관은 옳고 그르다는 나름대로의 판단의 기준이 있지만, 기본전제는 당연한 것으로 받아들여 토론의 여지가 없게 된다. 홀은 문화적 차이를 고배경문화와 저배경문화로 구분하였다. 저배경문화에서는 의사소통에 필요한 정보가 명백한 부호나 메시지로 옮겨진다. 반면 고배경문화에서는 구체적인 대화를 통해 정보의 교환이 이루어지지 않는다.

5. 클러크혼과 스트로드백의 모형

클러크혼과 스트로드백은 문화의 이질성을 분별하기 위해 문화지향성 또는 가치지향성이라는 관점에서 인간이 지니는 여섯 가지의 기본명제에 대한 질문을 제시하여 분석을 시도하였다.

❷ 글로벌 정치적 환경

1. 정치적 위험과 국가적 위험

일반적으로 정치적 위험은 정치적 사건이나 과정에 의하여 야기된 잠재적으로 심각한 경영상의 위험을 말하며, 국가적 위험과 구분해야 한다. 대표적인 예로 1959~1960년에 걸쳐 쿠바의 카스트로 정부가 시행한 사기업 몰수조치를 들 수 있는데, 이 조치에 따라 쿠바에서 경영활동을 수행하던 많은 외국기업들의 재산이 몰수되었다. 국가적 위험은 일국 내에서 정치, 경제, 사회적 요인들로 인하여 대출자들이 차입자에게 적시에 적당한 방법으로 대출원리금을 상환받을 수 없게 되는 상황이 발생할 가능성을 말한다.

2. 정치적 위험의 제 요인과 유형

(1) 정치적 위험의 제 요인 : 정치적 위험은 기업 전체에 영향을 미치느냐 아니면 특정 산업이나 기업, 또는 프로젝트에만 영향을 미치느냐에 따라서 거시적 위험과 미시적 위험으로 구분할 수 있다.

(2) 정치적 위험의 유형 : 글로벌기업이 현지에서 직면할 수 있는 대표적인 정치적 위험으로는 재산의 몰수, 재산의 수용, 운영상의 규제조치, 이전자유에 대한 제한, 계약의 일방적 파기, 현지국의 차별정책 등이 있다.

3. 정치적 위험의 분석방법

정치적 위험을 분석하는 다양한 방법 중에서 현지방문조사는 임직원이 직접 현지국을 방문하여 현지의 정치, 경제, 사회 등의 환경을 조사하는 방법을 말한다. 또한 고문제도는 관계전문가의 전문지식을 이용하는 방법이며 델파이분석은 전문가들의 의견을 수렴하여 종합평가하는 방법(반복적인 설문조사에 의한 의견조사)을 말한다. 시나리오분석법은 융통성 있는 의사결정을 위하여 인과관계를 설명하는 일련의 가상적 사건을 가정하고 이에 대한 상황전개를 함으로써 사건의 복잡성과 불확실성에 대처하는 기법이다.

4. 정치적 위험의 관리

글로벌기업이 정치적 위험을 관리하는 기본방향으로는 회피, 제거, 다각화, 위험의 이전 등이 있다.

제 1 절 글로벌 문화적 환경

1. 문화의 정의와 의의

일반적으로 문화란 사람들이 공유하는 가치관(value)이나 규범(norm) 등을 의미한다. 여기에서 가치관이란 어느 집단의 사람들이 가지고 있는 옳다거나 또는 바람직하다거나에 대한 추상적인 생각을 말하며, 규범이란 특정 상황에서 적절한 행동이라고 여겨지는 사회적인 규칙이나 지침을 의미한다. 그러므로 우리가 평소에 암묵적으로 동의하는 가치체계나 규범이기 때문에 같은 문화권에 있는 사람들끼리는 문화의 차이를 의식하지 못하고 살아간다. 그러나 다른 가치체계나 규범을 가진 사람과 접촉하는 경우에야 비로소 우리는 자신에게 특정한 문화가 있다는 것을 인식하게 되는 것이다. 즉, 문화차이란 사람들이 서로 다른 사회화교육을 받았을 경우 발생하는 의사소통상의 불일치를 뜻하며, 동일한 국가 내, 동일한 문화권 내에서도 발생가능하다. 이러한 문화에는 언어, 종교, 가치관, 법률, 교육, 정치, 기술 및 물질문명, 사회조직 등 모든 것을 포함한다. 일반적으로 언어를 문화의 거울이라 한다. 왜냐하면 언어가 다르면 일반적으로 문화가 다르기 때문이다. 그러므로 하나의 국가에 여러 언어가 있는 경우 문화차이가 존재할 수 있다.

2. 문화적 환경의 분석방법

문화적 환경, 즉 문화차이에 대한 분석방법에는 부분적 접근방법과 종합적 접근방법의 두 가지가 있다. 첫째, 부분적 접근방법이란 기업의 의사결정에 중요하게 영향을 미칠 것으로 생각되는 특정한 문화적 측면에 연구를 한정시키는 연구방법론을 말하는 것으로서 다음과 같은 분야가 있다.

① 일과 성취에 대한 태도 : 기업의 경영성과와 생산효율성을 결정하는 주요 요소로서 이에 대한 태도는 개인의 삶에 대한 기본적인 태도를 의미함

② 시간과 미래에 대한 태도 : 경영성과와 생산효율성에 영향을 미침

③ 의사결정 : 기업이 부딪치는 여러 가지의 난관을 극복하는 중요한 과정

④ 권력과 권한에 대한 태도 : 서로 다른 권력체계를 지니는 국가에 진출하였을

경우 현지기업의 권한을 어느 정도로 분권화하고 집중화하느냐의 문제
⑤ 기타 : 반대의사의 표현방법, 가족제도의 국가 간 차이, 사회구조

둘째로 종합적 접근방법이란 문화적 환경의 전체적인 측면을 분석하여 몇 가지 범주로 분류하려고 하는 거시적인 접근방법을 말한다. 이의 단점은 구체적이고 세세한 차이점에 대하여 분석 · 파악하는 부분적인 접근법에 비하여 구체적인 사안에의 적용은 어렵다는 것이며, 반대로 장점은 문화적 환경의 체계적인 분류의 틀을 마련하여 거시적인 기업환경들의 상이점들을 체계적으로 분석할 수 있는 도구로 사용될 수 있다는 점이다. 이러한 종합적 접근방법에는 다음과 같은 분석틀이 있다.

① 홉스테드 모형 : 문화를 4가지 차원으로 구분하여 설명함
② 홀의 모형 : 문화를 고배경문화와 저배경문화로 분류하여 설명함
③ 클러크혼과 스트로드백의 모형 : 문화지향성의 관점에서 문화를 설명함

3. 홉스테드의 모형

네델란드 심리학자인 홉스테드는 전 세계 10만 명이 넘는 IBM종업원들을 대상으로 그들이 갖고 있는 태도와 가치관에 대한 자료를 수집하여 4가지 차원, 개인주의와 집단주의, 권력간격 불확실성의 회피, 남성주의적 정도)으로 문화를 구분하였다.

(1) 개인주의 vs 집단주의(individualism vs collectivism)

사람들이 얼마나 개인주의적이거나 집단주의적인 성향을 보이는가에 대한 차원으로서 개인주의란 가족이나 종족, 국가집단에 대한 의무의 수용 정도와 이에 대한 개인적인 자유의 요구 정도에 대하여 인간이 자신과 직계가족들에게만 관심을 가지는 사회조직구조를 말하며, 개인의 이익이 중요하며, 개인 간의 관계가 느슨하고 개인의 창의력과 능력이 중요하다. 이와는 반대로 집단주의란 자기가 속한 집단과 그 이외의 집단을 엄격히 구분하는 사회조직구조를 말하며, 집단이 중요, 개인 간의 관계가 밀접하고, 내부집단에 대한 철저한 신뢰와 충성를 하며 대가로 집단으로부터의 보호와 보살핌을 받는 사회조직구조이다.

(2) 권력간격(권력집중정도, power distance)

권력간격이란 사회 내에서 부와 권력이 불평등하게 배분되어 있다거나 혹은 편중되어 있는 경우 이를 어느 정도로 수용하는가를 말한다. 권력간격이 작은 국가는 높은 교육수준과 높은 지위의 직업을 가진 사람이 많은 국가이며, 주로 추운 극지방이 해당된다. 반면에 권력간격이 높은 국가는 일반적으로 낮은 교육수준과 낮은 지위의 직업을 가진 사람이 많은 국가이며, 주로 온대나 열대지방이 여기에 속한다. 이러한 권력간격의 차이는 생산성과 직무만족도에서 차이를 나타내고 있다.

그림 15-1 | 개인주의와 권력간격에서 본 각국의 문화적 차이

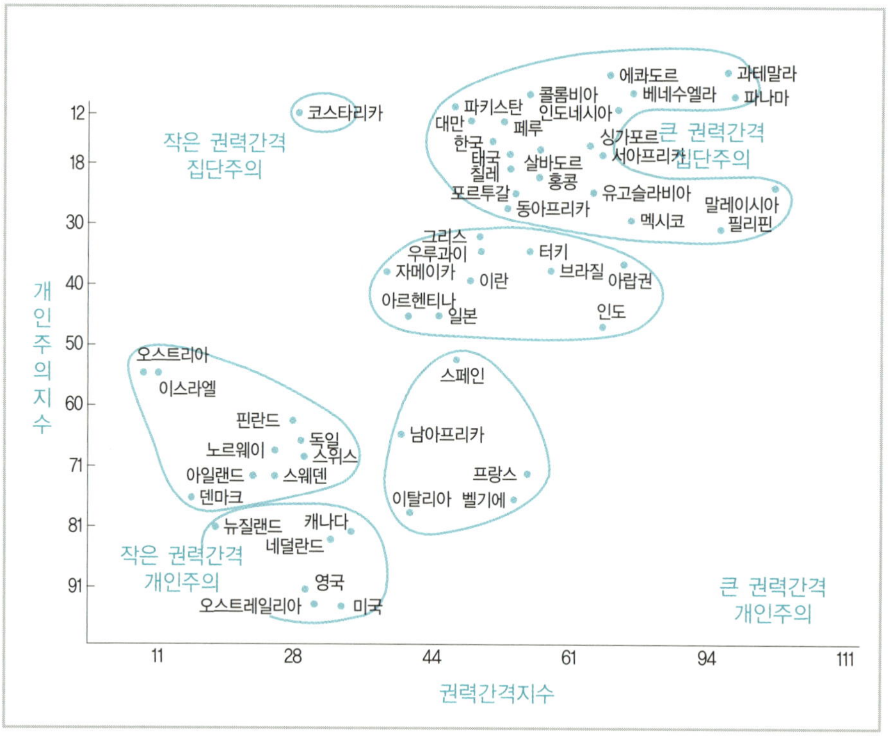

자료 : 장세진, 글로벌경영, 박영사, 2000.

(3) 불확실성의 회피(uncertainty avoidance)

불확실성의 회피란 불확실성을 어떻게 인지하며 과연 불확실성에 의해 초래되는 위험을 어떠한 방법으로 해결하려고 하는가, 또는 사람들이 모호한 상황이나

불확실성을 용인하는 정도를 말한다. 불확실성이 높은 회피성향은 직업안정성을 원하고, 직급의 승진패턴에 높은 가치를 부여하며, 분명한 지시에 대한 기대를 한다. 반면에 낮은 회피성향은 변화에 대한 낮은 두려움과 위험극복성향을 보인다.

(4) 남성주의적 정도(masculinity vs feminity)

남성주의적 정도란 특정 사회에서의 지배적인 가치관이 어느 정도로 남성다움을 중요시하는가를 말한다. 여기에서 남성다움이란 남녀 간의 역할을 분명히 규정(남자는 일, 여자는 가정)하거나, 성취감이나 자기주장, 물질적인 성공에 대한 강한 선호를 하며, 사회적으로는 경쟁과 성취에 높은 가치를 부여한다. 주로 적도 근처의 국가들에게서 발견할 수 있다. 반대로, 여성다움이란 사람들 간의 관계유지를 중요시하고 구성원에 대한 배려, 삶의 질을 강조하며, 복지와 화목에 더 높은 가치를 부여하는 것으로 주로 추운 극지방에서 발견할 수 있다.

그림 15-2 | 불확실성 회피와 남성주의에서 본 각국의 문화적 차이

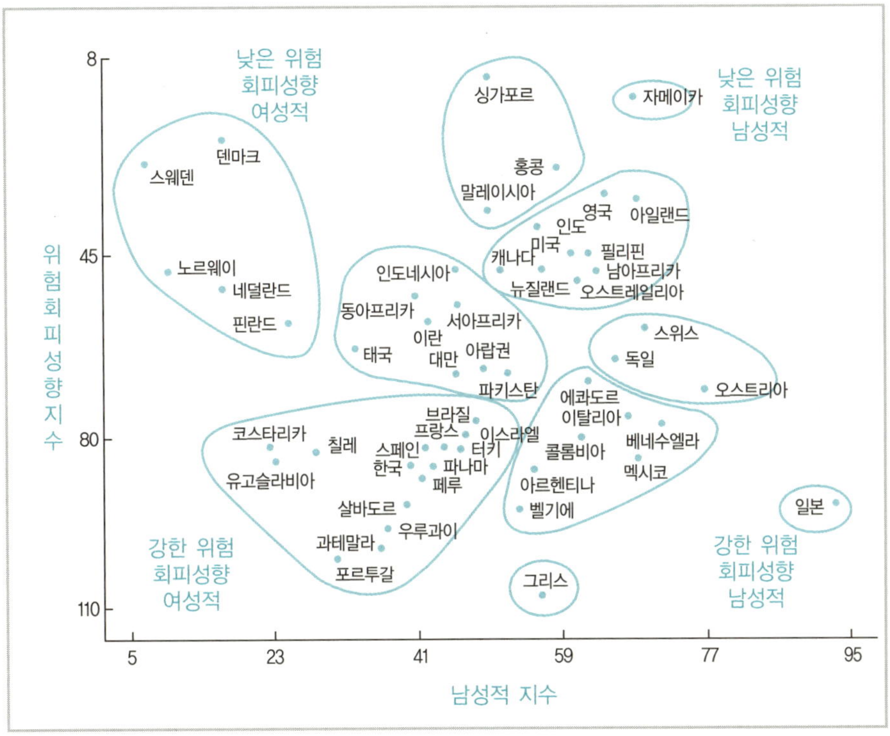

자료 : 장세진, 전게서

표 15-1 | 주요 국가의 4가지 차원 점수

국가	권력집중지수	불확실성 회피지수	개인주의지수	남성화지수
아르헨티나	49	86	46	56
호주	36	51	90	61
브라질	69	76	38	49
캐나다	39	48	80	52
프랑스	68	86	71	43
독일	35	65	67	66
영국	35	35	89	66
인도	77	40	48	56
이란	58	59	41	43
일본	54	92	46	95
한국	62	85	18	39
미국	40	46	91	62

4. 홀의 모형 : 고배경문화와 저배경문화

홀은 문화적 차이를 고배경문화와 저배경문화로 구분하였는데 이러한 구분은 커뮤니케이션방식의 차이에 기인한다고 하였다.

(1) 고배경문화(high-context culture)

고배경문화에서는 의사소통에 필요한 정보가 대부분 비언어적인 배경 또는 개인에 내부화되어 명백한 부호나 메시지로 옮겨지지 않으며, 책임과 신뢰가 중요한 가치로서 법률적인 서류보다는 개인의 말이 더욱 확실한 보증서 역할을 하는 문화를 말한다. 이러한 문화에서 기업의 책임소재는 보통 그 조직의 최고위층에 있게 되며 집단지향적인 성격이 강한 특징을 보여준다.

(2) 저배경문화(low-context culture)

저배경문화에서는 구체적인 대화를 통해 정보의 교환이 이루어지고 법률적인 서류가 보증서 역할을 하며, 일에 대한 책임은 하위 실무자층에게 전가되는 경향을 보인다. 이러한 고배경문화와 저배경문화를 비교해 보면 [표 15-2], [그림 15-3]과 같다.

표 15-2 | 고배경문화와 저배경문화의 비교

구분	고배경문화	저배경문화
법, 변호사	덜 중요	아주 중요
개인의 말	개인에 대한 보증	서면으로 남기는 것만 중요
공간	같이 공유	개인적 공간은 서로 침해 안 됨
시간	모든 일은 시간이 해결	시간은 돈, 매사는 하나씩 해결
협상	시간이 걸림, 협상을 통해 이해	신속해결, 협상목적 이외의 목적 없음
책임	조직의 책임자	업무담당자, 최하급자
경쟁입찰	빈번하지 않다	아주 흔하다

그림 15-3 | 주요국의 고배경문화와 저배경문화 분류

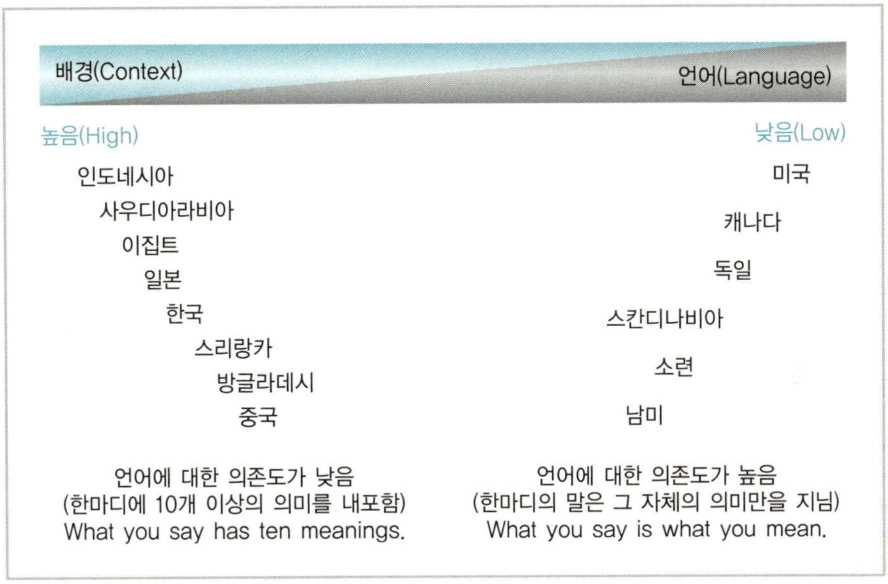

5. 클러크혼과 스트로드백의 모형

클러크혼과 스트로드백은 문화의 이질성을 분별하기 위해 문화지향성 또는 가치지향성이라는 관점에서 인간이 지니는 여섯 가지의 기본명제에 대한 질문을 제시하여 분석을 시도하였다. 즉, [표 15-3]과 같이 여섯 가지 질문에 대한 답변의 방향을 기준으로 문화를 양분하였는데 인간의 본성, 인간과 자연의 관계, 인간관계, 인간의 행동양식, 시간관념, 공간관념의 여섯 가지 질문에 대하여 서양과 동양의 차이가 존재함을 주장하였다.

표 15-3 | 클러크혼과 스트로드백의 6가지 항목

항목	미국식 문화지향성(서양)	대비적 문화지향성(동양)
인간의 본성	인간본성은 선과 악이 혼재함 인간의 본성은 변화함	인간은 본래 선하거나 악함 인간본성은 불변임
인간과 자연의 관계	인간은 자연을 지배함	인간과 자연은 조화를 이룸
인간관계	개인주의적임	집단주의적임
인간행동양식	동적임	정적임
시간관념	미래중심적 단기적 기업정책추구	과거중심적 장기적 기업정책추구
공간관념	사적 독점	공적 공유

제2절 글로벌 정치적 환경

1. 정치적 위험과 국가적 위험[1)]

일반적으로 정치적 위험(political risk)은 기업환경의 급격한 변화가 발생하고, 이러한 변화가 예측불가능하며, 이러한 변화가 바로 정치적인 변화로부터 발생하

1) 장세진, 전게서, pp.145~146.

는 경우를 말한다. 즉, 정치적 위험이란 정치적 사건이나 과정에 의하여 야기된 잠재적으로 심각한 경영상의 위험을 말한다. 이에 반해 국가적 위험(country risk)은 일국 내에서 경제, 정치, 사회적 요인들로 인하여 대출자들이 차입자에게 적시에 적당한 방법으로 대출원리금을 상환받을 수 없게 되는 상황이 발생할 가능성을 말한다.

정치적 위험은 기업이 행하는 사업과 관련된 제품, 시장 혹은 기술적인 위험 이외의 요인에 의해 발생하는 비상업적 사건으로부터 야기되는 상황을 말하기도 한다. [표 15-4]는 정치적 위험과 국가적 위험을 비교한 표이다.

표 15-4 | 정치적 위험과 국가적 위험의 비교

구분	정치적 위험(political risk)	국가적 위험(country risk)
위험노출대상	해외직접투자기업	국제은행, 대출자(간접투자)
위험노출자산	물적자원, 인적자원, 자본 및 기술 등 모든 해외투자재원	정부나 민간에 대한 대출자본
위험노출기간	무기한(투자기간 중)	중단기(대출약정기간 중)
위험의 유형	수용 및 몰수, 국유화, 외환통제, 테러, 납치, 고용규제, 현지부품의무사용 강요, 조세차별, 입찰제한 등	채무상환불능(default), 상환동결(blocked funds), 채무재조정, 상환조건변경 등
위험의 크기	사건의 종류에 따라 다름	사건의 종류에 따라 다름
위험방지수단	해외투자보험, 국제적 사업다각화	수출입은행에 부보, 국제적 사업다각화

2. 정치적 위험의 제 요인과 유형

(1) 정치적 위험의 제 요인

정치적 위험은 기업 전체에 영향을 미치느냐 아니면 특정 산업이나 기업, 또는 프로젝트에만 영향을 미치느냐에 따라서 거시적 위험과 미시적 위험으로 구분할 수 있다. 먼저 거시적 위험은 글로벌기업 전체에 영향을 미치는 정치적 변화를 가리킨다. 또한 거시적 위험은 돌발적이고 단발적이며 개별적인 글로벌기업으로서는 통제할 수 없는 성격의 위험이다.

반면에 미시적 위험은 거시적 위험보다는 덜 극적이지만 어느 면에서는 오히려 더 널리 그리고 자주 국제기업에 영향을 준다. 거시적 위험이 모든 기업에게 영향을 미치는 데 반하여 미시적 위험은 소수의 특정 기업에게만 영향을 미친다. 또한 미시적 위험은 외국정부가 정치적인 이유로 특정 산업이나 기업 또는 프로젝트에 제한적인 정책을 취할 때 발생하게 되며, 특정 기업이나 특정 산업만이 받게 되는 위험을 말한다. 기업의 성격 및 전략에 따라서 어느 정도 통제가능한 위험이다. 이러한 거시적 위험과 미시적 위험을 비교해 보면 [표 15-5]와 같다.

표 15-5 | 거시적 위험과 미시적 위험의 제 요인들

구분	거시적 정치위험		미시적 정치위험	
	사회적 요인	정부관련 요인	사회적 요인	정부관련 요인
국가 내부	혁명, 쿠데타, 내전, 인종갈등, 종교소요, 폭동, 테러, 파업, 보이콧	국유화, 몰수, 송금제한, 급진적 정권이양, 고물가, 고금리, 관료주의	선택적인 테러 파업저항, 기업에 대한 국가적 보이콧	선택적인 국유화, 토착화, 합작투자압력, 차별적 조세정책, 현지 부품 사용법, 계약의 일방적 파기, 자국기업 지원, 가격통지
국가 외부	국가 간 게릴라전, 국제테러, 세계적 대중 의견, 철수압력	핵전쟁, 일반 전쟁, 국격분쟁, 동맹파기, 수출 금지조치, 높은 외채상환율	국제적 행동 집단, 선택적 국제테러, 기업에 대한 국제적 보이콧	본국과 현지국의 외교적 긴장, 쌍무적 무역협정, 다자간 무역협정, 수출입규제조치, 외국 정부의 간섭

(2) 정치적 위험의 유형

글로벌기업이 현지에서 직면할 수 있는 대표적인 정치적 위험으로는 재산의 몰수, 재산의 수용, 운영상의 규제조치, 이전자유에 대한 제한, 계약의 일방적 파기, 현지국의 차별정책, 재산 또는 인명상의 피해 등이 있다. 이러한 위험을 간략히 정리하면 다음과 같다.

① 재산의 몰수 : 현지국이 외국인의 투자자산을 국유화하면서 아무런 보상을 행하지 않는 것을 말한다.

② 재산의 수용 : 명목상의 보상을 해주고 국가가 특정 자산의 소유권을 강제로 징수하여 처분하는 행위를 말한다.

③ 운영상의 규제조치 : 외국인 기업에 대한 시장점유율, 소유권비율, 제품의 특성, 고용정책 등에 관하여 규칙을 정해 놓고 이를 준수하도록 요구하는 것을 말한다.

④ 이전자유에 대한 제한 : 기업의 내부거래를 차단하여, 추가적인 이윤을 봉쇄

하는 수단으로서 이를 제한하는 것을 말한다.

⑤ 계약의 일방적 파기(변경) : 정부가 민간기업들 간에 사적으로 맺어진 계약에 개입하여 이를 규제하는 조치를 말한다.

⑥ 현지국의 차별정책 : 현지정부가 조세상 차별과세한다거나, 대형 프로젝트에 하청업체로서만 참여시킨다거나 강제적으로 정부공사를 수주하도록 강요하는 것이 하나의 예가 될 수 있다.

⑦ 재산 또는 인명상의 피해 : 폭동이나 내란, 전쟁으로 인한 피해를 말한다.

이러한 정치적 위험을 가시도와 폭력의 정도에 따라 구분하면 [그림 15-4]와 같다. 즉 정부의 규제조치는 매우 낮은 가시도와 폭력의 정도를 보여주는데, 일반적으로 이러한 위험은 기본적인 조건이므로 위험으로 간주하지 않는 경우도 있다. 다음 단계는 본사에서 본국 파견인을 제한하는 등의 경영의 현지화에 대한 위험이 있으며, 자본의 현지화는 투자규정, 또는 점진적 국유화 등이 포함된다. 마지막으로 자산의 손실이 발생되는 국유화 또는 몰수 · 해체 등이 있다.

그림 15-4 | 가시도와 폭력의 정도에 의한 정치적 위험의 유형

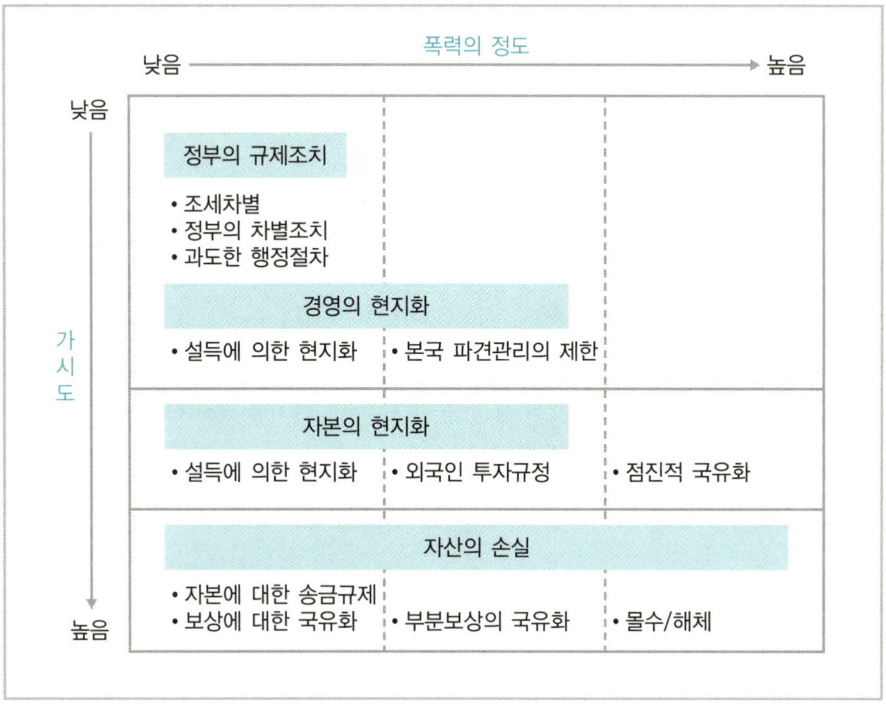

3. 정치적 위험의 분석방법

글로벌기업은 어떠한 국가에 수출 또는 해외직접투자를 할 경우 그 국가의 정치적 환경에 대하여 분석을 한 후 진출해야만 피해를 줄일 수 있다. 이러한 정치적 위험을 분석하는 방법은 다음과 같다.

(1) 정성적-이론적 분석방법(정형적 서술방식)

정치적 위험을 평가하기 위해 전문가나 전문기관에 의뢰하여 정치적 위험에 관련성이 높을 것으로 선험적으로 알고 있는 몇 가지 상호관련변수로 구성된 개념적인 모형을 구축하고 이러한 모형을 근거로 하는 예측방법을 말한다.

(2) 정성적-비이론적 분석방법

정성적-비이론적 분석방법에는 다음과 같은 주요 분석방법이 있다.

① 자유서술방식 : 전문가의 주관적 판단에 의존하는 방법

② 체크리스트방식 : 전문가의 판단에 의해 정치적 위험에 영향을 주는 변수를 추출하고 이들에 대한 상태를 기술함으로써 자의적으로 정치적 위험을 평가하는 방법

③ 현지방문조사 : 직접 현지국을 방문하여 현지의 정치, 경제, 사회 등의 환경을 조사하는 방법

④ 고문제도 : 관계전문가의 전문지식을 이용하는 방법

⑤ 델파이분석 : 전문가들의 의견을 수렴하여 종합평가하는 방법(반복적인 설문조사에 의해 의견을 조사)

⑥ 전문가견해 : 정치적 위험에 영향을 주는 정치, 경제, 사회문제 등에 관해 각각의 전문가들에게 의뢰하여 각 변수에 대하여 점수를 부여하도록 함으로써 종합적으로 정치적 위험을 평가하는 방법으로 BERI, BI지수, 니케이산업지수 등이 있다.

(3) 정량적-이론적 분석방법

계량경제적 방법을 의미하며 일반적으로 모델이라고 불리는 분석도구를 이용

하는 것을 말한다. 계량모형을 설정하고 설정된 모형에 수량화할 수 있는 각종 통계를 투입하여 그 분석결과로 정치적 위험을 평가하는 방법으로 최근에 급속도로 발전하고 있다.

(4) 통합적 분석방법

시나리오분석법은 통합적 분석방법의 가장 대표적인 것으로 융통성 있는 의사결정을 위하여 인과관계를 설명하는 일련의 가상적 사건을 가정하고 이에 대한 상황전개를 함으로써 사건의 복잡성과 불확실성에 대처하는 기법이다.

이상과 같은 정치적 위험의 분석방법을 정리하면 [표 15-6]과 같다.

표 15-6 | 정치적 위험의 분석방법

구분	정성적 분석방법	정량적 분석방법
이론적 분석	정형적 서술방식	계량경제학적 방식 (PRINCE MODEL)
비이론적 분석	자유서술방식 체크리스트방식 현지방문조사법 고문제도 델파이분석, 전문가견해	동전 던지기

참고자료 **정치적 위험분석방법**

1. BERI(Business Environment Risk Index)
   ① 매년 약 45개 국가를 대상으로 구성원이 100명이 넘는 전문심사회를 구성, 각 심사위원으로 하여금 미리 준비된 특정 국가의 정치적 변수들에 대하여 주관적 평점을 내리도록 한다.
   ② 1차 평가가 종료된 후 각 심사위원은 다른 심사위원들의 평가결과를 통보받게 되며, 이때 자기의 평가점수를 다시 수정할 수 있다.
   ③ 이와 같은 몇 차례의 반복적인 평가과정을 거친 후 특정 국가의 정치적 위험 정도에 관한 최종평점이 결정된다.

2. WPRF(World Political Risk Forecasts) – 일명 프린스모델
   해당 경제정책의 수립에 관련된 정치적 인물이나 단체를 선정, 이들의 경제정책에 대한 견해, 이들 견해의 강도, 정책결정과정에서의 영향력, 정책결과에 대한 관심도 등을 전문가들로 하여금 주관적으로 평가하게 함으로써 해당 경제정책이 그 국가에서 실제로 채택될 확률을 계산하는 방식이다.

3. 시나리오분석법

결정변수 파악 → 시나리오 개발 → 전략의 개발 → 시나리오 확률예측 → 대체결과분석

① 시나리오 1 : 백인통치제제가 계속될 것이며 흑인들에게 일정부분 참정권을 부여하면 흑백 간의 갈등은 큰 문제가 되지 않을 것으로 보인다.
이 경우 백인기업들은 큰 동요를 할 필요 없이 현재와 같은 경영상태를 유지해도 무방하며, 가능성이 가장 큰 시나리오로 판단된다.

② 시나리오 2 : 백인주도의 정치체제가 계속되나 일부 권한을 흑인들에게 양도할 것으로 보인다. 제한된 범위 내에서 흑인들의 정치참여가 이루어져 흑백 간의 갈등이 크게 완화될 것으로 예상된다. 이에 대비해 흑인채용을 약간 늘리는 게 유리하다. 경영체제는 큰 변화를 필요로 하지 않는다. 두 번째로 가능성이 높은 시나리오이다.

③ 시나리오 3 : 백인주도의 정치체제 유지는 불가능할 것으로 보인다. 흑인주도의 정치체제가 들어설 것이며, 흑백 간의 갈등을 줄이기 위해 상호협력이 불가피하다. 기업들은 현재의 경영체제를 혁신해야 한다. 이 체제가 성공할 경우 미래에 대한 불확실성이 줄어들 것으로 보인다. 이 시나리오의 실현가능성은 희박하다.

⇒ 이상의 시나리오는 지난 1987년 초반 남아프리카의 앵글로 아메리칸사가 전 세계 전문가들을 불러 모아 의견을 모은 뒤 미래를 예견하는 시나리오를 작성한 사례이다. 당시 예측가능한 모든 변수들이 총동원되었다.

그 후 사태는 놀랍게도 가장 실현가능성이 희박한 세 번째 시나리오대로 전개되었다. 만델라가 대통령에 오르는 등 흑인주도 정권이 들어서고 백인들도 일정부분 정권에 협력하면서 남아프리카공화국의 정치변혁이 이루어졌다. 앵글로 아메리칸사는 시나리오분석기업의 덕을 톡톡히 보았다.

우리 기업들도 시나리오기법을 활용하고 있다. 모 재벌은 비자금 사건 와중에서 상황별로 대안을 마련했던 것으로 알려졌다. 즉 총수가 구속기소될 경우, 불구속기소될 경우, 기소유예될 경우 등 상황전개에 따라 대응책을 수립했다. 이런 기법이 시나리오기법이다.

자료 : 주간매경, 1995. 12. 20.

4. 정치적 위험의 관리

(1) 정치적 위험관리의 기본방향

글로벌기업이 정치적 위험을 관리하는 기본방향으로는 다음과 같이 회피, 제거, 다각화, 위험의 이전 등과 같이 4가지가 있다.

첫째, 회피란 손실발생의 가능성이 있는 재산, 사람, 활동을 피함으로써 손실발생의 불확실성을 제거하는 방법이다. 위험관리자가 특정 국가 내에서 손실의 가능성이 너무 높다고 판정하는 경우, 투자를 행하지 않거나 국제은행이 국가별로 대출최고한도를 설정하고 이를 넘어서는 대출은 하지 않는 것 등이 있다.

둘째, 제거란 적극적 입장에서 위험을 예방하고 경감시키려는 수단으로서 위험의 방지, 분산, 결합 및 제한의 수단을 동원하게 된다.

셋째, 다각화란 생산시설 등의 국제적 분산으로 해당 국가에서의 손실의 규모를 감소시키기 위한 방법이다.

넷째, 위험의 이전이란 현지의 투자기업과 합작이나 자본참여를 통해 투자위험을 다른 사람에게 전가시키거나, 현지에서 최고책임자 혹은 이사진 및 중역의 자리에 현지의 이해관계가 높은 현지인을 고용함으로써 손실발생의 불확실성 자체를 제3자에게 넘기는 방법을 말한다.

(2) 정치적 위험관리전략

기업이 정치적 위험을 제거할 수 있는 전략으로는 크게 다음과 같이 3가지로 구분할 수 있다. 첫째, 투자 전의 대응전략으로서 내부적 대응전략으로는 진출을 포기하거나, 현지소유지분의 최소화 또는 국제 간 통합 등이 있으며, 외부적 대응전략으로는 정부 및 민간보험가입, 현지정부의 투자보증, 정부 간 협정 등이 있다. 둘째, 투자 후의 대응전략으로서는 현지시장에서 선량한 기업시민 이미지를 부각시키거나 현지기술발전에 공헌 및 현지관련산업 육성에 참여하는 등의 전략이 있다. 셋째, 위험발생 후 대응전략으로서는 ① 경쟁(지배), ② 회피(무시), ③ 협동(통합), ④ 순응(회유), ⑤ 타협(공유) 등이 있다.

표 15-7 | 기업의 정치적 위험대응전략

구분	대응전략
투자 전의 대응전략	① 내부적 대응전략 진출포기, 현지소유지분의 최소화, 국제 간 통합 ② 외부적 대응전략 정부 및 민간보험가입, 현지정부의 투자보증, 정부 간 협정
투자 후의 대응전략	① 내부적 대응전략 선량한 기업시민 이미지 부각, 현지기술발전에 공헌 및 현지관련산업 육성 ② 외부적 대응전략 투자 전의 대응전략과 동일
위험발생 후 대응전략	① 경쟁(지배) ② 회피(무시) ③ 협동(통합) ④ 순응(회유) ⑤ 타협(공유)

참고자료 | 위험발생 후 대응전략 : 갈등모형 설명

1. 경쟁 : 지배를 목적으로 독단적이고 비협조적인 의사결정과 행동양식을 취하여 문제에 대하여 정면돌파의 전략을 취하는 것이 일반적
2. 회피 : 갈등해소에 의해서 얻게 되는 이익이 적고 기업의 힘도 약하여 기업이 독단적인 행동을 취할 수 없는 상황으로 갈등의 당사자들이 서로 비협조적인 경우에 적당
3. 협동 : 기업의 상대적 힘과 독단성은 강하지만, 갈등 당사자들 간의 상호관계가 우호적이고 또한 공통의 이해관계를 지니는 경우에 힘을 통합하여 공동으로 문제해결
4. 순응 : 기업의 갈등관리능력도 낮으며, 상대국과의 기존관계와 이해관계가 서로 일치하는 경우, 기업이 상대국에게 양보를 하며 상대국에게 양보를 대가로 관계의 개선이나 회유를 유도하기 위한 전략
5. 타협 : 갈등의 결과가 서로에게 손실을 가져다줄 수 있거나 최소한 이득은 발생하지 않는다고 서로 느끼는 경우에는 갈등의 당사자들이 서로 양보를 통하여 손실이나 이익을 분담하여 공유하는 전략

• 갈등관리모형 : 국제기업이 독단성과 협조성의 두 가지 차원에서 과연 어느 위치에 존재하는가를 분류하고 각각의 경우 어떠한 갈등관리방식을 택할 것인가를 설명

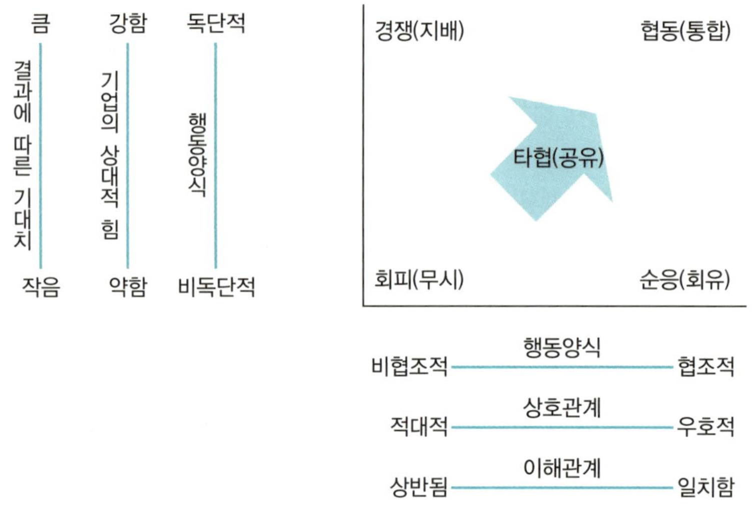

제 16 장 글로벌기업

학습목표

1. 글로벌기업의 개념을 이해한다.
2. 글로벌기업의 해외진출과정을 분석한다.
3. 글로벌기업의 긍정적인 면과 부정적인 면을 파악한다.

| 핵심사항 |

❶ 글로벌기업의 정의

1. 글로벌기업의 개념

글로벌기업을 전 세계를 대상으로 경영활동을 하는 기업이라고 정의하며, 현재 광범위하게 사용하고 있는 다국적기업이 글로벌기업의 대표적인 형태이다. 1960년 릴리엔탈(D.E. Lilienthal)은 다국적기업이란 용어를 처음으로 사용하였고, 1969년 펄뮤터(H.V. Perlmutter)는 다국적기업을 "지구중심적 경영을 하는 기업"이라고 정의하였다. 1981년 버논(Raymond Vernon)은 다국적기업을 "포춘(Fortune)의 500대 기업에 연 2회 이상 등재되어 있는 동시에 6개국 이상에서 현지생산 및 판매활동을 하는 기업"이라고 정의하였다.

2. 다국적기업의 형태

펄뮤터는 본국시장중심, 현지시장중심, 지역시장중심, 세계시장중심으로 구분하였다.

❷ 글로벌기업의 해외진출동기와 과정

1. 해외진출동기

기업의 해외진출동기는 무역동기와 해외직접투자동기로 구분할 수 있다. 무역의 동기로는 이익의 증대, 원가절감, 유휴시설의 활용, 위험분산, 수입기회 등이 있으며, 해외직접투자의 동기로는 시장추구, 생산효율추구, 자원추구, 정치적 안정추구, 선도기업추종 등이 있다.

2. 해외진출과정

(1) 기업활동의 세계화과정 : 기업의 세계화과정이란 기업의 활동이 세계의 여러 나라로 확대되는 과정을 말하는데 기업의 활동이 세계적으로 확대된다는 것은 지리적 범위, 사업범위, 참여방식, 경영기능의 네 가지 활동의 확대를 의미한다.

(2) 기업경영관리의 국제화과정 : 로빈슨은 기업경영관리의 국제화를 국가기업, 국제기업, 다국적기업, 초국적기업, 초국가기업의 5단계로 구분하였다.

❸ 글로벌기업의 영향

1. 긍정적인 면

첫째 글로벌기업은 자기지배 혹은 영향하에 있는 각종 경영자원, 즉 기술, 인원, 자금 등을 국경을 넘어 자유로이 이동시켜 각각의 자원이 최대의 한계생산성을 발휘하게 함으로써 세계의 경제적 후생의 총량을 증가시켜 준다. 또한 세계 각국으로 신제품 및 신기술을 이전, 전파함으로써 해당 국가의 다수 국민들이 다채로운 소비생활을 누릴 수 있게 하며 기업들의 생산성의 획기적인 향상을 가져오게 한다.

2. 부정적인 면

상대국의 연구개발은 침체하게 되며 장기적으로 기술열위에 처하거나 기술 종속적 구도가 정착되기 쉽다. 나아가 기술인력의 글로벌기업에의 편중현상으로 기술의 독자개발 기반이 약화될 우려가 있다. 또한 글로벌기업은 그들의 양호한 기업이미지를 이용하여 부족한 자본을 현지국 기업보다 유리한 조건으로 조달 · 운용함으로써 현지기업의 자금소요를 고갈시켜 경제발전에 부정적 효과를 낳게 할 수도 있다.

제1절 글로벌기업의 정의

1. 글로벌기업의 개념[1)]

일반적으로 글로벌기업을 전 세계를 대상으로 경영활동을 하는 기업이라고 정의하는데, 아직까지 글로벌기업에 대한 정의를 명확히 내린 학자는 없다. 그러나 현재 광범위하게 사용하고 있는 다국적기업이 글로벌기업의 대표적인 형태임에는 틀림이 없다. 이러한 다국적기업이란 용어가 일반적으로 쓰이게 된 것은 1970년대부터이며, 다국적기업의 정의에 대해서는 국제기업, 초국가기업, 초국적기업, 무국적기업 등 여러 가지 명칭과 평가기준이 상존하고 있고 아직까지도 이에 대한 통일적인 정의가 존재하지 않고 있다.

1960년 릴리엔탈(D.E. Lilienthal)[2)]은 다국적기업이란 용어를 처음으로 사용하였는데, 다국적기업이란 "1개국 이상에서 해외생산활동을 전개하면서 경영자 차원에서 연구개발, 생산 및 판매에 대한 의사결정을 내리는 기업"으로 정의하였다. 1964년에는 커처(D.P. Kircher)[3)]가 초국적기업이라는 용어를 사용하였고, 1969년 펄뮤터(H.V. Perlmutter)[4)]는 경영자의 태도를 중시하고 다국적기업을 "지구중심적 경영을 하는 기업"이라고 정의하였다. 1981년 버논(Raymond Vernon)[5)]은 다국적기업을 "포춘(Fortune)의 500대 기업에 연 2회 이상 등재되어 있는 동시에 6개국 이상에서 현지생산 및 판매활동을 하는 기업"이라고 정의하였다.

이처럼 많은 학자들이 다양한 다국적기업의 정의를 내리고 있는데, 아하로니(Y. Aharoni)[6)]는 종합적 기준을 제시하여 다국적기업의 정의를 내렸다. 그 기준은, 첫째 구조적 기준에 의한 정의로서 대상국가수, 최고경영자의 국적 분포, 현

1) 이장로 · 신만수, 국제경영, 홍문사, 2008, pp.15~17.
2) D.E. Lilienthal, Management of Multinational In Anshen, M.H. and Bach, G.L., editors, *Management and Corporation*, New York: McGraw-Hill Book Company, 1960, p.119.
3) D.P. Kircher, "Now the Transnational Enterprise," *Havard Business Review*, March-April, 1964, pp.6~11.
4) H.V. Perlmutter, "Tortuous Evolution of the Multinational Corporation," *Columbia Journal of World Business*, Jan-Feb. 1969, pp.54~57.
5) R. Vernon and L.T. Wells, *Manager in the International Economy*, 4th ed., Prentice-Hall, 1981, pp.3~6.
6) Y. Aharoni, "On the Definition of a Multinational Corporation," *Quarterly Review of Economic and Business*, 1971, Autumn, pp.27~37.

지자회사의 수 등이 포함되며, 둘째 성과기준에 의한 정의로서 이는 순익, 종업원의 수, 매출액 등에서 해외부문이 차지하는 비중을 뜻하며, 셋째 행태적 특성에 의한 정의로서 경영자의 국제적 사고 여부 등을 뜻한다.

표 16-1 | 다국적기업의 기준과 명칭

관점	기준	명칭	학자
구조	① 경영활동이 일어나는 국가의 수≥2 ② 기업의 소유권자의 국적의 수≥2 ③ 최고경영층의 국적의 수≥2 ④ 6개국 이상에 제조업 투자 ⑤ 초국적 주체에 의하여 관리되는 기업	Multinational firm Multinational firm Transnational enterprise Multinational enterprise Cosmo corporation	D.E. Lilienthal, J. Fayerweather J. Behrman D. Kircher R. Vernon G. Ball
성과	① 해외부문의 매출액, 투자, 생산, 고용 등> 25% ② 해외부문의 매출액, 이익, 자산, 종업원수> 일정비율	International corporation Multinational corporation	S. Rolfe J. Bruck & F. Lee
행태	① 경영의 관점이 국제적 ② 세계적인 관점에서 자원 배분 ③ 본국중심적 사고 ⟶ 현지중심적 사고 ⟶ 세계중심적 사고 ⟶ ④ 세계시장을 하나의 시스템으로 보아 각국의 경영전략을 유기적으로 조정	World corporation Supernational corporation Ethnocentric firm Polycentric firm Geocentric firm Global corporation	G. Clee & A. Discipio R. Robinson H. Perlmutter M. Porter

자료 : 이장로 · 신만수, 국제경영, 홍문사, 2008, p.17.

이상에서 살펴본 바와 같이 다국적기업에 대한 정의는 학자에 따라 매우 다양하다. 그러나 기본적으로 "2개국 이상에서 국제경영활동을 전개하며, 경영이나 의사결정에서 세계지향적인 시야를 가진 기업"이라고 포괄적으로 정의할 수 있다.

2. 다국적기업의 형태

다국적기업의 형태 또한 학자마다 다양하지만 본 서에서는 펄뮤터(H.V. Perlmutter)의 EPRG모델에 의해서 구분하였다. 펄뮤터는 본국시장중심(ethnocentric), 현지시장중심(polycentric), 지역시장중심(regiocentric), 세계시장중심(geocentric)으로 구분하였는데, 여기에서 다국적기업을 “지구중심적 경영을 하는 기업”이라고 정의하였다.

(1) 본국시장중심(ethnocentric) 기업

기업의 활동과 자원배분이 본국시장(home market)을 중심으로 이루어진다. 이러한 기업에게 해외시장은 본국에서 생산한 제품의 수출시장으로서 의미를 갖는다. 본국시장중심 기업의 조직은 수출부서 또는 제품별 국제사업부의 형태를 가지고, 의사결정은 본사에서 설정한 목표에 따라 세계적 통합전략을 수립하고 해외의 판매지점 및 지사에 일방적으로 명령을 하달하는 형태를 지닌다.

(2) 현지시장중심(polycentric) 기업

기업의 활동과 자원배분이 해외의 현지시장(local market)을 중심으로 이루어지는 기업의 형태를 말한다. 즉 기업의 해외직접투자에 의해 현지시장에 자회사가 설립되고, 현지시장은 상품의 생산지인 동시에 판매시장으로서 중요한 의미를 갖게 된다. 본국 모기업의 조직은 일반적으로 지역별 사업부 형태를 가지고, 의사결정은 현지시장에서 자회사가 자율적으로 정하는 등 그 시장환경에 적합한 전략을 수립하여 현지자회사의 책임하에 마케팅활동을 수행하는 기업형태를 말한다.

(3) 지역시장중심(regiocentric) 기업

기업의 활동과 자원배분이 지역시장(regional market)을 중심으로 이루어진다. 해외자회사의 숫자가 늘어나면서 지역 내 자회사 간의 협력 필요성이 대두된다. 즉, 본국에 있는 본사는 소수의 지역본사를 통하여 해외자회사들을 관리한다. 지역본사(regional headquarters)는 그 지역 내 해외자회사들과 협의하여 경영목표를 설정하고 전략을 개발하는 등 지역중심적으로 경영활동을 하게 된다.

(4) 세계시장중심(geocentric) 기업

기업의 활동과 자원배분이 전 세계시장(global market)을 중심으로 이루어진다. 본국과 해외시장의 구별 없이 세계적 관점에서 최적의 국가에 기업활동을 배치하고 또한 전사적 관점에서 전략을 수립하고 해외자회사들의 경영관리를 통합한다. 이런 기업을 글로벌기업(global corporation)이라고 부른다. 조직구조는 네트워크 조직구조를 통해 전 세계적으로 연계된다.

제2절 글로벌기업의 해외진출동기와 과정

1. 해외진출동기

기업의 해외진출동기는 크게 2가지로 구분할 수 있다. 첫 번째로 무역활동을 추구하는 동기이며, 두 번째로 해외직접투자를 추구하는 동기이다. 무역활동이란 국내에서 물건의 제조하여 해외로 수출을 하는 행위를 말하며, 해외직접투자란 해외에 공장, 연구소 등을 설립하는 행위를 말한다.

(1) 무역활동을 추구하는 동기

① 이익의 증대 : 국내경영환경과 국제경영환경이 다르기 때문에 기업들은 똑같은 제품을 국내에서 판매하는 것보다 해외에서 판매함으로써 더 큰 이익을 얻을 수 있다.

② 원가절감 : 시장을 해외로 넓혀 산출량을 증대시키게 되면 규모의 경제를 실현하게 되어 상당한 정도의 원가를 절감할 수 있다.

③ 유휴시설의 활용 : 다른 제품의 생산으로 쉽게 전환될 수 없는 특수한 생산시설에 의해 생산되는 제품의 경우 국내시장 규모가 작으면 유휴시설 문제가 발생하게 되며, 따라서 유휴설비를 활용하기 위해 기업들은 수출을 계획하게 된다.

④ 위험분산 : 다수시장으로 제품판매를 확대하면 생산업자는 특정 시장의 수

요변동 및 경기등락으로 인한 위험을 극소화할 수 있다.

⑤ 수입기회 : 기업들은 국내시장에서 사용될 원자재 및 부품, 완제품 등을 보다 저렴하고 안정적으로 수입 및 구매하고자 하는 경향이 있다.

(2) 해외직접투자(FDI)를 추구하는 동기

① 시장추구형 : 기존시장의 유지 및 새로운 시장개척을 위해 피투자국의 현지시장을 겨냥하여 현지에 생산공장을 설립하는 해외직접투자의 경우를 말한다.

② 생산효율추구형 : 생산요소가격이 상대적으로 저렴한 지역으로 생산시설을 이전하여 해외직접투자를 행하는 경우를 말한다. 최근 한국기업들이 중국이나 동남아시아국가에 진출하는 가장 큰 이유가 여기에 속한다고 볼 수 있다.

③ 자원추구형 : 각종 원자재가 풍부하고 저렴한 지역의 자원을 개발 및 이용하기 위해 해외직접투자를 하는 경우를 말한다.

④ 정치적 안정추구형 : 소유권 몰수나 정부규제 등과 같은 정치적 위험을 회피할 목적으로 정치적으로 안정되어 있는 지역으로 해외직접투자를 행하는 경우를 말한다.

⑤ 선도기업추종형 : 과점적인 시장경쟁구조하에서 한 기업이 해외직접투자를 행하게 되면 다른 과점적 경쟁기업이 곧바로 뒤따라 해외직접투자를 행하는 경우를 말한다.

다음의 [그림 16-1]은 한국무역협회가 국내 264개 제조 수출기업을 대상으로 해외투자를 하는 이유에 대하여 설문조사를 한 것이다. 가장 우선순위는 비용절감이었으며, 다음으로는 노동력확보, 해외시장확대 등으로 나타났다. 즉, 한국기업의 해외투자동기의 가장 큰 우선순위는 생산효율추구형과 시장추구형으로 나타났다.

그림 16-1 | 기업의 해외투자동기

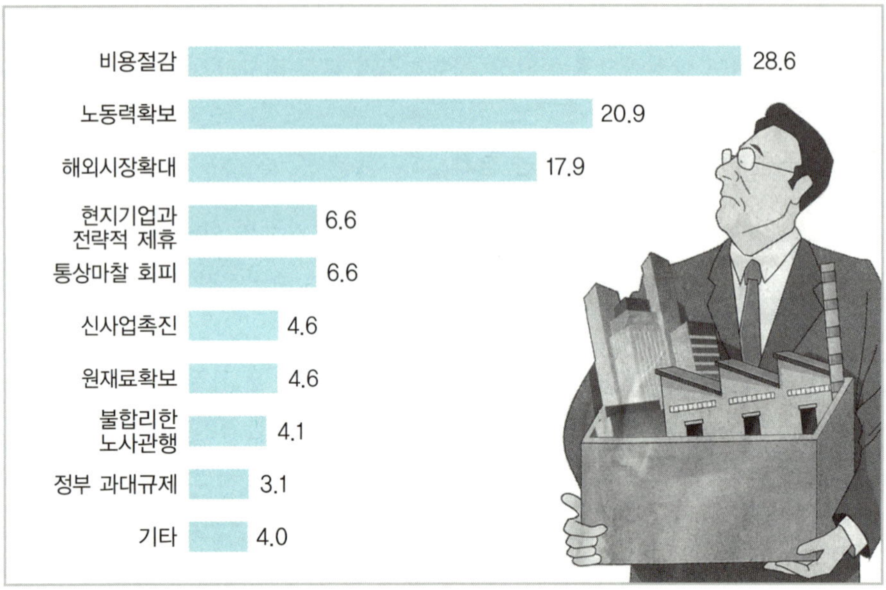

2. 해외진출과정

(1) 기업활동의 세계화과정

기업의 세계화란 기업의 활동이 세계의 여러 나라로 확대되는 과정을 말하는데 기업의 활동이 세계적으로 확대된다는 것은 [그림 16-2]와 같이 네 가지의 활동을 의미하고 있으며, A기업과 B기업은 산업특성에 따라 세계화과정이 다를 것이다. 참고로 A기업은 펩시콜라와 유사하며, B기업은 코카콜라의 해외진출과정과 유사하다.

① 지리적 범위 : 기업활동의 지리적 범위가 한 국가로부터 세계 여러 나라로 넓어진다는 것을 의미한다. 보통은 국내시장에서 출발하여 소수의 해외시장으로 침투한 후 전 세계시장으로 확대한다.

② 사업범위 : 세계에서 여러 사업을 동시에 수행할 수 있는 정도로 사업범위가 넓어진다는 것이다. 예를 들면 소니사의 경우 처음에는 밥솥이나 소형라디오라는 주요 단일사업으로 시작하였으나, 점차 TV, 비디오 같은 제품으로 다각화를 시작하여 지금은 첨단제품을 생산하고 있으며, 영화사나 음반사업

에까지 진출하였다. 즉 국제사업의 다각화를 의미한다.

③ 참여방식 : 기업이 새로운 국가에 진출하는 데 있어서 참여방식이 고도화된다는 것을 의미한다. 처음에는 단순하게 수출로 시작하였으나, 점차적으로 해외직접투자나 라이센싱 같은 방식으로 해외시장에 진출하게 된다는 것이다.

④ 경영기능 : 기업의 경영기능이 국제화된다는 말은 기업이 전 세계 어느 곳에서든지 가장 효율적인 국가에서 수행할 수 있도록 기업의 경영기능의 가능범위가 넓어진다는 것을 의미한다. 즉, 처음에는 단순히 수출판매에 주력하였으나 점차로 해외시장에 진출하게 되고, 진출한 국가에서 마케팅을 하며, 현지에서 생산을 하고, 원자재를 조달하고, 궁극적으로는 연구개발까지 한다는 것을 말한다.

그림 16-2 | 기업활동의 세계화과정

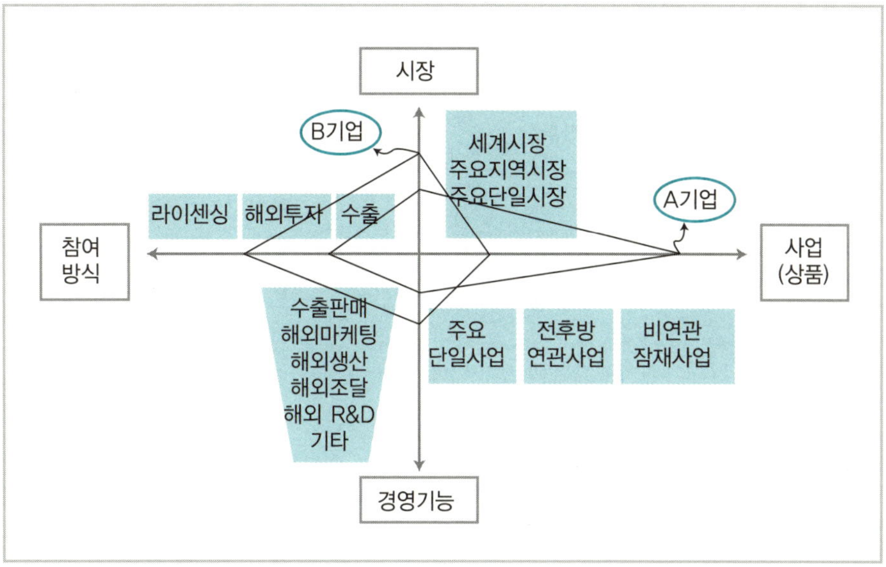

(2) 기업경영관리의 국제화과정

지금까지 일반적인 기업활동의 세계화에 대해서 알아보았다. 그럼 기업의 경영관리상의 세계화는 어떻게 진행되는 것일까? 아직 세계화에 대한 학자들의 연구는 미비한데, 로빈슨은 기업경영관리의 국제화를 다음과 같이 5단계로 구분하였다.[7]

① 국가기업(national firm) : 국가기업은 기업경영관리의 주체는 본사에 있는 모기업이며, 해외사업은 단순한 상품수출 및 외국기업과의 기술제휴이다.

② 국제기업(international firm) : 국제기업은 국가기업과 마찬가지로 경영관리의 주체는 본사의 모기업이지만 주요한 해외사업은 외국에 진출한 현지에서 생산을 하며 판매를 시작하는 단계이다.

③ 다국적기업(multinational firm) : 다국적기업은 국가기업과 국제기업과 마찬가지로 경영관리의 주체는 아직까지 본사의 모기업이지만, 국내사업과 해외사업이 분리되어 서로 대등한 관계를 지니게 된다.

④ 초국적기업(transnational firm) : 초국적기업은 국내사업과 해외사업이 구분되어 있는 것이 아니라 통합되어 있으며, 기업경영관리는 다수국에 진출한 해외자회사가 주체가 되어 기업의 활동을 하게 된다.

⑤ 초국가기업(supernational firm) : 기업 국제화의 마지막 과정으로 하나의 국제기구 형태를 지니게 된다.

표 16-2 | 로빈슨의 기업 국제화과정

단계	명칭	해외사업내용	국내사업과 해외사업 비교	소유	기업경영관리의 주체
1	국가기업	상품수출 기술제휴	국내산업의 일환	본사국	본사국 모기업
2	국제기업	상품수출 현지생산판매	상호의존성과 독립성이 공존	본사국	본사국 모기업
3	다국적기업	상품수출 현지생산판매	국내 · 해외 동등화	다수국	본사국 모기업
4	초국적기업	상품수출 현지생산판매	국내 · 해외 일체화	다수국	다수국
5	초국가기업	상품수출 현지생산판매	국내 · 해외 일체화	국제기구	국제기구

자료 : R.D. Robinson

7) R.D. Robinson, "Beyond the multinational corporation," *Inpublished manuscript*, 1973, p.27.

제3절 글로벌기업의 영향

1. 긍정적인 면

다국적기업을 중심으로 하는 글로벌기업은 전 세계를 하나의 시장으로 하여 새로운 조직과 탁월한 경영활동을 통해 생산능률의 제고와 세계자원의 합리적 배분에 기여해 왔다는 평가를 받고 있는데 이러한 측면을 보다 구체적으로 살펴보면 다음과 같다.[8)]

(1) 경영자원의 전 세계적 최적분배

글로벌기업은 자기지배 혹은 영향하에 있는 각종 경영자원, 즉 기술, 인원, 자금 등을 국경을 넘어 자유로이 이동시켜 각각의 자원이 최대의 한계생산성을 발휘하게 함으로써 세계의 경제적 후생의 총량을 증가시켜 준다.

(2) 신제품 · 신기술의 보급확대

글로벌기업은 세계 각국으로 신제품 및 신기술을 이전, 전파함으로써 해당 국가의 다수 국민들이 다채로운 소비생활을 누릴 수 있게 하며 기업들의 생산성의 획기적인 향상을 가져오게 한다.

(3) 경쟁의 고차화

세계 일부지역에서는 공정한 자유경쟁을 통한 시장형성이 이루어지고 있지 못한 경우도 있다. 이때 글로벌기업의 해당 지역에의 진출은 그 시장의 자유경쟁을 유발하는 데 지대한 공헌을 하게 된다.

(4) 국제협력에의 공헌

글로벌기업은 세계 각국 간의 상호이해 증진에도 큰 역할을 한다. 예컨대 일부

8) 오세영 · 이신모, 글로벌비즈니스, 두양사, 2002, p.235.

분쟁지역의 국가들에서는 정치적 · 경제적 상호의존관계를 보다 강화하기 위한 수단으로 미국 등과 같은 선진국기업의 해외직접투자를 유치하려는 경향도 있다.

2. 부정적인 면

글로벌기업에 대한 긍정적인 면뿐만 아니라 부정적인 시각 또한 존재한다. 앞에서 언급한 바와 같이 국제수지를 악화시키고, 현지국 유치산업의 발전이 억제되어 외국기업에게 예속화될 수 있고, 투자규모가 클수록 현지국의 경제적 자주권의 영역이 좁아지며 심지어 경제적으로 종속당할 위험도 존재한다.

(1) 기술격차의 확대와 기술적 식민지화

글로벌기업이 얻게 되는 해외시장에서의 연구개발 결과는 주로 글로벌기업의 소유로 되는 것이 일반적이다. 그러므로 상대국의 연구개발은 침체하게 되며 장기적으로 기술열위에 처하거나 기술종속적 구도가 정착되기 쉽다. 나아가 기술인력의 글로벌기업에의 편중현상으로 기술의 독자개발 기반이 약화될 우려가 있다.

(2) 자금의 현지조달

글로벌기업은 진출 현지국에서 활동하고 있는 자회사나 새로운 자회사 설립에 소요되는 자금을 보충하는 방법으로 흔히 현지자금을 이용하고 있다. 즉, 이들은 그들의 양호한 기업이미지를 이용하여 부족한 현지국의 자본을 현지국 기업보다 유리한 조건으로 조달 · 운용함으로써 현지기업의 자금소요를 고갈시켜 경제발전에 부정적 효과를 낳게 할 수도 있다.

(3) 특정 산업에 집중적 진출

글로벌기업은 진출 현지국의 입장과 다른 기준에서 해외진출을 결정한다. 따라서 진출국에서 지원, 육성이 필요하여 희망하는 분야보다는 대개 규모의 경제가 크고 기술혁신이 진행되고 있는 고도 성장산업부문에 집중하는 경향이 있다. 이러한 특정 부문에 대한 집중적 진출에 의한 사업지배는 진출국의 해당 산업이 글로벌기업에 의해 실질적으로 지배되는 폐해를 낳을 수 있다.

(4) 현지국 경영방식과의 마찰

글로벌기업이 취하는 합리적인 경영방식은 상대적으로 보수적인 현지국에 일종의 경영혁명을 일으킴과 동시에 인사, 노동 등에서 각종 문제점과 부작용을 나타내는 경우도 적지 않다. 나아가 진출국과의 문화적 차이를 고려하지 못하는 일방적 경영으로 오해와 분쟁을 일으키기도 하였다.

제 17 장 글로벌기업의 해외진출

학습목표

1. 글로벌기업의 해외진출방식을 이해한다.
2. 해외진출방식 선택모형을 파악한다.
3. 해외진출방식들의 장 · 단점을 분석한다.

| 핵심사항 |

❶ 해외시장진출방식 : 수출

1. 수출의 경로는 간접수출과 직접수출로 구분할 수 있다. 간접수출이란 종합무역상사, 수출대행업자, 수출조합 또는 국내에 거주하고 있는 외국무역상 등을 통하여 수출하는 것이며, 직접수출이란 제조업체가 본사의 수출전담부서나 계열무역상사를 통해 수출과 연관된 제반 업무와 기능을 타인에게 위임하지 않고 직접 수행하는 수출방법을 말한다.
2. 수출방식으로는 OEM방식과 고유상표방식이 있다. OEM(Original Equipment Manufacturer)상표수출은 고유상표수출에 반대되는 개념으로 공급업자는 생산에만 전념하고 OEM상표의 주체인 바이어는 상표, 광고, 유통, 시장조사 및 제품개발 등 제반 마케팅기능을 담당하는 수출방식을 말한다.

❷ 해외시장진출방식 : 계약형태

1. 라이센싱(licensing)은 계약형태의 진출방식 중에서 가장 대표적인 것으로 기술공급자가 일정한 대가를 수취하고 무형자산이나 기술을 도입자에게 일정기간 판매 또는 임대하는 계약이다.
2. 프랜차이징(franchising)이란 프랜차이저(franchisor)가 표준화된 패키지상품, 시스템 및 관리용역을 제공하고 프랜차이지(franchisee)는 현지시장에 관한 지식과 자본을 제공하여 경영관리에 직접 참여하여 개입하는 사업방식이다.
3. 계약생산(contract manufacturing)이란 기업이 외국의 다른 기업에게 생산 및 제조기술을 제공하면서 특정 제품의 생산을 주문하고, 그 주문생산된 제품을 공급받아 현지시장이나 제3국시장에 판매하는 방식을 말한다.
4. 경영관리계약(management contract)이란 특정 기업이 일정기간 동안 다른 국가에 있는 특정 기업의 일상적인 운영을 관리할 수 있는 권리를 계약하는 것으로 경영시스템과 경영노하우를 이전하고 그 대가를 받는 형식을 말한다.
5. 턴키운영(turn-key operation)이란 특정의 프로젝트 수행 시 모든 설비가 완공되어 운영할 수 있는 상태로 발주자에게 인도하는 일괄수주계약형태를 말한다.

❸ 해외시장진출방식 : 해외직접투자

1. 단독투자 vs 합작투자 : 단독투자의 경우 가장 많은 국제경험 및 자원이 필요하며, 높은 위험에 노출될 가능성이 있다. 합작투자는 법률에 의해 강제적으로 합작투자를 시행하는 경우와 자의적인 합작투자로 구분할 수 있다.
2. 기업신설 vs 인수합병 : 인수합병은 대상기업들이 합쳐져 하나의 회사가 되는 합병(mergers)과 한 기업이 다른 기업의 주식을 취득하여 경영권을 획득하는 기업인수(acquisitions)로 구분할 수 있다.

❹ 해외시장진출방식의 선택모형

기업이 해외시장에 진출하기 위해서는 자신의 기업에 알맞은 적절한 방식을 선택해야 한다. 대표적인 진입방식 선택모형에는 러그만의 단순모형, 루트의 모형, 허쉬의 모형 등이 있다.

1. 러그만의 단순모형기업이 해외시장에 진출할 경우 초기에는 위험수준이 가장 낮은 단순한 수출방식으로 시작한다. 그러나 무역장벽이 존재하게 되면 수출이 불가능해지므로 다른 방안, 즉 라이센싱이나 해외직접투자와 같은 방안을 모색하게 된다.
2. 루트의 모형기업은 일반적으로 초기에는 위험과 통제수준이 가장 낮은 간접수출에서 시작하여 해외정보 또는 경험의 축적으로 인하여 점차 위험과 통제가 가장 높은 단독투자의 형태로 해외시장에 진입하는 과정을 거치게 된다는 것이다.
3. 허쉬모형수출비용, 라이센스비용, 해외직접투자비용을 고려하여 가장 저렴한 방식을 선택한다는 것이다.

제1절 해외시장진출방식 선택

1. 기업의 해외시장진입방식

기업의 해외시장진출방법은 다음과 같이 해외시장으로 이전되는 자원이 무엇인가와 해외시장에 개입되는 정도로써 크게 수출방식, 계약형태방식, 해외직접투자방식으로 구분할 수 있다.

(1) 수출방식

수출은 기업이 해외시장에 진출하기 위한 가장 기본적인 전략이다. 이 수출에는 수출업무의 개입 정도에 따라 간접수출과 직접수출로 구분할 수 있다. 직접수출은 제조업체가 본사의 수출전담부서 또는 계열무역회사를 통해서 수출하는 방식이며 간접수출은 종합무역상사, 수출대행업자 등을 통하여 수출함으로써 수출관련 기능을 제조업체가 스스로 수행하지 않으면서 제품을 해외에 판매하는 방법이다.

(2) 계약형태의 방식

계약형태의 해외시장진출방식이란 무형의 자산인 상표, 저작권 등의 지적소유권 또는 기술적 · 경영적 노하우 등의 경영자산을 하나의 상품으로 취급하여 해외시장에 진입하는 방법이다. 이러한 계약형태에는 라이센싱, 프랜차이징, 계약생산, 관리계약, 턴키운영방식 등이 있다.

라이센싱(licensing)은 계약형태의 진출방식 중에서 가장 대표적인 것으로 기술공급자가 일정한 대가를 수취하고 이러한 무형자산이나 기술도입자에게 일정기간 판매 또는 임대하는 계약이다. 프랜차이징(franchising)이란 프랜차이저가 표준화된 패키지상품, 시스템 및 관리용역을 제공하고 프랜차이지는 시장에 관한 지식과 자본을 제공하여 경영관리에 직접 참여하여 개입하는 사업방식이다. 계약생산(contract manufacturing)이란 기업이 외국의 다른 기업에게 생산 및 제조기술을 제공하면서 특정 제품의 생산을 주문하고, 그 주문생산된 제품을 공급받아 현지시장이나 제3국시장에 판매하는 방식이다. 관리계약(management contract)

이란 특정 기업이 일정기간 동안 다른 국가에 있는 특정 기업의 일상적인 운영을 할 수 있는 권리를 계약하는 것으로 경영시스템과 경영노하우를 이전하고 그 대가를 받는 형식이다. 턴키운영(turn-key operation)이란 특정의 프로젝트 수행 시 모든 설비가 완공되어 운영할 수 있는 상태로 하여 발주자에게 인도하기로 하는 일괄수주계약형태를 말한다.

(3) 해외직접투자방식

해외직접투자(FDI : Foreign Direct Investment)는 특정한 기업이 외국의 투자대상기업에 대한 경영권 확보를 목적으로 유형의 경영자원인 자본뿐만 아니라 무형의 경영자원인 기술 · 특허 · 상표권 · 경영노하우 등 기업의 제반 자원을 해외에 이전시키는 방식이다. 해외직접투자는 기업의 입장에서 보면 가장 적극적인 해외시장진출전략이지만 가장 높은 위험을 수반하는 형태이다. 소유지분에 따라 100% 지분소유를 하는 단독투자와 투자대상기업의 주식비중에 따른 합작투자로 구분할 수 있으며, 기업의 설립형태에 따라 새로운 기업을 설립하는 기업신설, 기존기업을 인수하거나 자본참여를 하는 인수합병으로 구분할 수 있다.

표 17-1 | 기업의 해외시장진입방식

진입방법	종류	
수출	간접수출(indirect export) 직접수출(direct export)	
계약형태	라이센싱(licensing) 프랜차이징(franchising) 계약생산(contract manufacturing) 관리계약(management contract) 턴키운영(turn-key operation)	
해외직접투자	소유지분	단독투자(wholly owned) 합작투자(joint venture)
	설립형태	기업신설(greenfield) 인수합병(M&A)

2. 기업의 해외시장진입방식 선택모형

기업이 해외시장에 진출하기 위해서는 자신의 기업에 알맞은 적절한 방식을 선택해야 한다. 즉, 앞절에서 해외시장진입방식을 크게 수출방식, 계약형태방식, 해외직접투자방식으로 구분하였는데 이 세 가지 방식 중 한 가지를 선택해서 해외시장에 진출할 수 있다.

(1) 러그만의 단순모형

러그만(A. Rugman)은 기업이 해외시장에 진출하기 위해서 선택할 수 있는 전략의 유형을 앞에서와 마찬가지로 수출, 라이센싱, 해외직접투자의 세 가지로 구분하여 이들의 선택과정을 [그림 17-1]과 같이 설명하고 있다.[1)]

기업은 해외시장에 진출할 경우 초기에는 위험수준이 가장 낮은 단순한 수출방식으로 시작한다. 그러나 무역장벽이 존재하게 되면 수출이 불가능해지므로 다른 방안, 즉 라이센싱이나 해외직접투자 같은 방안을 모색하게 되는데, 만약 기업이 갖고 있는 기술의 유출위험이 존재하게 된다면 해외직접투자를 수행하여 기술의 유출을 방지할 것이고, 기술의 유출위험이 없다면 단순하게 라이센싱을 시도하여 해외시장에 진입하게 된다는 모형이다.

그림 17-1 | 러그만의 단순모형

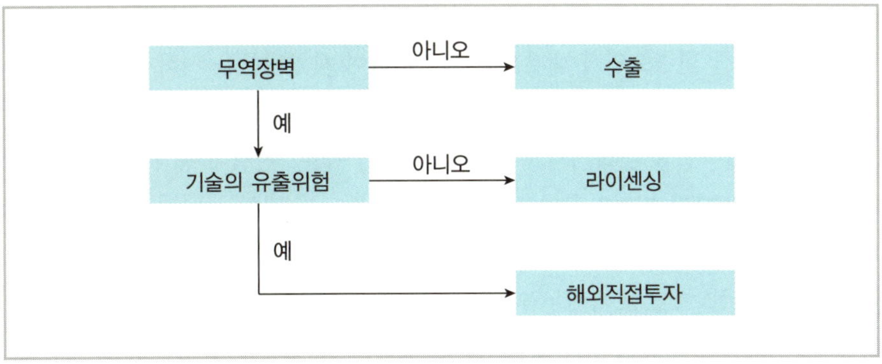

자료 : A.M. Rugman, D.J. Lecraw and L.D. Booth, 1986.

1) A.M. Rugman, D.J. Lecraw and L.D. Booth, *International Business : Firm and Environment*, McGraw-Hill, 1986.

(2) 루트의 모형

루트(F.R. Root)는 기업이 해외시장진입방법을 선택할 때 외부요인과 내부요인이라는 두 가지 요인에 영향을 고려하여 진입방법을 선택한다고 하였다.[2] 이러한 외부요인과 내부요인을 정리하면 다음과 같다.

1) 외부요인

- 진출대상국의 시장요인 : 시장규모, 경쟁구조, 마케팅 하부구조의 이용가능성 및 수준
- 진출대상국의 생산요인 : 원자재 · 노동 · 에너지 등 생산과 관련된 중간부품의 품질 · 수량 및 비용, 운송 · 통신 · 항만시설 등 경제적 기반시설과 관련된 수준 및 생산비용
- 진출대상국의 환경요인 : 수입제한정책, 투자유치제한정책 등 정부의 정책과 규제, 진출대상국의 지리적인 거리, 경제체제, 경제규모 등
- 투자국인 본사국 : 본사국의 기업규모, 경쟁구조, 생산비, 정부의 정책 등

2) 내부요인

- 제품요인 : 제품차별화 정도, 사전 및 사후의 서비스의 필요 정도, 제품의 특성
- 자원 및 투입요인 : 기업의 규모, 자원의 투입 정도 등

기업은 이러한 환경요인과 내부요인을 고려하여 사업활동을 시작하게 되고, 시간이 경과함에 따라 외국의 현지시장에서 마케팅활동에 대한 통제를 보다 강화하면서 점차 진입방법을 변화시키게 된다. [그림 17-2]는 기업이 통제의 정도를 확대 및 강화함에 따라 기업자원의 해외시장 개입 정도는 점차 높아지게 되고, 이에 따라 시장위험 및 기업위험의 수준도 함께 높아지게 된다는 것을 보여주고 있다. 즉, 기업은 일반적으로 초기에는 위험과 통제수준이 가장 낮은 간접수출에서 시작하여 해외정보 또는 경험의 축적으로 인하여 점차 위험과 통제가 가장 높은 단독투자의 형태로 해외시장에 진입하는 과정을 거치게 된다는 것이다. 이러한 루트(F.R. Root)의 모형은 해외시장진입방식에 영향을 미치는 요인들을 구체적으로 제

---

2) F.R. Root, *Entry strategies for international markets*, Lexington Books, 1987.

그림 17-2 | 루트의 해외시장진입방식의 변화과정

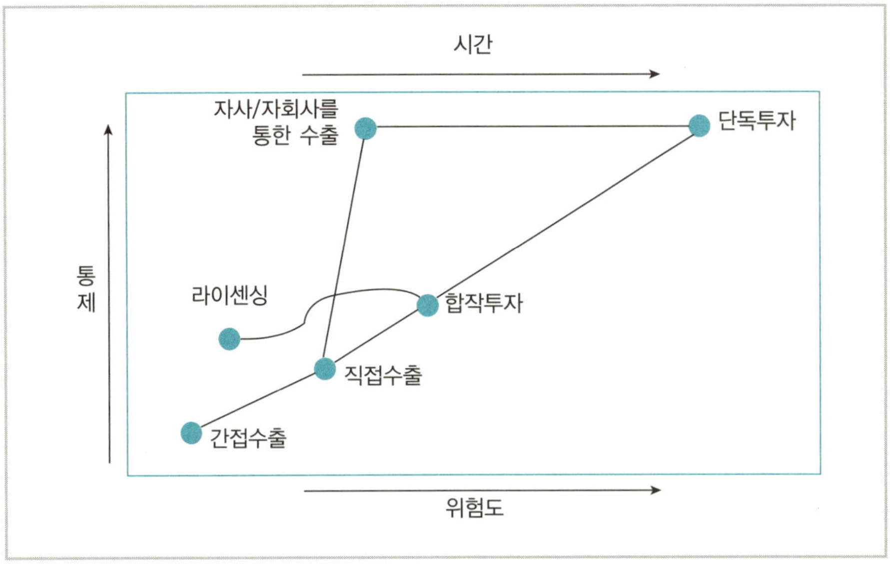

자료 : F.R. Root, 1987.

시하였고, 진입방식을 동태적으로 설명하였다는 장점이 있다.

(3) 허쉬의 모형

허쉬(S. Hirsh)는 해외시장진입방식의 대표적인 3가지, 즉 수출 · 라이센싱 · 해외직접투자를 몇 가지 비용항목에 대한 예상을 중심으로 최적의 해외시장진출방식을 간단한 수식으로 표현할 수 있는 모형을 제시하였다.[3)]

- P_d : 본국에서의 생산비
- P_f : 현지국(외국)에서의 생산비
- M : 수출을 할 경우 운송비, 보험료, 관세 및 기타 무역장벽과 함께 해외시장의 제품관련 정보를 수집하는 데 추가적으로 소요되는 수출마케팅비용
- F : 해외에서의 생산활동에 추가적으로 드는 비용(외국비용)
- K : 라이센싱을 할 경우 기술이 유출되어 기업 특유의 우위가 감식될 위험비용

3) Hirsh, S., "An international trade and investment theory of the firm", *Oxford Economic Papers*, 1976.

위와 같은 각종 비용을 고려하여 수익을 비롯한 다른 모든 조건이 동일하다는 가정하에 수출, 라이센싱, 해외직접투자 중에서 어떤 진입방식을 선정하는 것이 가장 유리한가를 다음과 같이 표시할 수 있다.

1) 수출을 선택하는 경우

$$P_d + M < P_f + F, \text{ 그리고 } P_d + M < P_f + K$$

본국에서의 생산비용과 수출마케팅비용의 합계가 외국에서의 생산비용과 외국비용의 합 또는 외국에서의 생산비용과 라이센싱의 위험비용보다 작은 경우에는 기업은 수출을 선택하게 된다.

2) 라이센싱을 선택하는 경우

$$P_f + K < P_d + M, \text{ 그리고 } P_f + K < P_f + F$$

라이센싱 위험비용의 합이 본국에서 생산하는 비용과 마케팅비용의 합 또는 외국에서 생산하는 비용과 외국비용의 합보다 작을 경우 기업은 라이센싱전략을 선택하게 된다.

3) 해외직접투자를 선택하는 경우

$$P_f + F < P_d + M, \text{ 그리고 } P_f + F < P_f + K$$

외국에서 생산하는 비용과 외국비용의 합이 국내에서 생산하는 비용과 마케팅비용의 합 또는 외국에서 생산하는 비용과 라이센싱 위험비용의 합보다 작을 경우에는 기업은 해외직접투자라는 진입방식을 선택하게 된다.

제2절 수출방식

1. 수출의 동기

기업이 생산한 제품을 국내에만 판매하지 않고 수출을 하는 이유에는 다음과 같이 여러 가지가 있다. 첫째, 과잉생산품을 처분하거나 유휴생산시설을 활용하기 위해 수출을 한다. 즉, 국내시장이 작기 때문이다. 둘째, 국내시장이 협소한 나라의 기업이 대량생산을 통한 규모의 경제를 실현하기 위해 수출을 한다. 마찬가지로 국내시장 규모가 작기 때문에 기업은 규모의 경제를 위해 수출을 하는 것이다. 셋째, 경쟁조건 등이 국내시장보다 해외시장이 유리한 경우에 기업은 해외로 수출하여 이익을 도모한다. 넷째, 정부의 수출지원정책으로 인해 수출을 한다.

2. 수출의 경로

수출업무의 개입 정도에 따라 간접수출과 직접수출로 구분할 수 있다. 직접수출은 제조업체가 본사의 수출전담부서 또는 계열무역회사를 통해서 수출하는 방식이며 간접수출은 종합무역상사, 수출대행업자 등을 통하여 수출함으로써 수출관련기능을 제조업체가 스스로 수행하지 않으면서 제품을 해외에 판매하는 방법이다.

(1) 간접수출

간접수출이란 종합무역상사, 수출대행업자, 수출조합 또는 국내에 거주하고 있는 외국무역상 등을 통하여 수출함으로써 수출국 내에서 요구되는 수출관련 기능을 제조업체가 스스로 수행하지 않으면서 제품을 해외에 판매하는 방법이다. 간접수출의 장점으로는, 첫째 안정성이다. 기업의 위험도는 수출대행업자에게 물건을 넘기는 순간 없어진다. 둘째, 정보획득의 용이성이다. 이것은 종합상사 등이 갖고 있는 해외시장에 관한 각종 정보를 이용할 수 있다는 점을 말한다. 셋째, 자금부담완화이다. 즉, 기업이 직접수출을 하기 위해서는 수출전담부서 등을 운영하기 위해 유지비용이 수반되지만 간접수출은 종합상사 등을 이용함으로써 이러한 유지비용이 없기 때문이다.

반대로 단점도 존재한다. 첫째, 통제력 약화이다. 기업이 수출대행업체에게 자사의 상품을 넘기는 순간 그 상품이 어떠한 방식으로 현지에 판매되는지 알 수가 없는 등 기업은 통제를 할 수 없는 단점이 있다. 둘째, 이미지 훼손이 우려된다. 비록 기업이 고품질의 상품을 만들었지만 수출대행업체가 현지에서 잘못을 할 경우, 그 비판은 자연히 자사에게 돌아온다.

(2) 직접수출

직접수출이란 제조업체가 본사의 수출전담부서나 계열무역상사를 통해 수출과 연관된 제반 업무와 기능을 타인에게 위임하지 않고 직접 수행하는 수출방법을 말한다. 직접수출의 장점은, 첫째 해외시장에 대한 정보습득과 파악이 가능하다는 것이며, 둘째 외국경쟁기업의 마케팅활동이 분석가능하다는 점, 셋째 거래처의 다양화로 대형거래처에 대한 의존도 감소, 마지막으로 소비자에 대한 A/S가 가능하다는 것이다. 반대로 단점으로는 수출전담부서를 운영해야 되므로 비용부담의 증가가 있고, 역시 해외마케팅활동에 전문인력이 필요하다는 점이다.

3. 수출방식

주문자상표부착수출방식(OEM : Original Equipment Manufacturer)은 고유상표수출에 반대되는 개념으로 공급업자는 생산에만 전념하고 OEM상표의 주체인 바이어는 상표, 광고, 유통, 시장조사 및 제품개발 등 제반 마케팅기능을 담당하는 수출방식을 말한다.

OEM 방식의 장점은, 첫째 바이어의 지명도와 서비스망을 활용하여 판매망을 보완할 수 있다는 점이다. 과거의 한국기업은 브랜드가 없기 때문에 주로 일본기업이나 미국기업의 OEM방식으로 수출을 했었다. 둘째, 대량으로 물건을 생산할 수 있으므로 최적생산규모에 가까워져서 생산코스트를 절감할 수 있다는 것이다. 그리고 외국인에 대한 한국기업 제품에 대한 거부감의 회피가 가능하다는 점과 단기간 내에 수출을 늘려 생산시설의 가동률 제고, 매출액 증가, 이익증대 등이 가능하다는 점 등이 있다. 반대로 단점은 OEM방식으로 수출을 하므로 수출채산성에 한계가 있으며, 마케팅능력의 배양기회 상실이 있고, 마지막으로 자사의 제품과 OEM방식으로 수출한 제품이 동일 시장에서 경쟁하는 부메랑효과가 존재한다는 점이다.

OEM방식과 ODM방식

OEM(Original Equipment Manufacturing)은 주문자상표부착수출방식이고, ODM(Original Design Manufacturer)은 제조업자 개발생산 수출방식이다. 이들의 공통점은 주문자가 직접 생산하지 않고 하청업체(수출업체)에게 위탁하여 생산하는 방식이고, 차이점은 OEM은 주문자가 제공해 준 설계도에 따라 생산하는 단순 하청생산방식인 데 반해, ODM은 주문자의 요구에 따라 제조업자가 주도적으로 제품을 생산하므로 공급가에 제품개발비를 추가할 수 있어 OEM방식에 비해 고부가가치방식이라는 점이다.

제3절 계약방식

계약형태의 해외시장진출방식이란 무형의 자산인 상표, 저작권 등의 지적소유권 또는 기술적 · 경영적 노하우 등의 경영자산을 하나의 상품으로 취급하여 해외시장에 진입하는 방법이다. 이러한 계약형태에는 라이센싱, 프랜차이징, 관리계약, 계약생산, 턴키운영방식 등이 있다.

1. 라이센싱

(1) 라이센싱의 개념

라이센싱(licensing)은 계약형태의 진출방식 중에서 가장 대표적인 것으로 기술공급자가 일정한 대가를 수취하고 이러한 무형자산이나 기술도입자에게 일정기간 판매 또는 임대하는 계약이다. 즉, 라이센서(licensor)와 라이센시(licensee) 간에 라이센싱계약을 체결하고, 이 계약하에서 공여기업이 보유하고 있는 특허, 기업비결, 노하우, 등록상표, 지식, 기술공정 등의 상업적 자산권을 사용할 수 있는 권리를 수혜기업에게 제공하고 그 대가로 일정한 로열티, 수수료 등의 대가를 받는 다양한 계약협정을 말한다.

(2) 국제라이센싱의 동기

기업이 수출이나 해외직접투자로 외국에 진출하지 않고 라이센싱이라는 계약형태로 해외로 진출하는 이유는 다음과 같이 세 가지로 구분하여 설명할 수 있다.

1) 경제적 동기

먼저 기술공여자의 입장에서 보면 해외직접투자에 따른 자본비용과 설비비용, 그리고 재고에 대한 위험을 피할 수 있으며, 외국의 현지사정에의 적응에 필요한 비용을 현지기업에게 넘길 수 있다는 장점이 있다. 또한 기술도입자의 입장에서는 새로운 제품을 자신이 직접 개발하는 것보다 라이센싱으로 기술을 도입하는 것이 비용이 훨씬 저렴하기 때문에 라이센싱이라는 방식을 선호하게 된다.

2) 전략적 동기

기술공여자 기업의 경우 전략적 가치가 떨어져 더 이상 개발할 필요가 없다고 판단된 제품이나 기술은 라이센싱을 통하여 다른 기업에게 이전시켜 이익을 얻을 수 있는 전략적인 동기를 가진다. 예를 들어 소니의 경우 라디오, VTR 제조기술 같은 단순기술은 더 이상 필요하지 않지만, 이 기술을 후진국의 기업에게 라이센싱으로 계약을 체결한다면 새로운 이익을 창출할 수 있는 것이다.

3) 정치적 · 법적 동기

기업이 해외시장에 진출하고자 할 때 관세, 쿼터 등의 수입장벽이 존재할 경우 이러한 장벽을 피하기 위해 라이센싱을 택하기도 하며, 수입제한이나 경쟁의 심화로 더 이상 수출이 어려운 경우 또는 상표, 특허, 저작권 같은 자산을 보존하는 수단으로 라이센싱이라는 진출방식을 채택하게 된다.

(3) 국제라이센싱의 문제점

기업이 라이센싱전략을 수행할 경우 가장 큰 문제점은 비밀유지의 문제점과 통제와 경쟁이라는 문제점이 나타날 수 있다. 먼저 비밀유지의 문제점은 일반적으로 라이센싱계약을 체결할 경우 기술도입자가 기술을 누설시키지 않도록 하는 조항을 삽입하거나 특정 부품에 대한 비밀을 유지함으로써 기술도입자가 기술을 완전히 습득하지 못하도록 하기도 한다. 비밀문제는 공정기술의 경우에 두드러지는데, 아직 상업화되지 않은 기술을 기술도입 후보자에게 보일 때 비밀유지를 위해 사전계획을 하게 된다.

또한 통제와 경쟁의 문제점의 예를 살펴보면, 수년 전 미국 Polo사는 자사제품의 브랜드와 디자인을 한국기업에게 일정기간 사용하도록 라이센싱계약을 체결하였는데 브랜드 도입자인 한국기업이 비싼 가격의 Polo 티셔츠가 잘 팔리지 않자 가격을 턱없이 낮추어 길거리에서 판 일이 있었다. 이에 대해 미국의 Polo 본사에서는 한국에서 자사브랜드가 저가품으로 전락했다고 판단하고 계약위반으로 라이센싱을 체결한 한국기업을 고소한 바가 있었다. 그러므로 라이센싱을 하게 되면 기술공여기업의 입장에서는 기술에 대한 통제가 그만큼 약화되는 것이기 때문에 계약상 품질검사방법, 판매지역제한 등에 관한 규정을 두게 되며, 또한 계약이 끝난 뒤에 서로 경쟁상대가 되는 경우에 대비해서 이전기술을 바탕으로 개발된 기술을 공동사용하는 규정을 만들기도 한다.

2. 프랜차이징

(1) 프랜차이징의 개념

프랜차이징(franchising)은 라이센싱의 한 형태이지만 라이센싱과는 큰 차이점을 지니고 있다. 프랜차이징(franchising)이란 프랜차이저(franchisor)가 표준화된 패키지상품, 시스템 및 관리용역을 제공하고 프랜차이지(franchisee)는 시장에 관한 지식과 자본을 제공하여 경영관리에 직접 참여하여 개입하는 사업방식이다.

즉, 프랜차이징(franchising)은 프랜차이저가 프랜차이지에게 상표의 사용권을 허가해 주고 사업체의 조직과 경영방법의 이전을 통해 계속적으로 운영을 지원해 주는 방식이다. 즉 라이센싱보다는 가맹사의 운영에 보다 강한 통제를 하기 때문에 가맹회사는 본부의 정책과 운영절차를 따라야 하는 차이점을 지니고 있다. 즉, 라이센싱계약이 기술이나 브랜드만을 일정기간 동안 공여하는 것에 비해 프랜차이징은 품질관리, 경영방식, 사업체의 조직 및 운영에 대한 지원, 마케팅지원 등

라이센싱 공여기업이 라이센싱 수여기업을 직접적으로 관리하거나 통제한다.

프랜차이즈는 피자헛이나 맥도날드와 같은 음식점과 호텔, 주유소 등의 서비스 업종에서 많이 이루어진다. 프랜차이즈 점포의 소유권은 프랜차이즈를 하는 점포 사업주가 갖게 되나, 그 점포에서 사용하는 장비와 실내장식은 프랜차이즈기업이 일괄공급한다. 따라서 소비자들은 점포와 상관없이 똑같은 품질의 피자와 햄버거를 구매할 수 있다. 그 결과 전 세계적으로 맥도날드는 제품품질이 표준화되어 자사의 브랜드이미지를 유지 및 통제할 수 있는 이점이 있다. 프랜차이징은 직접투자를 하기 위한 과도기적 진입전략인데 이러한 프랜차이징의 특성은 다음과 같다.

(2) 국제프랜차이징의 특성

1) 진입방법에서 유리한 점

프랜차이징은 적은 자본으로 해외시장에서의 신속한 확산이 가능하다. 예를 들어, 한국에 진출하려는 외국의 패스트푸드기업은 비싼 임대료를 지불하면서 자신이 직접 매장을 운영하는 것보다 프랜차이징계약으로 진출하는 것이 비용 면에서 훨씬 유리하다. 또한 독특한 이미지로 표준화된 마케팅이 가능하며, 프랜차이징 가맹업체는 일정의 수수료만 지불하고 나머지 영업수입은 모두 자사의 수익이 되므로 각 매장이 매출을 증대하기 위해 자발적으로 노력하게 되는 등 가맹점에게 고도로 동기를 부여할 수 있는 장점이 존재한다.

2) 진입방법에서 불리한 점

반대로 프랜차이징이 갖는 단점은 본부 이익의 한계, 가맹점의 운영에 대한 완벽한 통제 불가, 경쟁사의 양성가능성, 계약상에 대한 정부의 규제 등이 존재한다. 그러므로 프랜차이징전략을 채택하는 경우는 제품의 수출이 어렵고 해외투자를 기피하며, 생산과정이 쉽게 이전될 수 있는 경우에 적합하다. 즉 자본투자가 많지 않고 높은 수준의 관리나 기술이 필요 없는 서비스나 소비재 제품이 적합하다.

3. 경영관리계약

(1) 경영관리계약의 개념

경영관리계약(management contract)이란 해외기업의 일상적인 운영을 관리할 수 있는 권리를 계약하는 것을 말한다. 즉, 특정 기업이 일정기간 동안 다른 국가에 있는 특정 기업의 일상적인 운영을 할 수 있는 권리를 계약하는 것으로 경영시스템과 경영노하우를 이전하고 그 대가를 받는 형식이다.

(2) 경영관리계약의 방법

일반적으로 경영관리계약은 독자적으로 체결되는 경우는 극히 드물며 대개 합작투자나 턴키프로젝트의 일환으로 사용된다. 경영관리계약에 따른 수수료 수입은 합작투자의 경우 대단치 않지만 턴키프로젝트인 경우에는 상당한 수입이 될 수 있다. 또한 해외투자기업이 위탁하는 경우나 운영이 어려울 때 방향전환을 위해 해외기업에게 위탁경영을 의뢰하는 경우에도 경영관리계약이 체결되기도 한다.

(3) 경영관리계약의 단점

경영관리계약은 위험도가 상당히 낮은 해외시장진입방법이라는 장점이 있지만 수익은 계약기간 동안으로 제한되고 해외시장에 영구적인 교두보를 확실하게 구축하지 못한다는 단점을 지니고 있다. 또한 경영관리계약에 의해 위탁경영을 할 경우 위탁기업에 대한 숙련과정이 지연되면 나쁜 감정이 유발하게 될 가능성도 있다.

유한킴벌리의 경영관리계약

유한킴벌리는 킴벌리클라크가 100% 투자한 일본, 중국, 대만, 홍콩, 러시아, 몽골 등 북아시아 법인들을 위탁경영하고 있다. 위탁경영을 위해 킴벌리클라크 북아시아지역 주요 임원 자리는 유한킴벌리 임원들이 겸직한다. 문국현 유한킴벌리 사장이 킴벌리클라크 북아시아지역 총괄사장을 맡았고, 유한킴벌리 유아위생용품, 산업용품, 인사 · 경영혁신 커뮤니케이션, 구매 · 수출담당 임원 등도 킴벌리클라크 북아시아지역 관련부문 임원을 겸한다. 이들은 킴벌리클라크 중국공장 6곳, 대만공장 3곳, 홍콩지사 등 경영에 직접 참여하고 있다. 아직 생산시설이 없는 러시아와 몽골법인에는 제품수출과 컨설팅을 한다. 일본에서는 크레시아란 회사에 경영혁신 전사적자원관리(ERP), 인적자원관리 등을 자문 중이다. 유한킴벌리는 북아시아 외에 킴벌리클라크 전 세계 공장 어디서나 지원요청이 오면 전문가를 파견한다. 킴벌리클라크 필리핀공장에 연구개발(R&D) 담당임원을 파견했고, 싱가포르공장에는 공장장을 비롯해 주요 간부를 보내 설립부터 운영까지 지원하고 있다. 유한킴벌리는 4조 근무체계가 독특하다. 예비조를 포함해 3교대를 하던 것이 최근에는 2교대제로 발전해 4일간 일하고 4일간 쉬는 데까지 발전했다. 생산성은 경쟁업체에 비해 노동생산성 400%, 설비생산성 640%가 각각 높다. 불량률도 킴벌리클라크 해외공장에 비해 4분의 1 수준을 밑돈다. 미국공장 불량품이 100만 개 중 16.4개라면 유한킴벌리공장에선 3.5개 안팎이다.

자료 : 오대혁, 글로벌경영CASE100, 2010

4. 국제하청생산

(1) 국제하청생산의 개념

국제하청생산을 계약생산(contract manufacturing)이라고도 부른다. 이것은 기업이 외국의 다른 기업에게 생산 및 제조기술을 제공하면서 특정 제품의 생산을 주문하고, 그 주문생산된 제품을 공급받아 현지시장이나 제3국시장에 판매하는 방식을 말한다.

국제하청생산은 라이센싱과 해외직접투자를 절충한 형태로서, 예를 들면 나이키나 리복과 같은 회사가 한국의 하청업자에게 일정한 품질과 가격에 운동화를 납품하도록 계약을 체결하고 이러한 계약에 의해 국제경영활동을 수행하는 방식이다. 즉, 국제하청생산방식은 기업이 해외의 독립기업인 하청업자에게 생산기술과 품질관리기술을 공여한 후 그 독립기업으로부터 제품을 조달하여 그 제품을 현지국 또는 제3국에 판매하는 것을 말한다.

(2) 국제하청생산의 장점

국제하청생산계약의 장점은 자신이 직접 공장을 운영하지 않으면서 신속하게 시장진입을 할 수 있고, 시장환경이 불리해질 때 신속히 퇴거할 수 있다는 점에 있다. 즉, 최소한의 소유자본과 경영자원을 투입하여 현지국에 신속하게 침투가 능하다는 점이며 또한 라이센싱과는 달리 생산된 제품을 직접 판매하기 때문에 마케팅과 애프터서비스에 대한 통제력을 발휘할 수 있다.

(3) 국제하청생산의 단점

국제하청생산의 문제점은 현지에서 적합한 현지 제조업체를 찾기가 쉽지 않다는 점이며, 일단 적합한 현지 제조업체를 찾아낸 경우에도 일정한 수준의 품질과 생산규모에 도달하기까지에는 상당한 기술지원이 이루어져야 하는 단점이 존재한다. 또한 현지기업이 잠재적인 경쟁기업으로 성장할 가능성이 있다는 문제점이 있다.

제4절 해외직접투자방식

해외직접투자(FDI : Foreign Direct Investment)는 특정한 기업이 외국의 투자대상기업에 대한 경영권 확보를 목적으로 유형의 경영자원인 자본뿐만 아니라 무형의 경영자원인 기술 · 특허 · 상표권 · 경영노하우 등 기업의 제반 자원을 해외에 이전시키는 방식이다.

1. 해외직접투자의 개념과 동기

(1) 해외직접투자의 개념

해외직접투자란 기업이 해외에서 토지, 건물, 기계 등의 각종 실물자산을 취득하여 직접 생산활동을 수행하는 것을 말하며, 해외간접투자(포트폴리오투자)와 구분해야 한다.

이러한 해외직접투자는 현지의 피투자국에 긍정적인 효과를 지니게 된다. 즉 해외직접투자를 통하여 피투자국에 자본, 기술, 마케팅노하우 및 경영노하우 등을 일괄적으로 이전시켜 줄 뿐 아니라 현지국의 수입대체효과를 가져다주고 수출기회를 제공해 줌으로써 피투자국의 경제에 긍정적인 효과를 미치는 장점을 가진다.

(2) 해외직접투자의 동기

1) 시장추구 동기

기업은 시장을 찾아 세계 어느 곳에서든지 직접 현지에서 자사의 상품 또는 서비스를 생산 · 판매하고자 하는데, 이는 현지국의 시장을 개척하거나 또는 유지하기 위한 동기에서 이루어진다. 또한 현지국의 시장수요를 충족시키기 위해 이루어지기도 하지만 보다 큰 시장에 공급하기 위해 특정 국가에 투자하기도 한다.

2) 자원개발 동기

기업이 광물자원, 농 · 축 · 임산물 등 원재료를 직접 수입할 경우 수송비가 과다하게 소요되기 때문에 부존자원을 안정적으로 확보하기 위해서 해외직접투자를 하기도 한다. 즉 현지국의 자원을 안정적으로 확보하여 본국으로 수입하거나 가공하여 제3국으로 다시 수출하기 위해서 실시되는 투자이다.

3) 생산효율증대 동기

기업이 생산효율을 높이고자 요소가격이 낮은 지역으로 생산설비를 이전하는 경우에 해당된다. 즉 미국이나 일본의 기업이 노동임금이 저렴한 동남아시아에 투자한 사례나, 우리나라의 섬유 및 신발산업 등 노동집약적인 산업이 인건비가 저렴한 중국 등 동남아시아로 이전하는 경우도 이에 속한다.

4) 기술습득 동기

해외의 선진기술을 습득하고자 해외직접투자를 결정하는 경우로서 한국기업들이 미국의 실리콘밸리에 진출하거나 영국이나 프랑스에 연구개발센터를 설립하는 것도 이에 해당한다.

5) 기타

선 · 후진국을 막론하고 직 · 간접적인 각종 무역장벽이 상존하므로 이를 회피하기 위해서 해외직접투자를 하거나, 최근 범세계적인 경제의 세계화, 개방화, 자율화 추세와 함께 국제경영전략의 일환으로서 글로벌 네트워크를 구축하여야 할 필요성이 제기되므로 해외직접투자를 시행하기도 한다.

2. 해외직접투자의 형태

해외직접투자는 소유지분에 따라 100% 지분소유를 하는 단독투자와 투자대상기업의 주식비중에 따른 합작투자로 구분할 수 있으며, 기업의 설립형태에 따라 새로운 기업을 설립하는 기업신설, 기존기업을 인수하거나 자본참여를 하는 인수합병으로 구분할 수 있다.

(1) 지분소유에 의한 분류

특정 기업이 해외직접투자를 통해 현지기업의 경영에 참여할 때 그 기업의 주식을 100% 소유하면 단독투자라고 하며, 100% 미만이면 합작투자가 된다. 합작투자는 다시 지분이 50% 이상인 다수지분, 지분이 50 대 50인 대등지분, 지분이 50% 미만인 소수지분으로 나눌 수 있다.

(2) 기업의 설립형태에 의한 분류

기업이 해외직접투자를 할 때 외국의 현지국에서 토지를 구입하고, 공장을 건립하여 새로운 기업을 설립하는 경우의 기업신설과 기존에 존재하는 기업을 인수하거나 아니면 합병하는 경우의 인수합병으로 구분할 수 있다.

그림 17-3 | 해외직접투자분류

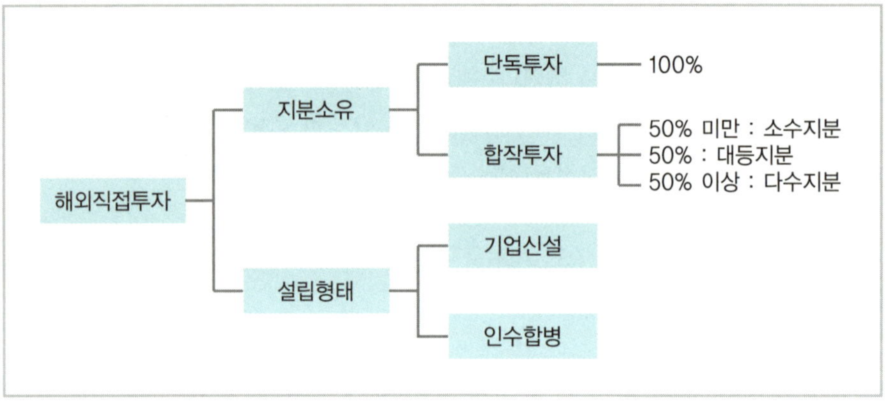

3. 국제합작투자

(1) 국제합작투자의 정의

국제합작투자란 상이한 국적을 지닌 2개 혹은 그 이상의 합작선들이 영구적인 기반 위에서 특정의 기업체를 설립하여 운영하는 데 참가하는 해외사업활동의 한 형태이다. 국제합작투자는 법인체로 설립되어 운영됨이 통례이기 때문에 일반적으로 영구적인 기반 위에서 설립된 후 운영되는 특성을 가진다.

(2) 국제합작투자의 동기

국제합작투자의 동기를 외국합작선(진출기업)의 경우와 현지합작선(현지기업)의 경우로 구분하여 설명하면 다음과 같다.

1) 외국합작선의 동기

첫째, 과거 중국처럼 단독투자를 허용하지 않는 법적인 제한조항에 의해 국제합작투자가 강제되는 경우에는 어쩔 수 없이 진출기업은 현지기업과 합작투자를 해야 하며, 둘째 다국적기업이 자발적으로 국제합작투자를 하는 경우에는 현지합작선이나 정부가 제공하는 배당 · 경영 · 세제 혹은 외환관리 면에서의 특혜조치를 받기 위해서이다. 또한 투자자본의 절감을 위해, 경영활동상의 위험경감을 위해, 인적자원의 절감, 현지 종업원의 사기앙양, 현지국의 저렴하고 풍부한 노동력의 이용, 현지국의 풍부한 천연자원의 개발, 제품판매시장의 확대와 유지, 경제협력의 일환, 현지국정부나 국민과의 관계개선 등을 위해서 자발적으로 국제합작투자를 수행한다.

2) 현지합작선의 동기

현지합작선이 합작투자를 하는 동기는 외국자본에 의한 자본력의 증가, 기업신용의 제고를 통한 금융조달의 용이성, 선진경영기법, 제조 · 판매기술의 효율적인 습득, 현지국정부의 외자도입촉진정책에 따르는 법적 · 행정적인 특혜조치의 수혜, 외국과 협력관계의 증진 등이다.

(3) 합작비율에 영향을 미치는 요소

대부분의 합작투자의 경우 투자기업들이 50 대 50으로 투자를 하는 경우가 많으나 한 기업이 51 대 49와 같이 지분을 더 많은 소유한 경우나 더 불균등하게 소유한 경우도 있다. 이러한 지분율은 각 파트너의 기여도 및 교섭능력에 따라 좌우된다. 예를 들어 합작투자에 자신의 독특한 기술을 제공하는 기업은 그 대가로 많은 지분을 요구할 수도 있다. 또한 지분율은 협상단계에서 뛰어난 협상력을 가질수록 더욱 높아지는 경향이 있다. 이와 같이 지분율은 합작투자에 양 기업이 공여할 수 있는 핵심역량을 누가 더 많이 갖고 있는가와 궁극적으로 양자 간의 교섭능력에 따라서 결정이 된다.

(4) 합작투자의 문제점

지분율이 100%인 단독투자의 경우에는 의사결정 시 아무런 문제가 되지 않으나 합작투자의 경우 특히 50 대 50인 대등지분의 경우에는 의사결정 시 충돌이 일어날 경우 해결할 방안이 없다는 것이다. 즉 양 기업이 모두 동등한 의사결정권을 갖고 있기 때문에 양 기업의 갈등을 합리적으로 해소할 수 있는 방법이 원천적으로 없다.

이러한 문제점은 50 대 50의 합작투자였던 과거의 대우자동차와 GM의 합작투자과정에서도 살펴볼 수 있는데, 균등한 지분율을 갖는 대우와 GM의 합작투자는 의사결정이 신중한 GM 측과 소수의 최고경영자들에 의해 신속하게 의사결정을 내리는 대우 측의 경영방식의 차이로 인해 많은 의견대립이 발생하였다. 이러한 경영방식의 차이는 자금지원이나 시장진출결정에 있어서의 의견충돌을 조정하는 데 많은 걸림돌이 되었다.

4. 국제인수합병(M&A)

(1) 국제인수합병의 개념

인수(acquisition)란 한 기업이 다른 기업의 주식이나 자산 등을 매입하여 경영권을 장악하는 것을 말하고, 합병(merger)이란 한 기업이 다른 기업을 흡수하여 한 개의 기업만이 남게 되는 것을 의미한다. 합병에는 흡수합병과 신설합병이 있다.

인수와 합병의 가장 큰 차이점은 합병이 두 회사가 통합하여 하나의 회사로 변신하는 것에 비해서 인수(acquisition)는 피인수기업을 그대로 존속시키면서 경영권을 행사하는 것이다. 예를 들어 현대자동차가 기아자동차를 인수했는데, 현재 기아자동차는 그대로 존속해 있으며 단지 경영권을 현대자동차가 행사하고 있다.

(2) 국제인수합병의 장점

1) 해외시장의 신속한 진입

기업이 신설투자의 형태로 외국시장에 진출해 독자적으로 사업을 확장하는 데는 많은 시간과 노력이 요구된다. 신설투자를 할 경우 공장부지를 확보하고 생산설비를 갖추며, 종업원들을 신규 채용하는 데에는 많은 시간과 노력이 필요하다. 이에 반해서 인수합병의 형태로 해외시장에 진출할 경우 그 기업은 피인수기업이 갖고 있는 공장설비, 부동산, 종업원, 브랜드, 유통망 등을 일순간에 획득할 수 있다. 따라서 인수합병을 통한 시장의 진출은 인수와 동시에 자동적으로 이루어지는 것이다.

2) 경영자원의 획득

한국기업들이 미국과 유럽에서 적극적인 인수합병을 벌이고 있는 주요 목적 중의 하나는 피인수기업이 가진 기술과 브랜드를 획득하려는 것이다. 가장 대표적인 예는 LG전자가 미국의 Zenith를 인수한 것인데, LG전자는 Zenith가 갖고 있는 디지털신호처리 및 압축기술을 습득하여 디지털TV와 멀티미디어산업에 응용하고, 미국에서 Zenith가 갖고 있는 브랜드이미지를 획득하기 위한 목적이었다.

3) 신사업에 대한 신속한 진입

해외기업의 인수합병은 새로운 사업에 진출하는 경우에도 활발하게 활용되고 있다. SONY는 1989년 미국의 Columbia Pictures와 CBS Record를 인수함으로써 연예·오락산업에 신규진출하였다. 만약 SONY가 독자적으로 음반산업이나 영화산업에 진출하기 위해서는 막대한 시간과 비용이 들며, 상당한 기간이 소요되었을 것이다.

4) 성숙산업에서의 시장진입

생산시설이 포화상태에 있는 산업에 신규진출하고자 할 때, 인수합병을 하게 되면 공장을 새로 건설하여 산업 내에 과잉생산설비를 만들 필요는 없다. 즉 성숙산업에서는 신규진입자에게 높은 진입장벽이 존재하기 때문에 기존업체를 인수함으로써 산업 내 과잉생산시설을 방지하는 것이 훨씬 더 효과적인 진입방법일 수 있다.

5) 시장지배력의 확대

산업에 소수의 기업만이 존재하고 있는 과점적인 시장구조하에서 소수의 기업들은 합병을 통하여 거대기업으로 새롭게 탄생함에 따라서 강력한 독점력을 행사할 수 있게 된다. 미국에서 20세기 초반에 상당히 많은 수의 수평적 합병이 일어난 이유는 동종산업에서 합병을 통해 거대기업화함으로써 시장지배력을 높이려는 의도에서 시작된 것이라고 할 수 있다. 과거 이런 시장지배력을 늘리려는 합병이 사회에 많은 해악을 끼쳤기 때문에 미국의 법무성은 반트러스트법(Anti-trust Law)을 제정하여 시장지배력을 크게 증가시킬 수 있는 수평적인 합병을 금지하고 있다. 한국의 공정거래법 역시 시장지배적인 사업자가 수평적 합병을 통해 독점력을 얻는 경우를 규제하고 있다. 다국적기업의 해외인수합병 역시 종종 시장지배력의 확대 목적으로 행해지기도 한다.[4)]

---

4) 장세진, 글로벌경영, 박영사, 2000.

5. 전략적 제휴

(1) 전략적 제휴의 개념

전략적 제휴(strategic alliance)란 서로 다른 둘 이상의 기업들이 경쟁력을 제고하기 위해 서로의 경영자원을 결합하여 동맹관계를 맺는 것을 말한다. 즉, 협력분야를 제외한 다른 부문에서 상호 경쟁적인 입장에 있는 범세계적 기업들이 세계시장에서 본원적 제고를 위해 공동기술개발, 신사업창출, 규모의 확장 등을 통해 협력하는 것으로서 광의로 정의하면 전략적인 의도만 있다면 구체적 결합형태에 관계없으므로 라이센싱, 판매계약 합작투자 등도 포함된다.

(2) 전략적 제휴의 유형

1) 기술제휴

파트너기업의 기술, 특허, 노하우를 도입하여 취약기술을 상호보완하고, 기술력 격차를 해소하며, 기술개발위험을 경감시키는 협력관계를 말하는 것으로서 제조노하우, 엔지니어링서비스제공, 공동기술개발, 교차라이센싱, 신제품공동개발 등이 이에 해당된다.

2) 조달제휴

안정적인 공급원의 확보를 목적으로 하는 다국적기업의 전 세계적 자산조달제휴의 일환으로서 제휴파트너 기업에 부품조달이나 OEM을 통해 제품생산을 위탁하는 장기적인 관계를 형성하는 것을 의미한다.

3) 생산제휴

경영자원을 상호공급하여 공동생산을 하는 제휴로서 공동기술개발의 연장으로 이루어지는 경우가 많다. OEM 및 생산위탁 또는 수탁을 통해 생산비절감, 자사브랜드의 지배력 강화, 제품라인의 확대, 기술 및 판매망의 결합을 통해 시장지위를 확보하거나 확대하는 전략이다. 최근의 무역장벽회피 목적의 해외투자에 의한 현지생산도 공동생산제휴에 속하는 경우가 많다. 조달제휴는 부품 및 중간재 등이 중심이지만 생산제휴는 최종재품이 중심이라는 차이점이 있다. 예를 들어 생산위탁 OEM, 세컨드소싱 등이 이에 속한다.

4) 판매 및 마케팅제휴

상대방의 판매능력을 활용하는 위탁판매, 또는 공동브랜드를 사용하거나 제품 공유에 의한 상호공동판매 등을 말한다. 과거에는 자사의 판매망이 없는 경우 상대기업의 판매망에 전적으로 의존하는 제휴가 많았지만, 최근에는 해외진출기업이 현지에 자사판매망을 개척하고 지역별 · 업종별 · 제품별로 선택적인 판매제휴가 많아지고 있다.

5) 자본제휴

자본제휴란 상호 간의 지분참여를 수반하는 형태를 말한다. 즉, 특정 기술이나 제품을 개발 또는 생산하기 위해 합작기업을 설립하거나 상대기업의 주식을 일부 취득하는 형태를 의미하며, 전통적인 제휴형태인 합작투자와 비슷하다고 볼 수 있다.

제 18 장 해외직접투자이론

제1절 해외직접투자이론의 이해
제2절 해외직접투자 제 이론들

학습목표

1. 주요 해외직접투자이론을 이해한다.
2. 글로벌기업의 해외진출을 이론에 입각하여 이해한다.
3. 한국기업의 해외진출은 어떠한 이론들이 적합한지 파악한다.

| 핵심사항 |

❶ 해외직접투자이론의 이해

1. 해외직접투자이론의 구성요건
   (1) 현지국기업과의 경쟁에서 이길 수 있는 외국기업의 우위성의 원천은(기업특유의 우위요소)?
   (2) 기업은 수출이나 라이센싱 같은 다른 사업형태가 있음에도 불구하고 왜 위험부담이 높고, 자원투입이 많은 해외직접투자라는 사업행태를 취하는가(진입방법)?
   (3) 어떤 나라의 어떤 산업에서 어떤 기업이 투자활동을 주도하는가(생산입지상의 조건)?
2. 해외직접투자이론의 체계
   학자마다 다양한 분류가 있는데, 이를 종합하여 전통적 이론, 미시적 관점, 거시적 관점, 통합이론, 최신이론으로 분류할 수 있다.

❷ 해외직접투자 제 이론들

1. 미시적 관점의 이론
   (1) 독점적 우위이론 : 독점적 우위이론은 다국적기업의 해외직접투자는 독점적 우위를 확보하고 있는 다국적기업이 이를 활용하여 이윤극대화를 꾀하기 위해 해외투자를 시행하면서 발생한다고 설명한다.
   (2) 내부화이론 : 내부화이론이란 해외직접투자를 일반적으로 시장기구를 통하여 수행되는 여러 가지 외부시장 기능을 국제기업 체계 내에 내부화하는 것과 관련하여 설명하려는 이론이다. 즉 내부화이론에 의하면 기업은 시장의 불완전성으로 인한 거래비용을 회피하기 위해 만일 기업 내에서 낮은 비용으로 거래를 이룰 수만 있다면 기업이 시장기능을 대신하여 그 거래를 내부화하게 된다는 것이다.
   (3) 과점적 경쟁이론 : 과점적 경쟁이론이란 소수의 기업들이 경쟁하는 시장상황에서 한 기업이 해외로 진출하면, 다른 경쟁기업들이 경쟁적으로 해외직접투자를 수행하는 현상을 설명하는 이론이다.
   (4) 국제제품수명주기이론 : 국제제품수명주기이론은 제품수명주기 개념을 국제적인 차원으로 확대한 것으로 각국의 기술 및 소득수준의 차이와 제품의 시장국별 도입시기의 차이에 근거하여 특정 제품의 국제무역 패턴과 해외생산 입지의 변화과정을 설명하는 이론이다.
   (5) 기업성장이론 : 기업성장이론은 해외직접투자를 환경변화와 시간의 경과에 따라서 기업이 발전하는 하나의 과정으로 설명하고 있다.
   (6) 기업형태이론 : 기업행태이론이란 기업의 경영자들이 해외사업과 관련하여 위험과 불확실성을 과대평가하는 경향으로 인하여 자기들에게 익숙한 기업환경에 안주하려는 경향을 갖게 되며, 해외직접투자에 대하여 관심을 갖기가 어려운데, 최고경영자가 어떠한 이유로든 해외직접투자에 관심을 보이게 되거나, 외국정부의 제안, 경쟁기업의 해외진출 등의 요인으로 인하여 시장상실의 위험에 처하게 되는 등 외부적인 자극이 생기면 그때야 비로소 해외직접투자에 관심을 가지게 되어 해외직접투자를 시행하게 된다는 이론이다.
2. 거시적 관점의 이론
   (1) 통화지역이론 : 알리버(R. Aliber)에 의하여 주장된 통화지역이론은 해외직접투자가

상이한 통화지역 간에 일어난다는 사실에 착안한 해외직접투자이론이다.

(2) 거시경제적 접근이론 : 고지마의 이론으로 해외직접투자는 투자국과 현지국 간의 잠재적 내지는 현시적 비교생산비를 기초로 하여 투자국에서는 비교열위이나 현지국에서는 비교우위인 산업에서 이루어져야 하며, 이때 양국 간 산업구조의 고도화는 조화 있게 촉진되며 양국 간 무역은 확대된다는 것이다.

3. 통합이론

통합이론 중 대표적인 절충이론은 진출기업이 기업특유의 우위(ownership advantage), 내부화우위(internalization advantage), 장소특유의 우위(location-specific advantage)를 갖추고 있을 때 성공적인 해외직접투자가 이루어질 수 있다고 더닝이 주창한 이론이다.

4. 최신이론

(1) 국제화단계 해외직접투자이론 : 국제화단계 해외직접투자이론은 해외직접투자를 관리적인 의사결정과정으로 인식하고 있고 아울러 해외투자활동을 일과성이 아닌 반복적이고 동적인 조직학습과정으로 설명하고 있다. 즉, 기업의 시장지식, 시장몰입, 시장참여의 상호작용에 의해 점진적으로 이루어진다고 주장하고 있다.

(2) 네트워크 해외직접투자이론 : 네트워크 해외직접투자이론은 기업이 국제사업네트워크에서의 위치를 강화하기 위해 해외직접투자를 한다고 주장하고 있다. 즉, 전통적인 해외직접투자이론에서는 해외직접투자를 회사의 독점적 우위를 바탕으로 이윤극대화를 위해 합리적이고 독자적인 의사결정과정으로 이해했으나, 네트워크 관점에서 본 해외직접투자는 다양한 기업 내외부 네트워크구성원에 의해 영향을 받게 된다는 것이다.

제1절 해외직접투자이론의 이해

1. 해외직접투자이론의 구성요건

일반적으로 이론이란 어떠한 현상을 체계적으로 설명한 것을 말한다. 그러므로 해외직접투자이론이란 기업의 해외직접투자 행위 및 현상에 대해 체계적으로 설명을 해야 한다. 해외직접투자를 설명하기 위해서는 일반적으로 다음과 같은 세 가지 요건을 충족시켜야만 한다.

① 기업은 현지기업과 비교하여 필연적으로 가지게 되는 불리한 여러 가지 단점들, 즉 외국비용(cost of foreignness)에도 불구하고 왜 해외직접투자를 행하는가? 다시 말해, 현지국기업과의 경쟁에서 이길 수 있는 외국기업의 우위성의 원천은 무엇인가(기업특유의 우위요소)?

② 기업은 수출이나 라이센싱 같은 다른 사업형태가 있음에도 불구하고 왜 위험부담이 높고, 자원투입이 많은 해외직접투자라는 사업행태를 취하는가(진입방법)?

③ 어떤 나라의 어떤 산업에서 어떤 기업이 투자활동을 주도하는가(생산입지상의 조건)?

이상의 세 가지 질문에 대해 설명을 할 수 있어야 해외직접투자를 설명하는 일반이론이라고 할 수 있을 것이다. 그러나 이제까지 어떤 이론도 이러한 세 가지 요건을 일관성 있게 설명하지 못하고 있다.

2. 해외직접투자이론의 체계

해외직접투자이론을 분류하는 방법은 여러 학자에 따라 다양하게 분류되어 오고 있다. 먼저 라가지(G. Ragazzi)는 해외직접투자이론을 ① 증권시장의 불완전성 측면에서 보는 이론, ② 지식의 우위 및 규모의 경제가 존재한다는 측면에서 보는 이론, ③ 이윤극대화 가정으로부터의 이탈이란 관점에서 보는 이론, ④ 관세 및 환율의 영향이란 관점에서 보는 이론 등으로 분류하고 있으며,[1] 더닝(J.H.

Dunning)은 ① 조사접근법, ② 자본이동론, ③ 무역이론, ④ 입지이론, ⑤ 산업조직론 등 5개의 군으로 분류하고 있다.[2)]

한편, 아가월(J.P. Agarwal)은 ① 요소 및 제품시장의 완전경쟁을 가정한 이론(이자율격차이론 · 포트폴리오이론), ② 시장의 불완전성을 가정하면서 현지기업보다 비교우위를 가지고 있는 이론(독점적 우위이론 · 제품수명주기이론 · 과점적 경쟁이론 · 내부화이론), ③ 해외직접투자를 행하는 국가 및 산업의 경향에 관한 이론 등 3가지로 분류하고 있다.[3)]

이와 같이 다양한 분류를 종합하여 [표 18-1]과 같이 전통적 이론, 미시적 관점, 거시적 관점, 통합이론, 최신이론으로 분류한 후 각각의 중요 이론을 설명하고자 한다.

표 18-1 | 해외직접투자이론의 분류

이론의 성격	이론	주요 내용
전통적 이론	전통적 무역이론	비교생산비차에 따른 국제분업과 재화의 국제적 이동
	전통적 자본이동이론	이윤율차에 의한 자본의 국제적 이동
미시적 관점	독점적 우위이론	현지국기업에 대한 진출기업의 독점적 우위로 진출
	내부화이론	시장의 불완전성을 기업 내부화하기 위해 진출
	과점적 대응이론	과점적 대응에 의한 진출
	제품주기이론	제품주기에 따른 생산입지변동과 해외진출
	기업성장이론	기업의 성장에 의한 자연발생적 해외진출
	기업행태이론	기업 내부의 의사결정과정과 최고경영자의 행태
거시적 관점	통화지역이론	통화지역 상이에 따른 자본화율 격차에 의한 투자
	자본시장 불완전성 이론	현지국 증권시장의 불완전성을 극복하기 위해 투자
	국민경제적 접근이론	국민경제적 요인에 의한 일본형 해외투자
통합이론	절충이론	세 가지 우위의 절충에 의한 해외투자
최신이론	국제화단계이론	해외직접투자는 반복적이고 동적인 조직학습과정
	네트워크이론	국제사업 네트워크에서 위치를 강화하기 위해 해외직접투자를 시행함

1) G. Ragazzi, "Theories of the determinants of Direct Foreign Investment," *IMF staff paper*, July 1973.

2) J.H. Dunning, "The determinants of international production," *Oxford Economic Papers*, November 1973.

3) J.P. Agarwal, "Determinants of Foreign Direct Investment : A survey," WARWE, Vol. 116.

제2절 해외직접투자 제 이론들

1. 미시적 관점의 이론

(1) 독점적 우위이론

독점적 우위이론은 하이머(S. Hymer), 킨들버거(C.P. Kindleberger), 케이브즈(R. Caves) 등에 의해서 주창되었는데, 해외직접투자에 있어 외국기업은 현지국기업과 비교하여 필연적으로 불리한 입장에 처하게 되며, 이러한 불리한 점, 즉 외국비용을 극복하고 현지국기업과의 경쟁에서 이길 수 있기 위하여 외국기업은 현지국기업이 갖고 있지 못한 기업특유의 우위를 지니고 있어야 한다는 것이다. 다시 말하면, 이러한 우위를 소유함으로써 그 기업은 본국에서보다 더 많은 이익을 얻을 수 있을 뿐 아니라, 외국비용을 상쇄하고 현지국 기업보다도 더 많은 이익을 얻게 된다는 것이다.

외국비용을 상쇄하고도 남을 수 있는 기업특유의 우위요소는 [표 18-2]에서 보는 바와 같이 저렴한 자본조달비용, 상표, 기술에 관한 노하우, 마케팅능력, 경영관리기술 및 규모의 경제 등이며, 이들이 있을 경우 기업은 해외직접투자를 시행하게 된다. 이들 우위요소는 특정 기업에 한정되어야 하며, 기업 내에서는 국경을 넘어 쉽게 이동될 수 있어야 한다는 가정을 전제로 하고 있다.

표 18-2 | 독점적 우위요인

요인	구체적인 예
제품시장의 불완전성	제품차별화, 특수한 마케팅기술, 재판매가격유지제도, 관리가격 등
요소시장의 불완전성	특허 및 비공개기술, 기술획득 및 자본조달상의 우위, 경영자능력의 차이 등
규모의 경제	수직적 통합요인으로서 외부경제, 수평적 통합요인으로서의 내부경제 등
정부의 규제	조세 및 관세, 금리 및 환율정책, 특정 산업의 수출입규제 등

자료 : C.P. Kindleberger, 1969

그러나 이러한 독점적 우위이론은 기업특유의 우위요소를 왜 해외직접투자라는 자금부담이 많고 위험이 큰 사업형태를 통하여 활용하여야 하는가에 대해 언급하지 못하는 단점을 지니고 있다.

스타벅스의 독점적 우위요소

스타벅스는 1999년 이화여대에 한국 1호점을 개점한 후, 2000년에는 국내 합작법인을 설립하여 '㈜스타벅스코리아'라는 이름으로 사명을 변경하였다. 현재 스타벅스는 전 세계 40여 개국에 진출하여 약 1만 5천여 개의 점포를 개점했으며, 한국에는 233개의 매장을 운영하고 있다. 스타벅스코리아는 2000년 약 50억 원의 매출을 기록한 후 2006년 약 1,050억 원의 매출을 올리는 등 그 성장세가 급격히 가속화되고 있다. 국내에서 스타벅스의 가장 큰 경쟁사라 할 수 있는 커피빈의 2006년 매출액은 약 500억 원 정도로 아직은 스타벅스에 비하면 크게 못 미치는 등 스타벅스의 독주가 계속되고 있다. 눈부신 성장을 지속한 스타벅스코리아는 전 세계 지사 가운데 개점 후 가장 빠른 시간 내에 흑자를 낸 공로로 본사로부터 '프레지던트 어워드'를 수상하기도 하였다.

스타벅스코리아가 한국에서 성공한 요인은 무엇일까? 첫 번째는 브랜드이미지이다. 2007년 5월 7일 한경비즈니스 경제에서 실시한 설문조사를 보면 현재 한국에서는 남성과 여성 모두에게 스타벅스의 선호도가 가장 높은 것으로 나타났다. 이는 여타의 다른 커피전문점들 중에서도 한국사람들에게 가장 친숙한 커피맛과 높은 브랜드인지도로 인한 브랜드 충성도에 기인한 것으로 나타났다. 이러한 브랜드충성도는 프리미엄 가격정책을 가능하게 한다. 같은 제품이라도 한국에서의 가격은 일본이나 미국과 비교해 30~40% 정도 비싸게 책정되어 있다. 이것은 한국의 커피시장과 독특한 한국 소비자들의 정서와 연결지을 수 있을 것이다. 특히 프리미엄 커피의 주요 타깃인 한국의 젊은 여성 소비자들은 자신의 능력보다 더 높은 수준의 제품을 구매하는 '트레이딩업(trading-up)' 현상이 심하게 나타나며 한때 사회적으로 '된장녀' 논란을 일으키기도 하였다. 스타벅스의 프리미엄 가격정책 배후에는 이러한 두터운 핵심고객층에 대한 믿음이 바탕일 것이다. 즉, "고가의 커피를 소비한다"는 새로운 이미지를 창출하고 있다.

두 번째 성공요인은 현지화능력이다. 기존 표준화되어 있던 스타벅스만의 이미지를 고수하기보다는 한국인의 취향과 기호를 철저히 분석하였다. 이를 통해 고객을 끌어들일 수 있는 다양한 신메뉴 및 상품개발과 기존의 외국기업들과는 다른 입점형태로 1위 자리를 고수하고 있다. 스타벅스가 한국에서 현지화전략의 일환으로 내놓은 것은 한과세트, 훈민정음 머그컵, 각종 떡종류, 전통음료 등이 있다. 스타벅스가 처음 입점했을 때는 미국 본사와 달리 대형매장으로 출발하였다. 본사 미국매장은 보통 30평 규모였지만 한국은 80~100평에 이르는 대규모에다 좌석수도 100석에 달했다. 이는 한국 시장의 소비자들은 좁은 매장보다는 대형매장을 선호한다는 독특한 문화를 감안한 고도의 전략이다. 또한 한국의 좌식문화에 맞춰 좌식매장 위주로 구성한 한국의 스타벅스는 '만남의 장소'로서 스타벅스를 알리는 데 일조하기도 하였다.

자료 : 오대혁, 글로벌경영CASE100, 2010

(2) 내부화이론

내부화이론이란 해외직접투자를 일반적으로 시장기구를 통하여 수행되는 여러 가지 외부시장 기능을 국제기업 체계 내에 내부화하는 것과 관련하여 설명하려는 이론으로서, 내부화이론에 의하면 기업은 시장의 불완전성으로 인한 거래비용을 회피하기 위해 만일 기업 내에서 낮은 비용으로 거래를 이룰 수만 있다면 기업이 시장기능을 대신하여 그 거래를 내부화하게 된다는 것이다.[4] 여기서 외부시장이 불완전한 이유는, 첫째 발명가가 발명품을 특허권이나 상표권 등으로 보호받을 수 없는 경우에는 그 발명품을 이용하는 사람들에게 대가를 청구할 수가 없기 때문이며, 둘째 규모의 경제가 존재하기 때문에, 셋째 지식의 경우에는 어느 한 사람이 이를 사용한다고 해도 다른 사람이 이를 아무 제한 없이 계속 사용할 수 있기 때문에, 마지막으로 정부의 간섭으로 인하여 사적인 비용 · 수익과 사회적인 비용 · 수익 간에 차이가 나는 경우 등에 의해서 외부시장이 불완전해진다는 것이다.

위와 같이 외부시장이 불완전하게 되면 내부화의 유인이 존재하게 되며, 국제기업은 내부화를 시도하게 된다. 즉 국제시장은 국내시장보다도 시장불완전성의 요소가 더 많기 때문에 그만큼 내부화의 유인이 강하고, 따라서 기업특유의 독점적 우위를 가지고 있는 기업들은 이를 외부시장을 통하여 판매하지 않고 해외직접투자를 통하여 내부화하여 이용하게 된다. 또한 기업은 해외직접투자를 통해 자회사의 활동을 통제함으로써 원재료의 이동, 경영관리기술, 연구개발, 금융기능 등을 내부화하며, 요소시장, 기술시장, 지식시장, 금융시장 등에 불완전성이 존재하는데, 기업은 이러한 시장의 불완전성을 이용하여 시장을 내부화함으로써 수익을 극대화한다.

기업이 이처럼 내부화를 시도하게 되면 내부화비용을 부담하게 되는데 이러한 내부화비용에는 자원비용(단일의 외부시장을 여러 개의 내부시장으로 분할하는 데서 기인하는 높은 비용), 커뮤니케이션비용(시장분할로 인한 비용), 관리비용(경영관리자의 전문성에 크게 의존하게 되는 내부시장의 관리비용), 기타 기업에 대한 규제의 간접비용 등이 있으며, 기업이 내부화로부터 얻는 이익이 이러한 비용을 초과할 수 있어야 내부화는 타당성을 갖게 된다. 이러한 내부화는 다음과 같은 유형으로 분류할 수 있다.

1) 수직적 통합

수직적 통합이란 중간재시장의 내부화를 통한 수직적 해외직접투자를 말하는데, 이윤극대화를 추구하는 기업은 중간재시장에서 불완전성이 발견되면 이를 기

4) A. Rugman, "Internalization as a General theory of Foreign Direct Investment: A Reappraisal of the Literature," *Weltwirtschaftliches Archiv Review of World Economics* 1980.

업조직 내로 흡수하여 내부화하려는 경향이 발생하므로 수직적 통합을 통해 내부화를 시도한다.

중간재의 내부화란, 첫째 어떤 기업이 그 생산라인에 원료를 공급하거나(후방통합), 둘째 그 기업이 생산한 제품, 반제품을 사용하거나 판매하는 공장(전방통합)을 다른 나라에 설립하는 것을 말한다. 이러한 내부화의 결과 수직적 해외직접투자가 생겨나는데, 원자재 및 부품공장 등 중간재를 조달하기 위한 모든 해외직접투자가 이 부류에 속한다고 볼 수 있다.

2) 수평적 통합

수평적 통합이란 가장 전형적인 불완전시장인 지식 및 기술시장의 내부화를 통한 수평적 해외직접투자를 말한다. 지식개발을 위해서는 많은 비용이 들어가며, 이 지식을 기업의 생산, 마케팅활동에 도입하는 데도 많은 비용이 들어간다. 그러나 기술개발이 완료되면 외부시장거래를 통해서는 기술개발에 투입한 비용을 보상받지 못하게 된다. 그래서 기업은 지식시장을 내부화하려는 유인이 발생하게 된다. 수평적 통합에 의한 해외직접투자란 기존의 국내 생산시설과 동일한 생산시설을 해외에 설치하는 것을 말한다.

3) 다각적 통합

다각적 통합이란 자본시장의 내부화를 통한 다각적 해외직접투자를 말한다. 다국적기업들은 국제적인 자본시장의 불완전성에 직면하여, 자본시장의 기능을 내부화하려는 유인이 발생한다. 만일, 현지국의 자본시장이 잘 발달되지 못하였다면 다국적기업은 자체 내의 효율적인 내부시장을 활용하여 자원의 효율적인 배분을 추구할 것이고 국경에 상관없이 가장 높은 수익이 보장되는 곳에 투자를 행할 것이다. 다각적 해외투자란 기존의 국내생산시설과는 상이한 생산시설을 해외에 확대하여 투자하는 것, 즉, 국내의 생산 및 판매활동과 큰 관계가 없는 분야에서 해외로 진출하여 다양한 사업활동을 전개하는 것을 말한다.

(3) 과점적 경쟁이론

과점적 경쟁이론은 어떤 산업에 있어서의 해외직접투자는 그 산업의 선도적 기업과 경쟁기업 사이의 행동-반응(action-reaction)의 유형을 따라서 이루어진다는 것으로 니커보커(F. Knickerbocker)에 의해 주창되었다.[5]

과점적 경쟁이론에 의하면 과점적 구조의 대기업들은 다른 기업의 움직임에 매우 민감하며, 따라서 그 의사결정은 선도기업의 의사결정을 비슷하게 바로 뒤쫓아가는 상호의존적인 방식에 의해 이루어진다는 것이다. 즉 과점산업에서 어떤 선도기업이 신제품을 개발하거나 새로운 시장을 개척하거나 아니면 새로운 원료산지를 장악하여 경쟁상 우위를 확보하려 하면, 경쟁기업은 선도기업의 새로운 행동에 상응하는 반응으로 이에 대처하게 되며, 그렇게 하지 않을 경우 선도기업이 경쟁상 우위를 차지하게 되고, 이에 따라 후발기업은 시장에서 경쟁적 위치, 심지어는 성장의 기회를 상실하게 되는 위험에 처할 수 있기 때문이다.

이러한 과점산업 기업들의 과점적 경쟁행위는 결과적으로 어느 특정 국가에 과점산업 기업들이 집중적으로 투자를 하게 되는 밴드웨건효과(band wagon effect)를 설명할 수 있다.

(4) 국제제품수명주기이론

국제제품수명주기이론은 제품수명주기 개념을 국제적인 차원으로 확대한 것으로 각국의 기술 및 소득수준의 차이와 제품의 시장국별 도입시기의 차이에 근거하여 특정 제품의 국제무역 패턴과 해외생산 입지의 변화과정을 설명하는 이론이다. 버논(R. Vernon)은 국제무역 및 직접투자의 발생을 전통적인 비교우위론적 입장보다는 기술혁신의 시간성, 규모의 경제, 시장의 불확실성 및 정보비의 지출효과 등을 강조하여 국제무역과 해외직접투자를 설명하였다.[6]

본 이론의 요지는 다음과 같다. 첫째, 모든 제품은 도입기, 성장기, 성숙기, 쇠퇴기와 같은 여러 단계의 상품주기를 거치며, 둘째 선진국과 후진국 사이에는 소득, 기술수준, 노동 등 생산요소비용 면에서 차이가 나며, 동시에 생산 · 소비 면에서 시차가 존재한다. 그리고 셋째, 선진국과 후진국 간의 소득, 기술수준, 생산능력, 소비수준차이 때문에 선 · 후진국 간의 무역과 해외직접투자의 패턴은 제품의 수명주기에 따라 [그림 18-1]과 같이 다르게 나타난다는 것이다.

---

5) F.T. Knickerbocker, *Oligopolistic Reaction and the Multinational Enterprise*, Harvard University Press, 1973.

6) R. Vernon, "International investment and international trade in the product cycle," *Journal of Economics*, 1966.

그림 18-1 | 국제제품수명주기에 따른 해외직접투자 패턴

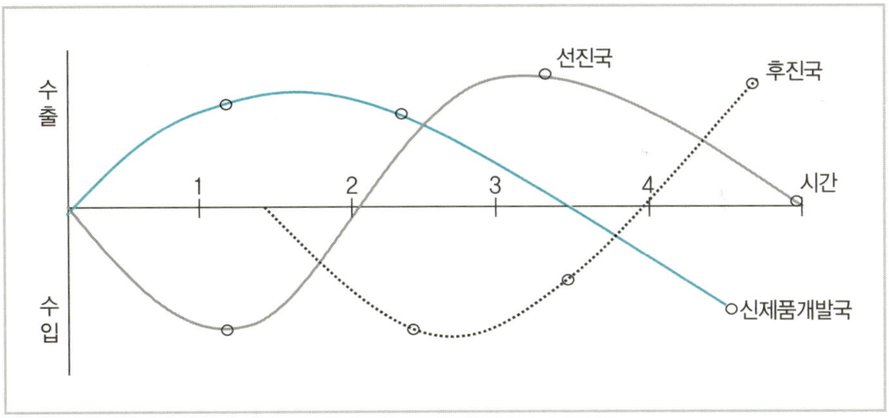

(5) 기업성장이론

기업성장이론은 해외직접투자를 환경변화와 시간의 경과에 따라서 기업이 발전하는 하나의 과정으로 설명하고 있다. 콜데(E. Kolde)는 기업의 경영활동이 단계적으로 확대됨에 따라 기업이 해외로 진출하게 되는 과정을, 1단계 제품의 수출, 2단계 현지에 판매 및 저장시설 확충, 3단계 해외직접투자에 의한 현지생산의 과정을 거쳐 기업의 조직을 확대 및 발전시킨다고 설명하였다.[7]

이러한 기업성장이론은 해외직접투자를 이론적으로 설명하기보다는 기업의 경영정책 측면에서 기업의 장기 경영전략으로 설명하고자 하는 특징을 지니고 있으며, 기업의 해외직접투자에 있어서 경쟁우위의 원천 등에 대하여 종합적으로 설명하지 못하는 단점을 지니고 있다.

(6) 기업행태이론

기업행태이론이란 기업의 경영자들이 해외사업과 관련하여 위험과 불확실성을 과대평가하는 경향으로 인하여 자기들에게 익숙한 기업환경에 안주하려는 경향을 갖게 되며, 해외직접투자에 대하여 관심을 갖기가 어려운데, 최고경영자가 어떠한 이유로든 해외직접투자에 관심을 보이게 되거나, 외국정부의 제안, 경쟁기업의 해외진출 등의 요인으로 인하여 시장상실의 위험에 처하게 되는 등 외부적

7) E.J. Kolde, *International Business Enterprise*, Prentice-Hall, 1968.

인 자극이 생기면 그때야 비로소 해외직접투자에 관심을 가지게 되어 해외직접투

자를 시행하게 된다는 이론이다. 이처럼 아하로니(Y. Aharoni)는 기업행태이론에 근거하여 기업의 해외직접투자가 반드시 합리적인 동기에 의해서만 이루어지는 것이 아니라고 주장하였다.[8)]

이러한 기업행태이론은 기존의 이론들이 해외직접투자에 대하여 시도하고 있는 합리적인 설명보다는 인간의 비합리적인 행태적 요인으로 설명하고 있으므로 해외직접투자 그 자체를 설명하는 이론이라기보다는 해외직접투자에 대한 의사결정과정에 대한 이론이라고 보는 것이 적절한 표현일 것이다.

2. 거시적 관점의 이론

(1) 통화지역이론

알리버(R. Aliber)에 의하여 주장된 통화지역이론은 해외직접투자가 상이한 통화지역 간에 일어난다는 사실에 착안한 해외직접투자이론이다.[9)] 이 이론에 의하면 일정시점에서 볼 때 어떤 통화는 다른 통화에 비하여 강세를 띠게 되는데, 강세통화국에 위치한 기업은 시장의 불완전성에 의한 통화프리미엄의 존재로 인하여 약세통화국에 위치한 기업보다 자본조달 면에서 상대적으로 우위를 누릴 수 있다고 주장을 하고 있다. 그러나 환율이라는 요인이 해외직접투자를 결정하는 수많은 요인 중의 하나에 불과하며, 통화지역 간의 상호투자, 동일통화지역 내에서 발생하는 해외직접투자를 설명하지 못하는 단점을 지니고 있다.

(2) 거시경제적 접근이론

기존 이론은 모두 미시적인 기업의 관점에서만 해외직접투자를 설명하고 있으므로 거시경제단위인 국가와의 마찰이 생길 수밖에 없으며, 그러므로 거시적인 국민경제적 관점에서 설명해야만 한다고 고지마(K. Kojima)는 주장하였다.[10)]

고지마의 이론에 의하면 해외직접투자는 투자국과 현지국 간의 잠재적 내지는

---

8) Y. Aharoni, *The Foreign Investment Decision Process*, Harvard University Press, 1966.
9) R. Aliber, "A Theory of Direct Investment," *The international corporation*, MIT Press, 1970.
10) K. Kojima, *Direct Foreign Investment : A Japanese model of multinational operations*, Croom Helm, 1978.

현시적 비교생산비를 기초로 하여 투자국에서는 비교열위이나 현지국에서는 비교우위인 산업에서 이루어져야 하며, 이때 양국 간 산업구조의 고도화는 조화 있게 촉진되며 양국 간 무역은 확대된다는 것이다.

이 이론에는 두 가지 유형이 있는데, 첫째 미국형은 미국기업의 독점적 우위를 활용하거나 무역장벽을 회피하기 위해 이루어지는 것이 대부분으로서 역무역지향적이며, 국제수지의 악화, 고용감소 등 산업구조를 왜곡한다는 것이며, 둘째 일본형은 일본에서 필수불가결한 자원의 확보, 개발도상국에서 비교우위를 갖는 기계설비, 반제품 등 생산재의 수출촉진, 일본에서 비교우위를 잃어가는 섬유, 잡화 등의 개발도상국으로의 이전 등 무역지향적으로 현지국의 비교우위를 이용하여 산업구조를 고도화시켜 양국 간의 교역을 증대시킨다고 주장하였다.

그러나 고지마의 이론은 실제로 해외투자기업이 현지국기업에 대하여 어떤 경쟁우위요인을 가지는가에 대해 설명하지 못하고, 일본기업을 옹호하는 입장만 취하고 있다는 단점을 지닌다.

3. 통합이론

(1) 절충이론

더닝(J. Dunning)은 어떤 기업의 해외직접투자는 그 기업이 다른 국가의 기업들에 대하여 가지고 있는 기업특유의 우위요소, 내부화우위요소 및 생산입지상의 우위요소의 세 가지 요건에 의해 결정된다는 절충이론을 주장하였다.[11)]

다음의 [표 18-3]에서와 같이 기업특유의 우위요소에는 기업의 다국적성에 기인하지 않는 우위요소인 기업규모, 다양성, 독점적 지위, 특허, 상표권 등 전유적 무형재 및 관련 능력, 생산, 조직, 마케팅시스템, R&D능력, 인적자본, 경험 등이 있으며, 기업의 다국적성에 기인하는 우위요소에는 위험분산능력, 정보수집능력, 시장접근능력, 기업 내 거래를 통한 네트워크우위, 제고된 대정부 협상능력 등이 있다.

장소특유의 우위요소에는 생산요소비용, 운반비 · 통신비 등의 인프라비용, 관

11) J.H. Dunning, "Toward an Eclectic theory of international production," *Journal of International Business Studies*, 1980.

표 18-3 | 더닝의 OLI 요소

1. 기업특유의 우위요소(ownership specific advantages)
   - 기업의 다국적성에 기인하지 않는 우위
     - 기업규모, 다양성, 독점적 지위
     - 특허, 상표권 등 전유적 무형재 및 관련 능력
     - 생산, 조직, 마케팅시스템, R&D능력, 인적자본, 경험
     - 각종 자원 및 제품시장에 대한 배타적 · 차별적 접근능력
     - 정부의 보호
   - 기업의 다국적성에 기인하는 우위
     - 위험분산능력, 정보수집능력, 시장접근능력
     - 기업 내 거래를 통한 네트워크우위, 제고된 대정부 협상능력

2. 장소특유의 우위요소(location specific advantages)
   - 생산요소비용
   - 운반비, 통신비 등 인프라비용
   - 관련 인프라 및 관련 기업능력
   - 정부간섭 및 규제 · 수입규제 · 투자유인 · 투자환경
   - 경제하부구조
   - 정치적 안정성
   - 국제문화적 거리감

3. 내부화의 우위요소(internalization specific advantages)
   - 거래당사자 탐색, 협상, 조정비용
   - 독점적 권리의 보호
   - 매매자 불확실성
   - 외부적 가격차별화 불인정 · 내부시장능력
   - 제품품질 유지
   - 거래 및 공급의 안정성 유지
   - 쿼터, 관세 등 정부간섭 및 규제 회피
   - 전략적 상호보조 등 경쟁전략우위

련 인프라 및 관련 기업능력, 정부간섭 및 규제 · 수입규제 · 투자유인 · 투자환경, 국제문화적 거리감 등이 있다. 마지막으로 내부화의 우위요소에는 거래당사자 탐색, 협상, 조정비용, 독점적 권리의 보호, 매매자 불확실성, 외부적 가격차별화 불인정 · 내부시장능력, 쿼터 · 관세 등 정부간섭 및 규제 회피 및 전략적 상호보조 등 경쟁전략우위요소 등을 언급하면서 이러한 우위요소가 있어야만 기업은 해외직접투자를 시행한다는 것이다.

절충이론의 이러한 세 가지 요건을 정리하면 다음과 같다. 첫째, 기업이 기업특유의 우위요소를 가지고 있어야 하며, 이러한 기업특유의 우위요소는 그 기업이 일정기간 동안 배타적으로 사용할 수 있는 무형자산이어야 한다. 둘째, 기업은 내

부화우위요소를 가지고 있어야 하는데, 기업특유의 우위요소를 외국기업에 임대 또는 판매하는 것보다 이를 직접 이용함으로써 얻는 이익이 더 커야 한다는 것이다. 셋째, 생산입지상의 우위요소가 있어야 하는데, 이런 요소들을 현지국의 생산요소와 결합하여 이용할 때 그 이익이 커야 된다는 것이다. 그러나 절충이론은 기업의 미시적인 관점에서 해외직접투자를 바라보았기 때문에 거시적인 경제단위인 국가경제와의 마찰가능성을 배제할 수 없다는 단점을 가지고 있다.

4. 최신이론

(1) 국제화단계 해외직접투자이론

기존 이론은 단일 해외직접투자 사안에 대한 설명에 그치는 한계를 가지고 있다. 즉, 오늘날 대부분 글로벌기업들은 해외직접투자를 단 한 번에 실행하고 그치는 경우보다는 반복적으로 하는 경우가 일반적이다. 또 투자위험이 높다고 판단되면 동일한 투자사업에 대해서도 최초에는 소규모로 투자하다가 현지시장경험 축적과 내부학습과정을 거쳐 순차적으로 투자 정도를 높이는 경우가 일반적이다.

기업의 해외직접투자 등 국제화활동은 구체적으로 기업의 시장지식, 시장몰입, 시장참여의 상호작용에 의해 점진적으로 이루어진다고 주장하고 있다.

① 시장지식(market knowledge) : 시장지식은 상품구입을 위한 계약이나 경험을 통해 습득된다. 외국시장에 대한 경험적 지식은 기업에 중요한 자산이 된다. 시장지식의 내용은 때로는 복합적이고 이전이 쉽지 않다. 보통 외국시장에 대한 지식은 기업 내부 자체적으로 습득할 수도 있으나, 때로는 기업의 관련 네트워크를 통해 얻어진다.

② 시장몰입(market commitment) : 기업의 주요 경영자의 외국시장에 대한 정신적 태도와 전략적 의도와 관련이 높다. 몰입이 높을수록 경영자는 특정 외국시장에 대해 높은 관심을 갖고 해외직접투자나 해외마케팅을 위해 과거보다 많은 자원을 지원하고 전략수립을 한다.

③ 시장참여(market involvement) : 다차원적인 개념이고 학습과정이다. 즉 처음에는 간접수출형식으로 시장에 참여하지만 점점 고도화되어 직접수출, 합작투자 그리고 최종적으로 100% 지분투자방식으로 참여하게 된다.

(2) 네트워크 해외직접투자이론

네트워크 해외직접투자이론에 따르면 기업이 국제사업네트워크에서의 위치를 강화하기 위해 해외직접투자를 한다고 주장하고 있다. 이 이론은 사회교환이론(theory of social exchange)에 기초하여 조직 간 그리고 개인관계 형성으로 인한 네트워크로 기업의 해외직접투자현상을 설명하고 있다.

전통적인 해외직접투자이론에서는 해외직접투자를 회사의 독점적 우위를 바탕으로 이윤극대화를 위해 합리적이고 독자적인 의사결정과정으로 이해했으나, 네트워크 관점에서 본 해외직접투자는 다양한 기업 내외부 네트워크구성원에 의해 영향을 받게 된다고 인식하고 있다. 따라서 기업이 해외시장진출 시 내부화방식보다 외부화방식을 선호하는 경우도 빈번히 발생하게 된다.[12)]

12) 장세진, 글로벌경영, 박영사, 2000.

제 19 장 국제경영관리

학습목표

1. 국제마케팅믹스를 이해하고, 기업의 전략에 적용한다.
2. 해외공장 입지요건을 파악한다.
3. 국제조직구조 및 조직의 발전과정을 이해한다.
4. 국제인사관리의 최근 동향을 파악한다.
5. 기업의 자금조달방법을 이해한다.
6. 기업의 글로벌경영전략을 분석한다.

| 핵심사항 |

❶ 국제마케팅관리

1. 국내마케팅과는 다른 복잡성, 다양성, 위험성이 존재하는 것이 국제마케팅이다. 국제마케팅전략 수립에 있어서 가장 중요한 과제는 표준화와 차별화의 문제이다. 표준화(standardization)란 국내에서 사용하던 마케팅믹스를 해외시장에 그대로 적용시키는 것이고, 차별화(differentiation)란 각국의 현지시장 여건에 맞게 수정하여 적응시키는 것을 말한다.
2. 마케팅믹스란 기업이 국내외의 통제불가능한 환경변화에 대응하기 위해 기업 내부에서 통제할 수 있는 모든 요소들을 유기적으로 혼합 및 조정하는 활동을 의미한다.
   (1) 국제제품전략 : 기존제품, 수정제품, 개량제품, 신제품으로 구분할 수 있다.
   (2) 국제가격전략 : 수출가격결정방법으로는 원가가산법, 경험곡선가격결정법, 목표중심가격결정법이 있다.
   (3) 국제촉진전략 : 국제촉진에서는 국내촉진에서는 볼 수 없는 커뮤니케이션 장벽이라는 문제점이 존재한다. 국제촉진의 수단에는 광고, 판매촉진, 인적판매, 홍보 등이 있다.
   (4) 국제유통전략 : 국제유통경로의 형태를 크게 중간상과 대리상으로 구분할 수 있다. 중간상은 자신이 모든 비용과 위험을 담당한다는 점이 대리상과의 가장 큰 차이점이다.

❷ 국제생산관리

1. 생산관리란 생산활동을 계획하고 조직하며 통제하는 행위를 말한다. 국제생산관리는 정치 · 경제 · 사회 · 문화적 환경 및 제도 등의 해외환경이 국내환경과 크게 다르기 때문에 국내보다 더욱 복잡하고 어려워진다.
2. 해외공장의 입지선정 시 가장 손쉬운 방법은 각국의 비교우위를 고려하는 것이다. 즉 저임의 노동력, 원자재 등의 부존자원이 풍부하고, 정치적 위험이 낮은 지역에 생산공장을 입지시키는 것이다.
3. 적시조달시스템(JIT : Just-In-Time)은 부품이 적시에 생산공정에 도달하게 하는 방식을 말하는데 이를 통해 기업은 유휴재고를 줄여 자금부담 및 재고관리비용을 감소시킬 수 있다.
4. 기업이 활용할 수 있는 국제로지스틱스의 종류에는 크게 직송시스템, 보관시스템, 다국간시스템의 세 종류가 있다.

❸ 국제조직관리

1. 국제기업의 조직형태는 딤자(W.A. Dymsza)에 의하면 기능별 조직, 제품별 조직, 지역별 조직, 국제사업부제 조직, 매트릭스 조직 등 5가지로 구분할 수 있다.
2. 집권적 조직이란 기업의 모든 해외영업활동에 따른 의사결정권한이 중앙집권적으로 통합되어 관리되는 조직이며, 분권적 조직이란 기업의 모든 해외영업활동에 따른 의사결정권한이 자회사에 어느 정도 분산된 경우를 말한다.

❹ 국제인사관리

1. 국제기업은 그들이 추구하는 전략유형에 따라 본국중심주의, 현지중심주의, 그리고 세계중

심주의적인 접근방법이 있다.

2. 최근의 추세는 본국인과 그 가족을 해외에 주재시키는 데 많은 비용과 큰 부작용이 있으며 현지인의 고용비율을 높이려는 현지정부의 법률과 압력에 대한 적응과 외국인 경영자에 대한 반감을 줄일 수 있고, 현지인의 승진기대와 욕구를 충족시켜 그들의 능력을 발휘할 수 있도록 동기를 부여해 줄 수 있다는 점 때문에 현지인의 채용이 증대되고 있는 상황이다.

❺ 국제재무관리

1. 국제기업의 자금조달은 기업 내부에서의 조달과 기업 외부에서의 조달로 나눌 수 있다.
2. 기업 내부에서의 조달은 본국의 본사로부터 추가로 투자를 받는 경우(증자)와 외화대부(융자)의 경우를 산정할 수 있다. 기업 외부에서의 자본조달의 경우는 현지법인에서 주식발행을 통한 자본조달의 방법이 있겠고, 해외진출융자 목적의 본국 정부기관, IBRD, IFC 등과 같은 국제금융기관, 기타 본국의 사적인 금융기관에서 자본을 조달하는 방법이 있다.

❻ 글로벌경영전략

1. 국별산업은 한 국가 내에서의 경쟁과 다른 국가 내에서의 경쟁이 서로 독립적으로 전개되는 산업이며, 글로벌산업은 한 국가 내에서의 경쟁지위가 다른 국가 내에서의 경쟁지위에 의해 영향을 받는 산업이다.
2. 글로벌경영전략이란 경쟁우위를 얻고자 하는 전략으로서 이에는 원가우위와 차별화우위가 있다.
3. 글로벌경영전략의 모델에는 부가가치활동의 배치-조정(configuration-coordination)모델, 통합-적응(IR : Integration-Responsiveness)모델, 경쟁범위에 따른 전략모델 등이 있다.

제1절 국제마케팅관리

1. 국제마케팅의 개념과 특징

(1) 국제마케팅의 개념

마케팅이란 고객을 만족시키고 동시에 기업의 목표를 달성하기 위해 생산자로부터 소비자에게로 제품 및 서비스를 유통시키는 총체적인 기업활동을 말한다. 즉, 미국마케팅협회에 의하면 "마케팅이란 개인 및 조직의 목표를 충족시키는 교환을 창출하기 위해 아이디어, 재화, 용역의 개념과 가격, 촉진 및 유통을 계획하고 수행하는 과정"이라고 말하고 있다. 그러므로 "국제마케팅이란 개인 및 조직의 필요와 욕구를 충족시키는 교환을 위하여 기업이 해외시장에 개입하고 아이디어, 재화, 용역의 개념, 가격, 판매촉진 및 유통을 다국적으로 계획하고 수행하는 과정"이라고 정의내릴 수 있다.

(2) 국제마케팅의 특징

국제마케팅이 국내마케팅과 근본적으로 다른 특징은 다음과 같다.[1)]

첫째, 국제마케팅은 국경을 넘는 마케팅활동이므로 재화와 용역, 자본, 인력 등을 어떻게 효율적으로 다른 나라에 이동시키는가 하는 문제가 존재한다.

둘째, 국제마케팅은 외국에서의 마케팅활동이므로 국내시장과의 환경이 상이하고, 외국소비자에 대한 연구활동이 요구된다.

셋째, 하나의 시장에서의 마케팅활동이 아닌, 이질적인 여러 시장에서의 마케팅활동이란 점이다. 그래서 시장 간에 상호작용과 조정 및 통제가 요구된다.

그러므로 국내마케팅과는 다른 복잡성, 다양성, 위험성이 존재하는 것이 국제마케팅이다.

---

1) 이장로, 국제마케팅, 무역경영사, 1997; 국제경영연구회, 글로벌시대 국제경영, 문영사, 1998.

2. 국제마케팅의 표준화와 차별화

(1) 표준화와 차별화

국제마케팅전략 수립에 있어서 가장 중요한 과제는 표준화와 차별화의 문제이다. 표준화(standardization)란 국내에서 사용하던 마케팅믹스를 해외시장에 그대로 적용시키는 것이고, 차별화(differentiation)란 각국의 현지시장 여건에 맞게 수정하여 적응시키는 것을 말한다. 그러나 현실에 있어서 두 가지의 극단, 즉 완전한 표준화와 완전한 차별화는 존재하지 않으며 두 가지를 어떻게 적절히 조화시키느냐의 정도의 문제이다.

표준화의 가장 큰 이점은 통일적인 기업의 이미지를 확립할 수 있으며, 규모의 경제를 누릴 수 있고, 제품판매에 있어서 본사 또는 다른 해외자회사와 공동보조를 맞추어 보다 적극적인 마케팅활동을 할 수 있다는 점이다. 그러나 각국 시장별로 사회 · 문화적 특성과 여러 환경이 다르기 때문에 완전히 표준화하는 것은 불가능하며, 반대로 각국의 특수한 사정을 모두 고려하여 완전히 차별화하는 것도 불가능한 일이다. 그러므로 마케팅전략을 어느 정도 표준화할 것인가 또 개별시장의 특성에 맞추어 어느 정도 차별화할 것인가가 중요한 과제로 떠오르고 있다.

(2) 표준화와 차별화전략

국제마케팅전략 수립 시 이러한 표준화와 차별화전략을 제품과 촉진의 수단을 통해서 알아보면 다음과 같이 4가지로 전략을 수립할 수 있다.

1) 제품연장 · 촉진연장전략

모든 시장에 대하여 국내시장과 동일한 제품과 동일한 광고를 사용하는 전략이다. 예를 들면 코카콜라의 경우 전 세계 시장에 미국시장과 동일한 제품을 판매하고 있으며 광고에 있어서도 거의 동일한 광고메시지를 사용하고 있다.

2) 제품연장 · 촉진적응전략

이 전략은 제품은 그대로 해외에 판매하지만 광고메시지는 현지시장에 맞추는 전략이다. 즉, 해외시장에서 제품의 사용조건은 동일하나 광고메시지를 달리하는 경우이다. 예를 들어, 한국에서는 자전거를 주로 레저용으로 사용하지만, 중국이나 베트남에서는 출퇴근용으로 사용하고 있다. 그러므로 같은 제품이지만 사용용도가 서로 다르므로 광고메시지를 달리해야 하는 것이다.

3) 제품적응 · 촉진연장전략

이 전략은 광고의 메시지는 변경하지 않지만, 제품의 경우에는 현지시장에 맞게 고치는 전략이다. 예를 들어 빨래세제의 경우 외국시장에도 효과가 좋다는 광고메시지를 그대로 사용하지만, 나라마다 온도도 틀리고 사용조건도 다르므로 제품은 현지에 적응시켜야 한다.

4) 제품적응 · 촉진적응전략

이 전략은 제품과 촉진 모두를 외국의 현지시장에 맞도록 적응시키는 전략이다. 예를 들어, 네스카페는 인스턴트커피가 유럽국가 중 영국시장에서만 판매가 부진하여 그 원인을 조사한 결과 영국인들은 연하고 밝은 빛깔의 커피색을 선호하며, 주로 홍차를 마시는 것으로 드러났다. 또한 영국에서 커피를 애용하는 사람은 무언가 색다른 것을 추구하는 계층이라는 것을 밝혀냈다. 따라서 이런 영국시장에 적응하기 위해 광고메시지를 보다 공격적인 내용으로 하고, 커피의 원료배합도 영국에 맞게 수정하였다.

그림 19-1 | 제품과 촉진의 현지화 · 표준화

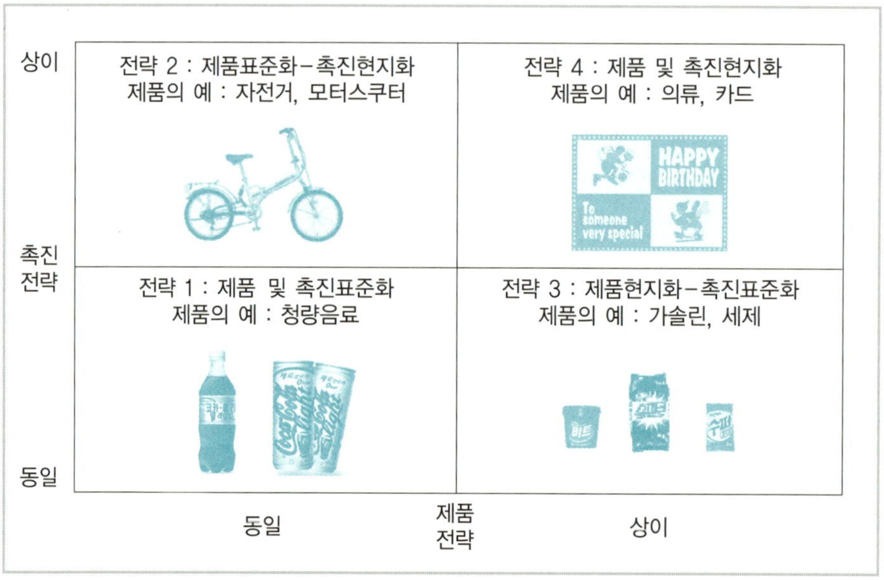

자료 : 박의범 외, 세계화와 글로벌경영, 두남, 2010.

5) 제품창조전략

이 전략은 저개발국에서처럼 잠재고객이 기존의 제품을 구입할 경제적 능력을 갖고 있지 못할 때, 현지고객이 구입가능한 가격으로 동일한 필요와 기능을 충족시킬 수 있는 신제품을 개발하는 전략이다.

3. 국제마케팅 믹스전략(4P)

마케팅에서 말하는 마케팅믹스란 기업이 국내외의 통제불가능한 환경변화에 대응하기 위해 기업 내부에서 통제할 수 있는 모든 요소들을 유기적으로 혼합 및 조정하는 활동을 의미한다. 즉, 국제기업의 활동영역이 넓어짐에 따라 국제기업은 보다 더 이질적인 국제시장환경에 부딪치게 되며, 이질적인 국제시장환경의 폭이 넓어지면 넓어질수록 국제기업의 효율적인 마케팅전략수립은 더욱더 신중을 기해야 할 것이다.

그림 19-2 | 기업의 통제가능한 요소와 불가능한 요소

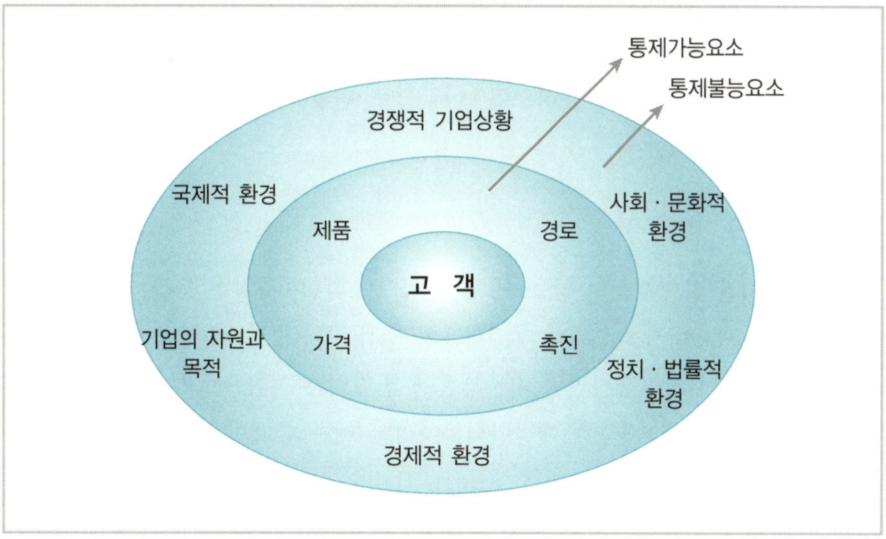

[그림 19-2]와 같이 마케팅믹스를 구성하는 기업 내부의 통제가능한 요소로는 제품(product), 가격(price), 유통경로(place), 촉진(promotion)의 소위 4P요소들이다. 반면에 통제 불가능한 요소들에는 경쟁적 기업상황, 국제적 환경, 기업의

자원과 목적, 사회 · 문화적 환경, 정치 · 법률적 환경, 경제적 환경 등이 있다. 기업은 이러한 요소들 중에서 통제가능한 요소들을 경쟁력 향상을 위해 적절히 혼합하여 전략을 수립해야 한다.

4. 국제제품전략

(1) 국제제품의 유형

1) 기존제품

기존제품이란 특정 기업에 의해서 이미 세계시장에 소개되어 판매되고 있는 제품으로서 기업이 자사의 국내제품을 수정하거나 개량하지 않고 그대로 해외시장에 판매하는 것을 말한다. 특히 아시아 신흥공업국의 기업들은 성숙기의 외국제품을 모방하여 이를 그대로 해외시장에 저가로 판매하여 성장을 하였다.

2) 수정제품

수정제품이란 국내 혹은 해외에서 개발되어 판매되는 자사 및 타사의 기존제품을 특정 해외시장에 알맞게 변경한 제품이다. 예를 들어, 한국에는 전기가 220V이지만 미국은 110V만을 사용하므로, 미국으로 수출하는 제품은 110V로 수정하여 수출해야 할 것이다.

3) 개량제품

개량제품이란 기존제품의 성능, 용량, 품질, 스타일, 서비스 등을 개선한 제품으로서, 기업은 소비자들로부터 기존제품의 약점, 개선방향, 제품 수정에 대한 반응 등을 청취하거나 경쟁기업의 기존제품을 면밀히 분석함으로써 제품개량 아이디어를 획득하여 개량제품을 개발한다. 이러한 제품의 개량은 일본기업의 국제경쟁력의 주요 원천이 되었다.

4) 신제품

신제품은 세계시장에 처음으로 소개되는 발명이나 혁신을 의미한다. 제조상의 기술진보 외에 제품이 소비자들에게 전혀 새로운 것으로 인식될 때에도 적용하며 해외시장을 목표로 신제품을 개발하여 수출하거나 혹은 해외자회사를 통하여 신제품을 현지에서 제조 · 판매할 수 있다. 그러나 신제품을 해외시장, 특히 새로운 해외시장에 판매하는 것은 위험이 높은 제품전략이다.

(2) 국제제품의 개발방식

1) 국내개발

국제기업들이 가장 널리 사용하고 있는 마케팅전략으로 본국시장에서 개발한 상품을 그대로 해외시장에 적용하는 것이다. 장점은 규모의 경제와 R&D비용의 절감을 통한 비용의 절감이다.

2) 순차적 개발

제품의 기능이나 사용조건 등이 본국과 유사한 국가의 경우, 제품을 그 지역의 사용조건에 맞도록 일부 수정을 가하는 방법을 말한다.

3) 국별 개발

각국 시장에서 제품의 사용조건이나 기능 면에서 큰 차이가 존재할 때, 각국별로 각기 다른 상품을 개발하여 각 현지국 환경에 가장 적합한 제품을 개발하는 유형이다. 각국 시장의 환경이나 사용조건에 초점을 두는 시장지향적 유형이며, 기업의 전략은 각국 시장별로 수립한다.

4) 다국적 개발

개발 초기부터 다수의 국가를 대상으로 시장환경에 적합한 상품을 개발하는 유형이다. 다수국에 대해서 표준화 기업의 조직체계를 제품 중심으로 정비하며, 기업의 전략은 제품별로 수립한다.

(3) 제품의 현지적응

제품의 적응이란 해외시장의 고객기호, 제품사용조건, 소득수준, 기타 환경에 알맞게 국내제품을 수정하는 것을 의미하는데, 해외생산의 경우 기존시장에서의 제품과 다르게 만드는 것은 넓은 의미의 적응화전략에 포함되며 차별화와 같은 의미를 지니고 있다. 제품을 해외시장에 적응시키는 환경요인에는 다음과 같은 것들이 있다.

1) 사용조건의 차이

특정 제품이 여러 나라에서 유사한 기능적 필요를 충족시킬 수 있도록 만들어졌다고 하더라도, 그 제품이 사용되는 조건은 각국마다 다를 수 있다. 예를 들면 비료 같은 경우에는 나라마다 온도, 습도, 토양이 다르기 때문이다. 또한 자연환경의 차이뿐 아니라 기술수준의 격차 때문에 제품의 사용조건이 달라질 수도 있다. 선진국과 후진국에 같은 기계설비를 공급할 수 없다.

2) 시장여건의 차이

소득수준의 차이는 내구성 소비재나 포장제품의 규격과 특성에까지 영향을 미치며, 각국 소비자의 기호 내지 구미에는 상당한 차이가 존재한다. 예를 들어 같은 유럽인이더라도 자동차 선호에서 프랑스인은 4door를, 독일인은 2door를 선호한다.

3) 정부의 영향

각국 법률의 차이로 특정 제품 수입금지, 일정비율 이상 국산품 사용 요구 시 제품 적응이 불가피하며, 자동차의 경우 엔진배기량으로 세금부과를 차등 부여하는 경우에는 소형차 생산주력이 유리하고, 식품 · 의약품의 경우, 제품의 성분 · 포장 · 상표 · 효능 · 안전 · 위생에 대한 현지정부의 강력한 규제로 제품표기가 불가피하다. 또한 각국별로 상이한 정부규격은 소비재는 물론 산업재에도 심각한 영향을 미치는데 이것은 외국기업으로부터 자국시장을 보호하기 위한 것이다.

5. 국제가격전략

(1) 수출가격결정방법

1) 원가가산법

제조원가에 관리비, 연구개발비용, 간접비, 수송비, 관세, 이윤폭을 합산하여 수출가격을 결정하는 방법으로 비교적 가격 책정이 용이하다는 장점을 지닌다. 그러나 원가를 기준으로 결정된 가격은 해외시장에서 경쟁기업의 가격 및 수요구조를 무시하는 경우가 발생하며, 원가산정배분의 애로점이 발생한다. 또한 실제원가, 표준원가, 추정원가, 총원가, 한계원가의 적용기준이 모호하고, 이윤가산율도 산업과 기업에 따라 다르며 결정기준도 상이하고, 가격이라는 마케팅 변수를 고정시켜 줌으로써 전체적인 마케팅전략의 목표를 고려치 않는다는 단점이 존재한다.

2) 경험곡선가격결정법

일반적으로 기업들이 많이 사용하는 가격결정법으로 기업의 추정된 단위당 원가에 맞추어 가격을 책정하는 방법이다. 즉 특정 제품의 단위당 원가는 시간의 경과와 함께 누적생산량이 증대됨에 따라 감소한다는 가정하에 가격을 책정하는 것이다. 이러한 경험곡선가격결정법에 의한 기업의 가격결정전략은 다음과 같다. 기업은 초기에는 단위당 원가보다 낮게 가격을 책정 → 경쟁자들에 비해 상대적으로 시장점유율 확대 → 확대된 시장점유율은 판매량과 생산성을 증대 → 원가의 감소 → 경쟁자보다 낮은 가격수준 견지 → 적당한 이윤창출의 과정을 거친다. 이러한 과정은 다음의 [그림 19-3]과 같다.

그림 19-3 | 기업의 경험곡선가격결정법과 전략

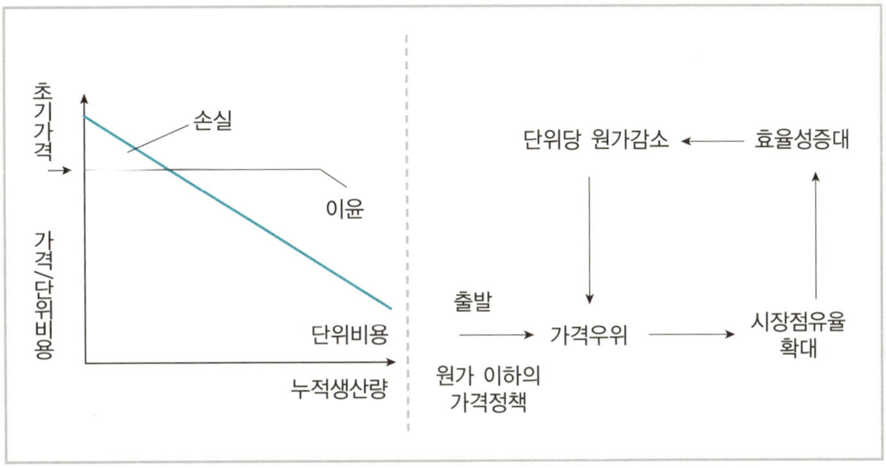

3) 목표중심가격결정방법

기업의 제품가격결정 시 사용하는 다른 방법은 기업의 목표에 의해 결정하는 방법이다. 즉, 기업의 전략적 목표가 해당 시장에 침투하여 시장점유율을 높이는 것인가, 아니면 단기수익을 목표로 하는가에 따라 침투가격전략과 초기고가전략으로 구분할 수 있다.

침투가격전략은 가격을 경쟁변수로 사용하여 대규모 시장에 침투하여 시장점유율을 확대하려는 전략으로 일본기업과 대부분의 개도국 기업들이 널리 채택했고, 초기고가전략은 제한된 수량의 판매를 통해 단기수익을 극대화하려는 전략으로서 해외시장진입 시 고소득층 소비자를 겨냥하여 최고가격을 책정하고, 차후 가격을 약간 낮추어 다음의 소득층을 파고드는 가격책정방법이다.

(2) 국제덤핑규제

1) 덤핑의 개념과 원인

덤핑에 대하여 미국은 "공정가격보다 낮은 가격으로 판매하는 행위"라고 정의하고 있으며, 우리나라 관세법 제51조에는 "외국의 물품이 정상가격 이하로 수입되는 것"이라고 정의하고 있다. 또한 WTO의 반덤핑협정에서는 정상가격과 수출가격의 공정한 비교에 관한 강력한 규정을 마련하여, 반덤핑조사 · 제소 · 통보 등에 관해서도 명문화된 규정을 마련하였다. 반덤핑관세란 국제거래에서의 덤핑행위는 궁극적으로 수입국 내의 효율적인 자원배분을 저해하고 시장질서를 문란하게 하는 불공정무역으로서 이를 시정하기 위해 수입국이 정상가격과의 차이에 해당하는 만큼 추가적으로 부과하는 관세를 말한다. 이러한 반덤핑관세 부과의 직접적인 준거는 GATT 제6조의 "한 나라에서 생산된 상품이 정상가격보다 저렴한 가격으로 다른 나라에 수출되는 것"에 근거를 두고 있다.

이러한 덤핑의 원인으로는 판매량보다 과도한 생산능력에 의한 덤핑과 정부의 보조금지원에 의해 발생하는 경우, 그리고 가격차별화를 시도하는 전략적 덤핑과 경쟁상대를 시장에서 축출하여 장기적으로 독점적 가격을 책정하기 위한 약탈적 덤핑 등이 있다.

2) 덤핑규제에 대한 대응방안

덤핑규제에 대한 방안은 사전대책과 사후대책으로 구분하여 살펴볼 수 있다. 먼저 사전대책으로는 덤핑규제에 대한 최선의 대책은 사전에 철저한 대비를 하여 아예 제소를 당하지 않도록 하는 것이며, 수출품과 국내시장에서 판매되는 제품을 차별화하여 덤핑규제의 근거를 주지 않도록 하고, 수입국의 중간유통상에 대해 비가격적 유인을 제공하여 가격이 인하된 것과 같은 효과를 올리도록 하며, 현지법인에서의 생산 · 판매를 통해 덤핑제소를 피하거나, 일단 제소의 움직임이 보일 경우 외국 관계기관 및 제소자 측과의 적극적인 교섭으로 사전에 타협을 보는 방법 등이 있다.

반대로 사후대책으로는 덤핑에 의한 피해의 극소화를 위해 전담반을 구성하고 덤핑업무에 경험이 많은 변호사를 선임해야 하며, 질문서에 대한 답변서는 회사의 제반 자료들과 상호모순이 없도록 철저히 비교 · 분석한 후 작성하여 제출하고, 실제조사에 대비한 예행연습을 통해 자료를 보완하고 실제조사 시에는 풍부한 전문지식과 유창한 영어실력을 가진 사람을 답변자로 선정하는 등의 대책이 요구된다.

(3) 국제시장가격의 변경

기업은 다음과 같이 환율의 변화, 원가의 변화, 경쟁자의 가격변경, 수요의 변화 등에 의해서 제품의 가격을 변경시켜야만 한다.

1) 환율의 변화

자국통화의 평가절상은 대외경쟁력 하락을 의미하므로 기존의 시장점유율을 유지하기 위해서는 부득이하게 가격인하의 시도가 요구된다. 또한 환율의 변화 시에 기업은 기업의 목표 및 장기적 안목에서의 기업전략과 합치되는 방향으로 선택하거나, 국제가격을 인상하여 수익률을 높이는 방법 또는 국제가격을 인하하여 시장지배력을 얻고자 하는 방법 등을 사용하는데, 이러한 환율변화에 따른 가격변경의 시도가 필수적인 것은 아니다. 일본기업의 경우 엔화의 높은 가치를 활용하여 해외현지에 직접 투자하는 방법으로 경쟁력 약화를 보완하기도 하였다.

2) 원가

원가의 상승 또는 하락은 가격변경의 직접적인 원인으로 특히 원가가산법을 적용하는 기업의 경우 원가의 변화가 실제 판매가격에 신속히 반영되어야 한다. 그러므로 기업은 원가의 변화에 대해 수입선다변화, 수출다변화, 생산기지다변화 등의 보다 적극적인 방법으로 대처해야 한다.

3) 경쟁자의 가격변경

시장의 세계화 추세하에서 경쟁자의 가격변경은 상당히 민감한 대응을 요구하는데, 특히 제품 동질성이 높은 경우 다른 대안이 없다. 즉, 기업이 자사의 확장제품을 차별화할 수 있는 방안을 추구해야겠지만 그렇지 못한 경우 자신도 가격인하를 단행하는 등의 경쟁자의 가격인하에 대처해야 한다.

4) 수요의 변화

수요패턴의 변화를 예측할 수 있는 기업이 그렇지 못한 기업보다 가격변경의 시도에 있어서도 우위를 점할 수 있다. 수요변화에 따른 가격변경의 시도에서 중요한 점은 소비자들의 가격탄력성 정도이다. 즉, 가격탄력성이 높은 시장에서 가격인상은 시장점유율을 크게 저하시키는 요인이 되며 소비재가 산업재에 비해 가격탄력성이 높은 것이 일반적이다. 또한 국가별로 인도나 중국과 같이 빈부격차가 심한 국가가 유럽국가보다 가격에 덜 민감한데 이것은 인도나 중국의 경우 주 고객층이 부유층이기 때문이다.

(4) 국제가격의 표준화

1) 본국중심적 가격결정

본국중심적 가격결정전략은 특정 품목의 최종소비자 가격을 전 세계적으로 동일하게 책정함으로써 고객이 운임 및 수입세를 부담하도록 하는 방법이다. 이러한 방법의 장점은 경쟁이나 시장상황에 관한 정보를 필요로 하지 않기 때문에 간편하다는 것이지만, 현지시장의 경쟁 및 시장조건을 감안하지 않음으로써 각국에서 이익극대화를 기할 수 없다는 단점을 지니고 있다.

각국별로 상이한 원가구조, 수요상태 및 경쟁구조에 직면하고 있기 때문에 모든 시장에서의 최종소비자 가격을 획일적으로 책정한다는 것은 바람직하지 않지만 동일한 지역시장을 커버하고 있는 대규모 중간유통업체들에 대해서만은 획일적인 가격정책 필요성이 증대된다. 또한 특정 기업체가 여러 해외시장국가의 중하위 소득층만을 표적시장으로 삼고 있으면 저가격 내지 중가격을 적용하는 획일적인 가격정책이 얼마든지 사용가능하다.

2) 현지중심적 가격결정

현지중심적 가격결정전략은 각국별로 현지환경에 적합하다고 판단되는 가격을 개별적으로 설정하는 방법으로서 서로 다른 이익중심점으로 운영되는 해외 자회사들을 거느리고, 마케팅전략 수단들에 대하여 자회사들의 의사결정을 인정할 수 밖에 없는 기업일수록 필요성이 증대된다. 이러한 방법의 장점은 현지의 수요 및 경쟁조건 등에 민감하게 대처가능하다는 것이지만 단점으로는, 첫째 각국의 가격들 사이에 운송비와 관세부담을 상회하는 수준의 괴리가 있을 경우 재정거래가 발생할 수 있다는 점, 둘째 효율적인 가격전략에 관한 기업시스템 전체적인 지식과 경험이 진가를 발휘하지 못하고 지식이 일천한 자회사에 의해 가격결정이 독단적으로 이루어질 가능성이 있다는 점, 마지막으로 세계시장에 공통적인 이미지를 심기가 어렵다는 점 등이 있다.

3) 세계중심적 가격결정

세계중심적 가격결정전략은 전 세계적으로 단일가격을 고집하는 것도 아니고, 그렇다고 자회사 입장에서의 가격결정의 필요성을 전혀 무시하는 것도 아닌 중용적인 접근방법이다. 이 전략은 최종적인 가격결정 시 전사적인 관점에서의 가격통제는 물론 현지시장 특유의 요인들을 충분히 고려한다는 것이며, 세계중심적 가격결정을 통해 가격에 관한 본사의 조정과 통제권한을 유보한 채 상이한 시장여건에 가격을 적응시킬 수 있는 유연성을 견지하는 것이 바람직하다.

6. 국제촉진전략

(1) 국제촉진의 개념

촉진(promotion)이란 기업과 제품 및 서비스에 대한 정보를 유통경로구성원이나 최종고객에게 제공하여 궁극적으로 그들로 하여금 제품이나 서비스를 구매하도록 하기 위한 마케팅노력의 일체를 말한다. 그러므로 국제촉진이란 이러한 촉진이 한 나라 안에서 수행되는 것이 아닌, 국경을 넘어 전 세계적 소비자들에게 제품이나 서비스를 구매하도록 하기 위한 마케팅노력의 일체라 할 수 있다. 이러한 촉진의 수단으로는 광고, 판매촉진, 인적판매, 홍보 등이 있다.

(2) 국제촉진의 특성

1) 커뮤니케이션 장벽

국제촉진에서는 국내촉진에서는 볼 수 없는 커뮤니케이션 장벽이라는 문제점이 존재한다. 즉 수출업자가 해외의 고객에게 메시지를 전달하고자 하지만 여러 가지 장벽들, 즉 국내와는 다른 언어, 비언어, 정부의 규제, 기호의 차이, 경제적 차이 등의 장벽이 존재하여 현지의 소비자가 메시지를 해석하는 데 문제점이 발생할 수 있다는 것이다. 결국 이러한 장벽들은 각기 독립적인 효과를 가지면서 동시에 상호작용을 통하여 마케팅 커뮤니케이션에 막대한 지장을 초래한다.

그림 19-4 | 커뮤니케이션의 장벽

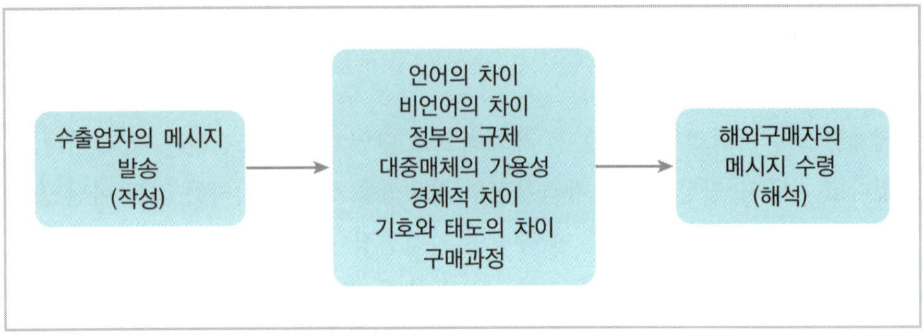

2) 전략조정의 문제

전략조정의 문제는 촉진프로그램의 국제이전 및 표준화문제를 의미하는데, 여기서 국제이전이란 하나의 국가시장에서의 성공적인 프로그램을 다른 해외시장으로 이전하는 것을 말한다.

특정 프로그램의 구성요소 중 무엇을 어느 정도로 국제 간에 이전시킬 것인가를 결정하는 것은 국제촉진전략의 주요 과제이며, 이러한 이전가능성은 해외고객들의 제품에 대한 기대효용과 제품평가기준, 매체의 가용성, 촉진관련 규제, 문화적 차이, 비언어적 표현수단 등에 의해 영향을 받는다. 여기에서 표준화의 문제가 대두되는데 이것은 전 세계 시장에 동일한 촉진프로그램을 사용하는 표준화전략과 개별 해외시장에 각기 다른 프로그램을 사용하는 적응화전략의 선택을 의미하며, 표준화는 완전표준화와 완전적응화 사이 정도의 문제라고 할 수 있다.

3) 커뮤니케이션 장벽의 영향

국제기업이 국제촉진을 하는 경우 다음과 같은 불확실성이 증대된다.

첫째, 메시지의 전달이 불확실하다. 이것은 매체가 목표로 삼고 있는 수신자에게 미치지 못하거나 혹은 메시지가 수신자에게 인지되지 않을 가능성이 존재하기 때문이다.

둘째, 메시지 해석에 있어 불확실성이 높다는 점이다. 즉 메시지가 전달되더라도 그것이 발신자의 의도대로 해석되지 않을 가능성이 존재하기 때문이다.

셋째, 메시지 효과에 있어 불확실성이 높다는 점이다. 소비자의 태도 형성과 구매행동이 발신자가 원하는 대로 이루어지지 않을 가능성이 존재하기 때문이다.

(3) 국제촉진의 수단

국제촉진의 수단에는 다음과 같이 광고, 판매촉진, 인적판매, 홍보 등이 있다.

1) 광고

광고란 여러 매체수단을 이용하여 소비자에게 정보와 메시지를 전달하는 비인적 표현의 의사소통수단으로서 국제촉진의 가장 일반적인 방법이다. 기업이 국제촉진의 수단으로 광고를 선택한 경우, 먼저 광고매체를 선정해야 하는데 이러한 광고매체에는 신문과 잡지와 같은 인쇄매체, 라디오와 TV와 같은 방송매체, 옥외광고, 기타로 전시, 이벤트, 인터넷을 이용한 광고 등이 있다.

한편 각 나라별로 법적 규제가 상이하기 때문에 주의를 해야 한다. 즉 독일의 경우에는 주류 및 담배광고가 금지되어 있으며, 벨기에의 경우에는 TV광고가 금지되어 있다. 또한 한국의 경우에는 TV광고 중 담배와 양주광고가 금지되어 있고, 경쟁제품과의 비교광고도 허용되지 않고 있지만 미국의 경우에는 경쟁제품과의 비교광고가 허용되는 등 나라별로 상이한 법적 규제를 고려해야만 한다.

2) 기타

가장 일반적인 국제촉진의 수단인 광고 이외에는 국제인적판매, 판매촉진, 홍보선전 등이 있다. 국제인적판매는 판매원을 이용하는 것으로 촉진의 속도가 느리고, 고객당 소요되는 비용이 높다는 단점을 지니고 있다. 그러므로 대중을 상대로 한 소비재보다는 제품의 단가가 높은 산업재에 적합한 방법이다.

다음으로 판매촉진의 방법이 있다. 이 방법은 전시회, 설명회, 경연, 경품, 견본, 선물, 가격할인 등이 포함되며 다국적기업들이 각종 국제스포츠행사를 주관하여 기업 및 제품을 선전하는 것도 한 예가 될 것이다.

마지막으로 홍보선전이 있다. 대우자동차가 유럽에서 프리테스트드라이브(일정기간 동안 대우자동차를 무료로 사용한 후 마음에 들면 구매하고, 마음에 들지 않으면 반환하는 행사)로 홍보하였으며, 현대자동차의 경우에는 미국에서 블라인드 테스트(현대의 EF소나타와 도요타의 캠리를 외관 및 실내에 회사 마크를 모두 제거한 후 미국소비자를 대상으로 무료 시승하여 점수를 채점하는 방식)를 통하여 좋은 이미지를 심는 데 성공하였다.

7. 국제유통전략

(1) 국제유통경로의 의의와 기능

미국마케팅협회에서는 유통경로에 대하여 "상품, 서비스 등이 판매되는 기업내부조직, 기업외부 중개기관, 도매상, 소매상들의 구조"라고 정의하고 있다. 그러므로 국제유통경로란 특정 기업이 생산한 제품이나 서비스를 해외 소비자들에게 이전시키는 데 관여하는 개인이나 조직 또는 그 총체를 의미한다고 정의를 내릴 수 있다.

이러한 국제유통경로의 기능은 제조업자와 소비자를 연계시켜 교환을 가능케 하고, 특정 재화나 서비스의 실체를 이동시켜 주며, 기업의 마케팅활동을 보조해 주고, 외국에서 접하게 되는 상이한 문화나 환경에 쉽게 적응할 수 있도록 하며, 각국 소비자들에게 당해 기업들을 적절히 소개하는 역할을 하고 있다.

(2) 국제유통경로의 형태

국제유통경로의 형태를 크게 중간상과 대리상으로 구분할 수 있다. 중간상은 자신이 모든 비용과 위험을 담당한다는 점이 대리상과의 가장 큰 차이점이다.

1) 독립적인 중간상

구입가격과 판매가격의 차이가 곧 중간상의 영업이익이 된다. 기업의 경우 이러한 독립적인 중간상을 활용할 경우에 취할 수 있는 이점은 제품을 넘겨주기만 하면 환위험, 신용위험 등 수출활동에 수반되는 제반위험에 대해 책임지지 않는다는 점이지만, 대리상에 비해 통제가 어려우며, 판매이익에 대한 전망이 불투명할 경우에는 제조업체를 소홀히 대할 수도 있다는 점, 즉 상표충성도가 낮다는 단점을 지니고 있다.

2) 대리상

대리상은 수출입거래 대금의 일정비율을 수수료형태로 수취하여 이익을 얻는 유통경로로서 거래제품에 대한 소유권을 갖지 않으며, 위험부담도 지지 않는다. 그런데 특정한 유통경로가 독립적 중간상인가 아니면 대리상인가를 일률적으로 구분하는 것은 불가능하다. 왜냐하면 각국마다 유통경로 명칭이 다양하고, 어떤 유통기구는 두 가지 기능을 동시에 수행하기 때문이다.

(3) 국제유통경로전략의 목표

기업은 국제유통경로전략의 6C를 고려하여 전략을 수립하고 집행해야 하는데 이러한 6C는 비용(cost), 소요자본(capital requirement), 통제(control), 시장 및 판매범위(coverage), 제품/기업/시장의 특성(character), 연속성(continuity)을 뜻한다.

1) 비용

기업의 국제유통경로에 대한 비용은 유통경로를 개발하는 데 소요되는 자본투자비용과 이를 계속적으로 유지하기 위한 운영비용이라는 두 가지 측면이 있다. 유지비용에는 기업의 판매망을 유지하기 위한 제반 비용은 물론 기업의 제품과 서비스를 취급하는 유통기구의 중간이윤 또는 수수료도 포함되며, 유통비용에는 수송 및 보관비용, 서류작성, 신용판매, 현지광고 등과 관련하여 발생하는 비용 등이 포함된다. 그런데 이러한 비용을 정확히 예측하기란 매우 힘들다는 문제점이 있다.

2) 소요자본

기업은 특정한 형태의 유통경로를 활용함으로써 야기되는 소요자본과 현금흐름의 문제에 직면하게 된다. 기업이 자체 판매망으로 유통경로를 내부화할 경우에는 막대한 자본투자가 소요되며, 독립적 유통업자 또는 딜러를 활용할 경우에는 현금투자는 줄일 수 있으나, 기업들은 위탁판매, 신용거래 또는 기타의 협정에 의거하여 초기 재고를 제공하는 등의 방법으로 유통기구의 투자비용을 분담하게 된다. 즉 대리상 형태를 취하는 유통기구를 활용할 경우에도 현금투자는 요하지 않지만 초기에는 얼마간의 자원이 불가피하다.

3) 통제

기업 자체의 판매조직망이 유통에 직접 관여하게 되면 비용부담이 따르기는 하나 효율적인 통제가 가능하다는 장점이 존재한다. 국제유통경로가 길어질수록 기업체의 가격, 물량, 촉진방법, 제품출하경로에 대한 통제력은 약화되기 마련이지만, 반대로 기업이 간접수출에만 전념하게 되면 자사제품이 어디에서, 얼마나 그리고 누구에게 판매되는지 등을 전혀 파악할 수 없다는 문제점이 있다. 즉 직접수출을 통해 현지마케팅을 자체적으로 수행하는 등의 방식으로 국제개입수준을 증대시키게 되면 유통경로에 대해 보다 잘 이해하게 됨으로써 보다 효율적인 통제가 가능해진다.

소비재보다는 산업재를 대규모로 취급하는 기업들이 고객의 수가 적고, 유통경로가 짧을 뿐 아니라 거래규모가 크기 때문에 유통경로에 대한 통제력이 앞선다.

4) 시장 및 판매범위

시장 커버리지의 의미는 기업이 진출하고 있는 각각의 해외시장국가에서 적정한 판매고를 실현하는 것을 말한다. 기업의 해외시장진출 시 목표에는 적정한 수준의 시장점유율을 올리는 것 또는 만족할 만한 정도의 시장침투를 달성하는 것 등이 있을 수 있다. 기업은 자신의 기업목표에 맞도록 적절한 시장침투범위를 정하고 각 국가별로 시기적절하게 유통시스템을 적응시킬 필요가 있다. 기업들은 완전한 시장침투를 추구하기보다는 주요 인구밀집지역을 대상으로 마케팅노력을 집중시키는 경우가 많으며, 시장 커버리지에는 특정 시장에 기업의 모든 제품계열을 선보인다는 뜻도 포함되어 있다.

5) 제품, 기업, 시장의 특성

제품, 기업, 시장의 세 가지 중 기업체가 취급하는 제품의 특성을 우선적으로 고려해야 한다. 전문적인 지식이나 애프터서비스가 중요한 제품, 부패성이 높은 제품, 대량물품, 고가품의 경우에는 직접적인 유통경로를 선호할 것이다.

기업들이 가지고 있는 자원 및 해외시장에 대한 경험, 기업의 국제화 정도와 조직구조, 해외시장에서의 기업이미지, 기업이 원하는 각국 시장에 있어서의 침투시기와 속도 등에 따라 유통경로 역시 달라져야 하며, 각국별 유통구조의 차이, 유통경로의 특성 등으로 활용가능한 유통경로에는 많은 제약이 존재할 수밖에 없다. 또한 기업은 광범위한 제품계열을 취급하는 대규모 유통기구들이 증가하는 등의 유통경로 패턴의 변화에도 유의해야 한다.

6) 연속성

대개의 유통기구들은 한 명 또는 몇 명이 운영하므로, 한 개인이 은퇴 시 국제기업은 당해 지역에서의 유통경로를 상실하게 되며, 이러한 유통기구들은 공급업체에 대하여 충성심이 희박한 실정이다. 유통경로가 지속적으로 본연의 기능을 수행하도록 하기 위해서는 반드시 연속성을 지녀야 하며, 때로는 이 때문에 많은 기업들이 비용부담을 무릅쓰고 자체의 유통경로조직을 개발하기도 한다.

모든 유통경로를 내부화하는 것은 위험부담과 자금부담으로 불가능하므로 유통경로의 연속성을 유지하기 위해 다각적인 대안 강구가 필요하며, 전체 유통전략은 유통비용을 극소화하려는 목표와 자본, 시장 및 판매범위, 제품 및 기업특성, 연속성 등의 우위를 극대화하려는 목표 사이에서 적절한 균형을 유지하는 것이 바람직하다.

(4) 국제유통경로관리의 특수문제(회색시장)

많은 국제기업들이 회색시장이라는 국제유통경로관리상의 특수한 문제에 봉착하고 있는데, 이러한 회색시장은 해외시장국가들 간의 가격차이에 편승하여 특정 기업의 제품을 저가시장에서 구입한 다음, 이를 고가시장에서 정상적인 유통경로 구성원들이 내놓은 가격보다 낮은 가격에 판매함으로써 이익을 추구하는 인가되지 않은 유통업체들로 구성된다.

회색시장은 합법적인 경로구성원들 간의 매상을 떨어뜨리는 한편, 기업의 유통 및 가격전략에 혼란을 초래하기 때문에 국제기업들은 이에 대해 깊은 관심을 기울여야 하며, 최근 회색시장의 품목수가 증가되며 다양한 품목의 회색시장이 형성되고 있다.

1) 회색시장이 형성되는 이유

이러한 회색시장이 형성되는 이유로는 다음과 같이 세계제품의 증대, 환율의 변동, 가격차별과 초과공급 등이 있다.

첫째, 세계제품의 증대이다. 범세계적 제품의 수와 종류의 증가로 노련한 국제무역업자들의 이익기회도 증대되고 있다. 즉 국제기업이 매일 해외시장수요와 환율변동에 대응하여 개별시장국가에서 재고와 가격정책을 조정한다는 것은 사실상 불가능하므로 이러한 기회를 이용하여 이익을 노리는 무역업자가 등장하는 것이다.

둘째, 환율변동이다. 한 번 설정된 가격을 환율이 변동할 때마다 매번 바꾸기가 어렵기 때문에 회색시장업체들은 이러한 가격불균형을 활용한다. 즉 그들은 환율변동과 각국 시장의 재고수준을 검토한 후 승산이 있다고 판단되면 구매에 착수하는데, 이점은 환율의 시간적 · 장소적 불균형을 이용하여 재정거래를 하는 것과 마찬가지이다.

셋째, 가격차별이다. 국제유통업체들은 합법적으로 각국 시장 간 가격차이를 충분히 활용한다. 시장 간 가격차이의 일부는 환율변동에 기인하지만, 제조업체의 차별적인 가격 및 유통전략에서도 비롯되므로 이러한 가격차이를 활용하는 것이다.

넷째, 초과공급의 문제이다. 수요와 공급은 시황에 따라 항상 변동하기 마련이다. 그러므로 예상 밖의 초과공급상황에 놓인 시장국가의 유통업체들은 투자금액의 신속한 회수를 위해 정상가격보다 낮은 가격에 초과공급분을 처분하려 할 것인데 이를 이용하여 이익을 추구하는 것이다. 또한 EU와 같이 재수출 시 수입관세와 현지에서의 부가가치세를 환급해 주는 경우에는 잉여재고를 국제유통업체에게 넘길 만한 추가적인 유인이 존재하게 된다.

2) 회색시장에 대한 대응책

기업들이 이러한 회색시장에 대응하기 위한 방안으로는 수수방관, 법적 제소, 마케팅전략의 수정이라는 세 가지 방안이 있는데, 가장 적극적인 마케팅전략의 수정을 주로 이용하고 있다.

첫째, 수수방관이다. 이 전략은 기업이 회색시장에 대한 대응조치로 인해 오히려 경쟁업체들에게 고객을 빼앗길 우려가 있으며, 소송에는 막대한 시간과 비용이 소요된다는 이유로 인하여 수수방관을 하는 경우이다. 일시적 환율변동에 의해 발생한 경우에는 가만히 내버려 두어도 저절로 문제가 해결되기 때문이다.

둘째, 법적 제소이다. 소송에 따른 시간과 비용상의 불이익에도 불구하고, 특정 기업이나 그들의 정식인가를 받은 유통업체들의 회색시장업체들에 대해 고발조치하는 것으로서 법적 제소에는 충분한 증거수집 등 신중을 기해야 한다.

셋째, 마케팅전략의 수정이다. 기업들은 제품, 가격, 광고, 유통 등의 측면에서 마케팅전략을 적절히 수정하여 회색시장문제를 해결하려고 한다. 제품전략으로는 특정 해외시장국가에 맞추어 제품을 현지화하고, 가격전략은 시장 간의 가격차이를 최소화하는 방향으로 가격을 조정하며, 광고전략은 광고예산의 축소와 같이 회색시장의 존재에 따른 손실을 비용절감을 통해 최소화하려는 것이다. 마지막으로 유통전략은 특히 소매상들로 하여금 회색시장 제품을 취급하지 않도록 일정수준의 강제와 유인을 적절히 구사하는 방법을 사용하여 회색시장에 대처하는 것이다.

제2절 국제생산관리

1. 국제생산관리의 의의

생산관리란 생산활동을 계획하고 조직하며 통제하는 행위를 말한다. 즉 생산관리는 소정의 상품이 소정의 가격, 품질, 수량, 기일 등에 맞추어 생산이 완료될 수 있도록, 합리적으로 생산활동을 계획 · 조직 · 통제하는 것을 의미한다. 그런데 국제생산관리는 국내보다 더욱 복잡하고 어려워진다. 왜냐하면, 정치 · 경제 · 사회 · 문화적 환경 및 제도 등의 해외환경이 국내환경과 크게 다르기 때문이다. 따라서, 해외생산 시 생산입지의 선정, 생산규모 및 기술, 분업생산을 위한 공장의 배치와 네트워크, 소싱, 로지스틱스 등이 복잡한 과제로 대두되고 있다.

2. 해외공장의 입지선정

(1) 해외공장 입지선정의 의의

기업의 입장에서 제품원가를 구성하는 수송비, 노무비, 동력비 및 용수비 등은 그 공장이 입지해 있는 지역에 따라 차이가 크며, 특히 생산효율추구형 투자인 경우에는 입지가 제조원가에 미치는 영향이 더욱 커진다. 그러므로 기업의 글로벌 경영은 가장 적합한 조건을 가진 지역에 생산시스템을 입지시키고 이를 통합하여 경영하는 것이므로 공장의 입지선정의 문제는 상당히 중요하다.

해외공장의 입지선정 시 가장 손쉬운 방법은 각국의 비교우위를 고려하는 것이다. 즉 저임의 노동력, 원자재 등의 부존자원이 풍부하고, 정치적 위험이 낮은 지역에 생산공장을 입지시키는 것이다. 다른 방법으로는 기업들은 요소비용이 저렴한 국가, 주요 시장과 인접한 국가, 원산지효과가 높은 국가, 경쟁자가 이미 생산시설을 가지고 있는 국가 등을 주로 해외생산 입지로 선정하는 방법 등이 있다.

(2) 해외공장 입지 시 고려해야 할 요소

기업이 해외공장의 입지를 선택할 때 고려해야 할 요소들은 다음과 같다.

첫째, 현지국의 정책 및 제도이다. 현지국정부의 정책 및 제도는 투자기업의 사활을 좌우할 만큼 중요한 영향을 미친다. 특히 아직도 사회주의 이념을 고수하고 있는 중국, 베트남, 북한, 쿠바 등은 기본적으로 자본(자본가)에 대한 적대감과 노동자 제일주의를 밑바탕에 깔고 있어, 저임금을 겨냥한 외국기업에 결코 우호적일 수 없다.

둘째, 현지국의 기술요인이다. 이러한 기술요인은 생산공정과 관련된 것으로 이는 공장의 규모, 기계, 공정, 제품설계, 기타의 기술적 측면을 말한다. 기업은 원자재, 부품 등의 현지가용성에 맞추어 기술수준이 결정되며 그에 따라 생산공정을 변경해야 하고, 또한 현지부품 사용의무비율에 관한 규정에 의해서도 기술수준을 현지국별로 적응시켜야 한다.

셋째, 현지국의 생산인력이다. 개발도상은 공장의 생산계획, 통제기능을 담당할 생산관리 요원을 구하기가 힘들고, 작업자들에게 올바른 생산기술을 익혀주고 건전한 작업태도를 심어주기가 어렵다. 또한 현지공장의 기계, 시설, 생산계획 및 통제시스템 등을 결정할 때에는 현지종업원의 가치관, 관습, 태도 등을 고려해야 한다. 기업의 입장에서 작업의욕이 부족하고 작업능률이 낮은 동남아시아, 중남미, 아프리카 등지에 생산공장을 세울 경우에는 본국 및 제3국인을 활용하는 것도 좋은 방안이다.

넷째, 현지국의 지원산업의 여부이다. 국제기업의 해외생산은 현지의 지원산업에 의해 크게 영향을 받는다. 국제기업이 개도국에서 현지생산을 할 때 원부자재 구매문제와 생산문제에 당면하게 되면, 높은 원가와 저질의 제품이 이익을 압박하여 적자가 발생할 가능성이 높아진다. 그러므로 기업은 선진국에서 생산할 때와 다르게 때로는 자금, 기술 등을 지원하여 현지 공급업체들의 공급력을 길러주면서 원자재, 부품 등을 공급받는 경우가 많다. 만일, 현지 지원산업이 적절하지 못할 경우에는 당해 현지공장을 수직적으로 통합하여 주요 부품만이라도 자체 생산 및 조달하거나, 주요 부품을 본사나 제3국의 타 기업들로부터 수입하여 활용하는 전략을 사용해야 할 것이다.

(3) 해외공장입지의 선정과정

기업의 해외공장의 입지선정과정에서는 먼저 대상지역을 검토한 후, 다음으로 대상지역에서 특정 지역을 선정한다. 그리고 부지를 평가하고 최종입지를 결정한다.

1) 과정 1 : 대상지역의 검토

기업이 생산할 제품의 특성이나 투입요소를 고려하여 공장을 입지시키려는 지역이나 국가를 조사하는 것을 말한다. 특히, 생산공정에 있어 어떤 요소들이 중요한지를 살펴보고 대상지역을 물색해야 한다. 전통적 입지요인은 비용의 측면을 중시하였으나, 최근의 입지요인은 각 요인들의 이용가능성, 확보용이성, 접근성, 시설의 구비 여부 등을 중시하고 있다. 주요 요인으로 노동력은 임금수준보다는 양질의 숙련노동자, 전문기술자 및 관리자 등의 확보가능성, 노동생산성, 노조의 활동을 포함한 노동자들의 행태 등이 보다 중요시되며, 시장은 시장규모 및 잠재력과 함께 시장접근 및 시장개척을 위한 입지가 중시된다. 그리고 원료 및 부품의 조달요인은 운송비보다는 원료산지, 소재 및 부품의 조달 및 확보가 중시된다.

2) 과정 2 : 최적입지의 결정

입지대상지역의 평가 및 검토가 끝나면, 특정 지역을 최적입지로 결정한다. 이러한 최적입지결정을 위한 분석기법으로는 최소비용법과 계량적 방법이 있다. 이를 정리하면 다음과 같다.

① 최소비용법 : 생산비 + 수송비

② 계량적 방법 : 총비용비교법, 손익분기도법, 요인평가법, 수송비법

- 총비용비교법 : 총비용이란 현실적 비용은 물론 추상적 비용 및 기회비용이 모두 망라된 것
- 손익분기도법 : 조업수준의 변화에 따라 고정비와 변동비의 변화를 나타내는 손익분기도법을 이용하여 입지결정을 하는 것
- 요인평가법 : 입지요인별로 가중치를 부여하고 요인별 점수가 높은 곳을 선정하는 방식
- 수송비법 : 수송비를 최소로 하기 위해 어느 공장에서 어느 시장으로 제품을 얼마나 수송해야 하는지를 중심으로 복수공장의 입지결정을 위해 개발된 기법

3) 과정 3 : 부지의 선정

지역이 선정되면, 공장을 세울 구체적인 장소(부지)를 결정해야 한다. 이에 대한 검토요인으로는 토지가격, 지형이나 넓이 등의 부지의 특성, 시설의 가용성, 배기 및 배수 등과 같은 폐기물처리의 용이성, 도로건설비용, 관계법규의 저촉 여부 등이 있다.

3. 국제기업의 분업생산

(1) 국제분업생산의 의의

국제분업생산이란 복수의 해외공장을 상호 연계시켜 보완적인 생산활동을 전개하는 것을 말하며 이에는 공정 간 분업과 제품 간 분업의 두 종류가 있다. 공정 간 분업은 노동집약적인 공정과 자본집약적인 공정을 각기 다른 나라의 자회사에서 수행하는 것을 말하며, 제품 간 분업은 고급기술이 요구되는 고가품은 선진국에서, 표준기술로 생산이 가능한 저가품은 개도국이나 후진국에서 생산하는 것을 말한다.

기업은 효율적인 국제분업생산을 위해서 특별히 수요, 입지, 규모의 경제 및 각종 정부정책과 환경적 제약 등을 고려하여 공장별로 제품의 전문화를 시도해야 하며, 자가생산 또는 외주 여부를 결정하고 원자재, 부품, 완제품의 세계적 조달 전략을 수립해야 한다. 또한 원자재, 부품, 완제품 등을 표준화시키고 부품의 호환성을 증대시켜야 한다.

이러한 국제분업을 통해 기업이 얻을 수 있는 이익으로는, 첫째 비용의 중복을 피할 수 있고 규모의 경제를 통해 원가를 절감할 수 있으며, 둘째 품질의 향상을 꾀할 수 있고, 셋째 고객관리 면에서 품질의 향상을 통해 간접적으로 소비자선호도를 향상시킬 수 있다. 마지막으로 네트워크를 잘 활용함으로써 보다 효율적인 자원활용이 가능하다는 이익을 얻을 수 있다.

(2) 국제분업생산의 방법 및 효과

기업이 국제분업생산을 시도하는 방법으로는, 첫째 본국시장은 본사공장에서 공급하고, 시장규모가 큰 주요 해외시장에 한하여 현지생산하며, 나머지 시장에 대해서는 본사공장이나 해외공장으로부터 공급받는 방안, 둘째 다수의 현지공장을 설립하여 공급하는 방안, 그리고 본국, 현지국 또는 제3국에 위치한 타 기업을 통한 하청생산에 의해 공급하는 방안 등이 있을 수 있다.

이러한 국제분업생산을 시도할 경우 원부자재조달비용, 제품생산비용, 국제 간 물류비용, 소싱-생산-유통에 따른 규모의 이익, 복수시장진입에 소요되는 비용 등을 감안하여 가장 합리적인 방안을 선택하여 활용해야 한다.

기업이 해외생산 시 공장을 분산배치하여 기대할 수 있는 효과로는, 첫째 그 나라에서 현지 소비자의 욕구파악 등을 통해 보다 가까이 접근할 수 있는 등의 장기적 기업활동의 유지, 둘째 풍부한 부존자원의 효율적인 활용 등의 현지의 생산요소활동, 셋째 원자재 및 완제품의 부피나 중량이 커서 수송상 어려움이 많은 경우 수송비의 감소, 넷째 외국기업의 유치를 위해 조세감면, 저렴한 공장부지, 노조활동의 억제 등 현지국정부의 유인책 활용, 마지막으로 환율변동, 정치적 불안정 등의 위험분산의 효과가 있다.

4. 글로벌소싱

(1) 글로벌소싱의 의의

글로벌소싱(global sourcing)이란 경영자원, 즉 토지, 건물, 기계, 공구, 비품 등 설비의 구입, 그리고 원재료 및 물품의 매입, 노동력, 자본의 조달 등 구매활동을 전 세계에서 가장 저렴하고 양질의 장소에서 행하는 것을 말한다. 즉 생산에 필요한 원재료 및 물품을 유리한 가격으로 필요한 시기에 전 세계의 적당한 공급자로부터 합리적으로 구입하기 위한 구매관리를 의미한다.

국제기업은 국제분업생산을 위해 필요한 소재 및 부품을 어떻게 조달할 것인가를 결정하는데 기업들은 원가를 절감하고 품질을 향상시키는 방향에서 글로벌소싱을 추진한다. 이러한 글로벌소싱을 할 때 위험한 점은 국내의 소싱과 비교할 때 공급라인이 길어진다는 점과 재고수준이 높아진다는 점 그리고 환율변동위험을 갖게 된다는 점이다.

(2) 국제기업의 소싱과 적시조달시스템

기업의 글로벌소싱에서 빼놓을 수 없는 것이 적시조달시스템(JIT : Just-In-Time)이다. 적시조달시스템은 부품이 적시에 생산공정에 도달하게 하는 방식을 말하는데 이를 통해 기업은 유휴재고를 줄여 자금부담 및 재고관리비용을 감소시킬 수 있다. 일반적으로 글로벌소싱은 그 과정이 길어서 예기치 못한 사고로 인해 JIT시스템이 적용될 가능성이 적어진다. 즉 재고부족에 의한 생산중단의 위험이 높기 때문이다. 그러나 최근의 운송기술의 발달, 고객중심의 서비스 제고, 로지스틱스 개념의 활성화로 글로벌소싱에도 JIT시스템이 확산되고 있는 추세이다.

5. 국제로지스틱스

(1) 로지스틱스의 의의와 결정기준

국제기업의 로지스틱스(logistics)는 국제 간에 행해지는 물류활동으로서, 기본적으로 수송, 하역, 포장, 보관 및 정보의 다섯 가지 기능으로 이루어진다. 이러한 로지스틱스의 최적화를 위해서는 수송, 보관, 포장 등 각 기능의 합리화는 물론, 이들 제 기능이 통합된 토털 로지스틱스시스템을 구축하여 출발지에서 도착지에 이르기까지, 일관된 총체적 최적화를 도모하는 것이 중요하다.

로지스틱스의 결정기준은 다음과 같다. 즉, 관리시스템이 지역별 · 시장별로 분산되어 있는가, 집중되어 있는가, 글로벌소싱인가 아니면 현지소싱인가, 현지공장에서 세계시장을 목표로 하는가 아니면 현지시장을 목표로 삼는가, 해외자회사에 원자재 · 기계 · 부품 · 완제품 등을 어떻게 공급할 것인가, 특정 시장에 대해 수출로 공급할 것인가 아니면 현지마케팅을 할 것인가, 재고센터를 얼마나 어디에 둘 것인가, 생산공정을 공장별로 수직적으로 통합시킬 것인가 아니면 각 공장의 생산공정을 전문화시키고 상호교역을 통해 주요 부품을 조달할 것인가 등을 고려하여 로지스틱스를 결정해야 한다.

(2) 국제로지스틱스시스템의 종류

기업이 활용할 수 있는 국제로지스틱스의 종류에는 크게 직송시스템, 보관시스템, 다국간시스템의 세 종류가 있다. 이들을 살펴보면 다음과 같다.

첫째, 직송시스템(direct system)은 현지에 본사나 자회사가 없는 상태, 즉 직·간접의 수출단계, 또는 지사나 자회사가 있더라도 보관시설을 보유 및 운영하지 않고 판매만을 행하여 상품이 본사로부터 바로 고객에게 직송되는 시스템이다.

둘째, 보관시스템(warehousing system)은 현지의 지사 또는 자회사가 창고를 운영하는 경우 통상 대량의 물품을 위탁판매조건으로 반입하여, 현지창고에 비축해 두고 현지의 주문에 응하는 시스템, 흔히 말하는 비축판매를 의미한다.

셋째, 다국간시스템(mult-country system)은 상품을 생산공장으로부터 먼저 주요 거점지역에 입지한 다국간 물류센터로 수송하고, 그곳에서 다시 각국의 자회사 창고 또는 고객에게 배송하는 형태이다. 즉 생산공장에서 대량의 상품을 물류센터로 보내 비축해 두고, 각 지역별로 배분을 하는 시스템을 말한다.

제3절 국제조직관리

1. 국제조직관리의 의의

국제시장을 기반으로 기업의 장기적 이윤을 극대화하는 것이 국제경영활동의 주된 목적이라면 조직은 그러한 목적을 달성하기 위한 하나의 수단이 된다. 따라서 조직은 국제경영의 환경변화에 부합되도록 적절하고 효율적인 구성이 이루어져야 한다. 그러므로 국제조직관리의 목표는 현지자회사, 관련회사, 합작회사를 포함한 해외사업장의 활동을 최대한으로 발휘함과 동시에 이것을 유기적으로 결합하여 국제기업체로서 하나의 세계적 활동으로 통합하여 종합화하는 것이라고 말할 수 있다.

2. 국제조직의 형태

딤자(W.A. Dymsza)에 의하면 국제기업의 조직형태는 기능별 조직, 제품별 조직, 지역별 조직, 국제사업부제 조직, 매트릭스 조직 등 5가지로 구분할 수 있으며, 기업의 조직은 일정한 것이 아니라 기업의 활동에 의하여 계속 변화한다고 하였다.

(1) 기능별 조직

기업의 가장 기초적인 조직으로서 최고경영자 밑에 인사, 재무, 마케팅, 연구개발, 생산, 기획 등의 기능에 따라 부서가 나누어져 있는 형태이다. 이러한 기능별 조직은 생산 · 판매 등의 부문별 기능이 중시될 때 장점을 발휘할 수 있으나, 각 기능별 부서 간에 협조가 안 될 경우 난관에 부딪칠 수 있으며 지역별 · 국가별 전문지식을 활용하는 데 있어서도 어려운 점이 있다는 단점이 있다.

그림 19-5 | 기업의 기능별 조직

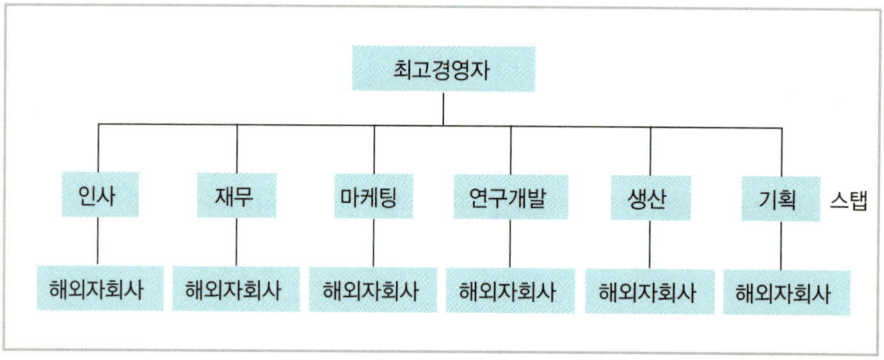

(2) 제품별 조직

기업의 제품별 조직은 최고경영자 밑에 인사, 재무, 마케팅, 생산, 연구개발 등의 스탭뿐만 아니라 각 제품별로 하나의 독립된 부서를 구성하고, 그 제품별 부서 밑에 인사, 재무, 마케팅, 연구개발 등의 기능별로 하부부서가 이루어진 형태이다. 이러한 제품별 조직의 장점은 각 부서의 책임자들이 의욕을 갖고 일을 추진해 나갈 수 있고, 제품수명주기에 따라 제품생산의 통제를 효율적으로 할 수 있다는 것이지만, 세계시장에서의 전사적인 조정이 어렵고, 제품부서에 대한 편애 또는 편견을 가진다는 단점이 있다.

그림 19-6 | 기업의 제품별 조직

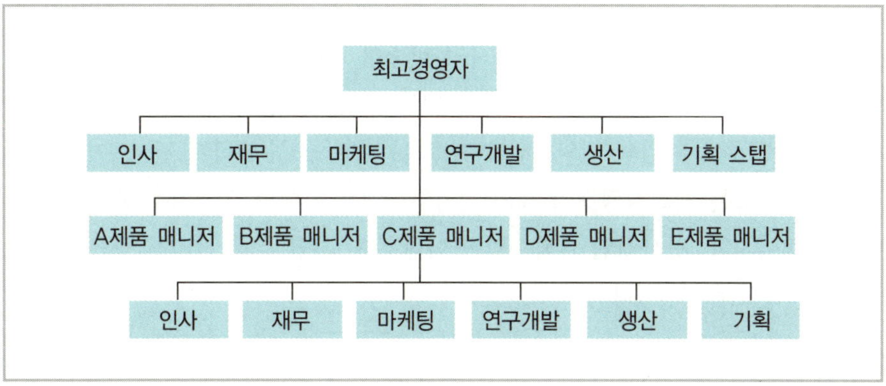

(3) 지역별 조직

기업의 지역별 조직은 최고경영자 밑에 인사, 재무, 마케팅, 연구개발 등의 스탭이 존재하는 동시에 세계시장에서 세분화된 여러 지역이 하나의 부서를 이루고, 각 지역별 부서 밑에 여러 제품과 기능이 하부부서로 존재하는 형식을 가진다. 이러한 지역별 조직은 기업이 진출하고자 하는 지역이 다수일 때 사용하는 조직이다.

이러한 지역별 조직의 장점으로는 집행권한과 책임의 소재가 명백하며, 생산과 마케팅활동의 조화가 원활하다는 것이지만, 개별적인 제품이나 기능 혹은 기술에 대한 전문지식의 활용이 어렵다는 점과 기업의 경영활동이 특정 지역적 입장에서 이루어질 수 있다는 단점이 있다.

그림 19-7 | 기업의 지역별 조직

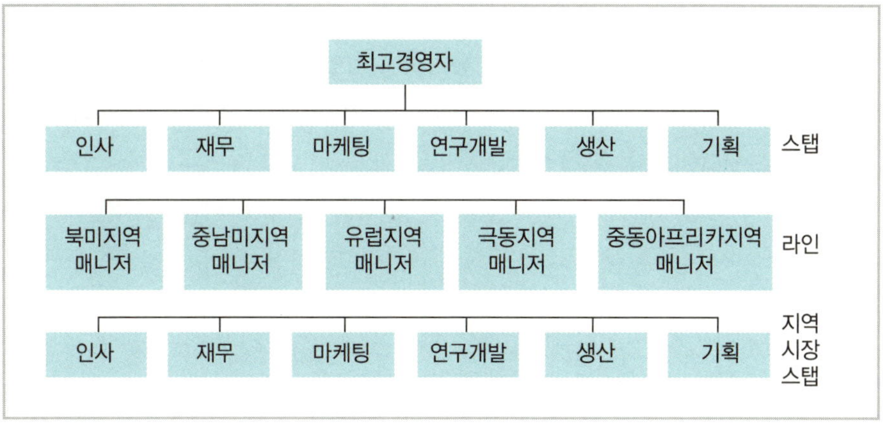

(4) 국제사업부제 조직

국제사업부제 조직은 기업의 해외사업 비중이 점차 증대되면서 등장한 조직형태로서 기업의 업무는 국내업무와 국제업무로 구분되며, 국제사업부는 국내업무와는 별도로 주로 기업의 해외사업을 개발하는 기능을 수행하게 된다. 이러한 조직의 장점으로는 최고경영진이 해외 경영업무에서 벗어나 국내업무에 전념할 수 있다는 점이지만, 전사적인 계획수립이 어려우며, 기업 부서 간의 갈등을 심화시킬 수 있다는 단점이 있다.

그림 19-8 | 기업의 국제사업부제조직

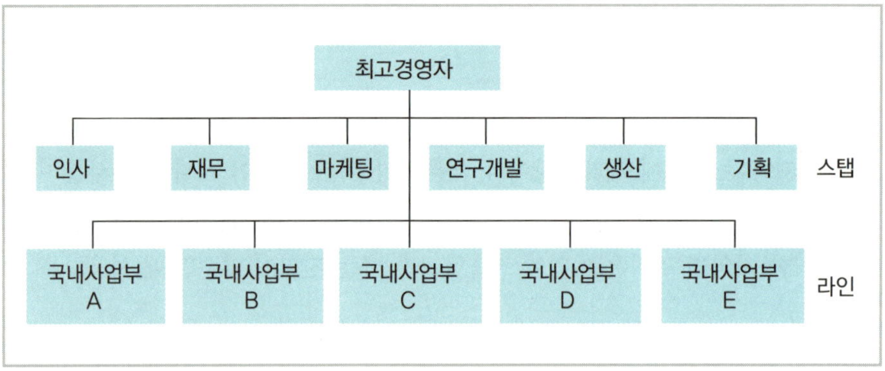

(5) 매트릭스 조직

기업의 매트릭스 조직이란 [그림 19-9]와 같이 두 가지 조직이 상호 결합된 다차원적인 구조로서, 일차원적 조직구조에 비해 신축성이 있고, 조정과 규모의 경제의 장점을 지니고 있다. 또한 두 조직의 크로스체크로 인하여 업무상 과실을 줄일 수 있으며, 조직 간 견제와 균형을 유지하여 기업의 효율적인 경영활동을 전개할 수 있다는 장점이 있지만, 구조가 복잡하고, 기본조직들 간의 갈등 심화, 기본조직들 간의 권한이 불분명하다는 단점이 있다.

그림 19-9 | 기업의 매트릭스 조직

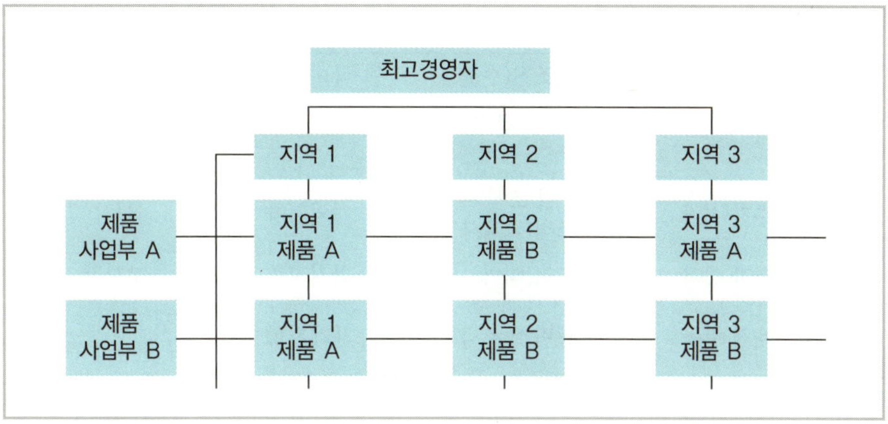

3. 조직형태의 변화

기업의 조직은 정태적인 형태가 아닌 동태적인 형태를 지닌다. 이 말은 기업의 조직은 기업이 처한 상황에 적응하기 위해 계속 변화한다는 의미로서 기업의 국제화단계에 따른 조직의 변화와 기업의 해외상품 다양도와 시장의 다변화에 따른 조직의 변화로 구분할 수 있다.

(1) 국제화단계에 따른 조직형태의 변화

기업의 조직은 국제화단계에 따라서 점차 변화한다. 즉 기업에게 국제화과정은 소규모 수출 → 본격적 수출 → 해외투자 시작 → 해외투자 증가 → 범세계적 활동이라는 단계로 진행되며, 이에 따라 조직의 형태도 처음에는 단순한 기능별 조직에서 시작하여 점차 복잡한 기능별 조직 → 제품별 조직 → 지역별 조직 → 해외사업부 조직 → 매트릭스 조직으로 조직의 형태가 변화된다. 이러한 기업의 국제화과정에 의한 조직형태의 변화는 [표 19-1]과 같이 정리할 수 있다.

표 19-1 | 기업의 국제화단계와 조직형태의 변화

국제화단계	조직형태	관점	책임자
1 소규모 수출	기능별 조직(수출과)	국내지향	과장
2 본격적 수출	기능별 조직 (수출부 또는 해외영업부)	국내⇒해외지향	부장
3 해외투자 시작	기능별 조직⇒ 제품별 조직(국제사업부)	해외지향	이사
4 해외투자 증가	지역별 조직(해외사업부)	현지지향	부사장
5 범세계적 활동	매트릭스 조직	세계지향	해외담당임원이 따로 없고 전사가 관련됨

(2) 해외상품의 다양도와 시장의 다변화에 따른 조직형태의 변화

기업의 초기 단계에서는 기능별 조직을 채택한 후 두 가지 관점, 즉 [그림 19-10]에서 보는 바와 같이 먼저 상품의 다양도가 증가하는 기업은 기능별 조직에서 제품별 조직으로 진화하고, 시장의 다변화가 진행되는 기업은 기능별 조직에서 지역별 조직으로 진화한다는 것이며 궁극적으로는 매트릭스 조직으로 향한다는 것이다.

그림 19-10 | 기업의 조직의 변화

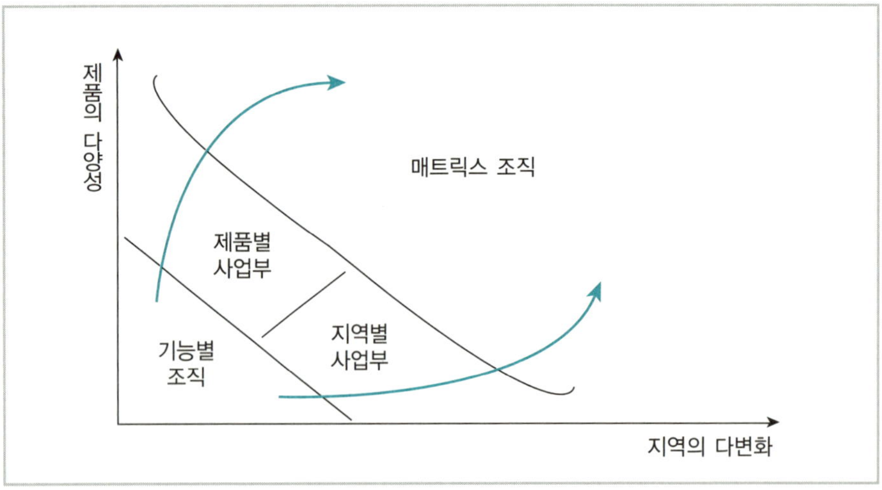

4. 조직의 집권화와 분권화

(1) 집권적 조직과 분권적 조직

집권적 조직이란 기업의 모든 해외영업활동에 따른 의사결정권한이 중앙집권적으로 통합되어 관리되는 조직으로 개인적 리더십을 용이하게 하고, 통합화와 행위의 통일성을 촉진하며, 긴급한 사태의 대응을 용이하게 한다는 장점이 있으나, 모든 의사결정권이 중앙에 집중되어 권한의 라인계열이 너무 길어짐으로써 신속하고 탄력적인 기업활동이 곤란해진다는 점, 의사결정을 담당하는 최고경영층과 현장관리층과의 거리가 길어져서 의사소통이 잘되지 않을 뿐만 아니라 정보전달과 의사결정에 너무 시간이 오래 걸린다는 점 등의 단점이 있다.

분권적 조직이란 기업의 모든 해외영업활동에 따른 의사결정권한이 어느 정도 분산된 경우로서 최고간부의 부담을 경감시키고, 경영의 다각화와 제품 및 시장의 강화를 가능하게 하며, 관리자의 교육과 동기부여를 개선하는 장점이 있다. 이러한 분권적 조직이 필요한 경우로는, 첫째 최고경영층의 부담이 과중하여 기업전반에 걸쳐 종합적 · 장기적인 마케팅계획과 통제가 행해질 수 없을 때, 둘째 경영의 다각화나 제품품종의 다양화라는 조건이 증대될 경우, 셋째 생산과 판매의 라인활동을 특히 강화할 필요가 있을 경우 등이다.

(2) 조직의 선택

집권적 조직의 선택이 유리한 경우는 전 사업영역에 있어서 해외사업부문이 미미한 경우, 각 해외시장에 제공하는 제품과 기술 등이 서로 비슷하거나 동일할 때, 해외시장에 공급하는 제품의 기술이 시간이 경과해도 불변인 경우, 경영진의 인적자원이 불충분한 경우 등이며, 반대로 분권적 조직의 선택이 유리한 경우는 전 사업영역에서의 제품생산프로그램이 상호 이질적일 때, 일부의 사업영역에서만 해외사업활동을 할 경우, 각각의 사업영역에서 적용되는 기술이 각기 서로 상당한 차이가 날 때, 각각의 사업영역에서 적용되는 기술이 자주 바뀌어서 적응과정이 계속 필요할 때, 판매액이나 시장에서의 위치에 의해 평가된 해외사업의 의미가 증가할 경우 등이다.

5. 기업의 통제

(1) 통제의 개념

통제란 기업목표 혹은 기업목표를 위해 수립된 계획이 의도대로 수행될 수 있도록 성과를 평가하고 수정하는 기능을 말한다. 코틀러(P. Kotler)는 "요구되는 결과와 실제 결과를 좀 더 가깝게 조정하기 위한 과정"이라고 통제를 정의하였다.[2] 일반적으로 국제기업이 계획을 수립하고 수행하는 과정에서 예기치 못한 사태가 발생할 수 있는데 국제기업의 관리자들은 이러한 예기치 못했던 사태 발생에도 불구하고 기업의 목표가 차질 없이 달성될 수 있도록 조직의 각 부문에 대한 점검을 계속하고 통제활동을 강화해야만 한다.

이러한 통제의 특성으로는, 첫째 국제기업들이 해외영업활동을 통제하기 위해 활용하는 통제의 기법은 국내영업활동을 통제하기 위해 활용하는 기법과 거의 비슷하다는 것, 둘째 국제기업들은 해외자회사들을 손익센터로 취급하는 경향이 있으며 해외자회사 실적에 대한 평가기준으로서 이익과 투자회수를 강조하는 경향이 높아지고 있다는 것, 셋째 국제기업들은 재무통제를 대단히 강조하고 있다는 점, 마지막으로 국제기업의 모기업 최고경영층은 국내운영을 통제하는 데 개입하는 것보다 해외운영을 통제하는 데 훨씬 많이 개입하고 있다는 점이다.

(2) 통제의 과정

기업은 전략적 차원에서 계획을 수립하고 해외시장에 적합한 조직구조를 결정한 후 경영활동이 기업의 목표에 따라 충실하게 이루어질 수 있도록 지속적이고 정기적인 통제시스템을 갖추어야 하는데, 카테오라(P.R. Cateora)는 [그림 19-11]과 같이 기업의 통제과정을 설명하였다.[3]

---

2) P. Kotler, *Marketing Management : Analysis planning and control*, Prentice-Hall, 1972.
3) P.R. Cateora, *International Marketing*, Richard D. Irwin Inc., 1983.

그림 19-11 | 기업의 통제과정

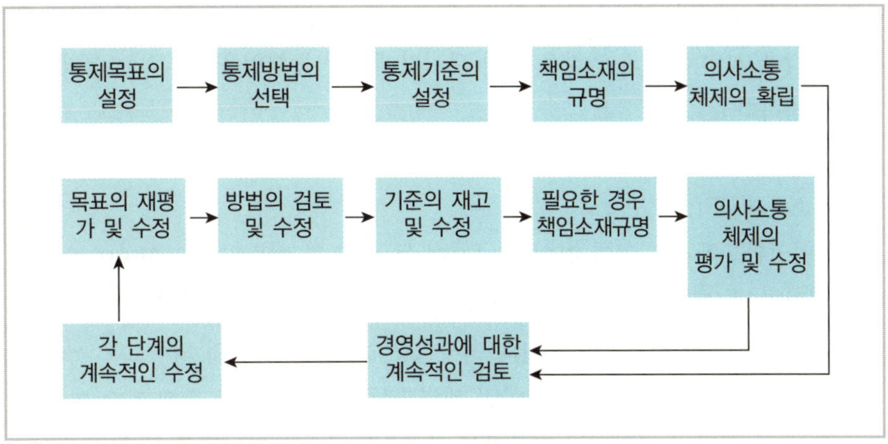

자료 : P.R. Cateora

1) 통제목표의 설정

기업의 경영자들은 해외영업활동의 초기에 기업의 통제목표를 명확하게 설정해야 하는데, 이러한 통제목표에는 시장점유율, 매출액, 이익 등과 같은 구체적인 목표뿐만 아니라, 제품인지도의 증대, 유통구조의 개발, 기업이미지의 개선 등과 같은 질적인 목표도 포함된다.

2) 통제방법의 선택

기업의 통제목표가 설정되었으면, 이에 대한 통제방법을 선택해야 한다. 통제방법에는 직접적인 통제와 간접적인 통제의 두 가지 방법이 있는데, 직접적인 통제는 계약체결과 소유권비율 등과 같은 직접적이고 적극적인 통제를 말하며, 반대로 간접적인 통제는 현지국에서의 의사소통이나 경쟁에 의한 통제를 말한다.

3) 통제기준의 설정

통제의 기준은 전반적인 재무 및 비용뿐만 아닌 현지국에서 영업활동이 얼마나 잘 전개되고 있는지에 대하여 구체적으로 설정되어야 하는데, 영업활동의 성과측정에 대한 기준으로 이익, 매출액, 유통경로의 확립 등을 들 수 있다.

4) 책임소재의 규명

일반적으로 해외영업활동의 성과에 대한 궁극적인 책임소재를 판단하기란 매우 어렵다. 그러나 각 부서 간의 기능과 권한의 한계를 명확하게 구분하여 부서 간의 책임회피를 방지할 수 있으며, 효율적으로 기업의 영업활동을 전개하기 위해서는 각 부서의 책임과 권한을 지닌 관리자에게 최종책임을 부과하는 통제체제가 바람직하다.

5) 의사소통체제의 확립

해외영업활동에서는 국가 간의 언어차이 등 여러 환경의 차이로 인하여 의사소통이 어렵기 때문에 기업의 정보수집과 전달체계는 영업활동영역 중에서 매우 중요한 분야이다. 즉, 경영관리자 간의 의사소통, 사원 상호 간의 의사소통, 소비자와의 의사소통을 원활하게 이루어야만 경영활동을 성공적으로 수행할 수 있게 된다. 그러므로 전략적 차원에서 전사적인 의사소통체제를 확립해야 한다.

6) 경영성과의 검토 및 수정

최종단계에서는 영업활동의 성과에 대하여 평가 및 검토를 하고 잘못된 점은 수정을 하는 과정이 이루어져야 한다. 즉, 기업은 국내환경과 매우 이질적인 외국의 환경에 대하여 여러 가지 차이점을 완전하게 극복하기 어렵지만 여러 번의 시행착오를 거치면서 보다 개선된 통제체제를 구축할 수 있게 되는 것이다. 그러므로 기업의 경영목표와 결과치를 비교하여 잘못된 점은 그 원인을 분석하여 개선 및 보완하는 과정을 반복하여 보다 완전한 통제체제를 구축해야 한다.

(3) 통제의 문제점

1) 지리적 거리와 언어장벽

비록 현대적인 통신수단이 발달함에도 불구하고 본사와 해외자회사들 사이의 지리적 거리는 그 정도가 크면 클수록 커뮤니케이션 왜곡이 발생할 확률이 높아진다. 즉 본사가 해외자회사로의 지시, 해외자회사가 본사로의 보고 등에 왜곡이 발생할 가능성이 있다. 이러한 커뮤니케이션의 왜곡은 사용하는 언어가 다를 경우 더욱 심해질 가능성이 높다.

2) 준거틀(frame of reference)의 차이

본사와 해외자회사 간의 커뮤니케이션의 왜곡은 두 회사 간 준거의 틀이 서로 다르므로 심해질 수 있다. 즉 본사의 경우에는 해외자회사를 전사적인 관점에서 단순한 일부로 보고 문제를 해결하려고 하지만, 해외자회사의 경우에는 현지국 내지 지역의 관점에서 해결하려는 경향이 높기 때문이다.

3) 문화적 가치관의 차이

국제경영자는 국가의 문화 사이에 다국적기업의 통제믹스의 계획 및 적용에 있어서 통제시스템에 대한 다양한 태도가 있음을 인식해야만 한다. 그러므로 예산의 예비조사, 예산준비의 범위, 집행의 중요성, 과도한 예산 또는 피드백의 반복행위 등과 같은 면에 대한 경영접근방법에서의 잠재적인 상이점을 경계해야만 한다.

4) 모기업 및 현지국이 부과하는 제약

많은 국제기업의 본사는 해외자회사들에게 여러 가지 제약조건을 부과하기 때문에 해외자회사의 사장들이 객관적이고 합리적인 의사결정을 하기 어려운 경우가 많다. 본사가 평가하는 해외자회사 사장들의 경영능력과 권한의 위임이 전반적인 경영능률에 미치는 영향의 정도에 따라 본사의 제약조건은 달라져야 한다.

제4절 국제인사관리

1. 국제인사관리의 개념과 특징

글로벌기업은 범세계적인 관점을 지닌 국제경영자를 선발, 교육 및 해외파견인의 재귀국에 따른 재적응문제 등 순수한 국내경영과는 상이한 인사관리문제에 직면하게 된다. 순수 국내경영기업과 국제기업의 인사관리상의 차이를 가져오게 하는 요인으로는 노동시장의 상이성, 인력의 국제 간 이동에 따르는 문제점 등이 있으며, 이러한 국제인사관리의 주요 특징은 다음과 같다.

(1) 문화적 충격문제

해외에 파견되는 파견인은 익숙해져 있던 자국의 사회 및 문화적 환경에서 언어, 기후, 생활습관 및 가치관 등이 상이한 환경에서 활동하는 과정에서 여러 가지 갈등과 변화를 겪게 된다. 한 연구에 따르면 해외의 문화 및 환경의 차이에 의해 문화적 충격을 받은 파견인이 귀국한 경우 33% 이상이 알코올중독 및 약물중독, 이혼과 같은 개인적인 비용을 지불한다고 한다.

(2) 현지국정부의 규제문제

해외 현지국 내의 민족주의적 성향이 강해짐에 따라 기업의 고유영역이라고 생각되는 인사관리의 문제에 현지국정부의 압력이 강화될 수 있다. 특히 현지국정부가 외국인의 취업제한이나 출입국에 대한 규제, 현지인의 고용확대와 해고제한 규정 등 각종 규제조치를 통해 국제기업의 인사관리에 간섭하는 경우가 많기 때문이다.

(3) 인적자원의 국경이동 시의 문제

기업이 국제경영활동을 수행하기 위해서는 인적자원의 국경이동이 필요불가결하며 이러한 국경의 이동에 따른 해외파견인력의 선발 및 교육, 대우 그리고 현지에 파견된 후 직면하게 되는 여러 새로운 문제가 발생하게 된다. 특히 최근 기업의 국제화 추세에 비하여 국제경영활동을 수행할 수 있는 유능한 국제경영인력이 절대적으로 부족하기 때문에 능력 있는 국제경영자의 훈련과 양성이 급박한 문제로 대두되고 있는 실정이다.

2. 국제화 성향에 따른 인사관리전략

글로벌기업은 그들이 추구하는 전략유형에 따라 본국중심주의, 현지중심주의, 그리고 세계중심주의적인 접근방법이 있는데, 이상과 같은 세 가지 유형의 인사관리전략이 어떻게 다른가를 살펴보면 다음과 같다.

(1) 본국중심주의 인사관리

본국중심주의(ethnocentrism) 인사관리는 본사 및 해외자회사의 주요 책임자를 본국출신의 관리자로 채용하는 방법이다. 이러한 접근방법은 한국, 일본과 같이 본국중심주의적인 성향이 강한 기업이 흔히 채택하고 있는 방식이다. 기업들이 본국중심주의적인 인사관리정책을 사용하는 이유는 다음과 같다.

첫째, 기업은 현지자회사의 중요한 직책을 수행할 수 있는 적절한 인물을 발견하지 못하였기 때문에 본국에서 관리자를 파견하곤 한다. 이는 특히 글로벌기업이 저개발국에 진출할 때에 흔히 겪는 어려움이다. 이들 저개발국가에서는 충분한 교육을 받은 현지관리자를 구하기 어렵고, 본국과 의사소통에 어려움이 따르므로, 본국파견관리자를 사용할 필요성을 많이 느낀다.

둘째, 글로벌기업들은 일사분란한 조직문화를 유지하기 위해서 본국중심적인 인사관리정책을 쓰기도 한다. 특히 한국과 일본의 기업들은 본국과 일치된 전략을 수립하기 위해서 본국에서 파견된 관리자를 선호하는 경향이 있다.

셋째, 글로벌기업들이 자신이 갖고 있는 핵심역량을 해외자회사로 이전하려고 할 때 기술이전을 가장 효과적으로 할 수 있는 방법은 기술이나 마케팅노하우와 같은 핵심역량을 갖고 있는 본국의 직원을 해외사업장으로 파견하는 방법이다.

그러나 이와 같은 본국중심적인 인사관리정책의 문제점으로는, 첫째 현지국 출신 직원들의 승진가능성을 제한함으로써 직원들의 사기를 낮추게 되며, 둘째 지나치게 본국의 기업문화와 경영방식에 치우쳐서 현지환경에 대한 이해 없이 전략을 펼치게 된다는 점이 있다. 또한 본국에서 파견된 관리자는 현지문화를 이해하고 적응하는 데 상당히 많은 시간이 걸리며 중간에 많은 시행착오를 겪기도 한다.

(2) 현지중심주의 인사관리

현지중심주의(polycentrism) 인사관리란 현지에서 채용한 인력으로 현지자회사를 운영하도록 하는 정책이다. 이러한 현지국중심적인 인사관리정책은 본국의 문화에 치우치지 않고 현지환경과 문화에 적절한 대응을 할 수 있다는 점과 본국중심주의적인 인사관리정책이 해외파견인력들을 유지하는 데는 상당히 많은 비용이 드는 데 비해 현지중심주의적인 정책은 훨씬 적은 비용이 든다는 이점이 있다.

그러나 이러한 현지국중심적인 인사관리정책에도 몇 가지 문제점이 있다. 첫째, 현지에서 채용한 직원들은 자신의 나라 외에는 경험을 쌓지 못하는 경우가 많으므로 자신의 자회사 이외의 다른 국가에서 일어나는 글로벌기업의 활동에 관심이 없기 쉬우며, 자신이 근무하고 있는 자회사중심의 편협한 사고방식을 갖기 쉽다. 둘째, 본국에 있는 관리자와 현지에 있는 관리자 간에 많은 갈등이 일어날 수 있다.

(3) 세계중심주의 인사관리

세계중심주의(geocentrism) 인사관리란 전 세계에 퍼져 있는 글로벌기업조직에 국적과 상관없이 가장 유능한 인물을 파견하는 정책이다. 이와 같은 세계중심주의적인 인사관리정책의 장점은, 첫째 글로벌기업으로 하여금 자신이 보유한 인적자산을 가장 효과적으로 활용할 수 있게끔 도와주며, 둘째 세계중심주의적인 정책은 서로 다른 문화를 갖고 있는 여러 나라에 파견되더라도 효과적으로 업무를 수행할 수 있는 국제화된 중역들을 양성할 수 있는 가능성을 갖고 있다는 점이다. 그러나 세계중심주의적인 인사정책을 활용하는 데 있어서 가장 문제가 되는 점은 국제인력의 양성에 많은 시간과 비용이 필요하다는 사실이다. 세계중심주의에 걸맞은 국제적인 관리자를 양성하기 위해서는 많은 비용이 들며 이들 관리자를 세계 여러 나라로 파견하는 데도 역시 많은 비용이 든다.

표 19-2 | 국제화단계에 따른 인사관리의 장 · 단점

구분	장점	단점
본국중심주의	• 현지에 유능한 관리자가 없음 • 통일된 기업문화가 가능 • 본국의 핵심역량의 이전에 용이	• 현지인 관리자의 불만이 커짐 • 본국 위주의 사고방식이 지배함
현지중심주의	• 본국 위주 시 사고방식의 강요에서 나오는 문제를 완화시킴 • 비용이 적게 듦	• 직원을 이동시키는 데 제약이 있음 • 본사와 자회사 간에 괴리가 존재함
세계중심주의	• 인력을 가장 효율적으로 활용가능 • 강력한 기업문화와 비공식적인 관리네트워크 구성이 가능	• 비용이 많이 듦 • 국가 간에 인력을 이동하는 데 장애요인이 있음

3. 특정 국적인의 관리자 선정

(1) 본국인의 선정

해외에 진출한 기업이 관리자로 본국인을 선정할 경우의 장점으로는 본사의 정책, 절차 등에 익숙하고 본사요원과 친밀한 관계를 유지할 수 있으므로 현지정책 실행이나 정보의 상호교환이 보다 효과적으로 이루어질 수 있으며, 본사와의 효

율적인 커뮤니케이션의 유지가 용이하며, 본사의 경영기법에 익숙해 있으므로 본사의 자회사에 대한 통제나 관리 시 효율성을 높일 수 있다. 또한 모회사의 자회사에 대한 영향력을 증가시킬 수 있으며 본사의 정책에 충실한 인원을 선정하는 것이 가능하다는 장점이 있다. 그러나 익숙치 못한 현지국의 사회 · 문화환경에 적응할 때 생기는 무력감이나 문화적 충격으로 자기의 능력을 발휘하기가 어려우며, 현지국의 국수주의와 외국인 경영자에 대한 반감 증대로 현지경영에 어려움이 있고, 현지인 근로자나 본국 내의 같은 지위의 경영자에 비해 유지비용이 많이 든다는 단점이 있다.

(2) 현지인의 선정

현지국 근로자를 선정할 경우의 장점으로는 현지의 언어, 종교, 문화, 관습 등에 이미 익숙해 있으므로 본국인이나 제3국인 파견 시 드는 각종 교육경비를 절약할 수 있으며, 현지의 소비자, 고객, 정부기관들, 근로자 등과의 호의적인 관계 유지가 용이하고 현지국 경영상황에 익숙하다는 점, 그리고 특히 국수주의적 경향이 증가되고 있는 국가일 경우 외국 이미지를 감소시킴으로써 현지운영에 많은 이점을 얻을 수 있으며, 현지인 종업원을 승진시킴으로써 현지종업원의 사기를 높일 수 있다는 점 등이 있다. 그러나 개도국이나 후진국일 경우 유능한 현지인력의 충원이 불가능하거나 양성 시 시간이 오래 소요되며, 본사의 운영방침에 따른 현지인 경영자와의 의견충돌이 야기될 수 있다는 단점이 있다.

(3) 제3국인의 선정

주로 거대한 국제기업들이 사용하는 방법으로 제3국인의 선정은 본국 경영자들이 현지국 근무를 기피하는 경향이 있거나, 유능한 본국인 및 현지인이 부족할 경우 인원충원의 효과적인 한 대체방안이다. 이의 장점은 제3국인의 현지 체제경비가 본국인보다 더 싸게 드는 경향이 있어 경비절감효과를 기대할 수 있으며, 제3국인이 현지국과 유사한 문화적 배경과 공통된 언어를 구사하는 경우 현지적응과 문화적 탄력성에 있어서 본국인보다 쉽게 적용할 수 있다는 점이다. 그러나 현지인과 마찬가지로 본국의 경영방침 및 목표 등에 어둡기 때문에 효율적인 경영전략 수립이 어려우며, 제3국인 고용 시 현지언어와 문화를 제대로 이해하지 못한 경우에 의사소통상의 어려운 문제가 대두될 수 있다는 단점이 있다.

(4) 최근의 추세

본국인과 그 가족을 해외에 주재시키는 데 많은 비용과 큰 부작용이 있으며 현지인의 고용비율을 높이려는 현지정부의 법률과 압력에 대한 적응과 외국인경영자에 대한 반감을 줄일 수 있고, 현지인의 승진기대와 욕구를 충족시켜 그들의 능력을 발휘할 수 있도록 동기를 부여해 줄 수 있다는 점 때문에 최근에는 현지인의 채용이 증대되고 있는 상황이다.

제 5 절 국제재무관리

1. 국제재무관리의 개념과 특징

(1) 개념

기업의 재무관리란 금융시장을 배경으로 기업 내의 자금흐름과 이에 관련된 의사결정을 보다 효율적으로 관리하는 활동을 말한다. 즉 기업이 각종 금융시장에서 자금을 조달하여 이를 시기적절하게 분배함으로써 기업의 영업활동에 대하여 이익을 발생시키고, 발생한 이익을 주주들에게 적절하게 배분시키는 등의 모든 재무적인 활동이 재무관리이며, 국제재무관리란 이러한 재무관리가 국경을 초월하여 이루어지는 것을 말한다.

(2) 특징

국제재무관리가 국내재무관리와 다른 점은 재무관리가 전개되는 금융환경이 서로 상이하다는 점이다. 즉 국내재무관리는 기업활동이 전개되는 환경과 동일한 금융환경하에서 자국의 통화를 매개체로 이루어지지만, 국제재무관리는 국제금융시장에서 국제통화로 이루어진다. 그러므로 국내재무관리에서는 중요하지 않았던 환율, 환위험, 정치적 위험 등이 매우 중요한 변수로 취급된다.[4]

---

4) 원종근, 글로벌시대의 국제경영, 박영사, 1999.

2. 국제기업의 자금조달방법

국제기업의 자금조달은 우선적으로 기업 내부에서의 조달과 기업 외부에서의 조달로 나눌 수 있다. 기업 내부에서의 조달은 본국의 본사로부터 추가로 투자를 받는 경우(증자)와 외화대부(융자)의 경우를 산정할 수 있다. 그 밖에 감가상각충당금을 포함한 내부유보를 통한 자금의 조달이 있다. 기업 외부에서의 자본조달의 경우는 현지법인에서 주식발행을 통한 자본조달의 방법이 있고, 해외진출융자목적의 본국 정부기관, IBRD, IFC 등과 같은 국제금융기관, 기타 본국의 사적인 금융기관에서 자본을 조달하는 방법을 우선 열거할 수 있다. 그 밖에 해외현지의 금융기관과 외국정부의 원조조직 및 본국 금융기관의 현지 지점에서의 자본조달을 들 수 있다.

(1) 모기업(본국)으로부터의 자본조달

각국은 자국기업이 해외에서 투자활동을 하는 등의 영업활동을 하는 경우 이를 지원하는 다양한 금융지원제도를 가지고 있다. 따라서 이러한 금융지원제도를 이용하여 국제기업은 해외활동에 필요한 자금을 조달할 수 있는 것이다. 예로 우리나라의 경우에는 한국수출입은행의 해외투자지원금융과 대외경제협력기금, 한국산업은행의 해외투자자금대출, 외국환은행들의 해외투자특별외화대출, 중소기업진흥공단의 유휴설비이전자금 등을 기업이 활용하여 자금을 조달할 수 있다.

또한 기업은 해외자회사에 대한 제3자의 자본참여를 통해 자기자본을 늘릴 수 있는데, 해외자회사들은 근본적으로 자기자본의 토대를 언제나 모회사의 주주들에 의하여 형성한다.

(2) 현지시장에서의 자본조달

타인자본의 조달에 있어서는 단지 국내에서 활동하는 기업보다 국제기업이 전 세계적으로 자본조달의 가능성이 더 쉽고 유리하다. 이것은 모회사의 장기대부뿐 아니라 여러 해외자회사의 재무조달에 있어서도 마찬가지이다. 특히 장기자본조달의 경우에는 무엇보다도 국제기업의 지명도가 큰 역할을 하게 된다. 큰 투자자의 경우일수록 이왕이면 국내활동기업보다는 전 세계적으로 활동하면서 위험을 분산시킨 국제기업에 장기투자를 하는 경향이 많다. 국제기업의 한 자회사로 소속된 기업은 그렇지 않은 경우보다 신용도가 크게 마련이다.

단기자본의 경우에는 국제기업은 상이한 국가의 자본시장 및 환시장을 이용할 수 있는 다양한 가능성을 갖고 있다. 국제경영에 있어서 자회사 경영활동의 소요자금은 대부분의 경우 현지 의존원칙에 의거한다. 재무상의 지배권은 본사에 유보하고 재무상의 위험부담이 현지에 있다. 현지조달은 재무상의 여러 위험을 현지에서 분산시키는 이점이 있는 것과 아울러 상대국의 국민감정이나 현지국정부의 규제를 완화하기 위한 한 가지 방편으로 생각할 수 있다.

자금의 현지조달에 있어서 고려할 사항은 우선적으로 조달형태의 선택에 있다. 차입목적이나 자금의 사용용도에 알맞게 장기적 혹은 단기적 차입의 선택이 있거나, 사채의 형태를 취할 것인가의 여부와 현지조달이냐 또는 제3국의 이용이냐 하는 문제 등이 등장한다. 다음으로는 가장 낮은 비용으로 조달할 수 있는 자금원의 분석이고, 세 번째 고려사항은 위험이다. 즉, 통화절하 혹은 외환관리와 같은 위험이나 환율의 변동에 대한 조절을 고려해야 한다.

그 밖의 고려사항으로서 각국 간의 자본이동에 수반되는 세제, 법률, 운용제한 등의 내용검토나 현지의 금융관습, 이에 관한 예를 들면 융자갱신, 담보, 양건예금, 보상예금 등에 대한 것을 검토할 필요가 있다. 예를 들면 A국 소재 자회사가 A국에서 조달하는 경우 실질조달코스트가 X, B국에서 조달할 경우 실질코스트가 Y라고 할 경우 다음과 같다.

비용 면에서의 조달장소 선택

$$X = Ia - \frac{Pa2 - Pa1}{Pa1}$$

X : 실질조달코스트
$Pa1$: 기초물가지수
$Pa2$: 기말물가지수
Ia : A국에서의 실효금리

A, B 양국 간에 환율을 고려한 상황

$$\frac{Rx2 - Rx1}{Rx2} > \frac{X - Y}{100}$$

$Rx1$: A, B 양국 간의 기초환율
$Rx2$: A, B 양국 간의 기말환율

(3) 제3국시장(국제금융 및 자본시장)에서의 자본조달

국제기업의 외부자금 수요는 오늘날 국제기업의 모기업 국가의 자본시장에서 더 이상 충족될 수 없으므로, 외국자본시장의 재무수단을 조달하기에 이르렀다. 이와는 다른 경우를 보면, 국제기업의 모기업 국가에서 자본수출이 금지되어 있는 까닭에 국제기업들이 국제자본시장에서 자본을 조달하는 경우도 생긴다.

결국 많은 국제기업들이 재무정책적 원칙에 따라 국내에서는 국내영업에 대한 자본을 공급하고 해외영업은(자기자본투입을 예외로 하고) 해외에서 자본을 공급하게 된다. 따라서 재무수단조달의 영역은 확대되고 재무정책수행에 있어서의 위험은 축소되게 되었다. 국제기업에 있어서 재무수단조달영역이 확대되었다 함은 국제기업의 국제금융시장(국제금융수단)에의 개입을 의미하는 것이다. 국제금융시장의 중심은 런던, 뉴욕, 파리, 취리히 등이 대표적이다. [표 19-3]에서는 기업이 국제금융시장에서 자본을 조달할 수 있는 각종 방법에 대하여 언급을 하였다.

국제금융시장에서의 증권발행은 무담보 · 무보증을 원칙으로 하고 그 대신에 신용평가기관이 부여한 신용등급에 따라 발행조건이 차별화되기 때문에 국제금융시장, 특히 미국시장에서 자본을 조달하기 위해서는 세계적인 유수의 신용평가기관으로부터 좋은 등급을 취득하는 것이 필수적이다. 예를 들면 양키본드의 발행은 관습적으로 S&P(Standard & Poor's Coporation)사나 무디스(Moody's Services Inc.)사와 같은 채권평가기관에 의해 평가된 발행자의 신용등급이 필요하게 된다. 이러한 등급판정은 특히 채권이 신뢰성 있는 미국의 기관투자자에게 매각되는 경우에 필요하다. 양키본드시장의 활용은 "AAA(트리플 에이)"의 신용등급을 가진 차입자로 제한되는 경향이 있으며, 양키본드를 매입하는 외국의 투자자들에게 지급되는 쿠폰이자액에 대하여는 원천소득세가 부과되지 않는 등의 각종 혜택이 있다. 그러므로 국제금융시장에서 저렴한 비용으로 자본을 조달하기 위해서는 기업의 국제신용도를 높일 수 있는 중장기 재무전략의 수립이 선행되어야 할 것이다.

표 19-3 | 국제금융시장에서의 자본조달방법

구분	방법	내용
간접금융	공공차관	• 외국정부나 외국은행으로부터 대외지불수단을 차용하여 자본재 등을 장기결제방식으로 도입
	뱅크론 (syndicated loan)	• 금융기관들이 차관단을 구성하여 공통의 조건으로 일정금액을 융자해 주는 것
	무역신용	• 무역거래에 관련하여 외국은행으로부터 신용을 공여받는 것을 말함
직접금융	유로채권	• 고정금리부 유로채권 • 변동금리부 유로채권 • 유로전환채권 • 유로 신주인수권부채권
	유로어음	• 발행자는 금융기관과 어음발행 인수보증계약을 체결하고 자금계획에 따라 3개월 또는 6개월의 단기어음을 모집대리인 혹은 입찰단을 통해서 일반투자자에게 매각하는 방식
	유로상업어음	• 인수기관과 인수약정을 요하지 않음으로써 수수료가 저렴한 장점이 있음
	유로 양도성 정기예금증서	• 단기자본조달을 목적으로 발행하는 시장성을 부여한 정기예금증서
	예탁증서(DR)	• 외국에서 주식을 발행할 경우, 각종 법의 적용을 받는데, 이를 해결하면서 현지의 주식과 같은 거래를 할 수 있도록 고안한 방식 • ADR : 미국에서 발행하여 미국증권거래소에 상장한 것

참고자료 | 주요 신용평가회사의 신용등급표

무디스	S&P	피치
Aa3	A	A+
Aaa	AA+	AAA
Aaa	AAA	AAA
Aaa	AAA	AAA
Baa2	BBB	BBB
Baa1	BBB	BBB
B3	B	B
Aa3	AA−	A+
Aa3	AA−	A+
Aa3	AA−	A+
Aaa	AAA	AAA
Baa3	BBB−	BBB−
Baa1	BBB	BBB
Aaa	AAA	AAA
Aaa	AAA	AAA
Aaa	AA+	AAA
Baa2	BBB+	A−
Baa3	BBB+	BBB
C	CCC	CCC
Ba1	BB	BB+
B2	B	B+

신용등급 분류

- Aaa/AAA 신용도 매우 높음
- Aa/AA 신용도 높음
- A/A 신용도 양호
- Baa/BBB 신용도 적절
- Ba/BB 이해능력 있지만 악화가능
- B/B 투자위험도 높음
- Caa/CCC 위험도 매우 높음

제6절 글로벌경영전략

1. 글로벌산업

(1) 글로벌산업과 국별산업의 차이

국별산업은 한 국가 내에서의 경쟁과 다른 국가 내에서의 경쟁이 서로 독립적으로 전개되는 산업이다. 이는 세계 여러 국가에서 동일한 산업활동이 이루어지고 있다 하더라도 이들 산업에서의 경쟁은 국가단위로 전개된다는 점을 말하는 것으로서 국별산업에서 활동하는 다국적기업의 해외자회사들은 서로 독립적으로 운영된다. 이에 반하여 글로벌산업은 한 국가 내에서의 경쟁지위가 다른 국가 내에서의 경쟁지위에 의해 영향을 받는 산업이다. 즉, 글로벌산업의 경우 각국의 국내산업은 서로 연계되어 있고 기업들은 국경을 가로지르는 범세계적인 무대에서 서로 경쟁하는 산업을 말한다.

(2) 글로벌산업의 촉진요인과 억제요인

글로벌산업을 촉진하는 요인에는 WTO와 지역경제통합으로 인한 관세장벽의 감소, 위성방송과 인터넷의 발달 및 소득격차의 축소 등에 의한 전 세계 소비자기호의 동질화, PC 및 팩스와 이메일 등의 정보통신기술의 발달, 대량생산으로 인하여 고정비용이 하락되는 규모의 경제 등이 있다.

반대로 글로벌산업을 억제하는 요인으로는 각국의 문화(전통, 종교)차이로 인하여 국가별로 적응제품을 요구하는 소비자기호의 차이, 정부의 보조금과 수출자율규제와 같은 비관세장벽의 강화, 소량생산기술과 유연생산기술의 발달로 큰 비용부담 없이 서로 다른 시장에 제품의 적응이 가능해지는 요인들이 있다.

2. 글로벌경영전략

(1) 글로벌경영전략의 정의

글로벌경영전략에 대하여 여러 학자들이 정의를 내리고 있다. 먼저 힐(L. Hill)은 "글로벌경영전략이란 경험곡선과 입지경제로부터 발생하는 비용절감을 통해 이익증대를 도모하는 전략"이라고 하였으며, 포터(M. Porter)는 "가치활동의 집중배열, 세계 여러 곳에 분산되어 있는 가치활동의 조정, 또는 이 두 가지를 동시에 추구하는 방식으로 세계 여러 국가시장에 진출해 있는 기업들이 이를 통해 경쟁우위를 얻고자 하는 전략"이라고 하였으며, 조지 입(G.S. Yip)은 글로벌경영전략을 국제전략의 한 유형으로 규정한 후 여러 국가 및 지역을 가로질러 통합하여 접근하였다.

즉 글로벌경영전략이란, 첫째 경쟁우위를 얻고자 하는 전략으로서 이에는 원가우위와 차별화우위가 있는데, 원가우위란 가치활동에 수반하는 비용을 줄임으로써 경쟁기업보다 더 낮은 원가로 제품을 공급할 수 있는 능력을 말하며, 차별화우위란 소비자의 요구에 부합하는 제품을 제공하여 가치를 증대시키고 기업은 이를 통해 차별화에 대한 대가로 프리미엄 가격을 요구할 수 있는 능력을 말한다. 둘째, 여러 국가 및 지역에서 이루어지고 있는 사업활동을 조정하고 통합하는 전략이다.

(2) 글로벌경영전략의 특징

글로벌경영전략을 국별전략과 비교하면 다음과 같은 특징을 가진다. 먼저 시장선택의 경우 국별전략은 국가시장의 잠재력을 보고 시장을 선택하지만 글로벌경영전략은 주력시장을 중심으로 시장을 선택한다. 제품의 경우에 국별전략은 국가시장에서 적응된 제품이지만, 글로벌경영전략의 제품특성은 전 세계적으로 표준화된 제품이라는 점이다. 또한 마케팅의 경우에 국별전략은 현지의 국가시장을 지향하지만 글로벌경영전략은 하나의 현지시장이 아닌 전 세계시장을 일괄적으로 지향하는 특성을 가진다. 가치사슬의 활동입지는 국별전략은 국가시장별로 모든 가치활동이 입지되어 있지만 글로벌경영전략은 가치활동이 일부 입지에 집중적으로 치중되어 있는 특성을 가진다. 이와 같은 글로벌경영전략의 특성을 국별전략과 비교하여 정리하면 [표 19-4]와 같다.

표 19-4 | 글로벌경영전략과 국별전략의 특성 비교

차원	국별전략	글로벌경영전략
시장선택	국가시장의 잠재력	주력시장중심
제품특성	국가시장에서 적응된 제품	전 세계적으로 표준화된 제품
가치활동의 입지	국가시장별로 모든 가치활동입지	가치활동을 일부 입지에 집중
마케팅 접근	현지 국가시장 지향	전 세계시장을 일괄적으로 지향
경쟁방식	국가시장별로 경쟁	국가시장을 가로질러 통합

(3) 글로벌경영전략의 장점과 한계점

글로벌경영전략은 비용절감을 가능하게 하며, 제품 및 프로그램의 질을 개선하는 데 도움을 준다. 또한 글로벌경영전략은 고객의 충성도를 제고하는 데 도움을 주며, 경쟁압력에 대응하는 데 있어서 여러 가지 대안을 가질 수 있도록 하는 등의 이점이 있다. 그러나 글로벌경영전략은 관리비용의 확대를 가져오고, 각 국가시장에 위치한 사업의 효과성을 약화시킬 수 있으며, 가장 중요한 표준화에 따른 문제를 야기시킬 수 있다는 한계점이 존재한다.

3. 글로벌경영전략의 모델

글로벌경영전략을 수립한다는 것은 국가들 간의 비교우위와 기업의 경쟁우위를 최적으로 결합하는 것을 의미한다. 여기에서 국가들 간의 비교우위란 국가특유의 우위로서 기업의 부가가치사슬상의 특정한 활동을 어느 국가에서 수행할 것인지에 대한 의사결정 시 중요하며, 기업의 경쟁우위란 차별화우위 또는 원가우위를 말하는 것으로 부가가치사슬상의 여러 활동 중에서 어떤 활동에 기업의 자원과 노력을 집중하여 확보할 수 있는가에 대한 의사결정에 영향을 미친다.

(1) 부가가치활동의 배치-조정(configuration-coordination)모델

이 모델은 기업의 경쟁력의 원천은 기술개발, 생산, 마케팅, A/S 등의 주요 경영기능들의 효율성을 제고하는 데 있음을 강조하고, 저원가와 차별화라는 경쟁우위를 달성하기 위해 각 기능들의 활동을 범세계적으로 배치하고 조정하는 모델이다.

가치활동의 배치란 전 세계를 대상으로 수행되는 가치사슬 내의 각 활동들이 얼마만큼 특정국에 집중되어 있는가 또는 분산되어 있는가를 의미하는데, 집중이란 본국을 중심으로 소수지역에 각 가치활동을 집중배치하는 것을 말하며, 분산이란 각 가치사슬을 분산시켜 극단적으로는 모든 진출지역에 본사와 동일한 가치사슬을 갖는 자회사를 두는 것을 의미한다.

가치활동의 조정이란 각 국가에서 수행되는 가치사슬 간의 상호조정 정도를 말하며, 높은 조정수준은 높은 통제를 추구하는 중앙집권식 경영을 말하고, 낮은 조정수준은 높은 자율성을 추구하는 분권화된 경영방식을 말한다.

1) 수출중심전략

가치활동을 지역적으로 집중시키되 가치활동 간 조정은 별로 하지 않는 전략이다. 즉, 순수글로벌전략처럼 기업의 가치사슬 중 규모의 경제에 민감한 기능들은 가급적 한곳으로 집중시켜 관리하고, 최소한으로 현지화에 필요한 기능(마케팅)만 분산시켜 각 지역별 적응의 요구에 대응하는 수출 위주의 전략이다.

2) 개별국가중심전략

기업활동의 대부분이 개별국가에 분산되어 행해지지만 자회사 간 가치활동의 조정이 이루어지지 않는 전략의 형태이다. 이 전략은 개별국가에의 적응이 중요한 다국내적산업의 기업이 추구하는 전략이다.

3) 순수글로벌전략

기업의 가치사슬 중 규모의 경제에 민감한 부분들은 가급적 하나의 국가에 집중하여 행하고, 현지화에 충실해야 할 기능들만 최소한으로 분산시킨다. 그것도 개별국가 간의 차이를 좁히도록 높은 조정수준을 유지한다. 이는 저원가를 달성하는 데 유용한 전략이며 일본기업들이 많이 사용하는 전략유형이다.

4) 고도의 글로벌전략

대부분의 가치활동을 각국에 분산배치하는 면에서는 개별국가중심전략과 유사하나 분산된 가치활동에 대해서는 철저한 중앙통제 및 조정을 해야 하는 점에서 다른 측면을 가지고 있으며 반면 자회사 간의 조정수준이 높은 전략이다.

그림 19-12 | 부가가치활동의 배치-조정모델

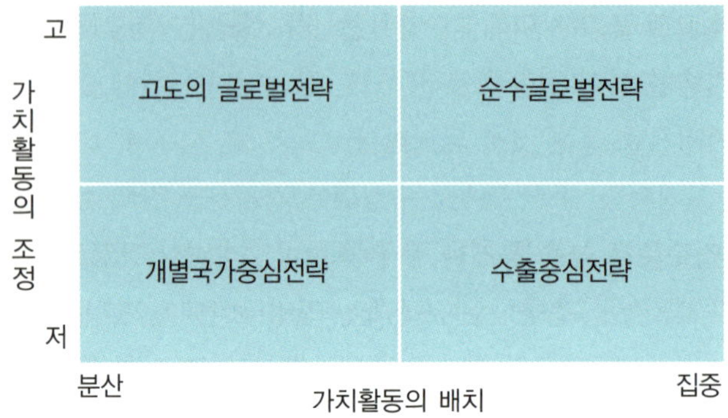

(2) 통합-적응(IR : Integration-Responsiveness)모델

글로벌기업의 입장에서 범세계적 소비자들의 존재, 범세계적 경쟁자들의 출현, 첨단산업을 중심으로 한 R&D 집약적인 산업의 등장, 비용절감에 대한 압력, 소비자욕구의 동질화 경향 등이 범세계적 통합의 압력으로 작용하고 있으며, 이와는 반대로 소비성향의 이질성, 시장구조의 상이성, 대체품의 존재, 현지국정부의 압력 등은 기업에 대하여 지역별 대응의 압력으로 작용하는 요인이다. 그러므로 글로벌기업은 이러한 통합과 적응이라는 두 가지 요인을 적절히 배합하여 전략을 수립하여야 한다.

1) 글로벌통합전략

다국적기업이 여러 자회사가 본사에 의해서 직접적으로 지휘·통제를 받으며 특히 생산이나 판매 면에서 자회사들 간에 긴밀한 상호의존성을 갖는 경우의 전략을 말한다. 통합의 필요성은 비용절감과 투자의 효용극대화이며 이를 위해 임금이 싼 국가에 공장을 설립하여 타국시장으로 선적하고 규모의 경제를 실현하기 위해 대규모의 전문화된 공장을 건설한다. 이 전략은 보통 중앙집권적 조직구조를 가지고 있다.

2) 다중심전략

자회사들 간의 독자적인 자율경영의 원칙하에서 각 지역의 자회사 간 조정과 상호협력을 갖는 것을 의미한다. 즉 연구개발의 우선순위를 조정하고 범세계적

소비자에 대한 가격결정을 조정하며 본사에서 자회사로 혹은 자회사 간에 기술이전을 촉진하는 데 그 특징이 있으며, 이 전략은 자회사들에게 차별화된 목표를 할당하는데 이는 경쟁능력을 개발하기 위한 것이다.

3) 현지적응전략

개별국가의 환경에 맞추어 마치 그 나라의 기업처럼 현지국에서 자율적으로 활동하는 것을 말하는 것으로 자회사는 현지의 경쟁사나 소비자의 요구에 대응하여 독자적으로 자원의 실행결정을 내리게 된다. 따라서 현지적응전략은 주로 분권적 조직구조를 요구하게 된다.

그림 19-13 | 통합-적응모델

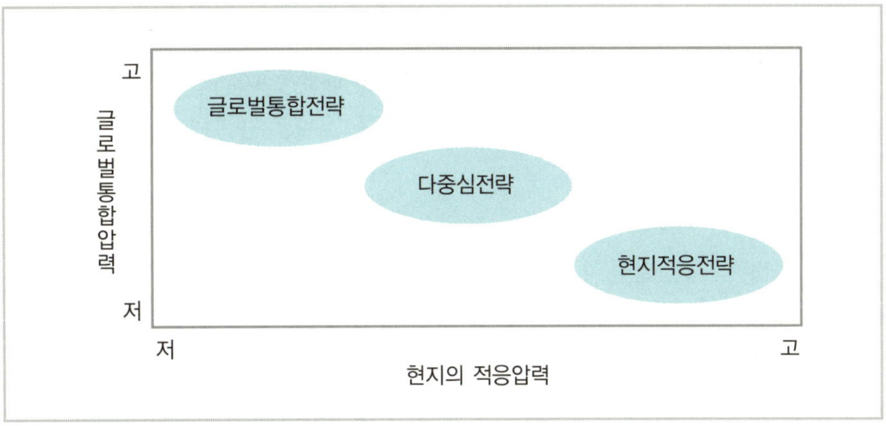

(3) 경쟁범위에 따른 전략모델

경쟁범위는 기업이 경쟁하는 데 있어서의 활동의 폭을 의미하며, 기업이 글로벌경영을 수행해 나가는 데 있어 경쟁의 범위를 어떻게 선택하는가에 따라 글로벌경영전략의 추구가 달라진다. 글로벌기업은 어떻게 가치활동을 전 세계적으로 배치하고 조정함으로써 경쟁우위를 향상시킬 수 있는가의 여부와 시장세분화 범위를 어느 정도로 정할 것인가의 여부에 따라 전략이 구분된다.

1) 범세계적 저원가 및 차별화전략

광범위한 제품라인에 걸쳐 경쟁하기 위해 기업가치활동을 지역적으로 집중하며 또한 가치활동을 강력하게 통제하는 형태의 전략이다. 즉 각 개별시장을 독립된 개개의 시장으로 보지 않고 하나의 범세계적 시장으로 보고 전략을 수립한다. 이는 범세계적 관점에서 경쟁 및 시장기회를 파악하며 표준화를 통한 규모의 경제, 범위의 경제를 추구하고 글로벌소싱도 추구한다.

2) 범세계적 세분화전략

특정 세분시장을 대상으로 하여 범세계적 경쟁전략을 추구하는 것이다. 즉 기업의 자원이 한정되어 있을 경우, 범세계적 시장의 특정 시장을 목표시장으로 하는 전략이다. 이 전략은 글로벌화 초기 단계에 수행되므로 비교적 자원능력이 제약된 소규모의 다국적기업에 적합한 전략일 뿐만 아니라 대개 순수국내기업이 향후 범세계적 저원가 또는 차별화전략을 추구하는 세계기업으로 도약하기 위한 과정에서 첫 번째 단계로 채택하는 전략에 해당한다.

3) 보호된 시장침투전략

관세, 쿼터, 수출자율규제, 보조금 등을 통하여 정책적으로 보호를 받는 산업 내에서 광범위한 세분시장을 대상으로 하는 전략이다. 각 나라 안에서의 경쟁이 서로 독립적인 산업, 즉 한 국가 안에서의 경쟁이 여타국가에서의 경쟁에 무관한 식품산업과 같은 산업에서 수행되는 전략이다. 경쟁우위를 유지하기 위해서 정부로부터의 지속적인 보호가 필요하다. 즉, 범세계적 경쟁이 현지정부의 정책적 간섭으로 인해 개별국가적 경쟁으로 변화되었기 때문에 일종의 지역적 적소전략이라고도 할 수 있다.

4) 현지시장적응전략

현지국의 독특한 시장상황으로 인하여 생겨나는 세분시장에 선별적으로 진출하는 전략이다. 즉, 각국 현지시장의 불규칙한 수요에 부응하여 한정된 자원을 특정 시장에 집중하는 전략이다. 특정 국가 내의 수요가 어느 정도 클 때, 그리고 제품, 유통경로, 마케팅 등의 면에서 국가별 차이가 상당히 존재할 때 추구되는 제품별 적소전략이다.

그림 19-14 | 경쟁범위에 따른 전략모델

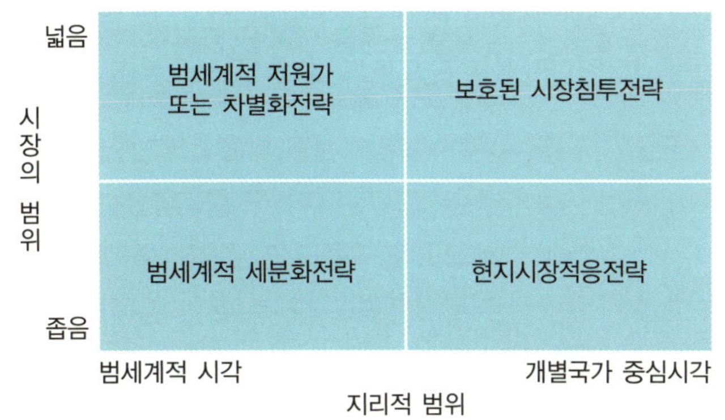

| 찾아보기 |

저자약력

박 형 래

고려대학교 대학원 무역학과 경영학박사(1984~1988)
고려대학교 대학원 무역학과 경영학석사(1979~1981)
동아대학교 경영대학 무역학과 경영학사(1975~1979)
영국 Oxford 대학교, Wolfson college 연구교수(visiting research 1997)
미국 University of Colorado, Boulder, 연구교수(LG 연암문화재단 해외연구교수 지원)
일본 Fukui 대학교 연구교수
Member of International Atlantic Economic Society.
Editor of DLSU Business and Economics Review, De La Salle University, Manila.
강릉원주대학교 기획연구처장(1997~1998), 강릉대학교 경영정책과학대학원 부원장
강릉원주대학교 전자상거래센터 소장
한국관세학회 회장
한국무역통상회 회장
한국무역학회 부회장, 한국협상학회 부회장, 한국국제통상학회 부회장
국무총리실 조세심판원 심판관(관세심판부 비상임)
국무총리실 경제인문사회연구회 기획평가위원
기획재정부 관세심의위원회 심의위원
기획재정부 국세예규심의위원회 심의위원
지식경제부 무역위원회 정책평가 위원
법무부, 법제처 전문심리위원(경제 · 기업/국제거래/반덤핑업무 분야)
관세청 관세평가포럼 자문교수, 관세청 품목평가포럼 연구교수
관세청 관세심사위원회 심의위원
행정고등고시, 관세사시험, 원산지관리사, 보세사 시험출제위원
현, 강릉원주대학교 무역학과 교수(1989~현재)

[주요저서]
- 세계경제와 국제통상(무역경영사, 2000)
- 국제경제의 이해(도서출판 두남)
- 산업피해구제와 대외무역법(도서출판 두남, 2006)
- 한미 FTA 논쟁, 그 진실은?(해남, 2006)
- 국제무역환경론(도서출판 청람, 2008)
- 국제무역개론(도서출판 청람, 2010)
- 국제통상분쟁사례의 이해(도서출판 청람, 2010)
- HS 품목분류해설(도서출판 청람, 2014)
- 관세법(도서출판 청람, 2015)
- 국제통상환경론(도서출판 청람, 2018)
- 관세평가예제(도서출판 청람, 2019)

[주요논문]
- WTO 국제규범과 우리나라 반덤핑제도와의 조화, 한국관세학회, 관세학회지, 2001.2.
- WTO 국제규범과 우리나라 반덤핑제도 개선 선별성에 관한 연구, 한국관세학회지, 2001.8.
- 전자화폐를 이용한 디지털재화의 관세부과 메카니즘연구, 지역사회발전연구, 조선대, 2005.
- 병행수입의 최적 해외시장진입의 선택에 관한 연구, 관세학회지, 2007.
- 병행수입(ParallelImports)하의 가격과 유통경로 결정에 관한 연구, 관세학회지, 2006.
- 전자적 형태의 무체물 국제 인터넷거래의 관세부과 쟁점과 과세모델, 관세학회지, 2007.
- 국가별 지적재산권 보호수준 결정요인에 대한 실증분석, 국제통상연구, 2007.
- 주요국의 주기적 신고제도 및 신고세관선택제도 도입실태 연구, 관세학회지, 2010.
- 탄력관세제도 효과 제고와 새로운 관세율제도 도입가능성 연구, 조세연구원, 2012.
- 국가별 특성에 따른 중국의 반덤핑 및 세이프가드 제소 결정행동 분석에 관한 실증적 연구, 관세학회지, 2012.2.
- 기능단위기계 품목분류 실무상의 유의점에 관한 연구, 한국관세학회, 관세학회지, 2013.5.
- 한 · 중 FTA의 원산지 협정 제정에 관한 연구, 한국무역통상학회지, 2013.6.
- HS품목분류 결정요소와 법적 지위에 관한 고찰, 한국무역통상학회, 2013.9.

• 국제무역거래에 있어 상품분류의 난해성에 관한 연구, 관세학회지, 2014.2.
• 한 · EU FTA 특혜원산지규정의 무역장벽효과에 대한 실증적 연구, 무역통상학회, 2014.
• 국제무역거래에 적용되는 HS품목분류표 해석과 번역오류 연구, 관세학회지, 2014.
• 국제무역거래에 적용되는 HS품목분류표 해석에 관한 연구, 한국무역통상학회, 2014.5.
• 거시경제변수가 중국의 반덤핑제소 조사결정에 미치는 영향 연구, 무역통상학회지, 2014.6.
• 한 · 중 자동차 부품교역의 경쟁구조에 관한 실증적 연구, 한국무역통상학회, 2014.8.
• 중국의 지적재산권 보호수준과 한국의 대중 수출에 관한 연구, 무역통상학회지, 2014.
• 한 · 중 지적재산권 보호와 기술무역에 관한 실증적 연구, 한국무역통상학회지, 2014.12.
• 품목분류 사전심사제도의 적용과 한계에 관한 사례연구, 무역통상학회지, 2015.9.
• 보세구역내 수입물품검사목적 견본품반출운용과 관세여부 적정성, 무역통상학회지, 2016.6.
• 원산지규정에 있어서 중간재에 대한 개념정립과 실무 적용확대 방안, 관세학회지, 2017.2.
• 미국의 기술무역장벽이 중국 수출에 미치는 영향 및 대응방안, 무역통상학회지, 2017.3.
• FTA 컨설팅 수혜 중소기업의 수출성과분석, 무역상학회지, 2018.
• 관세법상 관세감면의 법적 성격에 관한 고찰, 무역통상학회지, 2019.6.
• 관세법과 조세법상의 가산세 징수에 관한 연구, 무역통상학회지, 2020.6.
• Strategic Trade Policy under Imperfect Competition : Journal of Youngdong Industrial Research, KNU, 1995.
• Measuring the Impact of Economic Integration : Journal of Youngdong Industrial Research, KNU, 1996.
• The Effects of Foreign Antidumping on the Value of Korean Firms, Journal of Customs and Trade, Korea Research Society for Customs, 2009.
• A Study on the Optimal Passenger's Inspection Ratio, Journal of Customsand Trade, Korea Research Society for Customs, 2009.
• Foreign Exchange Risk, Global Financial Crisis, and Loan Risk Premium: Analysis of International Lending by US Banks, Journal of Korea Trade, Korea Trade Research Association, Vol. 15, No. 1, 2011.
• Korea's Alternatives for the Korea-China-Japan FTA and Regional Comprehensive Economic Partnership Negotiations, KRAIC, Journal of Trade and Commerce, 2013.4 외 50여 편 논문

오 대 혁

경영학박사(고려대학교 무역학과 2009)
현, 강원대학교 경영연구소 국제경영연구센터 연구위원
(사)일류기업연구소 부소장
글로벌 이노애듀 강의교수
강릉원주대학교, 강원대학교, 강남대학교, 고려대학교 강사

[주요저서]
• 무역기술장벽이 한국기업의 수출에 미치는 영향에 관한 실증분석 – WTO의 TBT협정과 FTA의 TBT협정의 상호작용효과를 중심으로, 한국무역통상학회, 무역통상학회지, 2020.
• 국내소비자의 온라인 해외직접구매 결정요인 연구, 한국무역연구원, 무역연구, 2020.
• 비관세장벽과 한국 수출기업의 경영성과에 관한 연구: 특정무역현안과 무역기술장벽을 중심으로, 한국경영컨설팅학회, 경영컨설팅연구, 2019.
• 재창업기업 생존기간에 영향을 미치는 요인에 대한 실증연구, 한국디지털콘텐츠학회, 디지털콘텐츠학회논문지, 2019.
• 자유무역협정과 한국 중소기업의 경영성과에 대한 실증분석, 한국경영컨설팅학회, 경영컨설팅연구, 2018.
• 자유무역협정이 기업의 경영성과에 미치는 영향에 관한 실증분석 연구 – 한국 수출입기업을 중심으로, 인문사회과학연구소, 인문사회과학연구, 2017.
• 외국기업의 한국에 대한 해외직접투자와 성과: 절충이론을 중심으로, 한국경영컨설팅학회, 경영컨설팅연구, 2015.
• 한국기업에 대한 외국인투자자의 영향력, 한국경영컨설팅학회, 경영컨설팅연구, 2014.
• Do Korea, China and Japan form a cultural cluster?, 한국국제경영학회, 국제경영연구, 2013.
• A Cross-National Study on the Relationship Between Climate and Work Values of Hofstede and GLOBE, 한국자료분석학회, Journal of The Korean Data Analysis Society, 2011.
• 한국 비교경영연구 30년의 현황과 과제: Hofstede 문화모형을 활용한 연구를 중심으로, 한국국제경영관리학회, 국제경영리뷰, 2010.
• 자유무역협정의 확산에 대응한 농촌 활성화 방안에 관한 연구, 한국무역연구원, 무역연구, 2010.
• A study on relationship with foreigner equity ratio and financial Performance ratio result of Korean Firm – Direct investment firm and indirect investment firm comparison, 한국무역학회, 무역학회지, 2010.
• A Study on the influence foreign investor's buying and selling official disclosures exerts on the value of the Korean Firm, 한국무역학회, 무역학회지, 2010.

무역개론(제3판)

2010년 9월 10일 1판 1쇄 발행
2020년 8월 25일 3판 1쇄 발행

저 자 | 박형래 · 오대혁

발 행 인 | 이수영
발 행 처 | 도서출판 **청람**
서울시 마포구 대흥동 802(세양상가 109호)
전 화 | 02)3272-2601~2
팩 스 | 02)3272-2603
이 메 일 | crbooks@hanmail.net
홈페이지 | www.crbooks.co.kr
등 록 | 2000년 8월 26일 제6-0509호

ISBN 978-89-5972-765-0 93320 [정가 28,000원]